CASES AND MATERIALS

COPYRIGHT

SIXTH EDITION

by

ROBERT A. GORMAN
Kenneth W. Gemmill Professor of Law Emeritus
University of Pennsylvania

JANE C. GINSBURG
Morton L. Janklow Professor of
Literary and Artistic Property Law
Columbia University School of Law

NEW YORK, NEW YORK
FOUNDATION PRESS
2002

Foundation Press, a division of West Group, has created this publication to provide you with accurate and authoritative information concerning the subject matter covered. However, this publication was not necessarily prepared by persons licensed to practice law in a particular jurisdiction. Foundation Press is not engaged in rendering legal or other professional advice, and this publication is not a substitute for the advice of an attorney. If you require legal or other expert advice, you should seek the services of a competent attorney or other professional.

COPYRIGHT © 2002 By FOUNDATION PRESS
395 Hudson Street
New York, NY 10014
Phone Toll Free 1-877-888-1330
Fax (212) 367-6799
fdpress.com

All Rights Reserved
Printed in the United States of America

ISBN 1-58778-375-4

米国著作権法詳解
― 原著第 6 版 ―
（上）

ロバート・ゴーマン

ジェーン・ギンズバーグ

（共編）

内藤　篤訳

信山社

概要目次

【上巻】

第1章　著作権の概念 ··· 1
　A　歴史的展望 ·· 1
　B　一般原則 ··· 13
　C　著作権法の概観 ··· 38
　D　特許権との差異 ··· 48
　E　商標との差異 ··· 56
　F　動産との差異 ··· 69

第2章　著作権の対象 ··· 73
　A　総　論 ··· 73
　B　アイディアと表現との二分法 ··· 88
　C　事実と編集物 ·· 116
　D　派生著作物 ·· 174
　E　コンピュータ・プログラム ·· 189
　F　絵画，図画ないし彫刻の著作物 ·· 206
　G　建築著作物 ·· 238
　H　キャラクター ·· 244
　I　政府作成の著作物およびその他の公けの政策的理由に関する問題 ······ 257

第3章　所有関係 ·· 271
　A　当初の所有関係 ·· 271
　B　権利の移転 ·· 312

第4章　著作権の有効期間，更新，移転の解除 ·· 357
　A　有効期間と更新 ·· 357
　B　更新と派生著作物 ·· 379
　C　著作権移転の解除 ·· 394

第5章　方式要件 ·· 403
　A　1976年法前における発行と著作権表示 ·· 404
　B　発行と表示についての1976年法の解決 ·· 420
　C　献納および登録 ·· 430

【下巻】

第6章　著作権における独占的権利 …… 437
- A　106条(1)における著作物をコピーないしフォノレコードに複製する権利 …… 437
- B　106条(2)における派生著作物を作る権利 …… 537
- C　106条(3)における頒布権 …… 571
- D　106条(4)・(5)・(6)における公けの実演権および展示権 …… 587

第7章　フェア・ユース …… 637
- A　背　景 …… 637
- B　新たな著作物を創作する際におけるフェア・ユース法理の適用 …… 639
- C　複製と頒布に関するニューテクノロジーへのフェア・ユース法理の適用 …… 699

第8章　権利の執行 …… 777
- A　差　止 …… 777
- B　損害賠償 …… 780
- C　費用および弁護士報酬の償還 …… 802
- D　時　効 …… 803
- E　刑事責任 …… 804
- F　個別責任，代位責任，寄与責任 …… 806
- G　技術的保護手段 …… 830
- H　過度の強制：著作権の濫用 …… 856

第9章　州法の連邦による先占 …… 859
- A　コピー行為を規制する州法 …… 859
- B　知的財産権事件における最高裁の先占関係判決 …… 866
- C　1976年法301条における著作権による先占 …… 877

第10章　著作権の国際的側面 …… 927
- A　序 …… 927
- B　初期におけるアメリカの国際的な著作権の関係 …… 929
- C　国際条約および協定 …… 932
- D　合衆国における渉外著作権訴訟 …… 936

参考文献

判例索引
事項索引

細目次

【上巻】

第1章　著作権の概念 …… 1

A　歴史的展望 …… 1
1. 英国およびアン法典 …… 1
2. 植民地および憲法 …… 5
3. 最初の合衆国著作権法 …… 6
4. 法改正 …… 8
5. 1909年法 …… 8
6. 1976年法 …… 9
7. 国際的な著作権の保護とアメリカ合衆国著作権法への影響 …… 11
8. 1976年法のその後の改正 …… 12

B　一般原則 …… 13
〈合衆国憲法第1条8節8項〉 …… 13
〈合衆国著作権法の全般的改正に関する著作権局長官の報告書〉 …… 14
〈チャッフィ「著作権法に関する考察」〉 …… 16
　Mazer v. Stein …… 18
　Sony Corp. of America v. Universal City Studios, Inc. …… 19
　American Geophygical Union v. Texaco, Inc. …… 19
著作権の理論の経済的分析 …… 19
〈ランズ゠ポスナー「著作権の経済的分析」〉 …… 21
〈ラッド「著作権における『有害性』概念の有害性について」〉 …… 28
〈Burrow-Giles Lithographic Co. v. Sarony〉 …… 30
〈Bleistein v. Donaldson Lithographing Co.〉 …… 34
　【質問】 …… 37

C　著作権法の概観 …… 38
1. 著作権の性質 …… 38
2. 著作権の対象 …… 38
3. 期間，権利の帰属，方式上の要件 …… 39
   a　著作権の存続期間 …… 39
   b　所有関係 …… 40

		c	著作権表示 …………………………………………………………	41

	4	著作権における独占的権利の範囲 ……………………………………	42
		a　複製権 ………………………………………………………………	42
		b　著作権訴訟 …………………………………………………………	43
	5	独占的権利に対する制約 ………………………………………………	44
		a　例外条項と強制許諾 ………………………………………………	44
		b　フェア・ユース ……………………………………………………	45
	6	著作権局の構成および運営 ……………………………………………	46

D	特許権との差異 ……………………………………………………………	48
	〈特許法〉 ……………………………………………………………………	48
	【質問】 ………………………………………………………………………	49
	〈Alfred Bell & Co. v. Catalda Fine Arts, Inc.〉 ………………………………	50
	【質問】 ………………………………………………………………………	55

E	商標との差異 ………………………………………………………………	56
	〈Trade-Mark Cases〉 ………………………………………………………	56
	【質問】 ………………………………………………………………………	58
	商標とランハム法 …………………………………………………………	58
	〈ランハム法〉 ………………………………………………………………	59
	【質問】 ………………………………………………………………………	62
	〈Frederick Warne & Co. v. Book Sales, Inc.〉 ………………………………	63
	【質問】 ………………………………………………………………………	68

F	動産との差異 ………………………………………………………………	69
	〈Forward v. Thorogood〉 …………………………………………………	69
	§202　物の所有権と区別されるものとしての著作権の所有権 ………	71
	【質問】 ………………………………………………………………………	71
	§109　独占的権利の制限：特定のコピーないしフォノレコードの譲渡の効果 ……………………………………………………………………	72
	【質問】 ………………………………………………………………………	72

第2章　著作権の対象 ……………………………………………………… 73

A	総　論 ………………………………………………………………………	73
	§102　著作権の対象：総論 ………………………………………………	73
	1　オリジナルな著作物 …………………………………………………	73
	〈下院報告書〉 ……………………………………………………	73
	Feist Publications, Inc. v. Rural Telephone Service …………………	74

　　　　　〈Magic Marketing v. Mailing Services of Pittsburgh〉……………… 75
　　　　　　Sebastian Int'l, Inc. v. Consumer Contacts (PTY) Ltd. ……………… 78
　　　　　【質問】……………………………………………………………………… 79
　　　　〈B.カプラン「著作権に関するあせらない見解」〉………………………… 79
　　　　　【質問】……………………………………………………………………… 80
　　　　〈下院報告書〉………………………………………………………………… 81
　　　　　【質問】……………………………………………………………………… 82
　　2　有形物への固定……………………………………………………………… 82
　　　　〈下院報告書〉………………………………………………………………… 82
　　　　デジタル・メディアにおける固定…………………………………………… 84
　　　　　【質問】……………………………………………………………………… 86
　　　　固定に関する実演家の権利…………………………………………………… 87
　B　「アイディアと表現との二分法」…………………………………………… 88
　　　§102　著作権の対象：総論…………………………………………………… 88
　　　〈下院報告書〉…………………………………………………………………… 88
　　　〈Baker v. Selden〉……………………………………………………………… 89
　　　　【質問】………………………………………………………………………… 93
　　　〈Morrissey v. Procter & Gamble Co.〉……………………………………… 94
　　　　Continental Casualty Co. v. Beardsley …………………………………… 96
　　　　【質問】………………………………………………………………………… 96
　　　〈Lotus Development Corp. v. Borland International, Inc.〉……………… 97
　　　　Mitel, Inc. v. Iqtel, Inc. ……………………………………………………108
　　　　【質問】…………………………………………………………………………109
　　　　American Dental Ass'n v. Delta Dental Plans Ass'n ……………………109
　　　　【質問】…………………………………………………………………………110
　　　〈Bibbero Systems, Inc. v. Colwell Systems, Inc.〉…………………………111
　　　　ABR Benefits Services Inc. v. NCO Group ………………………………115
　　　　【質問】…………………………………………………………………………116
　C　事実と編集物…………………………………………………………………116
　　　§101　定　義……………………………………………………………………116
　　　§103　著作権の対象：編集物および派生著作物……………………………116
　　　〈下院報告書〉……………………………………………………………………116
　　　〈Feist Publication, Inc. v. Rural Telephone Service〉……………………117
　　　　【質問】…………………………………………………………………………128
　　　　Rockford Map Publishers, Inc. v. Directory Service Co. ………………129
　　1　事実の叙述……………………………………………………………………129

細目次 vii

　　　　〈Nash v. CBS〉 …………………………………………………129
　　　　　Wainwright Securities v. Wall Street Transcript Corp. ………134
　　　　【質問】………………………………………………………………135
　2　編集物 ……………………………………………………………137
　　　　　Roth Greeting Cards v. United Card Co. ……………………137
　　　　　Sem-Torq, Inc. v. K Mart Corp. ………………………………138
　　　　　Atari Games Corp. v. Oman …………………………………138
　　　　【質問】………………………………………………………………139
　　　　〈Matthew Bender & Co. v. West Publishing Co.〉……………141
　　　　【質問】………………………………………………………………152
　　　　　Matthew Bender & Co. v. West Publishing Co. ……………153
　　　　　West Publishing Co. v. Mead Data Central, Inc. ……………154
　　　　【質問】………………………………………………………………155
　　　　〈CCC Information Services v. Maclean Hunter Market Report, Inc.〉…155
　　　　　BellSouth Advertising & Publishing Corp. v. Donnelley Information Publishing, Inc. …………………………………………162
　　　　【質問】………………………………………………………………164
　　　　データーベースに対する超著作権保護 ………………………164
　　　　〈情報収集物保護法〉………………………………………………166
　　　　〈Mason v. Montgomery Data, Inc.〉 ……………………………168
　　　　【質問】………………………………………………………………174
D　派生著作物 …………………………………………………………174
　　　　〈L. Batlin & Son. v. Snyder〉 ……………………………………174
　　　　派生著作物におけるオリジナリティ …………………………180
　　　　【質問】………………………………………………………………187
　　　　　Maljack Productions, Inc. v. UAV Corp. ……………………188
E　コンピュータ・プログラム ……………………………………189
　　　　〈著作物の新技術による使用に関する全国委員会最終報告書〉……189
　　　　〈Apple Computer, Inc. v. Franklin Computer Corp.〉…………195
　　　　　Data General Corp. v. Grumman Systems …………………204
　　　　【質問】………………………………………………………………205
F　絵画，図画ないし彫刻の著作物 ………………………………206
　　　　はじめに ……………………………………………………………206
　　　　〈連邦著作権法の大改正に関する著作権局長官の第2補足報告書草案〉……206
　　　　デザイン保護立法 …………………………………………………209
　　　　§101　定　義 ………………………………………………………211

§113　絵画，図面ないし彫刻の著作物における独占権の範囲 …………211
〈下院報告書〉……………………………………………………………211

1　「実用品」とは何か ……………………………………………212
　　Masquerade Novelty Inc. v. Unique Industries …………………212
　　Superior Form Builders, Inc. v. Dan Chase Taxidermy Supply Co. ………213

2　分離可能性 ………………………………………………………214
　　〈Kieselstein-Cord v. Accessories by Pearl, Inc.〉………………214
　　【質問】……………………………………………………………221
　　〈Carol Barnhart Inc. v. Economy Cover Corp.〉…………………221
　　【質問】……………………………………………………………229
　　Brandir Int'l v. Cascade Pac Lumber Co. ………………………229
　　【質問】……………………………………………………………230
　　タイプフェイス・デザインの著作権取得能力 ……………………232
　　〈ロバート・マージズ「意匠特許の考察」〉………………………234

G　建築著作物 ………………………………………………………238
　　1976年著作権法に基づく保護 ……………………………………239
　　　Demetriades v. Kaufmann ……………………………………239
　　〈1990年建築物著作権保護法〉……………………………………241
　　　§101　定　義……………………………………………………241
　　　§120　建築著作物の独占的権利の範囲 ………………………241
　　〈下院報告書〉………………………………………………………241
　　建築物著作権保護法を適用した諸判例 …………………………243
　　【質問】……………………………………………………………243

H　キャラクター ……………………………………………………244
　　Nichols v. Universal Pictures Corp. ……………………………244
　　Warner Bros. Pictures v. Columbia Broadcasting System ………245
　　〈Anderson v. Stallone〉……………………………………………246
　　【質問】……………………………………………………………248
　　〈ウィンカー「カプラン著『著作権に関するあせらない見解』について
　　　の書評」〉 …………………………………………………………249
　　Metro-Goldwyn-Mayer, Inc. v. American Honda Motor Co. ………253
　　DeCarlo v. Archie Comic Publications, Inc. ……………………254
　　Walt Disney Productions v. Air Pirates …………………………255
　　King Features Syndicates v. Fleischer …………………………256
　　Detective Comics. v. Bruns Publishing …………………………256
　　【質問】……………………………………………………………257

I　政府作成の著作物およびその他の公けの政策的理由に関する問題 ………………………257
　　§105　著作権の対象：合衆国政府の著作物 …………………257
　　〈下院報告書〉…………………………258
　　【質問】………………………………259
　　州政府の著作物の著作権法上のステータス ……………260
　　　County of Suffolk, N. Y. v. First American Real Estate Solutions ……261
　　　Practice Mgt. Info. Corp. v. American Medical Ass'n ……………263
　　　【質問】………………………………264
　　〈Mitchell Brothers Film Group v. Cinema Adult Theater〉………265
　　　Devils Films, Inc. v. Nectar Video ………………270
　　　【質問】………………………………270

第3章　所有関係 …………………273

A　当初の所有関係 ………………273

1　著作者の地位 …………………273
　〈Lindsay v. R. M. S. Titanic〉………273
　【質問】………………………………275

2　経済的概念としての著作者性：雇用著作物 …………276
　§101　定　義 ………………………276
　§201　著作権の所有 …………………277

a　従業員の創作した作品 ……………277
　〈Community for Creative Non-Violence v. Reid〉…………277
　【質問】………………………………288
　　Aymes v. Bonelli ……………………289
　　Carter v. Helmsley-Spear, Inc. ………290
　【質問】………………………………291
　「雇用の範囲内」………………………291
　1976年法における雇用著作物と「教師の例外」…………292
　【質問】………………………………295

b　特注ないし委嘱作品 ………………296
　委嘱著作物の9カテゴリー ………………296
　ある著作物が法101条(2)の意味における「特別に発注ないし委嘱された」ものの場合，当事者の関係のどの時点において，「雇用著作物」とする旨の合意がなされなければならないのか ……………297

3　知的概念としての著作者性：共同著作物 ……………………298
　　　　§101　定　　義 ………………………………………………298
　　　　〈Thomson v. Larson〉 ………………………………………298
　　　　〈Aalmuhammed v. Lee〉 ……………………………………307
　　　　　【質問】 ……………………………………………………312
　B　権利の移転 ……………………………………………………………314
　　1　分離可能性と方式要件 ……………………………………………314
　　　　§101　定　　義 ………………………………………………314
　　　　§201　著作権の帰属 ……………………………………………314
　　　　§204　著作権の所有権移転の実行 ……………………………315
　　　　分離可能性 …………………………………………………………315
　　　　〈Effects Associates v. Cohen〉 ……………………………316
　　　　　【質問】 ……………………………………………………320
　　　　移転の登録とその他の書類の登録 ………………………………321
　　2　権利付与の範囲 ……………………………………………………324
　　　　〈Cohen v. Paramount Pictures Corp.〉 ……………………324
　　　　〈Boosey & Hawkes Music Publishers, Ltd. v. Walt Disney Co.〉 ……327
　　　　　【質問】 ……………………………………………………335
　　　　〈Random House, Inc. v. Rosetta Books, LLC〉 ……………336
　　　　　【質問】 ……………………………………………………339
　　　　著作権法の「もとに生じた」のか，契約法の「もとに生じた」のか ……340
　　　　　　Bassett v. Mashantucket Pequot Tribe ………………340
　　　　　　Foad Consulting Group, Inc. v. Musil Govan Azzalino ………341
　　　　§201　著作権の所有権 …………………………………………341
　　　　〈New York Times Company, Inc. v. Tasini〉 ………………341
　　　　　【質問】 ……………………………………………………350
　　　　「法の作用による」著作権の移転…………………………………351
　　　　〈Fantasy, Inc. v. Fogerty〉 …………………………………352
　　　　　【質問】 ……………………………………………………354

第4章　著作権の有効期間，更新，移転の解除 ……………………357

　A　有効期間と更新………………………………………………………357
　　1　政策上の論争 ………………………………………………………357
　　　　〈チャッフィ「著作権法に関する考察」〉 ……………………357
　　　　〈下院報告書〉 ……………………………………………………359
　　　　Sonny Bono 著作権延長法 ……………………………………362

著作権保護期間延長法の合憲性：Eldred v. Reno …………………………363
 2 1976年法における著作権の保護期間（1998年改正法下における）…367
  a 1978年以降に創作されたか未発行である著作物 ……………………367
   §302 著作権の保護期間：1978年1月1日以降に創作された著作物 ………367
   §303 著作権の保護期間：1978年1月1日より前に創作されてはいたが
     未発行あるいは未登録の著作物 ……………………………367
   〈下院報告書〉………………………………………………………367
   【質問】……………………………………………………………368
  b 1909年法において最初に発行された著作物の1976年法における
   扱い ………………………………………………………………368
   更　　新 ……………………………………………………………368
   〈リンガー「著作権の更新」〉………………………………………369
   法定更新条項 ………………………………………………………371
   【質問】……………………………………………………………375
   最初の保護期間内にある1978年前の著作物の自動更新 ………………375
   §304 著作権の保護期間：現存する著作権 ……………………376
   1978年1月1日より前にパブリック・ドメインになっている著作物 ………377
   1909年法から1976法への経過措置 ………………………………378
B 更新と派生著作物 …………………………………………………379
  〈Stewart v. Abend〉………………………………………………380
  【質問】……………………………………………………………388
  〈Russell v. Price〉…………………………………………………389
C 著作権移転の解除 …………………………………………………394
  〈下院報告書〉………………………………………………………395
  両解除条項の比較 …………………………………………………398
  【質問】……………………………………………………………399
  権利の移転，更新および解除 ………………………………………399
  【質問】……………………………………………………………401
  解除権の締切日 ……………………………………………………401
  【問題】……………………………………………………………402

第5章　方式要件 …………………………………………………………403
A 1976年法前における発行と著作権表示 ……………………………404
  〈Estate of Martin Luther King, Jr., Inc. v. CBS, Inc.〉 ……………409
  〈Academy of Motion Picture Arts & Sciences v. Creative House
   Promotions, Inc.〉 ………………………………………………415

xii　細目次

　　　　　　　【質問】…………………………………………………………419
　　B　発行と表示についての1976年法の解決 ……………………………420
　　　1　「発行」：定義と文脈 ………………………………………………420
　　　　　　　【質問】…………………………………………………………421
　　　2　表示要件：1978年から1989年2月まで ………………………422
　　　　　　〈下院報告書〉……………………………………………………422
　　　　　　§401　著作権表示：視覚的に感知可能なコピー ……………423
　　　　　　録音物に関するＰ表示，政府著作物の表示，集合著作物の表示 ……423
　　　　　　　【質問】…………………………………………………………424
　　　　　　§405　著作権表示：表示の脱落 …………………………………425
　　　　　　〈下院報告書〉……………………………………………………425
　　　　　　　Hasbro Bradley, Inc. v. Sparkle Toys, Inc.〉………………426
　　　　　　§406　著作権表示：氏名や発行年の誤記 ………………………428
　　　　　　　【質問】…………………………………………………………428
　　　3　ベルヌ条約施行法における任意の著作権表示 …………………429
　　C　献納および登録 ………………………………………………………430
　　　1　連邦議会図書館への献納 …………………………………………430
　　　2　登　　録 ……………………………………………………………431
　　　　a　手　　続 …………………………………………………………431
　　　　b　著作権局長官の権限および登録の効果 …………………………431
　　　　　　　【質問】…………………………………………………………434
　　　　　　1909年法下の方式要件と1976年法下の方式要件（ベルヌ前とベルヌ後）…435

【下巻】
第6章　著作権における独占的権利 …………………………………………437
　　　　　§106　著作権の成立している著作物についての独占的権利 ……437
　　A　106条(1)における著作物をコピーないしフォノレコードに
　　　複製する権利 ……………………………………………………………437
　　　　　〈下院報告書〉………………………………………………………437
　　　1　コピーを作る権利 …………………………………………………439
　　　　a　「コピー」とは何か ………………………………………………439
　　　　　§101　定　　義 ……………………………………………………439
　　　　　　Matthew Bender & Co. v. West Publishing Co. ………………440
　　　　b　侵害の立証 …………………………………………………………443

〈Arnstein v. Porter〉……443
【質問】……449
Dawson v. Hinshaw Music, Inc. ……450
Lyons Partnership, L. P. v. Morris Costumes, Inc. ……450

i　コピー行為の証拠……451
〈Bright Tunes Music Corp. v. Harrisongs Music, Ltd."……451
【質問】……455
コピー行為の状況証拠……456

ii　侵害となるコピー行為……459
コピー行為の立証と侵害の立証との相違について……459
Laureyssens v. Idea Group, Inc……460
Ringgold v. Black Entertainment T. V., Inc.……461
Ticketmaster Corp. v. Tickets. Com, Inc……463
〈Peter Pan Fabrics, Inc. v. Martin Weiner Corp.〉……465
〈Herbert Rosenthal Jewelry Corrp. v. Kalpakian〉……465
〈Educational Testing Services v. Katzman〉……468
【質問】……471
〈Nichols v. Universal Pictures Corp.〉……472
【質問】……477
〈Sheldon v. Metro-Goldwyn Pictures Corp.〉……477
【質問】……487
「実質的類似性」へのアプローチ……490
〈Computer Associates International, Inc. v. Altai, Inc.〉……491
【質問】……506
〈Steinberg v. Columbia Pictures Industries, Inc.〉……506
【質問】……513
〈Kisch v. Ammirati & Puris, Inc.〉……513
【質問】……515
コンセプトと感じ……517
【質問】……517
著作者が既に著作権を所有していない著作物を複製する場合……522

2　フォノレコードを作成する権利……524
「フォノレコード」とは何か……524
§101　定　義……524
a　楽曲：115条に基づく強制許諾……525
〈下院報告書〉……525

ABKCO Music, Inc. v. Stellar Records, Inc. ································527
ロイヤルティ・レートと著作権ロイヤルティ仲裁廷 ················528
【質問】··531
「ハリー・フォックスのライセンス」································531
 b 録音物における複製権 ································532
  【質問】··533
  録音物の私的複製 ································533
  デジタル・フォノレコード配信 ································536
B 106条(2)における派生著作物を作る権利 ································537
 §106 著作権の成立している著作物についての独占的権利 ················537
 〈下院報告書〉··537
 〈チャッフィ「著作権法に関する考察」〉································537
 1 派生著作物の権利の範囲 ································539
  〈Horgan v. Macmillan, Inc.〉································539
  【質問】··542
  〈Micro Star, Inc. v. FormGen, Inc.〉································544
  【質問】··547
  〈Lee v. A. R. T. Co.〉································548
  【質問】··551
  Futuredontics, Inc. v. Applied Anagramics, Inc. ················552
  National Geographic Society v. Classified Geographic, Inc. ················552
  【質問】··553
 2 著作者人格権 ································553
  〈Gilliam v. American Broadcasting Cos.〉································553
  【質問】··560
  a 著作者人格権を保護する連邦法 ································561
  〈1990年視覚アーティスト権利法 101条・106条 A〉················562
  視覚アート著作物 ································563
  【質問】··564
  Pavia v. 1120 Avenue of the American Assocs. ················565
  b 州による著作者人格権の保護 ································566
  〈Wojnarowicz v. American Family Ass'n〉································567
  【質問】··571
C 106条(3)における頒布権 ································571
 〈下院報告書〉··571

1	頒布権の目的と適用	572
	デジタル・テクノロジーを使った公衆への頒布	572
2	「最初の販売」法理（頒布権の消尽とその例外）	574
	〈Fawcett Publications, Inc. v. Elliot Publishing Co.〉	574
	【質問】	575
	「デジタルの『最初の販売』法理」	576
	1984年および1990年レコード・レンタル改正法	577
	【質問】	578
	公衆への貸与権	578
	追求権	579
	【質問】	580
3	602条(a)における輸入権と頒布権との関係	581
	§602　コピーやフォノレコードの輸入が侵害となる場合	581
	§501　著作権の侵害	581
	〈Quality King Distributors, Inc. v. L'anza Research International, Inc.〉	581
	【質問】	586

D　106条(4)・(5)・(6)における公けの実演権および展示権 587

	§106　著作物における独占的権利	588
1	1976年法における「実演」の意味	589
	§101　定　義	589
	〈下院報告書〉	589
	【質問】	590
2	1976年における「公けの」実演	590
	§101　定　義	590
	〈下院報告書〉	591
	【質問】	591
	〈Columbia Pictures Industries, Inc. v. Aveco, Inc.〉	592
	【質問】	596
3	実演権団体	596
	〈Ocasek v. Hegglund〉	597
	「グランド」ライツと「スモール」ライツ	604
4	公けの展示権	605
	§106　著作権における独占的権利	605
	§101　定　義	605

§109　独占権への制約：特定のコピーないしフォノレコードの移転による効果 …………………………………………………………………………605
　　ノート ………………………………………………………………………606
　〈下院報告書〉 ………………………………………………………………606
　　【質問】 ……………………………………………………………………607

5　録音物におけるデジタル実演権およびその制限 ……………………608
　　【質問】 ……………………………………………………………………613
　　公けの実演／展示がコピーの複製および頒布にもなるとき ………613

6　公けの実演権と展示権についての他の例外規定 ……………………614
　a　一定の非営利的実演および展示 …………………………………614
§110　独占権の限界：ある種の実演と展示の例外 ………………614
　〈下院報告書〉 ………………………………………………………………616
　　【質問】 ……………………………………………………………………618
　　遠隔教育と110条(2)の例外 …………………………………………619
　b　110条(5)の適用除外 …………………………………………………621
　〈Edison Bros. Stores, Inc. v. Broadcast Music, Inc.〉 ………621
　　【質問】 ……………………………………………………………………626
　c　ケーブルと衛星等による再送信──111条・119条 …………627
　d　「ジュークボックスの実演」──116条 …………………………630
　e　公共放送──118条 …………………………………………………632
　f　強制許諾および他の実演権・展示権の諸問題に関してのベルヌ条約との適合性 ………………………………………………………633
　　【総合復習問題】 …………………………………………………………635

第7章　フェア・ユース ………………………………………………637

A　背　景 …………………………………………………………………637
§107 ……………………………………………………………………637
〈下院報告書〉 ………………………………………………………………637

B　新たな著作物を創作する際におけるフェア・ユース法理の適用 …………………………………………………………………………639
　〈Campbell v. Acuff-Rose Music, Inc.〉 ……………………………639
　　【質問】 ……………………………………………………………………652
　Suntrust Bank v. Houghton Mifflin Co. ………………………………654
　　【質問】 ……………………………………………………………………656
　〈Harper & Row Publishers, Inc. v. Nation Enterprises〉 …………658

　　　　【質問】……………………………………………………………………674
　　　Craft v. Kobler ……………………………………………………………676
　　　　【質問】……………………………………………………………………677
　　〈Castle Rock Entertainment, Inc. v. Carol Publishing Group, Inc. ……679
　　　　【質問】……………………………………………………………………684
　　フェア・ユースに関する他の考慮ファクター ………………………………684
　　〈Sega Enterprises, Ltd. v. Accolade, Inc.〉 ……………………………686
　　　　【質問】……………………………………………………………………695
　　　Sony Computer Emt. Inc. v. Connectix Corp. …………………………695
　　　Sony Computer Emt. America, Inc. v. Bleem. …………………………697
C　複製と頒布に関するニューテクノロジーへのフェア・ユース
　　法理の適用 ……………………………………………………………………699
　　〈Sony Corp. of America v. Universal City Studios, Inc.〉 ……………699
　　　　【質問】……………………………………………………………………708
　　〈Princeton University Press v. Michigan Document Services, Inc.〉 …708
　　　　【質問】……………………………………………………………………724
　　〈American Geophysical Union v. Texaco, Inc.〉 ………………………725
　　　　【質問】……………………………………………………………………745
　　非営利の図書館によるコピー行為 ……………………………………………746
　　〈上院報告書〉……………………………………………………………………749
　　　　【質問】……………………………………………………………………750
　　〈A&M Records, Inc. v. Napster, Inc.〉 …………………………………751
　　〈UMG Recordings, Inc. v. MP3.com, Inc.〉 ……………………………759
　　　　【質問】……………………………………………………………………762
　　変容的使用なのか，単なる再頒布か …………………………………………762
　　〈Kelly v. Arriba Soft Corp.〉 ……………………………………………763
　　〈Los Angeles Times v. Free Republic〉 …………………………………767
　　　　【質問】……………………………………………………………………774
　　　　【総合復習問題】……………………………………………………………774

第8章　権利の執行………………………………………………………………777
　　§501　著作権の侵害 ……………………………………………………………777
A　差　　止 ………………………………………………………………………777
B　損害賠償 ………………………………………………………………………780
　　§504　侵害に対する法的救済：損害賠償および利益賠償 ……………………780
　　〈下院報告書〉……………………………………………………………………780

xviii　細目次

　　　　　〈Davis v. The Gap, Inc.〉……………………………………781
　　　　　〈Frank Music Corp. v. Metro-Goldwyn-Mayer, Inc.〉……………786
　　　　　　Cream Records, Inc. v. Jos. Schlitz Brewing Co. ……………792
　　　　　【質問】……………………………………………………793
　　　　§504　侵害に対する法的救済：損害賠償および利得賠償 ………794
　　　　〈下院報告書〉……………………………………………………795
　　　　　　Engel v. Wild Oats, Inc. ………………………………………796
　　　　　【質問】……………………………………………………797
　　　　第11修正における州の免責 ……………………………………798
　　　　法定損害賠償請求事件における陪審裁判の権利 ………………801
　　　　　　Feltner v. Columbia Pictures Television, Inc.…………………801
　C　費用および弁護士報酬の償還 ……………………………………802
　　　　　　Fogerty v. Fantasy, Inc.………………………………………802
　D　時　　効 ……………………………………………………………803
　E　刑事責任 ……………………………………………………………804
　F　個別責任，代位責任，寄与責任 …………………………………806
　　1　一般原則 ……………………………………………………………807
　　　　　　Sony Corp. of America v. Universal City Studios, Inc.………807
　　　　　【質問】……………………………………………………807
　　　　〈Fonovisa, Inc. v. Cherry Auction, Inc.〉……………………………807
　　　　　【質問】……………………………………………………812
　　　　　　A&M Records, Inc, v. Abdallah ……………………………812
　　　　　【質問】……………………………………………………813
　　　　〈A&M Records, Inc. v. Napster, Inc.〉………………………………814
　　　　　【質問】……………………………………………………818
　　　　〈Intellectual Reserve, Inc. v. Utah Lighthouse Ministry, Inc.〉………819
　　　　　【質問】……………………………………………………822
　　2　インターネット・サービス・プロバイダーの二次的責任 ………822
　　　　〈Religious Technology Center v. Netcom On-Line Communication
　　　　　Services, Inc.〉……………………………………………………822
　　　　DMCAに基づくサービス・プロバイダーの責任………………826
　　　　　　ALS Scan, Inc. v. RemarQ Communities, Inc. ………………827
　　　　　【質問】……………………………………………………829
　G　技術的保護手段……………………………………………………830
　　1　潜脱に対する保護……………………………………………………830
　　　　§1201　著作権保護システムの潜脱……………………………831

　　　　　「アクセス」とは何か…………………………………………………832
　　　　　【質問】……………………………………………………………………834
　　　　　〈RealNetworks, Inc. v. Streambox, Inc.〉……………………………835
　　　　　〈Universal City Studios, Inc. v. Reimerdes〉…………………………838
　　　　　【質問】……………………………………………………………………852
　　　2　著作権管理情報……………………………………………………………852
　　　　　§1202　著作権管理情報の同一性……………………………………853
　　　　　【質問】……………………………………………………………………854
　　　　　Kelly v. Arriba Soft Corp.………………………………………………854
　H　過度の強制：著作権の濫用………………………………………………………856
　　　　　Practice Management Information Corp. v. American Medical Ass'n……856
　　　　　【質問】……………………………………………………………………857

第9章　州法の連邦法による先占……………………………………………………859

　A　コピー行為を規制する州法………………………………………………………859
　　　1　コモン・ロウ著作権…………………………………………………………859
　　　2　不正競争：「パッシング・オフ」…………………………………………860
　　　3　不正競争：不正利用…………………………………………………………861
　　　　　International News Service v. Associated Press………………………861
　　　4　契約違反，アイディアの保護………………………………………………863
　　　5　信頼関係違背…………………………………………………………………864
　　　6　機密情報の保護………………………………………………………………864
　　　7　中　　傷………………………………………………………………………865
　　　8　プライヴァシーおよびパブリシティの侵害………………………………865
　　　9　アーティストの権利…………………………………………………………866
　B　知的財産権事件における最高裁の先占関係判決………………………………866
　　　　　Sears, Roebuck & Co. v. Stiffel Co.……………………………………868
　　　　　Compco Corp. v. Day-Brite Lighting, Inc.……………………………869
　　　　　Goldstein v. California.…………………………………………………870
　　　　　Kewanee Oil Co. v. Bicron Corp.………………………………………872
　　　　　〈Bonito Boats, Inc. v. Thunder Craft Boats, Inc.〉…………………874
　　　　　【質問】……………………………………………………………………877
　C　1976年法301条における著作権による先占……………………………………877
　　　　　§301　他の法律の先占………………………………………………878
　　　　　〈下院報告書〉……………………………………………………………880
　　　1　著作権の対象の範囲内にある著作物………………………………………883

Baltimore Orioles, Inc. v. Major League Baseball Players Ass'n 883
　　　　　　【質問】 884
　　　　等価な対象物 885
　　　　　　【質問】 887
　　2　著作権と等価の権利 888
　　　a　不正利用 888
　　　〈National Basketball Association v. Motorola, Inc.〉 888
　　　　　　【質問】 897
　　　b　契　約 898
　　　〈ProCD, Inc. v. Zeidenberg〉 898
　　　　　　【質問】 904
　　　〈Wrench LLC v. Taco Bell Corp.〉 905
　　　　　　【質問】 908
　　　c　動産の横領，機密情報 908
　　　〈Ehat v. Tanner〉 908
　　　　Harper & Row Publishers, Inc. v. Nation Enterprises 910
　　　　Computer Associates International, Inc. v. Altai, Inc. 911
　　　　　　【質問】 912
　　3　先占問題へのアプローチに関する提言 913
　　　　　　【質問】 914
　　　「抵触」分析によるより広範な州法の排除 916
　　　　Foley v. Luster. 917
　　　　In re Mariage of Susan M. & Frederick L. Worth. 919
　　　　Rodrigue v. Rodrigue. 919
　　　　Rano v. Sipa Press, Inc. 922
　　　　Walthal v. Rusk 923
　　　　　　【質問】 924

第10章　著作権の国際的側面 927
A　序 927
B　初期におけるアメリカの国際的な著作権の関係 929
　　〈サンディソン「ベルヌ条約と万国著作権条約：アメリカの経験」〉 929
C　国際条約および協定 932
　1　主要な多国間著作権条約の構造 932
　2　著作権に関するその他の多国間条約 935
　3　著作権に関する2国間条約 935

D 合衆国における渉外著作権訴訟 …………………………936
1 外国著作者の保護 ……………………………………………936
【質問】……………………………………………………938
2 合衆国裁判所において外国著作権の侵害を主張する場合 …………938
〈London Film Productions, Ltd. v. Intercontinental Communications, Inc.〉
……………………………………………………………939
 Armstrong v. Virgin Records ………………………………941
 Boosey & Hawkes Music Publishers, Ltd. v. Walt Disney & Co. …………943
3 領土外の要素のからむ請求原因につき裁判所が管轄を及ぼす際どの法が適用されるか……………………………………………945
a 外国著作物の著作権の帰属の判定 ……………………………945
〈Itar-Tass Russian News Agency v. Russian Kurier, Inc.〉 …………945
【質問】……………………………………………………950
b 少なくとも一部が合衆国外で起こった侵害についての合衆国著作権の適用 ……………………………………………………951
〈Subafilms, Ltd. v. MGM-Pathé Communications Co.〉 ……………951
 Update Art, Inc. v. Modiin Publishing ……………………957
 Curb v. MCA ………………………………………………958
【質問】……………………………………………………960
 Twentieth Century Fox Film Corp. v. iCraveTV ……………961
 National Football League v. PrimeTime 24 …………………962
【質問】……………………………………………………963

参考文献
判例索引
事項索引

第1章
著作権の概念

A 歴史的展望

1 英国およびアン法典（Statute of Anne）

　米国における，文学的および芸術的財産に関する一切の法は，本質的には英国からの法的承継物である。まさに，「人の記憶の到達する限りの」時代より，作者の稿本に対する権利というものは，自然的正義の問題として容認せられてきた。すなわちそれは，知的な労働の成果として，また，それが記されているところの内容とともに作者自身の権利としても，認められてきたものである。ブラックストーンは，そのコンメンタールにおいて（2 Commentaries 405），これを，Law of Occupancy に沿うかたちで説明し，人的な労働を含み，かつ何らかの自分自身の「財産（property）」——ラテン語ルーツの "proprius"——を生み出すところの，この法体系になぞらえている。しかしながら，ブラックストーンに先立ち，あるアイルランド王は，稿本に関する財産的権利（property rights）の帰属について，同様の原則を発令している。曰く，「すべての牛に，その皮を」。

　ところが，プリント印刷が発明され，著作物は閲覧のために大量の部数が複製されるようになると，作者というものは，いったん著作物が印刷された途端に保護を失ってしまったもののようである。

　1556年にロンドンの主だった出版社から結成された書籍出版業組合（Stationer's Company）は，勅許をもって設立された団体であり，その目的は，プロテスタント改革主義の蔓延を情報流通の面からチェックするために，メンバーの印刷事業をこのカンパニーに独占させてこの目的を達成せんとしたものであった。印刷は，星室裁判所（Star Chamber）の命のもとにおかれ，これによって政府および教会は効果的に検閲制を布くことができ，煽動的ないし異端の言説を，印刷に至るまえにシャットアウトすることができた（Hallam, 1 Constitutional History, 238）。すなわちこれは本質的には，言論（press）のコントロール手段であって，作者に対する保護を与えるものではいささかもなかった。

　この命令のもとでは，すべての出版物は書籍出版業組合に，いずれかのメンバーの名で登録されねばならなかった。この登録制度と星室裁判所の支持によって，書籍商は，作品についての独占的な印刷および出版権を，自分自身，その承継人および譲渡人を代表して主張することができた。やがて時代は下って，1694年の旧事前許可法（Licensing Acts）の失効以降は，未許可の出版物に対する禁止政策が解除され，インデペンデントの印刷業者が一斉に現れて，かつての書籍出版業組合の聖域を侵食し始めた。この結果同組合は，英国議会（Parliament）に対し，これら海賊業者から

自らの主張するところの権利を永久的に守るべく，法律の制定を要請した。ことの結果としては，同組合は，その望んだところよりも遥かに少ないものしか入手できなかったこととなる。議会は永久的な権利は認めずに，ごく僅かな，取るに足らない期間の独占出版権を付与する法律を可決したにとどまったからである（Drone, Law of Property in Intellectual Productions 69 (1879)）。

この法こそが，名高いアン法典（Statute of Anne）である（8 Anne C. 19, 1710）。これこそが，世界に先駆けて作者の権利を認めたものであり，後世において，洋の東西を問わず，著作権の対象についての立法の布石となった法典である（Ransom, The First Copyright Statute (1956) を参照）。今日の著作権法の学習との関連においても，この法律には，注目すべき条文が含まれている。

タイトル

　　本法は，印刷された書物の複製に関し，その著作者またはかかる複製の購入者に対して，以下に定めるところの期間において権利を授けることにより，学術の促進をはかることを目的として制定される。

前　文

　　従来，印刷業者，出版社，その他の者は，著作者ないし権利者の同意を得ることなく，……これらの者の損失において，かつしばしばこれらの者ないしその家族の零落の犠牲の上に，これらの書物その他の作品を，……印刷し，再印刷し，出版する自由をほしいままにしてきた。

　　よって，将来におけるかかる慣行を廃し，教養ある人をして有益なる書物を構築し，執筆せしめんがために，本法は制定される。

主たる条項

1　新たな著作物に関する著作者の14年間の独占権
2　著作者存命の場合，14年の更新権
3　登録義務
　a　書籍出版業組合事務所（Stationers' Hall）における権利登録
　b　公的図書館における9部の献納（deposit）
4　「……他の出版社，印刷業者，その他一切のものが，権利者の同意なく，かかる書物を……印刷し，再印刷し，あるいは輸入した場合には，かかる違反者は，かかる書物の権利者に対する関係でこれらの書物を没収されるものとし，権利者は，これを即時廃棄処分に付することを得。加えて，違反者は，その管理下において発見されたところの違反書物の各1ページあたりにつき1ペニーを没収されるものとする」。

興味深い側面

1　但し，本法は，海外からのギリシャ語，ラテン語，その他の外国語で印刷された書物の輸入，販売，売買を禁ずるべく解釈されてはならない。
2　ある印刷業者ないし出版社が，何人によっても不合理に高価と感得される価格で販売を行う場合においては，何人においても，カンタベリーのロード・アーチビショップに対してこれに関する告訴をなすことを得。かかる告訴はまた，大法官（Lord Chancellor），国璽尚書保持官（Lord Keeper of the Great Seal of Great Britain）または Lord Bishop of London その他の随時本法上の権限を有する判事ないし官吏に対してなすことを得。かかる告訴によっ

Anno Octavo

Annæ Reginæ.

An Act for the Encouragement of Learning, by Vesting the Copies of Printed Books in the Authors or Purchasers of such Copies, during the Times therein mentioned.

Whereas Printers, Booksellers, and other Persons have of late frequently taken the Liberty of Printing, Reprinting, and Publishing, or causing to be Printed, Reprinted, and Published Books, and other Writings, without the Consent of the Authors or Proprietors of such Books and Writings, to their very great Detriment, and too often to the Ruin of them and their Families: For Preventing therefore such Practices for the future, and for the Encouragement of Learned Men to Compose and Write useful Books; May it please Your Majesty, that it may be Enacted, and be it Enacted by the Queens most Excellent Majesty, by and with the Advice and Consent of the Lords Spiritual and Temporal, and Commons in this present Parliament Assembled, and by the Authority of the same, That from and after the Tenth Day of April, One thousand seven hundred and ten, the Author of any Book or Books already Printed, who hath not Transferred to any other the Copy or Copies of such Book or Books, Share or Shares thereof, or the Bookseller or Booksellers, Printer or Printers, or other Person or Persons, who hath or have Purchased or Acquired the Copy or Copies of any Book or Books, in order to Print or Reprint the same, shall have the sole Right and Liberty of Printing such Book and Books for the Term of One and twenty Years, to Commence from the said Tenth Day of April, and no longer; and that the Author of any Book or Books already Composed and not Printed and Published, or that shall hereafter be Composed, and his Assignee, or Assigns, shall have the sole Liberty of Printing and Reprinting such Book and Books for the Term of Fourteen

Statute of Anne, 8 Anne C. 19 (1710)

て，かかる出版社ないし印刷業者は，これらの諸官吏のもとに召喚され，その販売にかかる書物の価格ないし価値について，その高価格の理由について調査がなされるものとする。かかる調査により，書物の価格が引き上げられ，その他不当に高価ないし不合理と認められた場合，上記の官吏は，かかる事態を是正し矯正するあらゆる権限をもつものとし，随時，これらにより公平と合理性に合致すると認められるところの判断に従い，かかる書物の価格を制限し，あるいは決定することができる。

これらの場合，違反した出版社ないし印刷業者は，新たな制限価格を一般に告知し，その費用をもたねばならなかった。

かかる価格を超えて販売を行う出版社ないし印刷業者は，販売ないし販売を目的として展示されている書物1冊あたり5ポンドを没収されるものとし，内半分を国庫（the Queens Most Excellent Majesty, Her Heirs and Successors）に，残り半分は，かかる訴えを提起した者がその訴訟費用の回収のため負債，勘定，告訴，略式起訴の訴訟様式の別に応じて，ウェストミンスターの Her Majesties Courts of Record における出訴のために充当されるものとする。宣誓雪冤（wager of law），不出頭の正当な理由（essoign），特権，保護，2回以上の法廷外交渉は，かかる手続においては認められない。

既存の著作物に関する限りにおいて，法は，「作者ないしその譲受人」は21年間の独占的出版権をもつと規定するが，新しい著作物については14年であり，この期間の満了時に存命する作者はさらに14年延長の特権が与えられた，という点は注目に値しよう。本法の違反については適宜の罰則が定められているが，これは書籍出版業組合事務所の登録簿への登録を条件とされた。これは，所有権（ownership）の証拠として要請されたものであり，王国の指定図書館に当該作品を何部か納めること（deposit）を意味した。これよりやや下って，「何人も著作権を無視して過ちを犯すことなきよう」，一般公衆に対する安全確保手段として，著作権表示の条項が導入される。これによって，登録の事実は出版物のあらゆるコピーに表示されるべく要請されるに至った。

ところで，法の明快な文面にもかかわらず，書籍商らは依然として永久権としての著作権を主張してやまず，ただ，本法においては海賊行為に対する迅速な救済手段が付加されたのであるとして，自分らが議会に対し求めたものはまさにこれであるとうそぶいた。半世紀の間，下級審は，この見解に立って彼らの主張を認め，法律上の期間の経過後においても差止命令を発した。しかしこの流れは，著名なケース Donaldson v. Becket（4 Burr. (4th ed.) 2840, 2417, 98 Eng. Rep. 257, 262 (H. L. 1774)）において，貴族院（House of Lords）が，つい5年前の王座部（King's Bench）の判例 Millar v. Taylor（4 Burr. (4th ed.) 2303, 98 Eng. Rep. 201 (K. B. 1769)）を変更し，著作権（複製物を独占的に出版し販売する権利）はコモン・ロウ上の権利としては存在しない旨判断したことによって，変わってくる。貴族院大法廷は，かくて，その小法廷における判断の分かれた判決を拒否した。同判決によれば，アン法典以前には，著作物の出版以降にもコモン・ロウ著作権が永久に続く権利として存在したが，（判決のあるレポートによれば）同法典によって，限定的な期間の制定法上の保護がこれに取って代わったのである（過半数の判事は，アン法典はコモン・ロウ著作権を全く制限していないとした，と報告するレポートもある）（ドナルドソン事件における貴族院の判事らのオピニオン，大法廷のオピニオンについては，Abrams, The Historic Foundation of American Copyright Law: Exploding the Myth of Common Law Copyright, 29 Wayne L. Rev. 1119, 1156-71, 1188-91 (1983) において，細心

の分析がなされている)。

　アン法典は，外国の著作者の外国語で書かれた本を，この著作者の側に何らの権利を認めることなく輸入することを明示に認めていたが，海外で印刷ないしリプリントされた英語で書かれた本の輸入については，何も規定されていなかった。当時としては，植民地における事業として印刷事業は未だ盛んではなかったため，これは問題外ということではあったろう。しかし，後にベンジャミン・フランクリンが印刷工場を拡張したとすれば，案外，独立戦争へと至る引金となったのは，お茶ではなく本であったかもしれない。

　アン法典は，永く，議会の立法過程の注目すべき結果と目されてきた。恐らく，英国法における最大のシフトは著作者の権利を認めたことであり，それは単なる印刷業者，出版業者の権利ではないというところに意義がある。同様にドラマティックな，しかしさほど注目されていないことは，18世紀スタイルの消費者主義の反映ともいうべきものが現れていることである。すなわち，著作権保有者による本の販売が「不合理に高価」であるとき，裁判所の介入による価格裁定（rate-making）がなされることとなっており，これは，アングロアメリカン著作権法の最も初期における価格裁定制度といえる。

　もっとも，この消費者指向的なアプローチは，1739年に，非効率的とされて廃止にはなったものの（Ransom, The First Copyright Statute 107 n. 13 (1956) を参照），18世紀の最後の四半世紀には，アメリカの数州の植民地における立法に受け継がれた。実際，ニューヨーク，コネティカット，ジョージアの制定法は，不合理に高い価格に対する救済の他に，不十分な量の出版に対する救済という，驚くべき規定を有していた。

2　植民地および憲法

　独立戦争終結ののち，デラウェアを除くすべての植民地は，大陸会議（Continental Congress, 24 Journals, Continental Congress 326 (1783)）の推薦およびノア・ウェブスターの嘆願に従い，著作者の権利を保護する法律を制定するに至る。多くの州は，アン法典を範に立法化を行ったが，その一方で，自然権としてのとらえ方をこのイギリス型の機能主義に混合した立法を行った州も，多数存した。マサチューセッツ法（Act of March 17, 1783）の前文は，次のように規定している（Reprinted in Solberg ed., Copyright Enactments of the United States 14 (1906)）。

> 知識の向上，文明の発達，コミュニティの公共の福祉，そして人類の幸福は，様々の技芸や科学の分野における，学識ある，創意の人々の努力にかかっている。こういった人々が，この種の大いなる力の発揮ができるように，その研究成果とその努力に法的な保全策が必要となってくる。このような保全策はあらゆる人類の自然権のひとつであるから，人間に個有の財産という場合には，人間の心の働きによって作られたもの以上のものはないわけである。

　コネティカット，ニューハンプシャー，ロードアイランド，ノースキャロライナ，ジョージア，ニューヨークの諸州も，自然権思想と公共の利益からの理由づけの合わさった著作権立法を行った（Solberg at 11, 18, 19, 25, 27, 29 参照）。

　しかしこれらの法は，各州の州境の範囲でしか効力を持たなかったので，ひとつの州の著作者が

他のすべての州で保護を受けたいと思えば，すべての法の定めるところに従わざるを得なかった（異なる州における著作権の譲受人同士の利益の衝突については，Hudson & Goodwin v. Patten, 1 Root 133（Conn. 1789）を参照のこと）。同じ状況はヨーロッパにおいても存在していたわけではあるが，大西洋のこちら側では，同じ言葉をしゃべり，同じ本を読んでいる状況にあるわけだから，統一的な全国法が肝要であったのである。

そこで，合衆国憲法の起草者たち（framers）は，その条項中に，簡にして直接的な，ある条文を加えた。すなわち，第1条8節8項において憲法は，「著作物（writings）および発見（discoveries）とに関して，著作者（author）と発明者に対し，限られた期間における独占的な権利を与え，以て科学および有益なる技芸（useful arts）の発展を促進させる」ことを，連邦議会に権限づけているのである（Fenning, The Origin of the Patent and Copyright Clause of the Constitution, 17 Geo. L. J. 109 (1929)を参照のこと）。この条文は，「著作権」，「特許権」という用語を使ってはいないものの，これらの財産権を包含していることは明らかである。「著作者」の「著作物」という用語は，細部やスタイルについて決定する小委員会によって選ばれた言葉で，憲法制定会議において格段の論議なく採択されたものだった。

この条項についての同時代の解釈として，The Federalist, No. 43 at 279（Mod. Lib. ed. 1941）のマディソンの，簡明な，あるいは簡明にすぎて謎めいたコメントが，しばしば引かれる。

> 「本規定に定める権能（power）の有益性については，ほとんど疑いのないところである。英国においては，著作者の著作権は，コモン・ロウ上の権利として厳かに宣告されてきた。有益な発明についての権利に関しても，同様の理由により，発明者に帰属されるべきものである。公共の利益（public good）は，この2つのケースにおいて，個人の権利と完全に合致するものである。各州は，これらの場合において，別途の効力ある条項を創りだすことができない。大方の州は，連邦議会の発起により通過させた法律によって，この点についての決定を先におこなってしまっている。」

3　最初の合衆国著作権法

1790年5月31日に成立した最初の連邦著作権法（1 Stat. 124）については，委員会レポートが残されていない。従って，法それ自身からその目的および政策を解き明かさなければならない。連邦議会は，アン法典より採用された方式面の要請と制約とを採択した。これらは，さきに見たとおり，事前許可制法に取って代わる純然たる地方自治体の法令として立法されたものであり，付随的に，書籍出版業組合（Stationers' Company）のメンバーたちの主張する，永久権としての著作権という不実の主張を抑制することとなった。

1790年法は，著作者ないしその譲受人に対して，あらゆる「地図，図面あるいは書物」について，以下の要件の具備を条件として，14年間の保護を保証している。

(1) 発行（publication）に先立って，著作者ないし権利者の住まう地の連邦地方裁判所の書記官（clerk's office）の登録簿における権利登録（title recording）をすること

(2) 4週間の間，1つないしそれ以上の新聞にかかる登録を公告すること

(3) 出版の後6か月以内に，国務長官のもとに，著作物を1部献納（deposit）すること

著作者および譲受人に対する14年の著作権更新の特権は，再び権利登録をし，記録を公告することを条件として，付与された。アン法典と同様，更新の可否は，初めの期間を通して著作者が存命であることにかかっている。後の立法 Act 2 Stat. 171（1802）により，登録の表示が，その日付とあいまって，発行されたすべての複製物に表示されることが要求されるに至る。また，侵害の際の罰則が規定された。

また，著作者の原稿の無許諾の使用に対する条項があり，これによって，権利者に何らの様式を履行させることなく，出版（publication）前における従来のコモン・ロウ上の権利を認めている。ところが，発行された著作物については，本法は，極端といっていいほどに一般公衆が本法に違反することがないように作られており，かつ，著作権を見落としたために生ずる不利益がないように規定されている。何故に，著作物を使いたいと願っている側からこれを創った側へと立証責任の転換が必要とみなされねばならないのかは定かでないが，おそらくは，著作権というものが，その性質上「独占」であり，従ってそれ自身「法の下にあっては，憎むべきもの」であるから，ということなのであろう。同様に，初期において裁判所は，本法を極めて厳格に解釈したので，著作者は，保護を受けるためには，いかなる過ちも自身のマイナスとされぬよう，決して真っすぐとはいえない著作権の小径を，最大限の注意をもって進んでいくこととなった。

Wheaton v. Peters（33 U.S.（8 Pet.）591 1834））は，英国における Donaldson v. Becket と同様，合衆国においてコモン・ロウ著作権が存在しているか否か，然りとすれば，連邦著作権法はコモン・ロウ著作権を廃止するに至ったのか否か，またどの程度にこれを廃止したのか，といった問題を提起していた。原告 Wheaton は，合衆国最高裁判所のもとの判例集出版者（reporter）であり，被告 Peters は，これを引き継いだ者で，最高裁判所判決の「合本判例集（Consolidated Reports）」の出版を企図した。この判例集が，Wheaton により出版された巻にレポートされた判決をも含んでいたのである。原告は，連邦著作権法の権利およびコモン・ロウ上の権利の侵害を受けたことを主張した。

最高裁判所は，著作者には，自らの原稿を他人によって奪われることを阻止し，未発行の著作物を不法に出版されることを阻止しうるというコモン・ロウ上の権利が存することを認めたものの，本件では異なった問題が提起されているとした。すなわち，本件の問題は，ひとたび著作物が発行された場合に，コモン・ロウは「当該著作物の将来の発行についての永久的かつ独占的な財産的権利（property）」なるものを肯認しているか否か，ということであるとする。

最高裁は，連邦法上のコモン・ロウ著作権なるものは存在しない，とする。そして，本件での問題は，原告の著作の発行された場所であるペンシルヴァニア州法によって解決されるべき問題であり，ペンシルヴァニア州がコモン・ロウ著作権を認めているか否かを判断するにつき，2つの事柄が考慮にいれられねばならない，とする。第1に，英国はコモン・ロウ著作権を認めていたか否か。第2に，仮に認めていたとして，ペンシルヴァニアは英国のコモン・ロウを採択したのか，それとも自身のコモン・ロウを発展させたのか。最高裁判所は，Donaldson v. Becket を検討する限り，英国におけるコモン・ロウ著作権というものは「大いに疑わしい問題」であるとする。そして，英国のコモン・ロウ著作権の状態の如何にかかわらず，英国でこのような概念が採用されたのは，ペンシルヴァニア州がそのコモン・ロウを発展させた後のことであった，と判示する。結論として，

英国のコモン・ロウ著作権はペンシルヴァニア州のコモン・ロウの一部とはいえず，またペンシルヴァニア州はそれ自身のコモン・ロウ著作権を発展させてはいない，とした。

さらに判旨は，発行された著作物におけるコモン・ロウ著作権というものはいかなる州においても存在しないとし，発行済著作物を複製し販売する権利は，完全に連邦議会の創りだした権利である，とした。従って，原告の唯一依るべき途は連邦著作権法であるが，原告の連邦法上の請求は，その発行の際になすべき著作権法上の保護要件に厳密に従っていないために，棄却を免れないとした（さらに判旨は，ついでのこととして，何人も裁判所の判決に関して著作権を有することはできない，とも判示する）。

4　法改正

1790年法の後，少しずつ，新しい権利の対象が加えられ，保護の範囲と条件が拡大されていった。1802年に新聞，雑誌等の印刷物が（2 Stat. 171），1831年には楽曲が加えられたが（4 Stat. 436），実演権（the right of public performance）は未だに認められてはいなかった（この権利は1897年に初めて権利化された（Rev. Stat. §4966））。同時に（1831年），最初の保護期間が21年に延長され，更新期間は14年のままにすえおかれたが，更新は，著作者またはその寡婦および子供にかからしめられた。1856年には，演劇著作物が，その上演権（the right of public performance）とともに保護対象に加えられた（11 Stat. 138）。1865年には写真が（13 Stat. 540），1870年には，絵画，図画，彫刻，美術的な作品のためのモデルないしデザインなどが加えられた（16 Stat. 212, Rev. Stat. §4948-71）。この1870年法は，当時議会ビルディングの中にあった連邦議会図書館に著作権関係業務を集中化することによって，すべてのプロセスを早めることに貢献した。

5　1909年法

1909年著作権法は，ごく細部の修正を除けばその後68年間効力を有し続けたのであったが，同法は，その成立に先立つ数年にわたる入念な努力と徹底的な議論の産物であった。ところが本法は，それぞれ異なる観点と利益を代表するいくつかの暫定法案と改訂意見とを1つに妥協せしめようとしたことの結果だったので，いくつかのセクションでは明確性と一貫性に欠ける点が生じ，同法を解釈する一般公衆や裁判所に少なからぬ困惑を生じさせた。

しかしながら，1909年法においては，旧法に対しての大幅な改善がなされたことは事実であり，以下のごときものが挙げられる。

(1) 発行済みの作品の場合において，従来の，権利登録の日付（これはしばしば，作品が実際に発行されるずっと前になされることが多かった）からではなく，著作権表示つきで発行された日付から，とした。

(2) 未発行（unpublished）の作品であっても，それが展示，上演ないし声による提示（oral delivery）のために作られたものであれば，制定法上の著作権の保護を及ぼし得るものとした。

(3) 更新期間をさらに14年延ばし,最長56年の保護が可能となるようにした。
(4) 著作物についての登録事項について,登録証明書をもってその一応の証明 (prima facie evidence) とした。

法律の成立から半世紀を経て,同法の包括的な改正と近代化へのプレッシャーが高まった。ひとつには,映画,レコード,ラジオ,テレビ,その他の聴覚および視聴覚収録技術の発達が,ビジネス手法や慣行の変化とともに,考察されるべき新しいファクターを作り出したのである。もうひとつは,国際的な境界を越えて著作物が販売され,海外においてアメリカの著作者に対するより大きな保護が望ましいとされるようになって,アメリカ合衆国の著作権法を国際的な著作権法や条約の水準に調和させることが賢明であるとの認識が高まってきたのである。

6　1976年法

1955年の連邦議会により,包括的なプロジェクトが承認された。このプロジェクトのもと,著作権局は,法改正に伴う主な実体法上の問題点について,法律面と実態面との研究報告を多数作成した。これらの外部発表は,改正法の発展のために有益なアイディア,コメント,示唆の交換を生み出したという意味において,意義深いものがあった(さらに,これらは,もともとの目的を離れて貴重なリサーチ道具としても役立っており,従って,このプロジェクトを始めた著作権局長官を記念して,アーサー・フィッシャー・メモリアル・エディションとして出版された)。1961年7月には,カミンスタイン長官が,議会に対して新法の改訂案を提出した。これは,詳細なレポートからなり,一般から寄せられたコメントの後に,彼自身の推奨にかかる中間的な改正案を含んだものだった (Report of the Register of Copyrights on the General Revision of the U. S. Copyright Law, Report to House Committee on the Judiciary, 87th. Cong., 1st Sess. (1961). 以下,1961年長官レポートと称する(後に1965年補遺レポートと1975年第2補遺レポート草案が提出された))。

続く3年間に,中間ドラフトとこれらのコメントが,1964年の両院の2法案として結実する (H. R. 11947, S. 3008, 88th Cong., 2d Sess.)。1965年,1966年には,異例の長いヒアリングがこれに続き,最高潮に達する (H. R. Rep. No. 83, 90th Cong., 1st Sess. (1967))。1967年には,下院が改正法案を提出する (H. R. 2512, 90th Cong., 1st Sess)。ただし上院は提出しなかった。上院に関しては,1974年,ケーブルテレビ,教育目的の使用,図書館における使用,といった政治的,技術的な問題による遅れの後,改正法案が通過し (S. 1361, 93d Cong.),1976年2月にこれとほぼ同内容の法案が通過した (S. 22, 94th Cong.)。1976年の採択に先立ち,立法経過上での重要な一局面が,S. Rep. No. 94-473, 94th Cong., 1st Sess. に現れている。これとはまた別の長いヒアリングによって,司法委員会の別の包括的なレポートに支持された,上院法案22号の下院版が下院を通過した (H. R. Rep. No. 94-1476, 94th Cong., 2d Sess. (1976))。これは,紆余曲折の立法過程の主要部分を要約したものである。両院間のくいちがいは,議会報告の中で解決され (H. R. Rep. No. 94-1733, 94th Cong., 2d Sess. (1976)),両院により承認され,大統領は1976年10月19日,これを承認した (Public Law 94-553, 90 Stat. 2541)。

この新法は,過去数世紀にわたる,アン法典,1790年法,1909年法などの伝統から,大きな哲学

的隔たりを見せた。と同時に，1909年法の多くの部分は，直接にも間接的にも，いまだ効力を残し，永久にとは言わないまでも，21世紀までは，このような状態が続くこととなっている。

新法の主要な条項は以下のとおりである。

(1) 発行（publication）されていると否とにかかわらず，単一の連邦上の保護システムが，「著作によるオリジナル作品（original works of authorship）」について，それが有形の表現媒体の上に固定された（fixed in a tangible media of expression）時点から与えられる（関連する州法は，明示に先占される）。

(2) 一般的に，著作者の生存期間およびその死後50年によって算定される単一の保護期間制度を設け，これに対して雇用著作物などの特殊な場合においてのみ発行（あるいは，未発行著作物の場合は創作）の時点からの保護期間が開始する法制をとった。

(3) いかなる形態の権利移転についても35年経過の時点で，個人の著作者に対し，かかる譲渡を解除できる，譲渡不能の権利を与えた。但し，譲受人は，解除前に作った二次著作物を引き続き使用できる。

(4) 公衆へ頒布される，視覚的に感知可能なコピーの上の著作権表示については，その形式と場所に弾力性を持たせ，表示の欠缺の際の救済規定を定め，適切な表示の使用と迅速な登録へのインセンティブを設けた。

(5) 独占的権利に対してのフェア・ユース（fair use）によるその制約を認知し（その適用について例示も定めた），非営利，図書館，公共放送局による使用などからくる著作権の制約を認知した。

(6) 著作権の存する題材を使用するケーブルテレビジョン・システムおよびジュークボックスに対して，著作権使用に関する責任を課することとし，しかしながら，これらの著作権は，強制許諾の対象とされ，その他の制約に服することとした。

(7) 著作権ロイヤルティ審判所（Copyright Royalty Tribunal）を設け，これにより，強制許諾によるロイヤルティの決定ないし見直し，かかる許諾のもとでの著作権を主張する者への分配を決めることとした。

(8) 著作権の所有の分割性についての規定を設けた。

長い改正作業の中で，3つの主要な問題が，それぞれ個別の立法作業によって解決された。1つは，1962年9月19日から始まった，更新された著作権の延長であり，これによって，新法の成立まで待ったのでは保護が終了してしまうようなものについても保護が及ぼせるようにした。2つめは，1971年と1974年に，録音済みの演奏について，限定的な連邦著作権の保護が与えられた。これは，録音物そのものの複製に関する限りのもので，その音源とは独立に音を似せて作ったり，その録音物を実演すること（例えば，レストランでレコードをBGMとしてかけること）には及んでいなかった。3つめは，「著作物の新技術による使用に関する全国委員会（National Commission on New Technological Uses of Copyrighted Works: CONTU）」を設立して，コンピュータや電子複写などのニューテクノロジーを研究させ，議会に対して，これらの急進的な分野の1976年法における間に合せ的な条項を入れ替えるべく，勧告を与えられるようにした。これは，連邦議会が，1909年法改正作業の蝸牛の如き歩みぶりを思い知ったため，予めこの新法を改正するメカニズムをその施行前に作り上げておこうとしたものであった。1978年7月31日のCONTUの最終報告ではいくつかの改正が勧

告されて，1980年12月12日に議会はこれを採択した（Pub. L. 96-517）。

7　国際的な著作権の保護とアメリカ合衆国著作権法への影響

　共和政の最初の100年は，海外著作物に関してアメリカ合衆国は「海賊国家」であった。しかし，19世紀も終りになる頃には，国際的な著作権の運動が高まり始め，海外および国内において，大きく世論が渦巻いていた。この結果として，合衆国は，いわゆる1891年国際著作権法を制定する（26 Stat. 1106）。これによって，著作権は初めて外国人に対しても与えられるものとなったが，実際には，長年の要件であるところの，権利登録，著作権表示，献納などの遵守，「すべての書籍，写真，着色石版画，リトグラフについて」アメリカにおいて製造されたものであるべしとの要件（いわゆる内国製造要件）等に従うことは非常に難しかった。従ってこれは，国際的というよりは国内的手段であり，アメリカの著作者にインセンティブを与え，その一方で大部分の外国著作物の海賊版を容認することによって「学術を促進する」という，長年のパターンの大部分を維持したわけである。これら海賊出版社が安い外国本のリプリントものを売ることを許していたことについては，倫理的とはいわないまでも，文化的な正当化事由があったようである。すなわちそれは，「この地球上のどこにも，アメリカの本などを読む者はいない」ということであった（1820年のシドニー・スミスの言葉。United Dictionary Co. v. Merriam Co., 208 U. S. 260, 264 (1908) よりの引用）。しかし，19世紀も末に近づくにつれて，多くの人々，殊に海外の人々にとって，単なるお飾り以上の保護が必要，と考えられるようになってきた。

　この結果がベルヌ条約で，1886年に国際著作権協会を作り出し，統一法への著しい貢献をなした。この条約のもとにおいては，後に改正になったところに従えば，著作権の保護は，協会の内外を問わず，また何らの方式的要件に服することなく，世界中の著作者および芸術家のために，本条約を締結した国においてはどこであれ，自動的に与えられた。唯一の条件は，協会のいずれかの加盟国における発行が，他の国におけるそれと同時か，もしくは早い，ということであった。本条約のもとでは，未発行の著作物の保護は，現在でもそうであるが，協会の加盟国の市民または居住者に限定されている。最初は10か国から始まって，1999年1月1日現在で133国を数えるに至り，アメリカと中国を含めて，世界の先進国のほとんどすべてをカバーしている。ベルヌ条約の改正は，パリ改正（1896年），ベルリン改正（1908年），ローマ改正（1928年），ブリュッセル改正（1948年），ストックホルム改正（1967年），パリ改正（1971年）となされてきている。1996年には，レコード製作者や実演家の著作隣接権や，新しい技術によって生じた多様な問題に的を定めた新国際条約を起草するための外交委員会の産物として，WIPO 著作権条約と WIPO 実演家およびレコード条約が生み出された。

　アメリカは当初ベルヌ条約に加盟していなかった。1976年法に至るまでは，わが国の著作権法は様々な点（方式および保護期間を含め）で同条約の水準に抵触していたのである。しかし，アメリカ著作物の輸出が第二次世界大戦後増大するにつれて，国際的な著作権制度にアメリカも参加することがますます必要となってきた。その時点において，もしもアメリカの著作権法をベルヌ条約に合致させることが難しいのであれば，国連の成立とユネスコの設立に伴い，ある種の妥協がなされる

ことを目的として，新たな国際的な組織が提案された。

1952年にこの試みは，万国著作権条約の調印として結実する。この多国間条約は，締約国のベルヌ条約上の義務に変更を加えることなしに，著作権の国際的保護の新しい手段を提供している。締約国の国民による著作物および同国で初めに発行された著作物は，他のすべての締約国において保護を受けることとされた。内国における方式的要件については，その外国著作物のすべてのコピーが規定の表示を付けているか，あるいはそれが未発行のままであるならば，内国の方式要件に従う必要がない，とされた。締約国は保護の及ぶ外国人を差別扱いしてはならないとされているが，自国民による著作物ないし自国が最初の発行地となる著作物については，さらなる要件を課すことができるとされている。

合衆国は，この条約を批准した最初の一団の国々の一つであった。同条約上の義務に従うために必要とされるところのものよりやや上回った改正をして，アメリカは1954年に同条約を批准した (Public Law 743, 83d Cong., 68 Stat. 1030 (1954))。同条約は1955年に発効した。1998年6月時点において，万国著作権条約の批准国は94か国に及ぶ。

1988年10月，合衆国はベルヌ条約をついに批准した。これに伴って，国内の著作権法に変更がなされた。連邦議会は，ベルヌ条約の実体法に関する条項は自動執行力がないものと判断した。すなわち，同条約における命令的条項は直接には内国法に編入される性質のものではなく，内国的な立法が必要だと判断したのである。この結果，連邦議会は，ベルヌにおける基準と両立しえない1976年法下における諸条項を削除した。

中でも最も顕著なものは著作権表示の改正で，これは，表示を必要的なものから任意的なものへと変更した。従来これは，訴訟の前提として，権利の移転の登録が要件であったものである。また，ジュークボックスでの楽曲の公けの実演につき，従来は強制許諾制度が予定されていたが，まず当事者間の交渉を前置することとした（強制許諾制度は，当事者間の交渉が不調に終わった場合の最後の手段として存続する）。また登録制度についても改正がなされたが，これは，ベルヌ条約上の外国起源の著作物の登録に関してのみの変更である。これらの著作物の権利者は，訴訟の前提要件として，著作権登録を義務づけられない（しかし，いくつかのより高度の保護を受けるためには，方式面での内国法への合致は依然要件とされている）。内国起源の著作物については依然として，訴訟に先立っての登録が義務づけられている。

8 1976年法のその後の改正

1990年以降ほぼ毎年，連邦議会は著作権法に重要な改正を行っている。1990年に連邦議会は，「視覚アーティスト権利法」，「建築著作物著作権保護法」および「コンピュータ・ソフトウェアのレンタルに関する改正」を定めた。「視覚アーティスト権利法」は，一定の絵画・彫刻・写真の著作物の作者に，彼らの著作物のオリジナルの有形的複製について，氏名表示権と同一性保持権に限定した権利を与えている。「建築著作物著作権保護法」は，設計図と建築模型に加えて，完成された建築物にも保護を与えている。「コンピュータ・ソフトウェアのレンタルに関する改正」は，1984年のレコード・レンタルに関する改正に続くものであるが，コンピュータ・プログラムの著作

権者に，最初に販売された後であっても，プログラムのコピーのレンタルの許諾をすること（または許諾しないこと）についての独占的権利を与えている。

1992年に連邦議会は，1976年法以前の著作物の著作権の保護期間につき，当初の保護期間の自動更新を定めた。また連邦議会は，著作物が未発行の状態であることはフェア・ユースの抗弁を妨げるものではないことを明らかにするために，フェア・ユース例外を修正した。さらに，部分的ではあるが初めて直接的に，「1992年家庭内録音法」において私的な複製の問題について言及した。この法律は，作詞作曲家・音楽出版者・実演家・レコード製作者に分配するために，デジタル・オーディオ・テープ（DAT）の録音機器と録音媒体に追加料金を上乗せさせる義務を負わせるものである。また，最初の複製テープからさらに複製テープを作ることを防ぐため，メーカーに「シリアルコピー防止装置」をDAT機器に内蔵させる義務を負わせている。しかしながら，この法律は，アナログの録音装置や媒体に関しては賦課その他の拘束を負わせるものではないので，明らかに，私的なアナログ録音を著作権侵害責任から免除するものである。

1993年の立法においては，著作権ロイヤルティ審判所を廃止し，代わりに非恒設のロイヤルティ仲裁機関を設けることとなった。同機関は，法定の強制ライセンスのロイヤルティ・レートを調整することと，徴収したロイヤルティを権利者に分配することの両方の権限を持つ。

1994年には，ベルヌ条約加盟国とWTO加盟国の外国著作物のうち，著作権表示要件ないし更新登録（1909年法の最初の28年の保護期間の終了時における）を遵守しなかったとしてアメリカにおいて保護期間の失効したものについて，著作権保護を復活させた。起源国においてこれらの著作物が生きている限り，そのアメリカにおける著作権も1996年1月1日付で復活したとしたのである。この著作権復活制度は，復活した権利の所有者と，そうした権利が復活する前に利用をしてきた「信頼をした当事者」との利益調整についても，詳細な条文を置いている。

1995年と1998年には，録音物の実演権をデジタル送信に及ぼし，インタラクティブなデジタル送信については完全な権利を実現し，その他のデジタル送信全般には強制許諾制度を作った。

1998年に連邦議会は「デジタル・ミレニアム著作権法」と「Sonny Bono著作権保護期間延長法」を採択した。前者は，著作物についての技術的保護手段の潜脱を禁止し，「著作権管理情報」の除去や変更を禁止するものである。後者は，「音楽ライセンスにおける公平性（fairness in music licensing）」条項を含むもので，著作権保護期間を，現行の「発行から75年もしくは生存期間プラス50年」から「発行から95年もしくは生存期間プラス70年」に延長するものである。「音楽ライセンスにおける公平性」条項は，一定の小規模事業所がラジオやテレビ送信を受信して音楽を実演することについて，著作権法の適用除外を定めたものである。

B 一般原則

〈合衆国憲法第1条8節8項〉

連邦議会は，……著作物（writings）と発明（discoveries）とに関して，著作者（authors）と発明者（inventors）に対し，限られた期間における独占的な権利を与え，以て科学および有益なる技

芸（useful arts）の発展を促進させる権限を有する。

〈合衆国著作権法の全般的改正に関する著作権局長官の報告書 3-6 (1961)〉
B 著作権の性質

1 一般論

著作権の本質は，著作者の有する，自己の知的創作物の複製を管理する権限である。著作者がその作品を自分だけの占有下においている限りにおいては，著作者の絶対的なコントロールは物理的な事実である。しかし，著作者がこれを他の者に開示した場合には，その者に対して複製を可能にしたことになる。著作権というものは，かかる開示後の場合において著作物の複製をコントロールできる権利を与えたものである。

著作権は，他者をして，著作物に包含されるアイディアや情報を使用することを禁ぜしめない。著作権は，著作者が知的な概念（concept）を表現しようとしたところの，文学的，音楽的，図像的ないしは芸術的な様式（form）に関連するものである。それは，著作者に対して，他人がその許諾なしに著作者の個々の表現（expression）を複製することを妨げる権利を与えはするが，同じ概念を他人がその者自身の表現で表すことは妨げられないし，他人が著作者の表現の様式をコピーしない限り，この概念を実利的に使用することを妨げることもできない。

2 物権（property）としての著作権

著作権は，一般に物権の一種とみなされているが，特殊な物権である。それは無体の物権である。物権の宿るもの，すなわち著作者の著作物は，原稿，書籍，レコード，フィルムといった有体の物質に化体されない限り，占有することができない。著作物を化体した有体物は，著作権者以外の多くの人に占有され，これらの人々は，自分自身のためにかかる作品を享受すべく使用できるが，著作権があるために，著作権者の承諾なくこの作品を複製することはできない。

ホームズ判事は，有名な White-Smith Music Publishing Co. v. Apollo Co.（209 U.S. 1 (1908)）の同調意見の中において，物権としての著作権についての古典的な定義を，以下のごとく行っている。

> 物権の概念が宿るのは，私見によれば，有体物の確定的な占有からであり，それは，他者をして多かれ少なかれその望むような自由な介入をなさしめぬ排他的な権利である。しかしながら，著作権における物権は，より抽象的なものとなる。排他的権利は，占有ないし所有された物に向けられたものではなく，言ってみれば，空虚なものに向けられているのである。著作権は，人間の自然性に対する制約である。すなわち，それがなければ何にせよ可能なことはできるはずであるのにこれを妨害するのが著作権である。それは，権利を有する当事者からする，その存在や権利化体物から遠く隔たった行為に向けられた禁止命令である。著作権は，その所有者から千マイル離れたところでも，また所有者がそのことに全く気づかなくても侵害されうるものである。

3 人格権（personal right）としての著作権

a 一般論

ある学説は，殊にヨーロッパにその傾向が強いが，著作権を著作者の人格権ないしは人格権と物権の混合として性格づける。確かに，著作者の知的創作という側面はその人格を跡づけているし，それが著作者その人から発したものであるとの同一性を証してもいる。しかし，著作者の権利は他

人に譲渡ができ，本人の死後も存続するのであって，これらは特殊な種類の物権というべきであろう。

……（略）……

4　独占としての著作権

時として，著作権は独占権であるといわれる。これは，著作権所有者がその著作物について，マーケットに独占的コントロールを及ぼせる権利を与えられる，という意味においては正しい。もしもこのコントロールが無制限なものであったら，その著作物の頒布にとって不当な制限となりえたであろう。

他方，どの一つの著作物も他の多くの著作物とマーケットにおいて競争している。単純な複製を禁じることによって，著作権というものは，競合する著作物を独立に創作させる方向に働く。真の独占の危険は，むしろ，同種の著作物がプールされて同じコントロールを受けることである。

C　著作権の目的

1　著作権法の憲法上の根拠

……憲法に現れているように，著作権立法の究極目的は，公共の福祉のために学術と文化を育成することにあり，著作者に対して限られた期間独占的権利を与えるのも，この目的への手段である。この原則については，1909年法の立法報告において，以下のごとくより一層詳らかにされている（H. Rep. No. 2222. 60th Cong., 2d Sess.）。

> 憲法の下における連邦議会の著作権法の立法は，その根拠を，著作者がその作品に関して有する自然権においているのではいささかもない。最高裁判所が明らかにしたように，かかる権利は純粋に制定法上の権利なのであり，著作者に一定期間独占権を与えることによって科学および有益なる技芸の発展が促進され，それによって公共の福祉が図れる，というところに根拠がある。憲法は，それ自身では著作権を規定せず，その権利内容の決定権限を，連邦議会が最上と思うところに委ねた。この権利は従って，主として著作者の利益のためでなく，公共の利益のために与えられた権利である。特定のクラスの人々が利益を受けるのではなく，ここにおける政策判断が大勢の人々の利益のためであるが故に，著作者や発明者にボーナスを与えることが著作や発明を進展させるものとされるのである。

> 著作権法を制定するにあたり，連邦議会は……2つの問題を考慮しなければならない。1つは，どの程度にこの法律が製作者を刺激して創作活動を起こさしめ，もって公共の福祉に寄与するか，である。2つめは，公衆に不利益なかたちでどこまで独占を認めるか，ということである。適切な条件のもとにおいては，かかる独占権の付与は，独占による一時的な弊害を上回る利益を公衆に与えるものである。

2　著作者の権利と公共の利益

a　一般論

著作権法の主たる目的が，公共の福祉のために知的な作品の創作と頒布を育成することにあるとはいっても，ここにはもうひとつの重要な二次的目的がある。著作者に対して，社会に貢献したことに対する報酬を提供することである。

これらの2つの目的は密接に結びついている。多くの著作者は，収入のあてもなく創作活動に打

ち込むことはできない。著作者に対してマーケットが与える経済的な報酬を確保する手段を確立することにより，著作権は知的作品の創作と頒布とを活性化させるのである。同様に，著作権の保護があるからこそ，出版社やその他の頒布事業者は，その財源を投資して公衆にこういった作品を提供しようとするのである。

　b　著作者の権利の限界

　著作者の利益というものは，合理的な限界内で，公共の利益と一致する。どちらについても，できるかぎり幅広く作品が広まればそれだけ利益を受けることになる，と言えよう。しかしながら，ある作品を使用したいと思っているユーザーにとって，著作権者を探しだし，その許諾を求めるということは，しばしば面倒なはなしである。著作者にはほとんど何の利益も与えないにもかかわらず，著作権による制約が著作物の頒布を妨げてしまうという状況も，数多く存在する。そして，著作者の利益は，もしそれが公共の福祉と抵触する場合には，前者が譲歩しなければならない性質のものなのである。

〈チャッフィ「著作権法に関する考察」〉
(45 Columbia Law Review 503, 506-11 (1945))

　まず我々は，著作権とは独占である，というところから考え始めるべきだろう。他の独占と同じく，著作権は多くの異論に取り囲まれている。これは，競争者に対して負担をかけ，公衆にも負担をかける。しかし，著作権については他の独占とは異なり，その独特の利点のために，法がこれを許し，助長すらしている。しかしそれでも，これが独占であることを思い出すことによって，この負担が利点を上回ってはならないということを常に確かめておかなくてはならない。従って，誰が利益を受けて，それはどのくらいの利益であり，それは誰の犠牲において生じたものであるかを検討することが望ましいこととなってくる。

　　著作権の主たる目的は，むろん，著作者に利益を与えることである。
　　……知的財産権は結局のところ世界中でただひとつの絶対的な占有である。……無から，自己の思想の一粒種を生み出した人間は，これに関する権利を有し，それは他のいかなる財産権にも属しえないものである。

マコーレイは，1842年の英国著作権法法案を採択するに至る会期の最初の演説で，このように述べている（Macaulay, Copyright (1841 Speech in House of Commons. in 8 Works (Trevelyan ed. 1879) 195, 197)。

　　我々にとって，優れた書籍が供給されているという状態は必要なことである。このような状態は，しかし，文学者たちが報酬を得ていなければ存在しえないことなのだ。そして，この報酬を与えるための最も穏健な方法が著作権なのである。

　多くの文学や芸術は，それらと独立の生活の糧を他に持っているような人々によって生み出されているわけではない。これらのものは，余暇の時間に創りだされる副産物ではないのである。芸術家たちがかつてはそうしていたような，パトロンからのサポートや政府による援助といったものは，いまやロイヤルティの代用物とはなりがたい。そこで我々としては，マコーレイが以下のごとく強く指摘する欠点があるにもかかわらず，独占の手法に訴えるのである（同上 at 201）。

　　著作権の原理は，読者に税金をかけて，これを作者に助成金として与えることである。税金

というものは全然良いものではないのだが，この税金に限っては，最も無垢で，人間としての喜びへの祝福に満ちた税金のひとつといえよう。

ここでは，特許の場合がそうであったように，憲法が明示に私人に対して利得を与えるという，変則的なやり方をとっている。著者，音楽家，画家などが，最も大きな恩恵を蒙る者たちである。そこで我々は彼らを保護しようとする。しかし，彼らを保護するということは，彼らの創造物の享受をより高価なものにすることであり，薄い財布の持ち主にとってはことさらにこれを享受することを困難にしてゆくことなのである。さらに，独占というものは何でもそうであるけれども，商品をマーケットに全く出さないようにすることが可能である。従って，我々としては，著作権法の特定の条文が著作者を本当に助けるものであるということを，すなわち，公衆に課される負担が著作者に与えられる利益を実質的に上回っていないということを，確かめなければならない。

問題が著作者と読者との間だけのことであれば，この抵触する利益の調整は簡単であるのだが，ことが難しくなるのは，著作権によって大きな利益を蒙る他の2つのグループがこれに絡んでくるからである。

まず，著作者の遺族というものがある。著作者が著作権の失効する前に死んでしまった場合には，著作権の恩恵に十分に浴していないということもしばしばありうるところである。著作権の利益および独占権は，その寡婦および未成年の子供，あるいは遠い親戚に移転される。寡婦と未成年の子供である限りは，この結果はよく是認しうるところである。公衆に対して大いなる善をなしとげた者の家族が貧困にさいなまれているのは，社会の良心に反するものである。さらにまた，寡婦と子供に何かを遺してやりたいという願いは，全人類にとっての仕事への最大のインセンティブである。アースキンが初めての法廷での弁論を行った後に，どうしてああも大胆にマンスフィールド卿の前で弁論ができたのかと問われて，このように答えた。「私には，法服にすがりついているわが子を感じることができたのだ。」(6 Campbell, Lives of the Lord Chancellors (1848), c. CLXXVII) ……しかし，著作者の遠い親戚となると，ちょっとこれでいいのか疑わしくなってくる。この場合，公衆に対する税金という考え方は，もうひとつ説得力を持たなくなる。

さらに，もう一人の著作権の受益者のことを考えねばならない。しばしば，著作者もその遺族も著作権を有しないという事態が生ずる。すなわち，出版社に帰属しているわけである（ここで出版社という場合，映画会社のような出版以外のマーケティング・エージェンシーをも含む）。歴史的に見れば，アン法典を克ち得たのは著作者ではなくして出版社，すなわち当時のロンドンの書籍商であった。出版社は，著作権を何の制約もなく所有することができるし，その売上げのすべてをさらっていくことができる。あるいは，ロイヤルティを支払って，売上げのほとんどをさらっていくことができる。いずれにせよ，全くの競争状態におかれた場合よりもずっと多くのものを，著作権のある書籍から吸い上げることができるのである。従って，著作権法が読者に課する税の多くは，直接には出版社に行ってしまうのである。

それでは，著作者を助けるという大義名分は単なる見せかけにすぎないのだろうか。これと同様の攻撃が，特許制度に関して頻繁になされた。ほとんどの特許は，発明者ではなく，しばしば非常に大きな会社であるところの製造会社が所有する。結果として我々は，憲法の目的，つまり，「発明……に関して，発明者に対し独占的な権利を与え」ることを企図した憲法の理念を裏切っている，というように言われることがある。ビッグ・ビジネスは発明者のスカートの後ろに隠れているとも

言われるけれども，これもあまりそれらしく聞こえない。発明者が発明をすると，今度はこれを販売するための莫大な金が通常必要となる。発明者は普通，これを自ら資金調達する立場にいない。……従って，発明者は，間接的に特許の譲渡可能性によって利益を受けているといえる。

　同様の理由づけが著作権にもあてはまる。器械やプロセスに比べれば，書籍を創りだすのに必要な費用というものは小さいけれども，本を印刷して，読者に宣伝するということは，それなりにコストのかかるものである。たとえ著作者が自ら著書を出版するだけの余裕があったとしても，あまりうまくはことを運べないだろう。出版社が著作権による独占の利益を受けられないとしたら，著作者にとって，自作を出版してくれる版元を探すことは困難なこととなるにちがいない。いったん本が出版されて，成功をかちえたとすると，この独占なしでは，競争者が合法的に参入してくることになってしまう。宣伝費用を大してかけずにそうすることが可能だからである。これらの競争者は，自ら種を播いていないところから収穫を得られることになる。出版社なしでは著作者も読者も無力な存在である。詩人ウィザーは，良き出版社について次のような趣きある言葉を残している (Wither, The Scholler's Purgatory (1624), quoted in Birrell, Seven Lectures on the Law and History of Copyright in Books (1899) 84)。

　　彼は，好奇心あふれる魂の食欲を満たす，もろもろの食物を一手に集めた仕出屋……

　従って，出版社の手にある著作権を保護するひとつの理由は，著作者に間接的な利益を与えて，ロイヤルティの受取りやら，もっと高い値段での原稿の売切りを，可能にすることなのである。第2の理由としては，出版社が投資に対する見返りを得ることは全く公平にかなっている，ということである。ベストセラーとなった特定の本から出版社に入る収入は，普通の場合の6％よりも高いことは疑いをいれないが，この特定の本にのみ注目すべきではない。出版は限りなくギャンブルに似ている。同じ出版社の他の多くの本は，当初の支出すら回収しえないで終わるのである。ときたま起こる大当りのおかげで我々は，人気の点では劣るものの，しかし多分より価値の高い本を読むことができるのである。どの出版社についても，もしその出版社の出すあらゆる本についてのリターンに着目したならば，それはさして高額なものではない。億万長者になれる出版社などはほとんどいないのである。かくて著作権は良心的な出版社の存在を可能にする。……

Mazer v. Stein, 347 U.S. 201 (1954)：「特許法と同じく，著作権法においては，所有者に対する報酬というものは二次的な考慮しか払われない」(United States v. Paramount Pictures, 334 U.S. 131, 158)。しかし，それは，「著作者や出版社等に対して，面倒な手続なしに，価値ある，執行可能な権利を与えるべく意図されたものであり，これによって『社会に利益をもたらした文学的ないし芸術的な作品の創作をより助長せんとしたものである』」(Washingtonian Pub. Co. v. Pearson, 306 U.S. 30)。

「連邦議会は，特許権と著作権とを付与する権限を憲法によって与えられた。この背後にある経済的な哲学は，個人的な利得を授けることによって個々の努力を奨励することこそが最上の手段である，ということである。これによって，『科学および有益なる技芸』分野における著作者や発明家の才能が，公共の福祉をおしすすめる結果となるわけである。こういった創造的な活動に費やされた日々が，これに釣合いのとれた報酬に値するのである」。

Sony Corp. of America v. Universal City Studios, Inc., 464 U.S. 417 (1984)：「議会が認めた独

占の特権は，無制約のものではなく，また，特別の私的利益を与えることを主たる目的として意図されたわけでもない。この限定づきの特権は，重要な公共の目的を達成するための手段として認められたものなのである。特別の報酬を与えることによって著作者や発明者の創作的活動を鼓舞し，独占的コントロールの及ぶ一定期間経過後は公衆がこの才能の結果物にアクセスできるようにすることが，眼目なのである」。

American Geophysical Union v. Texaco, Inc., 802 F. Supp. 1 (S.D.N.Y. 1992)：「著作権はそれによってお金がもうかるという理由で著作権者の権益を軽んじようとするのは，著作権法が前提とするセオリーに真っ向から対立する。著作権法はお金もうけ的な動機づけをむしろ奨励しているのだ。つまり，著作権の利用から得られる利益という誘因が，知識の普及をもたらすことによって公共の利益になるということを著作権法は認識しているのである」。

著作権の理論の経済的分析

法律の経済的分析は，法的理論や制度に関する影響力のある思考学派になってきたが，著作権法の領域では比較的早くからとられていた。一般に知的財産の分野では，特に著作権の分野は，経済的分析が盛んであった。というのは，それらは，創作的活動の経済的な動機づけが社会の福祉に寄与するであろう（すなわち，「科学および有用なる技芸の発展を促進する」であろう）という前提を基本とするからである。ある意味で，合衆国憲法における特許と著作権の条項の起草者は，机上の経済的分析をちょっとだけ行っていたわけだ。

70年ほど前，「法と経済学」に興味を寄せた学者たちが問題視したのは，社会を豊かなものにする文学や美術，音楽の著作物が創作されるために，その著作物の頒布や派生的な利用の独占権を著作者に与えることが本当に必要かどうか，ということだった。多くの学者たちはこう主張する。すなわち，著作者には，ロイヤルティは別にして，著作活動をする様々な動機がある。そして，いかなる場合でも，進んで出版をする出版社さえいれば適切なロイヤルティが得られるのだ，と。つまり，最初に書籍として印刷して頒布する出版社からの「先行スタート（headstart）」（名声とある程度の経済的優位性が伴うことになる）によるロイヤルティということである。A. Plant, The Economic Aspects of Copyright in Books, 1 Economica (n.s.) 167 (1934); R. Hurt & R. Schuchman, The Economic Rationale of Copyright, 56 Am. Econ. Rev. Papers & Proc. 42 (1966); S. Breyer, The Uneasy Case for Copyright: A Study of Copyright in Books, Photocopies, and Computer Programs, 84 Harv. L. Rev. 281 (1970)を見よ。

例えば，ハート（Hurt）とシュックマン（Schuchman）は，もっと社会的に利益を享受しうる方法で違った風に精力を注ごうとする人にとっては，著作権が無用かつ過度の誘因を与えるのではないか，と推測する。すなわち，「我々は，従来のいかなる価値基準の下でも，ある書籍が，選択肢として存在する他の商品よりも価値が劣るということを直感的に見極めることができる。たとえ文学が本質的に優越的な商品であるとしてもなお，著作権保護が優れた数々の書籍を生み出す最善の装置であるということにはならない」(56 Am. Econ. Rev. Papers & Proc. at 429)。彼らは，「創作するために費用のかかる著作物や，付随的な権利や増刷権からの増収をあてこんで創作される文学的

創作」などは,「著作者に対してその尽力に対する補償を受けさせる仕組み」なしには保護することができないことを認めているが,しかしこのことは,「免税措置を受ける財団や大学のような私的な後援か,あるいは文学的創作のための政府等の公的支援を通して」より適切かつタイムリーに(すなわち,創作物の製作期間の間)できるのではないか,と提言している (Id. at 426)。

(現在合衆国最高裁の判事補である)ブライヤー教授もまた,「著作権は,創作活動を確保するのに十分なだけの高い収益と,幅広い普及を妨げることのない十分な低さの値段との間の矛盾を解決する,唯一無二の手段ではない」と論じている (84 Harv. L. Rev. at 282)。出版された書籍についてのいくつかのデータとパターンを精査し,著作権の代替手段について検討した後,彼は「著作権の実相は,その必要性が立証済みであるというよりも,むしろ,もし保護が取り除かれたらどうなってしまうのかという不安定さに基礎を置いている」と結論づけている (Id. at 322)。

これらの,著作権の必要性と英知に対してあまり好意的とはいえない評価は,直ちに反駁されることとなる。特に,出版市場における「先行スタート (headstart)」が新しい著作物の多くを出版させるために適切な経済的報酬をもたらすという仮定に攻撃が浴びせられた (56 Am. Econ. Rev. Papers & Proc. 435-38 (1966) (ハートとシュックマンによる反駁の節); B. Tyerman, The Economic Rationale for Copyright Protection for Published Books: A Reply to Professor Breyer, 18 UCLA L. Rev. 1100 (1971); Breyer, Copyright: A Rejoinder, 20 UCLA L.Rev. (1972) を見よ)。

読者は,著作権による保護の代替手段(および,考えられる他の手段)と特に「先行スタート」論(特に電子的アクセスやダウンロード,オプティカル・スキャンやデスクトップ上での出版,派生的なメディアやキャラクター,マーチャンダイジングのようなものに伴う,外国への頒布や翻訳といった付随的市場の拡大において)との両方を検討すること。また,しばしば著作権の支持者(特に書籍の出版者と映画製作者)によってなされる議論も検討すること。すなわち,多くの著作物にとって損失が利益に転じるように付随的な市場が利用され得るように,というためばかりでなく,利益を生み出す著作物が最大限の利益を生み出すことで,よりリスクの多い,あるいは市場が小規模だったり,あるいは全然利益の出ないような著作物の創造および頒布を埋め合わせるようにするためには,独占的な権利は一時的なものである以上に存続すべきである,という議論である。こうした著作物の多くは,我々の知識や文化,娯楽の蓄えに寄与するだけの値打ちがあるかもしれないし,もしそうでなければ普及しないというだけのことだ,という議論についても考えること。

著作権,および一連の著作権法理の,経済的土台を探求した文献は,近年著しく増えている。例えば,Symposium on the Law and Economics of Intelletual Property, 78 Va. L. Rev. 1-419 (1992) を見よ。フェア・ユースの法理は,特に経済的分析を通して綿密に検討されてきた。根本的な分析は,W. Gordon, Fair Use as Market Failure: A Structural and Economic Analysis of the Betamax Case and Its Predecessors, 82 Colum. L. Rev. 1600 (1982) であった。また,W. Fisher, Reconstructing the Fair Use Doctrine, 101 Harv. L. Rev. 1659 (1988); R. Posner, When Is Parody Fair Use?, 21 J. Legal Stud. 67 (1992); W. Landes, Copyright Protection of Letters, Diaries, and Other Unpublished Works: An Economic Approach, 21 J. Legal Stud. 79 (1992); Robert P. Merges, Are You Making Fun of Me? Notes on Market Failure and the Parody Defense in Copyright, 21 Am. Intel. Prop. L. Ass'n Q.J. 305 (1993); Trotter Hardy, Property (and Copyright) in Cyberspace, 1996 U. Chi. Legal F. 217 (1996); Tom Bell, Fair Use v. Fared

Use: The Impact of Automated Rights Management on Copyright's Fair Use Doctrine, 76 N.C. L. Rev. 557 (1998) も見よ。著作権法に関しての「法と経済」の最初の波の多くが，著作物の法的保護を正当化する傾向に見えたとすれば，より近時の論文のいくつかはむしろ著作権保護に批判的な経済分析を行っている (Julie H. Cohen, Lochner in Cyberspace: The New Economic Orthodoxy of "Rights Management", 97 Mich. L. Rev. 462 (1998); Lydia Pallas Loren, Redefining the Market Failure Approach to Fair Use in an Era of Copyright Permissions System, 5 J. Intel. Prop. L. 1 (1997); Anastasia P. Winslow, Rapping on a Revolving Door: An Economic Analysis of Parody in Campbell v. Acuff-Rose Music, Inc., 69 S. Cal. L. Rev. 767 (1996) 参照)。

　おそらく，一連の著作権法理への，また著作権の原理そのものへの経済的分析の最も包括的な適用例は，ウィリアム・M・ランズ教授とリチャード・A・ポスナー裁判官＝教授によるものである。以下は，An Economic Analysis of Copyright Law, 18 J. Legal Stud. 325 (1989) からの引用である (R. Posner, Law and Literature, 338-52 (1988) も参照せよ)。

<ランズ＝ポスナー「著作権の経済的分析」>
(18 J. Legal Stud. 325-33, 344-46 (1989))

　全体としての著作権の分野を，法の発展と重要な法理について経済的見地から検討しつつ研究した論文はない。著作権の分野は非常に広範で，我々の分析が余すところのないものだとは言えないけれども，この論文は，商標法の経済学についての我々の最近の論文の精神に基づき，このギャップを埋めるべく意図されたものである。我々の論文の多くの部分で述べているように，我々は，特に実際的な分析と，著作権法を資源の効果的な割当てを促進する手段としてどのような程度まで説明することができるかという問題に，関心を寄せている。

　知的財産権の明らかな特徴は，その「公共財 (public goods)」性である。著作権の保護を受ける物，例えば書籍や映画，楽曲，バレエ，石版画，地図，職業別電話帳，コンピュータ・ソフトウェア・プログラムのようなものを創作するのにかかるコストはしばしば高くつく一方で，その創作物を複製するコストは（創作者本人によると，創作者によってそれを可能にさせられた者によるとを問わず）しばしば安くすむ。そして，一旦コピーが他人によって入手可能な状態になると，これらの利用者たちが更なるコピーを作ることは安価であることが通常である。もし，創作者によって作られたコピーに最低限のコストかまたはそれに近い値段が付けられているのであれば，他人はコピーを作るのを思いとどまるかもしれないが，しかしこれによって創作者が得る収入は，創作にかかったコストをカバーするには十分ではないかもしれない。著作権の保護，すなわち，他人がコピーを作るのを妨げる著作権者の権利とは，最初に創作をする動機づけを与えることの利益と，その創作物へのアクセスを限定することのコストとのトレードオフである。アクセスと最初の時点での動機づけとの間に正確な均衡をもたらすことこそ，著作権法の中心的課題である。著作権法が経済的効率性を促進するには，その主要な法理は，少なくとも大雑把にいって，更なる創作を行うことからの利益を，アクセスを限定することによる損失と著作権保護の管理に要するコストを差し引いた上で，最大にするものでなければならない。

I　著作権の基本的な経済学

A 著作権の機能及び他の要素としての著作物の数
1 一般的考察

　書籍または他の著作物（我々は，まず書籍から出発して，後で他の表現方法について論じることにする）を作成するコストは，2つの構成要素からなる。1つ目は，その著作物を創作するコストである。それは，著作者の時間と努力に，出版社の要求や手書き原稿の編集，タイプ打ちのコストを加えたものから構成されるから，こうしたコストは，作成あるいは販売される部数の多寡にかかわらず一定である。著作権法における用語法にならい，これらのコストを「表現のコスト（cost of expression）」と呼ぶことにする。

　分析を単純にするために，著作者にかかるコストと出版社にかかるコストの区別を無視することにする。よって，「著作者」（または「創作者」）の語を著作者と出版社の両方を意味するものとして用いる。……

　物を作るコストの2つ目の構成要素は，コピーのそれぞれを印刷し，製本し，頒布するコストである。これは，コピー部数が増えることで増加する。表現のコストはコピーを作ることには算入しない。なぜなら，著作物が一度作られれば，著作者の努力という要素は事実上コストなしでもうひとつのコピーに転写できてしまうからだ。

　新しい著作物が作られるには，期待される見返り（典型的には書籍の売上げであり，ここでは専らそれのみであると仮定することにする）が，予想されるコストを超えるものでなければならない。……その著作物を創作しようとする決断は，何部売れるかという需要が分かる前になされるから，期待される収入とコピー作成のコストとの差異が表現のコストと等しいかこれを超えるものである場合にだけ，創作がなされることになるだろう。……

　コピーの市場と著作物の数についてのこうした説明は，著作権の保護を前提としている。著作権の保護のないところでは，書籍が最初に現れ，作られ，そのコピーが売られる時に誰もがそれを買うことができる。それ以降は書籍の市場価格はコピーを作る限界費用まで下がることになり，その書籍はおそらく最初の状況で作られることはなかったであろうという不幸な結果がもたらされることになる。なぜなら，著作者と出版社は，その著作物を創作するのにかかったコストを回収することができないのだから。さらに問題を大きくするのは，著作者の創作にかかったコストや，例えば編集費用といった多くの出版社のコストは，その著作物の需要がどうなるか分かる前に負うものである，という事実である。需要の不確実性は，書籍や，演劇，映画，録音物のような芸術的な著作物に関しては特に深刻な問題である。著作権の保護があったとしても，販売が表現のコストを回収するのに不十分なことがあるし，コピーを作るのにかかる様々なコストでさえ回収できないことがある。従って，成功した著作物の価格から限界費用を引いたものは，表現のコストを回収するだけでなく，失敗の危険をも埋め合わせるものでなければならない。もしコピーをする者がその著作物が成功か否かを知るまでコピーの作成を延期することができるのならば，表現に只乗りすることによって得られる潜在的利得はさらに大きくなる。なぜならば，その著作物の価格から限界費用を引いたものは需要の不確実性を補うべく機能するので，個々のコピーに関してより多くの利益性をもたらすことになるからだ。そうすると，著作権の保護のないところでは，不確実性は，創作にとってのさらなる障害要因を生み出すことになる。

　著作権の保護のないところでさえ，事実上の障害によって，他人のオリジナルの著作物をコピー

することは制約される。しかし，これらの障害は，深刻である事案もあるものの，容易に誇張されうるところのものだ。つぶさに検討してみると，それらは著作権の保護をなくさせるほどに説得力のあるものではない。

　(1)　コピーは質が劣っているかもしれず，それ故にオリジナルの完全な代用品たりえない。書籍や他の印刷物では，コピーを作る者は，オリジナルの紙質や製本の具合，印刷のぱりっとしたところなどに太刀打ちできないかもしれないし，転写に誤りがあるかもしれない。良くできたコピーであればこれらはもはや重大な障害ではないかもしれないが，有名な芸術家の絵画のような芸術作品の場合には，コピーは，いかに正確であっても，市場においては貧相な代用品にしかすぎず，その芸術家の作品の値段に何ら悪影響を及ぼさない。実際は，コピーはその芸術家の作品を宣伝することになって，その値打ちにプラスの効果をもたらすかもしれない。他方，それはまた，その芸術家が自分でその作品のコピー画といった派生的作品を売ることによって得る利益を，彼から奪うことになるかもしれない（派生著作物に関しては，以下でさらに述べる）。一般化すると，同じコピーを作るコストが創作者に比べコピーする者にとって高くなるとき，あるいはコピーする者の製品がオリジナルの貧弱な代用品にしかならないときには，創作者は，たとえ法的な保護がなくとも，限界費用より高い値段をつけることができることになる。そして明らかに，創作者とコピー作成者との間の，コピー作成のコストとコピーの質の差異が大きければ大きいほど（コピー作成者のコストが高いかまたは質が低いことを前提として），著作権保護の必要性も小さくなる。

　(2)　コピーがそれ自体オリジナルの表現を含んでいる場合（コピーが文字どおりのコピーではなくパラフレーズや削除，欄外の注などを含む場合），ポジティブな表現のコストを持つことがある。コピー作成者は，買ってきたコピーからの単語を打ち直すとか，それを写真製版するとかのコストといった固定費用もまた負担するかもしれない。それでもなお，コピー作成者の平均コストは創作者のそれより低いと予想できる。なぜなら，そこには著作者の時間やオリジナルの原稿を編集するコストが含まれていないからだ。それにもかかわらず，創造者の表現における投資と他の固定費用にコピー作成者が完全な只乗りをすることができないときには，著作権保護の必要性は少なくなる。……

　(3)　コピー行為には時間がかかるから，オリジナルの出版社が競争に直面するまでに時間的隔りがある。一般的にいって，製作のコストは時間と反比例関係にあるから，この点は最初に述べたことと関係するのだが，ここには著作権法の分析において2つの含意がある。ひとつには，近代技術は，より完全なコピーを低コストで作ることを可能にするとともに，コピーを作る時間も短縮させたから，著作権保護の必要性もかつてより増大したということ。もうひとつは，当初の需要は強大だが短期間のうちにがくんと需要が落ちるといった，一時的に流行する（ファディッシュな）著作物については，創作者に完全な見返りを与えるために著作権を保護することは必ずしも必要ではないであろうということ。

　(4)　コピーを制限するための，著作権保護に替わる，契約による代替手段がある。そのひとつは，ライセンシーが，コピーを作らないこと，または他人がコピーを作ることができない方法で他人に開示することを条件にして，オリジナルの著作物のライセンスを与えることだ。しかし，契約によるコピーの禁止は，営業秘密のように，ライセンシーがわずかしかいない場合だけ，高いコストを払った上で実現可能であるにすぎない。著作者に十分な報酬を生み出すために広範な頒布が必要とされる場合や，著作物が転売されたり公演されたりする場合には，契約による禁止は広範なコ

ピーを妨げることはできないだろう。従って，その著作物の潜在的市場が大きければ大きいほど，著作権保護の必要性は大きくなる。ラジオやテレビ，写真の発展がコピーの市場を大きくしたことによって，著作権保護の価値も増大したのである。

(5) コピー作成者はコピーを作成するためにコピーにアクセスしなければならないから，創作者は自分で作成して販売するコピーに高い値段を請求することによって，作られたコピーの価値の一部を取り返すことができる。例えば，学術雑誌の出版社は，雑誌に高い値段を要求することによって，特に図書館に要求することによって，個人が論文をコピーすることから得る価値の一部を取り返すことができるかもしれない。レコード会社は，家庭内録音を理由に高い値段を請求することができるかもしれない。こうした可能性は著作権保護の必要性を限定するけれども，それを全く失わせるものではない。もし最初のコピーからたくさんのコピーを作ることができ，そうしたセカンド・ジェネレーションのコピーから多くのコピーを作ることができるのならば，コピーの値段は限界費用にまで下落し，創作者は，他人にコピーを作ることを許可することにおいて価値の取戻しをするのに十分なだけの高い値段を請求することができなくなるだろう。コピー作成者でなく創作者から買おうとする人は（最初のコピー作成者とせっかちな読者を除いて）誰もいないだろう。

(6) 多くの著作者は，ロイヤルティを超えた実質的な利益を出版によって得る。これは，名声その他の非金銭的な利益のみならず，書物を出版した教授がそうでない教授より高い給料を得たり，コンサルタント収入を得たりするといった金銭的な利益についてもあてはまる。出版は，自己宣伝と自己販促の効果的な手段である。盗用（著作者のクレジットなしでコピーすること）に反対する規範があれば，出版による特権付与を確固たるものとすることができる。つまり，それらの規範が有効な限りにおいて，著作者は，いつもロイヤルティとは限らないが，出版した著作物によって認められることが確保されるからだ。

著作権法を学ぶ学生の中には，このような点から著作権保護は必要ないと確信した人もいるかもしれない。法的な権利は，特に無形の権利は，裁判上執行可能なものにするにはコストがかかる。そしてそのコストは特定の環境における社会的利益に対して大きすぎるということもありうる。おそらく書籍の著作権はそのひとつである。イングランドにおける最初の著作権法は（近代著作権法に比べ，ずっとわずかの保護しか与えていなかったが）1710年に始まったものの，その何百年も前から，検閲と多数の文盲の存在にもかかわらず出版業は繁栄してきたのである。しかし，この点は多少誤解を招くかもしれない。昔は，全体のコストのうちコピーを作成するのにかかるコストが占める割合は今日より高かったから，無断利用の可能性の問題はそれほど尖鋭ではなかった。また，表現の恩恵を取り入れる別の慣習があった。そして，表現の自由が一般に賞賛をもって迎え入れられるようになる前は，出版は，控えめな表現活動を無理矢理引きずり出すものだとしばしば信じられていた。従って，出版したいという希望はよりわずかなものであり，また，全くないこともあった。結局，すべてを考慮してみて，著作権が有用なものであるか否か決断するのは困難である一方で，著作権法が正すべきゆがみに言及することは容易である。著作権保護なしでは，著作者も出版社もコピー作成者も，さまざまな決断をする時機に関して非効率的なインセンティブしか得られない。出版社は，その先行スタートを長く伸ばすために，出版の前宣伝を頼んだり予め刊行日を発表したりすることでさえためらうことになり，他方，コピー作成者は，過度に高速な生産ラインを導入するインセンティブを得ることになる。また，一時的な流行もの，短命で，すぐに忘れられていく著

作物の創作に対するインセンティブが増大することにもなる。なぜなら，このような著作物を最初に市場におくことから得られる利益は，著作権保護がないことから来る損失を補ってあまりあるからだ。コピーを作るのが難しい著作物への移り変わりがあることだろう。著作者は，コピーの危険を少なくするために，自分の著作物を広く普及させることよりも私的に普及させることの方を望みがちになるだろう。そして，契約によるコピーの制限は増えていくことだろう。

著作権保護は不要ではないかもしれないが，表現のコストが上昇することによってある段階を超えると著作権保護は実質的に好ましくない結果を生む，という考察はあまり注目されてはこなかったが，著作権法の顕著な特質を説明しようとする我々のモデルおよび努力の上で重要な役割を果たす。新しい著作物を創作することは，オリジナルの表現をつけ加えるのと共に，先人の著作物の要部を借用してきたり基礎としていたりするのが典型的である。例えば，フィクションの新作は，著作者の表現上の寄与はもとより，先人によって考え出された登場人物や状況設定，細かいプロットなどを含んでいるかもしれない。同様に，音楽の新作も，テンポの変化やコード進行を先人の作から借用していることもあろう。著作権保護を控えめにすると，作家や作曲家などの創作者が著作権を侵害せずに先人の著作物から借用をすることがより多くなり，従って，新しい著作物を創作するコストはより低くなる。もちろん，たとえ著作権保護が強くて著作物のすべての無許諾コピーを効果的に禁止したとしてもなお，著作者はコピーをするだろう。しかし彼らは，著作権保護が終わった創作物をコピーするだろうし，隠れてコピーをしたり，著作権の保護を受ける創作物を避けるための調査にコストをかけたり，そのような創作物をコピーする許諾を得るためのライセンスや処理のコストを負担したりするだろう。その結果は，新しい創作物を創作するのにかかるコスト，つまり広い意味での表現のコストの上昇と，それ故の，逆説的なことだが，創作物の数の減少であろう。

従って，著作権者は，著作権保護を制限することの意味を自分の私利に見出すかもしれない。後行する著作者が先行する著作者の創作物から素材を自由に借りてこられる限りでは，後行する著作者の表現のコストは少なくなる。そして，前述の見地からいうと，著作者は誰もが，後行する著作者がその素材を借用したいと思う先行の著作者であると同時に，彼自身が後行する著作者でもある。前者の立場では，彼は自分が創作した創作物に最大限の著作権保護を望むし，後者の立場では，他人によって先に創作された創作物の保護が最小限であることを望む。理論的には，これら2つの相対立する利益の均衡を保つ著作権保護の度合いが存在するはずである。借用してくる元がない，最初の代の著作者は，後の著作者達よりも最適均衡を得るインセンティブが少ないだろうことを注意しなければならないが。第2節では，アイディアと表現の区別やフェア・ユースの法理のような著作権法のさまざまな法理が，コピーを減少させることによって新しい創作物の創作を奨励するという著作権保護強化による効果を，新しい創作をするコストを減少させることによってその創作を奨励するという消極的な保護の効果と均衡させることによって，経済的効率性を高める試みとして理解され得ることを観察する。

……（略）……

II 応 用 編
A 著作権保護の本質

……著作権がその所有者に与える保護の本質から検討しよう。特許権とは違って著作権は，コ

ピーに対する保護を与えるにすぎない。他から影響されることなく独自に（偶然に）著作物の複製が生じても，そのことで訴訟が起こせるようになるわけではない。ここで「他から影響されず独自に生じた（偶然の）複製」というとき，それは，既存のオリジナルの著作物を独自に後から「再創作してしまうこと」を言っている。他人の著作物を偶然に「使用」してしまった場合も複製と考えうるかもしれないが，著作権侵害責任が無過失責任であるということを前提とする限り，その状況は，自分に権利があると思いこんで隣人の土地に不法侵入した者の責任と似たり寄ったりということになる。

もっと難しい問題は，独自の再創作という意味での複製ではなぜ訴訟を起こせないかを説明することだ。我々の分析によると，2通りの説明が可能である。1つ目の説明は，偶発的な複製が生じるのを回避するために無数の著作物をチェックすることによって著作者にかかるコストである。そのコストは（これを現実に負担するとして——ただし，この条件づけの重要性は後に明確となる），……社会的な福利を低下させることになるだろう。というのは，著作物1点あたりの福利も……作られる著作物の数も低落することになるだろうからだ。確かに，偶然に生じた複製の数が減ることによって，コピーに対する需要が高まるか，需要の弾力性を低下させるのであれば，著作者の総収益は大きくなるだろう。しかし，著作物の偶然的な複製というのは稀だから（後述するポピュラー音楽の分野を除いて），これを非合法化することの差引きの効果というのは，社会的な福利を低下させることにある。

著作権と異なり，特許権の偶然の侵害については訴訟を起こすことができる。この違いは経済的に説明のつくものである。特許権は，出願者と特許局によって，先に特許を取得した発明についての調査がなされた上でしか，生じないものである。こうした手続が実現可能なのは，発明というものは，これを手短に叙述できるし，調査者が調べる必要があるところと関連する発明を比較的少ない項目に分類しておくことができるからである。この手続のおかげで，発明者は，偶然に既存の特許と重複してしまうことを比較的容易に回避できる。

著作権局は，著作権登録を認める前に著作物を調査することをしないから，著作権は発生させられるのではなく，単に著作者あるいは出版社によって主張されるにすぎない。著作物には何十億ものページがある。そのうちのどのページにある文や節にあっても，後行する書き手は，純粋の偶然にせよこれを複製してしまい（文字どおり当の言葉をコピーしたのかもしれないし，コピー行為が責任を生じさせない類のものかもしれない），侵害者とみなされるといった可能性があるのである。著作権局にとって実現不可能なことはまた，著作者にとっても実行不能である。著作者は，偶然に他の著作物と重複してしまわないことを確認するために，既存の著作物のすべて（すべての言語で，それに未発行の物も含めて！）を読むことはできない。

偶然の複製を防止するためのコストはあまりに大きく，また，そのような複製は稀だから，より高い収益を確保できる（仮にそのような複製に訴訟を提起できるとして損害賠償についても同様である）という見地からの利益もあまりに少ないために，たとえそれが訴訟提起可能なものであったとしても，作家であれ出版社であれ誰ひとり偶発的な複製を防止するために多大な努力を払うことはせず，表現のコストの増加はわずかなものにとどまるであろう。しかし，社会的な福利は幾分減少するだろう。大した配分効果を持たない無過失責任の制度を持つに至るというのがせいぜいのところである。そして，不法行為法における過失責任および無過失責任についての文献で説明されているよう

に，そのような制度を実施するコストは社会的な無駄である。なぜなら，その唯一の成果とは，偶発的に福利が再配分（つまり，偶然の「侵害者」から最初の著作者ないし出版社へと）されることにすぎないからだ。

　偶発的な複製を非合法化すべきでないとする第2の理由は，著作権保護の経済理論的合理化から引き出されることになる。すなわちそれは，著作者の表現に只乗り（フリーライド）することを防止することである。偶然の複製は只乗りの要素を含んではいない。第2の創造物は独自に創作され，その著作者は表現のコストのすべてを負う。もし複数の創作物が偶然に完全に同一なものである場合（万が一の場合，と控えめに言っておこう）[1]，2個の著作物の競争は，その複製物の商品の値段を限界費用まで低下させ，どちらの著作者も創造物を生み出すのにかかったコストを回収することができなくさせるだろう。2個の創造物の間に明らかに違いが存在して，両方の著作者にめいめいの表現のコストを回収するのに十分なだけ稼得できるというのが，よりありがちな状況である。特に，どちらの著作者も，偶然の複製がなければその総収入が表現のコストをちょうどカバーする限界的な著作者でない場合は，そうである。

　文学その他の書籍の著作権保護に焦点を当てた我々の分析は単純であるけれども，他の表現手段にも必要な修正を加えた上で適用することができる。文学と音楽の著作権との重要な違いは，もしある作家の楽曲が広く演奏されているのであれば，裁判所は，偶然の重複があった場合にこれを作家の著作権の侵害と判示するかもしれない，ということだ[2]。ほとんどのポピュラー音楽は単純な旋律でできており，しかも旋律の変化の種類は限られているから，いくつかの小節の偶然の重複が生じる可能性は小さくない。これらの歌がラジオで広く演奏されることが，第2の作曲家が元の作品にアクセスすることの可能性を大きくし，そのことで偶然の重複が起こりやすくなり，また同時にこれを回避するコストが押し下げられもする。仮に著作権侵害の成立に故意の複製の立証を要求するとすれば，ポピュラー音楽の作家はわずかの著作権保護しか受けられないことになって，社会的な福利は低下するだろう。……

――――――

　1980年から1985年1月まで著作権局長官を務めたデイヴィッド・ラッドは，独占としての著作権の性格づけの問題をとりあげて，人類の知識を豊かにするものを創りだす著作者を助成するのに必要な限りにおいてのみ，かろうじて容認することのできる独占形態であるとした。彼は，アイディ

---

(1)〔原(30)〕 Sheldon v. Metro-Goldwyn Pictures, 81 F.2d 49 (2d Cir. 1936)におけるハンド判事（Learned Hand）の指摘を想起すべし。すなわち，「キーツの『ギリシャ壺のオード』を全然知らなかった人が，不思議なことに新たに同じものを作ったとして，その者に著作権を認めてしまうと，他の者は，キーツのコピーはできるがその新しい物のコピーはできないことになる」。ハンド判事は，もちろんそのような偶然の複製が生じる可能性はわずかだと言っているが。キーツの詩が偶然に文字どおり複製されることの可能性はきわめて小さいから，これを法廷で争いうる，疑問の余地がある問題として裁判所が扱うことは正当化されない。

(2)〔原(31)〕 たとえばABKCO Music, Inc. v. Harrisongs Music, Ltd., 722 F.2d 988, 998-99 (2d Cir. 1993)においては，ジョージ・ハリソンの"My Sweet Lord"がクリフトンズの吹き込んだ"He's So Fine"を侵害したものであると裁判所は認定した。"He's So Fine"は，（ビートルズのメンバーであった）ハリソンが"My Sweet Lord"を作曲したのと同じ年にアメリカとイギリスで最も流行した曲の一つであった。裁判所は，ハリソンによるクリフトンズの曲のコピーが意図的というよりは無意識的であったと認定したが，それでもなお侵害だとしたのである。

アと情報のあまねき頒布を望む社会的利益と著作権との緊張関係ということについても異を唱える。ラッド氏は，著作権の保護を，著作者が競合的な経済的損害を蒙っている場合にのみ認める，という考え方を批判している。彼によれば，「著作権保護の前提としての経済的『有害性 (harm)』という概念は有害なものである。何故なら，これは著作権と言論の自由 (the First Amendment) とを共にとりこんでいる憲法の基本的枠組みを無視するものであるからだ」。以下は，ラッド氏の論文からの抜粋である。

<ラッド「著作権における『有害性』概念の有害性について」>
(30 Journal of the Copyright Society 421 (1983))

連邦議会に対して著作権と特許権との立法権限を与えている第1条8節の27文字は，平明かつ率直である（ちなみに，全憲法典中で唯一正しい言葉の使い方をしている部分でもある）。……

有害性概念の推進者は，憲法上の制約として有害性の証明が要求されている，と主張する。著作権者に何の損害もなければ，その作品を創造し頒布すること，および「科学の発展を促進する」ことへの動機づけとしての報酬が不要となるからだ，とするのである。しかしこの議論は，歴史に反するし，もっともらしいだけのものである。この議論は，政府による情報，言論，言説への介入を準備するものであり，それがいかに間接的なものであれ，言論の事前抑制と同様，不快なものである。……

憲法の起草者たちは，財産を把握する権利というものに対して非常な重きをおいた人々であった。ロックからそう隔たった人々ではないのである。ロックの思想が，起草者たちの議論や決断に影を投げかけている。財産権は，自由に反するものではなく，これに不可欠のものとみなされていた。当時の，自由を標榜する入り乱れての世論と権力との激流の中で，財産権を持った者は国家の権力から独立の存在であった。

……（略）……

著作者のこの権利は，従って特別なものであり，実用性と正義感に根ざしたもので，長くわが国において是認されてきたところのものである。このことを何よりも雄弁に述べたものは，ハーヴァード大学のナサニエル・シェイラー教授の次の言葉よりほかにはなく，これは1936年，私の先輩にあたるソーヴォルド・ソルバーグにより連邦議会に紹介された。

> 我々が，人によって保持しうる財産の権利について考慮をめぐらし，この判断の際に正義の絶対的な問題のみを考慮して，便宜であるとか先入観であるとかを除外するとすれば，知的財産権こそが唯一の究極的な絶対的所有形態であろう。……何も無いところで人がその思想から何ものかを生み出したとき，人はこれに関する権利を取得し，それは他のいかなる種類の財産権にも属しない。……書籍を生み出した者や思想上の新たな考案を成し遂げた者たちは，あたかも神が創造主の権利としてその財を保持するがごとくに，これらを保持する。……知的財産権に与えられる保護を少なくするようなものは，何であれ，過去数世紀にわたって社会の発展に貢献してきたインセンティブを奪い去るものというべきである。

……（略）……

著作権の目的は，公平の問題として著者に報酬を与えることである。それはそのとおりだ。しかしそれは入り口にすぎない。著作権は，ある大きなシステム全体を支えるべく意図されたものでも

ある。このシステムの大きな宇宙の中で，著作者と出版社とは，政治的多数派や政府とは独立に，いかに異端的で，不穏な，あるいは革命的な見解，体験，思想であろうとも，公衆の注意を喚起することができる。

　著作権についてのここでの議論は，実用性の議論と同じである。但し，単なる経済的な意味においてではない。実用性というものは，著作者の世界の中に，オピニオン，経験，思想，語り口の多様性をはぐくむものとして見出すことができる。……我々の自由は，少数者のための自由が存在しうるか否かにかかっているとともに，真実と誤謬がごっちゃまぜになろうとも，いろいろなオピニオンが併存しているという多様性にもかかっているのである。著作権はこの多様性を育て上げるのである。

　表現の自由（the First Amendment）がはぐくむ，いわゆる思想の自由市場は，従って，もっと広く解されねばならない。著作権の市場として。……我々は，人類のさまざまな経験から語る，あるいはそれへ向けて語る，多くの思想や夢想家たちによって，豊かになってきた。これと同じく，我々は，ぞくぞくするような，異端的な，不協和な出版社たちをも望むのだ。数と多様性が増せば増すほど，どの著作者も出版社を見つけだす確率は高まる。こういったことは，思想や政治的オピニオンの分野でより重要なことは確かだけれども，芸術の分野でも同じことが言える。ジョイスも，プルーストも，ベートーヴェンもストラヴィンスキーも，みな一度は嘲られたが，彼らの作品が後に永遠のものとなったのだった。そして彼らは，みな出版社を見つけることができたのであった。先駆的なことを行う者，それらはしばしば世間の眉をひそめさせもするのだが，この人々は，出版社が沢山あって，ロイヤルティの小切手さえ送られてきさえすれば，決して沈黙を強いられることはないのだ。

　……（略）……

　著作権市場における潜在的な報酬に制限を設けることは，たとえば，強制許諾によって上限を定めたり，完全な例外を作って報酬を無しにしたり，著作物の新しい使用に対して著作権を及ぼすことを拒んだり，「有害性」議論によってこれを制限することなどによってなしうる。しかし，これらによって，著作することと出版することとに存在した冒険の要素に先立つところの，起業家としての計算といったものは，もはや冒険を避ける方向にシフトしてしまう。イデオロギー的ないし経済的にリスクの高いものは，書いたり出版したりしなくなってしまう。著作権に関するすべての制約は，一種のレート・セッティングである。いかに高潔な人格の持ち主といえども，かくレートをセットした者は価値判断を行っているのである。著作者や出版社はいくら受け取るべきか，というかたちで。この判断を行う者は誰であれ，あるクラスにおける著作者，作品，出版社がどの程度成功するかを統制する，すなわちコントロールするのである。この手の，思想を満載した著作物へのコントロールというものは，政府の審判，法定のロイヤルティ，あるいは誠実な裁判官がどこにも定義のない「有害性」を求めて記録を精査することなどに委ねてしまうよりも，人民に任されるべきものなのである。……

〔最高裁判所は，ラッド長官の指摘する著作権と言論の自由との相互関係の重要性にこたえた。Harper & Row Publishers, Inc. v. Nation Enter.（471 U.S. 539 (1985)）において，オコナー判事はこのように強調した。「（憲法の）起草者たちが，著作権それ自体を表現の自由の推進役としようと意図したことを，忘れてはならない。ある人の表現の使用についての流通可能な権利を作りだすこ

とにより，著作権は思想の創作と伝播とに経済的なインセンティブを与えたのである。」〕

〈Burrow-Giles Lithographic Co. v. Sarony〉
(111 U.S. 53 (1884))

ミラー判事が，法廷意見を代表する。

本件は，ニューヨーク南部地区（Southern District of New York）控訴審への上訴事件である。

上訴人はリトグラファーで，被上訴人は写真家であり，ともにニューヨーク市において手広くビジネスを行っているものである。

訴訟は，Sarony が原告となり，リトグラフ会社が被告となって，損害賠償の訴えとして開始されたのであるが，その争点は，被告が原告の「オスカー・ワイルド No.18」と題する写真の著作権を侵害したか否か，という点であった。陪審は放棄され，裁判所は原告勝訴の事実認定をなし，原版およびすでに販売され或いは販売のための展示に置かれているものに対して600ドル，改正法4965条の下における罰金としてその占有下にあるコピー1部あたり10ドルを，被告が支払うべき旨判決を下した。

裁判所の行った事実認定の中で，以下が，誤りがあった点として争われているところである。

3　原告は1882年1月頃，オスカー・ワイルドとの契約に基づき，本件で問題となっている写真，『オスカー・ワイルド No.18』と題する写真の著作者，考案者 (inventor)，デザイナー，所有者となった。この番号は，この特定の写真を示すとともに，ネガをも示すものである。この写真は，有益で，新奇であり，調和がとれていて，特徴的で，優雅である。原告は，これをニューヨーク市内の営業所において作成し，この国の中において，自分自身の精神的な着想からのみ造り上げた。これは具体的には，オスカー・ワイルドにカメラの前でポーズをつけたり，写真の中の衣装や装飾用のひだ飾りやその他の小物の選定をしたり，優雅な外見となるように写真に手を入れたり，光と影の調節をしたり，望ましい表情について示唆をなし，これを引き出したりした。すなわち，これら一切の行為によって，原告は別紙Aとして掲げる写真を，1882年4月14日に作成した。写真の分野で並びに訴状で用いられる『著作者』ないし『考案者』という言葉は，上記のように写真を作り出した者を指す言葉である。

他の認定によれば，原告がこの写真の著作権の取得に必要とされるすべての法定の行為を履行したことは疑いない。さらに，4952条によれば，写真については，その著作者，考案者ないしデザイナーが著作権を取得するとされており，これによってその著作物をリプリントし，出版し，複製し，販売する独占的特権を得ることになる。そして，この条文および4965条が写真に関する限り有効なものであるならば，被告がこれらの条文のもとで有責であることは疑問の余地がない。

従って，上告人の主張する原審の誤りとは，

第1に，原審が，写真およびそのネガを著作権によって保護する憲法上の権限を連邦議会が有し，かつ有した，と判示したこと。

第2点は，写真に付された「著作権，1882年，N.サロニー」との語句が，著作権表示として十分なものか否か。

……（略）……

憲法上の問題は，常に難しいものである。

憲法の第1条8節は連邦議会の権限の貯蔵庫のようなものであり，この第8節により連邦議会は以下の権能を与えられている。

  著作物と発明とに関して，著作者と発明者に対し，限られた期間における独占的な権利を与え，以て科学および有益なる技芸の発展を促進させること。

 本件における議論は，写真は著作物でも著作者による製造物でもないのではないか，ということである。この憲法における節のもとでは，連邦議会が利益を与えうるところの者は2つの種類の者に限られる。著作者と発明者である。前者に与えられる独占権が著作権で，後者に与えられるのが特許状，ないし今日の言葉でいえば特許権である。

 かくて我々は著作権と特許権という制度を持つが，原告が主張する請求の趣旨は前者である。

 被告は，写真というものは自然の事物や人の姿などのそのままの形を紙の上に再現するだけであるから，それを作る者が著作者となるような意味においての著作物（writings）ではない，と主張する。

 改正法4952条は写真を，「書籍，地図，図画，演劇的ないし音楽的著作物，彫刻，挿絵，版画，絵画，素描，彫像，塑像」など著作権取得の可能なものと同じ種類に属するものとして扱っている。ブーヴィアー判事は次のように言う。「英国およびアメリカにおける美術の著作権の立法実務によれば，著作権は，印刷技術によって複数化することのできる作品や図画の作者，所有者に対して与

えられるところの独占権に限定される」（2 Law Dictionary, 363）。

　合衆国の第1回連邦議会は合衆国憲法制定後すぐに開かれたが，ここでは，「合衆国市民ないし居住者であるところの，地図，図画，書籍の著作者は，書記官事務所への登録後14年間，これらに関する印刷，再印刷，出版，販売についての唯一の権利を有するものとする。登録に関する細目は，後に指示するところに従ってなされるものとする」との立法がなされた（1 Stat. 124, 1）。

　この法律で着目すべきは，地図や図画を著作権の対象としていることのみならず，順番の問題としてこれらを書籍の前においていることである。この法を改正した法律の第2章は1802年4月29日承認されたが（2 Stat. 171），これによれば，きたる1月1日以降，歴史的なまたはその他の印刷物を作成，デザイン，彫刻，食刻（etch）等を行った者，あるいはその自らの行為によってこれらを作成，デザイン，彫刻，食刻等せしめた者は，法に従ってその権利を登録した時から14年間，同じ独占権を有するものとする，とされている。

　1831年2月3日の法律の最初の章は，「著作権についてのいくつかの法を改正する法律」と題されたものであったが（4 Stat. 436），これは，印刷物，彫刻に加えて楽曲，挿絵が保護の対象とされ，保護期間も21年に延長された。著作権（copyright）なる言葉の連邦議会の立法における使用は，これをもって嚆矢とする。

　1790年法および1802年法によって合衆国憲法に施された解釈は，憲法制定の同時代の人々によってなされたものであり，これらのうち多くの人々は憲法起草会議のメンバーでもあったのである。この解釈はそれ自体非常に重視されねばならないし，かくて確立された権利がほぼ1世紀の間疑問をもたれなかったということを考え合わせれば，かかる解釈はほとんど決定的といえよう。

　従って，写真が現段階において，分類の上で，地図，図画，デザイン，彫刻，エッチング，挿絵，その他の印刷物から分かちがたいのであるならば，連邦議会がこれを他と同様著作権の対象とすることができないはずがない。

　これら一連の法律が，書籍のみが，または書籍とその著作者という限られた意味における著作物のみが憲法条項の内にある，という異議に真っ向から答えている。著作者や著作物という言葉は，このような限られた意味よりももっと大きな広がりをもつ言葉である。著作者（author）という言葉は，「何物であれそれが起源を有しているところの者，起源となっている者，作成者，科学や芸術上の作品を完成させた者」を意味する（ウースター〔訳注：アメリカの辞書編集者〕）。そして同様に，たとえ著作権の対象物として著作物（writings（＝書き物））なる言葉しか使われていないとしても，この憲法典中の言葉が著作者の実際の原稿のみを意味し，本やその他の印刷物を排除している，などとは誰も主張しないであろう。この「著作物」なる言葉によって意味されるものは，著作者の文芸上の制作物であり，連邦議会は正当にも，これが，著作者の精神作用におけるアイディアが視覚的表現をとるすべての場合，すなわち印刷物，彫刻，エッチング等をカバーするように立法した。1802年法の著作権対象物のリストに写真が入っていなかった唯一の理由は，おそらく，この段階では写真というものが存在していなかったからである。芸術としての写真はいまだ知られていなかったし，写真の拠って立つ科学的原理やこれに必要な化学薬品や器械は，この法律ができてずっと後になって発見されたものであった。

　あるいは憲法の起草者たちが，著作権の本質やそれが通常適用されるものを判っていなかったわけでもない。著作権は，人が自分自身の才知の結晶に対してもつ独占的な権利として，当時の英国

にすでに存在していたものだからである。……
　写真というものが作者の知的なオリジナルな構想の表現物である限り，写真を著作権に含める立法が憲法によって十分にカバーされているということに，我々は疑いを抱かない。
　しかし，次のような考え方もある。彫刻をしたり，絵を描いたり，版画を作ったりすることは，そこに新奇性や発明の要素やオリジナリティがあって，作者の知的な構想の表現物といえ，作者に対して独占的使用権ないし販売権を与えようとする憲法の目的に沿っているが，写真は物理的なかたちや静物や動く物の単なる機械的な再現物だから，写真というかたちの視覚的な表現物に関して，思想のオリジナリティや知的な思考操作は存在しない，と。用意したプレートの上に光が何らかの影響を与えるということは，この写真というものの発明であり，化学薬品の組合せ，紙その他の何かの表面への写真術の応用，これを可能にするすべての機器類，あるいはこの機器や原料の改良などについて，適当な特許権が与えられもしよう。しかし，このプロセスからこういった物を除いていった残りは，全くの機械的作業しかないのであり，新奇性，発明の要素，オリジナリティなどの入る余地はないのである，と。それは，これらの器械を使い，下準備をして，現にある対象物をプレートの上に写しとるという全くの手作業であって，写実は本物に似ていればいるほどよしとされる。
　なるほどこれは，通常の写真製作については正しいかもしれない。このような場合には著作権の保護が与えられないかもしれない。しかしこの問題については，我々は今回何も判断しない。
　しかし，発明に対する特許権における類似の問題については，新奇性，有益性，申請人が実際に発明ないし発見したことが，特許庁長官に証明されなければ，特許は付与されない。そして，特許権者が他人による特許侵害に対して裁判所において救済を求める場合，発明の要件，新奇性，オリジナリティなどの問題は，特許庁における判断とは独立に，いつでも裁判所が判断できるものとして開かれている。ところで著作権制度はこれとは異なり，事前に審判所が本や地図など著作権の付与を求められているもののオリジナリティを審査したりすることはない。著作者の名前とタイトル・ページとともに連邦議会図書館へ2部のコピーを献納（deposit）して，著作権は確保され，これだけでいいのである。従って，特許権の場合におけるよりも，著作権の侵害訴訟の場合には，知的創造，思想，考案におけるオリジナリティの存在が，一層はっきりと証明されなければならない。
　本件についてはこれがなされていると思量する。
　原審の事実認定第3では，問題の写真は「有益で，新奇であり，調和がとれていて，特徴的で，優雅である。原告はこの写真を……自分自身の精神的な着想からのみ造り上げた。これは具体的には，オスカー・ワイルドにカメラの前でポーズをつけたり，写真の中の衣装や装飾用のひだ飾りやその他の小物の選定をしたり，優雅な外見となるように写真に手を入れたり，光と影の調節をしたり，望ましい表情について示唆をなし，これを引き出したりした。すなわち，原告はこれら一切の行為によって本件の写真を作り出したのである」という。
　この事実認定は，我々の見るところでは，この写真が芸術上のオリジナル作品であり，原告が著作者となるところの知的発明の賜物であることを示している。またさらには，これは，この写真が，憲法が連邦議会によって使用，出版，販売等についての独占的権利を与えようと企図したところの一群の発明（それは改正法4952条である）に該当することをも示している。
　……（略）……

原審の判決は従って維持される。

⟨Bleistein v. Donaldson Lithographing Co.⟩
(188 U.S. 239 (1903))

ホームズ判事が法廷意見を代表する。

……本件で主張されている侵害は，原告の従業員により作成された，ウォレスなる者の有するサーカスの広告の3枚のクロモ石版画のその一部分を，コピーしたことに関するものである。これらの3枚は，いずれもその隅にウォレスの肖像と僅かに装飾的なレタリングをあしらい，デザインの主要部はサーカスで見られる曲芸の類を描いている。この内，ひとつのデザインは普通のバレエを描き，ひとつは，スターク・ファミリーと称する自転車乗りの一群の男女を描き，ひとつは，彫像を模した白塗りの男女を描いたものである。原審は，被告勝訴の指示評決を行い，その理由として，クロモ石版画には著作権の保護が及ばないとし，これは控訴審で支持された (Courier Lithographing Co. v. Donaldson Lithographing Co., 104 Fed. Rep. 993)。

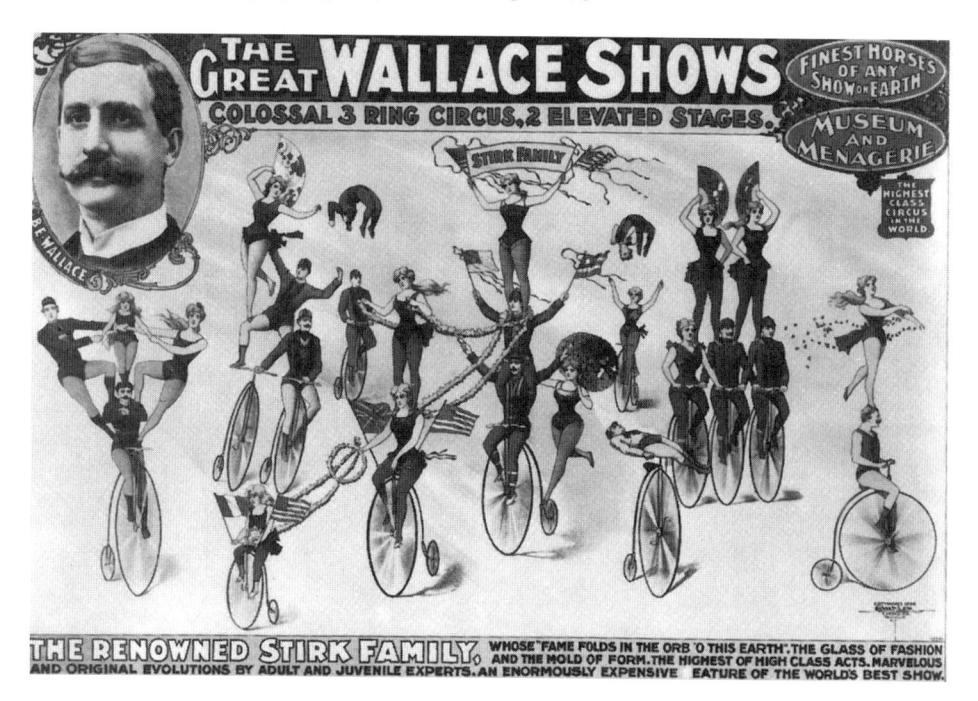

憲法によって連邦議会に付与されたところの，有益なる技芸を進展させうる権限というものを考えるとき，この技芸の内に図画や彫刻が含まれないという主張について，我々はこれをあまり本気にとりあげるつもりはない。憲法は，有益という言葉を，直接的な身体への必要性を満たすものに限ってはいない (Burrow-Giles Lithographic Co. v. Sarony, 111 U.S. 53)。さらにまた，本件での図画が目に見えるものとしての実際の人々を描いているということも，原告の主張をいささかも弱めるものではない。証言によれば，実際の演技からこれらの絵は書き上げられたものではなく，思いつきと説明とによって頭の中で作り上げられたもののようである。しかし，たとえこれが実際の光景から作られたものだとしても，そのことが著作権の保護を無にするものではない。そうでなければ，ヴェラスケスやホイッスラーの肖像画は，他人でも同じ肖像を描けるが故にパブリック・ドメイン

である，ということになってしまう。あるいは他人はこれを自由にコピーできることになるが，そのようなことはないはずである（Blunt v. Patten, 2 Paine, 397, 400. さらに Kelly v. Morris, L.R. 1 Eq. 697; Morris v. Wright, L.R. 5 Ch. 279を見よ）。ものを写し取るという行為は，人間の個性的な働きである。個性というものは常にユニークなものを包含している。それは，たとえ手書きのものにおいてすらも特異性が見受けられるし，ごくささやかな芸術でも，その作者にしか帰属しえない確固としたものが認められる。その何物かこそ，法の明文に制限なき限り，著作権となるところのものである。

　もし制約があるとしても，それは，これらの特定の作品の限定された権利主張の中に見出されるべきではない。最も上っ面な絵画ですら，人名録の類に比べればずっとオリジナリティがあるし，著作権の対象となりうるのである（Drone, Copyright, 153. さらに Henderson v. Tomkins, 60 Fed. Rep. 758, 765を見よ）。ラスキンは，本件におけるそれよりももっと取るに足らない努力が要求される修練の量について，こう述べている。「もしもある青年が，お上品な階級のあいだで『絵画』と呼ばれているところのものを習った後で，最もありふれた普通の，現実の作品をコピーしようとしたとすると——例えば，新しいオペラの歌曲のタイトル・ページの石版画とか，安っぽい日刊新聞紙の挿絵とか——，彼はたちまちにして打ちのめされるであろう」（Elements of Drawing, 1st ed. 3）。本件の絵に関して，その全体としての組合せ，その細部，形や色や線のデザインやコンビネーションが，原告のデザイナーのオリジナル作品であることを疑う理由は何もない。もし必要とあらば，その旨の直接的な証言がある。本件で証拠に基づき陪審にオリジナリティの問題を決定させることは，被告を，完全にではないにしても，ほとんど望みゼロの地点まで追い詰めることとなったであろう（Hegeman v. Springer, 110 Fed. Rep. 374）。

　改正法4952条は，「いかなる彫刻，挿絵，版画……ないしクロモ石版画の，著作者，発明者，デザイナー，ないし所有者……」に対しても著作権を付与するとしているが，この条文の解釈は，1874年法によって影響をうけている（c. 301, §3, 18 Stat. 78, 79）。この条項は，「本法の解釈にあたり，『彫刻』，『挿絵』，『版画』なる言葉は，美術に関連する作品ないし絵画的図画に限って使われるものとする」と規定している。我々は，「美術に関連する」という部分が当然「作品」という言葉以外のものを限定していると見るべき理由はないが，しかし，被告の主張するごとく，これが「絵画的図画」をも限定しているとしても，やはり我々の結論は変わらない。

　本件のクロモ石版画は，「絵画的図画」にあたる。「図画（illustrations）」という言葉は必ずしも書籍のイラストレーションを意味しなければならないわけではなく，またレンブラントのエッチングやスタインラの「サン・シストのマドンナ」の彫刻が，もしこれらを誰もが作成できたならば今日保護されえない，ということになるわけでもない。繰り返すが，法は，普通のポスターが著作権の保護の枠内にはそもそも入らない，というように解釈されてはならない。「美術に関連する作品ないし図画」の反対概念は，価値がほとんど無いか低い次元の作品，あるいは，あまり教養の高くない階級に向けられた図画，といったものではない。反対概念は，「その他の製造品のために用いられるべくデザインされた印刷物ないしラベル」である。なるほど本件の作品は，大衆を引き付けるためのもので，実際の用途を持ったものだから，もしも用途ということが商機を増やし金儲けを助けるということを意味するのなら，美術との関連というものはやや弱いとはいえよう。しかし，絵画はそれでも絵画であり，それが広告に使われようともなお著作権の対象となる。絵画が，石鹸

の宣伝に，劇場の宣伝に，月刊誌の宣伝に使われるのなら，サーカスの宣伝にだって使われるのである。もちろん，バレエがそのイラストレーションの目的となって悪いはずがない。ドガの絵画を拒否するようなルールを，一体作れようか。

最後に一言するに，これらの絵をウォレスのショウの広告に採用したことが，著作権の保護を阻害するものでもない。ウォレス氏の権利がどの程度あるのかは陪審の決定することではあるが，これが原告の権利行使の妨げとはならない。さらに証拠によれば，これらの印刷物は，ショウが終わった後にも，一応の飾り物として使われているのである。

法律にしか素養のない人間が，最狭義かつ最も明白な限界を超えて，絵画的図画の価値の最終的判断を下すということは，危険な企てというべきであろう。極端な場合には，天才の作品がここから漏れてしまうことだってありうるのだ。それらの作品の放つ言語はあまりに新しいので，大衆がこれを理解するまではむしろ反感を買ってしまうのだ。例えば，このような考え方をとるとすれば，ゴヤのエッチングやモネの絵が初めて世に出た時これらが保護されることが確実だったか否かといえば，かなり疑わしいものがあったといえよう。さらには，著作権は，判事ほどに教養のない大衆にアピールするような絵画には否定されることとなろう。しかし，これらの絵が大衆の興味を引き付けたとすれば，それは商業的価値を有しているということなのであり——これらが審美的な，あるいは教育的な価値がない，と断定することは大胆にすぎよう——，かかる場合において，大衆の趣味というものは，侮られるべきではあるまい。我々がどう望もうと，これが究極的な現在の事実である。本件の絵が価値あるものであり，成功であった，ということは，被告が原告の承認を得ることなくこれを複製した，という事実に現れている（Henderson v. Tomkins, 60 Fed. Rep. 758, 765）。我々は，原告が法の保護を受けるものと思量する。

控訴審判決は破棄される。控訴審（地裁）の判決も破棄され，評決を無効とし再審理を命ずる指示のもとに差し戻すものとする。

ハーラン判事は反対意見を表明し，マッケンナ判事はこれに同調する。

控訴審のラートン，デイ，スティーヴンス判事らは，地裁の判決を容認することに関して意見を同じうした。彼らの見解は，ラートン判事によって代表されている。「以下が我々の判断である。もしも，クロモ石版画，石版画，その他の版画，彫刻，絵画が，単なる広告以外の用途をもたず，かつこの機能以外の何の価値も無い場合には，これは，憲法にいうところの有益なる技芸を促進するものとは認められない。従って，その著作者に対して独占的権利をもってこれを保護するには至らず，著作権法がこのような出版物をも保護すると解されてはならない。もしも，あるラベルがそれのくっつけられている物を単に指し示しているのみで，その物を離れては何の価値もない場合に，そういったラベルが憲法上の著作権の条項に当てはまらないとすれば，そのことは，広告としてのみ有益なようにデザインされたものであって，広告としての機能以外のそれ自体の価値を持たない絵画は，同様に憲法の条文の外にある，と言わなければならない。それ自体の価値があると言いうるためには，美術と何らかの関連がなければならず，これを持たねばならないということが，著作権法を改正した1874年6月18日法に盛り込まれた意味である。我々は，本件の著作権登録デザインについて，ウォレス・サーカスを大衆に広告するため以外の何らの有益性も価値も見出すことができない。この絵それ自体からなしうる推論を除けば，これらの絵が芸術的クオリティを有している

ことを示す何らの証拠も提供されていない。陪審も，ショウの広告という純粋に商業上の目的以外には何の価値をも合理的に見つけだせなかったし，被告勝訴の指示は誤りとは言えない。……」

　私はかかる見解に賛意を表するものであり，従って法廷意見に対しては反対する。憲法条項は，連邦議会に対して，著作者および発明者に一定期間の著作物ならびに発明に関する独占的権利を付与することにより，科学および有益なる技芸を推進する権限を与えてはいるが，これは単なるサーカスの広告には及ぶものではない。

　マッケンナ判事も同様に反対意見である。

【質問】
　合衆国憲法の著作権条項について，以下の諸点を考察せよ。
1　新連邦政府を樹立した我らが建国の父たちは，なぜこの権能を州政府にではなく中央政府に委ねたのであろうか。より一般的に言えば，なぜこれを，いかなるものにせよ「政府」に与えたのであろうか。もっと特定して言えば，著作権条項を採択したのちには，州による著作権のコントロールは効果的になしうるのか，それは合憲であるのか。
2　著作権による独占は，「科学の発展」を促進するのか，それとも「有益なる技芸」を促進するのか。この独占的権利は，どのようにしてこういったものを促進するのか。ある特定の著作権が，それが科学や有益な技芸を促進しないからとの理由で無効とされることがありうるのか。誰がそれを判断するのか。マンガは憲法上の著作権の対象物といえるか。旗のデザインは？　ポルノグラフィは？　机の引出しの中にしまわれている未発表の作品は？　これらのケースにおいては，進歩を促進するという目的はより広範な保護を意味することになるのか，それとも，より狭い保護を意味することになるのか。
3　連邦議会は著作権の保護期間を1000年とすることができるのか。発行から90年ではどうか。著作者の存命中およびその死後70年ではどうか。どうして，文学的作品，音楽作品，美術作品における「物権（property interest）」は期間が定められ，不動産や動産におけるそれについては典型的には期間の定めがないのだろうか。州は永久権としての著作権を付与できるか。
4　著作権条項は「著作者（author）」という言い方をしているが，これは，有効な著作権の保護を確保するために必要な，作品の性質と量的な基準を導入しているのか。連邦議会は，人の作品をコピーした者に対してかかる保護を与えることができるか。あるいは，コピーはしていないが，既に書かれたものと全く同じ作品を作り出した者に対してはどうか。あるいは，特許権におけると同様，著作権についても，保護を受けるためには，作品が「新奇」であるということが要件となっているか。もしも「著作者」というものが必要であるとすれば，連邦議会は音楽，写真，彫像にまで著作権を及ぼすことができるのか。
5　一定の状況のもとで，誰もが法定のロイヤルティを支払えば，著作権者の承諾を得ることなく著作物の複製ができる，という立法を，連邦議会は憲法の枠内においてできるか。
6　「著作物（writings）」の定義は，伝統的な理解の内に限定されているものなのか，それとも，1789年のそれにまで及ぶものなのか。いずれにせよ，連邦議会は，合憲的に，地図，絵画，写真，映画，振付けのなされたダンス，あやつり人形，彫像，フランク・ロイド・ライトの建築に対して著作権を付与することができるのか。ある作品が単純に写真に撮られただけで，あるいはテープに録音されたのみで，著作権の保護が及ぶのか。コンピュータ・プログラムはどうか。会話とか即興

> 演奏などの，全然記録されていない作品はどうか。もしもある作品が「非著作物」とされた場合，州はこれに対して保護を及ぼすことができるか。

C 著作権法の概観

1 著作権の性質

著作権とは，文学的ないし音楽的作品，ダンスの振付け，劇作，美術的作品等における，一揃いの独占的権利を意味する。これらの権利は，作品の複製，翻案，頒布，展示，上演，演奏などに関するものである。しかし著作権者の独占的権利は，いくつかの点で制限されている。3つの基本的な制約がある。

(a) 著作権は，著作権を有する作品の複製行為（ないしパラフレーズ，または「見せかけのちょっとした変更」）を禁止するものだから，他の著作者が独立に，同じ作品ないし似た作品を作り上げることは禁じていない（お馴染みの例によって説明すると，100匹の猿が100台のタイプライターの前に坐ってこれをたたいている時に，たまたま1匹が「ハムレット」を打ち出したとしたら，この驚くべき結果は何ら著作権侵害とはならないのである）。

(b) 誰でも，著作権の存する作品から「アイディア」を複製することはできる。著作権の保護するのは，アイディアの特定の表現である。しかし，この「アイディア／表現の二分法」は，言うにやすく，適用するに困難なものである。この両者を区別することは紙一重であって，本書の次において多くのページを割いて論じることとなろう。この段階では例をもって説明をしておけば足りよう。悔恨が無意識を圧倒する，というアイディアは保護されない。しかし，マクベス夫人の夢遊シーンはこのアイディアの特定の表現であり，シェイクスピアの作品がパブリック・ドメインになっていないとすれば（かかる作品の著作権が失効していないとすれば），保護の対象となるものである。

(c) 著作権は，その著作物の中で説明されているシステムやそれに含まれている事実には及ばない。アイディア／表現の二分法のごとく，事実／表現の区別というものも捕まえどころがないものである。例えば，この「概観」の著作権取得の可能性というものを考えてみよ。全体としてのトピックの呈示の仕方や個々の言葉の選び方は保護されうるであろうが，読者が習うところの事実は保護されない。従って，著作権法がダンスの振付けにも及ぶという事実は，たとえ読者がそのことをここでの議論を読むまでは知らなかったとしても，著作権の保護は及ばない。

2 著作権の対象

著作権は，「直接または器械等により，それによって感得され，複製され，その他伝達されうるところの有形の表現媒体の上に固定された，著作者によりなされた，オリジナルの作品」について

宿る（17 U.S.C. §102(a) (1976)）。この定義は，いくつかの要素を抱え込んでいる。まず，憲法第1条8節の，「著作物（writings）」への独占的権利を著作者に付与する，という条項に合致するために，有形の表現媒体への固定ということが前提となる。例えば，その場でのスピーチや全くの即興演奏やアドリブ演技はカバーされていない。ただし，これらの創造行為は，「コモン・ロウ著作権」とか「不正競争」とか「パブリシティ権」といった他のセオリーによって保護されることはありうるところである。

「固定性」の要件に加えて，保護さるべき著作物は，「オリジナリティ＝創作性」と「著作者性（authorship）」がなければならない。これらの要件も，憲法の，「著作者」の「著作物（writings）」に対する保護，という枠組みから導かれたものである。1976年法の立法過程が明らかにしていることは，これらの要件を満たす基準が従来のそれを踏襲したものであるということである。この基準はそう高いものではない。著作者は社会に対して客観的な貢献をなす必要はない（発明者が特許権をとろうとする場合には，かかる貢献が要求される）。同様に，著作者は，知的ないし芸術的な価値のある著作物を作り出す必要もない。著作者が既存の作品を複製することなく，最小限の創造性（creativity）を発揮していれば，それで足りるのである。判例はしばしば，裁判官や行政官は価値の判定者としては適切に行動しえない，と判示してきた。特定の作品が知識を進展させることがなくても，保護のシステムがこれを進展させるのである。

他人の作品をコピーした著作物は保護を受けえないとはいっても，多くの著作物は意識的に先人の作品の上に築かれている。これらは，先人の作の一部を取り入れているが，これに大幅な追加を行っている。例としては，翻訳，改訂，翻案などがある。これらは，派生著作物と呼ばれる。これらは，新しいものが付け加えられた限度で保護がなされる。同じ理論が「編集著作物」についても適用される。編集著作物とは，「既存の資料やデータを集積し，ないしまとめて構成された著作物で，その選定，統御，アレンジ等が全体として著作者のオリジナリティを発揮しているもの」と定義されている。かくて編集著作物は，大学の同窓会名簿の氏名と住所のようなありのままの事実の集積から，例えばニューヨーク・シティにおける料理評論家の選ぶベストテン・レストランといった主観的選択，さらには評論的なエッセイを伴う詩のアンソロジーのごとく非常な丹精を込めたものにまで及ぶ。電子時代においては，コンピュータ化されたデータ・ベースもこれに含まれよう。編集著作物に対する著作権保護は，編集者による新たに寄与のあった素材，すなわちその構成要素の選択やアレンジに限って及ぼされる。つまり，上記のアンソロジーの例でいえば，その編集著作物で取り入れられた詩の著作権の態様，あるいはパブリック・ドメインたるの地位には影響を及ぼさない。

3　期間，権利の帰属，方式上の要件

a　著作権の存続期間

いつ著作権の保護が生じ，いつ終わるかは，いつ著作物が作られたかにかかっている。現在ないし将来作られる著作物については，これが紙，テープその他の有形媒体に固定された瞬間から自動

的に著作権が生ずる（17 U.S.C. §102(a)）。その期間は，著作者がひとりの個人か否か，他の人ないし組織の指示により，ないしはこれに雇われて作ったものか否か，などの事情に左右される。この最後に掲げたシチュエーションが，いわゆる雇用著作物（work made for hire）である。ここで，例えばある人が1978年1月1日以降に文芸著作物，音楽著作物または美術の著作物を創作したとすると，著作権はその著作者の死後70年までの間存続する。このことは，わが著作権法をその始源以来特徴づけてき，また1909年法の下にも存在していた2段階の期間方式と，明瞭な対照をなすものである。こうした旧システムにおいては，典型的には，著作権表示をした著作物の発行によって最初の28年間の著作権がスタートし，著作権局に対する申請がなされれば次の28年間の更新が行われることになっていた。

　1978年1月1日に現行法が発効する前に創作された著作物の著作権保護の期間は，次の要素に従って決まる。①（旧法で解釈されるところの特殊な概念としての）「発行」がされたか否か。②1978年1月1日において，1909年法による著作権の最初の保護期間内にあったか，または更新期間内にあったか。現行法の入り組んだ条文については後の章で精査することとする。当面言っておけば足りることとしては，例えば草稿や個人的な書簡といった未発行の著作物は少なくとも2002年まで，あるいは著作者の死の70年後の方が遅ければその時まで保護され（2002年末までに発行されれば2047年末まで保護されることになる），1978年前に発行された著作物は95年間保護される。1923年より前に発行された著作物はパブリック・ドメインである。

b　所有関係

　著作権法は，著作者（または共同著作者）に原始的な著作権を与えている（17 U.S.C. § 201(a)）。「雇用著作物」，すなわち，従業員が雇用の範囲内で作成した著作物および外部業者が委嘱によって作成した特定の著作物については，雇用者が著作者とみなされる。「無形財産」として，著作権は，著作者から他者へ，生前はもちろん，遺言や法定相続によって，その全体または一部を移転することができる。もっとも，譲渡を発効させるためには，「独占的」権利の付与を付与者の署名入りの書面でもって行わなければならない。「非独占的」権利の付与は，口頭であっても有効になしうる。権利付与は，著作権の範囲全体について行うこともできるし，例えば，ニューヨーク・シティで著作物を実演する1年間のライセンスというように特定の時期あるいは地域に限定して行うこともできるし，ある小説を印刷する権利に限定し，雑誌の連載物にしたり，これを基に映画を作ったりする権利は含まないというように表現手段を限定することもできる。権利付与は，著作権局に登録することを要しないが，そうした方がメリットがある。

　1976年法は，著作権者に対して，その権利を細分化したり，その他の利用をしたりする柔軟性を与えた。さらには，著作権の譲受人とその家族を擁護する特権を与えた。文芸や美術，音楽の著作物は，それが高い価値を有するのかどうかが判らないという特徴がある（少なくともそれらが創作された直後には）ために，1978年1月1日以降に権利付与した著作者は，権利付与から35年経過した後に，一定の手続に従ってそうした権利付与を解除することができることとした（1978年1月1日前の著作権の権利付与についても，一定の場合に同じく解除権がある）。この解除権は，予め契約で譲り渡すことができないし，放棄することもできない。

最後に，著作権ないし著作権法における独占権と，著作物が化体している物に関する権利との区別について一言しておくべきだろう。例えば，画家が絵を描いて，その仕上がったキャンバスを売ったとすると，この画家が特別の約束をしない限りは，この絵を利用するすべての権利は画家に帰属する。例えば，画家は，これをもとにした絵はがきを作る権利を有する（派生著作物）。しかし，画家には，この絵の買い手が絵そのもの，すなわちキャンバスを売ったり貸したり一定の展示（ギャラリーにおける展示など）をしたりすることを禁じる権利はない（§§109, 202）。

c 著作権表示

著作権表示の役割は，合衆国のベルヌ条約加盟に伴って急激に減じたといえる。ベルヌ条約は著作権の享受について，方式要件の遵守を条件とすることを禁じているからだ。それでも，条約批准の前に発行された著作物についてはこれによる影響がないことになっているし，著作権表示に多くの人々が馴れ親しんでいることも，未だこの制度を重要なものとしている。この制度は，著作物が1976年法に準拠しているか1909年法に準拠しているかで違ってくる。

1978年1月1日より前にあっては，著作権を享受するためには，発行済みの著作物は著作権表示をつけていなければならなかった。発行に際して適法な表示がつけられていなければ，その作品はパブリック・ドメインとなってしまった。旧法下の著作物が問題となっている場合には，このルールは今も重要である。

1976年法は，1978年1月1日以降に発行された著作物についてこのルールを緩和した。当初1976年法は，著作権者の権利付与の下で（世界のどこであろうと）公けに頒布されるすべてのコピーとフォノレコードについて著作権表示を用いることについての規定を設けていた。著作権表示は，おなじみの3つの要素からなる。著作権を表す言葉ないしシンボル，著作権者の名前，最初の発行の年，の3つである。しかし，方式についての要件は，表示の位置や表示の誤謬や脱落によってもたらされる結果の両方について，より緩和されている。

近年になり，200年にもわたって有効な著作権の前提条件として著作権表示を要件としてきたのを改め，1989年3月1日に，わが著作権法は重要な改正がなされた。この日以降公けに頒布されるコピーとフォノレコードについては，もはや表示は必要でなくなった。にもかかわらず，著作権表示は慣例的に用いられている。そうすべき制定法上のインセンティブが若干存在するからであり，また，著作権表示は，著作権者にとって潜在的なユーザーの注意をひきつけ権利を主張する，効果的かつ安上りの方法だからである。

よくある誤解に，著作権局への登録が有効な著作権の取得に不可欠である，というものがある。実際は，著作権の登録は選択的なものにとどまる。ただし，登録のメリットには少なからぬものがある。一般に訴訟を起こす際の前提条件であり，立証の際，判決を確保する際さまざまな利点をもたらしてくれる（§§408-412）。従って，重要な著作物については登録を行うことが望ましい。登録手続は比較的容易である。短い申請書類に著作者性，著作物が創作された年などの必要事項を書き込み，これに著作物のコピーを1部か2部（規則によって定められている）と30ドルの申請料を添えて提出する。著作権局は，申請と献納用コピーとが一般的に適切な形式であるか否かを見るために審査する。著作権局は，献納用コピーを先行する著作物と比較したり，その価値を判定したりは

しない。

4 著作権における独占的権利の範囲

a 複製権

　著作権を構成する多くの権利の中でも，複製権ないしコピーを作る権利は，すべての基本をなす権利である。この権利は，丸ごとそのものの複製および言換え（パラフレーズ）から著作物を守る。しかしこれは，原著作物をモデルとして直接または間接にこれを使用することを禁じるのであって，原著作物から独立に，かつこれを参照することなく作り上げられたものが偶然に似たものであっても，これに禁止が及ぶものではない。また，著作権侵害が成立するためには，2番目の著作者は，保護の及ぶ部分をコピーしていなくてはならない。さきに述べたように，2番目の著作者は，アイディアや個々の事実を，著作権の存する著作物から自由にコピーすることができる。ただし，はじめの著作者がアイディアや事実を述べる際の表現方法や特定の語り口をコピーしない限りにおいてではあるが。さらにまた，著作権侵害が成立するためには，2番目の著作者のコピーは「実質的（substantial）」なものでなければならない。どの程度のコピーが実質的なものに該当するかについてのルールやフォーミュラというものはない。大きな著作物のうちの小さな部分のコピーでも，その著作物の性質やコピーされた部分の性質次第で，実質的なものとなりうる。

　翻案権ないし派生著作物を作る権利は，複製権と一部重なるところがある。著作権の存する絵のポスターは，ある意味では「コピー」である。しかし，小説の翻訳や映画版が「コピー」であろうとなかろうと，それが無許諾でなされたとすると，それらは翻案権の侵害となる。これらは「派生著作物」である。派生著作物とは，「1つないしそれ以上の既存の著作物に基づいた著作物」で，「著作物が改作され，変形され，または翻案されうるあらゆる様式」を含む，とされている。

　著作権者はまた，著作物を「販売その他の所有権の移転ないしはレンタル等によって」公衆に頒布する権利を有する。この権利は，不法に製造された著作物のコピーの販売を明確に禁止している。それでは著作権者は，許諾されたコピーを，著作権者が許諾しない時間，場所ないし態様で販売することを禁ずることができるであろうか。これは，その販売が最初のものかその後のものかにかかっている。著作権者は，売買にせよレンタルにせよ，著作物のコピーの最初の頒布をコントロールする権利をもつ。その後においては，著作権者の同意を得ないでそのコピーを合衆国内で販売ないしレンタルしても，侵害とはならない（契約違反とはなりうる）。このいわゆる「最初の販売の法理（first sale doctrine）」の例外は，同意を得ないでフォノグラフ・レコードやコンピュータ・プログラムを営利目的でレンタルすることである。たとえそれらのレコードやプログラムが合法的に製造され，レンタル業者によって合法的に購入されたものであったとしても，侵害となる。その目的は，顧客による家庭内複製を誘発することで利益をあげることを防ぐところにあるのである。

　実演権と展示権は，演劇著作物，音楽著作物，視聴覚著作物について重要な権利である。この最後のカテゴリーには，映画やコンピュータの作り出すゲームといった，さらに新しいニューメディアが含まれる。展示権は，絵画著作物，グラフィックな著作物，彫刻などをカバーするが，著作権

者は，別段の契約上の特約なき限り，特定のコピー（オリジナルを含む）の所有者がこれを美術館，ギャラリー等の公的場所に展示することを妨げることができない。

　法律の定義によれば，実演ないし展示とは，公共に開かれた場所ないし，通常の家族のサークルやその友人関係者を越えた実質的に多数の者が集まる場所において提供されること，あるいはラジオ，テレビ等による送信により提供されることをいう，とされている。従って，著作権者の同意なしに，著作権の存する講演や詩を公会堂で朗読したり，絵画や彫刻をテレビ番組で（あるいはコンピュータ・ネットワークで）見せたりすることは，それぞれ実演権や展示権の侵害となる。

　では，ポピュラー・ミュージックの著作権者は，ナイトクラブやコンサート・ホール，ラジオやテレビ放送を通じて起こりうる，その音楽著作物に対するあらゆる侵害を，どのように監視すればいいのだろうか。それは，いわゆる実演権団体の仕事である。もっとも著名なのは，アメリカ音楽著作権協会（American Society of Composers, Authors and Publishers: ASCAP）とブロードキャスト・ミュージック・インコーポレイテッド（BMI）であって，これらは，演劇以外の音楽作品の実演の許諾をし，無許諾の使用者からロイヤルティの取立てをし，ロイヤルティをメンバーの作曲家，作詞家，出版社に配分する。実演権団体は，合衆国における最もよく整備された団体的な許諾機構である。これらの団体は，多数の著作権者を代表することによって，個々の権利者よりも権利の執行，補償を有利に実現できる。団体的な許諾は，利用者にとっても利益である。ラジオ局，レストラン，コンサート・ホール，大学などのように，著作物の大口の利用者は，わざわざ個人の著作権者を探しだして許諾を得るよりも，1つか2つのソースから許諾を得ることができれば，これにこしたことはない。

　1995年と1998年に導入された改正によって，録音物の著作権者にも実演権が付与されることとなった。ただしデジタル送信についてのみではあるが。よって，録音物がディスコや伝統的なラジオ局で流される場合，楽曲の著作権者は実演ロイヤルティを得ることができるが，実演家やレコード製作者にはロイヤルティは入らない。これに対して，インタラクティブなデジタル送信から実演が派生される場合には，録音物における実演権が適用されるのである。

b　著作権訴訟

28 U.S.C. §1338(a)は，連邦裁判所に著作権（および特許）の請求についての排他的な管轄権を与えている。著作権のもとにおける独占的権利，ことに複製権や派生著作物の権利の侵害を立証しようとする者は，以下の要素を示さなくてはならない。

① 　有効な著作権（ないし，著作権のもとにおける独占権）の所有　　登録がその著作物の最初の発行から5年以内になされていれば，登録証は著作権の有効性の一応の証明力ある証拠として機能する。

② 　被告による原告の著作物の複製行為　　著作権は複製行為から著作物を守るもので，独立に類似ないし同一の作品が生み出されることを禁じてはいない。従って，被告が原告の作品にアクセスしてこれをコピーしたのでないならば，著作権侵害は成立しない。複製行為は通常，情況証拠によって立証される。被告が原告の作品にアクセスしたか，また，独立した創作というよりはむしろコピーの証拠になる表現の類似性（すなわち，言葉や音の連なり）があるか，とい

ったことである。複製は意識的である必要はない。意識下的ないし無意識のコピーも侵害となりうる。この種の，複写行為を推測させる類似性を，証明力ある類似性（probative similarity）という。

③ コピーの結果，被告の作品が原告の作品と実質的に類似するに至ったこと　実質的類似性（substantial similarity）は，コピーの量的ないし質的側面において決定されうる。コピーした部分が少なくとも中心的なところであれば，それは実質的ということができ，侵害となりうる。

原告がこれらを示すことができれば，著作権侵害の一応の証明を尽くしたこととなる。主張・立証責任は被告にシフトし，被告の側で，その行為が著作権侵害の例外をなすものとして正当化しうるものであることを立証しなければならない。

著作権者が勝訴すると，取りうる救済手段には，更なる侵害に対する暫定的および本案的（永久的）差止命令，侵害物の押収および廃棄，損害賠償がある。賠償される損害は，原告が現実に被った損害と被告が得た利益とから決定されるところの実損害であることもあるし，いわゆる法定損害賠償（statutory damages）であることもある。この法定損害賠償は，事案の状況に基づいて裁判官によって決定され，典型的には，侵害した著作物各々につき最低500ドルから最高2万ドルまでの間である（故意による侵害の場合，10万ドルまで可能性がある）。裁判所は裁量により，勝訴した当事者に弁護士費用を裁定することができる。

5　独占的権利に対する制約

a　例外条項と強制許諾

著作物を複製し，翻案し，頒布し，上演し，展示する独占的権利は，制定法上の種々の複雑な制約に直面する。例えば，著作権法は，教室における，あるいは宗教上の，あるいは慈善目的の上演ないし展示を許容している。法はほとんどの，ライヴの教室内における著作物の使用を，演劇の著作物の上演を含めて適用除外としている。ほとんどの学校では，また，他の多くの非営利施設でも，歌を歌い，楽曲を演奏することができる。教育放送も，それが法律上の要件に合致する限り，著作権法上の責任を免除されている。法はまた，「家庭用受信装置」における送信をとおして上演ないし展示がなされても，視聴に関して直接の代金が徴収されず，かつ更なる送信がなされなければ，著作権侵害にならない，としている。この規定は，本質的には，バックグラウンド・ミュージックをラジオで流すような小さな店舗の類を想定したものである。

別の局面においては，法は「強制許諾」という方法によって，ある種の複製権，実演権，展示権を，著作権者の独占的なコントロールから解き放っている。この条項は，著作権者の同意なく著作物のある種の利用を許し，ただし利用者が法定の要件を遵守すること，および著作権者に対し一定の許諾料を支払うべきことを要求している。もっとも重要で期間の長い強制許諾の例は，1909年法以来わが国の法に組み入れられた，非演劇的音楽著作物の録音に関するものである。現行法は，非演劇的音楽著作物の著作権者がひとたびこれを収録した「フォノレコード」を合衆国において頒布することを認めると，他のレコード製作者はその楽曲の録音物を作ってこれを頒布することができ

る。ただ，強制許諾のライセンシーは，許諾なく既存のレコードを単純に複製することはできない。独自にアレンジして演奏した録音物を作り出さなくてはならない。従って，法は強制許諾のライセンシーに，音楽をアレンジする（つまりそれは，派生物を作るということである）ある程度の自由を与えている。

　立法当時の1976年法は，強制許諾の形式を他の場合にも広げた。ジュークボックスの音楽実演や，ケーブルテレビの番組の二次送信における一定の場合，公共放送による音楽や美術の使用における一定の場合である。ジュークボックスの強制許諾は，ベルヌ条約の関連条項に適合させるために，その後，ジュークボックスのオペレーターと実演権団体との間の交渉に置き換えられた。

b　フェア・ユース

　おそらく，もっともよく知られ，もっとも重要で，しかももっとも理解しにくい，著作権者の独占的権利に対する例外は，フェア・ユースとして知られている法理である。この法理は，19世紀半ば以来，裁判所による創出と展開によって著作権法の特徴とされているものである。裁判所が，合理的かつ原告の市場を過度に奪うものでないと判断するところの，無許諾の使用を許容するために発展したものだ。フェア・ユースは現在では，法律の中に明示に組み込まれている。第107条がそれである。

　この条項は，批評，コメント，ニュース報道，教授，学術，研究を挙げて，フェア・ユースの抗弁の例示としている。それでもなお，著作物を無許諾で複製，翻案，頒布，上演，展示した被告は，これら社会的に有用な目的の一つに基づいていたと主張する以上のことを果たさなければならない。法は，抗弁を吟味するにあたって検討さるべき4つのファクターを挙げている。すなわち，被告の使用の性質，著作物の特徴，その著作物から取られた分量および質，それによってその著作物の潜在的マーケットが蒙った影響，がそれである。これら4つのファクターは，他の要素を考慮することを妨げるものではない。フェア・ユースの法理は，依然として「合理性に基づく公平の原則」たることをやめないから，裁判所は自由にこれ以外の要素を考慮できるし，ケースによって，あるファクターに他よりも大きなウェイトを置いて判断することもできる。フェア・ユースの抗弁を主張する被告は，法律上のファクターとその他のファクターとが自己に有利に存在していることを立証しなければならない。

　フェア・ユースが抗弁として典型的に主張される場合は，著作権の存する先行する著作物やオリジナル・ソースからの引用や言換えなどを含んだ，歴史や伝記的な著作物などである。また，先行する著作物を借用して，その著作物自身やそれ以外の社会的または政治的現象を笑いのめすパロディ作家によっても主張されてきた。フェア・ユースの法理の適用のもっとも複雑なものの中に，テープ録音，ビデオ録画，複写コピーといった比較的新しい複製技術がある。例えば最高裁は，後で視聴する目的で著作権のあるテレビ番組を家庭でビデオ録画することをフェア・ユースであると判示した。下級審は，営利目的と非営利目的の両方を含んだ多様な目的でなされる複写コピーの問題に取り組みつづけている。裁判所が複写コピー行為のある種のものの公正さを評価するにあたって考慮してきた一つのファクターは，科学的・技術的な書籍および定期刊行物の出版社の連合である，著作権クリアランス・センター（Copyright Clearance Center）の存在である。ここでは，音楽著作

権者のためにASCAPやBMIが行うのと同様に，集団的に許諾の処理を行っている。著作権のあるコンピュータ・プログラムの複製や使用に関するフェア・ユースの問題もまた，頻繁におきつつある。

複写コピーが図書館によってなされる場合には，それが貴重な文献の保護や紛失した本の代替といった内部的目的であれ，あるいは検索目的の図書館利用者のためのサービスの目的であれ，著作権法は，捉えがたく，また一般的条項である107条のフェア・ユースに依拠することはしない。むしろ，もっと詳細に規定された条項である108条を検討しなければならない。この条項は，図書館および研究者と，著作者および出版社との間の激しい利益の衝突を反映して，一定の規定された状況の下で特定の種類の著作物の複写コピーを一部作成することを許容している。定期購読や購入に事実上取って代わるような，複数のコピーを「体系的に」作成することには適用されない。また，図書館が利用者の便宜のために設置している複写機を使って図書館の利用者が作成する複写コピーについても免責しない。

ある学説によれば，「言論の自由」条項（First Amendment）は，著作権法上の例外条項とは別に，本来であれば著作権侵害となるような行為を免責させる特権を授けている，と主張されている。しかし裁判所は一般に，言論の自由と著作権とが抵触しているとの見方をとらない。実際，最高裁は，著作権法に内在する2つのものが言論の自由を確保する方向に働く，と判示した。そのひとつは，著作権は，著作者が表現した事実とアイディアの自由な伝播を妨げない，という点，もうひとつは，「表現」ですらもフェア・ユースの法理によりコピーが可能であり，この場合の多くは，かかる行為をするについて止むに止まれぬ社会的正当化事由がある，という点である。

6 著作権局の構成および運営

著作権局は，連邦議会図書館の一部局であり，1世紀にわたって著作権の登録とこれに関連する業務に携わってきた。登録に伴い献納（deposit）された著作物のコピーは，議会図書館の蔵書を豊かにしてきたものだった。こうした日々の最も重要な作業の他に，著作権局はまた（一般に連邦行政局がするように）規則を制定してきた。著作権法702条はこう規定している。「本法において著作権局長官（Register of Copyrights）の任務とされている機能および登録責務を施行するため，法律に抵触しない規則を制定することを，著作権局長官に授権する。著作権局長官によって制定される規則は，その制定につき連邦議会図書館長の承認を条件とする」。これらの規則は，登録できない著作物の種類や著作権表示や登録，献納まで様々なことを規定している。これらの規則は，著作権局の法解釈を反映したものであるので，（702条で規定されているように）著作権法との非抵触性をめぐって裁判所における司法審査に常に服するものである。

規則を制定する権限に加えて，著作権局は，連邦議会の指示または自らの発議によって，著作権に関する重要な政策決定事項の報告書を多数作成してきており，近年はそれも頻繁になってきている。さらに，今世紀初頭以来の著作権法改革のための多様な努力を通じて，著作権局の長である著作権局長官は，わが著作権法の変化と発展のために重要な発言をしてきた。

登録は手続的および実体的にすら重要な点を含むものではあるが，著作権局が著作権を付与する

ものではないということは強調しておく必要がある。著作権は，その作品が「創作された時」，すなわち「コピーまたはフォノレコードに最初に固定された時」にその時点で宿るものである（1909年法においてすらも，著作権が生ずるのは，適切な表示が付されて公衆に頒布されることによってであって，登録は，その後になされるものであった）。著作権局はこの点において，商務省の特許・商標局（Patent and Trademark Office）の機能とは区別される。後者においては特許権を発するが，その効力は，たとえ特許出願中とのクレームがなされていても，特許の下された日からのみ有効である（特許法§131を見よ。ランハム商標法§7(a)と特許法§1057(a)を比較せよ）。

　しかし，著作権登録の申請がなされると，審査部の機能は穏やかなものではあるが，全くゼロというわけではない。伝統的に，著作権局は著作物の登録を拒否する権限があるものと一般に解されてきた。登録は，著作権自体の成立要件ではないものの，長らく，侵害に対して出訴する条件ではあったからである。長官が，十分なオリジナリティがないと判断したものについては，登録が拒否されてきた。デザインの点において全くの実用的なものについても同様であった。あるいは，既存の意匠権（design patent）によってカバーされているもの，猥褻なものも同様である（ただし，後掲のMitchell Bros. Film Group v. Cinema Adult Theaterを見よ）。この登録を拒絶する権限の有無は長く論争の的となっていたので，その行使は控えめになされてきた。実際，著作権局は，疑わしいときは登録を命じるとのポリシーに忠実である（このポリシーは，例えば，1964年にコンピュータ・プログラムの登録に積極的な姿勢を説明するのに使われた）。登録が拒絶されて，著作権を主張する者が侵害訴訟を提起しようとする場合には，提起できることはできるが，訴訟をすることの通知を著作権局にすることとされ，著作権局は登録可能性の争点について訴訟に参加する権限が与えられる。著作権に関する譲渡，担保権設定その他の取引の記録機能は，長く著作権局の基本的な審査機能および登録機能を補足するものとして存在していた。

　著作権局には，法律を施行するために必要な機能を実行する多数の部局がある。これらの部局は以下の通りである。献納・取得部門は，法定の献納義務の条項を施行して，連邦議会図書館の図書収集を担当する。審査部門は，当初の登録と更新の登録のために著作権局になされた申請と著作物その物を審査し，献納された著作物が著作権取得の可能なものであるか否かを判断し，その他の法的および方式的な法定要件に合致しているかどうかを判断する。情報・参照部門は，その他の機能のうち，著作権法に関してスタッフと一般公衆を啓蒙し，刊行物を出版・頒布し，著作権関連のレファレンスの問合せに答え，著作権についての研究報告を作る。興味がある読者は，1978年以降の著作権登録記録にオンラインでアクセスすることができる。

D　特許権との差異

〈特　許　法〉
(35 U.S.C. §§101-103, 112, 154, 171, 173, 271)

§101　特許取得の可能な発明

　新規かつ有益な手段，機械，製造方法，ものの調合，あるいは新規かつ有益なこれらの改良を発明または発見した者は，本法に定める条件および要件に従い，これに関する特許を取得することができる。

§102　特許要件：新規性および特許を受ける権利の喪失

　以下の事由がない限り，特許権は取得される。

(a) 出願人の発明に先立ち，わが国において当該発明が他の者によって知られており，あるいは使用されていたこと，あるいは，わが国ないし外国において特許が付与されており，あるいは刊行物中に記載されていたこと，または，

(b) わが国における特許出願の1年より前に，当該発明がわが国ないし外国において特許が付与されており，あるいは刊行物に記載されていたこと，あるいは，わが国において公けに使用されており，あるいは販売されていたこと，または，

(c) 出願人が発明を放棄したこと，または，

(d) わが国における出願の12か月より前に出願された特許ないし発明者証 (inventor's certificate) の申請に基づき，外国において，わが国における特許の出願に先立って，当該発明につき特許が初めて付与され，あるいは発明者証の対象となったこと，または，

(e) 発明が，(1)特許の申請より前にわが国において他の者により出願され，122条(b)のもとに公開された出願書中に記載されていたこと，あるいは，(2)出願人の発明より前にわが国において他の者により出願されて付与された特許明細中に記載されていたこと，または，

(f) 出願にかかる特許の対象を出願人自身が自ら発明したのでないこと，または，

(g) (1)135条ないし291条における介入過程において，当該発明に関与した他の発明者が，104条により許された限度において，同人による発明前には当該発明は同人によってなされたものであり，かつ同発明は放棄，隠蔽ないし隠匿されなかったことを立証したこと，あるいは，(2)かかる発明者の発明前わが国においては別の発明者によりなされており，かつ同人はこれを放棄，隠蔽ないし隠匿しなかったこと。発明の先後の決定にあたっては，概念化 (conception) や実用化 (reduction to practice) の日付のみならず，最初に概念化を果たしたが実用化には遅れを取ったという場合における適正努力 (reasonable diligence) をも考慮に入れねばならない。

§103　特許要件：非自明性

　本法102条に規定されるところに従い，発明が，既存の技術と同一に開示されたり記載されたりしない場合でも，特許の出願を求められている対象と既存の技術とを比較した場合に，前者が全体として，その発明時においてその対象の関連する技術における通常の手腕を持った者にとって自明であったであろうといえる場合には，特許は取得されえない。特許取得能力は，発明の作

られた方法によって否定的に解されてはならない。

§112　明細書

　明細書には，発明の書面による説明およびこれの製作および使用方法およびプロセスを，それが関連するないし最も隣接する技術において熟練した者なら誰であっても同じものを作ることが可能である程度に，十分に，明確に，簡潔に，かつ正確に記載しなければならない。さらに，明細書は，その発明を作りあげるのに発明者によってとられた最良の実施態様を規定していなければならない。

　明細書は，出願人の発明とみなしている対象を特定し，かつ明確に主張する1つまたはそれ以上のクレームを結論づけなければならない。……

§154　特許の内容および期間

(1) 内容　すべての特許は，発明の短い名称を含むものとし，かつ，特許権者，その相続人ないし譲受人に対しての，合衆国における製作，使用，販売のための申出ないし販売，もしくは当該発明の合衆国への輸入について，他者を排除する権利を含むものとする。発明がプロセスである場合には，明細書が特許に添付されるものとし，当該プロセスによって作られた商品の，合衆国における製作，使用，販売のための申出ないし販売，もしくは当該商品の合衆国への輸入について，他者を排除する権利を含むものとする。

(2) 期間　本法に定める特許料を支払うことを条件として，かかる授権は特許発行の日から始まり，合衆国において出願がなされた日から20年目の日まで存続するものとする。……

§171　意匠（patents for designs）

　製品のための新規な，オリジナルな，かつ装飾的なデザインを発明した者は，本法に従って特許を取得することができる。

　発明に関する本法中の条項は，別段の規定なき限り，意匠にも適用されるものとする。

§173　意匠の期間

　意匠は，14年間権利を付与されるものとする。

§271　特許侵害

(a) 本法に別段の定めある場合を除いて，特許の有効期間中に合衆国において特許の与えられている発明を，何らの権利なく作り，使用し，販売の申出をし，あるいは販売し，もしくは輸入した者は，特許の侵害を行ったものである。

(b) 特許の侵害を積極的に誘発した者は，特許侵害者と同一の責任を負うものとする。

(c) 特許の成立している機械，製品，結合物ないし合成物の構成要素で，それが発明の主たる部分をなすもの，あるいは，特許のあるプロセスを実行するのに使用するための原料ないし装置で，それが発明の主たる部分をなすものにつき販売の申出，販売ないし輸入する者は，それがかかる特許の侵害に使用されるために特に作られ，あるいは特に採用されたことを知っており，かつ，それが主として非侵害的な使用に適した一般商品ないし商業的物品ではないことを知っている場合には，寄与侵害者として責任を負うものとする。

【質問】

1　特許を取得するには，発明が新規であり未だかつて知られていたり使用されたりしていないとい

うだけでは不十分なのである。それは「非自明」でなければならないのだ。この違いが理解できるであろうか。ある工夫が全体として新しいという事実は，それが非自明でもあるという説得力ある証拠ではないのか。読者が特許の出願人だとしたら，他にどんな証拠をもって，特許の有効性に疑問を投げかける裁判に提出するだろうか。どうして非自明という要件があるのだろうか。

2　特許法を動かしてゆくことの中には，政府職員による特許出願の厳密な審査と既存技術との比較というものが含まれている。著作権の場合にはこれに相当する審査がないことについて，これを正当化するような顕著な違いが，著作権法の分野には存在するのであろうか。さきに触れたように，著作権局には審査部門がある。これは何をしているのだろうか。

3　特許法171条は特許の諸制度（新規性，非自明性，審査制度等）を工業的製品の装飾的デザインにも及ぼしていることに注意せよ。非自明性の基準というものは，意匠（design patent）が例えば魅力的な形のドレスや家具に与えられるべきか否かを判断するにあたり，いかに適用されるのだろうか。審査官や裁判所は，熟練したドレス・デザイナーや家具デザイナーの反応や通常の消費者の反応を考慮に入れるべきだろうか。

4　連邦議会が，著作権法において，ドレスや家具のデザインを保護するようにすることは，憲法にかなったことであろうか。すなわち，これらは「著作物（writings）」であろうか。意匠というものが存在しているということは，そして，これが厳格な特許取得能力の基準に合致することが要求され，比較的短い期間の保護しか与えられていないということは，連邦議会がこれらを著作権の保護から排除しようと意図していたことを意味しないか（この問題は第2章Fで詳しく論じられる）。

〈Alfred Bell & Co. v. Catalda Fine Arts, Inc.〉
(191 F.2d 99 (2d Cir. 1951))

〔原告は，昔の巨匠らのパブリック・ドメインとなっている絵画の複製物に関して保護を求めている。この複製物は，「メゾチント技法」と呼ばれる彫版印刷によって，本物そのままに正確に作られている。連邦地方裁判所はその詳細な認定の中で，「彫版技師の版面における仕事は，版面上の凹の深さや形について，彫版技師の個性的な考案，判断，実行を要求し，これによって，油絵の効果を狙った彫版技師の工夫を，これとは別の媒体である彫版に作り上げることとなる。同じ油絵について2人の彫版技師が彫版を試みても，同じものは出来上がらない」と判示した。〕

フランク連邦控訴審判事

1　連邦議会が特許権と著作権を管理する権限は，憲法第1条8節に規定されている。特許の有効性を判断するにあたっては，連邦最高裁判所は繰り返し，この憲法条項があてはまることを判示してきた。この前提に立って被告は，最高裁の結論として要求する要件，「特許が有効であるためには，高いレベルにおけるユニークさ，工夫，発明が示されねばならない」との要件が，著作権にも憲法上あてはまるべきだ，と主張している。著作権法のいくつかの条項は，例えば「美術作品の複製」や地図，編集物の著作権を認めるものなどは，こういった高いスタンダードを不要としているのだが，被告は事実上これらの条項の憲法適合性を争っているのである。しかし憲法上の文言は，ⓐ「著作者」とその「著作物」を，ⓑ「発明者」とその「発見」から分けて使っている。憲法の起草者たちは，もちろんこの違いが判っていた。革命以前の英国の法は，この区別をつけていた。

1783年に大陸憲法会議は，州が制定法をもって著作者の書籍に対し「著作権」を「確保」すべきことを勧告する決議を行った。13州のうち12州までがかかる法律を制定した（1783-1786）。コネティカットとノースキャロライナのものは，書籍，パンフレット，地図，図画をカバーしていた。

さらには，憲法採択の翌年の1790年には，第1回連邦議会が，特許権と著作権に関する2つの別々の法律を立法した。特許法は，1790年4月10日に制定され（1 Stat. 109），特許は，国務省長官，軍務省長官，検事総長の3者ないしその内のいずれか2者が「当該発明ないし発見が十分に有益かつ重要と認めた場合」に限り発せられることとされていた。特許の出願者は，「当該発明ないし発見が，すでに知られ，あるいは使用されているものとは区別される程度に」これを「細目化した」明細書を提出しなければならない。特許は，特許を与えられた者が「そこに特定されたものの最初の，そして真の発見者，……あるいは発明者……であること」の一応の証拠となる，とされていた。著作権は，1790年5月31日に制定され（1 Stat. 124），「地図，図画および書籍」をカバーしている。地図，図画および書籍の印刷されたものが連邦地方裁判所の書記官事務所に登録されねばならないとされ，発行の後6か月以内にその印刷物1部を国務長官に提出されるべきこととされていた。12年後の1802年，連邦議会は著作権を取得しうる対象として新たに彫版，エッチング，版画を加えた（2 Stat. 171）。

このように，憲法の目的についてよく承知していたはずの立法者らは，著作権の場合には，およそ厳格とはいえないスタンダードを採用したのである。彼らは，単なる地図のように，明らかに何のユニークさも必要としないものについても著作権を取得しうることを認めたのである。その同じ立法者が，発明者に対しては，もっと厳しい要件を課しているのである。そして，特許の場合には，まず発明の性質に関して審査官が満足しなければ発することはできないとしたのに対し，著作権の場合には，このようなことを全然要求していない。1884年，連邦最高裁は，Burrow-Giles Lithographic Co. v. Sarony（111 U.S. 53, 57）において，こういった事柄に言及した上で次のように判示した。「1790年法および1802年法によって合衆国憲法になされた解釈は，憲法制定の同時代の人々

---

(1)〔原(2)〕 これらの多くは自分自身も著作者である。

(2)〔原(3)〕 アン法典（8 c. 10）は，「印刷された書物についてその著作者ないし購入者に対し，そこで規定される期間権利を与えることによって，学術を推進させる法律」と名づけられていた。

　古い歴史によれば，「著作権（copyright）」という言葉の語源が以下のように明らかにされている（1 Laddas, The International Protection of Literary and Artistic Property (1983) 15 参照）。

　英国では，ある書物を印刷する王室からの特権というものは著作権ではなかった。これは，学術を振興させたり，著作者の利益のために与えられたものではなかった。これは，商人が自分の職業を行うにあたっての商業的な独占制度であり，免許なのであった。それが，次第に独占というものの人気がなくなってくるにつれて，印刷業者はその独占権の根拠を別の理由に求めるようになり，独占ではなく，「コピーをする権利」としての物権である，というようになった。書籍出版業組合（Stationers Company）は，自分のところの会員が印刷権を有する著作物についての帳簿を保管していた。他の会員の名前でこの帳簿に記載されている書物については，これを出版しないという慣行が形成されていった。このようにして会員は互いの「コピー」（当時そう呼ばれていた）を尊重しあい，これが「コピーの権利」ないしコピーライトと称される商業上の慣習に発展していった。この権利は後に同組合の定款中に取り込まれるに至った。帳簿への記載は，そこに書かれた個人の権利の登録とみなされた。また原稿の占有には，そのコピーを印刷する権利が付随すると考えられていた。(Sheavyn, The Literary Profession in the Elizabethan Age (1909) 52-53, 64-65, 70-71, 76-80をも参照）

によってなされたものであり，これらのうち多くの人々は憲法起草会議のメンバーでもあったのである。この解釈はそれ自体非常に重視されねばならないし，かくて確立された権利がほぼ1世紀の間疑問をもたれなかったということを考え合わせれば，かかる解釈はほとんど決定的といえよう」。従って，このように解釈されるとき，憲法は，特許権と著作権とに適用されるスタンダードは基本的に異なるものであることを認識しているのである。

　被告の主張は，「オリジナル」という言葉の曖昧さから発しているように思える。これは，はっとすることを意味するのかもしれないし，見慣れないことを意味するのかもしれないし，普通でないことかもしれないし，過去のものから著しい乖離があることかもしれない。明らかなことは，これは，「オリジナル・パッケージ（もともとのパッケージ）」とか「オリジナル・ビル（コピーではない請求書の原本）」，あるいは証拠法の「ベスト・エヴィデンス・ルール」における「オリジナル・ドキュメント（コピーでない原本）」といった文脈における「オリジナル」の意味ではない。これらはいずれも，創造性の点において非常に見慣れないというものではない。著作物に関連しての「オリジナル」とは，特定の著作物がある「著作者」に対する関係で「起源（origin）をもつ」ということなのである。別段，非常な新規さが必要とされてはいない。最高裁判所は，Baker v. Selden (101 U.S. 99, 102-103) でこう述べている。「ある本の著作権は，それが他の本の海賊版でない限り，その対象に新規性が有ろうと無かろうと，有効に存在する。本や絵の中で描かれた，あるいは説明された物や技術の新規性というものは，著作権の有効性には何の関係もない。もし，本の中で説明された技術についてその著者に独占権を与えたとするならば，それの新規性について何らの公的審査もなされていないのだから，それは公衆に対する不意打ちとなり，詐欺行為であろう。これは，特許権の領域であり，著作権のそれではない。ある技術や製造方法の発明や発見へのクレームは，独占権が付与される前に，特許庁の審査に服すべきものである。そしてそれは，政府からの特許によってのみ確保されるべき筋合いのものである。特許と著作権の違いは，対象をいろいろ列挙してゆくことによって描きだすことができる。医薬品を例にとろう。医療技術において，ある混合物が非常に価値あるものと判明したとする。もしこれを発見した者がこれについて本を書いて出版したとしたら（普通，医師がよくそうするように），彼はその製品やその薬の販売に関し何の独占権も手にすることはない。彼はこれを公衆に対してプレゼントしたことになるからである。もしかかる独占権を入手したいのであれば，彼はこの混合物について，新しい技術ないし製品ないし混合物として特許を取らねばならない。彼は，その気になれば本について著作権を取得することができる。しかし，これは彼に対して，その本を印刷し出版することに関する独占権を与えるのみである。これは，他のすべての発明や発見についてもいえることである」。

　Bleistein v. Donaldson Lithographing Co. (183 U.S. 239, 250, 252) では，最高裁は，Henderson v. Tompkins (C.C., 60 F. 758) を賛意を込めて引用しており，後者は次のように言う (60 F. at 764)。「憲法にいう『著作者』という言葉と『発明者』という言葉との間には非常に大きな差がある。後者には，単なる通常の技術の結果というものを排除する含みがあるのに対し，前者においては，かかる含みは必ずしも存在しない。……しかし，大部分の書籍は著作権のもとに安心してすごしているのであり，これらの書籍は，その執筆に関してごく普通の技能と勤勉さがみられるにすぎない。編集物というものは，この点についての注目すべき好例であろう。この対象を前にして，裁判所は文芸評論家の役割を引き受けようとはしてこなかったし，オリジナリティの程度や文学的才

能，文学的トレーニングを慎重に測定するようなことも行おうとはしてこなかった」。

　かくて，いまや明らかなことは，憲法は，著作権の宿る対象が非常にユニークであったり新しくあったりすることを要求していない，ということである。従って我々は，「パブリック・ドメインのものをコピーしたもの」でもそれが「顕著な変容を経たもの」であれば著作権に値しうると判示しても，憲法を無視したことにはならないのである。あるいは，「特許と同様に，著作権も，オリジナルであることに加えて，新規なものでなければならない」との主張を拒絶しても，憲法を無視したことにはならない。なぜなら，「地図や編集物の場合に明らかなように，ひとつのものを作ったその後にさらに同様の作品が作られることが必然的に予想されている場合には，かかる主張は法たりえない」からである。どの程度で，憲法と法律とをともに満足させるに足るかといえば，「著作者」が「ごく些細な変更を加えただけ」という以上の何かを行ったこと，「彼自らのもの」と識別できる何かをなし遂げたこと，で十分なのである。この文脈においては，「オリジナリティ」とは，「そのものずばりをコピーしてはいけない，ということとほとんど変りはない」。いかに「著作者」が芸術的には貧しい追加を加えようとも，それが彼自身によるものであれば，それで十分なのである (Bleistein v. Donaldson Lithographing Co., 188 U.S. 239, 47 L.Ed. 460)。[3]

　この点において，我々はしばしば，著作権に与えられる限定的な保護と，特許権者に与えられる広範な保護との区別をつける。だから当法廷は，「他人の著作物を，それとは独立に作ってしまっても，それは著作権侵害とはならない」と判示し，特許の場合とは異なる結論を出すのである。特許権者の方がより大きな自由をもっているのは，これが，著作権にはあてはまらない予見性の法理に関係があるからである。発明者であると主張している者は，既存の技術のすべてについて，たとえ真実はこれを知らなくても，知っているものとみなされる。「著作者」というものは，たとえ過去に存在したものと全く同じものを作り出しても，それが独立になされた以上，著作権を取得する。同様，たとえ有効な著作権があるとしても，著作権者は，他人がそれと全く同じものをコピーでなく作り上げることを差し止める権利はない。ところが特許にあっては，著作権とは異なり，単に「オリジナル」なものを作り出すだけでは済まない。特許を受ける者は，「最初の発明者ないし発見者」でなければならないのである。「だから，著作権においては，似たような作品やあるいは全く同じ作品に対して，複数の有効な著作権が存することが可能なのである。さらに，これらがコピーをすることなく成立したものならば，これらはいずれも他の作品の著作権を侵害するものとならないのである」。[4]

---

(3)〔原(13)〕　Hoague-Sprague Corp. v. Frank C. Meyer, Inc., D.C.N.Y., 31 F.2d 583, 586. 写真については，Jewelers Circular Publishing Co. v. Keystone Pub. Co., D.C.N.Y., 274 F. 932, 934におけるハンド判事の意見を参照のこと。

　英国におけるこの点の法理も同じである (Copinger, The Law of Copyrights (7th ed. 1936) 40-44：「オリジナルな考え方といったものも，オリジナルなリサーチといったものも，いずれも本質的なものではない」)。コピンガーの引用している英国の判例は，法律は，「表現は，オリジナルである必要も新規である必要もなく，単に問題の著作物が他人の著作物からコピーされたものでなければよい，すなわち，その著作者に起源を有していればよい」との趣旨を要求しているもので，「その著作物が新規でなくとも，才能にあふれたものでなくとも，ただその著作者から生じたものであって，他人のものをコピーしたのではないこと」だけが要求されているにすぎない，とする。

2　被告は，原告のメゾチントはパブリック・ドメインの複製だから有効に著作権を取得しえない，と主張するが，我々はこれを支持できない。法自らが，「美術の複製物」をとりこんでいるばかりでなく——「パブリック・ドメイン……に属する著作物の現物」に著作権を与えることは禁じているにもかかわらず——，法は明示に「パブリック・ドメインに属する著作物の翻訳，その他の翻案物（version）」について著作権を認めているのである。メゾチントは，かかる「翻案物」である。メゾチントは，これを作った者に「起源を有し（originated）」，証拠に支持された事実審裁判官の認定によれば，憲法および法の要件によく合致しているのである。これらは，もとの絵を模写しようとされたものではなかったし，また事実，模写はされなかった。その旨の証拠が存する。しかし，たとえもとの絵からの隔たりが偶然のものだとしても，著作権は有効に成立しているといえよう。複写技師の目が悪かったとか，筋肉に震えが走ったとか，稲妻の一閃のショックとかは，十分に区別できる異本（variation）をもたらす。このような異本に無意識にでくわすことによっても，「著作者」はこれを自分のものとみなすことができるのであり，これに著作権を主張することがで

---

(4)〔原(16)〕　Id. Lawrence v. Dana, 15 Fed.Cas. 26, 60 No.8, 136：「特許権の成立している製品を作ったり，使ったり，他人に使わせるために貸し出したりしている者は，たとえ特許権の成立していることを知らずに後発的に同じ発明をしたとしても，特許権侵害の責任を負うものである。しかし，ありそうにないことではあるが，コピーをしたわけでなく同じ書物を作り上げても，これは侵害にはならない」参照。Fred Fisher, Inc. v. Dillingham, D.C.N.Y., 298 F. 145, 147をも参照。

　　英国の法律も同じである。Copinger, The Law of Copyrights (7th ed. 1936) 2：「著作権に長期間の保護を与えることは独占を作り出すことになる，ということがしばしば指摘されるが，しかし，少なくともこれは知識の独占にはならない。特許権の付与は，知識についての使用の完全な独占を意味するのだが，書物を読んだ者は，そこから得た情報を利用することについて，著作権によってこれを妨げられることはない。彼が禁止されるのは，この情報ないし知識を，その書物ないしその重要な一部を複製化することによって頒布することである。あるいは，この書物を公衆の面前で朗読することである。著作権というものは，実際のところ，著作者の労力を他人が利用するのを阻止する，というネガティブな権利にすぎない。もしも，2つの全く類似する著作物が互いに別々の2人の著作者によって独立に作られたということが証明されたならば，最初にその著作物を発行した著作者は，2番目の著作者のその著作物に関して，これを差し止める権利は全然ないのである。これに対して特許権者は，2番目の発明者がたとえ独立に調査をして発明したものであったとしても，これが特許権者の特許を侵害しているものであれば，この者に対してその発明を使用することを阻止する権利を有するのである」。

(5)〔原(22)〕　Copinger, The Law of Copyrights (7th ed. 1936) 46：「ここでも彫版師は相変わらずコピー者といっていいが，彼の仕事が著作権者の同意を得ていなければ，そのオリジナルな著作物における著作権を侵害しているかもしれないが，それでも彫版師の仕事はその手腕と判断力の点においてオリジナルなものであると言いうる。彼が似せようと思ってふるっている手腕は，そのコピーの対象である画家のものとは非常に異なるものである。この手腕には，大いなる才能と労力が要求されるのである。彫版師はこの効果を出すために，光と影とを用い，あるいは，この仕事仲間の符丁でいえばキアロスクーロを用いる。光と影の適当な程度は異なる線や点で表され，彫版師たる者はこの線と点とをどう使うかを自分自身で選択しなければならない。そしてこの選択が印刷物の成功の成否を決める」。

(6)〔原(23)〕　Kallen, Art and Freedom (1942) 977. ここでは，「西欧的な伝統における，人間の歌う声の美しさというものは，声のコードの物理的な機能障害のいかんにかかっている……」とされている。

　　プルタークは次のような話を紹介している。ある画家が，馬の口のまわりに吹いている泡を描くことができなくて，癇癪を起こし，絵に向かってスポンジを投げ付けた。スポンジは壁にはねかえって飛沫をちらし，結局思うような効果が得られたという。

きるのである。
　……（略）……[^7]

> 【質問】
> 1　「科学と有益なる技芸の発展」というものは，既存の作品と同じものを，単にそのことを知らないで独立に作り出してしまった，というような場合に，これを著作権で保護することによって，いかに促進されるものなのだろうか。昔の傑作絵画の彫版とか，偉大な小説の翻訳などのように，故意による既存作品の翻案は，「科学と有益なる技芸の発展」をいかに推進させるものか。
> 2　Cataldo事件において，もし原告の彫版が昔のものでなく著作権の生きているものを基にしていたとしたら，著作権が与えられるべきものであったろうか。1976年法のもとではどうか。
> 3　「目が悪かったとか，筋肉に震えが走ったとか」によって生ずるペンの強弱に著作権が宿る，という認定に賛成できるか。こういった状況と，「稲妻の一閃のショック」で生み出されるようなものとの区別がつけられるか。Cataldo法廷においては，梯子から落ちた一滴の絵の具はどういうふうに扱われるのだろうか。
> 4　フランク判事は，先の判決から，「この文脈においては，オリジナリティとは，そのものずばりをコピーしてはいけない，ということとほとんど変りはない」との引用をしているが，この「ほとんど変りはない」とはどういうことを意味するのだろうか。
> 5　少なく見ても3つのスタンダードが，著作権の成立の有無をめぐってその適用が考えられる。ⓐ独立に起源を有すること，あるいはコピーをしていないこと，という意味における「オリジナリティ」，ⓑある控えめなレベルにおける想像力の発露，あるいは「平凡なことからの離脱」という意味における「創作性（creativity）」，ⓒ特許のごとく，「既存の芸術（art）」からの「飛躍」で，それがその芸術における大きな発展を表し，その分野において熟練した者にとって自明ではないようなもの，という意味における「新規性と発明性」。これらの基準の適用に対して，それを支持する議論，反対する議論にはそれぞれどういうものがあるか。Cataldo事件においてフランク判事は，どの基準を用いたのであろうか。

[^7]: 〔原(25)〕　翻訳における不注意の誤記を考えてみよ。特許権を取得できる発明は偶然の発見からでも生ずることができるとした判例と比較せよ（例えば，Radiator Specialty Co. v. Buhot, 3 Cir., 39 F.2d 373, 376; Nichols v. Minnesota Mining & Mfg. Co., 4 Cir., 109 F.2d 162, 165; New Wrinkle v. Fritz, D.C.W.D.N.Y., 45 F.Supp. 108, 117; Byerley v. Sun Co., 3 Cir., 184 F. 455, 456-57）。ガルヴァーニ電気だのエックス線だのといったように，科学上の多くの偉大な発見は，偶然から生じたものである。

E　商標との差異

<Trade-Mark Cases>
(100 U.S. 82 (1879))

　ミラー判事が，法廷意見を代表する。
　上記のタイトルのもとに掲げられた3つのケースは，いずれも，連邦議会の商標権法として知られる法に違反したことに対する刑事事件である。初めの2つはニューヨーク南部連邦地方裁判所における起訴で，最後のものはオハイオ南部連邦地方裁判所における告発である。これらが係属したすべての連邦控訴審の裁判官らは，それぞれ表現は異なるにせよ，本質的には同じ一つの疑問を表明している。すなわちそれは，連邦議会は商標に関する立法をなすにあたり，合衆国憲法における正しい権限に基づいて行動したのであろうか，ということである。
　商標についての連邦議会の立法は，ごく最近のものである。それはまず最初には，1870年7月8日付けの法，「特許権と著作権に関する法を改正，統合，修正する法」(16 Stat. 198)の一部として登場し，商標に関連するこの法の一部分は，第2章タイトル60の4937条から4947条までである。
　この段階では，この法の性質については，次のように言っておけば十分であろう。すなわち，ある者がその使用によって独占的な権利を確立した商標としての性格をもつ記号を特許庁に登録する仕組み，ないし，その登録者が使用行為によって独占的権利を専有しようとしている商標としての記号の登録制度，である。そして，登録商標を他人が無許諾で不正使用（wrongful use）をした場合，これは民事上の損害賠償の請求原因となる。6年後に立法された法は，1876年8月14日付けの法（19 Stat. 141）で，連邦法に基づいて登録された商標を詐欺的に使用した場合，詐欺的に販売した場合，およびこれの偽造物を作った場合には罰金および懲役の刑に処せられることとされ，本件の起訴および告発はこの法に基づいている。
　ある者が製作ないし販売する物や財を他から区別するために記号や図案を使う権利，そしてこれによって他人にはこれを使わせない権利というものは，英国にあっても，またわが国にあっても，コモン・ロウ上古くから認められてきた権利であり，ある州においては制定法上でも認められている権利である。これは，それの侵害に対しては損害賠償がコモン・ロウ上認められるところの財産権（property right）であり，継続的な侵害に対しては，過去における損害賠償とともに，エクイティ上の差止請求が認められる。この独占的権利は連邦議会の立法によって作られたものではなく，その執行について今のところかかる立法に準拠しているわけではない。商標権とその保護のための民事的な救済についての全制度は，連邦法のできる遥か昔から存在しており，完全に機能するものとして存続している。
　これらの認定は，あまりに広く理解されているため，先例の引用や立証のための精緻な議論の必要もないほどである。
　商標における物権的権利ないしその独占的使用権は州法に依拠しており，他の多くの人に関する権利，物に関する権利と同様，その意味するところは，州によってその権利が与えられ，保護が与えられているということである。従って，連邦議会がこの対象について立法行為をなし，これらの

権利の享受・行使の条件，権利の期間，執行の法的救済等を規定することは，仮に可能であるとすれば，それは合衆国憲法の中に権限の根拠がなければならない。憲法こそが，連邦議会のすべての権限の合法的行使の法源だからである。

本件のそれぞれにおける議論においても，このことは争われてはおらず，連邦議会の立法を擁護する立場の者は，憲法上の根拠として2つの条項を引合いにだしていて，この内の1つないし2つによって本法は正当化されるものである，としている。

まず最初は，第1条8節8項である。同節は，明示に連邦議会に付与した権限の例示であって，「著作物と発明とに関して，著作者と発明者に対し，限られた期間における独占的な権利を与え，以て科学および有益なる技芸の発展を促進させる」という条項には，これら明示の権限を効果的に実行するのに必要な権限が黙示的にあり，これを探知すべきである，との宣言がなされているのだとする。

商標権を管理しようとする連邦議会としての初めての試みが，さきに述べた1870年7月8日付けの，「特許権と著作権に関する法を改正，統合，修正する法」と名づけられた法である。これらの言葉は，ひとつは特許権，ひとつは著作権というように，テクニカル・タームとしてとうに確立した言葉であるので，連邦議会としては，この立法が憲法によって与えられた権限の行使のつもりであったと考えることは，しごく合理的である。また，裁判所による細かい審査が必要とされる以前においては，この法を擁護する者が主として（完全にそれだけではないにしても）考えていたのは，この条項による正当化であったであろうことも，想像に難くない。

しかしながら，商標権の本質的特徴を，科学と技術の領域における発明・発見になぞらえること，ないしは著作者の著作物になぞらえることは，とうてい越えがたい困難に逢着することになろう。

通常の商標は，発明や発見と何の必然的な関連性もない。コモン・ロウが認める商標とは，一般的に，相当期間にわたる使用が続くことが問題であり，突然に何かを発明したことは問題ではない。それはしばしば，デザインの結果というよりも，偶然の賜物であり，連邦法のもとにおいては，登録によって権利の確立ができることとなっていて，オリジナリティ，発明性，発見の要素，科学，芸術などといったものは，この法によって与えられる権利に何ら本質的に関係しない。仮にこれを，著作者の著作物という項目のもとに分類すべきであるとしたら，これに対する反対も，同様に非常に強いものとなろう。この関係では，発明と同様，オリジナリティが要求されることとなろう。また，著作物という言葉は，版画や彫版のオリジナル・デザインを含みうるほどにゆるく解釈できるものだとはいえ，それはオリジナルなもので，創造的な精神によって作り上げられたものだからそうなのである。保護される著作物とは，書籍，版画，彫版等の形に化体した「知的労働の産物」なのである。商標というものは，それを使っている者を表象する目立つシンボルとして，既に存在する何かを採用することができるし，一般的にはそういう場合が多い。コモン・ロウにおいては，商標の独占権はその使用から発生するのであって，単なるその採用からではない。連邦法においては，この独占権が登録によって生ずるとされている。しかし，いずれにしてもそれは，新規性，発明，発見，その他の頭脳の働き如何にかかっているというものではない。想像力や才能，骨の折れる思考といったものを要求しない。それは全く単純に，使用の先後によって決まる。この他の条件や要件を法の中で探しても，全く見つからないのである。あるシンボルが，商標として最初に出願者により使用されたとすれば，それがいかに当り前のもの，簡単なもの，古くさいもの，著名なも

のであっても，出願者は登録により独占的権利を取得できるのである。このような立法は，商標に関するコモン・ロウへの賢明なる補助手段であるかもしれず，またこれがこの分野を一般的に管轄する立法者の権限内の行為であるのかもしれないが，我々は，著作者と発明者，著作物と発明とに関する憲法条項の中においては，かかる権限をついに見出すことができない。

連邦議会にこの種の権限を与えているとみなしうるもうひとつの憲法条項は，同じ節の3項である。これは，以下のとおり規定されている。「連邦議会は，外国，各州間，インディアン部落との間の通商（commerce）を管理する権限を有するものとする」。

ここでの議論は，以下のようなものである。商標は使用（それのみが商標に価値を与えるものだが）されることで，その商品を販売のために一般的なマーケットに投入した者の商品ないし物品として，物の品質や階級を識別することになる。このように識別された品を販売することが，すなわち通商である。従って，商標というものは，通商への有益で価値ある補助手段ないし道具であり，この条項に基づく規制は連邦議会のよくなしうるところであり，本件立法は合法的な権限行使である。

しかし，通商の対象となるすべての品物がこの条項によって連邦議会の権限下におかれたわけではないし，また，通商に使用される，あるいは通商にとって本質的な物ですらも必然的にこの条項の適用があるわけではない。樽，桶，ビン，箱といった，ある種の通商における品物の安全な保管と運送には欠かせないものですらも，そのことによって連邦議会の立法の対象となるものではないのである（Nathan v. Louisiana, 8 How. 73）。……

〔裁判所は，本法が州際間通商にのみ限られて適用をみるのでないことを指摘し，従って無効である，と判示した。裁判所は，「商標が，連邦議会の権限に服する類の通商品目に使用ないし適用された場合において，それが商標を一般的に連邦議会の権限下におくことになるか否かについて」の問題については，あえて判示せずにおわった。〕

【質問】
1　特許と商標の違いに関する最高裁の議論には，弱いところがないか。商標と著作権の違いに関する議論では，さらに弱いところがないか。
2　この判決は，商標というものはおよそ著作権取得ができない（per se uncopyrightable）といっているのか。
3　本や歌のタイトルは，著作権によって保護しうるのか。
4　もし仮に連邦議会が通商条項によって著作権法を立法していたとしたら，他にどんな制約がその権限に対して加わったと考えられるか。どんな制約が取り外されたであろうか。

商標とランハム法（Lanham Act）

物やサービスとの関連で使われる場合，ある種の言葉，フレーズ，デザイン，図などがその物やサービスの起源を識別するものとして，公衆に知覚されることがある。例えば，"Ivory"という言葉は，石鹸やそれに類する製品のマーケティングの中で使われる場合には，通常，購買者に対して特定のメーカー（たとえその具体的な名前 Procter & Gamble を知らないとしても）を表すものとして

理解される（訳注："Ivory"は，Procter & Gamble 社の著名な石鹸の商標）。同様のことは，スポーツウエアに関連して，小さなニットのアリゲータを使うことや，朝食用のコーンフレークスや自動車の燃料に虎の印を使うことなどにも言える。こういった言葉や図が，単にその商品やサービスそのものというよりも，それの起源を識別している場合には，商標ないしサービス・マークとして機能している，というようにいわれる。これは，メーカーやサービスの送り手の名声や信用を表象するシンボルであり，その商品やサービスの品質を物語る。このマークは，消費者にとって有益な情報をもたらし，市場における競争を助けるものである。

　法は，商標（ないしサービス・マーク）の商業的価値を古くから認めてきており，他人による無許諾の誤認混同的な使用からこれを守ってきた。例えば，第三者がスキン・クリーム製品に"Ivory"という名称を使った場合，これは確実に，そのスキン・クリームが著名な石鹸のメーカーによって作られたものであるとの誤った印象を生じさせることだろう。差止による救済によって，Procter & Gamble 社がその名声に泥を塗られるかもしれない事態を救うこととなろうし，消費者がその起源と品質について誤認混同を起こすようなことを防ぐこととなろう。種々の州のコモン・ロウにおいては，伝統的に，他人のマークの外貌のもとに自己の商品を無許諾で販売する形態をとる「不正競争」（passing off）に対して保護を及ぼしてきた。この passing off の請求が成り立つためには2つの要因が必要で，1つは，コピーされた言葉，フレーズ，デザイン，図などが原告を起源として識別されていること（すなわち，「二次的意味」を有していること），もう1つは，被告による使用が，市場における相当数の人々の間で誤認混同を引き起こしていること，である。人が不用意にかかるマークの誤認混同的な使用をしないように，州は，マークの登録および公示制度を設けて，コモン・ロウにおける救済制度を補完してきた。

　当然のことながら，物とサービスとが日常的に州境を跨ぎ越える国内経済においては，州ごとに商標を登録し，権利を行使しなければならない制度というものは，商標やサービス・マークの保護を著しく阻害する。前記の Trade-Mark Cases では，連邦議会が1870年に連邦レベルでの商標の登録立法を行ったことに触れられている。この立法の今日の姿が，1946年のランハム法である。これは，顕著なマーク（distinctive marks）（すなわち，二次的意味を有するもの）を主登録簿へ登録させ，登録されたマークを無許諾で不正使用する者に対しては，連邦裁判所において救済を求められることとしている。ランハム法のもとにおける基本的な実体法的法理と保護は，州によって与えられているそれと本質的に一致するものである（ただし，州の不正競争防止法を先占しないものとする，とされている）。連邦法における登録をすると，州法においては必ずしも利用できないような実体的な権利と手続的な権利とが与えられる。なかでもランハム法43条(a)は重要な条文であるが，ここでは連邦議会は，登録済みマークに保護を与えるということを超えて，州際通商におけるより一般的な虚偽の表明・表象行為一般に対して連邦上の救済を認めた。

　以下は，ランハム法における特徴的な条項である。

〈ランハム法〉
(15 U.S.C. §§1051, 1052, 1114, 1125, 1127)

第1条（15 U.S.C. §1051）　　登録；出願……

(a)　通商に使用する商標の所有者は，本章に基づき，ここに定める主登録簿にその商標を登録する

ことができる。
(1) 以下を特許商標庁へ提出するものとする。
  (A) 特許商標庁長官の指定にかかる様式による書面。これに付随して出願人あるいは出願をする会社の役員により内容の真実性についての誓約がなされることを要し，出願人の本籍 (domicile)，国籍，マークを最初に使用した日付，通商において最初に使用した日付，マークが使用される対象となる物，かかる物に使用される態様ないし方法を特定すること。
  (B) マークの図
  (C) マークが実際に使用されている標本ないし模写（通数については，特許商標庁長官がこれを指定する）
  ……（略）……（ランハム法第1条(b)，(c)，(d)は，マークを通商において使用する意図に基づく登録について規定している。）

第2条（15 U.S.C. §1052） 主登録簿に登録できる商標；同時登録
商標の内，それにより出願人の商品が他人の商品と識別が可能であるものについては，下記のいずれかの事由にあたらぬ限り，主登録簿への登録を拒絶されない。
(a) 商標が，以下のいずれかの要素から成り，あるいはそれを形づくること。──反道徳的，欺瞞的あるいはスキャンダラスな事項。存命する者ないし死亡した者，施設，信仰ないし国民的シンボルをけなすような，あるいはこれと関係があるべきことを虚偽に暗示するような事項，ないしこれらを軽蔑の対象にしたりこれらの評判を落とすような事項。
(b) 商標が，合衆国，州，地方自治体ないし外国の旗，紋章，その他の表象ないしはこれらを模したものから成り，あるいはこれを形づくること。
(c) 商標が，特定の存命中の個人と識別ができるような名前，肖像ないし署名から成り，あるいはこれを形づくること（ただし，その者の書面の同意のある場合はこの限りではない），または，その未亡人の存命中に，故人となった合衆国大統領の名前，肖像ないし署名から成る商標，あるいはこれを形づくる商標（ただし，その未亡人の書面の同意ある場合はこの限りではない）。
(d) 商標が，特許商標庁に登録済みのマーク，または合衆国において他人により既に使用され未だ使用が放棄されていないマークないし商号，に類似していて，出願人の商品に適用されると混同，誤認ないし詐欺を生じるおそれのあるもの（ただし，特定の場合にあっては，同一のマークでも，別の者によって同時に登録することができる，との但書が付されている）。
(e) 商標が，①出願人の商品に適用されると，単に説明的であるか (merely descriptive)，あるいは欺瞞的なまでに誤導説明的であること (deceptively misdescriptive)，②出願人の商品に適用されると，主として地理的に説明的であること (primarily geographically descriptive)，あるいはこれについて欺瞞的なまでに誤導説明的であること（ただし，第4条に従い，産地である地方の印はこの限りでない），または，③主として単なる氏であること (primarily merely a surname)。
(f) 本条(a)，(b)，(c)，(d)，(e)(3)および(e)(5)において明示に排除されている場合を除き，本条は，通商において出願人の商品を識別するに至ったマークの登録を排除するものではない。特許商標庁長官は，通商において出願人の商品に適用された場合にマークが識別力をもったことの一応の証拠として，識別力についての主張がなされた時から5年遡った時点より本質的に排他的

かつ継続的に使用されていることを，かかる証拠として取り扱ってよい。

第32条(1)（15 U.S.C. §1114(01)）　救済；侵害

登録者の同意を得ないで以下のことをなした者は，以下に定めるところの登録者による救済を求める民事訴訟において，有責とする。

(a)　いかなる物ないしサービスを問わず，これの販売，販売のための提示，頒布ないし広告に関連して，登録済みマークの複製，偽造物，コピー，その他の模造物を通商において使用すること。

(b)　登録済み商標を複製し，偽造し，コピーし，ないしその模造物を作り，かかる複製物，偽造物，コピーないしその模造物を，以下の態様による使用が混同，誤認ないし詐欺を生じさせるおそれのあるところの商品ないしサービスについての，販売，販売のための提示，頒布ないし広告に関連して使用される，あるいはこれらについて通商上使用される，ラベル，印，印刷物，パッケージ，包装紙，容器ないし広告に使うこと。

本条(b)においては，かかる模造物が混同，誤認ないし詐欺を生じさせるおそれのあることを知りながらなされた場合を除いては，登録者は損害賠償ないし利益の返還を請求しえない。

第43条（15 U.S.C. §1125）　出所の虚偽表示および虚偽記載の禁止

(a)　いかなる物ないしサービス，あるいは物の容器の上に，あるいはこれに関連して，下記の事柄を通商において使用する者は，かかる行為によって損害を受けるおそれのある者に対して，民事上の責任を有するものとする。

(1)　他者との関連会社関係，コネクションないし提携関係に関して，あるいは商品，サービスないし他者の商業活動の出所，スポンサーシップないし承認に関して，混同，誤認ないし詐欺を生じさせるおそれのある，言葉，文章，名前，シンボル，図柄，これらのコンビネーション，出所の虚偽表示，虚偽ないし誤導的な事実記載ないし事実表明

(2)　商業広告ないし宣伝において，その者ないし他者の商品，サービスないし商業活動の性質，特徴，品質ないし地理的出所に関して，誤ったことを表す言葉，文章，名前，シンボル，図柄，これらのコンビネーション，出所の虚偽表示，虚偽ないし誤導的な事実記載ないし事実表明

……（略）……

(c)(1)　著名なマークの所有者は，公平の原則と裁判所が合理的と考えるところの条件に服することを条件として，他人が当該マークを通商において使用することを差し止めることができるものとする。ただし，当該使用は当該マークが著名になってから後に開始され，当該マークの識別性を希釈化するものであることを条件とする。

第45条（15 U.S.C. §1127）　解釈および定義；本法の意図

本法の解釈にあたり，とくに別段の意味がその文脈上明らかでない限りは，以下の言葉は，以下に記されるとおりに解釈されるものとする。

……（略）……

「通商」とは，連邦議会によって合法的に規律されうるすべての通商活動をいう。

……（略）……

「商標」とは，言葉，名前，シンボル，図柄ないしはこれらのコンビネーションで，

(1)　それがある者によって使用され，あるいは，

(2) それをある者が善意で (bona fide) 通商において使用する意図を有し，かつ本法により設置される主登録簿に登録を申請するものであって，

その者の商品を，他者の販売あるいは製造する商品から区別ができ識別できるもの（ユニークな商品それ自体を含む），かつその商品の出所を示すもの，をいう（出所が知られていなくともよい）。

「サービス・マーク」とは，言葉，名前，シンボル，図柄ないしはこれらのコンビネーションで，

(1) それがある者によって使用され，あるいは，

(2) それをある者が善意で通商において使用する意図を有し，かつ本法により設置される主登録簿に登録を申請するものであって，

その者のサービスを，他者のサービスから区別ができ識別できるもの（ユニークなサービスそれ自体を含む），かつそのサービスの出所を示すもの，をいう（出所が知られていなくともよい）。ラジオやテレビの番組のタイトル，キャラクター・ネーム，その他の目立つ特徴は，これらが（あるいはその番組が）スポンサーの商品を宣伝しているわけではないとしても，サービス・マークとして登録することができる。

……（略）……

「マーク」とは，商標，サービス・マーク，団体標章，証明標章等をいう。

「通商における使用」とは，マークを，単に権利を得るためではなく，通常の交易において，善意で使うことをいう。本法の目的においては，以下の場合には，マークは通商において使用されたとみなす。

(1) 商品については，

(A) いかなる態様においてであれ，商品ないしその容器の上，これらに付属する展示物の上，あるいはこれらに付着しているタッグやラベルの上にマークが表れている場合，あるいはその商品の性質上かかる表示が不適当であるときには，当該商品ないしその販売に随伴する書類にマークが表れている場合であって，かつ，

(B) その商品が通商において販売され，あるいは輸送される場合

(2) サービスについては，あるサービスの販売ないし宣伝において使用ないし展示され，かつ当該サービスが通商において提供される場合，あるいは当該サービスが2つ以上の州または合衆国と外国の間で提供され，かつその提供者がそのサービスに関して通商に従事する者である場合。

【質問】
1 著者は，人気のある物語やそのシリーズのキャラクターの名前（ジェームズ・ボンドとかサム・スペードとか）を商標として権利を確立できるだろうか。それでは著者は，名前と離れてのキャラクターというもの，例えば肉体的な特徴とかキャラクターの性格のようなものは商標とすることができるだろうか。このような名前や特徴に商標としての保護が与えられるとすると，その保護範囲はどのようなものとなるだろうか。

2 こういった名前や特徴に対して著作権は取得しうるか（憲法と著作権法とを両方考慮せよ）。もしできるとすると，保護範囲はどのようなものか。

3 子供向けの本の作者として有名な Dr. Seuss は，1932年の「リバティ・マガジン」に多くのマンガ・シリーズを書いていた。著作権はリバティが持っていた。30年以上後になって，リバティはDon Poynter という者に対して，このマンガに基づいた立体的な人形を作ることのライセンスを与えた。Dr. Seuss は，これらの人形が「悪趣味で，魅力に欠け，低劣な品質である」として，かれの名前の使用差止と損害賠償とを求めた。下掲のタッグについてこの主張は通るべきであろうか (Geisel v. Poynter Products, Inc., 283 F.Supp. 261 (S.D.N.Y. 1968) を参照のこと)。

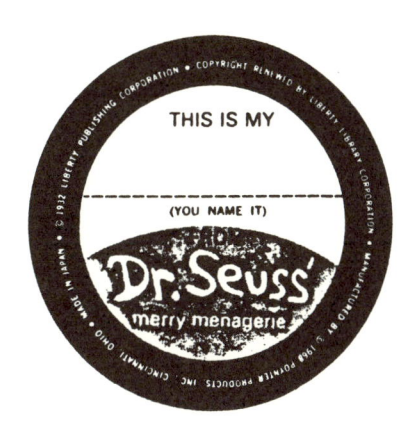

下掲のタッグであれば，違う結果となるか（上記 295 F.Supp. 331 (S.D.N.Y. 1968) を参照のこと）。

〈Frederick Warne & Co. v. Book Sales, Inc.〉
(481 F.Supp. 1191 (S.D.N.Y. 1979))

ソーファー連邦地裁判事

　原告 Frederick Warne & Co. は，本商標侵害訴訟を，被告 Book Sales, Inc. に対し，ランハム法32条(1)，43条(a)，およびニューヨーク希釈化防止法 (Anti-Dilution Statute, General Business Law § 368-d) に基づいて提起している。本件は，連邦民事訴訟規則56条に基づき，双方当事者の申立てによって，当法廷に係属している。

〔原告は，1902年以来，ベアトリス・ポッターが本文と挿絵を書いた子供向けの有名な絵本のシリーズ「オリジナル・ピーター・ラビット・ブックス」の出版元である。シリーズの内の7冊はもはや，あるいは初めから合衆国著作権がなく，ポッター女史の数冊の新しい絵本が原告の絵本と競合するかたちで出版されている。原告は，この7冊がパブリック・ドメインであることは認めているが，そもそもはポッター女史によって描かれた扉絵の3つを書籍の商標として登録しており，あわせて未登録のものについては同法43条(a)に基づく保護を主張している。同条では，たとえ登録による商標としての有効性の推定の利益がなくとも，これについての証拠を許容している。原告は，自らまたは第三者をして，8つのイラストレーションを，本の包装紙，その他の出版物（クックブック，彩色の本等），玩具，衣類などさまざまの商品に使用し，あるいは使用させている。ライセンス商品は年間500万ドルを売り上げ，原告へのロイヤルティは25万ドルにのぼる。〕

〔被告は，1977年から，パブリック・ドメインとなった7つのポッター女史の絵本の複製を，1冊のカラフルな合本にして販売してきた。これは，写真複製によって，もともとのポッターのイラストレーションから作られたものである。これは，扉絵と「坐っているラビット」の絵も複製しており，これらをお話の始めと終りに配置しなおしている。また，原告のオリジナルの扉の写真複製を，7つの話のほとんどのページの隅の装飾として使っている。〕

〔原告は，被告によるこれら8つのイラストレーションの使用は商標権の侵害にあたるとして，差止，損害賠償および利益償還を求めている。両当事者とも互いに，相手方の主張自体失当を理由として，自らを勝訴させる判決を求めているが，裁判所は，本件には重要な事実上の争点があるためこれを退けた。〕

I 原告の商標権としての保護の主張

本訴訟に勝訴するには，原告はまず，その本およびその他の商品に使用されている8つのイラストレーションについて有効な商標権を確立しなければならない。ランハム法45条は，商標を，「製造者または商人が，自己の商品を識別し，他者のものから区別するために採用され使用される……言葉，シンボルあるいは図柄」と定義している。本件のイラストレーションは原告の本を他者の本から区別することは可能ではあるけれども，これらは「テクニカル・トレードマーク」というほどには，内容との関連が希薄でないし，ユニークでもないし，非説明的であるわけでもない。すなわち「テクニカル・トレードマーク」とは，商品につけられ，それが販売されれば直ちに有効な商標としての推定を受けるようなものをいう(Blisscraft of Hollywood v. United Plastics Co., 294 F. 2d 694 (2d Cir. 1961))。従って原告は，このイラストレーションが二次的意味を獲得したことを立証する責任を負っている。すなわち，ここにいう二次的意味とは，「ある名前ないし形が，特定のビジネス，商品ないし会社を象徴するような作用」と定義されるところのものである (Dallas Cowboys Cheerleaders, Inc. v. Pussycat Cinema, Ltd., 604 F. 2d 200, 203, n.5 (2d Cir. 1979). 引用は Ideal Toy Corp. v. Kenner Products Division of General Mills Fun Group, Inc., 443 F.Supp. 291, 305 n.14 (S.D.N.Y. 1977))。

本件においては，問題のイラストレーションがポッター女史を本の著者として指し示すに至ったというのみではまだ十分ではない。原告は，これらのイラストが，これらの本の出版社としての原告自身の信用と名声とを表象するに至ったことを示さなくてはならない。本件イラストがこの種の二次的意味をもったか否かは事実認定上の問題である (Speed Products Co. v. Tinnerman Products,

Inc., 222 F.2d 61 (2d Cir. 1955): Turner v. HMH Publishing Co., 380 F.2d 224 (5th Cir.), cert. denied, 389 U.S. 1006 (1967). なお McCarthy, Trademarks and Unfair Competition §5:10を見よ)。そしてこの二次的意味は，直接に立証することもできるし，状況証拠による立証でもかまわない。ランハム法において登録された商標については，登録が商標の有効性についての一応の証拠として扱われる（§33(a). さらに上記 McCarthy §§11:16, 15:12を参照)。

さらに原告は，被告によるこれら8つのイラストの使用が商標の侵害であることを立証しなければならない。ランハム法32条(1)においては，登録商標の侵害が成立するのは，ある者が当該マークを「かかる使用が混同，誤認ないし詐欺をひきおこすおそれのあるような商品の……販売……ないし宣伝に関連して」使った場合である。未登録のイラストについては，43条(a)という広く定義された条項が，出所の虚偽表示ないし商品またはサービスの虚偽表示に対する連邦法上の救済を作り出しているので，うまく訴訟をもってゆくことができるかもしれない (Boston Professional Hockey Association, Inc. v. Dallas Cap & Emblem Manufacturing, Inc., 510 F.2d 1004, 1010 (5th Cir.), cert. denied, 423 U.S. 868 (1975); Joshua Meier Co. v. Albany Novelty Manufacturing Co., 236 F.2d 144, 147 (2d Cir. 1956))。一般論としては，商標侵害訴訟を成り立たせる同じ事実——すなわち，混同のおそれを示す事実——は，43条(a)における不正競争の請求を成り立たせる（上記 Dallas Cap 510 F.2d at 1010. さらに American Footwear Corp. v. General Footwear Co., Ltd., 609 F.2d 655, 665 (2d Cir. 1979) を参照)。混同のおそれは，事実に関する調査事項であり，考慮要素の多寡によってどれが決定的な要素とはいえない（例えば，Mushroom Makers, Inc. v. R. G. Barry Corporation, 580 F.2d 44 (2d Cir. 1978), cert. denied, 439 U.S. 1116 (1979))。

両当事者は，その申立書で言っていることとは逆に，そして，実際に原告はランハム法のもとにいくつかのイラストを登録しているにもかかわらず，被告は，問題のイラストが有効な商標であるということを認めようとしない。また被告は，自身のピーター・ラビット本に関連してこれらのイラストを使うことが誤認混同を生じさせるということを認めてもいない。本件の現在の記録では，商標侵害の認定に必要な要素であるところの，二次的意味の存在と誤認混同のおそれの2要素の事実認定ができない。従って，原告の申し立てる，被告の主張自体失当に基づく請求棄却判決 (summary judgment) の申立ては却下されざるをえない (Syntex Laboratories, Inc. v. Norwich Pharmacal Co., 315 F.Supp. 45 (S.D.N.Y. 1970) 〔原告の仮処分の申立ては認めたが，被告の主張自体失当を理由とする被告敗訴の申立ては却下〕, aff'd 437 F.2d 556 (2d Cir. 1971) 〔仮処分を認容〕; National Color Laboratories, Inc. v. Philip's Foto Co., 273 F.Supp. 1002 (S.D.N.Y. 1967); 一般的には，上記 McCarthy §32:36を見よ)。

II 被告の自由出版の主張

事実に関して争いがあるため原告の申立ては却下されたわけだが，被告は，これは必ずしも被告の有利に解されないでも構わない点であると主張する。被告は，本件イラストとマークは，パブリック・ドメインとなった著作物の一部であるから，これを使用しても構わない，と主張する。しかしこの議論は説得的でない。著作権の存するキャラクターやデザインがパブリック・ドメインになったということは，必ずしも商標法の保護を排除するものでない。商標としての独立の特徴を備えている限り，すなわち，何らかの方法によってその商品の出所やスポンサーシップを識別している限り，商標としての保護は及ぶのである (Wyatt Earp Enterprises v. Sackman, Inc., 157 F.Supp. 621

(S.D.N.Y. 1958)を見よ)。著作権法の付与している財産権（property right）は，商標法のそれとは非常に異なるから，商標としての保護は共存しうるのであり，先占の問題を生ずることなしに，重なり合いうるのである。Boston Professional Hockey Association, Inc. v. Dallas Cap & Emblem Manufacturing, Inc.（510 F.2d 10104, 1014（5th Cir.），cert. denied, 423 U.S. 868（1975））において，第5連邦控訴審は以下のような説得力ある議論を展開した。

　商標とは，使用により取得される財産権である（Trade-Mark Cases, 100 U.S. 82（1879））。それは著作権とは，法的起源においても，連邦法における保護範囲においても異なる。著作権の保護についての法的基礎は，憲法第1条8節8項である。著作権の場合には，個々人がユニークなデザインを作り，建国の父たちはそうすることが創造性を育むことになると判断したが故に，これらの者に対して（限定された期間の）著作権を与えた。著作権の消滅後は，この創造物はパブリック・ドメインの一部となる。しかし商標の場合には，このプロセスは逆となる。個々人は，パブリック・ドメインであるかもしれないような言葉やデザインをまず選びだし，自分のビジネスや商品を表象するものとする。もしもこの言葉やデザインが公衆の心の中で，この者のビジネスや商品をシンボライズするものとなった時には，この個人はそのマークについて財産権を取得する。使用によってかかる権利を取得するということは，これらの言葉やデザインがパブリック・ドメインの領域から離れて商標法の保護射程に入ったことを意味する。ランハム法のもとにおいては，マークの所有者は，登録と使用を通じて保護を受けうる財産的利益を取得することとなるのである。

　著作権と商標との2本立ての保護が特に適切と思えるのは，グラフィックなキャラクターなどの場合である。著作権の保護に値する美術的創造物とみなされるキャラクター（Walt Disney Productions v. Air Pirates, 581 F.2d 751（9th Cir. 1978），cert. denied, 439 U.S. 1132（1979））は創作者を識別することもありうるのであり，これによって，商標法ないし不正競争防止法の法理による保護を受けうるのである（Edgar Rice Burroughs, Inc. v. Manns Theaters, 195 U.S.P.Q. 159（C.D. Cal. 1976）；Patten v. Superior Talking Pictures, 8 F.Supp. 196（S.D.N.Y. 1934）を参照。一般的には，Waldheim, Characters - May They Be Kidnapped? 55 T.M.R. 1022（1965）を参照のこと）。この商品やサービスの識別力の故に，キャラクターの名前や絵姿が商標としてランハム法において登録されるのである（Brylawski, Protection of Characters - Sam Spade Revisited, 22 Bull. Soc. Cr. 77（1974）; Adams, Superman Mickey Mouse and Gerontology, 64 T.M.R. 183（1974）を参照のこと）。[1]

　原告が正当にも認めているように，G. Ricordi v. Haendler（194 F.2d 914（2d Cir. 1952））（ハンド判事）判決のもと，被告は本件の7つのパブリック・ドメインの作品をそのもとの出版されたままの姿で複製することは可能なのである。しかし，ハンド判事が，上記 G. Ricordi 判決で指摘するように，当事者が単なるコピーの域を超えれば，パブリック・ドメインの複製が不正競争を構成することもありうるのである。G. Ricordi 事件の被告は，問題となった本の正確な写真複製を作った

---

[1]〔原(3)〕ある学説では，商標や不正競争防止法の理論によると，あるキャラクターを，そのもととなった著作物の保護期間を越えて保護することになってしまう，との懸念が表明されている。しかし，この興味深い問題は，ここでは問題にする必要はない。というのも，原告は，このキャラクター自身における独占的な商標権を確立しようとしているのではなく，このキャラクターの特定のイラストについての使用という限定的な権利を求めているからである。

のであった。しかし本件では，被告は複数のお話からなる新しい本を組みあげて，扉と中身を原告のキャラクター・イラストで飾った。そして，このイラストの使い方というのが，もとのパブリック・ドメイン本では全然なされないような飾り方においてなされたのである。もしも，「坐っているラビット」等のこれらのイラストが原告の出版物を表象するに至っていたとしたら，被告によるその使用は，公衆をして，被告のこの別途の，かつ原告に言わせれば劣悪な出版物が，原告の出版物ないしこれと関連ある出版物であると誤信せしめるおそれのあるものである。パブリック・ドメインのコピーであっても，この種の虚偽表示の危険があれば，不正競争の訴因を構成しうる（Desclee & Cie, S. A. v. Nemmers, 190 F. Supp. 381, 390 (E.D. Wis. 1961)参照）。

　被告はしかし，扉も中身もともに複製する権利がある，と主張する。被告の依拠するケースは，Triangle Publications, Inc. v. Knight-Ridder Newspapers, Inc.（445 F. Supp. 875 (S.D. Fla. 1978)）であり，ニマー教授の「著作権法」であり，本の扉も著作権のある本の一部とみなされるべきだ，と主張する。従って，ひとたび全体の著作権が失効すれば全部の本が自由にコピーされて然るべきだ，とするのである。

　被告のこの主張は原則的には正しい。本の扉はその中身ともども著作権の保護を受けうるものである。しかし被告はその論理の要点を拡張している。被告の引くこれらの判決や本のどこにも，著作権と商標権の保護が相互に排他的であるとか，本の扉が本の中身と必ずその運命を共にしなければならない，などとは書いてない。……

　さらには，被告の言うように著作権のある本の扉が商標ないし不正競争法上の保護を受けえないとしたならば，矛盾する結果を生ずる。著作権の保護を受けえないような，オリジナリティに欠けた本の扉は，商標法のもと，無制限の期間，保護を受けうる可能性がある。これに対して，芸術的に高い価値のある，あるいは精巧な本の扉は，その保護が著作権の期間に限定されることとなる。より良いルールは，すべての本の扉について，伝統的な商品包装（trade dress or packaging）の法理による等しい保護を与えることであろう（Sub-Contractors Register, Inc. v. McGovern's Contractors & Builders Manual, Inc., 69 F.Supp. 507, 511 (S.D.N.Y. 1946), citing with approval, E. P. Dutton & Co. v. Cupples, 117 App. Div. 172, 102 N.Y.S. 309 (1st Dept. 1907)を参照）。かくて，本件における適切な事実調査とは，本の扉がかつて著作権を有したものでそれが後にパブリック・ドメインとなったか否か，ではなくして，これが二次的意味を有したか否か，すなわち，このイラストを有する商品の出版社ないしスポンサーとして原告を識別する力があるか否か，であり，さらにそれが肯定されたとして，被告が本件で使用したような，「パッケージ」ないし「包装」としてこのイラストを使うことが誤認混同を引き起こすおそれがないか否か，である。これらの質問をさばく道具立てとして，主張自体失当の判決は適当ではない。

　被告は，ランハム法33条(b)(4)に基づく「フェア・ユース」の抗弁を行っているが，これも説得力に欠ける。……これらのイラストを被告が使ったようなやり方で使うことが，パブリック・ドメインの著作物の十分かつ効果的な使用方法なのかどうかは，明らかではない。被告は，2度，そのピ

---

(2)〔原(4)〕　33条(b)(4)によれば，もしも使用が，「その者の商品ないしサービスあるいはそれの地理的な出所をユーザーに示すためにのみ，善意かつ公正に使用され，かつこれを記載する文言ないしマークで，……商標ないしサービス・マークとしての使用ではないもの」の場合には，侵害に対する抗弁となるとされている（15 U.S.C. §§1115(b)(4)）。

ーター・ラビット絵本の扉を変更して，「坐っているラビット」（これは現在は使用されていない）の絵は必ずしも扉には必要ではないことを示している。7つのオリジナルの扉のイラストについては，ポッター女史のお話を複製した他の出版社はこの扉を使っていないという事実からいって，本作品を上手に利用するために本質的であったとは言えないといえよう。そして，被告の主張とは反対に，扉のイラストはパブリック・ドメイン本のタイトルと類似的である，とはいえない。本のタイトルについては，ニマー教授は，その作品の効果的な頒布のためには本質的に重要なものかもしれない，としている（1 Nimmer on Copyright §2.16）。タイトルは，一般的には，文学的作品では主たる識別物である。しかし，扉のイラストはそうではない。もちろん，はじめに指摘した通り，このイラストが単にポッター女史とその著作を識別させるにすぎないものならば，原告には，商標としての保護を受ける権利は何もない。しかし，原告が特定の二次的意味を立証しえたならば，つまり，このイラストが子供向けの本その他の商品の出所としての原告の信用と名声とを表象することを立証しえたならば，商標としての保護を受けうることとなる。ただし，扉がその本の中身を識別させるのに必要なものを含んでいる場合には，それには商標としての効力は及ばないが。こういったことについての解答は，事実審理を待たなければならない。

しかし，上に記したことは，原告が事実審において容易に立証をなしうるという意味に解されてはならない。本件でのマークは，絵本の本文のイラストと同一か，それから引き出されたものなのだから，これらは「弱い」マークということができるであろう。一般論としては，弱いあるいは説明的なマークには，本質的に特色あるマークに比べて少ない保護しか与えられないものである（上記 McCarthy, §11.24を参照）。しかし，とにかく原告には，この比較的に重い立証責任であるにせよ，かかる機会が与えられるべきであり，これによって，消費者の認知度や問題のマークそれぞれについての誤認混同などについての証拠を提出させるべきである。

かくて，主張自体失当を理由とする判決の申立ては却下される。

権利侵害における損害裁定という文脈において，著作権と商標権の基礎にある，異なるポリシーについて，Nintendo of America, Inc. v. Dragon Pacific, Int'l（40 F. 3d 1007（9 th Cir. 1994），cert, denied sub nom. Sheng v. Nintendo of America, Inc., 115 S. Ct. 2256 (1995)）を参照せよ。さらに，Lyons Partnership L.P. v. AAA Entertainment Inc.,（53 U.S.P.Q.2d 1397 (S.D.N.Y. 1999)）をも参照。同事件においては，被告が著名な恐竜"Barney"キャラクターの無許諾のコスチュームを販売したことで，その著作権および商標権を侵害したと認定された。商標権侵害の救済としての利益の吐出しと，著作権侵害の救済としての法定損害賠償請求権とには重なり合いはないとされ，後者は，「抑止と懲罰などの，補償以外の様々な目的に資するべく作られた」ものであると認定されている。

【質問】
1 ルイス・キャロルの書いた『不思議の国のアリス』のストーリーにおける著作権は既に消滅している。この本のタイトルを，キャロル本の奇妙で愛すべきキャラクターやストーリー・ラインと何の関係もない戯曲や歌のタイトルとして使用することに，何か法的な障害（キャロルの遺産財団などが持っているかもしれない権利）があるか。たとえば，ウォルト・ディズニー社がアリスのお話のア

ニメ版のタイトルにこれを使うことに，法的障害はあるか。もしディズニーがこのタイトルを使った映画が非常なヒットとなった場合に，「それほどビッグでない」会社がアリス物語の自社版を「不思議の国のアリス」のタイトルで製作配給することを阻止することができるか（Walt Disney Productions, Inc. v. Souvaine Selective Pictures, Inc., 98 F.Supp. 774, 90 U.S.P.Q. 138 (S.D.N.Y.), aff'd, 192 F.2d 856, 91 USPQ 313 (2d Cir. 1951)）。

2　近時の映画『ロング・キス・グッドナイト』では，俳優たちがいる部屋で「三馬鹿トリオ」の映画が背景のテレビ受像機上で放映されているのが30秒ほど続くシーンがあった。この「三馬鹿トリオ」の映画（なんと「法廷での不静粛」というタイトルである）の著作権は既に消滅している。「三馬鹿トリオ」キャラクターについての全権利を主張する会社が『ロング・キス・グッドナイト』のプロデューサーに対して商標権侵害の訴訟を提起した。第1に，この商標権侵害という議論について評価をせよ。第2に，著作権の消滅の意味について裁判所が述べた以下の判示が正しいかどうか考察せよ。「著作権法でカバーされた素材がパブリック・ドメインになった場合には，ランハム法で保護されることはない。さもなくば著作権法が無意味になってしまう」（Comedy III Prods., Inc. v. New Line Cinema, 200 F.3d 593 (9th Cir. 2000) 参照）。

F　動産（chattel）との差異

＜Forward v. Thorogood＞
(985 F.2d 604 (1st Cir. 1993))

ブーディン控訴審判事

　これは，音楽グループの「George Thorogood & The Destroyers」（以下「本バンド」と言う）の未発表録音物の著作権の帰属についての終局判決に対する控訴である。連邦地方裁判所は，本バンドがそのテープの著作権を有することを認め，控訴人 John Forward が商業目的でその録音物を使用することを禁じる旨判示した。我々は原判決を認容する。

　基礎となる事実の概略を述べる。Forward は，ブルースとカントリー・ミュージックに特に興味を寄せる音楽愛好家で，レコード収集家である。1975年，本バンドが出演していたボストンのナイトクラブで Thorogood と初めて会った時，Forward はバスの運転手として働いていた。Forward はすぐに本バンドの演奏に魅了され，Thorogood と友人関係になった。Thorogood と本バンドのメンバーたち，ドラマーとギター奏者は，共に東海岸の大学やクラブで1973年以来演奏活動を続けていた。本バンドが，そろそろファースト・アルバムを発売すべき時であることを知って，Forward は，ラウンダー・レコードで本バンドとレコーディング契約をするように友人たちを説得すべく運動を始めた。ラウンダー・レコードは，ブルースとフォーク・ミュージック専門の，ボストンを本拠地とする小さなレコード会社である。この運動の中で Forward は，1976年，本バンドの2つのレコーディング・セッションを手配し，これの代金を支払った。これらのセッションの目的は，ラウンダー・レコードの関心を引くための「デモ」テープを作ることだった。Forward の招きで，ラウンダー・レコードの幹部の一人が本バンドの2回目のレコーディング・セッションにやって来た。いくつかの特定の歌を録音するよう求めた他は，これらのセッションに対する

Forward の貢献は，セッションの手配と代金支払に限られたものだった。

　ラウンダー・レコードは，聞いた音楽が気に入り，2回目のセッションの後，本バンドと契約する手配をした。本バンドは，Forward が自分で聞いて楽しむためにテープを持っていることに同意し，それ以来テープは彼のもとにあった。1977年，本バンドのファースト・アルバムがラウンダー・レコード・レーベルから発売された。Forward はアルバムの中で「特別に謝意を捧げる（special thanks）」人物として名前が挙げられた。それ以来，George Thorogood & The Destroyers は，たくさんのレコードを発売し，ブルースあるいはロックのバンドとして成功してきた。

　当事者間の紛争は，1988年始め，Forward が本バンドに，1976年当時のテープを商業的なリリースのためにレコード会社に売ろうとしていることを話した時から始まった。本バンドは，そのテープの販売が彼らの評判に傷を付けることになるのをおそれて反対した。それらのテープは，連邦地方裁判所が認定したところによると，本バンドの公表された作品と比較して「洗練されていない質」のものだった。1988年7月5日，Forward は，自分がテープについてコモン・ロウ上の著作権を有する旨の確認的判決を求めて連邦地方裁判所に提訴した。著作権の帰属の判断は，コモン・ロウ著作権に準拠することになる。なぜなら，テープは未発表で，1976年著作権法（17 U.S.C. §101以下）が施行される1978年1月1日より前である1976年に録音されたからである。本バンドは，確認判決および差止めによる救済を求めて反訴した。[1]

　連邦地方裁判所で Forward は，自分への著作権の帰属を根拠づける数々の理論を提示した。5日間の審理の末，連邦地方裁判所は，Forward は彼が提示したいかなる理論の下でも著作権を有するものではないと判示して，事実認定および法律上の結論を示した（Thorogood, 758 F.Supp. 782 (D.Mass. 1991)）。裁判所は，本バンドの主張を認め，Thorogood 以下の本バンドのメンバーが著作権者であることを確認し，Forward に対し，テープの商業的利用を永遠に禁じる旨判示した。Forward は控訴した。

　この控訴審において，Forward の自己への著作権の帰属を根拠づける第1の理論は，テープの所有権に基礎をおくものである。Forward によると，著作権は著作物の所有権に随伴するものであるという。選択的主張として，証拠上明らかに，著作権は黙示的にデモ・テープと共に彼に譲渡されたのだという。我々は，いずれの主張にも賛成しない。

　著作物の創作者は，少なくとも推定上は，著作者であり著作権者である（Community for Creative Non-Violence v. Reid, 490 U.S. 730, 737, 109 S. Ct. 2166, 2171, 104 L. Ed. 2d 811 (1989)）。音楽著作物の実演家は，いわば，その実演についての著作者である（1 Nimmer, §2.10 [A] (2)(a), at 2-149）。多くの事件において裁判所は，コモン・ロウ著作権の適用にあたって，草稿あるいは絵画の無条件の販売をもって，著作権の移転の意思があったとの結論を下してきた（3 Nimmer §10.09 [B], at 10-76.1）。この法理は，しばしば批判の対象となり，裁判上および制定法上排斥されがちなのであるが（id.），Forward の主位的主張の根拠たるものである。Forward の主張の難点は，この法理の下においてさえ，単なる物理的な移転は推定しか生じさせないということであり，究極

---

(1) M. Nimmer & D. Nimmer on Copyright, §2.10 [A] n.18, at 2-147 (1992)（以下，本文では"Nimmer"と言う）を参照。また, Roth v. Pritikin, 710 F.2d 934, 938 (2d Cir.)（1978年1月1日においてコモン・ロウ著作権を先占した1976年法は，その日よりも前に作られた著作物の著作権の内容については決定できるが，その帰属について決するものではない), cert. denied, 464 U.S. 961, 104 S. Ct. 394, 78 L. Ed. 2d 337 (1983)をも参照。

的な問題は意思は何であったかということである（id.）。

　本件では，連邦地方裁判所は，「本バンドのどのメンバーも，テープの著作権をForwardに譲渡し，あるいは譲渡に同意したことがなかった」ことを認定している（758 F. Supp. at 784）。むしろ，本バンドは，Forwardが個人的に楽しむためにのみテープを保有することを認めたのであった（id.）。かかる本質的な部分を無視したフォワードの主張は，テープが原始的にForwardに「みなし占有」されており，かつ，セッションの後で本バンドがした留保は彼の著作権を本バンドへと再譲渡したり限定したりできないものである，といった高度に技巧的な構成の主張である。実際のところは，本バンドは最初から著作権を譲渡したことはなく，テープの所有権のForwardへの移転は，本バンドの権利の保留と区別された形で明確に定義づけられたものではなかった……。

---

§202　物の所有権と区別されるものとしての著作権の所有権

　著作権または著作権に基づく独占的権利の所有権は，その著作物が具現化された物体の所有権とは区別される。著作物が最初に固定されたコピーまたはフォノレコードを含めて，かかる物体の所有権の移転は，その物体に具現化された著作物の権利それ自体を譲渡させない。また，著作権または著作権に基づく独占的権利の所有権の移転は，合意がなければ，いかなる物体の所有権をも譲渡させるものではない。

【質問】
1　Forward事件で裁判所は「コモン・ロウ著作権」について言及している。わが国の著作権の歴史を通じて，1978年までは，未発行の著作物のコピーを作る権利は，コモン・ロウ著作権として知られ，典型的には州法が適用されてきた（裁判所の判決において，あるいは制定法において州の著作権法が明示されたにせよ，されなかったにせよ）。コモン・ロウ著作権は，永遠に存続しうる類のものであり，その著作物が著作者の同意の下で最初に「発行」される時まで続く。Forward事件で述べられているように，創作的な著作物を具現化した動産の所有権を無条件に譲渡した著作者は，最初の発行をする権利を共に譲渡したことと推定されるのが通常であった。これは，Pushman v. New York Graphic Soc'y（287 N.Y. 302（1942））における「プッシュマンの推定」としてしばしば言及される。この中で，ニューヨーク州の最終審は，著作権について何ら言及することなく，イリノイ大学に絵画を売った芸術家は，大学がそのコピーを作るのを他人に許諾することを禁じることはできない，と判示した。

　Forward裁判では，プッシュマンの推定はしばしば批判されてきたと判示している。何がこの推定の基礎にあると推測できるか（当事者の意思を反映しているのか。もっと広く，社会的政策を反映しているのか）。批判はどういうものであったと考えるか。

2　仮に，読者が歴史上の調査をしている過程で，マイルズ・スタンディッシュがプリシラ・オーデンに宛てて書いた手紙を発掘したら，著作権侵害について気にすることなくこれを出版できるか（まず最初に，そのような古い手紙が今なお著作権によって保護されているかどうか確かめなければなるまい。この点はどうか）。もしできないとして，どうすれば出版について合法的な例外措置に至ることができるか（マイルズからプリシラへと手紙が譲渡されたことに関して，プッシュマンの推定が適用されるかどうかを確認しなければならない。どう考えるか）。

3 現行著作権法は1978年1月1日に発効した。それは，Forward事件におけるレコーディング・セッションからは後のことであるが，その訴訟提起の時点よりも前のことである。法202条を検討せよ。プッシュマンの推定にどのような影響を及ぼすか。1976年の連邦議会がこの法律を制定する場に自分がいたとしたら，これを支持しただろうか。Forward事件のような，発効日より前の行為に，遡及的に適用することができるか。もし適用されたとしたら，結論あるいは理由づけが変わっていただろうか（1976年著作権法における条項に加えて，1909年著作権法の下で発展した法を理解することの今日的重要性を，読者は理解し始めるであろう）。

§109　独占的権利の制限：特定のコピーないしフォノレコードの譲渡の効果

(a) 106条(3)の規定にもかかわらず，合法的に作成された特定のコピーないしフォノレコードの所有者，またはそのような所有者から許諾を受けた者は，著作権者の許諾を得ずに，そのコピーないしフォノレコードの所有権の販売その他の処分を行うことができる。

【質問】

1　109条(a)は，著作物における著作権と著作物の「コピーないしフォノレコード」における所有権とは異なると規定している。これによって後者の所有者は，「販売その他の処分を行う」ことができ，破壊することさえできるということになる。たとえば，彫刻家が作品の著作権を保有し，彫刻作品は別人が保有している場合に，裁判所は後者に対して，彫刻家がコピーを作るのに必要な合理的な期間，彫刻作品を返還せよ，と命じることができるだろうか。それとも，著作権はもともと他人がコピーを作ることを禁じる「消極的な」権利にすぎないのであろうか（Community for Creative Non-Violence v. Reid, 1992 CCH Copyr. L. Dec. ¶26,860 (D.D.C. 1991)（最高裁からの差戻しに関しては第3章A2を参照——同意命令によって後に失効となる）; Baker v. Libbie, 210 Mass. 599 (1912); Frasier v. Adams-Sandler, Inc., 94 F. 3 d 129 (4th Cir. 1996)（スライドが著作権者に提供されなくても侵害にはならないと判示。106条に規定の複製，印刷ないしその他の利用が必要とする）参照）。

2　著作権または他の法律は，我々の文化的かつ美的な遺産を保存するために，すべての芸術作品は保存され，物理的に毀損されたり改変されたり破壊されたりしてはならない，と規定すべきだろうか。1990年の著作権法改正の結果として，「視覚的芸術作品」は事実そのような保護を受けることがある（法101条および106条Aと，後述の第6章Bを見よ）。

第2章
著作権の対象

A　総　　論

§102　著作権の対象：総論

(a) 本法の定めるところに従い，著作権は，有形の表現媒体（medium of expression）に固定されたオリジナルな著作物（works of authorship）に宿る。ここに表現媒体とは，現在知られ，あるいは将来開発されるあらゆるもので，直接にまたは機器その他の考案の助けを借りて，著作物が感得でき，複製でき，あるいはその他伝達されうるような，すべてのものをいう。著作物には，以下のものが含まれる。

(1)　文芸著作物
(2)　音楽著作物（歌詞を含む）
(3)　演劇著作物（随伴する音楽を含む）
(4)　パントマイムおよびダンスの振付け
(5)　絵画，図画ないし彫刻の著作物
(6)　映画その他の視聴覚著作物
(7)　録音物
(8)　建築著作物

1　オリジナルな著作物

〈下院報告書〉
(H.R. Rep. No. 94-1476, 94th Cong., 2d Sess. 51-52 (1976))

著作権の保護を受けるための2つの基本的な要件，創作性（オリジナリティ）と有形物への固定ということが，この基本条項の最初の文に関連している。「オリジナルな著作物」という言葉はあえて定義を置かないのであるが，これは，現行著作権法（1909年法）のもとで裁判所が確立してきたオリジナリティのスタンダードをそのままこの条文に挿入する意図のもとになされたわけである。このスタンダードのもとでは，新規性，工夫の妙，審美的要素などは要件とされず，また新法はこれらを要求すべく著作権保護のためのスタンダードを広げる意図もない。……

著作権法の歴史は，保護を受ける著作物の段階的な進展の歴史であった。そして，この進展によって影響を受けた客体は，2つのカテゴリーに分かれる。第1は，科学の発見と技術的な進歩が，

かつては存在しなかった新しい創造的な表現様式を生み出したことである。これらの内のあるものは、電子音楽、スライドフィルム、コンピュータ・プログラムなどのように、新しい表現様式が、連邦議会が保護しようと考えていた著作権客体の延長線上にあるとみなしうるものもある。従ってこれらは、当初から新立法なしに著作権で保護されうるものと考えられていた。しかしその他の場合においては、写真、録音物、映画などのように、著作物としての完全な認知のためには立法が必要と考えられたのである。

著作者は常に自らも新しい表現を見つけているが、こういった新しい表現方法がどのような様式をとるのかを予め予想することは不可能である。本法案は、著作権の保護の及ぶ技術範囲を限定するつもりもなければ、逆に現在の連邦議会の意図を完全に超えた領域に無制限に伸張することを許すつもりもない。102条は、著作権客体が無制限のものでもないし、この客体の一般的な領域における新しい表現様式が全然保護を受けないわけではない、ということを示唆している。

著作権の歴史的な進展は、何世代も何世紀もの間にわたって徐々に、創造的なものとして認知され、保護に値するとされてきた表現様式に対しても適用されてきた。1790年にわが国の最初の著作権法は制定されたが、ここでは、「地図、図画および書籍」しか著作権の対象とされていなかった。音楽、演劇、美術作品などの主だった表現様式は、後の立法によって個別に認知されてきたにすぎない。現行法のカバーする範囲は非常に広く、新法ではダンスの振付けについてこれを含めたことによりさらに広がることであろうが、今回の法案はそれに触れていなくとも、将来の連邦議会が保護対象として加えたいとするような領域は、間違いなく存在するのである。

———

Feist Publications, Inc. v. Rural Telephone Service, 499 U.S. 340, 111 S. Ct. 1282, 113 L. Ed. 358 (1991)：「著作権の必要条件（sine qua non）はオリジナリティ（創作性）である。著作権保護に適するためには、著作物が著作者にとってオリジナルでなければならない。……著作権法で使われている用語としての『オリジナル』とは、（他人の作品のコピーではないという意味で）著作者によって独自に創作され、かつ、少なくとも最低限の創造性（creativity）を有することを意味する。……なるほど必要な創造性のレベルは極めて低く、ほんのわずかでも十分である。著作物の大部分は、いとも簡単に作ることのできる程度のものであり、創造性のひらめきとしては『どんなに粗末な、わずかな、または見え透いた』ものであっても構わない（Nimmer on Copyright §1.08［C］[1]）。オリジナリティは、新規であることを意味するのではなく、仮に他の著作物に非常によく似ていたとしても、それがコピーではなく、偶然に同じようなものができたのである限り、オリジナルと言いうる。例を挙げて説明すると、2人の詩人がお互いに知らずに全く同じ詩を作った場合がそれである。どちらの作品も新規ではないが、両方ともオリジナルではあるから、著作権を取得することができる。……オリジナリティは憲法上の要件である」。

———

上記の引用箇所において、連邦最高裁は明らかに「オリジナリティ」を2つの要件からなるものとみている。すなわち、「独自の創作（independent creation）」と「最低限の創造性」ということである。以下に掲げるものも含めてほとんどの判決や著作権局の規則においては、主として最低限の創造性について焦点を当てているか、あるいは少なくとも2つの要件を区別しそこねている。ときに裁判所は、それが他の物件のコピーであることを理由に、侵害訴訟における原告側の作品には著

作権が成立していないとすることがある。たとえば近時，原告の歌詞の中の「何かのために戦うのでなければ，何ものも成功しない（You've got to stand for something or you'll fall for anything）」というフレーズに対して保護が否定されたことがある。被告は指輪の宣伝スローガンで，「歌にも言うように，何かのために戦うのでなければ，何ものも成功しない」とした。被告は，このフレーズが聖書やエイブラハム・リンカーンやマーティン・ルーサー・キング Jr. らの，さらにはジョン・クーガー・メレンキャンプの歌にも淵源があることを示す証拠を提示した（Acuff-Rose Music, Inc. v. Jostens, Inc., 155 F.3d 140 (2d Cir. 1998)）。別の控訴審裁判所は，Tシャツのメーカーである原告が「誰かがボストンに行ってこのシャツを買ってくれたの，だって私のことを好きだったんだもん（Someone went to Boston and got me this shirt because they love me very much）」を他からコピーしたのではないかと示唆している（Matthews v. Freedman, 157 F.3d 25 (1st Cir. 1998)（TシャツはC1ページに掲載））。原告がコピーをしたのか独自に作ったのかという問題を巧妙にすりぬけている例としては，第6章に掲げた Nichols v. Universal Pictures Corp. 事件におけるラーニッド・ハンド判事の判決を参照せよ。

〈Magic Marketing v. Mailing Services of Pittsburgh〉
(634 F. Supp. 769 (W. D. Pa. 1986))

ジーグラー連邦地裁判事

被告 American Paper（以下，単に被告という）は，著作権取得能力（copyrightability）の問題について原告の主張自体失当を理由とする請求棄却判決を求める申立てをしている。当法廷は，被告が製造したと主張されているところの封筒は著作権の保護を受けえないものである，と判示する。当法廷は，一部について原告の主張自体失当の判決を申し渡すものである。

I 事　実

原告 Magic Marketing, Inc. は，いろいろな会社を相手に，ダイレクト・メールの宣伝方法を開発してこれをマーケティングする事業を営んでいる。1983年12月に原告と被告 Mailing Services of Pittsburgh, Inc. は契約を結び，これにより，Mailing Services が原告に対して一定の手紙，書式および封筒を納入することとされていた。Mailing Services は印刷の仕事の一部を被告に下請けに出した。被告は，1983年12月11日，1984年5月4日および1984年6月6日付けの注文に従って，それぞれ封筒を納入したことを認めている（ジョン・E・ギルの1986年2月13日付けの宣誓供述書）。しかし書式や手紙についてはこれを納入したことを否認している（同上）。

原告は，これらの手紙，書式，封筒について，1985年6月23日付けの登録申請によって有効な著作権が存する，と主張している。原告は，Mailing Services がこれらのもののコピーを他の顧客に販売したことによって著作権を侵害した，とする。また被告は，原告に著作権があることを知りながらこれらの手紙，書式，封筒の製造，供給をすることにより著作権を侵害した，とする。

問題の封筒は，証拠AおよびF号に掲げられている（訴状添付の別紙A・F参照）。これらの2つの封筒は，大きさはごく普通のものであり，表に郵便局に対する標準的な指示文言が印刷されている。ひとつの封筒は，その中ほどを横切るようにして，黒色のむらのないストライプが水平に印刷されている（訴状別紙A参照）。「優先取扱郵便：即時開封さるべきこと」という言葉が，黒のストライプの中に白い文字で印刷されている。封筒の右下の隅に，「電報」という文字が，これよりは

短いストライプに縁取られて浮かび上がっている。もうひとつの封筒にはストライプはない（訴状別紙F参照）。封筒の窓部のすぐ上に太字で，「ギフトチェック同封」と書かれていて，"© 1984 Magic Marketing Inc."との表示が，封筒の裏にどちらにも印刷されている。

II　封筒の著作権取得能力

A　主張自体失当の判決による問題解決の妥当性

被告は，本件封筒は著作権の保護を受けるのに必要なオリジナリティのレベルに欠けるものがある，と主張している。当裁判所はこれに同調する。著作権侵害訴訟は，有効な著作権なしには係属しえないものだから，被告のこの主張は，原告の主張する著作権侵害請求にとっては致命的なものである（Towle Manufacturing Co. v. Godinger Silver Art Co., 612 F. Supp. 986, 992 (S. D. N. Y. 1985)）。

著作権の取得能力の問題は，主張自体失当の判決になじむ典型的な問題である（Carol Barnhart Inc. v. Economy Cover Corp., 773 F. 2d 411 (2d Cir. 1985); Norris Industries, Inc. v. International Telephone & Telegraph Corp., 696 F. 2d 918 (11th Cir.), cert. denied, 464 U. S. 818, 104 S. Ct. 78, 78 L. Ed. 2d 89 (1983); Kieselstein-Cord v. Accessories By Pearl, Inc., 632 F. 2d 989 (2d Cir. 1980)を参照）。重要な事実に関する問題が争われている場合がないことがほとんどで，裁判所の仕事は，著作権法に照らして，著作権があると主張されているものの分析をするだけのことが多い。もちろん，どのケースでもそうであるように，この判決が下せるのは，この判決を求めている側の対抗者たる相手方にとって証拠を最も有利に見た場合であっても，なお事実関係について真の争いがなく，かつ申立人が法解釈の問題として判決を得ることができる状態になくてはならない（Lang v. New York Life Insurance Co., 721 F.2d 118, 119 (3d Cir. 1983)）。従って，この申立てを判断するにあたっては，被告が2つの封筒の両方を製造したものとみなす。同社は，「優先取扱郵便：即時開封さるべきこと」と書いた封筒を印刷したことを認めているにすぎないけれども。

B　オリジナリティ

著作権法102条は，著作権の保護は「オリジナルな著作物」に与えられる，としている。オリジナリティは，その著作物の様式いかんにかかわらず，著作権の保護にとって本質的な「普遍的な要素のひとつ」である（L. Batlin & Sons, Inc. v. Snyder, 536 F. 2d 486, 489-90 (2d Cir.), cert. denied, 429 U. S. 857, 97 S. Ct. 156, 50 L. Ed. 2d 135 (1976)（1 Nimmer on Copyright §2.01 を参照））。オリジナリティと新規性とは別物である。オリジナルであるためには，著作物は独立した創作の成果でなくてはならない（L. Batlin, 536 F. 2d at 490）。オリジナリティのスタンダードは「敷居が低い」とはいいながら，「著作者」は，従前の作品をわずかに変えただけというものを上回る貢献をしなければならない。すなわち，その作品が「著作者独自のもの」とみなされうるようなものを付け加えなければならない（同上）。たとえ独立になされた創作であっても，著作権の保護を正当化するにはあまりにささやかな貢献しかない場合というものも，わずかながら存在する（1 Nimmer on Copyright §2.01 ［B］ at 2-13）。

こういった一群のケースは，識者によって，「断片的な言葉や文章」および「機能的な目的のみのために奉仕する表現様式」に対する著作権保護を否定した例として評されるものである（上記 Nimmer §2.01 ［B］ at 2-13-14）。こういった素材は，著作権の保護を正当化するに足る最小限のレベルの創造性をも示していないからである。著作権法に従って制定された規則においては，以下のものを著作権の対象としない旨規定されている（37 C. F. R. §202.1 (a) (1985)）。

名前，タイトル，スローガンなどの言葉や短い文章。よくあるシンボルやデザイン。タイプの飾り，レタリングの単なるヴァリエーションや色違い。成分や内容物の単なるリスト。

さらには，多かれ少なかれステレオタイプ化されたやり方で伝えられる決まり文句や思考伝達も，著作権を取得できない（Merritt Forbes & Co. v. Newman Investment Securities, Inc., 604 F. Supp. 943, 951 (S.D.N.Y. 1985); Perma Greetings, Inc. v. Russ Berrie & Co., 598 F. Supp. 445, 448 (E.D. Mo. 1984)）。

当裁判所は，本件の両封筒とも，著作権を取得するに足る創作性を示していないものと判示する。封筒の表面の簡単な文章は，その中身を表しているだけである。曰く，「電報」，「ギフト・チェック」，「優先取扱郵便」など。封筒やパッケージの中身のリストは，ちょうど成分表が上記規則のもとにおいて著作権を取得できないとされているのと同様，保護を受けえない（上記参照）。もっとカラフルな記載，例えば広告のスローガンなどですらも，著作権の保護を受けえないのである。例えば，女性の生理用品の広告コピー「最高にパーソナルなデオドラント」というものも，著作権を取得できないとされた（Alberto-Culver Co. v. Andrea Dumon, Inc., 466 F. 2d 705, 711 (7th Cir. 1972)）。

「即時開封のこと」という文章は，単に，これを受け取った者に対してすぐに封筒を開くことを勧告しているだけのことで，使用上の指示書以上のものではない。そのようなものである以上，保護は及ばないのである。もっと複雑な指示書，例えばフローズン・ヨーグルトの箱に書かれた食べ方の説明などですら，著作権を取得しえないとされているのである（Kitchens of Sara Lee, Inc. v. Nifty Foods Corp., 266 F. 2d 541 (2d Cir. 1959). さらに 1 Nimmer on Copyright §2.08 [G] at 2-117を参照）。要約すれば，これらの封筒の上に書かれている文章は，その性質上一般的なもの（generic）で，著作権としての保護を受けるための最低限の創造性に欠けている。

C 「絵画，図画ないし彫刻の著作物」

著作権のもとでは，「絵画，図画ないし彫刻の著作物」に保護が及ぼされているが，これは本件ではあてはまらない。……

まず，この封筒は，最低限の創造性がない限り，「絵画，図画ないし彫刻の著作物」とは考ええない（37 C.F.R. §202.10 (c)）。我々はすでに，これがかかる創作性を欠いていると判示した。

さらに，この封筒のどの部分も「絵画，図画ないし彫刻の著作物」を体現していない。黒色のストライプ以外には，何の絵やデザインも印刷されていない。この黒色のストライプは著作権を取得できない。ストライプの中の印刷文字は，区別のできるように印刷されたタイプフェイス以外の何物でもなく，これは著作権を取得できない（37 C.F.R. §202.1 (a)；上記 Alberto-Culver 466 F. 2d at 711….）。

……（略）……

封筒の著作権侵害の主張についての著作権取得能力に関して，原告の主張自体失当を理由とする請求棄却判決を求める被告の申立ては，かくて認められるものである。

Tin Pan Apple Inc. v. Miller Brewing Co., (30 U.S.P.Q.2d 1791 (S.D.N.Y. 1994)) と比較せよ。この事件で裁判所は，法律問題として，ラップ・ソングの歌詞である「ハガハガ（Hugga-Hugga）」，「ブルル（Brr）」という言葉が著作権に値するに十分な創造性（creativity）に欠けると判示することはしなかった。「これらの音は，シングル・ドラム・ビートよりは複雑であり，……かかる複雑さにおいて，創造性の成果があるのだと主張はしうるところである」。同様に，

Santrayll v. Burrell（39 U.S.P.Q.2d 1052 (S.D.N.Y. 1996)（「ア，オー(uh oh)」というフレーズの特徴的でリズミカルな繰返しが主張自体失当の判決を避けられる程度のオリジナリティがあると判示された）を参照せよ。

Sebastian Int'l, Inc. v. Consumer Contacts (PTY) Ltd., 664 F. Supp. 909 (D.N.J. 1987), rev'd on other grounds, 847 F. 2d 1093 (3d Cir. 1988)　原告は，シャンプー，ヘアスプレー等の美容品を製造，販売しており，これらはアメリカ国内の美容院でのみ入手できる類のものであった。原告はその商品を南アフリカの購入者に輸出し，この購入者はこれを即時にアメリカでの小売商品として再輸出した。これによってこの商品が一般に出回ることを防ぐために，アメリカにおいて原告により訴訟が起こされ，契約違反，商標侵害，著作権侵害の理論で原告はこれを争った。仮処分を発するか否かの問題について裁判所は，原告の商品のラベル（"WET 4"として知られている商品を含む）は著作権取得能力がないとする被告の主張を退けた。連邦控訴審は，地方裁判所の発した仮処分を覆したが，ラベルが著作権取得能力があるか否かという地裁の結論の当否については何も言わなかった。下級審の論理展開は，以下の通りである。

　　ラベルが僅かでも必要な程度の創造性を示していれば著作権の保護を受けうるということは，確立された原則である（Kitchens of Sara Lee, Inc. v. Nifty Foods Corp., 266 F. 2d 541 (2d Cir. 1959); Drop Dead Co. v. S. C. Johnson & Son, Inc., 326 F. 2d 87 (9th Cir. 1963)（PLEDGE のラベルに著作権あり，とされた）; Abli Inc. v. Standard Brands Paint Co., 323 F. Supp. 1400(C.D. Cal. 1970)（「お好みの長さに切って下さい。……すべりません。……図に示されているように，上にある玉をロッドにすべらせるだけでいいのです」という文章の含まれているラベルを，著作権取得能力ありとした）参照）。キャッチフレーズ，モットー，スローガン，短い広告の文章などは，著作権を取得できない（Perma Greetings Inc. v. Russ Berrie & Co., Inc., 598 F. Supp. 445 (E.D. Mo. 1984)（「そこに吊して下さい」とか「途中で花の香りをお楽しみ下さい」といった言葉は著作権を取得しえない，とされた）参照）。しかし，無論のこと，文章の長さが著作権保護の有無の決め手となるのではない（Rockford Map Publishers, Inc. v. Directory Service Co. of Colorado, Inc., 768 F. 2d 145, 148 (7th Cir. 1985)）。

　　以下は，"WET 4"の容器に書かれている文章であり，本件で著作権の取得能力が争われている例のひとつである。

　　　「髪は，思いのままにいつまでも濡れたような色合いを帯び続けます。ブラシをよくかけると，つやのある乾いた髪になります。"WET 4"は，セバスティアン社の，頭皮と髪のための4段階プログラムの，フィニッシュの第4段階のひとつのチョイスです。"WET"は，油気を帯びておらず，ふけを防ぎ，何時間も濡れたような色合いを保ち，思いのままに髪をカールさせたりウェイヴさせたり盛り上げたりできます。この濡れたような状態は，ブラシでよくとかしつけるまでずっと続きます。ブラシをかけると，髪は豊かに見え，そのように感じられます。ブラシを部分的にかけて，濡れた部分とそうでない部分とを残して，個性的なヘアスタイルを楽しみましょう。」

　　ここでの文章は，単なる内容物のリスト，指示説明，キャッチフレーズより以上のものである。もしも，自分の競争者が上記の文章を商品名を変えただけでそのパッケージに使っている

のを発見したら，これに対して保護を受けられるということを真面目に争う者はいないだろう。この文章は，著作権取得のための最低限の創造性の境界線上のケースとはいえようが，全体としてみれば，著作権法の範囲内におさまっている。

【質問】
　下掲のものはサッカーチームのニューヨーク・アロウズのロゴだが，これには著作権が成立しているだろうか（John Muller & Co. v. New York Arrows Soccer Team, 802 F.2d 989 (8th Cir. 1986) 参照）。

〈B. カプラン「著作権に関するあせらない見解」〉
(45-46(1967))

　オリジナルな部分が，著作権を取得するには少なすぎたり，侵害訴訟の対象としては少なすぎたりするような編集著作物というものはあるだろうか。ホームズ判事は，人の個性の放射物というものや，コピーすることなく作られた言葉の配列というものは，いかに僅かのものであっても保護されるべきである，との趣旨を述べており，裁判所が知的創作物の中身を云々すべきでないとするその姿勢も，これと同様の立場に立っているといえる（Bleistein v. Donaldson Lithographing Co., 188 U. S. 239 (1903)）。それで，「商品に使用される印刷物やラベル」といった見劣りのするカテゴリーが著作権法の条文に登場するわけである（17 U.S.C. §5(k)）。我々は常々，極端な法の適用を普通のものであると考えることは正しい著作権の発展ではないということに注意しているにもかかわらず，このようにもっと極端な適用を招いてしまうのである。しかし一方では，最低限の（de minimis）

---

(1)〔原(27)〕　Cf. Lord Robertson's remarks, dissenting in Walter v. Lane, [1900] A.C. 539, 561.
(2)〔原(28)〕　Register of Copyrights, Copyright Law Revision: Report on the General Revision of the U.S. Copyright Law, printed for the use of the House Comm. on the Judiciary, 87th Cong., 1st Sess., at 9 (Comm. Print 1961)を参照。ただし，Supplementary Report, Copyright Law Revision, Pt. 6, at 3 (Comm. Print 1965) (89th Cong., 1st Sess.)においては，「創造性」の明示の要件が落とされていることに注意せよ。
(3)〔原(31)〕　Cf. Regulations of the Copyright Office, 37 C. F. R., ch. II,§202.1 (a) (1959). 同様に，Nimmer, Copyright §34 (1965)を参照。ただし，Heim v. Universal Pictures Co, Inc., 154 F. 2d 480, 487 n. 8 (2d Cir. 1946); Life Music, Inc. v. Wonderland Music Co., 241 F. Supp. 653, 656 (S.D.N.Y. 1965)にも注意せよ。

創造性の原則というものも確固として存在する。

　これは、ある説によれば、「個性」とか自発性という観念に内在するもので、著作権を主張する者は、全く陳腐なものや形式ばったものを超えていることを要し、最低限超えるべき「創造性」を満たしていなければならない、とするものである。Alfred Bell 判決の中でフランク判事は、どんな著作物でもそれがオリジナルなものであれば理論的には著作権が与えられる旨強調したが、それでも彼は、例えばパブリック・ドメインの作品の派生物は、著作権を得るためには「僅か」より以上のものが付け加わらなければならない、ということを認めている（Alfred Bell & Co., Ltd. v. Catalda Fine Arts, Inc., 191 F. 2d 99, 103 (2d Cir. 1951)）。ハンド判事は、National Comics 判決で、同趣旨の判示をしている（National Comics Pub., Inc. v. Fawcett Pub., Inc., 191 F. 2d 594, 600 (2d Cir. 1951)）。裁判所は一般的にいって、短い言葉の文章に著作権を認めることを避けるし、かかる文章をコピーした者に対して侵害を認定しようとしない。このことは、「タイトル」は著作権によって保護されないとのスローガンと合い通ずるものがある。もっと一般化すれば、本質的なコピーのみが侵害として訴訟提起が可能である、ということがある。ハンド判事であれば、この原則を、芝居のセリフの一部ないしワンシーンの他人による利用という状況にあてはめて、何が本質的かというこの問題が、すべての著作物の侵害を判断する際の共通の問題である、と考えたことであろう（Nichols v. Universal Pictures Corp., 45 F. 2d 119, 121 (2d Cir. 1930), cert. denied, 282 U.S. 902 (1931)）。私の思うに、著作権保護という劇場に入場するためには、著作者が木戸銭として払うものは1ペニーでは足らないのであって、何か物差しのような物が侵害訴訟の際にも適用されるべきだろう。確かに、少量の言葉やその連なりを保護の枠から外してしまうことには危険がある。しかし、これらの言葉はすぐに慣用語となってしまう。これらに著作権を認めることは、特にこれが「無意識による侵害」の法理と結びつくと、表現に対する大きなバリアーとなりかねない。

【質問】
1　以下の作品は、1976年著作権法のもとで、著作権の取得が可能であろうか。
　(a)　丸の中に描かれた十字架のデザイン（4つの腕はみな同じ長さになっている）
　(b)　旗の上の三色の横縞の並べ換え
　(c)　「グラープで快調（"Things Go Better with Glurp"）」というスローガン（グラープは炭酸飲料水）
　(d)　ユニヴァーシティ大学ロウ・スクールの建物の絵（その建物の中の案内ないし入学希望者のための学校案内の中での使用）
　(e)　曇った日に写した同ロウ・スクールのスナップ写真
　(f)　ケネディ大統領の暗殺の瞬間を写したザプルーダ・フィルム（注：ザプルーダは撮影者の名前）
　(g)　スペイン王家の面々を描いたヴェラスケスの絵画をピカソが「再構成」したもの
　(h)　ヴェラスケス絵画の彫像としての立体複製
　(i)　ヴェラスケス絵画の白黒写真
　(j)　シェークスピアの未発見戯曲の出版（シェークスピアの同時代に出版され、上演されてはいたが、長く世に知られず、最近になってユニヴァーシティ大学英語学部のフォルスタッフ教授の調査によって発見されたもの）
　(k)　モリエール戯曲の翻訳

(l)　電話帳で，独自に名前，住所，電話番号を集成したもの

　(m)　見出しと項目で整理された，ラテンアメリカ諸国の情報（首都，人口，特産物，面積等）を記載した表，ただし一つの百科事典から抽出されたもの

2　スタンダップ・コメディアンのヘニー・ヤングマン（1998年死亡）は「ジョークの帝王」として有名であった。彼は1分間に8つのジョークを早口でまくしたてるのである。そうしたジョークが全部自分で作ったものだとすると，ヘニーは著作権を取得できるだろうか。「俺が生まれたときあんまり醜いんで，お医者はおふくろをぶん殴ったもんだ。」「学校時代は懐かしいね。俺は先生のお気に入りだった（I was teacher's pet）。犬を買う金がなかったんでね。」「女房はナイスで公平な気質をさずかったもんだ。いつも惨め，という。」「女房の手料理が懐かしいよ。そう思えるときには，ってことだけれど。」「人は結婚して始めて一人前になる。で，そうなってお終い，ってこと。」「俺は太りすぎなんかじゃない。単に6インチほど背が低いだけだ。」「女房を連れてって下さい。お願いだから！」

〈下院報告書〉

(H.R. Rep. No. 94-1476, 94th Cong., 2d Sess. 53-56 (1976))

〔著作権の取得可能なもののカテゴリー〕

　102条の第2文は，「著作物」の概念の中に「含まれる」とされる7つのカテゴリーを列挙している。「含まれる」との言葉は，101条に定義されているように，この列挙が「例示にすぎないもので，排他的なものではない」ことを示しており，この7つのカテゴリーは，法案が保護しようとしている「オリジナルな著作物」の全範囲を網羅しているわけではない。……7つの項目の内4つが101条に定義されている。3つの定義のないカテゴリーは「音楽著作物」，「演劇著作物」，「パントマイムおよびダンスの振付け」であるが，これらは既定の意味を確立している。例えば，いまさら電子音楽や具象音楽の著作権取得能力を法文の中で云々してみる必要もない。著作物のひとつひとつの様式は重要性をもたないし，「ダンスの振付け」がソシャル・ダンスのステップや簡単なルーティンを含まないとあえて規定することも不要である。

　101条に定義される4つの項目は，「文芸著作物」，「絵画，図画ないし彫刻の著作物」，「映画および視聴覚著作物」，「録音物」である。このそれぞれについて定義が必要となるのは，単にその言葉の意味が確定していないというのみならず，「著作物」と「素材その物」との区別を明確にする必要があるからである。「文芸著作物」という言葉は，文学的な価値とか重要性といった基準をいささかも意味してはいない。これは，カタログ，検索物その他の事実に関するレファレンスのようなもの，あるいは指示説明書のようなもの，データの編集物などを含む。さらには，アイディアそれ自体とは区別されるところの，プログラマーのオリジナルなアイディアが組み込まれている限りにおいての，コンピュータ・データベースやコンピュータ・プログラムもこれに含まれる。

　……（略）……

　1971年の公法92-140号は，アメリカの著作権法史上初めて，録音物を著作物として認めたものである。101条に定義されるとおり，「録音物」は，音楽，話し言葉，その他の音が有形の媒体に固定されたものの総体から成るオリジナルの著作物である。著作権を取得するところの著作物は，音の総体であって，それが固定されている有形の媒体ではない。従って，著作権の対象としての「録音

物」は,「フォノレコード」とは区別される。「フォノレコード」というのは,音が固定されているところの物理的な客体だからである。また「録音物」は,「フォノレコード」の盤面上に複製しうる文芸著作物,演劇著作物あるいは音楽著作物とも区別される。

著作権の対象物のひとつとして,録音物は,明らかに憲法にいう「著作者の著作物（writings of an author）」の範囲内にあり,これに対する保護は遅きに失した感がある。音が純粋に機械的方法によって,何のオリジナリティもなしに固定されるという場合を除けば,録音物のフォノレコードの無許諾の複製,頒布を阻止する権利というものは,明らかに正当化しうるものである。

録音物における著作権の対象となりうる要素とは,多くの場合（常にとまでは言わないまでも）,実演者（performer）の実演が収められている側面における「著作者性（authorship）」と,レコード製作者がレコーディング・セッションを設定し,音を採取してこれに電気的な処理を施し,最終的な録音物へとまとめあげ編集する側面における「著作者性」との両面がある。しかし,レコード製作者の貢献が非常に僅かなもので,実演がその作品の唯一の著作権取得能力ある要素であるような著作物も存在する。あるいは逆に,レコード製作者の貢献のみが著作権取得能力をもっているような場合（例えば,鳥の声やレーシング・カーの爆音の録音物など）もある。

映画のサウンド・トラックは,アメリカ著作権法においては長らく不透明なものであったが,今回の法案では,明示に「映画」に含まれることとされ,「録音物」の定義からは外された。……法案は,スライドフィルム,スライドセット,透明陽画（transparency）のセットなどの視聴覚著作物を,「絵画,図画ないし彫刻の著作物」の一種とはせずに,「映画」と同じものとしている。これらは連続的な見せ物だから,「展示」というよりは「実演」に近く,「映画」にも適用されうる「視聴覚著作物」の定義が,性質上投影機その他の道具で写しだされる関連した一連の画像からなるこれらの作品を捕捉しているのである。

> 【質問】
> 102条(a)のカテゴリーは,不連続なものか,それとも重複するものか。102条(a)のカテゴリーに入らない創造的営みというものを想像できるか。この条項を読み進んでいく際に,これらのカテゴリーの実体的な特徴に注意せよ。

2 有形物への固定

<下院報告書>
(H.R. Rep. No. 94-1476, 94th Cong., 2d Sess. 52-53 (1976))

著作権の保護のための基本的な条件のひとつとして,法案は,著作物が「有形の媒体」に固定されていることを要するとの現行のルールを法文化し,さらにこれに加えて,かかる媒体は「現在知られ,あるいは将来開発されるところのもの」でよく,この固定とは,著作物が「直接にまたは機器その他の考案の助けを借りて感得でき,複製でき,あるいはその他伝達されうる」ものであれば

足りる，としたのである。かかる広い文言が採用された理由は，White-Smith Publishing Co. v. Apollo Co. (209 U.S. 1 (1908)) のケースに見られたような，人工的であまり正当化できないような解釈を避けようということなのである。これらのケースにおいては，制定法上の著作権取得の成否は著作物の固定された媒体いかんによる，との考え方がとられたのであった。今回の法案においては，様式，媒体や態様などは問わない。言葉によってであれ，数字，記号，音，絵，その他のグラフィックな，あるいはシンボリックな印によってであれ，また，物体に書かれたもの，印刷されたもの，写真，彫刻，パンチ穴を開けられたもの，磁力的な様式によるもの等，いずれでもよく，また直接に感得できるものでも，「現在知られ，あるいは将来開発されるところの」機械や考案によって感得できるものでもよい。

この法案においては，固定という概念は重要である。その理由は，これがある著作物にこの法律があてはまるか否かを判定するだけではなく，コモン・ロウ著作権と制定法上の著作権との境界線をもなすからである。301条に関連してより詳しくは述べる機会もあるが，即興演奏，記録されていないダンスの振付けや実演，録音・録画されていない放送といった未固定の著作物は，州のコモン・ロウないし制定法の保護に従うもので，この102条のもとにおいては連邦法における保護を受けることができない。

法案は，101条の「固定」の定義において，ライヴ放送の位置づけを行おうとしている。すなわちこれは，公衆に対して固定されていない形で送られるが同時に録画されているようなライヴの放送で，スポーツ，ニュース，音楽のライヴ実演などがこれにあたる。例えば，フットボールの試合が4台のカメラでカバーされているとすれば，4人のカメラマンの動きを決めて，どの画像をどの順番で公衆に流すかを決めるディレクターがいるわけであり，このカメラマンやディレクターがしていることが「著作（authorship）」にあたることにはほとんど疑問がない。次の問題は，固定があるか否かである。……

従って，ライヴ送信の内容が送信と同時に録音・録画されている限り，制定法における保護を受けるべきものである。他方で，「固定」の定義は，全くのはかない複製，瞬間的な複製を排除するものである。これらは，例えば，スクリーン上に僅かの間投影されたものや，テレビや陰極線管に瞬時浮かぶ画像，コンピュータの「メモリー」に束の間捉えられた情報などである。

101条の「固定」の定義の初めの文章においては，著作物が「有形の表現媒体に固定される」とは，コピーないしフォノレコードにおける許諾された具現化があり，かかる具現化が，当該著作物をして，「瞬時ということではなく，一定の期間，感得され，複製され，あるいはその他伝達されうる程度」に「永劫的に，ないし安定的に」なされたことをいう。第2文は，「音，画像，ないしその双方より成る著作物で，送信中のもの」の場合においては，「固定」されるとは，固定化が送信と同時になされる場合を指すことを明らかにしている。

この定義においては，「コピー」や「フォノレコード」とは，著作権を取得できる著作物が固定できるような物体を構成する。これらの言葉の定義は101条にあり，その定義に従ってこれらは102条および全法案において使用されているが，これは，「著作者性（authorship）」の産物である「オリジナルな著作物」と，それが具現化されうる複数の物体との本質的区別を反映したものである。従って，法案の使う意味においては，「書籍（a book）」とは，著作物（a work of authorship）ではなく，「コピー」の一種類である。また著作者は「文芸著作物」を，書籍，定期刊行物，コンピュ

ータ・パンチ・カード，マイクロフィルム，テープ・レコーディングなどの幅広い「コピー」や「フォノレコード」上に具現化させることができるものである。「コピー」や「フォノレコード」に具現化されていない「オリジナルな著作物」というものもありうる。また，「オリジナルな著作物」に達していない何かを具現化した「コピー」や「フォノレコード」もある。オリジナルな著作物と有形の物体という2つの要件が，この法のもとで対象物が著作権を取得するためには，固定ということを通じて合体しなければならないのである。

デジタル・メディアにおける固定

　1976年の下院報告書における「コンピュータの『メモリー』に束の間捉えられた情報」は「固定」とみなされるべきではないとの提言にもかかわらず，以降の立法においては，コンピュータのランダム・アクセス・メモリーに著作物を入れることが著作物の「コピー」（すなわち，「固定」があったということ）を作ることであるとの原則を採用したようである。これは，1976年に連邦議会によってコンピュータ・プログラムの著作権取得能力について調査と提言を行うべく指名されたCONTUのとった立場であった。CONTUは1978年に最終報告書を提出したが，一時的なメモリーと永久的なメモリーについての結論は以下に掲げるとおりである（ここでのCONTUの関心事は，法106条にいう侵害の定義からして，コンピュータのインプットが「コピー」を生成したことにあたるかどうか，ということだが，ここでの結論は，そうした「コピー」が102条における「固定」の一様式であることを明瞭に示している）。

　〔インプットに関する問題〕
　……新法106条による保護は，コンピュータ・メモリー中に著作物を無許諾で貯蔵することは，この貯蔵が複製行為の一態様であり，著作権として認められた独占権限のひとつである限りは，法によって禁止されたものと言えそうである。
　コンピュータ・メモリー中にプログラム化されたデータ・ベースを貯蔵する行為を，著作権者に与えられた独占的権限のひとつとして考えることは，著作権法の原則として容認されてきたものと矛盾をきたさないし，潜在的に影響を受ける当事者たちに対する公平な取扱いという面にもそぐう。ある作品をそのままコピーすることは，理論的にはフェア・ユースの例外がありうるが，通常は著作権者のみのなしうるところであると考えられている。また，データ・ベースのような簡単な著作物を丸ごと複製することに関してはフェア・ユースは滅多に適用されないということも事実である。
　……（略）……
　従って，委員会は，既に新著作権法の条文に示されている原則の適用が，コンピュータで判読の可能な状態におかれている著作物というものを実体法的に保護することになる，と考えるものである。コンピュータ・メモリー中に著作物を入れる行為は，新法と矛盾なく解する限りにおいて，そ

---

(1)〔原(164)〕　著作権の責任の生ずる行為を表す言葉として「インプット」の語句を用いることは，ミスリーディングかもしれない。著作物がコンピュータ・メモリーの中に貯蔵されるプロセスをもっと正確に表すとすれば，コンピュータ・メモリーの中で複製作業が行われて，コンピュータの手段によって著作物に対してアクセスがなしうる状態におかれる，というべきであろう。

の著作物の複製行為であり，著作権者の独占的権利のひとつの行使に該当することである。

……（略）……

1976年法は，改正をしないとすると，コンピュータ中にどんな著作物にせよこれを書き込むことは，コピーの準備行為として著作権侵害の可能性あるもの，としている。……

　一時的なメモリーにエントリーすることが「固定」にあたるとの連邦議会の見方は，著作権法117条の新条項を1980年に採択したことからも推認できよう。これは，コンピュータ・プログラムのコピーの所有者がこれを複製したり翻案したりしてもいい場合として，「かく作成された新たな複製ないし翻案が，当該コンピュータ・プログラムをマシーンとともに使用するにあたって必要不可欠なものとして作られ，かつそれ以外の方法では使用されないこと」と規定した条項である。コンピュータ・プログラムは一時的なメモリーにロードされなければマシーンとともに「使用」し得ないのであるから，この例外規定は，著作権者とプログラムのユーザーとの間の袋小路を打開する上で必要な措置であった。一時的メモリーへのプログラムのエントリーが複製にあたらないと考えられていたならば，こうした例外規定は不要なものであったろう。

　1998年に再び連邦議会は，「RAM（random access memory）へのコピー」が複製にあたる（よって，一時的メモリーにおける固定にあたる）との法理からの必要にかられて，改正を行っている。コンピュータというものは，スイッチを入れると自動的にオペレーティング・システム中のプログラムをRAMにロードするものであるから，デジタル・ミレニアム著作権法第3編において，連邦議会は以下の改正を117条に加えた。すなわち，マシーンの所有者ないし借り手が「当該マシーンの保守ないし修理のみを目的とする場合には，コンピュータ・プログラムのコピーを作成し，あるいは作成させることができる。ただし，かかるコピーは，当該プログラムの適法なコピーを合法的に搭載するマシーンの作動によってのみ作成される場合に限る。……」

　裁判所もまた，デジタルで表現された著作物を一時的あるいは束の間メモリーすることを，固定コピーの作成と同一視してきた。デジタル・ネットワークにおける著作物の送信に関する侵害責任についてのいくつかの判決においては，ウェブページにおける著作物の収納行為が同ページのホスト・サーヴァーにおける複製行為に該当するだけでなく，ウェブページからユーザーにダウンロードさせるようにすることはユーザーのコンピュータへのコピーの頒布行為にあたるとされている（Playboy Enters. v. Sanflippo, 46 U.S.P.Q.2d 1350 (S.D. Cal. 1998); Playboy Enters. v. Webbworld, Inc., 991 F.Supp. 543 (N.D. Tex. 1997); Marobie-Fl. v. NAFED, 983 F.Supp. 1167 (N.D. Ill. 1997); Playboy Enters. v. Frena, 839 F.Supp. 1552 (M.D. Fla. 1993) 参照。ただし，Religeous Tech. Center v. Netcom On-Line Commun. Servs., 907 F.Supp. 1361 (N.D. Cal. 1995)〔他人の行う送信行為のための単なる伝送管となるにすぎないオンライン・アクセス・プロバイダーには，「複製」を作成するにあたり暗黙に必要とされる意志の要素が欠けている〕参照）。さらに近時，著作権局は2001年8月29日提出の報告書（http：//www.loc.gov./copyright/reports/studies/dmca/sec-104-report-vol-1.pdf）において，著作権法の条文と判例法を検討して，RAMにおける複製は「著作権法上のコピー」であると明確に結論づけた。

　コピーのデジタル配信に関しての上記の諸判例は，コンピュータ上にある著作物が束の間存在するにすぎぬとしても，それをもって「固定」があったと判断している。もしも著作物の内容が，場

所ではなく，変化しうるものであるとしたら，どうなるであろうか。たとえば，ウェブページ上の視覚的著作物にユーザーがアクセスできるとして，その外観をも変えることができるとする。こうした著作物のダイナミックな性質は固定できないから，連邦著作権の枠外にあるということになるのだろうか。こうした疑問は，ゲームセンターに設置されていたビデオ・ゲームの「固定」に関するかつての議論を思い起こさせるものがある。これらのお馴染みのアクション・ゲームを作り上げている視覚的なイメージや合成音は，色々な種類の記憶装置に貯蔵されたコンピュータ・プログラムから発生している。情景と音のパターンは，「アトラクト・モード」と呼ばれるもの（ゲームが誰にも使われていない状態でプレーヤーを呼び込もうとしている状態のモード）から反復されて生じ，人間がゲームを始めて介入する「プレイ・モード」となると，これに従って変化をする。上記の下院報告書の中のいくつかの言葉に依拠して，多数のケースにおける被告たちは，自分らが原告のビデオ・ゲームを自由に複製しうる，と主張した。その理由とするところは，原告のビデオ・ゲームは有形媒体に固定されておらず，陰極線管上における音と画像の束の間の投影にすぎない，ということである。さらには，ゲームの巧拙やプレーヤーの判断の差によって，スクリーンに現れる絵姿や音に違いがでてくるが，これが「固定」というのに必要な一貫したパターンとはいえない，と主張した。

　これらの主張は，すべての裁判所において拒絶された(M. Kramer Mfg. Co. v. Andrews, 783 F. 2d 421 (4th Cir. 1986) を参照)。Stern Elecs., Inc. v. Kaufman (669 F. 2d 852 (2d Cir. 1982)) においては，視聴覚ゲームは，「記憶装置という物体に永劫的に具現化されており，その物体から，ゲームの他の構成要素の助けを借りながら，ゲームを感得しうるものである」と判示されている。Midway Mfg. Co. v. Dickschneider (543 F. Supp. 466 (D. Neb. 1981)) では，裁判所は，「印刷回路盤は，そこから視聴覚著作物を，瞬時ということなく一定の期間にわたって感得することのできる，有形の物体である。機械なしにはこの視聴覚著作物を見ることができないということは，必ずしもそれが固定されていないということを意味しない」とした。プレーヤーの参加が一定の視聴覚パターンの固定を妨げているとの点については，Williams Elecs, Inc. v. Artic Int'l, Inc. (685 F. 2d 870 (3d Cir. 1982)) における裁判所が次のように結論づけている。

　　プレイ・モードの最中においては，プレーヤーと機械との相互作用によって，画面に現れる視聴覚的現象を，ゲームの中のいくつかの側面において，プレーヤーの反応に従って次から次へと変えて行くということはある。しかし，ゲームの音と情景のかなりの部分は常に繰り返し現れ，ひとつのゲームともうひとつのゲームとの間でいかにプレーヤーがコントロールを施そうとも，ディスプレイの多くの側面は不変である。……さらに，プレーヤーは「アトラクト・モード」には全然参加できないのであり，ここは何の変化もなく繰り返し現れるのである。

　同様の分析は，リアルタイムのインタラクティブなグラフィックのようなダイナミックな著作物にも適用されるだろうか。こうしたものには「アトラクト・モード」がないし，そのパターンはビデオ・ゲームのそれよりもランダムであるのだが。

【質問】
1　例えば，読者が政治的なイベントにつき動されて，合衆国大統領の過去の行状と哲学的基盤につ

いての長文のeメール（あるいは，憲法学の教室の仲間内での電子チャットルームでのメッセージ）を送信したとする。こうしたメッセージは自動的に連邦著作権の保護対照となるか（こうしたメッセージの受領者がそれをコピーする黙示の許諾を得ているかどうかという問題とは区別せよ。因みに，そうした許諾はあると思うか）。

2　小さなナイトクラブで音楽の実演をして，これを同時に実演家がテープに録音したとすると，これは連邦著作権法でカバーされるか。コモン・ロウ著作権による保護の可能性については，Estate of Hemingway v. Random House (23 N. Y.2d 341, 244 N. E. 2d 250, 296 N.Y.S. 2d 771 (1968)) と Falwell v. Penthouse Int'l (521 F. Supp. 1204 (W.D. Va. 1981)) を比較せよ。

3　ロウ・スクールの教室での講義は，連邦法の保護を受けるか。教授の同意なくテープに録音されていたとしたらどうか。学生が1言1句かなり正確な（ただし，完全な再現とまではいかない）ノートをとっていたとしたらどうか。

4　Bill Blaze と Dorothy Dazzle は，花火のディスプレイをデザインし制作する仕事をしている。お祭りの性質や予算に応じて，様々な色や爆発のパターン，音響等の花火を使ったプログラムを，どんな長さや複雑さにおいてであれデザインすることができるのである。花火の正確なタイミングと順番とがまずは紙の上に描かれる。最終的に花火は，プログラムされたコンピュータを使用して打ち上げられる。Bill と Dorothy は，来る独立記念日にフィラデルフィアのデラウェア川畔で花火の打上げを計画している。彼らとしては，自分たちが新たに開発した視覚的ディスプレイ（それぞれの「爆発」とそのためのプログラムの両方）を競争業者から保護したいと考えている。これについて著作権法における保護の可能性はあるか。読者ならばどうアドバイスするか。

5　101条における「コピー」と「フォノレコード」と「固定」の定義を精査せよ。コピーとフォノレコードとの違いは何か。著作権の取得可能な作品は，この2つのフォーマット以外の物体に具現化することができるのか。

固定に関する実演家の権利

　知的所有権の貿易関連の側面に関する協定（Trade Related aspects of Intellectual Property：TRIPs）を施行する立法として，連邦議会は1994年12月8日，U.S.C.の第17編（著作権法を含む編）に新しく第11章を制定した。この章は，「録音物および音楽ビデオへの無許諾の固定と取引」に関する章で，音楽実演の固定に関する連邦法による権利を設定している。

　U.S.C.の第17編1101条(a)は，音楽の実演家に，以下に対抗する権利を与えている。

(1)　実演の無許諾の固定，コピーあるいはフォノレコードへ無許諾に固定されたものの複製

(2)　生の音楽実演の音（または音と画像）の，公衆への送信その他の伝達

(3)　どの段階で無許諾の固定が介在するかを問わず，無許諾の固定からのコピーやフォノレコードの頒布，販売またはレンタル，もしくは，頒布，販売またはレンタルの申込み

　これらの権利は，「ウルグアイ・ラウンド修正法（Uruguay Round Amendments Act）の施行日（1994年12月8日）以降に生じた行為に対して適用される」（第17編1101条(c)）。さらに，海賊版に対する保護は，連邦法により先占（preempt）されない（Id. 1101条(d)）。無許諾の固定物の販売は1101条により禁止された行為であるから，1994年前になされた固定物を1994年以降に販売しても，新し

い連邦法の規定に該当することになる。このように，無許諾で固定されたコピーまたはフォノレコードのアメリカにおける販売を，その固定がどの段階で行われようとも，法により禁止することと結合させたことによって，法はかなり広い適用範囲を持つことになった。例えば，1979年にパリでオペラの実演をこっそり録音して，後で全世界にカセットを売ることを考えてみよう。1994年以後アメリカでパリのオペラの海賊版を販売することに対し，現在ではアメリカで訴訟を起こすことができるようになったのである。

しかし，この近時に作られた権利はアメリカ著作権にしっくりフィットしていない。第1に，1101条（同修正法第11章の唯一の条文である）が保護するのは，有形媒体に既に固定済みの著作物（すなわち，102条における著作権の対象物）ではなく，固定されていない音楽実演である。その結果として，連邦議会は，本来はかない著作物を「固定する権利」を創設したことになった。これは，歴史的には州のコモン・ロウの管轄領域であったが，いまや連邦著作権法の問題ともなってしまったのである。これは，連邦議会は「書き物（writings）」を保護すべきだとする合衆国憲法上の指令とどう調和するのだろうか。これに関する最初の裁判例においては，著作権保護を受けられない「非固定の」作品についても，連邦議会は通商条項においてこれを保護する権限を与えられている，と判示された（United States v. Moghadam, 50 U.S.P.Q.2d 1801 (11th Cir. 1999)）。

第2に，無許諾のレコードがどのくらい前から作られていたのか確定できないように，1101条における権利の執行も将来においてどこまでできるのかについて何の制約もないようである。例えば，1995年になされた無許諾の固定から作られたレコードを売ることは，2101年になってもいまだに違法であるとして訴訟提起が可能なのだろうか。合衆国憲法における「限られた期間」という言葉とどう整合性があるのだろうか。

最後に，1101条は，実演家の権利を侵害した者は，「<u>著作権侵害者と同様の範囲において</u>，502条から505条までに規定された救済手段に服するものとする」（下線による強調は筆者による）と規定している。連邦議会は，この「固定権」を著作権とは異なるが似た権利であるとしている。連邦議会は，通商条項に立法上の根拠を置くことで，著作権条項における制約をかわすことができるのだろうか（因みに，1101条の保護をライヴの「音楽」実演家のみに及ぼし，詩や演劇などの即興実演者に及ぼさないことについても，憲法上の問題があるのではないか）。

B 「アイディアと表現との二分法」

§102 著作権の対象：総論
　……（略）……

(b) いかなる場合においても，オリジナルな著作物に対する著作権の保護は，アイディア，手続，プロセス，システム，操作方法，コンセプト，法則，ないし発見には及ばない。このことは，これらがいかなる形式で記述され，説明され，図解され，あるいは実体化されているかを問わない。

〈下院報告書〉

(H.R. Rep. No. 94-1476, 94th Cong., 2d Sess. 56-57 (1976))

著作権は，著作者の作品によって表されたアイディアや情報を他人が使うことを妨害できない。これは，著作者が知的な概念を表現するところの，文学的，音楽的，図画的ないし美術的様式に関連する。コンピュータ・プログラムの著作権が，プログラマーの表現するアイディアの「著作物(writings)」にではなく，これを超えて彼が採用した方法論やプロセスにまで及んでしまうのではないか，という懸念が表明されている。102条(b)は，主として，プログラマーが採用した表現はコンピュータ・プログラムにおいて著作権取得の可能な要素であるが，プログラムに実体化されている実際のプロセスや方法は著作権法の範疇から外れていることを明らかにしたものである。

102条(b)は，現行法における著作権の保護を拡張したものでもなければ，縮小したものでもない。これは，著作権についての単一の連邦システムという新しい背景のもと，表現とアイディアの基本的二分法がそのままに変りはない，ということを確認しているのである。

〈Baker v. Selden〉
(101 U.S. 99 (1879))

ブラッドレイ判事が法廷意見を代表する。

本件原告は，Charles Selden から遺贈を受けた者である。Selden は，1859年に，"Selden's Condensed Ledger, or Bookkeeping Simplified"と題する書物の著作権を取得すべく必要な手続をとった。この本の目的は，ある簿記のシステムを読者に見せて説明するためのものであった。1860年と1861年に Selden は，このシステムの追加と改良版を含むいくつかの帳簿に関する書物について著作権を取得した。本訴訟は，被告がこれらの著作権を侵害したとして提起された。被告は，Selden がこの帳簿の著作者ないしデザイナーであることを否認し，問題となっている侵害を否認し，侵害されたと主張されているところの対象は著作権の対象とはなりえないものである，と主張している。

審理は証拠調べに至り，被告が販売ないし使用している帳簿や原告側のいろいろの帳簿が証拠調べに付され，両当事者から証人が出された。原告勝訴の判決が下され，被告がこれに対して控訴をおこなった。

原告が著作権を主張している書物ないし一連の書物のシリーズは，まず当該簿記システムを説明する序文的な文章に始まって，これに，それがどう使われ，どう実際に実行できるかを示すために，罫線を引いて見出しをつけた，システムの図解が付されており，フォームやブランクが添付されている。このシステムは，複式簿記による帳簿記帳と同様の効果をもたらす。ただ，コラムや見出しに一定のアレンジを施すことによって，たった１ページないし見開き２ページで，１日，１週間，１か月の全オペレーションを表すことができるのである。被告の使っている帳簿図は，結果は原告のそれと同じになるようにできている。しかし，コラムのアレンジや見出しに違うものを使っている。もしも Selden がこの本で説明されているシステムの使用について独占的権利を有しているとすれば，たとえフォームに多少の違いがあるとしても，被告がこれを侵害していないとすることは難しいであろう。しかし，仮にこのシステムの使用が公衆に開放されているとしたら，同様に，被告によって作られ販売されたこの書物が，単にシステムを説明するためのみの原告の本の著作権を侵害している，とは言いがたいであろう。科学上の真実や技術の方法は，全世界の共通の財産であ

CONDENSED LEDGER.														
Bro't Forw'd.		ON TIME.		DATE:		SUNDRIES to SUNDRIES.	DISTRIBU-TION.		TOTAL.		BALANCE.	
DR.	CR.	DR.	CR.	DR.	CR.		DR.	CR.	DR.	CR.	DR.	CR.

Selden が著作権を主張した帳簿のデザイン

って，どの著作者でもこれを表現し，あるいはこれを自分流のやり方で説明したり使用したりする権利をもつ。著作者として Selden は，このシステムをある特定のやり方で説明した。被告が，実質的に同じシステムに基づいた帳簿を作り出し，使用した，ということは言えるであろう。しかし，被告が，単に説明的な著作にすぎない Selden のこの書物の著作権を侵害した，とする証拠は欠如している。あるいは，Selden の書物がシステムについての独占的権利を有しない限り，被告が Selden の書物を侵害したとする証拠はない。

原告側の証拠は主として，被告がSeldenの書物の中で説明され図解されているものと同じシステムを使用している，ということの立証に向けられている。従って，Seldenが自著の著作権を取得するに際して，そこで彼が図示して説明しようと試みた簿記のシステムないし方法について独占的権利が付与されたのか否かを判断することが重要となる。原告は，Seldenがかかる独占的権利を付与されたのだと主張する。なぜなら，彼がその書物に図解して添付した罫線や見出しと実質的に同じものを使うことなしには，誰もこのシステムを使うことができないからである，とする。言葉を換えれば，このシステムを図解するための罫線と見出しは，書物の一部であり，そのようなものとして著作権が付与されている，ということである。そして，著作権を侵害することなしには，実質的に同じシステムについて作られアレンジされた罫線や見出しを作ったり使ったりすること，あるいは似たような罫線や見出しを作ったり使ったりすることは誰にもできない，ということである。そして，これこそが本件で解決されねばならない問題なのである。別の言い方をすれば，問題は，著作権法においては，簿記のシステムにおける独占的権利を，そのシステムの説明のなされている書物という方法によって取得できるかどうか，ということなのである。原告の訴状は，それができるとの前提に立っているのである。

1859年当時の著作権法において，この原告の帳簿の罫線が書物（book）以外の著作物の範疇に入るか否かということについては，とくに真摯な争いはない。この当時施行されていた法は1831年法であり，ここでは，本，地図，図画，楽曲，版画，彫版のみが著作権の対象として掲げられていたにすぎなかった。罫線とブランクのコラムで構成された帳簿は，書物と呼ぶ以外には，これらのどれにも当てはまらないであろう。

簿記を主題とした著作物は，たとえそれが周知のシステムを単に説明するだけのものであっても，著作権の対象となることには疑いがない。しかしそれは，単に書物として著作権を取得できるということにすぎない。このような書物は，古い簿記システムを解説した本かもしれないし，全く新しいシステムを解説したものかもしれない。あるいは，書籍として，著作者の作品として，簿記の主題についての情報にあふれていて，技術的な詳細な説明があって，社会にとって非常に有益な知識をもたらすものであるかもしれない。しかし，そういった書物と，それが解説しようとしている技術との間には，明確な区別がある。このことはあまりに明らかなことなので，これについてあえて支持材料をさがす必要もないくらいである。同じ区別は，簿記のみならず，すべての技術についてあてはまる。化合物や薬品の使用に関する論文，鋤，時計，撹乳器の作り方や使用方法に関する論文，塗料や染料の混合の方法と応用についての論文，遠近法の効果をだすような線を描くやり方についての論文，これらはすべて著作権の対象となる。しかし，だれも，論文についての著作権がそこで記述された技術や製作方法についての独占的権利を与えるとは主張しないであろう。書物の著作権は，それが他人の著作をコピーしたものでない限り，主題の新規性の如何にかかわらず有効なのである。記述され説明された技術やものの新規性は，著作権の有効性とは何の関係もないのである。もしも，書物の著者にそこで記述された技術についての独占的権利を与えるとしたら，新規性についての審査が公的には全然なされていないのだから，これによって公衆に不意打ちを与え，これを欺くことになる。これは特許の領域であり，著作権のそれではない。技術ないし製作方法についての発明や発見の主張は，特許庁の審査に服すべきもので，その後にはじめて独占的権利が取得されるべきものである。そしてそれは，政府からの特許によってのみ取得されうるものである。

特許と著作権との違いは，列挙されたそれらの対象に注目するだけでも示すことができる。薬品の場合をとってみよう。治療技術においてある種の混合物が非常に価値の高いものとして発見されたとする。もしこの発見者が（普通の医者がよくそうするように）この対象について本を書いたとしても，彼はこの薬品の製造および販売に関して何の独占的権利も取得しない。彼はこれを公衆に提供したことになるからである。もしもこのような独占的権利を欲するのであれば，この混合物について，物に関する新技術，新製造方法ないし新合成物としての特許を取得しなければならない。この発明者は，書物についての著作権を取得はするであろうが，それはその本の印刷と出版についての独占的権利を意味するにすぎない。これは，他のあらゆる発明や発見についても等しく当てはまる。

遠近法に関する書籍がどんなに多くの図画や図表を含むものであったとしても，そうした描出技法についての独占的権利を与えるものではない。その様式がそれまでに知られておらず，また用いられたことがなかった場合であっても，である。ある技術について特許を取得することなくその技術の書物を出版することは，その技術を公衆に与えることになる。その本に，その技術を実施するときに複製されるところの線と形の図表が記述されているとしても，かわりはない。それらの図表は，自分のアイディアをより明確に伝えるために著者によって用いられた伝達手段にすぎない。もし，著者が（言葉の代りに用いたにすぎない）図表を使う代りに言葉による表現を行っていたならば，その技術を実際に実施する他人は，著者の頭の中にある，従って著者が自分の書物で言葉によって表現したところの線や図表を，合法的に描くことができるということに，何の疑いの余地もない。

数学についての著作の著作権は，その著者が提起した計算方法やこれを説明するために用いた図表について，著者に独占的権利を与えない。従って，著者は，エンジニアが時に応じてこれらを使うことを阻止することができない。科学や有益な技芸についての書物を出版することのまさにその目的が，世界に向かってかかる有益な知を伝達することにあるからである。もしも，書物を侵害せずにはかかる知を使いこなすことができないとすれば，このような目的は大いに阻害される。また，かかる書物が伝える技術が，そこで描かれた方法や図表その他のものを採用しないと使えないものならば，かかる方法や図表等はその技術に付随するものであって，その技術と一緒に公衆に開放されたものである。その技術を解説する他の著作を出版するという目的においてではなく，その技術を使う実際上の目的のためにおいて。

もちろん，これらのことは，装飾的なデザインや審美的なものを目的としたイラストレーションなどには当てはまらない。これらについては，その様式が本質的なものであり，その目的として意図するところは楽しみの創造である，といえよう。これこそがこれらの作品の最終目標である。これらのものは，才能の産物であり，色々な組合せの結果であるが，同時に，詩人の作品であり，歴史家の美文でもある。一方で，科学や法則や有益な技芸を教えることは，これを適用して使いこなすという最終目標をもっている。これらの応用や使用ということは，公衆が，それを教えてくれる書物から引き出すものである。しかし，これらは文芸著作物ないし書物に実体化されているものだから，こういったもののエッセンスは，それを書いたものの中に存在する。これのみが，著作権によって保護されているものである。言葉であれ図表であれ，ある技術を教えるために出版された書物において使われている記述の方法と同じ方法を他人が使用したとすれば，これは疑いなく著作権の侵害となる。

本件に帰れば，我々の見るところでは，Charles Selden はその書物において，特殊な簿記システムを解説して，この方法を，1つのページないし見開きページに適当な見出しをつけた罫線とブランクのコラムを使って図解してみせているのである。さて，だれにも彼の書物の全部ないしその主要部分を印刷したり出版したりする権利はないわけだが，この書物は技術に関する説明を伝達すべく意図されたものだから，そこに書かれ図解された技術そのものについては，だれでも実行することができるし，使うことができるのである。技術の使用は，それを説明する書物の出版とは全く別の行為である。簿記に関する書物の著作権は，かかる本に書かれたプランに基づく帳簿を作ったり，販売したり，使用したりする独占的権利を取得させるものではありえない。かかる技術が特許を取得しえたか否かという問題は，本件では我々の関知するところではない。これは特許をとっていなかったのであり，従って，公衆に自由に使用されるべく開かれていたのである。そして，当然のことながら，この技術を使うに際しては，罫線と各項目の見出しはそれに付随してどうしても使わざるをえない。

　本件の訴状において，一見この請求が成り立つかにみえるのは，著作権の対象である書物に書かれた技術に特有の性質が生み出すアイディア（と表現）の取違いに基因している。技術を説明するにあたって図と表が使われるわけであるが，これらがたまたま通常の場合以上に，この技術を使う者によってなし遂げられる実際の仕事に非常に密着していたのである。この図や表は，罫線と各項目の見出しで構成されているが，会計士がこの技術を使おうとして自分のペンと文房具と紙とで作るものは，まさにこれと似たような罫線と項目見出しとなるのである。一方，他のほとんどすべての場合においては，表やイラストは，ちょうど設計図のように，木，金属，石，その他の物理的なものでのみ最終的に表現されるものなのである。しかし，原則は全く同じである。たとえ著作権がある書物ではあっても，その書物に書かれた技術の記載は，技術自体に関する独占的権利への根拠とはなりえない。一方の目的は説明にあり，他方の目的は使用にあるのである。前者は著作権で保護されようが，後者は，仮に保護されるものであるとすれば，特許によってしか保護されえない。

……（略）……

　よって，当裁判所の結論は，ブランクの帳簿は著作権の対象ではないということ，および Selden の書物に著作権があるということだけでは，そこに描かれた同人デザインによる帳簿の作成および使用についての独占権は生じはしない，ということである。

　控訴審の判決はかくして破棄され，原告の訴状を却下する旨の指示を付した上，本件を差し戻すものとする。

　以上判決する。

【質問】
1　この判決の正確な判示事項は何か。本件の会計フォームは著作権取得が可能であり，しかも実際に取得されたが，かかる著作権がここでは侵害されていない，といっているのか。それとも，本件の会計フォームはそもそも著作権を全く取得できない，といっているのか。
2　仮に，被告が会計士で，原告のフォームを写真複写したとしたら（その当時かかる機械があったと仮定して），どうこのケースを解釈すべきか。あるいは，被告が印刷業者で，このフォームのコピ

ーを何千部と刷って，会計係向けの小売店で（罫線の入ったパッドや電子計算器，会計士向けの雑誌などと並べて）販売したとしたら，どうなるだろうか。

3　被告が自分自身の言葉で，原告の会計システムを説明した書物を書いたとしたら，それは著作権侵害となるだろうか。あるいは，もしこの本の中で，被告が原告のフォームのそのものずばりのコピーをその付録としてつけて，そこで説明されているシステムを図解しようとしたら，これは著作権侵害となるか。もし前者に対する答えが否であったとすると，後者についても否と答えざるをえないのではないか。

〈Morrissey v. Procter & Gamble Co.〉
(379 F. 2d 675 (1st Cir. 1967))

オルドリッチ主任判事

本件は，原告の主張自体失当を理由とする被告勝訴の判決に対する控訴事件である。原告 Morrissey は，参加者の社会保険番号をからめた「くじ」に関する販売促進コンテスト用の一連のルールの著作権所有者である。原告は，被告 Procter & Gamble が，このうちの「ルール1」をほぼそっくりコピーしたことによって原告の著作権を侵害した，と主張している。被告は，その主張自体失当を理由とする判決の申立てとこれの依拠する宣誓供述書および証言録取書において，原告の「ルール1」に著作権取得能力のあることを否認し，これにアクセスしたことを否認している。連邦地裁は，これら2つの理由に基づき被告勝訴の判示をした。

〔ここで，裁判所は，アクセスの問題については事実認定が必要となるため，これに基づき主張自体失当の判決はなしえない旨説く。〕

本件の第2の側面は，もっと難しい問題をつきつけている。これについて検討を加える前に，原告の「ルール1」と被告の「ルール1」とを引用して，後者のうち前者と違っているところを下線で強調してみることとする。

〔原告のルール〕

1　参加者は，箱の上蓋ないし白紙上に，名前，住所，社会保険番号を記入して下さい。申込書には，その名前……がどこからコピーされたにせよ，それが記載された箱の上蓋ないし白紙……が同封されるものとします。公式ルールは，……パッケージやパンフレットに説明されており，後者はディーラーのところへ行けば入手できます。もし社会保険番号をもっていない場合には，ご一緒にお住いの家族の方の名前と社会保険番号を使うことができます。申込書に書かれた名前の方のみが参加者とみなされ，賞金の請求資格があります。

　申込書の名前の方に帰属する正確な社会保険番号をお使い下さい。……違った番号を使うと失格となります。

〔被告のルール〕

1　参加者は，「タイド」の箱の上蓋の上ないし白紙上に，名前，住所，社会保険番号を記入して下さい。申込書には，「タイド」の名がどこからコピーされたにせよ，それが記載された箱の上蓋（どのサイズでも）ないし白紙が同封されるものとします。公式ルールは，「タイドくじ」のパッケージやパンフレットで入手でき，後者は「タイド」ディーラーのところへ行けばあります。あるいは，切手を貼った返信用封筒を以下の住所にお送り下されば入手できます：

タイド「ショッピング大躍進」くじ，P.O. Box 4459, Chicago 77, Illinois.

　もし社会保険番号をもっていない場合には，ご一緒にお住いの家族の方の名前と社会保険番号を使うことができます。申込書に書かれた名前の方のみが参加者とみなされ，賞金の請求資格があります。

　当該申込書の名前の方に帰属する正確な社会保険番号をお使い下さい。――違った番号を使うと失格となります。

　連邦地裁は，古い判例の Gaye v. Gillis, D.Mass.（1958, 167 F. Supp. 416）に依拠しつつ，コンテストの内容そのものは著作権を取得できないから（これは問題なく正しい。Baker v. Selden, 1879, 101 U.S. 99；Affiliated Enterprises v. Gruber, 1 Cir., 1936, 86 F.2d 958; Chamberlain v. Uris Sales Corp., 2 Cir., 1945, 150 F.2d 512），また内容は比較的簡単であるから，原告のルールはこの内容から直接に生じたもので，「何ら創造的な著作者性を帯びていない」（262 F. Supp. at 738）ことになる，としている。しかしこれはそうはいえない。著作権は表現形式に宿るもので，被告はアクセスの問題について山ほど証拠を提出しているが，このこと自体が，この簡単な内容ですらこれを表現するのにいくつものやり方があることを示している。また，この2つのルールがほとんど同一である点を考えると，被告は侵害の認定に関しての厳格な類似性の原則を援用して責任を免れることすらできないであろう。この原則は，いくつかの裁判所において，当該対象がその性質上表現形式についてほとんど変更を許されないものである場合に採用される基準である（Dorsey v. Old Surety Life Ins. Co., 10 Cir., 1938, 98 F. 2d 872, 874, 119 A.L.R. 1250〔「全く同一ないし本質的にそれと同等の類似性の証明が必要」〕；Continental Casualty Co. v. Beardsley, 2 Cir., 1958, 253 F. 2d 702, 705, cert. denied, 353 U.S. 816〔「侵害の立証については厳格な基準が必要」〕）。

　それにもかかわらず当裁判所は被告勝訴の判決を下すものである。著作権を取得しえない対象物が非常に狭いもので，そのため「そこでのトピックが必然的に」（Sampson ＆ Murdock Co. v. Seaver Radford Co., 1 Cir., 1905, 140 F. 539, 541. cf. Kaplan, An Unharried View of Copyright, 64-65 (1967)）1つとは言わないまでもごく限られた数の表現しかとれない場合，これに著作権を与えることは，これらのわずかの表現に著作権を取得できることを意味し，結局将来におけるその中身の利用の可能性を吸い尽くしてしまうこととなる。かかる状況においては，対象物がどのような表現形式でもとりうるということはできないこととなる。しかし，ある表現に著作権を与えつつ，その表現の対象物が利用できるということが必要なのである。我々は，著作権を，これによって公衆に王手をかけて手詰りにさせるようなチェス・ゲームのように扱うことはできない（上記 Baker v. Selden 参照）。

　証拠を検討するに，「ルール1」に書かれている事柄は非常に率直かつ単純であって，上記の原則がここに当てはまるといえる。さらに，この原則をあてはめるためには，すべての可能な表現形式を著作権として取得する試みをまつ必要がない。この原則の故に，たとえある表現をそのままにコピーしたとしても，それは著作権侵害にはならないのである。これらの状況においては，むしろ我々としては，著作権はその対象物には全然及ばず，仮に特定の表現が意図的に採用されたのだとしても，原告はこれに対して異を唱えることができない，と判示するものである。

　原審認容。

Continental Casualty Co. v. Beardsley, 253 F. 2d 702 (2d Cir.), cert. denied, 358 U.S. 816 (1958) 著作権者 (Beardsley) が，紛失証券までもカバーするような新しい保険を開発した。同人はこの保険証書をパンフレットにして世に送りだし，これにはフォーム（証書，紛失届，補償契約書，指示書，取締役会議事録を含む）がついていた。競争業者（Continental）がこのフォームをコピーしたが，パンフレットの記載そのものはコピーしなかった。被告 Continental は，Baker v. Selden の原則によりフォームに著作権は認められないと争ったが，裁判所はこれを容れなかった。Baker 判決ではブランク・フォームが問題となっていたが，Beardsley のフォームには，この保険契約を「説明する」散文が含まれていたのである。裁判所はさらに，憲法のいかなる条項も，かかるものに対して著作権を付与することを禁止していない，と判示した。

第2巡回連邦控訴審にとって難しい問題は，著作権の存在ではなく，その範囲であった。裁判所は以下のように述べている。

> 保険や商取引の分野においては，望ましい結果を達成するためには，フォームや文書の中で特定の言葉を使わざるをえないということがあり，かかる言葉の使用は，法的ないし商取引上の概念にあまりに密接に結びついているため，これについての著作権侵害の基準は，かかる言葉を可能な限り保護はするが，同時にこの言葉の体現している考えを自由に使用させる，というものとならざるをえない。

結論として，裁判所は，このフォームの著作権は，著作権者が採用したその正確な言葉づかいにしか及ばない，とした（これは一般に「痩せた」著作権と称される）。裁判所は，かかる判示が「ほとんど著作権の不在に近い」ことを認めているが，「技術の実用」を可能にするためには必要な解釈であるとしている。このような場合に，後から競争に参加する者に対して，同じことを意味する別の言葉や文章を作り出すように要求することは，「限りなく不合理に近い」とする。

裁判所は，証拠によれば，原告のフォームの言葉は，被告によって「単に，それが体現するアイディアを使うにあたって付随的に使用された」にすぎないものであることを認定し，従って，本件における有効な著作権は侵害されていない，とした。

【質問】

1 Beardsley 判決は，ビジネス・フォーム，リーガル・フォームに関するものである。かかるフォームは，裁判所のいうところの，一定の法的取引を行うのに本質的に必要な「技術条件」に合致すべくドラフトされることが多いので，かかるフォームに奇抜な変更が加わるということは滅多にない。Morrissey 判決の裁判所の立論を使った場合，かかるビジネス・フォームやリーガル・フォームは著作権をそもそも取得できない，ということになりはしないか（実際，リーガル・フォームは，コンテストのルールなどよりもなおさら著作権を受けにくいものでないとおかしいのではないか）(Donald v. Zack Meyer's T.V. Sales & Serv., 426 F. 2d 1027 (5th Cir. 1970), cert. denied, 400 U.S. 992 (1971); Financial Control Assocs. v. Equity Bldrs. Inc., 799 F. Supp. 1103 (D. Kan. 1992) を参照)。

2 （Morrissey 判決のごとく）当該フォームは著作権が取得できないからコピーしてよいというのと，（Beardsley 判決のごとく）当該フォームは著作権を取得しているけれどもこれが侵害されていないというのとで，どんな実際上の違いがあるのか。例えば，法律の本の出版社が，種々の商取引のフォームの要約を印刷したとすると，このフォーム本の著作権は，編集物としてのこの本を保護する

だけなのか（すなわち，選定と配置という側面），それとも個々のフォームをも保護するのか。許諾なくどういうコピーをすると侵害となるのだろうか。ⓐ全部のフォーム本をコピーすること，ⓑクライアントに渡すために個々のフォームをコピーすること，ⓒ弁護士に対してこれを販売して利益を得る目的で個々のフォームをコピーすること。

〈Lotus Development Corp. v. Borland Internaional, Inc.〉
(49 F.3d 807 (1st Cir. 1995), aff'd by an an equally divided Court, 516 U. S.233 (1996))

スタール控訴審判事

　本件は，コンピュータのメニュー・コマンドにおけるヒエラルキーが著作権の保護対象であるのかどうかの検討を我々に迫るものである。ことに，当法廷として判断しなければならないのは，原審が判示したように，原告のLotus Development CorporationがEリ算プログラムであるLotus 1-2-3について有する著作権が，被告のBorland International, Inc.によって侵害されたのかどうか，ということである。これは，被告がLotus 1-2-3のメニュー・コマンドのヒエラルキーを，自社のQuattroおよびQuattro Proと称する表計算プログラムにコピーしたことに関して問題とされている (Lotus Dev. Corp. v. Borland Int'l, Inc., 788 F.Supp. 78 (D. Mass. 1992)（以下「Borland I」という）; Lotus Dev. Corp. v. Borland Int'l, Inc., 799 F.Supp. 203 (D. Mass. 1992)（以下「Borland II」という）; Lotus Dev. Corp. v. Borland Int'l, Inc., 831 F.Supp. 202 (D. Mass. 1993)（以下「Borland III」という）; Lotus Dev. Corp. v. Borland Int'l, Inc., 831 F.Supp. 223 (D. Mass. 1993)（以下「Borland IV」という））。

I 背　景

　Lotus 1-2-3は，ユーザーがコンピュータ上で電子的に会計機能を操れるようにした表計算プログラムである。ユーザーは，"Copy"とか"Print"とか"Quit"といった一連のメニュー・コマンドを通じてプログラムを操作しコントロールする。コマンドを選ぶ方法としては，スクリーン上でハイライトするか，その最初の文字を入力するか，である。全体として，Lotus 1-2-3には469のコマンドがあり，これらが50以上のメニューとサブメニューに編成されている。

　多くのコンピュータと同様，Lotus 1-2-3においては，ユーザーはいわゆる「マクロ」が書けるようになっている。マクロを書くことで，ユーザーは単一のマクロ・キーストロークで一連のコマンドを指定できるようになる。従ってユーザーとしては，こうした一連のコマンドを実行するにあたり，いちいち全部を入力するのでなく，ただ1つの予めプログラムしたマクロ・キーをたたくことで，自動的にこれらのコマンド群を呼び出して実行することができるのである。つまりLotus 1-2-3のマクロは，プログラムをセットして作動させる時間を短くしてくれるのである。

　被告は，そのエンジニアが約3年間を開発に費やした後，1987にその最初のQuattroプログラムを世に問うた。被告の目標は，Lotus 1-2-3を含めた現存の表計算プログラムを遥かに凌駕するものを開発することにあった。被告の言葉を借りれば，「最初にリリースされた時から……Quattroは競合の表計算ソフト商品に対する圧倒的な改良点を有していた」のだという。

　原審が認定し，また被告もいまや争っていない事実として，被告はそのQuattroおよびQuattro Proの1.0ヴァージョンに「1-2-3の全体のメニュー・ツリーとほとんど同じコピー」を入

れた（Borland III at 212（強調はオリジナル））。ただし，これをするにあたり，被告は根底をなすコンピュータ・コードを何ひとつコピーしてはいない。コピーしたのは，原告のメニュー・コマンドのヒエラルキー構造と文言のみなのである。被告が原告のメニュー・コマンドのヒエラルキーを自社のプログラムに入れたのは，これに Lotus 1-2-3 との互換性を持たせて，Lotus 1-2-3 に馴染んでいるユーザーが新しいコマンドを覚えたり Lotus のマクロを書き直したりする必要なしに被告の商品にスイッチできるようにしたかったからである。

　Quattro および Quattro Pro の1.0ヴァージョンにおいて被告は，"Lotus Emulation Interface" と称するユーザー・インターフェイスを提供して，Lotus 1-2-3 との互換性を達成した。このインターフェイスを起動させることによって，被告の商品のユーザーはスクリーン上に原告のメニュー・コマンドを見ることができ，Lotus 1-2-3 を使っているように Quattro ないし Quattro Pro を使うことができるのである。ただし，スクリーンの見かけはやや異なるし，Lotus 1-2-3 では利用できないオプションが被告商品には多く存在しはしたが。つまるところ，被告は，ユーザーが自社の表計算プログラムとどうコミュニケートしたいのかを選択できるようにしたのである。つまり，被告の設計になるメニュー・コマンドを使うこともできたし，被告が作ったコマンドで起動する Lotus 1-2-3 で使われているコマンドとコマンド構造を使うこともできたのである。

　被告が本訴をマサチューセッツ連邦地裁に提起したのは，同地裁が Lotus 1-2-3 の「メニュー構造は，コマンドの用語の選択やこれら用語の構造および順番も含めて，全体として」著作権で保護される表現であると判示した4日後である1990年7月2日であった（Lotus Dev. Corp. v. Paperback Software Int'l, 740 F.Supp. 37, 68, 70 (D. Mass. 1990)（以下「Paperback 判決」という））。3日前である Paperback 判決の日の朝，被告はカリフォルニア北部連邦地裁において原告に対し，侵害がないことの確認訴訟を提起した。1990年9月10日に同地裁は本件訴訟の存在を理由として Borland の訴えを却下した。

　本件において，原告も被告も相互に，相手方の主張自体失当を理由として勝訴判決を下すよう求めている。……

　1992年7月31日に原審は被告の申立てを否定し，原告の申立てを一部認容した。原審は，原告のメニュー・コマンドのヒエラルキーは著作権保護の及ぶものであるとして，その理由を以下のように述べた（Borland II at 217）。

　　　Lotus 1-2-3 におけるコマンドとコマンド構造とは違うものを使うことで，非常に満足のゆく表計算ソフトのメニュー・ツリーを作り上げることができるのである。事実，被告は Quattro Pro の最初のモードにおいて，そうした別ツリーを作っていたのである。たとえある者がメニュー・コマンドの配列を不動のものとしたとしても，採用されるメニュー・コマンドを変えることによって満足のゆくメニュー・ツリーを作り出す方法は文字通り何百万とおりもあるのである。

　原審はその例証として，原告のメイン・メニューに登場する10のコマンドに対応する別のコマンド用語を挙げている。たとえば「"Quit" コマンドはさらなる改変なしに "Exit" と言い換えることができる」し，"Copy" コマンドは "Clone" に，"Ditto" は "Duplicate" に，"Imitate" は "Mimic" に，"Replicate" は "Reproduce" に言い換えができる，といった具合である（Id.）。こうしたヴァリエーションが可能であるので，原告のメニュー・コマンドのヒエラルキーに反映された原告の開発者の

コマンド用語の選択と配列は著作権保護の及ぶ表現である，と原審は結論づけた。

原告の一部勝訴を認める判決において原審は，被告が Lotus 1-2-3 の著作権を侵害したと判示した。……

原審の判決の直後に被告は，その商品から"Lotus Emulation Interface"を除去した。それ以降は，被告の表計算プログラムはユーザーに対して Lotus 1-2-3 のメニューを表示しないようになり，その結果，被告のユーザーは，Lotus 1-2-3 のより良いヴァージョンを使っているかのように被告商品と向かい合うことはできなくなった。それでも被告の商品は，部分的には Lotus 1-2-3 との互換性を持ち続けた。それは，Quattro Pro プログラムに入っている"Key Reader"というものによるものであった。"Key Reader"が起動されると，被告のプログラムが Lotus 1-2-3 のマクロを理解して，それを実行するように作用するのである。"Key Reader"をオンの状態にすると，被告のプログラムは Quattro Pro のメニューをディスプレイ，インタラクション，マクロ実行で使用するのだが，ただ，マクロの中の"/"キー（あらゆる Lotus 1-2-3 マクロのスタート・キー）に出会うと，そのマクロが Lotus 1-2-3 のために書かれたものと認識するのである。従って，Lotus1-2-3 上でのオペレーション実行時間を節約しようとしてマクロを書いたり買ったりした人は，被告のプログラムにおいてもこうしたマクロを使うことができるのである。原審は原告に対して，Key Reader プログラムがその著作権を侵害している旨の訴えの追加を認めた。

両当事者は，残る損害額確定の問題を陪審なしに審理することに合意した。……

本件控訴は，被告が原告のメニュー・コマンド・ヒエラルキーを Quattro プログラムにコピーしたことと，かかるコピー行為についての被告の抗弁にのみ関わるものである。原告は控訴していない。言い換えれば，被告が Lotus 1-2-3 の他の要素（たとえばスクリーン・ディスプレイなど）はコピーしていないとする原審の認定を，原告は争っていないものである。

II 検 討

控訴審において被告は，原告のメニュー・コマンド・ヒエラルキーの用語と配列をコピーしたことを事実としては争っていない。被告が主張しているのは，「Lotus 1-2-3 の保護されないメニューを合法的にコピーした」ということである。原告のメニュー・コマンド・ヒエラルキーは，著作権法 102 条(b)で保護が及ばぬとされているところのシステム，操作方法，プロセスないし手続にあたるから著作権保護がない，というのである。さらに被告はいくつかの抗弁を主張している。

……（略）……

B 最初のケース

コンピュータのメニュー・コマンド・ヒエラルキーが著作権保護の対象かどうかは，本連邦控訴裁判所において最初のケースである。他の控訴審においては傍論においてこれに簡単に触れたものもあるようだが（たとえば，Autoskill, Inc. v. National Educ. Support Sys., Inc., 994 F.2d 1476, 1495 n. 23 (10th Cir.), cert. denied, 126 L.Ed.2d 254 (1993)），この問題をそれ単独で（すなわち，スクリーン・ディスプレイなど，ユーザー・インターフェイスの他の要素なしで）取り上げた判例を当法廷は知らない。よって我々は海図なしに海に乗り出すことになる。

しかし被告は，最高裁が 100 年以上も前に Baker v. Selden (101 U.S. 99 (1979)) 判決を下した際に海図は描かれたと激しく主張している。Baker v. Selden において最高裁は，会計についての新しい方法を説明した Selden の教科書の著作権は，そうした会計システムを使用することについて

の独占権を与えるものではない，と判示した。被告は次のように主張する。

　　Baker v. Selden事件での事実関係とそこにおける両当事者の主張は，本件でのそれに似ている。唯一の違いは，Seldenのシステムにおける「ユーザー・インターフェイス」が，コンピュータではなく，ペンと紙とで実行可能であったということのみである。

　Baker v. Seldenと本件とがともに会計システムに関するものであることを示すために，被告はSeldenのペーパーのフォームがコンピュータ・スクリーンに「溶けて」いってLotus 1-2-3に変容するビデオまで法廷に提出した。

　しかし当法廷は，Baker v. Selden事件が被告の言うように本件と類似しているとは考えない。Lotus 1-2-3はコンピュータ表計算ソフトであり，その意味においては，左右垂直の格子は確かに会計帳簿やその他の表計算に似てはいる。しかしこうした格子は，本控訴において問題とされているものではない。というのも，Selden事件とは異なり，本件の原告はその会計システムについての独占権を主張しているのではないからである。むしろ本控訴においては，原告がコンピュータを操作する際のコマンドについての独占が問題となっているのである。よって本控訴は，被告の主張するようにBaker v. Selden事件に「そっくりなもの」というわけではないのである。

C　Altai判決

　原告のメニュー・コマンドのヒエラルキーがシステム，操作方法，プロセスないし手続なのかどうかを検討する前に，当法廷としては，第2控訴審がComputer Assoc. Int'l, Inc. v. Altai, Inc. (982 F.2d 693 (2d Cir. 1992))で述べているテストが本件において適用されるかどうかを検討することとする。第2控訴審はAltaiテストを，「文芸著作物」として著作権を有するコンピュータ・プログラムがいわゆる「非文字的な」コピー行為（デッドコピーではなく，パラフレーズないし緩いパラフレーズによるコピー行為）によっても侵害され得るという事実に対処するために設計したものである（Id. at 701 (citing non-literal cases))。……

　Altaiテストには，抽象化，濾過，比較の3つのステップがある。……

　本件においては，コンピュータ・コードの非文字的なコピーが問題とされているわけではない。むしろ，原告のメニュー・コマンド・ヒエラルキーを被告が故意に文字的にコピーしたことが問題とされているのである。従って我々が判断すべきは，非文字的なコピーが漠然とした意味で起こったかどうかではなく，原告のメニュー・コマンド・ヒエラルキーを文字通りにコピーすることが著作権侵害になるかどうかである。……

D　原告のメニュー・コマンド・ヒエラルキー：「操作方法」

　被告は，原告のメニュー・コマンドのヒエラルキーが，システム，操作方法，プロセスないし手続であるから，著作権法102条(b)によって著作権保護を受けない，と主張する。同条は，「いかなる場合においても，オリジナルな著作物に対する著作権の保護は，アイディア，手続，プロセス，システム，操作方法，コンセプト，法則，ないしは発見には及ばない。このことは，これらがいかなる形式で記述され，説明され，図解され，あるいは実体化されているかを問わない」と規定している。当法廷は，原告のメニュー・コマンド・ヒエラルキーが操作方法であると考えるので，これがシステム，プロセスないし手続にも該当するのかどうかについては検討を加えないこととする。

　当法廷は，102条(b)にいう「操作方法」とはそれによって人が何かを操作する方法を指すものと考えるもので，その何かとは，自動車であってもフード・プロセッサーであってもコンピュータで

あっても構わないわけである。従って，何物かをどうやって操作するかを描いたテキストには，それとして著作権保護は及ばないことになる。すなわち，他の人々は自由にそうした方法を採用でき，自分の言葉でこれを記述することができる。同様に，新たな操作方法が記述されたのではなく使われた場合でも，他の人々はそうした方法を自由に採用し記述することができるのである。

　当法廷は，原告のメニュー・コマンド・ヒエラルキーは著作権保護の及ばない「操作方法」であると判示するものである。原告のメニュー・コマンド・ヒエラルキーは，ユーザーが Lotus 1-2-3 をコントロールし操作する方法を提供するものである。たとえばユーザーが何かをコピーしたいと思えば，"Copy"コマンドを使うことになる。印刷したいと思えば"Print"コマンドを使うことになる。ユーザーはコンピュータに何かをさせるのにコマンド用語を使わなければならないのである。メニュー・コマンド・ヒエラルキーがなければユーザーは，Lotus 1-2-3の機能にアクセスしたりコントロールしたり，そもそも使用することすらできないのである。

　原告のメニュー・コマンド・ヒエラルキーは，単にユーザーに対して Lotus 1-2-3 の機能上の性能を説明し提示するだけではなく，プログラムがどう操作されコントロールされるかの方法としても機能しているのである。原告のメニュー・コマンド・ヒエラルキーはロング・プロンプトとも異なる。後者は必ずしもプログラム操作に必要とはいえないからである。ユーザーはロング・プロンプトなしでも Lotus 1-2-3 を操作できる。原告のメニュー・コマンド・ヒエラルキーはスクリーン・ディスプレイとも異なる。ユーザーはスクリーン・ディスプレイの表現的な部分を「使う」ことなく Lotus 1-2-3 を操作できるからである。スクリーンの見た目はユーザーがどうプログラムを使うかということにほとんど関連をもたないため，スクリーン・ディスプレイは Lotus 1-2-3 の「操作方法」の一部であるとは言えないのだ。メニュー・コマンド・ヒエラルキーはまた，根底にあるコンピュータ・コードとも異なる。コードはコンピュータが作動するのに必要ではあるが，その公式化物は必要とはいえないからである。言い換えれば，Lotus 1-2-3と同じ機能を提供するために，被告は原告のプログラムの根底にあるコードをコピーする必要はなかった（実際にもそうしてはいない）のである。しかし，ユーザーに実質的に同じようにプログラムを操作させるには，原告のメニュー・コマンド・ヒエラルキーをコピーする必要があったのである。よって Lotus 1-2-3 のコードは，著作権保護の及ばない「操作方法」ではないのである。

---

(1)〔原(9)〕　原告のロング・プロンプトについては本件で控訴されてはいないので，その著作権取得能力に関しては我々は何の意見も表明しない。ただし，ロング・プロンプトがそうした機能の根底にあるアイディアと「融合」するとの簡単な説明ができるとする強い議論があることを承知している（Morrissey v. Procter & Gamble Co., 379 F.2d 675, 678-79 (1st Cir. 1967)〔アイディアを表現する方法が限られている場合には，表現はアイディアに「融合」し，よって著作権保護を受けられない。融合が起こればコピー行為は許されることになる〕参照）。

(2)〔原(10)〕　スクリーン・ディスプレイについては当法廷への控訴にかかっていないので，これが著作権を取得し得るオリジナルな表現になるかどうかについて，我々は何の意見も表明しない。

(3)〔原(11)〕　Lotus 1-2-3のコードは当法廷への控訴にかかっていないので，それが著作権を取得し得るかどうかについて，何の意見も表明しない。ただし我々としては，オリジナルなコンピュータ・コードは一般論として著作権で保護されるものであると了解している（Altai, 982 F.2d at 702〔コンピュータ・プログラムの文字的要素，すなわち，ソース・コードとオブジェクト・コードが著作権保護の対象であることについては，これで解決がついたといえよう〕参照）。

原審は，原告のメニュー・コマンド・ヒエラルキーが，コマンド用語の特定の選択と配列の点においてコンピュータ・プログラム操作という「アイディア」の「表現」たりえている，と判示した。すなわちそこでは，コマンドがメニューとサブメニューとに階層的に配列されているのである（Borland II at 216）。原審の理由づけにおいては，原告がそのプログラムを操作するコマンド用語を特定のやり方で階層的に配列しても，それによって，競合他社が自分のプログラムを同じく階層的に配列できなくさせるわけではないが，彼らが原告の使ったそうした特定のコマンド用語やその配列を使うことは禁止されるのだ，としている。その結果，原審は，Lotus 1-2-3 の「操作方法」を抽象的なものに限定しているのである。

原告がコマンド用語を選択し配列するにあたっていくばくかの表現的な（expressive）判断をしているという原審の認定を前提とするとしても，それでも当法廷は，そうした表現が著作権保護に値するとは思えない。なぜなら，それは Lotus 1-2-3 の「操作方法」の一部に過ぎないからである。我々は，「操作方法」なるものが抽象的なものに限定されるとは思わない。それは，ユーザーが何かを操作するための手段である。ある特定の用語が何かを操作する上で本質的なものであるならば，それは「操作方法」の一部であり，そうしたものであるが故に著作権で保護されないのである。たとえそれがハイライトされたり，打ち込まなくてはならなかったり，あるいは口に出して言わなければならないものであろうとも，これは真実である。というのも，コンピュータ・プログラムは，疑いなく，やがては話言葉でコントロールされるようになろうからだ。

原告のエンジニアたちが Lotus 1-2-3 のメニュー・コマンド・ヒエラルキーを違うかたちで設計しえたはずであるという議論は，それが「操作方法」かどうかという問題にとって本質的ではない。言い換えれば，我々の当初の検討事項は，原告のメニュー・コマンド・ヒエラルキーが表現を含んでいるか否かということではないのである。むしろ我々の当初の検討事項は，原告のメニュー・コマンド・ヒエラルキーが「操作方法」であるか否か，である。ユーザーは原告のメニュー・コマンド・ヒエラルキーを使って Lotus 1-2-3 を操作し，こうしたヒエラルキーの全体が Lotus 1-2-3 の操作にとって本質的なものであると結論づけることで，当法廷としては，そうした操作方法が別途の設計をされ得たかどうかという点についての検討は行わない。コマンド用語名の選択やその配列法に見られる「表現的」な選択は，著作権保護の及ばないメニュー・コマンド・ヒエラルキーを著作物に変えるような魔法の力を持ってはいないのである。

「操作方法」とは単なる抽象に限定されるものではないとの当法廷の判断は，Baker v. Selden においても支持を得ている。最高裁は Baker 判決において次のように述べている（Baker v. Selden, 101 U.S. at 104-05）。

> 科学や法則や有益な技芸を教えることは，これを適用して使いこなすという最終目標をもっている。これらの応用や使用ということは，公衆が，それを教えてくれる書物から引き出すものである。……たとえ著作権がある書物ではあっても，その書物に書かれた技術の記載は，技術自体に関する独占的権利への根拠とはなりえない。一方の目的は説明にあり，他方の目的は使用にあるのである。前者は著作権で保護されようが，後者は，仮に保護されるものであるとすれば，特許によってしか保護されえない。

原告は，そのメニュー・コマンド・ヒエラルキーを書き込むことで，公衆がそれを習い使えるようにしたのである。従って，これはまさに，Baker v. Selden で確立され，連邦議会によって

条(b)として制定法化された，著作権保護の禁じられた領域に，すっぽり入っているのである。

　いろいろな点において，原告のメニュー・コマンド・ヒエラルキーは，たとえばビデオカセット録画機器（VCR）で使われるボタンに似ている。VCR はビデオテープを見たり録画したりできる機器である。ユーザーは VCR を操作するのに，典型的には，「録画，再生，逆回し，早送り，一時停止，停止/エジェクト」と名づけられた一連のボタンを押すのである。ボタンが配列され名前が付けられていることによって，「文芸著作物」になるわけではないし，一連のボタンを経由しての VCR の抽象的な「操作方法」の「表現」となるわけでもない。そうではなく，ボタン自体が VCR の「操作方法」なのである。

　Lotus 1-2-3 ユーザーが，スクリーン上でハイライトするか最初の文字を打ち込むことでコマンドを選ぶときに，それはボタンを押すことで達成されるのである。スクリーン上で"Print"コマンドをハイライトしたり，"P"の字を打ち込むことは，VCR で"Play"と名づけられたボタンを押すことと似ているのである。

　誰もボタンのない VCR を操作できないのと同様に，Lotus 1-2-3 をそのメニュー・コマンド・ヒエラルキーなしに操作することはできないのである。つまり，原告のメニュー・コマンド・ヒエラルキーは，VCR のボタンのラベルと等価ではないが，ボタン自体と等価なのである。VCR ボタンのラベルは，単にその機能を知らせることで VCR の操作を容易にしているにすぎないが，原告のメニュー・コマンド・ヒエラルキーは，これとは異なり，Lotus 1-2-3 を操作する上で本質的に必要なものである。メニュー・コマンドなしには，VCR のラベルのないボタンを押すような要領で Lotus 1-2-3 のボタンを「押す」ことができないのである。おそらく原告は，コマンド用語が単なるラベルにすぎないようなユーザー・インターフェイスを設計しようとすればできたのであろうが，実際にはそうはしなかった。Lotus 1-2-3 はその機能に関し，Lotus のメニュー・コマンド・ヒエラルキーを励起するコマンド用語が正確に使われるかどうかに依存しているのである。……

　原告のメニュー・コマンド・ヒエラルキーが「操作方法」であるということは，プログラムの互換性を考えるとき，より明瞭になってくる。原告の理屈においては，ユーザーがいくつかの異なるプログラムを使う場合には，各プログラムごとに同じ操作を別々の方法ですることを覚えねばならないということになる。たとえば，ユーザーがコンピュータに何かをプリントさせたいときに，コンピュータがプリントするような操作方法を1つ覚えれば済むというのでなく，いくつもの方法を覚えなければならないというわけである。当法廷は，これは馬鹿馬鹿しい議論だと思う。コンピュータ・プログラムを操作するのに多くの方法があるという事実，あるいは，一連の階層的に配列されたコマンド用語を使ってプログラムを操作するのに多くの方法があるという事実であってすらも，実際に選択された操作方法に著作権保護を及ぼすに至るものではない。それは依然としてコンピュータの操作方法なのであり，そうしたものとして著作権保護が及ぶものではないのである。

　さらに，ユーザーはマクロを書くことにおいて原告のメニュー・コマンド・ヒエラルキーを採用していることを考慮すべきである。原審の判示においては，Lotus 1-2-3 の操作時間を短縮するためにユーザーがマクロを書く場合に，別のプログラムで同じ操作をするための時間を節約するのに同じマクロを使えないことになる。ユーザーとしては，そうした別のプログラムのメニュー・コマンド・ヒエラルキーを使ってマクロを書き直さなければならないこととなる。マクロがユーザー自身の著作の成果であるにもかかわらず，こうした結論となるのだ。我々は，ユーザーをしてコン

ピュータに同じ操作を異なる方法で実行させるように強いるということは，「操作方法」には著作権が成立しないとする102条(b)における連邦議会の指示を無視したものであると考える。プログラムがユーザーにマクロをいろいろに書けると提示できることは，それが書かれたときに，マクロによってユーザーは自動的に操作ができるようになるということを変えるものではない。原告のメニュー・コマンド・ヒエラルキーはLotus 1-2-3のマクロの基礎として機能しているので，これは「操作方法」に該当するものである。

　当法廷が，「操作方法」の一部である表現は著作権を取得しえないと判示することは，最高裁がFeist判決で行った判示に反するものとは考えていない。すなわち最高裁は以下のとおり述べている（Feist, 499 U.S. at 349-50）。

　　著作権の第1の目的は，著作者の労力に報いることではなく，「科学および有益なる技芸の発展の促進」にある。つまり著作権は，著作者にオリジナルな表現について権利を保障するだけでなく，それによって伝達されたアイディアや情報を基盤として，他人がその上に新たなものを自由に築き上げていくことを促進しているのである。

　我々は，この最高裁の言う「著作権は著作者にオリジナルな表現について権利を保障する」ことの意味が，あらゆる表現に著作権が成立するということではないと考える。オリジナルな表現には著作権保護が必要であるが，それのみでは十分ではない。裁判所はさらに，オリジナルな表現が102条(b)において保護が及ばないとされる類型（たとえば「操作方法」のように）に該当するか否かを検討しなければならないのである。

　当法廷はまた，おおかたの局面において他人の表現の上に何かを「建設する (build)」必要性はないものと考えるものである。というのも，その表現が伝達するアイディアは，最初の表現をコピーすることなく別の人によっても伝達され得るものだからである。しかし操作方法という局面においては，「建設作業」は既に使われているのと全く同じ方法を採用せざるを得ない。さもなければ「建設作業」は解体作業をも行わざるを得なくなる。操作方法の最初の建設者のみがこれに建設を加える権利があるというわけではないのである。誰もができるのだ。よって被告は，原告が設計した操作方法の上に建設を行うことができ，その過程で原告のメニュー・コマンド・ヒエラルキーを使用することができるのである。

　操作方法は抽象物に限定されないとの当法廷の判示は，Autoskill判決（994 F.2d at 1495 n.43）とは矛盾する。同判決において第10控訴審は，コンピュータ・プログラムで使用されているキー選択の手続は102条(b)にいう保護の及ばない「手続」ないし「操作方法」であるとの被告の抗弁を排斥した。そこで問題とされたプログラムは，読解能力に欠陥のある生徒にテストをして訓練するように設計されたものであったが，それは，プログラムが質問すると生徒が「1, 2ないし3のキーを押して」(Id. at 1495 n.23)反応する，というものであった。第10控訴審は，「仮処分の目的においては……このキー選択手続には少なくとも最小限の創造性が認められる」として，Feist判決で著作権保護のために必要とされた「最小限の創造性」に言及している。そもそもの問題として，当法廷は，ユーザーに1, 2, 3のキーを押すことで反応させるというプログラマーの判断がオリジナルなものかどうかということに疑念を抱かざるを得ない。しかし，より重要なことは，「生徒に1, 2, 3のキーを押すことで反応させる」ことは，保護の及ばない操作方法以外の何物でもないとしか思えない，ということである。

III 結 論

 当法廷は、原告のメニュー・コマンド・ヒエラルキーが著作権保護の及ばないものであるから、これをコピーすることで被告は原告の著作権を侵害したものではない、と判示するものである。従って、我々としては被告の抗弁を検討する必要はない。原審判決はここに覆される。

ブーディン控訴審判事の同調意見

 本件の重要性に鑑み、また根底にある問題について私はやや異なるポイントに力点を置いていることから、多数意見の緊密に焦点のあてられた議論に、いま少しの言葉を連ねたいと思う。

I

 著作権法の法体系のほとんどと分析「ツール」とは、小説だの演劇だの映画だのといった文芸著作物を背景として発展してきた。この分野においては、主要な問題とは、(解決が難しければ簡単に言うと) 他人が著作者の採用したテーマやコンセプトに対してアクセスすることを不当に制限することなく創作的な表現を刺激すること、ということであった。スペクトラムの真中には判断の難しいケースもある。しかし、保護を与えすぎる「過ち」には大きな犠牲は伴わない。なぜなら、後続の著作者は、同じテーマを扱う上で、最初の表現からちょっと離れるようにすればいいだけだからだ。

 コンピュータ・プログラムにおける問題は、1つの点で基本的に異なるものがある。プログラムは何かを起こさせるための手段であるということだ。それは、仕事を達成する上で、機械的な実用性や役割をもつのである。言い換えれば、保護を与えるということは、他人が最も効率的な態様で仕事をこなすことに制約を及ぼすという意味での、特許保護と同じような効果を持ち得るということである。実用性は著作権の妨げとはならないが (辞書にも著作権の保護が及ぶ)、基準を変化させる。

 むろん、保護を及ぼすべきであるとの議論は止まないであろうし、むしろ実用性の故に大きくすらなるだろう。我々が知的な商品をより求めるようになれば、創作者に一時的な独占を与えることは、他の者が同じクラスにおける別の物を作り出すインセンティブを提供することになる。しかし、ある仕事の遂行に最も効率的な方法であるような有益な革新に対して誰もがアクセスできるということに高い価値を置くとすれば、こうした遍き保護という考え方の「コスト」面は別途に考えられることとなる。よって、保護を広範に及ぼすという議論は同じかもしれないが、反面におけるリスクはより高いものと言えよう。

 特許には新規性や非自明性といった前提要件があるのに著作権にはそれがないといったこと、あるいは特許の方が著作権より保護期間が短いというのは、偶然ではない。実用性の問題は時として Baker v. Selden (101 U.S. 99 (1879)) のような著作権の事件において姿を表すことがあり、著作権を制限したり限定的な複製権などの種々の考え方によって対処されてきた。しかし、著作権におけ

---

(4)〔原(14)〕 第9控訴審は傍論において、「メニューとキー・ストローク」は著作権で保護されることがあり得ると述べている (Brown Bag Software v. Symantec Corp., 960 F.2d 1465, 1477 (9th Cir.), cert. denied, BB Asset Management, Inc. v. Symantec Corp., 121 L.Ed.2d 141, 113 S.Ct. 198 (1992))。ただし同事件では、被告が原告のメニューやキー・ストロークをコピーしたとの立証はなされてはおらず、これらが保護の及ばない操作方法なのかどうかという問いには裁判所は直接に直面してはいなかった。

る実用性についての判例法や法理は，著作権の大道においては短い迂回路のような扱いを受けてきたのである。

　コンピュータのメニューを保護すべきだとする議論は，深刻なかたちで通常人にアクセスを締め出す懸念を生む。新しいメニューは創作的な作品かもしれないが，時を経るにつれその重要性は，ユーザーがメニューを覚えるために注ぐ投資とメニューに依拠するユーザーが作るミニプログラム（マクロ）の方に移行するのである。もっといいタイプライターのキーボード配置はあり得たのかもしれないが，お馴染みのQWERTYキーボードが市場を支配しているのは，それが誰もが使い方を覚えたものだからである（P. David, CLIO and Economics of QWERTY, 75 Am. Econ. Rev. 332 (1985) 参照）。QWERTYキーボードは文字のメニュー以外の何物でもない。

　かくて，コンピュータ・プログラムが，映画化された戯曲のように，新たな表現手段のひとつにすぎないと考えることは，全く誤りである。その形態（書かれたソース・コードやスクリーンで描かれるメニュー構造）は，著作権で見慣れたものに酷似している。しかし「実体」は，特許法における問題や，あるいは既に触れたように，著作権法が産業上の有益な表現に直面した稀なケースにおける問題と関係しているのである。コンピュータ・プログラムに著作権法を適用することは，ピースが完全にフィットしないジグソー・パズルを組み立てるに似た作業である。……

II

　本件では，生の事実としては，全部とは言わずともほとんどは争いがない。引き出される推論はより議論を呼ぶものかもしれないが，被告が原告のメニューに関心を持った唯一の点は，それに既に慣れているユーザーに対する頼みの綱としてのオプション，あるいは自身のマクロを1-2-3のコマンドで動かすためのオプションとしてのみであろうと思われる。少なくともアマチュアにとっては，被告のQuattroないしQuattro Proの中の原告のメニューにアクセスするということは，ちょっとした労力のいることなのである。

　別の言い方をすると，原告のメニューにそれ自体としての価値を認めているユーザー（つまり，原告のコマンドを覚えたりそれに準拠したマクロを書いたりといった投資とは別個の価値ということ）が原告のメニューへのアクセスを確保するために被告のプログラムを選ぶということは，ありそうにないことなのである。被告の成功は，主として他の特徴に基づくものである。原告のメニューを採用した理由において，真相の響きがあるのである。

　被告による原告のメニューのあらゆる使用は商業的な性質のものであり，侵害クレームが成立するとすれば，原告の利得を増やすという意味において，原告からその「報酬」の一部を奪っているものである。しかしこれは堂々巡りの理由づけである。広く言えば，著作権ないし特権的な使用に対する制約というものは，すべからく，オリジナルの創作者の報酬を減らすものである。だが，あらゆる書き物に著作権保護があるわけではないし，あらゆる使用が侵害になるわけでもない。報酬の提供ということは，著作権法の関心事のひとつではあっても，それだけではない。もしもそうであるならば，著作権は永久のものとなろうし，例外もないことになろう。

　本件は，メニューに対する著作権保護という意味では魅力的な事件とは言えない。メニュー・コマンド（"print"とか"quit"など）は標準的な手続であり，原告が発明したものではなく，独占を計ることができないような普通の言葉にすぎない。検討上残されたものは，原告が工夫したパターンによるコマンドの組合せであり，サブグルーピングである。原告によるこの配列は，他のものよ

りもより良いロジックと使い勝手であるのかもしれない。しかし，多くの選択において恣意性はあるのである。

仮に原告にこのパターンについての独占性が与えられるとした場合，Lotus 1-2-3 のコマンド構造を覚えたユーザーや自身のマクロを工夫したユーザーは，原告の商品にロックインされることになる。あたかも，QWERTY キーボードを覚えたタイピストが，そうしたキーボードの製作に独占権を持つ者の虜であるかのように。明らかに，Lotus 1-2-3 が市場においてそうした支配権を有している間においては，電子的表計算ソフトのコマンドにおける事実上の標準（de facto standard）を体現しているのである。Lotus が質においても価格においても優れた表計算ソフトである限りは，こうした優位性に何も問題はない。

しかし，より良い表計算ソフトが出現した場合，Lotus のメニューを覚えていたりマクロを工夫したりしたユーザーが，どうして原告に囚われ続けなければならないのか。そうした知覚は，原告による投資としてではなく，ユーザーにおける投資としてなされているのにもかかわらず，である。原告は，第1番目であることにおける実質的な報酬を既に刈り取っているのである。被告のプログラムがより良いものであると仮定した場合，これを解放して原告の古くからのユーザーを引き付ける合理的な理由があるというべきであろう。すなわち，古くからのユーザーに新しい改良点を利用させ，被告がそれによって報酬を得るということである。被告がより良い商品を作ることができなかったならば，ユーザーはいずれにせよ原告のもとにとどまったであろう。

従って私にとっては，問題は，被告が勝訴すべきか否かではなく，いかなる根拠においてか，ということである。色々な経路が考え得るが，主な選択としては，メニューには著作権保護が及ばないと判示するか，被告による使用は侵害の例外となるとするかのいずれかである。どの解決も完璧とは言えず，どの控訴審裁判所も究極的な選択をなし得ていない。

メニューを「操作方法」とすることは，そうした言葉の通常の使用として，擁護できる立場である。結局のところメニューの目的とは，文芸著作物や絵画著作物としての敬意を集めることにはない。それは，コンピュータを作動させるための，ユーザーからコンピュータへの移動途中の指示である。メニューはまた，辞書的な意味において「方法」である。なぜなら，これは，「何かをする上での計画された手順」であり，「順番ないしシステム」であり，「順序立った，ないし組織立った配列，順番等」だからである（Random House Webster's College Dictionary 853 (1991)）。

別のアプローチをした場合に，被告の使用は，これまで述べたような背景においては原告のメニューが作った改善点を利用しようとはしていないから，（侵害とならない）特権的な使用となる，という言い方も可能であろう。むしろ，より魅力的と言い得るメニューを提供したことで，被告は，かつての原告のユーザーが過去に習い覚えたりマクロを作ったりしたことの投資を利用できるという選択肢を与えているに過ぎない，ということができる。こうした特権的な使用というアプローチは，被告が原告のメニューを（異なるコードを使って）単純にコピーして，何物をも付け加えずに自社ブランドのもとに再販売した場合には，必ずしも自動的に被告を免責しない，という違いがあるということである。

これに最も似た伝統的な著作権法理としてはフェア・ユースがある（たとえば，Harper & Row Publishers, Inc. v. Nation Enters., 471 U.S. 539 (1985)）。被告が主張してはいるものの，本件では同法理はほとんど脇に押しのけられている。それは最高裁が，使用が「商業的」なものである場合には

同法理は適用がないと「推定される（presumptively）」としているからである（Id. at 562. ただし, Campbell v. Acuff-Rose Music, Inc., 114 S.Ct. 1164, 1174 (1994) 参照）。しかし私の見解によれば, これは断定的な回答とは言いがたいものである。「推定される」ということは「必ず」ということではないのであり, そうでない場合の余地を残している。

ただ, 特権的使用の法理はそれ自体において問題を含んでいる。たしかにそれは, 著作権保護の制限を, 保護が制約される理由の丈に応じてぴったりと誂えてくれるかもしれないが, コストと遅延に結びつく多くの管理上の問題を発生させる。また, 産業界における結果の予測可能性を減少させもするであろう。実際, 原告のメニューが業界において重要な標準である限りにおいて, いかなる使用も特権的なものであるべきだとも言い得るかもしれないのだ。

要約すれば, 多数意見の結果は私を説得し得ているし, その構成も, 裁判所の手の届く限りにおいて私に思いつくような他の構成より優れてはいないとしても, 良いとは思う。他の解決法（たとえば, メニューについて非常に短い著作権保護期間を設定するなど）は, 連邦議会にとってはオプションかもしれないが, 裁判所にとってのそれではない。いずれにしても, そうした選択は政策的なものとしては重要なものであるが, 論理的なものではなく, 根底にある考察事項を視野に入れてなされるべきものである。

エンジニアリング目的でのコンピュータ・プログラムのメニュー構造をめぐる同種の事件で, 第11控訴審は, 当該作品は102条(b)にいう「プロセス」として著作権保護が及ばず, そこにおいてはアイディアとそれを表す表現方法が限られているが故に「融合」が起こっており, また当該作品はオリジナリティに欠けている, と判示した（Mitec Holdings, Inc. v. ArcE Eng'g Co., 89 F.3d 1548 (11th Cir. 1996)）。

これとは対照的に, Mitel, Inc. v. Iqtel, Inc., (124 F.3d 1366 (10th Cir. 1997)) において第10控訴審は, コマンド・コードの保護について異なる見解を示している。

　　原告のコマンド・コードが保護を受けないとの認定の根拠として, 原審は102条(b)の文言を文字通りに適用して, これらは保護の及ばない操作ないし「特定の結果を達成するための方法」(Gates Rubber, 9 F.3d at 836, n.13) であると結論づけた。こうした結論は, 原告のコマンド・コードが, 長距離電話会社が架電者の機能にマッチさせる方法や電話会社の技術的な要請, 顧客の選択などから成り立っている, との認定に基づいたものである。

　　第1控訴審はLotus Development Corp. v. Borland Int'l, Inc. (49 F.3d 807 (1st Cir. 1995), aff'd by an evenly divided court, 116 S.Ct. 804 (1996)) において同様の結論に達している。……同控訴審によれば,「メニュー・コマンドのヒエラルキー」が著作権保護を受けないのは, ヒエラルキーとその構成要素が著作権法102条(b)にいう「操作方法」にあたるからだという(Id.)。Lotus事件の裁判所は, ある作品について102条(b)において保護が及ばないものであるかどうかの問題は, 当該作品の個々の要素が「表現的」であるかどうかの問題に論理的に先行するものであるとしている(Id.)。最も注目すべきは, 同判決においては, 操作方法の中に具現化された表現（その他の点においては著作権が成立すべきもの）であっても, それが操作方法の一部であるが故に102条(b)において著作権保護が否定される, としたことである。……

　　しかし当法廷としては, たとえある作品の要素が操作方法であろうとも, そうした要素は著

作権保護の対象たる表現となりうるものであると考える。著作権法102条(b)は，あるアイディアの特定の表現に保護が与えられるか否かを，単にそうしたアイディアが抽象度の高いレベルでの操作方法において具現化されているからといった理由で判断してはいないのである。むしろ，102条(a)項と(b)項との相互作用により，パブリック・ドメインのアイディアを確保して，著作権保護が「有益なる技芸を……促進させ」（合衆国憲法第1条8節8項）ているかどうか精査された場合のために作家の特定の表現を取り分けておくようになっているのである。

【質問】
1 著作権法では「コンピュータ・プログラム」を，「ある結果をもたらすためにコンピュータ中において直接ないし間接に使用される一連の文章ないし指示」と定義している。これによって「コンピュータ・プログラム」は，102条(b)で著作権保護から外された「操作方法」になるのではないか。
2 もしもユーザー・インターフェイスのコマンドが保護の及ばない「操作方法」であるとするならば，先行プログラマーは侵害訴訟の根拠として，後行プログラマーが自身のインターフェイスにユーザーをブリッジする方法としてコマンドを採用していること（Borlandが究極的に行ったように）を持ち出せなくなるばかりか，後行プログラマーが単純にそのインターフェイスを複製したことも持ち出せなくなることになる。これは正当か（Lotus Dev. Corp. v. Paperback Software, 740 F. Supp. 37 (D.Mass. 1990) と比較せよ）。
3 Lotus v. Borland事件の控訴審判事の全員が，Lotusコマンドが表計算ソフトの分野で「標準」となっているということ，そしてLotusに馴染んだ多くの人々が別の表計算ソフトの新たなコマンドを学ばねばならないとしたら非常に非効率的であろうとの事実に，明らかに影響されているようである（QWERTY型のタイプライター・キーボードへの言及を参照せよ）。こうした議論はどの程度に決定的であるのか，また，原審のキートン判事の到達した以下の結論と比べてどちらが説得力があるだろうか。

　　著作権法のひとつの目的は，革新を促すために表現を保護するというところにある。従って，あるアイディアの表現が革新的であればあるほど，そうした表現に対する保護はより重要になるということになる。1-2-3が非常に革新的だからその分野を占領しつくしてしまい，業界における事実上の標準（de facto standard）となったから，被告としてはこれをコピーしてもいいのだと論じることは，著作権を弾き飛ばしていることになる。もしも著作権の保護というものが，上っ面の枝葉末節のみを保護しつつ，非常に革新的な進歩物をパブリック・ドメインとして保護の埒外に置くのだとすれば，それは本末顛倒というものであろう。

American Dental Ass'n v. Delta Dental Plans Ass'n, 126 F.3d 977 (7th Cir. 1997)　　原告American Dental Association（ADA）は，歯科医療手続の分類表を創作し，公表している。その「歯科医療手続および組織的命名法についての規定」では，あらゆる歯科医療手続がグループ別に分類され，各手続に番号と短い説明と長文の説明とが割り振られている。たとえば04267という番号は「誘導組織再生法──歯ごと，場所ごとの非吸収性のバリア（皮膜剥離を含む）」に割り振られ，これは他の歯周外科的サービスのひとつとして分類されている。被告Delta Dentalは保険会社で，「ユニバーサル規定および組織的命名法」を公表しており，そこにはADA規定におけるほとんど

のナンバリング・システムと短い説明とが含まれている。

　地裁は，分類表はある知識分野の実用的なカタログにすぎないとして著作権が成立しないとしたが，控訴審はこの結論を覆した。イーストブルック控訴審判事によれば，かかる結論は「法律関係のトピックへの広範なインデックスとなるよう設計されているウェスト・キー・ナンバー・システムや，統一引用システム（通称「ブルーブック」）や，法律文献の分類表」の著作権を否定し，ETS（Educational Testing Services）の問題と解答について著作権を否定し，実用的であるところのほとんどのコンピュータ・プログラムの著作権を否定することになる，とされた。歯科医療手続の分類表は，著作権を取得するための最低限の創造性の基準を満たしているという。

　　事実は必ずしもそれ自身の組織原理を提供してくれるものではない。分類は創造的な営為である。……歯科医療手続は，複雑性，治療器具，治療対象たる歯の部位，使用麻酔，その他諸々の別途の方法で分類され得るものである。本分類表は，蝶の属性の科学的な描写が蝶の一部にはならないのと同様に，「事実と融合」してはいない。……ある人間の人生については，複数の，そしてそれぞれにオリジナルの評伝が存在し得るものであり，知識のある分野についても複数のオリジナルな分類法があり得るのである。基本的なスキームが考案された後であってもオリジナリティは表現を刻印するのである。

　控訴審は，長文の説明については明らかに著作権が成立しているとし，「短い説明と数字すらもオリジナルな著作物である」と認定した。証拠によれば，分類表を作成したADA委員会はこれを起草するに際して論争を行い，意見がかみあわず，「説明に割り振られる数字は5桁ではなく4桁ないし6桁であったかもしれず，誘導組織再生法は4200シリーズではなく2500シリーズであったかもしれなかった。こうした選択はいずれも分類表の著者にとってオリジナルなものであり，別の著者は別の方法でなし得たところのものである」という。被告は自分自身の歯科医療手続の分類を作成し得たはずのものであった。

　最後に，被告が指摘するBaker v. Selden判決と，原告が著作権の成立しえない「システム」を保護しようとしているとの主張について，裁判所は触れている。

　　原告に関する限り，本規定における用語が記入されるような（ブランク）フォームを，歯科医であれ保険会社であれその他誰であれ，考案し使用してもらっても構わないのである。原告はこうした使用を奨励している。用語の標準化はプロフェッショナル間の交流を促進する。……著作権法102条(b)においては，歯科医師が本規定の組織的命名法をカルテに使っても，原告はこれを著作権侵害として訴えることはできない。こうした制約のもとにおいては，いかなる治療法も独占されてはこなかったし，そうすることも不可能である。また同項は，医師が保険会社に請求書を送る際に原告の本規定を使って記入するようなフォームを被告が頒布することを禁じてはいない。しかし同項が禁ずるのは，被告が本規定そのものをコピーしたり，これに基づいた派生著作物を頒布したりすることであって，これらはBakerがSeldenの本をコピーしたことを上回るものである。

【質問】
1　BakerはSeldenの本をコピーすることを許されていなかったのだろうか。少なくともそこで説

B 「アイディアと表現との二分法」

　　明されていたシステムを実行する目的においては。Delta Dental のコピー行為はどう違っていたのか。
2　「分類表」ないし分類は情報の提示方法を伴う。よって「操作方法（method of operation）」なのか。「統一引用システム」は著作権の保護を受けられるのか。そうあるべきなのか。
3　Publications Int'l, Ltd. v. Meredith Corp.（88 F.3d 473（7th Cir. 1996））においては、ヨーグルト料理の料理ブックの中のレシピには著作権が成立しないと判示された。「レシピは、必要な構成要素たる食材のリストと、それを最終的な調理品に仕立てるためにこれらをどう組み合わせるかの指示とで成り立っている。創造的なおしゃべりが織り込まれることで機能的な指示にスパイスを利かせたようなレシピとは違って、本件レシピは、これらの機能的な構成要素のいずれについても何ら表現上の工夫を凝らしているわけではない」。構成要素のリストには創作性がないし（裁判所は著作権局規則37 CFR §202.1に着目している）、様々な料理を作成する手続は102条(b)にいう「プロセス」ないし「システム」であるとする。仮に、こうしたレシピにおいて描かれているのが、ある料理を調理する様々な方法の中の1つにすぎないとしたら、レシピはそれでも「プロセス」であると言えるだろうか。たとえばポット・ローストを例にとったとして、ヤンキー・ポット・ローストから"Daube de bœuf"まで色々なポット・ローストがあるとした場合、各レシピのステップはある特定のポット・ローストの調理には必要であっても、他にも無数のポット・ローストがあるのであるが、それでも各レシピは「プロセス」なのだろうか（家庭で料理ブックを開いてみて、そこのレシピに著作権が成立するかどうか検討してみること）。

＜Bibbero Systems, Inc. v. Colwell Systems, Inc.＞
(893 F.2d 1104 (9th Cir. 1990))

グッドウィン主任判事
　この事案は、ブランク・フォームは著作権を取得できないと規定する37 C.F.R. §202.1(c)(1982) の「ブランク・フォーム」ルールの適用範囲について判断することを我々に求めている。原告Bibbero Systems（以下「原告」という）は、Colwell Systems, Inc.（以下「被告」という）が原告の「医療記録フォーム」の著作権を侵害したと主張している。地方裁判所は、この勘定書のフォームが、情報を記録するために考案された、著作権を取得することのできないブランク・フォームであると判断し、被告に請求棄却の判決を与えた。両者からの上訴において、被告は、地方裁判所は弁護士報酬についての請求を否定する誤りをおかしたと主張した。当裁判所は、28 U.S.C. §1291に基づき管轄権を有し、ここに原審を認容するものである。
　原告は、医師が保険会社から償還を受けるために使う、「スーパービル」として知られるブランク・フォームを考案し、売り出した。スーパービルには、保険料請求についての患者に対する簡単な指示と、患者情報の記載欄、保険料請求権を医師に譲渡することと患者情報の開示を認めることについての簡単な文句、適用される診療報酬のほか、診断と施した処置を医師が書き込む2個の長いチェックリストが記載されている。チェックリストの全ての記載事項は、コード番号がそれぞれの記載事項に合致するように、アメリカ医療協会（American Medical Association: AMA）または政府刊行物による区分に従って分類されている。スーパービルは、個々の医師にもっとも関連性のある病気や処置を反映するべく、専門によって内容が異なるものに作られている。

フォームは個人ごとに作られるもので，医師の氏名や住所，患者の種別，診察が行われた病院または診療所などが記載される。医師は，サンプル・フォームに定められたチェックリストを用いることもできるし，もっとも適切な診断や処置を並べた独自のチェックリストを用いることもできる。原告は，医師たちに独自のチェックリストを作成することを勧め，ほとんどの医師は，そうすることを選択している。

原告は，カタログに大体25か30のスーパービルのサンプルを示している。原告は，顧客が自らデザインしたフォームと同様に，これらのサンプル・フォームのそれぞれについて著作権を主張する。原告は1984年から家族用のスーパービルを作って売り出している。スーパービルには，著作権表示が付されている。被告は，1987年秋のカタログで，少し異なるタイプフェイスと色調，異なる医師の氏名と住所をサンプルにしているのを除けば，原告のスーパービルとほとんど同じ内容のスーパービルを掲載した。原告は，被告のカタログを見て被告のスーパービルを発見した。そこで原告は，著作権局にスーパービルの著作権登録を申請し，1987年10月13日に著作権登録証が発行された。著作権登録証に基づいて原告は，被告がスーパービルの著作権の侵害をやめるよう求めた。被告は原告の請求を拒否し，地方裁判所に提訴した。原告は，被告が著作権を侵害するスーパービルを含む1987年秋のカタログまたは将来のカタログの頒布をすること及び原告の著作権を侵害するスーパービルの販売をやめさせるよう暫定的差止命令を求めた。

原告の社長マイケル・バクリーの証言の後，被告は，とりわけ「ブランク・フォーム」であるから原告のスーパービルは著作権を取得できないものであるとして，主張自体失当を理由とする請求棄却の判決を求めた。

地方裁判所は被告の言い分を認め，原告の暫定的差止命令の請求を棄却し，原告の主張を退けた。地方裁判所は，原告のスーパービルは，Baker v. Selden（101 U.S. 99, 25 L. Ed. 841 (1879)）に基づいて，現在では37 C.F.R. §202.1(c) (1982)に規定されているところの，著作権を取得できないブランク・フォームである，と判示した。

1　原告のブランク・フォーム「スーパービル」は著作権を取得できるか

原告は，スーパービルは著作権を取得できないブランク・フォームではなく，情報を伝達するフォームであるから，地方裁判所が被告の言い分を認めたのは誤りである，と主張した。原告は特に，スーパービルは，公正で正確な計算を確実にするための医療処置と診断の簡明な記述や，権利の譲渡と情報の開示のための定め，書面を完成させるための指図を含むものである，と主張した。

原告は著作権局からスーパービルの登録証を得た。訴訟手続において，著作権登録証は著作権取得の一応の証拠になり，著作権が有効でないことを証明する立証責任は被告に転換される（17 U.S.C. §410(c)）。

情報を伝達しないブランク・フォームが著作権を取得できないということは，確立されている（John H. Harland Co. v. Clarke Checks, Inc., 711 F.2d 966, 971 (11th Cir. 1983)）。ブランク・フォーム・ルールは，Baker v. Selden（101 U.S. 99）で最初に明瞭に論じられ，著作権局規則 37 C.F.R. §202.1(c) (1982)で規則化された。

　　以下は，著作権の対象とならない創作物の例である。
　　……（略）……
　　(c)　タイム・カード，グラフ用紙，会計帳簿，日記帳，銀行のチェック，スコアカード，住所録，レポート用紙，注文書等のブランク・フォームで，情報を記録すべく作られ，かつそれ自体では情報を伝達するようには作られていないもの

ブランク・フォームは一般的には著作権を取得できないが，本文がブランク・フォームで構成されている場合の，確立した例外がある。ある創作物がブランク・フォームと一体の本文からなっている場合，著作権を取得できる文字による素材を伴っているために，そのフォームは説明的な効果

をもつ (Edwin K. Williams & Co. v. Edwin K. Williams & Co.-East, 542 F.2d 1053, 1061 (9th Cir. 1976)〔説明書とブランク・フォームとの組合せが一体のものとなっているものについて著作権を取得できると判示〕, cert. denied, 433 U.S. 908, 97 S. Ct. 2973, 53 L. Ed. 2d 1092 (1977); Continental Casualty Co. v. Beardsley, 253 F.2d 702, 704 (2d Cir.)〔説明文と分離できないフォームは著作権を取得しうる〕, cert. denied, 358 U.S. 816, 79 S.Ct. 25, 3 L.Ed.2d 58 (1958); Januz Marketing Communications, Inc. v. Doubleday & Co., 569 F. Supp. 76, 79 (S.D.N.Y. 1982)〔同旨〕参照)。

当裁判所は，ブランク・フォーム・ルールの適用があると判断した事案について首尾一貫した理由で譲歩しなかった地方裁判所を支持する。スーパービルが著作権を取得できるという主張を支えるものとして，原告は，Norton Printing Co. v. Augustana Hospital (155 U.S.P.Q. 133 (N.D.Ill. 1967)) に準拠している。この中で裁判所は，ラボラトリー・テストのチェックリストを含む医療用ラボラトリー・テスト・フォームは著作権取得可能だと判断した。裁判所は，「種々の記載欄と用語とが用いられた書式やアレンジは，……なされるべき実験の種類と重要と目される情報とを伝達するのに役立っている」とした。原告はまた，Harcourt Brace & World, Inc. v. Graphic Controls Corp. (329 F. Supp. 517 (S.D.N.Y. 1971)) にも依拠している。ここでは，テストのアンサー・シートは，「生徒に解答を記入するよう指示するためにデザインされた」ものであって，それ故に情報を伝達するものだから，著作権を取得できる，と判示された (Id. at 524)。原告は，スーパービルも情報を伝達するとして，同様の主張をしている。

Norton 判決を本件と区別することはできない。しかしながら，当裁判所は，Norton 判決に異議を唱える被告の主張を支持する。Norton 判決は，ブランク・フォーム・ルールは「強く非難されてきたし，確たる根拠なく主張されるに至ったものである」として，ブランク・フォーム・ルールに反感を示している (155 U.S.P.Q. at 134)。Harcourt Brace 判決は，議論の余地はあるが，本件とは事案を異にするものである。というのは，この事案で問題となったアンサー・シートは，生徒たちに解答と説明を記入するよう指示する独特の記号と，解答される選択肢とが，そこに含まれていたからである (Id. at 524)。しかしながら，Harcourt Brace 判決が Baker 判決で築かれた法理に抵触するものである限りにおいては，当裁判所は，これに従うことを拒否する。

著作権局は，近時，Baker v. Selden を改めて確認し，ブランク・フォームの規則を改正しないことに決め，規則の適切な解釈として，John H. Harland Co. v. Clarke Checks (207 U.S.P.Q. 664 (N.D. Ga. 1980))〔Harcourt Brace 判決に従うことを拒否した〕を引用した (Notice of Termination of Inquiry Regarding Blank Forms, 45 Fed. Reg. 63297-63300 (September 24, 1980)を見よ)。ブランク・フォームの供給業者たちがブランク・フォーム・ルールの改正に賛同して広範囲にわたる意見を寄せたにもかかわらず，著作権局は，「規則37 C.F.R. §202.1(c) の有効性を否定するだけの説得力のある議論はなかった」としている (Id. at 63299)。

当裁判所は，第11巡回連邦控訴審が Clarke Checks 判決で行った，ブランク・フォーム・ルールの「ブライト・ライン (bright-line)」アプローチに賛成する。Norton 判決は，医療用ラボラトリー・テスト・フォームは，いくつかの一定の情報を含んでいて，他の情報はないから，どの情報が重要なのかを示しているのだとして，このフォームは「情報を伝達する」と判示したが，これでは際限のないものになってしまう。あらゆるフォームは一定の情報だけしか載せておらず，それは取捨選択によってそうなっているのであって，載せられた情報は重要だという情報を伝達している。

このことは，著作権局が 37 C.F.R. §202.1(c) の「情報伝達」という記述によって意図した概念ではありえない。原告のスーパービルの目的は，情報を記録することである。スーパービルが記入されるまでは，患者や診断，処置について何らの情報も伝達するものではない。医師は，診断や患者の処置を原告のスーパービルに求めるわけではない。スーパービルは，なされた医療行為を記録する便利な方法を医師に提供する，単なるブランク・フォームにすぎない。多くの事項がフォーム上に印刷されているという事実（なされ得る多くの診断と処置があるから）は，フォームをブランクがより少ないものにするわけではない。

当裁判所はまた，ブランク・フォーム・ルールに対する「フォームと一体の本文（text with forms）」の例外も適用することはできないと判断する。確かに，原告が指摘しているように，スーパービルは，「このフォームの上段を埋めて下さい」といった，このフォームを使って保険料がどのように請求されるかについての，患者に対する簡単な指示文章をその中に含んでいる。これらの指示は，他の「フォームと一体の本文」事案における指示とは違って，それ自体で著作権を取得するにはあまりにも単純すぎるものである（Williams, 542 F.2d at 1060-1061〔数ページにわたってフォームの使用についての説明とサービス・ステーションの経営の成功の秘訣とが書かれた会計帳簿は，情報を伝達しており，従って，著作権の対象となる〕を見よ）。よって，当裁判所は，原告のスーパービルは著作権を取得できないと判示した地方裁判所の判決を認容する。……(1)

───────(2)

ABR Benefits Services Inc. v. NCO Groups (52 U.S.P.Q.2d 1119 (E.D. Pa. 1999))，における裁判所は，第3控訴審の「ブランク・フォームであっても，そこにおける情報の配列がそれ自体情報伝達的（informative）であるほどに革新的であれば著作権を取得し得る」との見解に注意を払っている。同裁判所は，第3控訴審下においては Baker v. Selden 判決でなされたブランク・フォーム・ルールが狭く解されていて，情報が「伝達される（convey）」ように組織づけられているブランク・フォームには著作権を認めることになっている，と結論づけた。よって，原告考案にかかる（また著作権局に登録済みの），Consolidated Omnibus Budget Reconciliation Act（COBRA）に適合すべく健康保険会社が使用できるように作られた，数ページにわたる多目的の通知フォームの著作物性に関して，被告が求めた主張自体失当の判決を求める申立ては，事実関係について真正な紛争があることを理由に却下された。裁判所はその認定のひとつとして，原告のフォームが他の COBRA フ

---

(1)〔原(2)〕 指示文章の全部は以下のとおり。①このフォームの上部に記入して下さい。②署名し日付を入れて下さい。③このフォームをあなたの保険会社に直接に郵送して下さい。保険会社のフォームも同封して構いませんが，必ずしもそうする必要はありません。

(2)〔原(3)〕 Bibbero はまた，スーパービルが編集物として著作権取得ができるものだと主張している。スパービルがブランク・フォーム・ルールの範疇の外にあるとの当裁判所の判示は，これが編集物としても著作権を取得できないことを意味する。「編集物」とは，既存の素材ないしデータの集合と集積からなるもので，全体としての作品がオリジナルな著作物となるような態様でその選択，統御ないし配列がなされているものをいい，完全に著作権の成立していない要素のみからなる編集物もあり得るのである（101条；Harper House, Inc. v. Thomas Nelson, Inc., 889 F.2d 197, 294 (9th Cir. 1989)）。たとえば，ありふれた物品やブランク・フォームの集合体は，それぞれに著作権が成立しないとしても，全体が編集物としての著作権を取得するような態様で選定，配置ないし配列されているかもしれない（Harper House, 204-07）。しかし本件では，スーパービルはひとつの非著作物たるブランク・フォームから成るものであり，よって編集物として著作権が成立し得ない。

ォームよりも優れているからという理由で被告がそれをコピーしたことを指摘している（しかし，それは Bibbero 事件においても全く同様ではなかったか）。

【質問】
1　裁判所が，いわゆるブランク・フォーム・ルールと呼ばれる著作権局規則202.1(c)の解釈を求められているとして，判示を始めていることに注意せよ。裁判所はそうした解釈を求められているだろうか。むしろ，著作権法§102(a)の解釈，または Baker v. Selden とその制定法上の対応物である§102(b)について述べなければならないのではないだろうか。著作権局の規則は，単に，制定法を解釈するために著作権局長官が最善の努力を払ったものというにすぎないこと，それらが法律（§702を見よ）と矛盾しないかどうかは連邦裁判所によって最終的に判断されるべきものであることを思い起こせ（裁判所が，著作権局によって形作られたブランク・フォーム・ルールに適合しようとしていながら，著作権局が Bibbero の登録を認めたという事実に重きをおかないのは，奇妙でないか？！）。
2　ブランク・フォーム・ルールは，§102(a)の，また Baker v. Selden の解釈として，本当に適切なのだろうか（Januz Mktg. Commun., Inc. v. Doubleday & Co., 569 F. Supp. 76 (S.D.N.Y. 1982)を見よ）。著作権を得るために，フォーム上の言葉や図表が，情報記録的であるよりは情報伝達的にデザインされなければならないのは，何故か。たとえフォームが説明的であるというよりはむしろ「ブランク」であるとみなされる場合であっても，Bibbero の事案において裁判所は原告の「編集物」の主張を適切に取り扱ったであろうか。

C　事実と編集物

§101　定　　義
　「編集物」とは，既存の素材やデータを集積し，ないしまとめて構成された著作物で，その選択，統御，配列が全体として著作者のオリジナリティを発揮しているものをいう。「編集物」には集合著作物を含む。

§103　著作権の対象：編集物および派生著作物
(a)　102条に規定される著作権の対象の中には，編集物および派生著作物が含まれる。ただし，著作権が存在する既存の素材を使用した著作物についての保護は，その著作物においてかかる素材が違法に使用されている部分には及ばないものとする。
(b)　編集物および派生著作物における著作権は，その著作物に使用された既存の素材から区別されるところの，かかる著作物の著作者が寄与した素材にのみ及ぶものとし，既存の素材における独占権を意味するものではない。かかる著作物における著作権は，既存素材における著作権の保護から独立であり，これの保護期間，保護範囲，所有関係，存続に影響を与えない。

〈下院報告書〉
(H.R. Rep. No. 94-1476, 94th Cong., 2d Sess. 57-58 (1976))

101条に定義がなされている「編集物」と「派生著作物」の両者によって，いかなるものであれ既存のデータや素材を使用した著作権取得能力ある著作物はカバーされることになる。この両者には必然的に若干の重複がでてくるが，これらは基本的には別の概念を表象しているのである。「編集物」とは，あらゆる種類の既存素材の選択，統合，組織立て，配列の過程で生じてくるもので，その素材の中の個々の要素がかつて著作権の対象であったか否かは関係がない。これに対して「派生著作物」は，「1つまたは複数の既存著作物」を改作し，変更し，あるいは翻案する，という過程があることが必要とされる。ここに「既存著作物」とは，必ずしもかつて著作権が取得されていたり，あるいは現に著作権が存続していることは要求されないが，102条に定める著作権の一般的対象の範疇に該当していなければならない。

　……（103条(b)にも規定された）ここで最も重要な点は，今日よく誤解されている点である。すなわち，「新版」における著作権は後の著作者によって付け加えられた部分のみに及ぶのであり，既存素材の著作権やパブリック・ドメインとしての地位には何の影響も及ぼさない，ということである。……102条で規定されている著作権の対象としての要件は，全くオリジナルなものから成り立つ著作物と既存素材から成り立つ著作物との双方に例外なく当てはまるということである。

〈Feist Publications, Inc. v. Rural Telephone Service〉
(499 U.S. 340, 111 S. Ct. 1282, 113 L. Ed. 2d 358 (1991))

オコーナー判事が法廷意見を代表する。

　本事案では，ホワイトページ（white page）電話帳に著作権の保護が及ぶかどうかを明らかにすることが求められた。

I

　原告の Rural Telephone Service Company は，カンザス州北西部地域に電話サービスを供給する，認可を受けた公共事業体である。カンザス州で運営をするすべての電話会社は毎年最新の電話帳を発行しなければならないという州規則に服する。そこで原告は，与えられた独占権の下，ホワイトページ（white pages）とイエローページ（yellow pages）からなる，典型的な電話帳を発行している。ホワイトページは，原告の加入者の名前がアルファベット順に，町名と電話番号と共に並べてある。イエローページは，原告に加入している事業所を業種ごとにアルファベット順に並べ，区分けされた多様な大きさの広告を載せている。原告は，加入者に無料で電話帳を配布しているが，イエローページの広告によって収入を得ている。

　被告の Feist Publications, Inc. は，広域電話帳を専門にする出版社である。特定の地域だけをカバーしている典型的な電話帳とは異なり，被告の電話帳は地理的にずっと広い範囲をカバーし，電話番号案内を呼び出したり，多くの電話帳の助けを借りたりする必要性を少なくしている。この訴訟で問題とされている被告の電話帳は，15の郡の11の異なる電話サービス地域をカバーし，（原告の電話帳がおよそ7,700のリストであるのと比較し）46,878のホワイトページのリストを含んでいる。原告電話帳と同じように，被告の電話帳は無料で配布され，ホワイトページとイエローページの両方がある。被告と原告は，イエローページの広告で精力的に競争をしている。

　原告は，そのサービス地域で唯一の電話サービス供給者であるため，加入者の情報を極めて容易に入手できる。電話サービスを受けたい人は，原告に申し込んで名前と住所を知らせなければなら

ず，その上で原告は電話番号を割り当てる。被告は，電話会社ではなく，もちろん独占状態にあるそれでもないから，電話加入者のどんな情報にも独自にアクセスすることができない。広域電話帳用のホワイトページのリストを得るために被告は，カンザス州北西部で営業している11の電話会社の各々に掛け合い，ホワイトページのリストを使用する権利と引替えに対価を支払うことを申し出た。

　11の電話会社のうち原告だけが，被告にリストを使わせることを拒否した。原告の拒否は，被告に問題をもたらした。というのは，原告のリストを抜かすことは，広域電話帳に空白を残し，イエローページの潜在的広告主に対する魅力を減じてしまうからだ。原審である連邦地方裁判所は，これこそがまさに原告がリストの使用を拒否した理由であると判示した。すなわち，この拒否は，「電話サービスの独占をイエローページの広告の独占にまで拡げようとする」違法な目的に動機づけられていた，と (Rural Telephone Service Co. v. Feist Publications, Inc., 737 F. Supp. 610, 622 (Kan. 1990))。

　原告のホワイトページのリストを使用する権利を得ることができなかった被告は，原告の同意なくそれらを使用した。被告は，まず，地理的に広域電話帳の範囲外である数千のリストを取り除き，次に，残った4,935件のリストを調査するために職員を雇った。職員は，原告によるデータが真実であることを確認し，更なる情報を得ようと努めた。その結果，典型的な被告のリストは，個人の住所を通りの名前まで示すものとなった。原告のリストのほとんどは，通りの名前までは示していない。しかしながら，これらの追加的情報にもかかわらず，被告の1983年版電話帳の46,878件の掲載者のうち1,309件は，原告の1982-1983年版ホワイトページ中の掲載者と全く同じだった (App. 54 (para. 15-16), 57)。これらのうち4個は，原告がコピーを見つけるために電話帳の中に挿入しておいた架空の掲載者だった。

　原告は，被告が自社の電話帳を編集するのに，原告のホワイトページに含まれた情報を使用することはできない，との立場をとり，著作権侵害だとしてカンザス連邦地方裁判所に訴えを提起した。原告は，被告の職員は，戸別訪問か電話調査で同じ情報を自ら調査しなければならない（のにそれを怠った），と主張した。これに対して被告は，本件でコピーされた情報は著作権による保護の範囲外にあるから，そのような調査は経済的にみて現実的でなく，いずれにしても必要でない，と主張した。連邦地方裁判所は，「裁判所は，電話帳が著作権を取得しうることを一貫して認めている」と述べ，下級審の一連の判例を引用して，被告の抗弁を失当とし，事実審に入るまでもなく原告の請求を認容した (663 F. Supp. 214, 218 (1987))。公刊されていない意見の中で第10巡回控訴裁判所は，「連邦地方裁判所による理由づけに本質的に則って」確認した (App. to Pet. for Cert. 4a, judgt. order reported at 916 F. 2d 718 (1990))。当裁判所は，原告の電話帳の著作権が，被告にコピーされた氏名や町名，電話番号について保護を与えるものかどうかを判断するために，裁量上訴受理令状 (498 U.S. __ (1990)) を発した。

II

A

　本件は，2つの確立した命題の関わり合いに関係するものである。ひとつは，事実は著作権を取得しえないという命題であり，もうひとつは，事実の編集物は一般に著作権を取得できるという命題である。これらの命題には，それぞれ非の打ちどころのない由来がある。事実について著作権が

成立しえないということは，あまねく理解されている。著作権法のもっとも基本的な原則として，「アイディアや事実の叙述について著作権を取得することはできない」のである（Harper & Row, Publishers, Inc. v. Nation Enterprises, 471 U.S. 539, 556 (1985)）。原告は，賢明にもこの点を認め，その準備書面の中で，「事実や発見は，当然のことながら，それ自体では著作権による保護の対象とはならない」とだけ述べている（Brief for Respondent 24）。しかしながら，同時に，事実の編集物が著作権の対象であることは，議論の余地なく明らかなことである。編集物は，1909年著作権法においても，さらに1976年著作権法においても，明示的に規定されている。

これら2つの命題の間には，否定できない緊張関係が存在する。編集物の多くは，例えば，オリジナルの表現が伴わない全くの事実情報のように，加工されていない生のデータのみで構成されている。何を基礎にして，そのようなものに著作権を主張しうるのだろうか。常識で考えれば，著作権を取得しえない事実が100か所にまとめられた途端，魔法のように著作権を取得しうる状態に変化する，ということはあり得ない。ところが著作権法は，事実のみからなる編集物も，可能性として著作権の範囲内におくこととしているように読める。

この緊張関係を解く鍵は，事実が著作権を取得できない理由の解釈にある。著作権の必要条件（sine qua non）はオリジナリティ（創作性）である。著作権保護に適するためには，著作物が著作者にとってオリジナルでなければならない（Harper & Row, supra, at 547-549を参照せよ）。著作権法で使われている用語としての「オリジナル」とは，（他人の作品のコピーではないという意味で）著作者によって独自に創造され，かつ，少なくとも最低限の創造性（creativity）を有することを意味する（1 M. Nimmer & D. Nimmer, Copyright §§ 2.01 [A], [B] (1990)〔以下"Nimmer"という〕）。確かに，必要な創造性のレベルは極めて低く，ほんのわずかでも十分である。著作物の大部分は，いとも簡単に作ることのできる程度のものであり，創造性のひらめきとしては「どんなに粗末な，わずかな，または見え透いた」ものであっても構わない（Id., §1.08 [C][1]）。オリジナリティは，新規であることを意味するのではなく，仮に他の著作物に非常によく似ていたとしても，それがコピーではなく，偶然に同じようなものができたのである限り，オリジナルと言いうる。例を挙げて説明すると，2人の詩人が，お互いに知らずに，全く同じ詩を作った場合がそれである。どちらの作品も新規ではないが，オリジナルではあるから，著作権を取得することができる（Sheldon v. Metro-Goldwyn Pictures Corp., 81 F.2d 49, 54 (CA2 1936)を参照せよ）。

オリジナリティは合衆国憲法上の要件である。著作権法を制定する連邦議会の権限の根拠は合衆国憲法第1条8節8項で，それは連邦議会に，「著作物に関して，著作者に対し，限られた期間における，……独占的な権利を与え」る権限を与えている。19世紀後半における2件の判決，すなわち，The Trade-Mark Cases (100 U.S. 82 (1879)) と Burrow-Giles Lithographic Co. v. Sarony (111 U.S. 53 (1884)) において，当裁判所は，重要な用語である「著作者（authors）」と「著作物（writings）」について定義をした。そうすることで裁判所は，これらの用語がある程度の水準のオリジナリティを必要条件とすることを明らかにしたのである。……主導的な学者たちもこの点に賛成した。2人の学者が，以下のように，簡潔に指摘している。「オリジナリティの要件は，すべての著作物において合衆国憲法によって要求されているところのものである」(Patterson & Joyce, Monopolizing the Law: The Scope of Copyright Protection for Law Reports and Statutory Compilation, 36 UCLA L. Rev. 719, 763, n. 155 (1989)〔下線による強調は原典のまま〕〔以下"Patterson & Joyce"という〕。

同旨, id., at 759-760, n. 140; Nimmer §1.06 [A]〔「オリジナリティは憲法上の要件であると同時に，法律上の要件である」〕; id.,§1.08 [C] [1]〔「知的労働は，わずかな量でも……必須の憲法上の要件を構成する」〕)。

　これは，事実と事実の編集物とに，一見すると異質の取扱いをすることを求める，著作権の基本原理である。「事実についてオリジナリティを主張することはできない」(Id., §2.11 [A], p.2-157)。これは，事実が，その出所である行為によってオリジナリティが認められるという性質のものではないからである。この区別は，創造と発見の違いである。特定の事実を最初に発見し報告した人は，その事実を創作したわけではない。その人は単にその存在を発見したにすぎない。Burrow-Giles事件から借用すれば，事実を発見した人はその事実の「作成者 (maker)」あるいは「創始者 (originator)」ではないのである (111 U.S., at 58)。「発見者は単に見つけ出し記録するだけだ」とも言われる (Nimmer §2.03 [E])。例えば，国勢調査の集計者は，彼らの努力によって明らかになった住民の姿を「創造 (create)」したわけではない。ある意味では，彼らは彼らをとりまく世界からこれらを写し取ってきたのである (Denicola, Copyright in Collections of Facts: A Theory for the Protection of Nonfiction Literary Works, 81 Colum. L. Rev. 516, 525 (1981)〔以下"Denicola"という〕)。それ故，国勢調査のデータは，合衆国憲法上の意味における「オリジナル」ではなく，著作権は生じない (Nimmer §2.03 [E])。同じことが，科学的，歴史的，伝記的な事実やニュースなどすべての事実についてあてはまる。「事実は著作権を取得しえず，誰でも知りうるパブリック・ドメインである」(Miller, supra, at 1369)。

　他方，事実の編集物は，要件とされるオリジナリティを持っていることがある。編集物の作成者は，たいてい，どの事実をどのような順序で並べ，集めたデータをどう配列するかを選択し，読者が効率よく使えるように工夫するものである。選択や配列については，それが編集者によって独自に行われ，最小限度の創造性がある限り，連邦議会がそのような編集物を著作権法によって保護するのに十分なだけのオリジナリティがあるものといえる (Nimmer §§2.11 [D], 3.03; Denicola 523, n. 38)。従って，絶対に保護され得ない表現である事実のみを内容とする名簿でさえ，それが選択ないし配列においてオリジナリティのあるものであれば，著作権保護のための合衆国憲法上の最低限の要件に合致するのである (Harper & Row, 471 U.S., at 547を参照。同旨, Nimmer §3.03)。

　事実の編集物の保護には，重要な限定がある。編集物が著作権を取得したということは，その編集物のあらゆる要素が保護されることを意味するのではない。オリジナリティはなお著作権の必須条件であり，よって，著作権の保護は，著作者においてオリジナルな組合せの範囲にのみ及ぶのだ (Patterson & Joyce 800-802; Ginsburg, Creation and Commercial Value: Copyright Protection of Works of Information, 90 Colum. L. Rev. 1865, 1868, and n. 12 (1990)〔以下"Ginsburg"という〕)。従って，編集物の作者が，オリジナルな配列の言葉で事実を表現した場合には，その作者はこの記述された表現について著作権を主張することができる。他の人は，その出版物から基礎となっている事実をコピーすることはできるが，それらを示すのに用いられた言葉をそのままコピーすることはできない。例えば，Harper & Raw事件で当裁判所は，他人がフォード大統領の自伝から裸の歴史的事実をコピーすることを彼は止めさせることができないと判示したが (471 U.S., at 556-557を参照せよ)，彼は，他人が彼の「著名人についての主観的な記述や描写」をコピーすることを止めさせることはできるとした (Id., at 563)。編集物の作者が，記述による表現を加えることなく，むしろ事実その

ものに語らせようとする場合には，もっと分りにくい。表現として考えられるのは，編集者が事実を選択し配列したという方法だけである。そこで，もしその選択ないし配列がオリジナルであれば，当該編集物のそれらの要素は著作権によって保護され得ることになる（Patry, Copyright in Compilations of Facts (or Why the "White Pages" Are Not Copyrightable), 12 Com. & Law 37, 64 (Dec. 1990)〔以下"Patry"という〕を参照せよ）。しかし，構成がどんなにオリジナルだとしても，事実それ自体は組み合わせられることによってオリジナルなものにはならない（Patterson & Joyce 776を参照せよ）。

このことは必然的に，事実の編集物の著作権を弱いものとする。ある人の出版物がまず刊行されていたとして，それには著作権が有効に成立しているとしても，後行の編集者は，そこに含まれた事実を，それに競合する作品の作成の助けとするために，その競合する作品が先行の出版物と同じ選択や配列でない限り，自由に使うことができるのである。ある学者はこう説明している。「どんなにオリジナルな著述が作品になされていたとしても，そこで明らかにされている事実やアイディアは自由に取り上げられうるものである。……全く同一の事実やアイディアが，著作者が与えた意味を離れ，たとえ元の著作者がその事実を発見し又はアイディアを提案した最初の人であったとしても，2番目の人に言い直されたり入れ替えられたりすることがありうるのだ」（Ginsburg 1868）。

編集者の労力の成果の多くが，報われることなく他人に使われ得るということは，不公正にみえるかもしれない。しかしブレナン判事は，これは「法制度の予期しない副産物」ではない，と正しく述べている（Harper & Row, 471 U.S., at 589 (dissenting opinion)）。むしろそれは「著作権の真髄」であり（ibid.），合衆国憲法の要求するところである。著作権の第1の目的は，著作者の労力に報いることではなく，「科学および有益なる技芸の発展の促進」にある（Art. I, §8, cl.8. 同旨，Twentieth Century Music Corp. v. Aiken, 422 U.S. 151, 156 (1975)）。つまり著作権は，著作者にオリジナルな表現について権利を保障するだけでなく，それによって伝達されたアイディアや情報を基盤として，他人がその上に新たなものを自由に築き上げていくことを促進しているのである（Harper & Row, supra, at 556-557）。アイディアと表現の，または事実と表現の二分法として知られているこの原理は，すべての著作物について適用される。事実の編集物に適用される場合には，そこにオリジナルの記述の表現がないとすれば，編集者の選択と配列だけが保護されうるものであり，生の事実は自由にコピーできることになる。この結論は不公正でも不幸でもない。著作権は科学と芸術の発達を推進する手段だからである。……

これで原理上の緊張関係は解けた。著作権は，事実と事実の編集物を全体として矛盾しない方法で取り扱っているのである。事実は，それが単独であっても編集物の一部であってもオリジナルではなく，それ故に著作権を取得できない。事実の編集物は，事実の選択ないし配列においてオリジナルであれば著作権を取得しうるが，著作権はその特定の選択または配列に限られる。いかなる場合にも，著作権は事実そのものに及ぶことはない。

B

既に説明したように，オリジナリティは著作権保護の前提条件として憲法上要求されている。この原理を判示した裁判所の判決は1909年著作権法より前のことであるが，1909年法の曖昧な文言によって，この要件の判断を一時的に忘れ去った下級裁判所もあった。

1909年法はオリジナリティの要件を具体化したが，十分に明確なものではなかった（Nimmer §2.01を参照せよ）。著作権の対象は，同法の第3条と第4条に規定された。第4条は，著作権は

「著作者（authors）のすべての著作物（writings）」について取得しうると規定していた（35 Stat. 1076）。「著作者（authors）」と「著作物（writings）」の文言（合衆国憲法の第1条8節で用いられ，The Trade-Mark Cases 判決および Burrow-Giles 判決で当裁判所によって定義されたのと同じ文言）を使うことによって，同法は，当裁判所の判決で明確に表明されたオリジナリティの要件を必然的に取り込んでいたのである。しかしながら，それは黙示的な取込みであったために，誤りをもたらす可能性を秘めていた。

　第3条も同様に曖昧だった。著作物（work）の著作権は，「著作物の著作権取得可能な構成部分」だけを保護する，と規定していた。このように，重要な著作権の原理を規定しながら，著作物のどの構成部分が著作権取得可能でどの構成部分がそうでないかを判断する特徴，すなわちオリジナリティを規定していないのである。

　法律の不完全な文言にもかかわらず，ほとんどの裁判所は1909年法を正しく解釈した。オリジナリティなしには著作権は存在し得ないという当裁判所の判決から解釈したのである。……

　しかし，法を誤って解釈した裁判所もあった（例えば，Leon v. Pacific Telephone & Telegraph Co., 91 F.2d 484 (CA9 1937) や，Jeweler's Circular Publishing Co. v. Keystone Publishing Co., 281 F. 83 (CA2 1922) を参照せよ）。これらは，第3条と第4条を無視し，代りに第5条に焦点をあてた。が，第5条は，純粋に技術的な条項であった。すなわち，著作物の登録をしようとする者は申請書に著作物の種類を示さなければならないと規定し，該当しうる14の種別を並べていた。それらの種別のひとつが，「複合的な作品，百科事典，名簿，新聞，その他の編集物を含む書籍」（§5(a)）であった。第5条は，編集物がすべて自動的に著作権を取得しうるものだと言っているのではない。実際，第5条は，「著作権の対象となるかどうかは第4条で定められる」と指摘して，そのような機能を明確に否定している。それにもかかわらず，事実の編集物が第5条で特に言及されているということによって，名簿などは「オリジナルな（属人的な）著作者性を示すまでもなく」それ自体で著作権を取得できる，という誤った結論を出した裁判所もあった（Ginsburg 1985）。

　さらに悪いことに，これらの裁判所は，事実の編集物の保護を正当化するための新しい理論を展開した。「額に汗（sweat of the brow）」または「勤勉な収集（industrious collection）」として知られるように，その基礎となっている考え方は，著作権は，事実を編集したという骨の折れる仕事に対する報酬である，というものだ。この理論を典型的かつ明確に述べたものとして，Jeweler's Circular Publishing Co. (281 F., at 88) に以下の記述が見られる。

> 　　作成に労力を費した本について著作権を取得する権利は，<u>公の財産</u>（publici juris）である素材から構成されているか否か，その素材がその思想または表現において文学的才能<u>あるいはオリジナリティ</u>を示しているか，勤勉に収集されたという以上のものであるかどうかとは関係がない。町の通りを歩いて，そこに住宅があるということとその番地と共に住人の名前を書き留めた人は，彼が著作者となるところの素材を取得したことになる。（下線は引用者）

「額に汗」法理には非常に多くの欠陥があり，中でももっとも明らかな欠陥は，著作権の保護を，（編集者がオリジナルな活動として貢献した）選択と配列を超えて事実それ自体にまで及ぼしたことであった。この法理の下では，侵害に対する唯一の抗弁は，独自の創造であるという主張だけである。後行する編集者は，「以前に発表された情報の中から1語たりとも抜き出して用いる権利はない」が，それはつまり，「共通の出所から同じ結果を得る目的で，自分で独自に同じことを探り当て」

なければならないということだ (Id., at 88-89〔引用符は省略〕)。かくて「額に汗」を採用した裁判所は，事実やアイディアについて著作権を取得することはできないという，著作権法のもっとも基本的な原理を遠ざけてしまったのである。……

1909年法を適用した当裁判所の判決は，同法が「額に汗」法理を認めないことを明らかにしている。もっとも好い例が，International News Service v. Associated Press (248 U.S. 215 (1918)) である。この判決の中で当裁判所は，1909年法は作者にとってオリジナルである著作物の要素についてのみ著作権保護を与えている，と明確に判示した。Associated Press は，International News Service によって報道されたニュースを取り出し，自社の新聞にそれを掲載して発行したことを認めた。法第5条が特に「新聞を含む定期刊行物」(§5(b)) と規定しているのに照らし，裁判所は，ニュース記事が著作権取得可能であることを承認した (Id., at 234)。しかしながら，記事に含まれた事実にまで記事の著作権を拡げることは，次のとおり，きっぱりと否定した。「ニュースの要素（文芸的な制作物に含まれた，現在の事件に関する情報）は，書き手の創造ではなく，通常は公けの財産（publici juris）である事柄の報告である。すなわちそれは，その日の史実である」(Ibid.)。*

疑いの余地なく，「額に汗」法理は，基本的な著作権の法理を軽視していた。かねてより著作権法は，「創作や想像の作品よりも事実に関する作品を普及させる必要性を強く認識してきた」(Harper & Row, 471 U.S., at 563. 同旨, Gorman, Fact or Fancy: The Implications for Copyright, 29 J. Copyright Soc. 560, 563 (1982))。しかし，「額に汗」法理を採用した裁判所は，逆の立場をとった。すなわち，事実を独占する利益を与え，作家が先行する作品に含まれている事実に依拠することで時間と労力を節約することを絶対的に阻止した。実際には，「アイディアや事実が著作権の保護の外におかれることを否定しようとすることは，あまりにも無駄な努力である」(Rosemont Enterprises, Inc. v. Random House, Inc., 366 F.2d 303, 310 (CA2 1966), cert. denied, 385 U.S. 1009 (1967))。「そのような調査の成果物の保護……は，特定の状況においては不正競争の法理の下で可能かもしれない。しかし，こういった理由だけで著作権の保護を与えることは，『著作者（author）』による『著作物（writings）』の創造を保護し促進するという基本的な著作権の原理を，必要な正当化なくしてパブリック・ドメインにおける独占状態を作り出してしまうという意味で，ねじ曲げるものだ」(Nimmer §3.04, p. 3-23〔脚注は省略〕)。

C

……1976年著作権法の施行にあたって連邦議会は，「著作者によるすべての著作物（all the writings of an author）」という文言を削除し，「オリジナルな著作物（original works of authorship）」という文言に置き換えた(17 U.S.C.§102(a))。オリジナルの要件を明確にするにあたって，連邦議会は，単に旧法をわかりやすくしたものであるとして以下のように述べている。「著作権の保護を受けるための2つの基本的な要件〔が〕創作性（オリジナリティ）と有形物への固定〔である。〕……『オリジナルな著作物（original works of authorship）』という言葉はあえて定義を置かないのであるが，これは現行著作権法（1909年法）のもとで裁判所が確立してきたオリジナリティのスタンダードをそのままこの条文に挿入する意図のもとになされたわけである」(H.R. Rep. No. 94-1476, p. 51

＊ 同裁判所は，本件とは無関係の，著作権以外の理由によって，最終的に International News Service 勝訴の判決を下した。

(1976)（以下"H.R. Rep."という）; S. Rep. No. 94-473, p.50 (1975)（以下"S. Rep."という）〔下線による強調は付け加えたもの〕）。この意見は著作権局によっても繰り返された。「ここでの我々の意図は，<u>オリジナリティについて確立した基準</u>を維持することにある。……」(Supplementary Report of the Register of Copyrights on the General Revision of U.S. Copyright Law, 89th Cong., 1st Sess., Part 6, p. 3 (H. Judiciary Comm. Print 1965)〔下線による強調は付け加えたもの〕)。

　裁判所が「額に汗」法理の誤りを繰り返さないことを確実にするために，連邦議会はさらなる手段をとった。例えば，1909年法の第3条は，著作権は著作物の「著作権取得可能な構成要素」だけを保護すると規定していたが，著作権取得可能な構成要素とそうでない構成要素とを区別する基礎としてのオリジナリティを定めていなかった。1976年法はこの条文を削除し，代りに，著作権を取得できない構成要素を明確に定めた102条(b)をおいた。すなわちそこでは，「アイディア，手順，方法，方式，操作方法，構想，原理，発見については，それが著作物中に叙述され，説明され，図示され，または具体化された形式にかかわらず，オリジナルな著作物についての著作権の保護が及ぼされるものではない」と規定している。102条(b)は，事実に著作権が及ばないことを規定したものと普遍的に理解されている (Harper & Row, supra, at 547, 556. 同旨, Nimmer §2.03 [E]〔事実を「発見」と同一視する〕)。連邦議会は，102条(a)についてと同様，102条(b)は法を変更するものではなく，単に以下のことを明らかにするだけだ，ということを強調した。すなわち，「102条(b)は，現行法における著作権保護の範囲を拡大するものでも縮小するものでもない。その趣旨は，表現とアイディアとの間の基本的な二分法は変更されることなく維持されるということを……言い直したことにある」(H. R. Rep., at 57; S. Rep., at 54)。

　連邦議会は，混乱を最小限にするためのもうひとつの手段として，1909年法の第5条の「名簿……その他の編集物」という特別な言及を削除した。既に述べたように，この条文は，裁判所をして，名簿がそれ自体で著作権取得可能であり，名簿のあらゆる構成要素が保護されるという結論に導かせたことがあった。その代りに，連邦議会は2つの新しい条文を制定した。ひとつは，編集物がそれ自体では著作権を取得できないことを明らかにするために，「編集物」の語の定義を規定したもの。もうひとつ，編集物の著作権が事実それ自体には及ばないことを明らかにするために，第103条を制定した。

　「編集物」の定義は，1976年法の第101条にある。そこでは，著作権の意味における「編集物」を，「既存の素材やデータを集積し，ないしまとめて構成された著作物で，その選択，統御，配列が全体として著作者のオリジナリティを発揮しているもの」と定義している。

　制定法上で定義をした趣旨は，事実の集積がそれ自体では著作権を取得できないことを強調することにある。上記のとおり，3部構造でこの趣旨を伝えている。すなわち，①既存の資料やデータを集積し，ないしまとめて構成されていて，②それらの資料の選択，統御，配列がなされ，かつ，③その特定の選択，統御，配列によって著作者の「オリジナリティ」のある創造になっていること，である。「この3つの結合した構造は自明のことであり，『立法目的を正確に表現した』と考えられるべきものだ」(Party 51, quoting Mills Music, 469 U.S., at 164)。

　一見すると，①の要件は大したことを規定していないように見える。既存の資料，事実，データの集積という，人が普通，編集物だと考えるものを述べているにすぎない。重要な意味があるのは，それが単独の要件ではないということだ。著作権を得るには，著作者が事実を集積してまとめただ

けでは不十分なのである。制定法上の定義を満たすためには，さらに2つのハードルを越えなければならない。このように，事実の集積がどれも著作権の保護を受けるわけではないことを，単純な文言が示している。もしそうでなければ，①の要件の終りで文言が区切られているはずである。

③の要件も解明的である。編集物も，他の著作物と同様に，オリジナリティの要件を満たした場合（著作者のオリジナリティ）にのみ著作権を取得できることが強調されている。102条が，オリジナリティの要件はすべての著作物に求められることを明確に規定しているが，ここで重要なことは，編集物について，事実に基づいた作品を他とは異なる基準を用いて扱った「額に汗」の裁判所の過ちを2度と繰り返すことのないようにすることを強調している点である。連邦議会が説明しているように，その目的は，「102条に規定された著作権の対象についての基準は，既存の素材から構成されるものを含め……すべての著作物について完全に適用される」（H.R. Rep., at 57; S.Rep., at 55）のである。

制定法上の定義の鍵は②の要件にある。事実に基づいた作品が著作者のオリジナルかどうかを判断するにあたって，集積された事実が選択（selection），統御（coordination），配列（arrangement）されているやり方に焦点を当てるべきであることを裁判所に命じている。これはまさにオリジナリティの要件の適用である。事実は決してオリジナルたりえないから，編集物の作者は，たとえオリジナリティがあるとしても，ただ事実を見せるそのやり方についてのみオリジナリティを主張できるにすぎない。結局，制定法は，選択，統御，配列が保護の利益を受けるに十分なほどにオリジナルであるかどうかに重点が置かれるべきであると命じている。

選択，統御，配列のすべてが基準に達するわけではない。このことは制定法から明らかである。法は，保護の利益を受けるためには，事実が全体としてオリジナリティをもたらす「やり方（way）」で選択，統御，配列されていなければならない，と規定している。これは，その「やり方」が著作権を生じさせることもあるが，そうでないこともあるということを意味する（Patry 57, and n. 76 を見よ）。そうでないとしたら，「やり方」の文言が無意味になってしまい，連邦議会は「編集物」を単に「既存の資料やデータを集積し，ないしまとめて構成された著作物で，選択，統御，配列がなされたもの」と定義したことになってしまう。連邦議会がそのようなことをするとしたらそれは非建設的である。「裁判所が，もし可能であるなら制定法の条文や文言の1つ1つにまで効果を与え，確立した法理」（Moskal v. United States, 498 U.S. __, __ (1990)（slip op., at 5)〔引用符は省略〕）に従って，当裁判所は，その選択，統御，配列が著作権の保護を生じるに十分なだけオリジナルでない，事実に基づいた作品も存在するであろうことを制定法が予想している，と結論する。

しかし，以前から議論されていたように，オリジナリティの要件は特別に厳格なものではない。編集者は，他人が以前に行った集積や配列を基にすることもできるし，新規性も要求されない。オリジナリティは，作者が独自に（つまり，他人の作品の集積や配列を真似することなく）集積や配列をしさえすればよく，最低限の創造性のレベルがあれば足りる。おそらく，編集物の大多数はこの基準を満たしていないだろうが，全部が全部満たしていないということもないだろう。創造性のひらめきが全くないか，取るに足らないもので，実質上存在しないといってもいいような，ほんのわずかの部類が残るであろう（一般的には，Bleistein v. Donaldson Lithographing Co., 188 U.S. 239, 251 (1903)〔「狭小かつもっとも明らかな限定」と呼んでいるくだり〕を見よ）。そのような作品は，有効な著

作権に値するとはいえない（Nimmer §2.01［B］）。

　たとえある作品が著作権を取得できる編集物だとみなされたとしても，限定した保護しか受けることができない。これが法103条の重要な点である。103条は，「著作権の対象は……編集物を含む」（§103(a)）が，著作権の保護は著作者のオリジナルな寄与部分にのみ及び，伝達された事実や情報には及ばない，と規定する。

　　　編集物における著作権は，……使用された既存の素材と区別されるところの，かかる著作物の著作者が寄与した素材にのみ及ぶものとし，既存の素材における独占権を意味するものではない（§103(b)）。

　103条が明らかにしているように，著作権は，編集物の作者が自分の集めた事実やデータを他人に使わせないようにする道具ではない。「ここで最も重要な点は，今日よく誤解されている点である。著作権は……既存素材の著作権やパブリック・ドメインとしての地位には何の影響も及ぼさない」（H.R. Rep., at 57; S. Rep., at 55）。1909年法は，「額に汗」を採用した裁判所が誤って考えたように，後行の編集者は無から始めなければならず，他人が行った調査を基にすることはできない，ということを命じていたのではなかった（例えば，Jeweler's Circular Publishing Co., 281 F., at 88-89を見よ）。著作権は，その発想が編集者に帰するところの，事実の集積，統御，配列の要素にのみ及ぶのだから，かえって，既存の作品に含まれている事実は自由にコピーすることができるのだ。

　要するに，1976年著作権法改正は，疑いの余地なく，「額に汗」ではなくオリジナリティをこそ，名簿その他の事実に基づく作品における著作権保護の基準としたのである。1909年法の下でも同様であったことは明らかである。1976年改正は，この基本的な法理を多くの下級裁判所が誤って解釈しているという著作権局の懸念に対する直接的な応答であり，連邦議会は，改正の趣旨は現行法を変更することではなく明確にすることなのだと繰り返し強調した。改正条文は，苦心しつつ明確に説明している。著作権はオリジナリティを要件とする（§102(a)）。事実はオリジナルたりえない（§102(b)）。編集物の著作権は，そこに含まれる事実には及ばない（§103(b)）。そして，編集物は，オリジナルな集積，統御，配列がなされている範囲においてのみ著作権を取得することができる（§101）。

　1976年改正は，裁判所を正しい方向に向かわせたという意味で多大に成功したことが立証された。……

Ⅲ

　被告が原告の電話帳からかなりの量の事実情報を借用したことは疑う余地がない。少なくとも被告は，1,309人の原告の加入者の氏名，町名，電話番号をコピーした。しかしながら，コピー行為のすべてが著作権侵害になるのではない。侵害というためには，次の2つの要素が立証されなければならない。①有効な著作権の帰属，②オリジナリティのある作品の構成要素のコピーであること，の2つである（Harper & Row, 471 U.S., at 548を見よ）。①の要素はここでは問題ない。原告の電話帳には，イエローページの広告の中のオリジナルの素材の他に前書きが付けてあるという理由で，それが全体として見て有効な著作権の対象となることを被告は認めているようである（Brief for Petitioner 18; Pet. for Cert. 9を見よ）。

　問題は，原告が②の要素を立証したかどうかだ。言い換えると，被告は，原告のホワイトページから1,309人の氏名，町名，電話番号を借用してきたことによって，原告にとって「オリジナル」

なものをコピーしたのだろうか。確かに，生のデータはオリジナルの要件を満たさない。原告はその加入者の氏名，町名，電話番号を発見して伝えたかもしれないが，このデータは原告に「その出所を負うて（owe its origin）」いるわけではない（Burrow-Giles, 111 U.S., at 58）。むしろ，これらの情報の部分部分は著作権を取得することのできない事実である。これらは原告が伝えるより前から存在し，原告が電話帳を発行しなかったとしても存在を続けたであろう。オリジナリティの要件は，「原告が想像力を用いることなく著者と呼ばれうる，氏名，住所，電話番号の……保護を除外するものである」（Patterson & Joyce 776）。

　原告は，氏名，町名，電話番号について「既存の素材」だと述べることで，必然的にこの点を認めざるを得ない。その準備書面（Brief for Respondent 17, Section 103(b)）においては，編集物の著作権が「著作物の中に使用された既存の素材」には及ばないことを明らかに述べている。

　残された問題は，原告がこれらの著作権を取得できない事実をオリジナルなやり方で選択，統御，配列したかどうかだ。既に述べたように，オリジナリティの要件は厳格な基準ではなく，事実が革新的または驚くべきやり方で示されている必要はない。しかし，事実の選択や配列が全く創造性が求められない機械的または決まり切ったものであってはならないことも，同様に当てはまる。オリジナリティの基準は低いが，それは確かに存在するのである。……

　原告のホワイトページの選択，統御，配列は，著作権保護の憲法上の最低限の基準を満たしていない。最初に述べたように，原告のホワイトページは全く典型的なものだ。原告のサービス地域の電話サービスを希望する人々が申込書を書き，原告が電話番号を与える。ホワイトページの作成にあたって原告は，加入者によって提供されたデータを取り出し，姓をアルファベット順に並べる。最終的に出来上がった物は，創造性のわずかな形跡すらなく，ありふれた種類のホワイトページ電話帳である。

　原告の選択は，これ以上ないほどに明白だった。原告に電話サービスを申し込んだ各人について，名前，町名，電話番号というもっとも基本的な情報を載せて発行しているのである。これは一種の「選択」であるが，ただの選択を著作権取得可能な表現に変化させるのに必要なわずかな創造性も欠いている。原告はホワイトページ電話帳を使いやすくするために十分な努力を払ったが，これをオリジナルなものにするための創造性は不十分であった。

　付言すると，原告のホワイトページに取り上げられた選択は，別の理由でもオリジナリティの要件を欠いていると言える。被告は，原告がその加入者の氏名と電話番号を載せて発行することを本当の意味で「選択」したのではなく，むしろ，その与えられた独占権の見返りとしてカンザス州企業委員会（Kansas Corporation Commission）にそうするよう求められたのだ，と主張している（737 F. Supp., at 612）。従って，この選択は州法によって命じられたもので，原告によるものではない，と取りあえずは結論づけることができよう。

　そしてまた，原告は事実の統御と配列においてもオリジナリティを主張することができない。ホワイトページは，原告の加入者をアルファベット順に並べる以上のことは何もない。この配列は，技術的に言えば，その出所を原告に負っているといえるかもしれない。原告が名前をアルファベット順にする作業をしたことを誰も否定はすまい。しかし，ホワイトページ電話帳の中で氏名をアルファベット順に配列することは，創造的というにはほど遠い。それは古くからの慣行であり，伝統に深く根ざし，あまりに決まり切った（commonplace）ことなので，当然のことと考えられるよう

になっている（Brief for Information Industry Association et al. as Amici Curiae 10〔アルファベット順の配列は「地方の電話交換会社が発行する電話帳においては普遍的に続けられている」〕を見よ）。ただオリジナルでないというだけでなく，事実上，必然のことなのである。この昔からの伝統には，著作権法と合衆国憲法によって要求されるわずかな創造性のひらめきをも見出せない。

当裁判所は，被告がコピーした氏名，町名，電話番号は原告にとってオリジナルではなく，従って，原告のホワイトページとイエローページとを組み合わせた電話帳は著作権によって保護されるものではなかった，と結論する。合衆国憲法上の問題として，著作権は，創造性の最低限の（de minimis）量以上のものがある作品の構成要素だけを保護する。基本的な加入者情報に限定され，アルファベット順に配列された原告のホワイトページは，この基準には達していない。法律上の問題として，著作権法101条は，全くオリジナリティを欠いたやり方で選択，統御，配列をした事実の集合物にコピーからの保護を与えていない。ある作品を基準に達していないと判断せざるを得ないとしたら，他に基準に達しそうな物を想定できないという場合もあろう。実際，当裁判所が原告のホワイトページを基準に達していると判示したとしたら，事実の集合物であってこの基準に達しないものを想定することは困難である。

原告のホワイトページには必要なオリジナリティが欠けているから，被告がこのリストを利用したことは侵害とはならない。この結論は，原告が電話帳を編集した労力の価値を減じるものではないが，しかし，著作権がオリジナリティに報いるものであって，労力に報いるものではないことを，ここに明確にしたい。当裁判所が1世紀以上前に述べたように，「大いに賞賛すべきは原告がこの印刷物を発行した勤勉さと企画力かもしれないが，法はこれに報いることを予定していない」（Baker v. Selden, 101 U.S., at 105）。

控訴裁判所の判決は覆される。

ブラックマン（Blackmun）判事は判決と同意見である。

【質問】

1　Feist判決は，情報の編集物のうち何がオリジナルでないかを今日示したとしても，何がオリジナルであるかを示してはいない。「オリジナル」にするために，編集物の選択や配列をどのくらい「明白さ（obvious）」や「決まり切ったこと（commonplace）」から離れたところまで引き伸ばさなければならないか。例えば，電話帳の発行者が，配偶者の有無や宗教，教育レベルのように，普通でない情報を含めた場合，そのことによってそのリストは著作権取得可能になるか。それとも，これらの普通でない事実（とその集積）は「事実」にとどまるため，これらについてもコピー可能という結論になるのか。

2　編集者が非伝統的な調査「対象」を選択したものとする。たとえばアンディ・ウォーホルの作品を所蔵しているアメリカの美術館，といったような。編集物を可能な限り包括的なものとするために，彼女としては「選択」を控えてアルファベット順に従うこととした。そうなるとこの編集物は定義上オリジナルとは言えなくなるのか（これは著作権のインセンティブ理論の理由づけと調和的であるか）。

3　Feist判決とその理論的解釈に鑑みて，州政府はホワイトページ電話帳のコピーを禁止できるか。

> 連邦議会は，著作権法ではなく他の連邦法の制定を通じてそのようにすることができるか。

　Feist 判決は，「汗」を流しただけでは労力の成果物の著作権保護の正当な理由とはならず，「最低限度の創造性（creativity）」がなければならないことを明らかにした。しかし，たとえ「汗」がもはや十分条件ではないとしても，必要条件とはいえるのだろうか（すなわち，ほんのわずかの創造性とともに，最低限度の努力または企画力を示す必要はないのだろうか）。以下を考察せよ。

Rockford Map Publishers, Inc. v. Directory Service Co., 786 F.2d 145 (7th Cir. 1985), cert. denied, 474 U.S. 1061　被告は，原告の地図の著作権保護に異議を申し立てた。その地図は，主に土地登記簿の数字による情報が書かれていた。被告の抗弁は，被告がコピーしたその地図を編集するのに原告はわずかの時間と労力しか費していない，というものだった。イースタブルック判事は，次のとおり被告の主張を斥けた。

　　著作権は，著作物を保護するのであって，費された労力を保護するのではない。数時間で短い新しい作品を作るか小さな改良を加えた人は，その寄与ゆえに，一生涯かけて書かれた小説と同様の完全に有効な著作権を取得する。おそらく労力が少なければ少ないほど寄与も少ない。もしそうであれば，著作権はわずかしか権利を与えないというだけのことだ。他の人も同じ程度まで同じ労力を費すかもしれない。要するに，著作権は寄与がふえたことをカバーするのであって，根底にある情報をカバーするのではない（Mazer v. Stein, 347 U.S. 201, 74 S. Ct. 460, 98 L.Ed. 2d 630 (1954)）。

　時間の投入は無関係である。写真は瞬時にでき，その意図は偶発的なものかもしれないけれども，写真は著作権を取得しうる（Burrow-Giles Lithographic Co. v. Sarony, 111 U.S. 53, 4 S. Ct. 279, 28 L. Ed. 349 (1884); Bleistein v. Donaldson Lithographing Co., 188 U.S. 239, 23 S. Ct. 298, 47 L. Ed. 460 (1903); Time, Inc. v. Bernard Geis Assoc., 293 F. Supp. 130 (S.D.N.Y. 1968)〔ケネディ暗殺のザプルーダ・フィルム（Zapruder film）〕）。モーツァルトは14時間でピアノ・コンチェルトを，J. S. バッハはカンタータを，また，ディケンズは 1 週間分の『荒涼館』を作ることができる。政治討論で有名な経済グラフである「ラファー曲線」は，夕食の後ナプキンの裏側に 1 分で仕上げられたものである。これらは全て著作権を取得しうる。

1　事実の叙述

＜Nash v. CBS＞
(899 F.2d 1537 (7th Cir. 1990))

イースタブルック控訴審判事
　「民衆の敵ナンバー 1 」のジョン・ディリンジャー（John Dillinger）は，1934年 7 月22日，シカゴのバイオグラフ映画館で死亡した。彼は， 2 人の女性と共に，空調の効いた映画館からうだるよ

うに暑い夜へと現れた。女性のうちの1人は鮮やかな赤いドレスを身につけていた。その「赤いドレスの淑女」アンナ・セイジ（Anna Sage）は，1万ドルで彼を裏切ることに同意していた。FBIの手先が待ち構えていた。もう片方の女性ポリー・ハミルトン（Polly Hamilton）に警告されてディリンジャーは発砲したが，手遅れだった。雨あられと飛ぶ弾丸が彼をずたずたに引き裂き，彼の45口径オートマチックが使われることはなかった（William C. Sullivan, The Bureau 30-33 (1979)）。今は国定史跡であるそのバイオグラフ映画館には，この事件を記念する飾り板が付けられている。ここでは今なお映画を上映しており，空調も1934年当時のまま相変わらずである。

　原告 Jay Robert Nash は，ディリンジャーはバイオグラフ映画館で死ななかったと信じている。『ディリンジャー：生か死か？（Dillinger: Dead or Arrive?)』(1970) と『ディリンジャー関係書類（Dillinger Dossier)』(1983) の中で，Nash は次のように主張している。ディリンジャーは警察の監視網を察知し，代りに，自分によく似た三流ギャングのジミー・ローレンス（Jimmy Lawrence）を送った。FBI は，この計画の失敗に屈辱を感じて，口を閉ざしてしまった。原告は，ディリンジャーの身体的特徴と死体のそれとの矛盾を指摘している。すなわち，ディリンジャーの上唇には傷跡があったが死体にはなかったこと，死体には，ディリンジャーにはなかった歯があったこと，ディリンジャーは青い眼だが，死体は茶色の眼だったこと，ディリンジャーの眉は死体の眉より濃かったこと。ディリンジャーの姉妹が死体を確認したが，原告は，その状況を疑わしいと感じており，また，埋葬の前に死体をコンクリートに入れるというディリンジャーの父親の決断に注意を向けている。原告によれば，事件をもみ消すために FBI はディリンジャーの指紋を資料室の中に隠した。ディリンジャーのギャング団や，彼らを追っていた FBI に関係する多くの人々のインタビューの結果，原告は，ディリンジャーの足跡を西海岸まで追って探し出した。西海岸で，ディリンジャーは結婚して身を隠していた。原告は，少なくとも1979年まではディリンジャーが生存していたと考えている。『ディリンジャー関係書類』には中年の夫婦の写真が載っていて，そしてその初老の男は，ナッシュの考えではもうろくしたディリンジャーであるというのである。『殺人者と極悪人：ピルグリム・ファーザーズの時代から現代までのアメリカの犯罪者の叙述百科（Bloodletters and Badman: A Narrative Encyclopedia of American Criminals from the Pilgrims to the Present)』(1973) と暴露本『市民フーヴァー（Citizen Hoover)』(1972) の中で，原告は，自分の結論を要約して示している。

　ディリンジャーのストーリーの原告による改造は，歴史家たちの支持を得ることはなかったし，FBI の支持も得なかった。しかしながら，ハリウッドの誰かが『ディリンジャー関係書類』を読んだに違いない。というのは，1984年にテレビジョン・ネットワークの CBS が『サイモン＆サイモン（Simon & Simon)』シリーズの中で，「ディリンジャー・プリント（Dillinger Print)」と題する作品を放送したのだ。『サイモン＆サイモン』は，サン・ディエゴの私立探偵であるリック・サイモンと A.J.サイモンの兄弟を取り上げている。〔本件で槍玉に挙げられた作品は，難解でひねりのきいたプロットに満ちている。暗殺された，引退した FBI のスパイ（彼は生前，ディリンジャーはバイオグラフ映画館で銃殺されてはいないと考えていた）や，1930年代風の衣服を身に付け，ディリンジャーがかつて持っていた銃を使い，ディリンジャーの鮮明な指紋を持つ不思議な銀行強盗が登場する。A.J.サイモンは，（原告がその著書の中で書いていたのと同じように，ディリンジャーと1934年に検視された死体との数個の身体的不一致に基づいて）ディリンジャーは生きていると示唆する。A.J.

がラケットボールをしている時に，1930年代風の格好をしたギャング団に狙撃される。ディリンジャーはサン・ディエゴの歯医者の家に住んでいるという警察の密告や，ディリンジャーは生きているという暗示が示される。閉鎖された映画館で再び銃撃される。引退したFBIのスパイに対する犯罪の謎解きが示され始める。そして，リック・サイモンによる考えは，ディリンジャーはおそらくオレゴンで元気に暮らしているだろうというものである。〕

原告は，「ディリンジャー・プリント」が，ディリンジャーの死からの逃走と西海岸での新生活という原告の4冊の本における著作権を侵害するとして，損害賠償を求める訴訟を提起した。地方裁判所は，その本の著作権の対象は，原告の提示（presentation）と説明（exposition）にあり，歴史上の事実にあるのではない，と判断した（691 F. Supp. 140 (N. D. Ill. 1988)）。そこでCBSは，原告の本へのアクセスとその本における事実の素材の模倣を認めた上で，原告の請求が主張自体失当であるとして被告勝訴の裁判を求めた。裁判所は，「ディリンジャー・プリント」が原告の著作権の保護下にあるいかなる素材をも盗用しているものではないと判示して，この請求を認容した（704 F. Supp. 823）。

CBSがアクセスと模倣を認めたことで，この事案は，著作権訴訟を込み入ったものにする2つの問題点から免れている（Selle v. Gibb, 741 F.2d 896, 901-02 (7th Cir. 1984)を参照せよ。残る問題は，模倣した者が著作権法の保護下にある素材を用いたかどうか，用いたのであれば過度に取り込んだかどうか，という点のみである）。

ハンド判事の見解は今なおこの法分野では支配的であるところ，同判事は，Nichols v. Universal Pictures Corp.（45 F.2d 119, 121 (2d Cir. 1930)）においてこう述べている。全ては，裁判所がどのレベルの抽象化で，ある利益が著作権によって保護されるべきと考えるか，である。裁判所が低いレベルを設定すれば（例えば，最初の著者が用いた語だけに限る），プロット，説明その他のオリジナルな素材がたとえ最初の著者の貢献のもっとも重要な要素であったとしても，模倣する人は，それらを用いることができる。このことは実質的に，法が著作者に「二次的著作物（derivative works）」を作る専有権を認めているにもかかわらず，オリジナルな著作者に何らの補償もなく，誰もが別の方法で作品を作ることができる，ということを意味する。逆に，裁判所が高い抽象化レベルを設定すれば，最初の著作者はあらゆるジャンルの作品（「ロマンス」，または，もっと控え目に，互いに反目する派閥の，運命づけられた若い恋人たちを含む話，という場合，『ロミオとジュリエット』の著作権は，『ウェストサイド・ストーリー』に及ぶことになる）に対して保護を求めることができることになる。そこまで徹底的な抽象化レベルではなかったとしても，法は「表現（expression）」だけを保護するものであるのに，著作権がその「アイディア（expression）」にまで保護を与えてしまう虞れが生じうる。……

「抽象化テスト（abstractions test）」と呼ばれることもあるが，ハンド判事の考察では「テスト」では全然ない。一般化の両極端に陥らないように，裁判所に求めることが難しいことを，提示するにとどめるのが賢明である。ある事案を解決し……（あるいは）どのレベルの一般化であるべきかという重要な質問に答えるために，それは大して意味を持たない。著作権の問題点と200年も格闘してきたあげく，仮に本当に「答え」があるとして，裁判所がいつでも直ちに答えを出すことができるとは到底思えないのである。

ハンド判事は何度も何度も，反対意見を唱える者たちに対して，単一のアプローチで公式化する

のは非常に困難だと主張してきた。知的（および芸術的）発展は，他人の成果を礎としてその上に打ち建てていって初めて可能となる。人類の文化的遺産を築き上げている思想（idea）のうちのほんのわずか一部でさえ，最初から創案する人はいない。一旦その成果が著作され出版されてしまえば，著者に対する補償を人々にさせるルールをどう作ったとしても，それは文芸における進歩を遅らせるものとなる。そうしたルールは，有用な表現の使用を「あまりにも高価」なものにし，著者に創案を繰り返しやり直さなければならなくさせるなどするからだ。どんな作品も，先人の何千もの思考の断片を使用していて，たとえ法制度が軋轢を生じさせないものであったとしても（法制度が軋轢を生じさせないことはないのであるが），使用した思考の数はあまりに多くて，補償し尽くすことなどできるものではない。知的財産の広範な保護はまた，（昔の著者は現在成功を収めているものの中から「訴訟の種になる断片」を探そうとするだろうから）訴訟費用が（請求が拒絶された場合であっても）新しい作品の創出の妨げとなるという可能性を明らかに生じさせる。なぜならば，どの新しい作品も，無意識ではあっても，他人に依存して作られているからである。従って，総体としての著者たちは，自分たちの書いたものについてむしろ限定的な保護の方を選ぶにちがいない。自分が受け取れるかもしれないロイヤルティを失うことよりも，他人の成果の使用ができることの利益の方が大きいのである（Williams M. Landes & Richard A. Posner, An Economic Analysis of Copyright Law, 18 J. Legal Studies 325, 332-33, 349-59（1989）を見よ）。

　しかしながら，他人の仕事に貢献した努力に対して著者に対価を与えることを全く否定してしまうこともまた，過度に広範な権利を与えることと同じように，わずかの著述しか産み出されない結果をもたらすことだろう。対価を得ることへの期待は，特に原告のような専業の書き手にとっては，思考し著述することに対する励みとなる重要なものである。先行の作品が出版される前は，知的財産権の広範な保護がもっとも良いように見えるが，出版された後は，狭い保護がもっとも良いように思える。どの時点においても，新しい作品が発展を遂げていくし，著者は同時に創作者でもあり借用者でもある。これらの役割においては，同じ人が異なる目的を持つことになる。けれども，ただ１つのルールしか採用することはできない。このただ１つのルールが，これらの相反する要請を可能な限り実現しなければならない。連邦議会も裁判所も，どちらが良いのか決めるに足るだけの情報を持ち合わせていない。どちらも，固定化したルールではなく，いずれかの方向に大幅に揺れ動く結果をもたらす判断力を用いることによって，どうにか問題を解決していかなければならない。

　もし原告が小説を書き，それを別の人が映画に脚色したのであれば，難しい事案になっただろう。「ディリンジャー・プリント」は実質的にオリジナルであるが，２番目の著者の表現のほとんど全てが新規であることは問題ではない。「自分の作品のうち盗用をしていない部分がどのくらいあるか示すことによって，盗用者が不正を言い逃れることはできない」（Sheldon v. Metro-Goldwyn Pictures Corp., 81 F.2d 49, 56 (2d Cir. 1936)（L. Hand, J））。このテレビドラマは，ディリンジャーが生き延びて西海岸で余生を送っているというアイディアを原告の作品から得て，クック郡死体公示所にあった死体はディリンジャーではないという，原告が説明していた要素の多くを採用した。……

　原告は『ディリンジャー関係書類』や関連書籍をフィクションとして著したのではなかった。しかし，そのことが全てのことに違いをもたらすのである。シャーロック・ホームズの考案者は，著作権の続く限り登場人物の運命を支配することができる。しかし，ディリンジャーが生き延びたと考えた最初の人が歴史を支配することはできない。もしディリンジャーが生き延びたのだとしたら，

C 事実と編集物

その事実をすべての人が用いることができるのである。原告の権利は，単語や，事実の配列（例えば，インタビューを配した叙述の展開）といった表現にあり，むきだしの「真実（truth）」にあるのではない。「ディリンジャー・プリント」は，『ディリンジャー関係書類』や原告の他の本のいかなる単語も用いていないし，原告のいかなる表現方法も引き継いではいない。代りに，新しい説明と展開で自ら考案した設定を採用した。ディリンジャーと死体の身体的相違，移植された指紋，ディリンジャーの写真，1930年代の他のギャングたち，その他の全てが，原告が叙述した事実である。……

我々の事案ともっとも類似する事案は，（Sheldon 事件のような）映画に脚色された劇作ではなくて，事実を記載したとするドキュメンタリー的な作品から作られた映画である。例えば，ユニヴァーサル・スタジオは，理想主義の乗組員が1937年5月6日に飛行船ヒンデンブルク号を爆破した爆弾を仕掛けたという前提に基づいて映画を製作した。この説は，ヘーリング（A.A. Hoehling）の徹底した調査に基づく単行論文である「誰がヒンデンブルク号を破壊したか？（Who Destroyed the Hindenburg?)」に直接的に依拠している。この映画には，サブプロットや展開が付け加えられているが，主題やそれを支える引用された証拠は，ヘーリングにその由来を求めることができる。それにもかかわらず，第2控訴審は，右書籍はパブリック・ドメインに属する事実（ヘーリングの説明と対置されるところの）を述べたのだから，これはヘーリングの権利の侵害とはならない，と判示した（Hoehling v.Universal City Studios, Inc., 618 F.2d 972 (1980)）。悪名高い誘拐事件についての事実は著作権によって保護されないとした Miller v. Universal City Studies も参照のこと。……

Hoehling 事件では次のように判示された。「歴史上の事柄や事件に取り組んで思索をする著者への萎縮効果を避けるためには，説やプロットを含む歴史上の事実を用いる後行の著者に対して，広範な自由が与えられなければならない」(618 F.2d at 978)。しかし，Toksvig v. Bruce Publishing Co. (181 F.2d 664 (7th Cir. 1950)) において当裁判所が示したように，先行の作品が歴史に関するものである限り「何でもあり（anything goes）」と言うわけにはいかない。この判決は，アンデルセン（Hans Christian Andersen）の伝記の著者が，先行する伝記のテーマと構成，加えてアンデルセンの手紙の一部を用いたことが，その先行する伝記の著作者の著作権を侵害する，と判示した。Hoehling 判決はこの判示を受け入れず (618 F.2d at 979 を見よ)，「歴史作品の新しい著者たちに，先行する作品を礎にその上に築いていくための相対的な自由を与えることによって，知識は拡散されるのである」と述べている (Id. at 980 [脚注は省略])。東部の裁判所の同僚たちに敬意を表しつつも我々は，この判断が事後的なインセンティブにのみ着目した極端なものであると考える。Hoehling 事件や Toksvig 事件における著者たちは，解決の糸口を突き止めるのに何年も費した。もし彼らの作品の全部が，そのまま単語に至るまでも，補償なしで用いられ得るとしたら，スクラッチからの調査はきわめてわずかしかなされないだろうし，書籍のもととなる事実は入手し得なかったであろう。

Toksvig 事件では，先行の著者は，デンマーク語を解する人物で，アンデルセンの生涯について3年をかけて学んだ。2番目の著者は，デンマーク語を解さず，先行の本の場面と，元の著者が発見し翻訳した手紙をコピーすることによって，1年足らずで伝記を書いた。自由な利用が認められることによって，そのような努力への対価が減ずることは，最初の調査の魅力をより少ないものにし，また，その回数も減少させるだろう。著作権法は（表現から区別されるところの）骨の折れる

仕事を保護するものではなく，また，骨の折れる仕事であることは著作権が成立する表現であることの必要条件ではない（Rockford Map 事件を見よ）。その意味では Toksvig 判決は作品と表現の伴うアイディアとを混同しており，そのことは適切に批判されてきている。……当法廷は，先行の著者に歴史に関する同種の叙述を全て禁止する権利を与えることも，後行の著者に先行の成果のどこでも好きなところを使う権利を与えることも，いずれも極端に過ぎるものと考えており，そのことを確かめるために Toksvig 判決を再検討するつもりはない。……

……1976年の法改正（102条(b)を含めて）の前には長い間，裁判所は，歴史上の事実は法による保護の及ばない「アイディア（idea）」と「発見（discoveries）」の一種であると判断していた（International News Service v. Associated Press, 248 U.S. 215, 234 (1918)）。しかし著作権法は自然法ではない。連邦議会は（特許法についてそうしたように）著作権の範囲を広くすることもできたはずだった。しかし，法律はそうなっているので，原告にとって不意打ちにはならないだろう。彼の本は，他の人々の書籍にも出ている事実について，大幅に斬新な解説をしているものである。"Murder, America: Homicide in the United States from the Revolution to the Present 447 (1980)" の中の伝記の序文を考えてみよ。この本のための調査は，インタビューと長々とした手紙のやりとりに加えて，合衆国中の図書館や公文書館で行われているのである。25万を超える見出しと2万5千冊以上もの犯罪者原簿からなる著者のファイルが，大量に用いられているのだ。『サイモン＆サイモン』の製作者は，原告が他人の作品を使用したのと同じように，原告の作品を，事実とアイディアを得る源として，それに自分たちの特有の要素を付け加えていくために使ったのである。地方裁判所が判示した通り，CBS は102条(b)が許容している以上のことはしていない。「ディリンジャー・プリント」は原告の歴史の分析を用いているのであってその表現を用いているのではないから，原判決は認容される。

Wainwright Securities v. Wall Street Transcript Corp., 558 F. 2d 91 (2d Cir. 1977), cert. denied, 434 U.S. 1014 (1978)　原告は，会社リサーチ業兼ブローカーを営んでおり，工業，金融，公共事業，鉄道等の会社についてのつっこんだ分析レポートを作成している。このレポートは，時として40ページの厚さにもなり，原告の約1,000の顧客（大手銀行，保険会社，ファンドなどを含む）に使われている。原告のアナリストは，会社の財務上の特徴，業界の傾向，その会社の主な開発物，成長予測，予想利益などを検討して，利点と弱点とをクローズアップする。被告は，週刊誌 "Wall Street Transcript"（定期購読および店頭にて入手可）を発行し，同誌は，経済，ビジネス，金融関係のニュースを扱っている。"Transcript" 誌の呼び物のひとつは，"Wall Street Roundup" というコラムで，これはほとんど会社の財務分析レポートの抜粋からなっている。同誌の広告は読者に対して，「最高のリサーチ会社からのヴォリュームあるレポートの，素早く，正確な記事」とうたっている。以下が，被告による原告のレポートの典型的な抜粋記事である。

　　W. D. ウィリアムズ氏（H.C.Wainwright & Co.）は，FMC 社に関し，その特別レポート（4月13日号7ページ）で，次のように言う。「1976年度予測は，昨年度の景気後退における工業上および農業上の化学製品の収入の大幅な伸びにより力づけられている」と。さらに同氏は，昨年度はファイバー部門が損失をほとんど回復しなかったが，このことが今年度との比較を容易なものとしている，としている。

C　事実と編集物　135

　同氏の1976年度の予想収入は，1975年の1株あたり$3.24に比して$3.76である。同氏によれば，近年のもっとも期待のもてる展開は，昨年度において，ファイバー部門売却交渉の試みを首脳陣が決定したことである。これにより同社は，約1億ドルを回収し，かつ税金を帳消しにして，収入に対する一時的債務を計上できることとなる，とされている。タンカーの状況につき同氏の語るところによれば，FMC 社はすでに学習曲線をのぼりきっており，追加経費がかかるとしてもごく些細なものにすぎない。むしろ同社に対する主要な経費増加は，引当金としてリザーヴされていない現状の経費突出分をいかに会社の負債として割り振ってゆくか，という決断の方にかかっている，としている。

　原告からの抗議にもかかわらず被告はこれらの抜粋を掲載し続け，反論として，原告のレポートは報道対象（news event）ないし事実に関するものであり，"Transcript"誌の抜粋記事は単なる財務上のニュース記事である，とした。第2控訴審はこの主張を排斥した。

　「報道対象」が著作権を取得できないというのは，自明の理である。……しかし，報道対象や事実に関するものについてのレポートの著作権保護を考える場合，そのレポートに含まれる情報の実質，すなわち報道された事実そのものと，「それを筆者が伝えようとして使う言葉の特定の形式ないし配列」との区別をすることが重要である。……保護されるものは，表現の仕方，著作者が物事を分析したり解釈したりするそのやり方であり，著者が素材を構成し，事実をまとめあげる手並みであり，言葉の選択であり，どの特定の物事について強調点をおくか，という点である。……

　ここでは控訴人は，レポートに含まれる事実と原告のアナリストが使う表現方法との間に区別をつけていない。……"Transcript"誌は，レポートにおいて，相当量の時間，費用，労力の投入された財務分析と予測を利用しており，これは，最も創造的かつオリジナルな部分をほとんどそのまま利用しているというべきである。

　裁判所は，ばらばらにした文章をそれぞれ並べて多数比較し，被告による Wainwright レポートの度重なる使用を指摘し，これが明確に原告の発刊誌にとってかわろうとする意図によるものである，と指摘する。そして結論として次のように言う。「これは報道に基づく正当な記事とはいえない。個人的利益のための不正行為というよりほかに言いようがないものである」。

【質問】
1　歴史についての叙述文において包括的に再編されたところの「事実（facts）」は，全体として又は部分的に，著作権によって保護されるべきだろうか。Feist 事件における最高裁判所ならば，事実とは既存のものであり人間による著作者性がないのだから著作権の保護はないと説明するかもしれない。しかし，包括的な歴史の著述においては，潜在的には限りない数の「事実（facts）」の中から，歴史家が「選択，統御，配列（select, coordinate and arrange）」をして編集著作物を作っているのではないのだろうか。そして，たとえ全く新しい文章であっても，他人がそうした編集著作物を物語ることは，不適法ということにはならないのだろうか。
2　Nash 事件で検討されている Hoehling v. Universal City Studios, Inc. では，被告の映画は，ドイツの飛行船ヒンデンブルク号の爆破についての原告による史実の評価を具体化したもので，その

考察は，ナチ政権を妨害するために乗組員の一人が故意にヒンデンブルク号を爆破したというものだった。第2控訴審裁判所は，(例えば，知られていない事実や動機に言及して歴史を理論的に再構成するような)「説明的な仮説 (explanatory hypotheses)」が「立証された事実 (documented facts)」と同様にパブリック・ドメインであると判示した。どの限度までNash判決はこれに反対しているのだろうか。根気強い調査の結果，原告Toksvigが発見できなかった，アンデルセンの生涯の一場面を見つければ，これは著作権保護を受ける，ということなのであろうか (この判決は「額に汗」法理を否定するが，それ以外にどのような方法でそうした保護を正当化できるのだろうか)。どちらの裁判所の判断が正しいか。

3　Hoehling事件において裁判所は，ドイツのビアホールでのヒンデンブルク号の乗組員たちの，ドイツ国歌のような歌を歌っているところや，お定まりの「ヒトラー万歳」という挨拶の交換といった，航行に先立つ場面のような特定の事実の連なりについてもまた，著作権の保護を否定している。これらについて裁判所は，「お決まりのシーン (scenes a faire)」，すなわち「その主題を取り扱うにあたって，実質的に不可欠であるか，少なくとも標準的であるところの，事件や特性，背景」であると述べた。裁判所は，「歴史上の特定の時代または想像上の主題を特定の『ストック』または標準的な文芸上の道具立てなくして著述することは不可能なのだから，我々は，『お決まりのシーン』は法律上著作権を取得できるものではない，と判示する」と結論づけた。この裁判所の分析には無理があると思わないか。

　　歴史の著作物における「表現」概念やHoehling判決のそれについての議論については，Gordon, Fact or Fancy: The Implications for Copyright (29 J. Copyright Soc'y 560 (1982)) とGinsburg, Sabotaging and Reconstructing Histroy: A Comment on the Scope of Copyright Protection in Works of History After Hoehling v. Universal City Studios (29 J. Copyright Soc'y 647 (1982)) とを比較せよ。

4　そう遠くない昔，ワシントン・ポスト紙 (the Washington Post) のスタッフとしてあるジャーナリストが，都会のスラム街で育った黒人の若者の苦難についての長い話を書いた。彼女がそのニュース報道に対してピュリッツァー賞を獲得した後で，その話はまったくの作り事であったことがだんだん明らかになってきた。彼女はとうとうそのことを認めたが，これは，(彼女の退社を了承した)ワシントン・ポスト社と (授賞をとりやめた) ピュリッツァー賞審査会にとって非常な驚きであった。もし，その話が真実であると信じて映画作家が，ワシントン・ポスト紙に詳細に表現された若者の生活をもとに映画台本を書き，テレビや劇場用映画が製作され，大規模に上映されたとしたら，ワシントン・ポスト社は (記事について著作権者であると仮定して) 侵害を申し立てて首尾良い結果を得ることができるだろうか。作り話だとわかった後でその映画が製作された場合はどうだろうか。Houts v. Universal City Studios, Inc. (603 F. Supp. 26 (C.D. Cal. 1984)) および Huie v. National Broadcasting Co. (184 F. Supp. 198 (S.D.N.Y. 1960)) と，De Acosta v. Brown (146 F.2d 408 (2d Cir. 1944), cert. denied, 325 U.S. 862 (1945)) および Belcher v. Tarbox (486 F.2d 1087 (9th Cir. 1973)) とを比較せよ。

2 編 集 物

Roth Greeting Cards v. United Card Co., 429 F.2d 1106 (9th Cir. 1970) 原告は，グリーティング・カードのデザインおよび販売を業とする者であり，7枚のカードについて著作権侵害を申し立てた。これらのカードは，表に（例えば，笑いを押し殺した可愛い人形や敷石に坐っている心細げな少年のような）簡単な絵があり，中にありふれた文が書かれている。第1審裁判所は，これらは著作権を取得することが可能なものではあるけれども，被告によってコピーされてはおらず，また，文はありふれたもので保護に値しない，と判示した。

控訴裁判所は意見が分かれ，多数意見はこの結論を支持したが，それにもかかわらず，カードの著作権が侵害されたと判示した。カードの文章は著作権を取得するにはあまりに平凡すぎること，文章だけを自由にコピーすることが可能であることについては，全裁判官の意見が一致した。多数意見はこう述べている。「しかしながら，この問題を考えるには，各カードのすべての要素，つまり，文案，文案の配列，背景の画像，背景画像と文案との連結などすべての要素が全体として考慮されねばならない。これらの要素を全体として考えると，当裁判所の意見では，原告の本件カードはオリジナルなものであって，著作権の取得可能なものだと言える」。侵害を立証するには，原告は，問題となっている範囲で，被告がコピーした保護されるべき素材（控訴裁判所が原審の記録に従うべきことを判示した事実認定）が実質的に同一のものであることを示さなければならない。「我々にとっては，全体のコンセプトとして，かつ全体の感じとして，被告のカードは原告の著作権の存するカードと同一のものである，と見られる。被告のカードは，背景デザインに描かれるキャラクター，これらの醸し出すムード，一定のムードを伝えるデザインと特定のメッセージとの組合せ，カードの上の言葉のあしらい方などが，原告のカードと実質的に同一である。いくつかの場合においては，レタリングも非常に似ている」。各カードでは被告の作品は原告の作品と「少し違って」いるけれども，カード全体は，普通に観察する者からみて著作権の存する作品からもってこられたものと判断されうるものである（裁判所が取り上げた一例は，原告の，表に「あなたが居ないのでもう淋しい（"I miss you already"）」という文と泣いている少年の絵が，中に「まだあなたが行ってしまったわけでもないのに（"and You Haven't even Left"）」という文が書かれたカードと，被告の，同じ文と泣いている男の絵が書かれたカードである）。

反対意見は，次のように述べる。「多数意見の論理についてはこれに追随できない。すなわち，多数意見は，著作権取得のなしえない言葉と，似てはいるがコピーされたものではない背景デザインとの全体が，著作権法における保護の対象となる，と判示したのである。多数意見によれば，文章の全体的な配列，背景デザイン，デザインの文章への結びつきなどにおいて，カードは著作権取得能力のあるものであり，かかる著作権が侵害された，というのである。この結論は，私見によれば，あるものの部分の総和よりもそのものの全体が大きくなる，という結果を認めることに他ならない。かかる結論にはもちろん賛成することはできない。……著作権法というものが創造的な文芸と美術の著作者に対して贈られる限定的な独占であることに思いを致せば，文章にもデザインにも侵害を見出せないような場合において56年の独占権を与えるべきではないと思量される。これらの事実のもとにおいては，我々は，競争の自由を求める伝統的な哲学にこそ従うべきなのである」。

138　第2章　著作権の対象

あるアイテムの一団が「編集物」となる所以は何であろうか。「編集物」の定義においては，「……既存の素材やデータの収集物ないし集合物によって組成された（formed）著作物」とされている。これは，個々のアイテムの集合に何らかの固有性がなければならないこと，あるアイテムが他のアイテムとの間でより大きな作品の構成要素としての関係性を有しているべきこと，を示唆している。Sem-Torq, Inc. v. K Mart Corp.（936 F.2d 851（6th Cir. 1991））においては，裁判所は，そこで問題となったアイテムがこうした編集物を組成するのかどうかという問題に直面している。原告は，「貸します」「売ります」といった簡単な文句を両面に描いたプラカードをデザインした。原告が，文句，組合せ，レタリングや色を決めた。原告は，5個1組で，被告 K Mart などの店に売りに出した。被告は，それを店の中の展示用スタンドに置いていた。お客は，セットではなく1枚でプラカードを買うことができた。原告は，被告に指摘されて，競争会社がそのセットをコピーしていて，それを被告の店で売っていることを知った。原告は，個別のプラカードがばらばらに著作権を得ることはできないと承知していたので，プラカードのセットを1組のものとして，著作権局に登録の申請をした。その登録申請は，選択と配列に著作者性があるというものだった。著作権局は，微妙な判断であることと，「疑わしきは申請者の利益に（rule of doubt）」に基づくものであることとを原告に告げてから，著作権登録をした。

　地方裁判所は，このセットは編集物にはあたらないと判示した。すなわち，プラカードのセットは「独自の1個の作品ではなく，その構成要素から離れて別個には存在し得ない。むしろ，原告は著作権法により保護されない5個の独立した作品を作り出したものである」。控訴裁判所も同じ意見だった。「個別の構成要素が保護され得ないのに，編集著作物が保護されているのは，『編集著作物の全体がその部分部分の合計よりも大きいからである』。……しかし，本件のセットは，保護されない個別部分の合計より大きいものにはならない。セットを構成する5枚の両面プラカードは，セットとして売られていない。……対照的に，著作権を取得しうる編集物は，野球の試合の入場料の案内や，新聞の編成表，園芸事典など，消費者にとっての価値が個別部分の組合せにある作品であるのが通常である。……本件プラカードは，セットで展示されてはいるけれども，消費者にとって，そのように組み合わせてあることに何の価値もない。……つまるところ，保護されない個別のプラカードに意味があるのであって，セットとしてではない」。

Atari Games Corp. v. Oman, 979 F.2d 242（D.C.Cir. 1992）　著作権局は，「ブレイクアウト」というビデオゲームを視聴覚著作物として登録することを拒否したが，控訴裁判所は，当局がそのゲームに著作権取得能力がないと判断するのに用いた基準を明確にすべきだとして，差し戻した。地方裁判所は，著作権局の登録拒否は裁量権の濫用ではないと判示したが，控訴裁判所は「（著作権取得のために）必要な創造性の水準は極めて低い」という Feist 判決の判示を示して，（再度）破棄した。

　ブレイクアウトは，競技ゲームで，（赤，褐色，緑，黄色の）色のついた長方形の煉瓦の細長い小片で構成された壁に向かって打つためのラケットを使い，そのラケットは大きさを変え，ボールはスピードを変え，4種類の音響が付いている。ブレイクアウトの登録を2回目に拒否したときに著作権局は，壁，ボール，ラケットの表示を「それ自体著作権取得能力のない」「単なる幾何学的な

形と彩色」であると判断した。ゲームを「全体として」見たとしても，著作権局は「その画像にも構成部分にも選択または配列にオリジナルな著作者性はない」と判断した。著作権局は，「もし著作権局が全体が長方形のみで構成される絵画を調べてそれを著作権取得能力があると判断すべきだとするならば，その判断は，幾何学的な形自体に基づいてではなく，奥行きや遠近法，影の付け方，筆致等の創造的な要素に基づくものであろうと理解することが重要である」と説明した。

しかしながら，裁判所は，「例えばモンドリアンやマレヴィッチの作品の創造性を思い起こせば，我々は，配列それ自体が著作者性を示すこともあり得ることに気づくのである」と述べた。編集物と視聴覚著作物（「関連性ある一連の画像」であることを要する）の制定法上の定義に求めれば，裁判所は，たとえ画面上の個々の幾何学的要素に著作権取得能力がなかったとしても，「それでもなお，要求される創造性の水準が個々の画面や他の画面との関係，あるいはそれに伴う音響効果のいずれかで達成されていれば，ブレイクアウトはなお著作権取得可能性がある」と述べた。裁判所は，著作権局が「ゲーム全体の流れ」や「ゲームの視覚的および音響の全体効果」，「作品の連続性」を評定しなかったのは明らかな怠慢である，と指摘した。ゲームの視聴覚的要素の「創作性」に寄与する要素のうち，裁判所は，四角いボールと長方形の縮むラケット，「（多くのレンガ壁のように一様な赤や茶，白ではない）色の選択，得点の配列とデザイン，スピードの変化，音響の使用，ボールが壁の後ろで跳ね返るのに伴う同時性ある画像と音響」を挙げた。

裁判所は，原告の主張自体失当を理由とする著作権局勝訴の判決を再度破棄して，裁判所の意見に従った方法で，著作権局が3度目のAtariの登録申請の審査をするよう差し戻した。

【質問】
1　物理的な空間に三次元の要素を配置することは，著作者性あるオリジナルな作品を作るだろうか。舞台装置は著作権取得能力があるか。画廊や美術館の絵画や彫刻の配列はどうか。ショールームの家具の配列はどうか。個人の家だったらどうか。例えば，Baldine v. Furniture Comfort Corp. (956 F. Supp. 580 (M.D.N.C. 1996)〔ショールームの家具の配列〕)を参照せよ。
2　下の絵を検討せよ。これは編集物だろうか。著作権取得能力はあるか。

マイケル・ランゲンステインによるポストカードのコラージュ「自由の泳者」（©1977）

3　ノスタルジア・レコードは,「70年代のディスコ・クイーン」というオールディーズのCDをリリースしようとしている。他社がこれらの楽曲や実演の著作権を保有しているとすると,ノスタルジア社が「ディスコ・クイーン」において保有可能な著作権の根拠は何であろうか。

4　下記のTシャツAのデザイナーが,TシャツBのデザイナーを著作権侵害で訴えたとすると,裁判所としては,Aのどの要素がオリジナルであるかを認定して,Bがそうした要素を実質的にコピーしたかどうかを認定することとなるだろうか。BデザインがAデザインを知りながらそこから派生されたものだと仮定すると,著作権のある素材を不法に利用したことになるだろうか (Matthews v. Freeman, 157 F.3d 25 (1st Cir. 1998) 参照)。

TシャツA

TシャツB

5 フレッド・キャンターは,「卒業生：ニューヨークの公立学校の卒業生たち」と題する60ページの本を執筆し出版した。これは,57枚の,古い高校の卒業写真集に掲載された有名人の写真を収録しており,これらは何千もの同様の卒業写真集から選ばれてアルファベット順に並べられたものであった。マギー・ヘイバーマンは,ニューヨーク・ポスト紙のために,「卒業生：著名人たちは高校の卒業写真集ではどんな顔をしていたか」と題する4ページの記事を書き,38枚の卒業写真とそれに合わせて現在の写真を掲載した。ヘイバーマンは,時間の節約のためにキャンターの本から16枚を拝借した。これは著作権侵害となるか。正当な著作権侵害を主張できるものが他にいるか (Cantor v. NYP Holdings, Inc., 51 F. Supp. 2d 309 (S.D.N.Y. 1999) 参照)。

⟨Matthew Bender & Co. v. West Publishing Co.⟩
(158 F.3d 674 (2d Cir. 1998))

ジェイコブス控訴審判事

　被告 West Publishing は,判決書の編集物を出版している。各判例は,判決文本体と,本件に関しては2つの範疇に分類しうるものから成り立っている。すなわち,①シラバス（判決の一般的判示をダイジェストしたもの）,ヘッドノート（各判決の中で引用された特定の法律を要約したもの）,キーナンバー（法律のポイントを別の法律上のトピックやサブトピックに分類するもの）などの独立に作成された部分と,②判決文に付け加えられた事実情報（平行的ないし別途のケース引用,弁護士関連情報,事件のその後の経緯など）,がそれである。Hyperlaw, Inc.は,最高裁と連邦控訴審の判決集をCD-ROM で出版しており,原告として本訴訟に参加し,第1カテゴリーの加工部分（つまり独立作成部分）を除去した後の被告の判例集には著作権が成立していないことの確認判決を求めている。ニューヨーク南部連邦地裁（マーティン判事）は無陪審審理ののち原告勝訴の確認判決を下し,被告はこれに対して控訴を行った。……

　……判決文に対する被告の加工はすべて,事実の追加と配列,ないしは判決文中に既にあるデータの再配列にかかわるものであり,従って,被告の判例集のこれらの要素における創作性は,この情報の選択と配列のいかんにかかっている。法学の伝統およびその他の外在的な制約要素に照らしたとき,被告による選択と配列とは自明かつ典型的なもので,最低限の創造性すら欠いているものと見るのが合理的である。よって当法廷は,原告が被告の判例集からコピーしようとしている要素には著作権が成立していないとする地裁の認定が明らかに誤りであるとは結論し得ないので,これを支持するものである。

背　景

　被告は判決書を裁判所から直接に取得する。同社では,これを上記のとおりに加工して判例集を作り,これを様々なシリーズの判例集 (case reporter) として出版（最初は分冊形態,後に合本形態で）している。こうした判例集はあらゆる州裁判所と連邦裁判所をカバーしており,West の「ナショナル・リポーター・システム」と総称されている。本件では2つの判例集シリーズが問題とな

---

(1) 被告はまた,第5控訴審と第11控訴審の個別の判決書 (slip opinion),つまり判決文の正式のヴァージョンの出版社でもある。被告は,この判決書に被告が加工したものについては,シラバス,ヘッドノート,キーナンバー以外には,著作権の主張をしていない。

っている。ひとつは Supreme Court Reporter で，すべての最高裁の判決文や決定文を収録している。もうひとつは Federal Reporter で，出版すべく指定されたあらゆる連邦控訴審の判決文と未出版ケースの処分を示した表を収録している。

原告 Hyperlaw は，ほぼ同じ領域をカバーする 2 つの編集物を販売している。すなわち，Supreme Court on Disc（1990年以降の最高裁の判例を収録した年度版の CD-ROM）と Federal Appeals on Disc（1993年3月以降のほぼすべての出版済みおよび未出版の連邦控訴審判例を収録した四半期ごとに発行される CD-ROM）である。現在では原告は判決文を裁判所から直接に取得している。しかし原告は，裁判所から直接には取得できなかった最近の判例や近時の最高裁判例，控訴審判例で引用される1990年以前の最高裁判例や1993年以前の控訴審判例も CD-ROM に収録させようと考えた。原告はこれを達成するために，被告の Supreme Court Reporter と Federal Reporter から判例を（シラバス，ヘッドノート，キーナンバーを除去した上で）コピーした。原告がコピーしようとした総数は明らかではない。原告の社長の Alan Sugarman は，被告の出版した最高裁判例と控訴審判例の50％位になったこともあったと証言している。

……（略）……

検　討

II

……連邦政府の著作物は著作権保護の対象とはならない。従って，判決文は自由にコピーすることができる（105条）。……原告・被告とも争いのないように，本件での問題は，被告による判例への加工が全体として見たときに，著作権が成立するだけのオリジナリティと創造性を示すに至っているか，ということである。

B

地裁は，被告が著作権保護を求めているところの判例集の要素について，個別に捉えても全体として捉えても，保護されるに十分なオリジナリティと創造性に欠けている，と判示した。当法廷は，ある作品におけるある要素が著作権保護を正当化するに足るオリジナリティと創造性があるかどうかの問題は，事実認定上の問題（本件においては判事による事実認定）であると考えるので，我々としては，明らかに誤っている場合以外には，これについての地裁の判断を覆すことはない。……

著作物において著作権保護を生じさせる唯一の要素とは，オリジナルであるということである（Feist, 499 U.S. at 361; Mid America Title Co. v. Kirk, 59 F.3d 719, 721 (7th Cir. 1995)）。「オリジナリティ」の基準は，当該作品が「独立の創造」に由来すべきこと，そして著者においてそうした創造が「わずかな創造性」を伴うことを立証できること，を求めている。……

被告によれば，必要となるオリジナリティと創造性は，原告のコピーしようとした4つの要素に帰属している。
① 当事者，裁判所，判決日を特定する情報の配列
② 弁護士情報の選択と配列
③ 再審理の修正ないし却下等の手続後の事件の進展に関する情報の配列
④ パラレルかつ別途のサイテーション（引用）の選択

これらの各要素は，それ自体保護の及ばない既存の事実に追加をしたり，これらを再配列したりするものであり，従って被告としては，これらの事実の選択や配列における創造性を示すことがで

きない限り，これらの要素についての保護を受けられるものではない（Feist, 499 U.S. at 348）。

創造性のひらめきが認められない局面としては，①業界の慣習やその他の外在的なファクターによって選択がなされる場合で，その種の編集物を作ろうと思った人であれば誰でも同じ範疇の情報を必然的に選択してしまうような場合（Victor Lalli Enters., 936 F.2d at 672〔非合法賭博機関における勝ちナンバーの表〕；Mid America Title Co., 59 F.3d at 722〔不動産鑑定人の報告書について，「このデータ編集物にどの事実を入れるべきかの選択は，原告の個人的な判断や趣味に基づいた裁量によってではなく，慣習と厳密な業界基準に基づいたものである」〕）や，②著者が自明な，ありふれた，あるいはお決まりの選択を行った場合……などがある。

よって，情報の選択ないし配列についての創造性とは，数種以上の選択肢の中から非自明な選択がなされることの中に存することとなる（Hearn v. Meyer, 664 F.Supp. 832, 847 (S.D.N.Y. 1987)〔「事実を表現するのに狭い幅しか許さない場合には，著作権保護が認められることは稀である」〕）。……しかし，2つないし3つの選択肢からの選択，かつて何度も選択された選択肢を選ぶこと，あるいは典型的となっているものの選択というだけでは，不十分である。こうした選択を保護することは，広範に使用される表現に独占権を与えることになり，著作権法のバランスを失することとなる。

要約すれば，選択と配列における創造性とは，①利用可能な選択肢の総数，②ある選択肢の有効性を制約し別の選択肢を非創造的にするような外在的ファクター，③ある選択肢を「ありふれたもの」にするような従前における使用の相関である。……

C

ここで我々は，原告がコピーしようとしている被告の判例集における要素について，そのオリジナリティと創造性について評価を加えることとする。

(1) キャプション，裁判所，日付情報

被告は，以下の改良点についてオリジナリティがあると主張している。

- 最初の原告と被告の名称を大文字化して"West digest title"を派生させ，また時に当事者の名称を短くする（たとえば，当事者のひとつが労働組合で，ローカルと全国区の関連組合を有する場合に，被告は単にローカルの番号だけを付して「等」を入れたりするなど）ことで，当事者の名前のフォーマット（キャプション）が標準化されている。
- 判決言渡しをした裁判所の名前が再度スタイル化されている（被告は個別の判決書のタイトル"United States Court of Appeals for the Second Circuit"を"United States Court of Appeals, the Second Circuit"と変更している）。

---

(2)〔原(4)〕 被告は当初，判決文の本文への修正における創造性についても主張していたが，後にこれを撤回した。その理由は主として，これらの修正が些細なもの（句読点やスペリング）や裁判所が決定ないし非公式な方法で承認したその他のものだからである。

(3)〔原(5)〕 我々がかつて説明したように，編集物の保護とは，「……著作者に経済的なインセンティブを与えることで知識と学習の進展を促進させ……創造的で知識にあふれた作品を生み出すという著作権法の目的と整合性があるものである」。なぜならば，「情報を新たに，かつ有益に選択し配列した」編集物は，「情報に対して，より安価な，より容易な，そしてより整理されたアクセスを提供することによって，公けの知識に貢献するもの」だからである（CCC Info. Servs., Inc. v. Maclean Hunter Mkt. Reports, Inc., 44 F.3d 61, 65-66 (2d Cir. 1994)）。こうした経済的インセンティブがなければ，こうした編集物は創作されないであろう（Id. at 66）。しかし，十分な創造性に欠ける編集物の制作を促進することは，著作権法の目標ではないのである。

・事件が審理された日と判決が下された日が再度スタイル化されている（判決が「ファイルされた」日と書いている場合，被告はこれを「判決された」日と変更している）。
・キャプション，裁判所，事件番号，日付が特定の順番で並べられており，ある判決原文では冒頭に書かれていた情報を削除したりしている（下級審の情報など。これは被告のシラバスに登場する）。

地裁はこれらの変更を非本質的，非オリジナルないし非創造的と認定したが，我々はこれが明確に誤っているとは考えない。ケースに言及するにあたって最初の原告と被告の名前ですることは，ありふれたことである（The Bluebook: A Uniform System of Citation rule 10.2.1(a) (16th ed. 1996)）。同じことは，被告が長い事件名を短くする手法にもあてはまる（id., rule 10.2.1(i)〔「公式判例集における労働組合名をそのままに引用すること。ただし，①最小単位のユニットが引用されるべきである。……②職能ないし業種別指標は……省略されるべきである」〕）。West digest title にするためにどの語句を大文字にしたり短縮したりするかといった選択がオリジナルの発想によるものだとしても，なお我々はいくつかの用語についての大文字化や短縮については著作権保護が及ばないものと考える（Secure Servs. Tech., Inc. v. Time & Space Processing, Inc., 722 F.Supp. 1354, 1363 n.25 (E.D. Va. 1989)〔「プリントのサイズには……著作権保護が及ばない」〕；37 C.F.R. §202.1(a)(1998)〔「言葉や，名前・タイトル等の短いフレーズ，……タイポグラフィックな飾りやレタリングのヴァリエーションにすぎないものは」著作権保護を受けない〕）。また，判例の最初に置かれた手続上の諸事実についての被告の全体としての選択も，必要なオリジナリティと創造性を示してはいない。つまり，当事者の名前，判決言渡裁判所，審理日，判決日は初歩的なアイテムであり，これらが入れられているのは重要だからであって，被告の判断によって入れられているわけではない（Kregos v. Associated Press, 937 F.2d 700, 702 (1990)〔チーム名，先発投手，試合時間，オッズの倍率等の「毎日の野球日程についての情報の範疇に関しては，保護されるべき権利は存在し得ない」と判示〕）。

(2) 弁護士情報

2番目に主張されている要素は，被告による弁護士情報の選択と配列である。最高裁判決やいくつかの連邦控訴審判決は弁護士についての情報の全部ないし一部を省略していることがあり，被告はこれを出頭票その他のソースから集めてきたのである。最高裁判例については被告は，弁論を行った弁護士名と事務所の所在市および州を掲載している。控訴審判決については，弁論を行った弁護士と書面に名を連ねている弁護士の名前，各弁護士とその事務所の所在市，州を掲載している。

これについてもまた我々は，地裁が少量の創造性すら欠いているとした判断に与するものである。Feist 判決での名前，町名，電話番号におけると同様に，被告が掲載している弁護士名，事務所名，事務所所在地といった情報は，まったく「典型的」かつ「ありふれたもの」にすぎない（Skinder-Strauss Assocs. v. Massachusetts Continuing Legal Educ., Inc., 914 F.Supp. 665, 676 (D. Mass. 1995)〔「マサチューセッツ州の弁護士と判事のディレクトリーを編纂するにあたり……弁護士名，住所，電話とファクス番号，登録年などのデータの『選択』は非創作的なものであり，編纂者にとって外在的な要因によって定まるものである」旨を判示〕；Key Publications, Inc. v. Chinatown Today Publ'g Enters., Inc., 945 F.2d 509, 514 (2d Cir. 1991)〔中国系アメリカ人にとっての特定の関心事を分類した電話帳を作るということに固有な創造性ということを強調〕）。事実，当法廷を含めてほとんどの裁判所は，判決書においてまったく同じ情報を提供しているのである。

C 事実と編集物 145

　被告 West が，最高裁判例集よりも控訴審判例集において多くの弁護士情報を提供する判断をしたことは，創造性の閃きとはいえない。なぜなら，出版社のとりうる選択肢は非常に限られているからである。被告の主張は，現実的な選択肢が 2 つか 3 つしかない場合に創造性ないし選択を保護対象とすることに関して低すぎる基準を設定することの危険性を現している。被告は単に弁論を行った弁護士名と事務所所在市を掲載しただけなのに対し，United States Law Week は，弁論を行った弁護士名および書面に名を連ねた弁護士名と事務所所在市および所在州を掲載している。仮にこれらの配列がどちらも保護されるならば，判決を出版しようとする者は最高裁判決に関する弁護士情報のいかなる有用な配列をも（著作権法上保護される配列と実質的には類似しないにもかかわらず）なし得ないことになる。

（3）　事後的経緯

　被告の判例集には，意見を修正したり再審理を却下する命令のような，一定の事後的な手続上の進展も書き込まれている。地裁は，被告がこれら事後的な事件の進展を書き込むために判決を加工することは，ひとつには被告の現実的な選択肢が限られていることから，創作性ないし創造性の現れではないと認定した。我々は，この認定が明らかに誤っているとは結論し得ない。多くの控訴審において，唯一の進展は再審理申立ての却下である。被告の写本担当部長である Bergsgaard は，この処分を誌面に反映するには 2 つの方法があると述べている。①判例の冒頭，原判決の日付の直後に，単に「再審理却下」との文言と却下の日付を記載して挿入したファイル・ライン，②同様の情報を含む表，の 2 つである。被告は再審理申立却下につき，ファイル・ラインを通じて反映させる方を選んだ。この選択，および却下を書き込むために用いられる実際の用語（「再審理申立却下 (rehearing denied)」の後に日付を記載）のいずれも，創造性があるものではないし，判断を要するものでもない。

　証拠調べの審理が示すように，事後的な命令は判決文に対する拡張的な変更ないし追加を反映することがある。原判決に対する修正（最小限のものから広汎にわたるものまで様々である）や，再審理却下決定における，あるいは再審理却下に対する反対意見ないし全判事陪席による再審理での，事後的判決がそれである。再審理却下とともに発行される，判決文へのあらゆる修正や新たな判決文についての原本は，常に裁判所に属する。しかし被告は，こうした変更を取り入れる上では以下の選択肢があるとして，この中から 1 つを選んだことは創造的であると主張する。①判決の末尾に，命令全文を印刷する。②判決文を，修正を反映するよう加工する。③原判決と対照できるようにした別冊を出版する。④文中に変更を反映させた原判決全文を再印刷する。

　しかし，こうした判断はほぼ 1 つか 2 つの現実的ないし有用な選択肢にしかたどり着かないし，これらの選択を左右するのはほとんど裁判所の処分のタイミングである。たとえば，ある判決を修正する命令は，①判決中，変更されるべき場所を正確に反映しているもの（この場合，判決原文を修正することが明らかに望ましい）か，②判決を修正する包括的用語を含むもの（この場合，命令を判決の末尾に印刷するのが望ましい）のいずれかである。もし，判決がいまだ分冊冊子としても製本冊子としても印刷に回されていなければ，被告は実際には，原判決文に変更を加えるであろう。判決が既に製本冊子として印刷されていれば，被告には（さらに）2 つだけ選択肢がある。①命令および原判決との対照表のみを印刷する。②判決全文を印刷し，変更部分を組み込んだ上で原判決末尾に命令を出版する（またはそのどちらかにする）。欄外に規定されているように，被告の冊子は，事

後の経緯が複雑な事件においてさえも殆ど判断というものがなされていないということを明らかにしている。被告はまた，処分を説明するファイル・ラインを付加しているが，これは単に裁判所の処分を述べているにすぎない。被告のとりうる実際的な選択肢がわずかしかないこと，およびこれらの狭い幅からの選択が裁判所の処分のタイミングと性質によって決められることを前提とすれば，我々は，地裁が被告の判例集が保護に価する十分な創造性を表現していないと結論づけたことが，明らかに誤っているとは考えない。

(4) パラレル・サイテーションないし別途のサイテーション（訳注：パラレル・サイテーションとは，同一のケースに対して，複数の判例集にレファレンスを行うことである）。

地裁の認めるとおり，被告の判例集で創造性に関する微妙な問題を惹起するのは，以下に述べる被告の引用（サイテーション）の校訂である。

(a) 被告は，判決に引用がないときは，パラレル・サイテーションを挿入する。たとえば，①最高裁判例への引用については，被告はUSR，SCSおよびLEにパラレル・サイテーションを挿入する。②州裁判例への引用については，被告は公式判例集および被告の地域別判例集にパラレル・サイテーションを挿入する。③ルーズリーフ版，特集版または電子版判例集への引用については，被告はウェストNRS判例集またはWestlaw（被告のオンライン・データベース）にパラレル・サイテーションを挿入する。

(b) 被告は，たとえば裁判所がNRS判例集に掲載された判決への引用をしているときは，NRS判例集に引用を補充する。

(c) 被告は，判決が事件名にのみ触れており，引用を挿入していない場合には，引用を挿入する。

地裁は，「ほとんどの例で，パラレル・サイテーションを盛りこむ判断は，いかなる水準の創作性の現れでもない」，「なされた選択は，概して法律専門職の一般的水準に適応したもので，USCにおいて推奨される選択に沿うことになる」と結論づけた。

我々は，地裁の結論が不合理であるとは認めることができない。被告は，どの情報源が法律実務家にとって最も便利かにつき注意深く判断していると主張する。しかし，引用の加工に関して被告のなした判断はほとんどすべて，不可避であったり，典型的であったり，法慣習によって決められたり，またはせいぜいが二者択一である（Patry, Copyright Law and Practice (1994) at 196-97〔「理論上は選択対象が多数にのぼる場合であっても，機能上，商業上または法律上の制約がある場合には，それによって保護は制約されたり，あるいは否定すらされ得る」〕を参照）。そして，各判例について，いかなる引用加工をするかにつき，1つか2つの判断を示すにすぎない。

被告は，編集者に対し，引用加工の手引きを含む手控えを発行している（別紙において，引用の要領の完全な一覧が記載されている）。被告の引用の手引きは，ほとんど議論を要しない類のものである。その理由は，裁判所がルーズリーフ方式や日刊・週刊の判例速報や個別の判決書のように入手が容易でない情報源への引用をしたときはいつでも，被告のNRS判例集およびWestlawを引用するという，明白かつありきたりな判断を含んでいるからである。こうした場合，さしあたりの選択肢がわずかしかなく，かつ被告の判例集およびWestlawが最も普及していて，基本的に判例法引用の基準となっているわけである（たとえば，The Bluebook supra, at 165-225〔SCRが二次的引用に掲げられている最高裁判例を除き，連邦裁および州裁判例のすべてについて，被告の州別および地域別判例集への引用を推奨〕; id., rule 10.3.1〔被告の地域別判例集に引用すること，およびそれに掲載され

ていない場合には「広く用いられているコンピュータ・データベース」または「速報サービス」に，この優先順位で引用することを推奨〕）。これら2つの情報源を引用するという判断には，特に評価すべき判断は何ら含まれない（自社商品への引用を盛りこむことが被告にとって利益であることを考慮すれば，なおさらである）。

その他の手引きに関しては，以下が被告の最も強調するところの引用における判断を体現しており，被告が審理において証拠調べを申し出た事件中における引用加工の用例のほとんどでもある。

- 裁量上訴の却下日が判決日より前の場合にのみ裁量上訴の却下の引用を挿入するという被告の判断は，記時錯誤を避けるために必要であり，いかなる場合でもせいぜい2ないし3つの選択肢からの選択にすぎない（たとえば BellSouth Adver. & Publ'g Corp. v. Donnelley Info. Publ'g, Inc., 999 F.2d 1436, 1441 (11th Cir. 1993) (en banc)〔問題となったイエローページにおいて，それ以降は変更がきかない締切日を決定することは，「『なんらかの有形の表現媒体に固定された』事実の集積はすべからく締切日を設定することが必要となる」から，選択に関する創造性の現れではないと判示〕を参照）。
- USR，SCR および LE へのパラレル・サイテーションを選択することに創造性があることの証拠として，被告は他に，これらの情報源へパラレル・サイテーションをしておらず，かつ被告がパラレル・サイテーションに用いていない8つの最高裁判例集を列挙している。しかし，これらの判例集はすべて，判決文の速報を提供することを意図した日刊または週刊の最新版であって，研究素材または恒久的記録として供することではなく，法律専門実務において引用される標準的情報源としては認知されていない。被告がこれらの判例集へのパラレル・サイテーションをしなかったという判断は，何ら評価すべき判断を含むものではなく，また，これらの判例やサービスの出版社が被告の引用したのと同じ判例にパラレル・サイテーションをしなかった判断は，被告自身の選択の創造性というよりはむしろ，これらの判例集の目的がより限定されていることの現れである。最後に，被告はすべての最高裁の永久保存判決記録を盛りこむ判断をしたが，つまりは被告はおよそ「選択」をしていないということである。[4]
- また我々は，NRS 地域別判例集のみならず公式州別判例集への引用に関する被告の判断についても，何ら創造性を見いだすことができない。これらは，ほとんど常に現実的な選択肢が2つしかなく（繰り返すが，これはほとんど「選択」というに足りない）し，公式判例集に引用する判断は，ほとんど典型的としか言いようがない。

被告の引用判断についての創造性がいかに小さいものであるかを評価するひとつの有効な方法は，仮に被告の引用判断を著作権法上保護すべきものと認定しなければならないとしたならば，被告の

---

(4)〔原(10)〕　被告は，あまりに周知なのでケース引用を拡張することなく一方的なケース言及にとどめて構わないものとしている，300にのぼるケースの一覧表を有している。これには，どのケースが通常の法律家にとって参照枠組みの範囲内かという，些少ではあるが創造性の否定しえない洞察がなされたことを意味し，かかる選択の表現は保護に値するであろう。しかしながら，被告は，Hyperlaw がコピーしようとした判例において，これらのケースが全面的引用なしにどの程度言及されているかについて何らの証拠も提出していないので，我々としては，保護の及ぶ作品ではあるものの，その最小限のコピーと目されるものについて著作権侵害を認定することはしない（Cf. Warner Bros. Inc. v. American Broad. Cos., 720 F.2d 231, 242 (2d Cir. 1983〔最小限法理は「原告の作品の少量かつ通常重要でない部分をコピーすること」を許容する旨判示〕）。

競業者が著作権侵害の主張を回避するために何をしなければならなくなるか，について検討することである。Hyperlawのような利便性ある判例集を作成しようとする競業者は，パラレル・サイテーションまたは別途のケース引用について，みずから独自の選択をする必要があることになる。しかし，被告の判例集に掲載されていない一般的に有用な情報を盛り込むことはできるかもしれないが（Westlawの代りにLEXISを引用するなど），研究者が有用と認める情報のほとんどはすでに被告の判例集に加えられている（被告のNRS判例集への引用をするなど）のである。被告が与えていない他の有用な補足的情報はほとんどないのである。これらの加工を取り込んだ競業者は，被告の判例集に盛り込まれているにもかかわらず，著作権侵害の主張を回避できるという確信をまったく持ちえないことになる。とりわけ，Key Publications判決において当法廷が判示したように，既存著作物との独立した相違点を指摘することのみによっては著作権侵害は免れ得ないとの命題を前提とすれば，なおさらである。……被告の「選択」が明白かつ典型的であると結論する一つの方法は，競業者が同様の引用の多くを用いないとすれば利便性ある判例集を作成することが困難となるということである。こうした判断に著作権法上の保護を認めることは，被告に対して判例集（少なくとも，それらのうち補助的引用を含むもの）の商業的出版に関する効果的な独占的地位を与えうることになる。

　また我々は，地裁がこれらの引用判断の組合せを保護に値しないものと結論したことについても，誤りがあったとは考えない。どのパラレル・サイテーションを挿入するかに関する被告の特定の判断は，ある事例においてどのケースを引用するかという裁判所の判断によって決せられるのであり，従って編集上の選択は各個独立である。これらの選択判断の集積的効果は，それぞれ別個の用途，別個の場所において本質的に自明ないし（役立つにしても）些細な事柄の積み重ねでしかない。一体となって球団のランキングを可能にする統計集とか，電話帳の利用者が特別ないし特定の利便性を享受しうるように電話番号に印をつけたり強調したりといったように，全体として包括的に創造的な視点ないし目的を表明あるいは表現するものではない。かかる理論構成によっても，被告が展開するその他いかなる理論構成によっても，被告の非創造的な引用判断の累積効果が創造的であるとはいえない。我々は，被告の引用加工が保護されるべき創造性を十分に示していないとの地裁の判断は，明らかに誤っているとはいえないと結論する。

　……（略）……

　最後に，弁護士情報，事後の経緯，および追加引用情報を付加する被告の総合的判断は，仮にあるとしても，わずかの創造的視点を現すにとどまる。ほとんどの裁判所はすでに弁護士情報を提供しているし，判決は正確であるべしとの要請からは事後の経緯を盛りこむべきだという結論になる。

　被告の編集作業は，相応の学問的労力と配慮を伴っており，法律実務家の利便に資するところ大である。しかしながら，被告には不運なことに，利便性ある判例集を作成する作業に存するところの創造性なるものは，肩身の狭いものでしかない。その理由が，被告その他あらゆる法研究関係の判例編集者にとって，パブリック・ドメインとなった原文に対する忠実さこそが編集上の優先的価値であり，その帰結として，創造的たるものは真実の敵であるということにあるのは，疑いの余地がない。
(5)
　本件における我々の判断は，他の作品の最も正確なヴァージョンを作成しようとする編集者が創造性を発揮し得ないという意味ではない。被告が主張しているように，当法廷においては，事実ど
(6)

うしの選択に関する作品においてさえ，創造性につき低い基準を設定している。しかしこれらのケースでは，Hyperlawがコピーしようとした判例集の4要素について被告が行使した判断よりも，より積極的に評価しうる創造的な判断が行使されている。たとえばKregos判決では，出版社のピッチング・チャートに盛りこむものとして，数千もの異なるピッチング統計の組合せが利用可能であった（Kregos, 937 F.2d at 704. また，Eckes v. Card Prices Update, 736 F.2d 859, 863 (2d Cir. 1984)〔18,000枚の野球カードの中から5,000枚の「プレミアム」カードを選択した野球カードのガイドブックが著作権上保護されうるとされた〕参照）。Key Publication判決で当法廷は，イエローページを作った者が「遠くない将来店じまいをすると思われるものをリストから除外した」ことを理由に，十分な創造性があると認定した（945 F.2d at 513）。CCC Information Services判決では，中古車価格目録に盛りこまれる車の外観や車種年度の選択において十分な創造性を認めた（44 F.3d at 67）。そしてLipton v. Nature Co.（71 F.3d 464 (2d Cir. 1995)）では，著者が「（作品に盛りこむ語句を）何百もの利用可能な語句の莫大なヴァリエーションの中から選択した」と判示したのである（Id. at 470）。これらの各ケースにおいて，編集者は無数の選択肢の中から選択をしており，自明でもなく業界の慣習によっても決まらない選好と価値に関して，主体的な判断を行使していたのである。……

---

(5)〔原(12)〕 Hyperlawは，被告の判決への加工には著作権法上の保護が及ばないことの根拠として融合法理を主張している。

　　アイディアそれ自体ではなくアイディアの表現のみが保護に値するという基本的な著作権法上の原則により，表現といえども，表現方法が1つしかないかあまりに少ないがゆえに，表現を保護するとアイディア自体を保護したのと同じことになってしまうような事例においては保護されないという派生的結論が導かれる（Kregos v. Associated Press, 937 F.2d 700, 705 (2d Cir. 1991)）。

　Hyperlawは，判例集のアイディアは被告の当該概念の表現と効果的に融合していると主張する。我々は，本件において融合法理を引合いに出すことを拒絶する。第1に，「当控訴審は，このいわゆる『融合』法理を，著作権が有効に存在するか否かよりむしろ，訴訟の対象となる著作権侵害が発生しているか否かを決する際に考慮してきた」ものである（Id.）。……加えて，このアプローチのもとでは，「被告が実際に原告の作品をコピーした場合，融合を根拠に責任を免れることは許されがたい」からである（Kregos, 937 F.2d at 716〔スウィート判事，一部賛成，一部反対〕）。Hyperlawは，被告の判例集が著作権保護を受けない旨の確認と，Hyperlawが実際に被告の判例集をコピーすることを許容する旨の確認判決を求めている。それゆえ，Hyperlawは融合法理を援用できないのである。第2に，被告の作品は，我々が融合法理の適用を考慮するであろう表現形態として示した「認識の積み上げブロック」を構成していないからである（CCC Info. Servs., 44 F.3d at 71参照）。

(6)〔原(13)〕 創造性をほとんど要しない編集形態も確かにある（たとえば，Grove Press, Inc. v. Collectors Publication, Inc., 264 F.Supp. 603, 605 (C.D. Cal. 1967)〔原告は自身のヴァージョンの制作にあたりVerlagのコピーにおよそ4万の改変を加えた。これらの改変はほとんどすべて，句読点の削除および追加，特定語句のスペル改変，引用符の削除および追加，そして誤植の訂正であった。これらの改変は，1967年当時の高校の英語生徒以上の技術を必要とせず，何らの独自性も表していない。これらの改変は，些細であると認められる〕参照）。加えて，本件のように，慣習および外的な力によって実際上とりうる選択肢が限られ，その結果いかなる創造性も消滅してしまうこともありうる。他方，複数の先行ヴァージョンから編集を立ち上げたり，ありうべき文書内容を決定するために推測を用いて古文書の欠落部分の正確な再現をしたりするには，多大な創造性を要しうる（たとえば，Abraham Rabinovich, Scholar：Reconstruction of Dead Sea Scroll Pirated, Wash. Times：Nat'l Wkly. Edition, Apr. 12, 1998, at 26〔作品の著者集団の知識に基づく「訓練された推測作業」を用いた「死海文書」の欠落部分の再構成に関して，学者がイスラエル最高裁においてした著作権侵害の主張について論じている〕参照）。

結　論

　地裁は，Hyperlaw がコピーしようとした被告の判例集の 4 要素が著作権法上保護に値しないと結論するにあたり，明白な誤りを犯していない。よって当該地裁判断は支持される。

　スウィート地裁判事（反対意見）
　本控訴の主要論点は，被告の SCR および FR 判例集が，その総合的な引用システムに関する限りにおいて，憲法上および法令上要求される創造的な創作性をみたすか否かである。多数意見は，Feist Publications, Inc. v. Rural Telephone Service Co., Inc.（499 U.S. 340, 111 S.Ct. 1282, 113 L. Ed.2d 358（1991））の要求する「少量の」創造性を著しく上回る基準を設定し，当裁判所が派生的作品および編集物に対する著作権法上の保護について要求した「些細でない」選択の幅をはるかに上回るものを要するとの基準を課しているので，私はこれに謹んで反対する。……多数意見の見解とは逆に，私は，パブリック・ドメインとなった判決に対して被告がした事実的注釈の選択および配列は，全体としてみれば著作権法上の保護に値すると認めるものである。[1]

　独自性（すなわち，「著者が選択または配列を独立に（つまり，当該選択または配列を他の作品からコピーせずに）なしている」か否か）のみでは，十分でない（Feist, 499 U.S. at 358）。作品が，「一定の，最低限必要な水準の創造性（creativity）を示して」いることをも要する（Id.）。著作権に関する創造性は，哲学的な問題ではない。「創造性のひらめき」は，「最も狭く，かつ最も明白な限度」を上回ることのみで足りる（Bleistein v. Donaldson Lithographing Co., 188 U.S. 239, 251, 23 S.Ct 298, 47 L. Ed. 460参照）。「わずかな創造性」とは，著者が「知的な生産，思考，および概念の……存在」を証明することのみで足りる（Feist）。……

　Feist 判決においては，Rural 社がした苗字によるアルファベット順の配列，および電話帳に盛りこむ名前，町名および電話番号の選択は「事実上，必然のこと」とされた（Id. at 363）。事実は「革新的または驚くべきやり方で」提示される必要はないものの，Rural の選択は「全く創造性が求められない機械的または決まりきったもの」と判示された（Feist, 499 U.S. at 362）。実際，Feist 判決において著作権を主張する者にとっては，ホワイトページをいかに配列するかにつき，何ら真の選択をしていない。とりわけ，州法がデータの選択について定めていること，およびいくつかの基本的判断が盛りこまれているにすぎないことを前提にすれば，なおさらである（Id. at 363）。Rural 社のみが基礎的なデータを保有していたことも重要である（Id. at 363）。

　これに対して本件で被告は，その判例集および引用システムを価値あるものとすべく選択を行っている。被告は多くの複数部分にまたがる可変的な判断をしており，被告の判断が凡庸であったり，「事実上，必然」であったり，法により決せられるものであったり，または何らかの外部の手引き

---

(1)　私は，地裁の結論は明らかな誤りであると考えるので，控訴審における審理は事後審としてではなく覆審として行うもの（de novo）でなければならない。被告の注釈が著作権法上保護に値するかについては，憲法および著作権法の課す法的基準を，本件で争いのない事実について適用することが必要である。これまでの第 2 控訴審判決が著作権法上の要保護性の問題を明白な誤りの有無という観点から審理した限りにおいて，これら判決は，Feist 事件において最高裁がなした類似の争点についての覆審としての審理（明示にではなく黙示的に，覆審としての審理ののち地裁に差し戻した）と整合せず，また著作権法における他の複合的論点について当裁判所が適用した覆審基準に整合せず……あるいは明らかに異なっている。……

に従っているとの証拠はない。逆に，記録では，被告が判例集の内容および表現を決するにあたって，いくつもの独立の編集上の選択を（裁判所の指示または同意なく）なしていることが現れている。被告の判断には，「読みやすさ」，平明さ，完全性，（現在および将来における）情報源の利用しやすさなどに関する評価，その他判例集をより利便性あるものとすることに関連する主体的な考慮事項が含まれている。……

　連邦判事らがウェスト版とは異なる判決文を下しているという事実は，ウェスト版が何らかの「思考」を必要とするものであり，著作権法上保護されるために必要な少量をみたすに十分な「創造性」を有することを結論づけるに足る理由である。もし連邦判事らが，USR のみを引用したり，自分の書く判決文に最小限の弁護士情報しか盛りこまなかったり，言及したケースにつき引用をしないという選択をした場合に，これ以外のパラレル・サイテーションを行ったり，弁護士情報を拡充したり，ケースを引用したりする選択は，著作権法上の保護を受けえないような「典型的」，「ありきたり」，「明白」または「必然的」なものとみなされるべきではない（Cf. Feist, 499 U.S. at 362-63）。

　多数意見は，被告の編集過程の各要素を分析した上で，「これらの選択判断の集積的効果は，それぞれ別個の用途，別個の場所において本質的に自明ないし（役立つにしても）些細な事柄の積み重ねでしかない」と推認する。

　しかしながら，被告の創作性は，何であれ個々の構成要素が分解された後に残存する創造性の総和によっては決しえない。実際，当裁判所は近時，著作権法上の要保護性を分析するにあたり，個々の要素を孤立させたり，あるいは「保護に値しない要素に含まれる，保護に値する表現」を無視するアプローチに基づくことの危険性について警告している（Softel, Inc. v. Dragon Medical and Scientific Communications, Inc., 118 F.3d 955, 964 (2d Cir. 1997)．また，3 M.Nimmer, Copyright §13.03 [F][5], at 13-145 n.345.1〔ハムレットの独白が保護に値しない単語群に分解されうるという事実は，独白が全体として著作権との関連で創作性を欠くことを意味しない，と説示〕参照）。

　各ケースについて被告がした特定の事実的注釈（annotations）の選択は，個別にではなく全体として考慮されなければならない。……被告の判例集における累積的かつ集合的な創作性は，作品全体として著作権法上の保護を受けるために必要な「最小限の」水準を満たしているものである。実際，被告の引用システムの創作性およびその故の利便性こそが，まさに Hyperlaw が被告をまるごとの情報源として用いようとした所以であろう。

　私の見解では，多数意見の判断は，Feist 判決以降のケースである Key Publications 判決（945 F.2d at 509）と矛盾する。同判決において当裁判所は，中国系アメリカ人業種別ディレクトリーは著作権法上保護に値すると判示したが，その理由は，営業が持続しないであろうと考えた企業を原告が除外したことであった。この選択には，「盛りこむべき業種の選択において，思考および創造が現れている」とされたのである（Id. at 513）。どの企業が一定期間開業しつづけるかの判断について少量なりとも創作性があるとすれば，たとえば法研究に資するべく開発されたシステムにおいて，情報源のうちどれが十分に利便性があるか，どれが利用可能性が高いか，どれにそれ自体独立して利用できるだけの永久性があって，どれに電子版のパラレル・サイテーションの追加が必要かといったことを判断することも，この審査基準に間違いなく合格するはずである。

　多数意見とは反対に，被告によって選択された別途の事実的注釈は，裁判所が創作性の欠如を理

由に著作権法上の保護を否定してきたケースと対比されるべきではない。Victor Lalli Enterprises, Inc. v. Big Red Apple, Inc.（936 F.2d 671（2d Cir. 1991））においては，出版社のなした事実カテゴリーの選択および配列が，レーシング・チャート出版社すべてのそれと正確に一致する，ということは争われていなかった（Id. at 672）。Financial Information, Inc. v. Moody's Investors Service, Inc.（808 F.2d 204（2d Cir. 1986），cert. denied, 484 U.S. 820）においては，デイリー・ボンド・カード上に列挙された5つの基礎的事実が独自性を欠く「必然の」選択であったことは，議論の余地がなかった。対して本件では，被告の選択はすべて主体的判断を含んでいる。

Skinder-Strauss Associates v. Massachusetts Continuing Legal Education, Inc.（914 F.Supp. 665（D. Mass. 1995））において裁判所は，法曹名鑑は「全体として」著作権法上保護に値し，それゆえ問題は著作権法上の要保護性ではなく実質的類似性である，と判示した（Id. at 677）。Skinder-Strauss事件の裁判所は，キリスト教およびユダヤ教の祝日カレンダーのような個々の要素は著作権法上保護に値しないと判示したが，本件で被告は個々の事実に著作権法上の保護を求めているではなく，むしろ判例集を全体として丸ごとコピーされることを防ごうとしているのである。

被告に与えられる著作権はわずかであるが，Hyperlawが行おうとする丸ごとのデジタル・コピーに対する保護には十分である。この結論により，科学および芸術の発展が保護される一方，被告にとっては判決に選択的に注釈を加えるインセンティブが保たれることになる。仮に，被告の競業者が被告の体系的な編集物を引き写し，結果として被告の引用システムをコピーする権利を与えられるならば，この種の独自かつ生産的な企業活動に携わる経済的インセンティブは大幅に失われることになる。……

被告の事実的注釈の選択が，法関係の情報源に親しんでいる人すべてにとって明白であると見えるかもしれないが，それは被告の市場における成功の所以である。被告が「業界標準」の引用配列を成功裏に成し遂げたことによって，そうした素材を公衆の用に供することが義務づけられるという主張には，何らの支持も受けえないであろう（Cf. BellSouth, 999 F.2d at 1444〔業界団体からコピーされた業界標準について〕）。

以上の理由で，私は，Hyperlawに有利に下された判決は覆されるべきであると結論する。

【質問】
1　ウェスト社が裁判所の正規の判決文に挿入した様々な編集上の「改良点」を検討し，ウェストが利用しえたところの異なる選択肢の数を数え上げてみよ。たとえば，ウェストとしては，当該事件に関与している弁護士についてどんな情報を加えることができたであろうか，また，いかなる形式および表示法を使用しえたであろうか。裁判所は選択肢の中からのウェストの選択が瑣末かつありふれたものと判示しているが，これは正しいか。もしもウェストがブルーブック（訳注：法曹向けに作成された，制定法・判例・文献等の引用法や引用規則を記載した書物）に載せる前にいくつかの改良点を工夫していて，それが編集上の標準として広く採用されたのだとしたら，結論は変わるだろうか。

---

(2)〔原(3)〕　被告の付加した価値がわずかであるという主張は，本訴訟の動機づけが被告の価値ある編集作品をコピーすることによって財をなしたいという欲求にあると察せられることを前提にすれば，一種皮肉である。

C 事実と編集物　153

2　個々の「改良点」を別々に見るのではなく，こうした改良点すべてをウェストが全体として付加したということが著作物たる編集物にあたらないということについて，読者は満足であるか。1つ1つは取るに足らない個々の改良点は全体として見ても保護の拡大にはならないと裁判所は述べているが，これは正確か。ウェストは，他の情報を入れるべく「選択」したり，普通は入れる情報を「よりのけ」たりすることが合理的になしえなかったのではないか。ウェストの改良点の集積をコピーすることに対して保護を与えることは，第三者が判決文を社会的に有益な方法で頒布するということを妨害するリスクを生み出すことになるのではないか。

3　多数意見と反対意見の中で議論されている Skinder-Strauss 事件について考察せよ。このケースにおける原告たる法律関連ディレクトリーの出版社に対して，そこでの，弁護士，判事，連邦および州の捜査機関などが掲載されているディレクトリーの中身をプロテクトする方法として，もっと良い方法をアドバイスできるだろうか。こうしたアドバイスが困難であるとすると，そのことは，このような価値のあるディレクトリーの情報収集と出版に投資をすることへの深刻な脅威となるだろうか。ディレクトリーの出版社，あるいはより一般的にデータベースの編集者は，総体としては，Feist 判決や Matthew Bender 判決を喜ぶことになるのか，それとも嫌うのだろうか。

Matthew Bender & Co. v. West Publishing Co., 158 F.3d 693（2d Cir. 1998）　第2控訴審は，上記のケースとの併合事件において，法律関連出版社の Matthew Bender と Hyperlaw を原告とするもうひとつの確認判決事件を扱うこととなった。しかしここでは，原告らが被告 West の書籍の判例集におけるページ・ブレーク（ページの切れ目）を原告の CD-ROM 判例集において使用していることが被告の編集著作物の侵害であるとの主張に対して，異議が唱えられている。裁判所は，被告の主張自体失当を理由として原告ら勝訴の判決を下した。そこでの主たる理由は，こうした「スター・ページネーション」を使うことは，CD-ROM の性質や使用を前提にすると，被告の書籍版の判例集において組織され出版された判決の配置や配列を「コピー」したことにはならない，という点であった。また，被告のページネーション（ページ付け）に反映された判例の配列なるものに著作権があるとの被告の主張についても，裁判所は，以下のとおりさっと片付けて，これを否定に解した。

　被告によれば，原告の商品において被告の判例集へのパラレル・サイテーション（ある事件について，それが収録されている巻とページを引用すること）をすることはフェア・ユース法理のもとで許された使用であるという。……被告は口頭弁論において，こうしたパラレル・サイテーションにより原告の CD-ROM ディスクのユーザーがマシーンの助けを借りて被告によるケース配列を感知することは許されるとし，従って，この CD-ROM は既にそのディスク上に被告のケース配列の合法的な「コピー」を作り出してしまっていることを認めているのである。これこそが被告の主張するところの「コピー」である。

　被告のケース配列のコピーが，このようにパラレル・サイテーションを通じて作られてしまった以上（誰もがこうしたコピーを感知する能力があると仮定すると），スター・ページネーションにより（マシーンの助けを借りて）感知可能な唯一の部分とは，各判決におけるページ・ブレークの場所のみである。しかし，ページ・ブレークは被告による創作的な創造物とは言えないから，それがどこにあるかといったことは合法的にコピーできるのである。よって当法廷は，スター・ページネーションの巻とページ数とは単に保護を受けない情報を伝達しているにすぎ

ず，これを複製しても被告の著作権を侵害するものではない旨を，ここに結論づけるものである。……スター・ページネーションのコピーを禁ずることは，重要で価値のあるとされている被告の編集物における非創作的要素を保護することとなってしまうのである。……

裁判所としては，この結論が第8控訴審における2つの判決とは対立するものであることを承知していたが，むしろこれらの結論がおかしいと結論づけた。これに対して反対意見を書いた判事は，これらの結論こそが説得力を有するとした。

地裁は Hyperlaw に対し，ウェスト判例集のページネーションと事実注記に関する2件の訴訟に関する弁護士報酬償還として，813,000ドル以上を認めた。ウェストの議論は軽薄（frivolous）ではなかったが（スチュワート判事の反対意見を参照），著作権を主張する対象が正確に何であるかの特定点，および裁判上の解決に服すること（特に紛争が確認判決には熟していないと主張したこと）について，ウェストが非協力的かつ回避的であったと裁判所は結論づけたのである（Matthew Bender & Co. v. West Pub. Co., 53 U.S.P.Q.2d 1436 (S.D.N.Y. 1999)）。

West Publishing Co. v. Mead Data Central, Inc., 799 F.2d 1219 (8th Cir. 1986) これが，対立する判決のうちのひとつである。ここで，被告 MDC は，コンピュータ化されたオンラインの法律リサーチ・サービスの Lexis の開発者，所有者およびオペレーターである。MDC は，そのデータベースとスクリーン・ディスプレイにスター・ページネーションを入れることを告知し，結果としてウェストの書籍版の判例集のページ・ブレークを複製することとなった。裁判所は，ウェストが各州ごとの様々な判例集にケースを配列したことは著作権の対象となるとした（「ウェストは，著作権保護に値する，ケースの編集と配列に十分な才能と勤勉さを注ぎ込んだ」）。また，Mead/Lexis におけるスター・ページネーションはこうした配列を侵害しているとも判示し（「本件における著作権とは，ウェストによる配列にあるのであって，ナンバリング・システムにおけるものではない。MDC がウェストのページ・ナンバーを使っているのが問題なのは，ウェストが著作権を有する配列を侵害しているからで，数字それ自体が著作物というわけではないのである」），これを前提として仮処分が発せられるべきであるとした。当事者は最終的には和解契約を締結し，事件は棄却され，被告が原告に対して Lexis へのスター・ページングの使用料として一定額のライセンス料（金額は明らかにされていない）を支払うこととなった。この判決の結論は，Oasis Pub'g Co. v. West Pub. Co.（924 F.Supp. 918 (D. Minn. 1996)）においても踏襲されている。

Lexis 事件での判決と和解以降，法律面とビジネス面での展開によって第8控訴審での当事者たちや争点は新たな形をとることになる。法律面での主要な展開とは，むろん Feist 事件の最高裁判決である。多くの学説の見るところ，この最高裁判決は，Lexis 判決の強調した判例編集におけるウェストの「勤勉さ」なるものを突き崩すばかりか，これら判例の配置と配列におけるウェストの「創作性」についてもダメージを与えたとする。ビジネス上の主要な展開としては，M&A を通じて法律関連出版業界の構造が劇的に変化したことである。Thomson Publishing Company が West Publishing Company を買収するにあたっての司法上の承認を求めるに際して，これらの会社は，ウェストのページ・ブレークに連なるスター・ページネーションの使用に関心のある出版社であればどこに対してでも，裁判所の承認する料金においてライセンスを発する旨を合意した。

【質問】

1 読者は，ウェストの Federal (Third) Reporter, Federal (Second) Reporter あるいはその州の地方版の Reporter の分冊版や合本版を調べてみるべきである。配列上の原則というものを感知することができるか，またこれは著作権法において創作的といえるものか。むろんウェストとしては，判決を Federal Rules Decisions とか Northeast Reporter（イリノイ州などがこれに入る）などの特定の判例集に「コーディネートする」という最初の決定は行うわけだし，それに引き続いて，判例をアルファベット順，地理別，系時的順番などの混合手法で配列することとなる（併合事件や再審理事件などの変則については例外として）。こうしたことは，関連要件としての「創造性」を満たすのだろうか。

2 なぜウェストは，Lexis, Matthew Bender, Hyperlaw らがオンライン・サービスや CD-ROM 商品においてウェストの判例集の最初のページを使うことを認めたのだろうか。それでいてなぜ，ページ・ブレークを使うことに異議を唱えたのだろうか。Matthew Bender 判決では，前者を認めた以上後者を争うことは無意味になると判示されたが，これは正しいか。

3 Matthew Bender 判決ではまた，ウェストのページ・ブレークは判例集におけるページ・フォーマットとレイアウトに関する決定からの偶発的な産物であるから，非創作的なものであるとした。第1に，もしもウェストが，本文がページをまたぐべきかどうか，どの版型を用いるか，といったことを決定しているとしたら，これらはどうしてページ・ブレークに著作権を付与するのに不十分だということになるのだろうか。第2に，より重要なこととして，なぜ創作性や著作権保護が，ページ・ナンバーを生成する主観的なプロセスに依拠することになるのだろうか（弦楽四重奏用のパブリック・ドメインの楽譜の出版社が，楽器奏者たちの不便を最小化すべくページにブレークを入れたとしたら，そうしたページ・ブレークに著作権を取得することになるのか）。

〈CCC Information Services v. Maclean Hunter Market Reports, Inc.〉
(44 F. 3d. 61 (2d Cir. 1994))

リーヴァル控訴裁判所裁判官

中古車の評価推定をまとめたものの出版社である控訴人は，その競合他社が，自社の顧客に提供する中古車評価のコンピュータ・データベースに，控訴人の概要の本質的な部分を複写したとして，その著作権侵害を追及している。Feist Publication, Inc. v. Rural Telephone Serv. Co. (499 U.S. 340 (1991)) における最高裁判所判決にならって，本控訴事件では，このような情報の編集物に対する著作権法による保護の範囲が問題となる。地方裁判所は，侵害がないと判断して，正式事実審理を経ないで被控訴人勝訴の判決を与えた。我々の意見では，著作権法は，かかる編集物に対し，地方裁判所が判示したよりも多くの保護を与えている。よって，当裁判所は原判決を破棄する。

背　景

『レッドブック』　控訴人は，Maclean Hunter Market Reports, Inc.（「マクリーン」）である。1911年以来，マクリーンまたはその前任者は，『オートモービル・レッドブック――公式中古車評価』（『レッドブック』）を出版してきた。『レッドブック』は，年8回，合衆国の3地域ごとに異なるヴァージョンで出版されていて，地域で販売される（7年以下の）中古車のほとんどの「平均的な」型の，来たる6週間の評価に関する，編集者の推測を掲載している。この推定評価は，各自動車の型式，モデル番号，車体スタイル，エンジン・タイプを別々に明らかにしている。『レッドブ

ック』は，多様なオプションや，走行距離が5,000マイル増えた場合の推定評価も載せている。

『レッドブック』における評価額は，実在する市場価格でも，引用ないし平均値でもなく，入手できる統計から数学的に計算して求められたものでもない。むしろ同社は，広範な情報源や職業的判断に基づいた，広範囲な地域における6週間先の「平均的な」車に予想される評価の，マクリーンの編集者らの推測を示しているのである。前書きには，「購読者のあなたが，ある特定の車の実際の評価の最終的な判断をしなければなりません。ガイド・ブックは，中古車評価という込み入った分野のノウハウを補充するためのもので，そのノウハウの代りになるものではないからです」と書かれている。

CCCのコンピュータ・サービス　被控訴人CCC Information Services, Inc.（「CCC」）もまた，中古車評価についての情報を顧客に提供することを業務としている。ただ，CCCは，本の出版よりも，コンピュータ・データベースを通じて顧客に情報を提供している。遅くとも1988年には，CCCは，『レッドブック』の大部分をコンピュータ・ネットワークにロードして，『レッドブック』の情報をさまざまな形式で顧客に改めて公表した。

CCCは，『レッドブック』の評価をいくつかの異なった形式で利用し，販売した。CCCの「ヴァンガード・ヴァリュエイション・サービス」（「VVS」）は，車の『レッドブック』の評価と，他の指導的な評価本である，ナショナル・オートモービル・ディーラーズ・アソシエイション（「NADA」）が出版する『NADAオフィシャル・ユーズド・カー・ガイド』（『ブルーブック』）の平均値を購読者に示していた。『レッドブック』と『ブルーブック』のこの平均値の提示はマーケットを納得させるものだった。いくつかの州の法律は，その平均値を，車の「総減損」の場合の保険金額の最低額として利用していたからだ。CCCの「コンピュータライズド・ヴァリュエイション・サービス」（「CVS」）は，最初にCCC独自の中古車評価を顧客に示しているが，同時に『レッドブック』と『ブルーブック』の平均値，『レッドブック』固有の評価をまた顧客に示している。

CCCが何週かごとに『レッドブック』からその数値を直接・間接に複製したことについて，その販売を通じてかなりの収入を得ていたことは争いがない。当裁判所が後述するとおり，1988年以来，多数の『レッドブック』の顧客が購読をキャンセルし，代りにCCCのサービスを受けることを選択した。

訴訟手続は以下のとおりである。CCCは1991年に，とりわけ，『レッドブック』から素材を取り出して出版したことが著作権法に基づくいかなる責任をもマクリーンに負うものではないとの確認判決を求めて，本訴訟を提起した。マクリーンは，侵害を主張して反訴を提起した。そこでCCCは，『レッドブック』が意図された目的の範囲内で使用されていることや，フェア・ユース，いくつかの州に保険金額を規定するため採用された結果『レッドブック』はパブリック・ドメインになったことなど，多様な抗弁を主張した。CCCはまた，権利放棄，エストッペル，同意，時機失当に基づく主張も行った。両当事者は正式事実審理を経ない判決を求め，その申立ては，アーサー・H・ラティマー下位裁判所裁判官の報告と勧告を求めて回付された。ラティマー下位裁判所裁判官は，地方裁判所に対し，CCCの正式事実審理を経ない判決を求める申立ては認容されるべきだと勧告した。ラティマー裁判官は，①『レッドブック』には，データの選択，統御，配列にオリジナリティまたは創造性がないから，保護されるべき「著作者性あるオリジナルの著作物」（17 U.S.C.A. §101）にはあたらないこと，②『レッドブック』の評価は，事実ないし事実判断であるから，著

作権保護を受けないこと，③たとえ掲載事項が事実にはあたらないとしても，それでもなお，『レッドブック』への掲載はアイディア（特定の車の評価というアイディア）にすぎず，そのアイディアは必ずドルによって伝えられるものだから，著作権保護は「アイディアと表現の融合」法理によって妨げられること，④『レッドブック』は，「政府の規則に組み込まれた」ことによってパブリック・ドメインになったこと，を判示した。それで，ネヴァス地方裁判所裁判官は，下位裁判所裁判官の勧告した判断につき「同意，採用，裁可」を行い，CCC勝訴の判決が記録に残された。

検　討

　1　『レッドブック』は，著作権法で保護されるだけのオリジナリティを示しているか。

　本控訴事件における第1の重要な問題点は，マクリーンが『レッドブック』について保護される著作権の利益を有しているか否かである。CCCが主張し，そして地方裁判所が判示したのは，『レッドブック』は，オリジナリティないし創造性なく選択され構成された，保護されない事実の編集物にすぎないから，Feist判決で最高裁判所が示すところに従って，保護を受けない，ということである。当裁判所は，賛成しない。……

　編集物の保護は，憲法で規定されているように，著者に創造的で知識に富んだ作品を作り出す（創造に対する独占的な権利という形で）経済的インセンティブを与えることによって知識や経験の進歩を増進するという，著作権法の目的に合致する。新しく有用な情報の選択，配列を工夫した編集物は，疑いなく，安価で，簡単で，便利に作られた，情報に対するアクセスを提供することによって，公衆の知識に貢献する。経済的インセンティブがなかったら，そのような編集物の作者たちは自らのエネルギーをどこかよそに振り向けて，公衆からその創造物を奪い，知識の進歩を妨げてしまうかもしれない。さらにまた，編集物のオリジナルな要素に対する独占的保護の付与は，社会に対し，若干のコストと不利益を負わせる。編集物で示されている事実は，保護されず，自由に複製できるものであって，保護は，編集者のオリジナルな創造に具体化された編集物という観点においてのみ及ぶ。これらの理由により，著作権法は，たとえオリジナルな寄与がきわめてわずかだったとしても，オリジナルであり創造的であるいかなる編集物についても，編集者に対し，他の著作者と同様，独占的な権利を保障しているのである。

　Feist判決で最高裁判所が判示した要旨は，オリジナリティの要件について高い障壁を設けるものではなかった。「額に汗」に基づく保護を求めた下級裁判所の判示を拒否し，オリジナリティが著作者性の保護の要件であって，オリジナルな要素の限度で保護が及ぶことを明らかにしたのである。保護は非常に限定されているから，著作権法のポリシーの下，高いオリジナリティが求められる理由はない。反対に，そのような要件は逆効果であろう。法に具現化されているポリシーは，ありふれた物の発明を公表することを著者に奨励するためのものであって，著者による作品に十分な創造性がなかったら作品が失われるかもしれないと著者を脅かすためのものではない。……

　地方裁判所は，『レッドブック』がオリジナリティのテストを通らないと判示して，いくつかの理由を挙げた。地方裁判所は第1に，「マクリーン・ハンターは，『レッドブック』に載せられた評価が事実情報の説明や分析以上のものであるとの説得的な主張をしていない。……マクリーン・ハンターはこの素材を最初に発見し伝達したかもしれないが，その素材はマクリーン・ハンターに『その由来を負うて』いるものではない」と述べた。

　地方裁判所は，『レッドブック』の評価が，Feist事件における電話番号のように，『レッドブッ

ク』の編集者が発見していなかったというだけの，予め存在していた事実である旨の結論を出すという，単純な過ちをおかした。逆に，マクリーンの証拠からは，その評価が，実際の価格の伝達でも，実際の価格などのデータから機械的に求められたものでもないことが認められ，その反証はない。むしろマクリーンは，特定の地域を網羅する将来の推定価格についての『レッドブック』編集者の推測であると主張した。マクリーンの証拠によると，この推測は，多数のデータ源だけでなく，職業的判断や専門知識に基づくものでもある。マクリーンの録取書による証人の一人の証言によると，15の考慮事項が検討され，考慮事項は，例えば，マクリーンの定義するところの伝統的な競合社の車が来期マーケットにおいて互いにどうやり合っていくかの予測がその例である。評価そのものが，マクリーンのオリジナルな創造なのである。

「オリジナリティは，特定の事実または要素の選択や整理においても見出される」と認めたうえで，地方裁判所は，かかるオリジナリティが示されていないと判断した。これは，『レッドブック』によるデータの選択と配列は「車の評価マーケットの要求に対する論理的な対応」を示したものだから，という理由であった。この結論に達するにあたり，地方裁判所は誤った基準を適用した。データの配列が，当該編集物の目的とするマーケットの要求に論理的に対応したものであるという事実は，オリジナリティを否定しない。反対に，いかにうまく情報を編集してみせるかという問題を解決するために用いられた論理こそ，独自の創造である（Feist, 499 U.S. at 359〔オリジナリティは，創造性のきらめきが「実質的に存在しない」というまでに全く欠けているのでない限りは，見出されるべきものである〕を見よ）。

当裁判所は，『レッドブック』におけるデータの選択と配列は，著作権保護の要件たる低い敷居を越えるに十分なオリジナリティを示している，と判断する。このオリジナリティは，例えば，マクリーンが，全国の中古車マーケットをいくつかの地域に分割し，各地域の条件に従って地域ごとに独立した推測をしたことに表されている。ある車が，合衆国の広大な地理的区域を通じて同一の値段で売れるわけではない。中古車は地域的な条件に影響を受けやすく，場所によってさまざまである。1989年式ドッジ・キャラバンは，シアトルと同じ値段でサン・ディエゴで売られることはないだろう。多数のヴァリエーションがあるに違いない広大な地域を網羅するためにたった１つの数字を示すにあたって，『レッドブック』は，評価について，決められた地域の外部よりも内部との整合性をより重視したグループ分けをしていると思われる，緩やかな表現をとっている。出された数値は必然的に概算的かつオリジナルである。『レッドブック』のリストの他のいくつかの点もまた，Feist 判決の低い敷居を越えるに十分なオリジナリティを持っている。例えば，①包含されるオプション項目表示の選択および方法，②（異なる区切り方や距離ではなくて）5,000マイルごとの走行距離の調整，③「平均的」な車という抽象的な概念の評価事項としての使用，④編集物に掲載すべき型の年数の選択，が挙げられる。

これらの理由により，当裁判所は，地方裁判所がオリジナリティを欠くという理由で『レッドブック』に著作権保護を認めないと判示する誤りをおかしたと結論する。

　2　アイディアと表現の二分法および表現されるアイディアに必要な表現の融合

CCC が激しく争っているのは，著作権法が作者に保護を与えていないアイディア以上のものは取り込んでいないということである。この議論によれば，①『レッドブック』の各掲載事項は，特定の車の価値という作者のアイディアを表現したものであり，②『レッドブック』の評価のなかに

見出される「表現」である限り，かかる表現はそのアイディアを表現するのに不可避的なものだから，その表現もまた保護され得ず，③『レッドブック』の評価の各々は，権利を侵害することなく自由に用いることができるのだから，全てについて，権利侵害なく用いることができる。これは，地方裁判所がCCC勝訴の判示をした予備的根拠のひとつだった。

　この議論に対する反論は容易でない。なぜならば，これは古くから受け入れられてきた著作権法理に基づくものだからだ。著作権保護はアイディアには及ばず，著者が用いた表現という方法だけが保護されるということは，長いこと受け入れられてきた。……

　私的所有からアイディアを解放するために，表現はアイディアを発現したものであることが必要とされるとはいえ，そのアイディアについて論じるべく公衆に自由なアクセスを保障するため，当該表現もまた保護されないであろうことは，確立した法理である。……

　もしCCCの議論が，後述する理由で優勢だとすれば，著作権法で明示された支配権にかかわらず，編集物には制定法で与えられるいかなる保護をも実質的には受けられないだろう。

　編集物の性質からすると，編集者のオリジナルな貢献はアイディアからなることがほぼ必然的である。例えば，選択におけるオリジナリティは，取得可能なデータの特定された全体からの限定した選択を消費者に利用させる編集者のアイディアということになるだろう。ある編集者は，中国系アメリカ人社会に役立つと考えた全ての職業全体を選び出すかもしれないし（Key Publications, 945 F.2d at 514を見よ），別の編集者は，消費者が勝者を選ぶのに有用だと考える，競走馬や投手についての統計を選択するだろうし（Kregos, 937 F.2d at 706-07; Wabash Publishing Co. v. Flanagan, No. 89 Civ. 1923, 1989 U.S. Dist. LEXIS 3546 (N.D. Ill. Mar. 31, 1989)〔競馬に関する情報の特定の選択と配列には著作権が成立する〕; Triangle Publishing, Inc. v. New England Newspaper Publications Co., 46 F. Supp. 198, 201-02 (D. Mass. 1942)〔同旨〕を見よ），別の者は，最高の，もっとも洗練されたお薦めのレストランのリストを提供するだろうし，あるいは，価格帯のなかで最も価値あるレストランのリストを提供するだろう。選択についてのこれらの各事例は，あるアイディアを表している。

　他の編集物では，編集者のオリジナルな貢献は，データの統御または配列についてのアイディアに関係している。このような配列のアイディアは，対象顧客の必要に応えるデータへのアクセスを容易にすることでデータをより使いやすいものにするとか，多様な顧客グループの要望に効率よく応える方法でデータを分割するとかして，一般に，消費者の要望に合うように作られる。例えば，ニューヨークのレストランのリストは，市街の地域ごと，特徴ごと，タイプごと（例えば，シー・フード，ステーキ＆チョップス，ヴェジタリアン，ユダヤ教の掟に従った料理，中華料理，インド料理），価格帯ごと，障害者の受入れ体制などによって分けられているだろう。

　選択，統御，配列について編集者の独自の創造は，実質的に，予想される顧客の対象グループにとっての有用さ，望ましさを編集者のまとめたものに付け加えるためになされるものであって，ひとつのアイディアを示すものであることは明らかである。また，編集著作物の場合，このような構成のアイディアは，もっとも簡潔に，飾りなく，直接的な方法で表現されるように思われる。もし，

---

　(1)〔原(7)〕　この選択は，現在のオプションよりずっと少なく，多くの異なる車の特定のオプションを網羅するひとつの評価のみを示すという方法で行われている。編集者は，顧客の要望をもっとも満足させるであろう情報を提供するに際し，本の判型によって限定される実際のスペースにあてはめるためにこれらの選択を行っている。

CCCが論じるように，アイディアが不適切に保護を受ける危険を回避する目的で，融合法理がアイディアの個別的な表現を用いるために編集著作物をまるごと複写することを許容するのであれば，米国著作権法103条によって明示的に与えられている編集物の保護は，実体のないものになってしまうだろう。

当裁判所は，Kregos事件（937 F.2d 700）でこの問題を的確に処理した。原告Kregosは，競合する投手たちの9個の統計を入れることによって，野球の試合結果を予想するのに使う書式を創作した。被告は，CCCの主張と同一の観点から，著作権保有者のアイディアはファンが結果を予想するのに役立てる選ばれた9個の統計の利用であって，このアイディアはその表現，9個の統計を並べる著作権のある書式に融合される，と主張した。ニューマン裁判官は次のように述べた（Kregos, 937 F.2d at 706）。

> ある意味で，あらゆる事実の編集物は，アイディアがその表現と融合していると考えられる。あらゆる事実の編集者は，同人がした特定の事実の選択が有益だというアイディアを持っている。もし編集者のアイディアが抽象化の低いレベルにあったとしたら，そのアイディアは，常に，その編集者の表現に融合されるだろう。このように考えると，著作権取得可能な事実の編集物は存在し得ないことになる。

表現とアイディアの融合法理の目的が，アイディアに保護を及ぼさないことを確保するためであると認めて，Kregos判決は，異なるアイディアの範疇について述べている。特定の病気があることを特定するのにもっとも有用な症状を特定するように，事象の理解または問題の解決を進めるために考えられたアイディアと，問題となるピッチング・フォームのように，事象を説明したり解決を示すために考えられたのではなくて，作者の嗜好や意見がしみこんだアイディアとは，はっきりと区別される。Kregos判決は，アイディアを私的所有から自由にしておくことの重要性は，単に作者の嗜好ないし意見を示すにすぎず未来の人が理解するためにほとんど役に立たないないアイディアよりも，事象の理解ないし問題の解決を示す前者の範疇のアイディアの方がずっと大きいことを前提としていた。……

Kregos判決のアイディアは，嗜好ないし意見がしみこんだソフトなタイプのものだったので，裁判所は，融合法理を適用することなく，Kregosが権利を行使することを認めた。アイディアにその表現とは異なるレベルの抽象化を当てることによって，融合法理が適用されず，著作権保有者は保護を失わないものとされた（「融合法理においては，Kregosの『アイディア』は，同人の選択が結果の予測に役立つという精密なアイディアというよりも，統計をピッチングの実績を知るために使うことができるという一般的なアイディアにとどまる（937 F.2d at 707）」）。……

本件にKregos判決の考え方を適用すると，当裁判所においては，Kregos事件のように，地方裁判所が融合法理を「差し控える」べきであったという結論をとることになる。著作権政策の問題として，これは，『レッドブック』の著作権保護を否定すべく融合法理を適用するのがふさわしい事例ではなかった。CCCに融合法理の利益を与える結果は，アイディアに対する公衆のアクセスの確保を求める著作権政策の恩恵を無にし，法律が編集物に与えようとした保護をあまりにも破壊するものである。

第1に，CCCが『レッドブック』からとってきたのは，実質上，その本の全てである。編集物からいくつかの記載事項をコピーした例とは違う。本件のコピーは，あまりに広範囲で，CCCは

事実上，自社の顧客にCCCのデータベースを通じてマクリーンの『レッドブック』を売り出したと言えるくらいだ。保護されうるものは何もとっていないという主張を正当化するためにCCCが融合法理を持ち出すことは，マクリーンの編集物に対する全ての保護を事実上無にするものである。

第2に，CCCが『レッドブック』からコピーした評価額は，Kregos事件でいわゆる第1の，基礎的要素の区分のアイディアではなく，むしろ，『レッドブック』の編集者の意見のおおよそのところを述べたものという区分に入る。『レッドブック』の保護がアイディアの自由な流通を損なうという範囲まで考慮すれば，意見を含めたというより弱い区分のアイディアも存在する。評価額は何も説明していないし，方法や手続などを何も表現してはいない。マクリーン・ハンターは，例えば，経済予測の根拠や考察する事実を独占しようとしたわけではない。『レッドブック』の掲載内容は，その編集者の，大ざっぱに分けた地域ごとの6週間の中古車の価値についての予測という以上のものではない。前述したように，『レッドブック』は，「購読者のあなたが，ある特定の車の実際の評価の最終的な判断をしなければなりません。ガイド・ブックは，中古車評価という込み入った分野のノウハウを補充するためのもので，そのノウハウの代りになるものではないからです」と明記している。この言葉は，当裁判所がKregos事件で考察した，著者は「予測に役立つと自分が明らかに信じているデータの種類を進んで選択したが，それをスポーツ面の全読者が選択されたデータの組合せから予想結果を自分で決断することができるようにしておいた」ことと非常に似通っている（937 F.2d at 707）。Kregos事件で提唱された利益衡量によれば，融合法理の利益を求めるCCCの主張を当裁判所は否定すべきだという結論が導かれる。『レッドブック』に含まれているアイディアは，「提案・意見」という弱いカテゴリーのものだから，融合法理の利益を与えないでおくことは，アイディアに対する公衆のアクセスの自由を確保するという著作権法政策を大して損なうことにはならない。もし，CCCの大規模なコピーに対抗する著作権を実現することによって，『レッドブック』の評価額に対する公衆のアクセスが幾分制限されるとしても，そのことは，我々

---

(2)〔原(23)〕 ロバート・ゴーマン教授は，編集物保護は，「作品が機能的というよりも空想的な（fancial）場合，選択基準が主観的で価値判断を含む場合……」により強く示唆されると述べている（Robert A. Gorman, The Feist Case: Reflections on a Pathbreaking Copyright Decision, 18 Rutgers Computer & Tech. L. J. 731, 751 (1992)）。Ginsburg, No "Sweat"? Copyright and Other Protection of Works of Information After Feist v. Rural Telephone, 92 Colum. L. Rev. 338, 345 (1992)も参照せよ。Hoehling v. Universal City Studios, Inc., 618 F.2d 972 (2d Cir.), cert. denied, 449 U.S. 841, 66 L. Ed. 2d 49, 101 S. Ct. 121 (1980)〔ヒンデンブルク飛行船の破壊を説明した歴史理論の保護を否定〕を，Eckes, 736 F.2d at 863〔「高級」野球カードの識別性に選択の主観性という理由で保護を与えた〕と比較せよ。Hoehling判決の意見は，「史実に基づく作品の新しい著者に，先達の作品を頼りにすべく比較的自由な行動を認めてやることによって……知識は発展していく（618 F.2d at 980）」という理論に基づいて，史実に基づく分析の保護の否定を正当化した。

(3)〔原(26)〕 当裁判所において，融合法理の考察は，オリジナルな作品の著作権取得可能性の分析よりも，侵害が既に発生しているかどうかという判断をするために申し立てられた複製行為の観点から行われている（Kregos, 937 F.2d at 705；Durham Industries, Inc. v. Tomy Corp., 630 F.2d 905, 916 (2d Cir. 1980)）。このアプローチはニマー教授に，「より良い見解（better view）」として称賛されている（13.03〔B〕 at 13-76 to 78）。当裁判所がKregos判決で述べたように，「申し立てられた侵害の文脈における融合の評価は，通常，表現の保護が必然的にアイディアに保護を与えることになるという主張を評価するためのより詳細で現実的な基礎を与えることになる」（Kregos, 937 F.2d at 705）。例えば，本件で当裁判所は，編集物からの限定的なコピーというよりもむしろ編集物まるごとのコピーに直面しているという点が重要である。

をとりまく現象や我々の問題を解決するのに有益な方法についての理解を解明するアイディアについて公けに討論することを権利侵害とするものでもないし、それに対するアクセスを制限するものでもないだろう。反対に、CCCの大規模な取得に対抗するマクリーンの著作権の実現を否定すべく融合法理が適用されるとしたら、そのことは、選択、統御、配列におけるオリジナルな創造性ある編集物に著作権法103条によって保障された保護を大きく損なうことになるだろう。オリジナルで有益な編集物の制作者に対する著作権法による誘因の価値もまた、大きく低下するだろう。

3　パブリック・ドメイン

当裁判所はまた、『レッドブック』はパブリック・ドメインであるというCCCの抗弁を指示した地方裁判所の判断にも賛成しない。地方裁判所は、いくつかの州の保険算定額や規則が『レッドブック』の評価額を選択的な標準として採用している（「総減損」の場合の保険金額は、〔他の承認された方法によるのでない限り、〕少なくとも、『レッドブック』、または『レッドブック』と『ブルーブック』の平均の評価額のいずれかの金額であることを要する、とされている）から、『レッドブック』はパブリック・ドメインに移行した、と論じた。この議論は、公衆は法律の定める内容に自由にアクセスできなければならないというものだ。もし著作権あるものが法律に組み込まれていた場合には、法律の内容への公衆のアクセスの要請は、著作権保護の除外を要することになる。

CCCが直接に引用した先例はどれも、地方裁判所の見解の根拠とはなっていない。CCCは、Building Officials & Code Adm. v. Code Tech. Inc. (628 F.2d 730 (1st Cir. 1980))（「BOCA」）に依っている。この事件では、下位裁判所裁判官が、当裁判所の事件から「実質的に区別できない」と判示した。BOCA事件の第1巡回控訴裁判所は、CCCが本件で提出した議論に同調を示したが、判決はそれを認めるものではない。控訴裁判所は、ただ暫定的差止命令を破棄し、原告の著作権者たる可能性に疑義を示し、マサチューセッツ州法の一部として以前の保護された作品（解釈規程）を利用したという理由で原告の著作権保護が失われたのかどうか審理を尽くすために差し戻した。

当裁判所は、評価の法的基準として州が著作物にレファレンスを行ったことが著作権を損なう結果になるとは判示できかねる。CCCの議論を支える方向の考え方は実際に存在するが、これに反対する考え方と対立する。例えば、州議会や州政府がこのようなレファレンスを行うことが著作権保有者からその権利を奪うものだというルールは、憲法の収用条項（Takings Clause）の下、非常に本質的な問題を引き起こすだろう。当裁判所はまた、何世代にもわたって州の教育制度が義務教育制度に応じて著作権のある本をあてがってきたという事実にも注目する。このようにあてがわれた本の全部が著作権を失うことが必然であるとまでは、CCCの議論は拡張されないであろう。著作権ある作品を用いないという法的要件に従うことはできないからだ。しかしながら、裁判所がこの結論に達することはないだろう。CCCの議論は不十分な先例しかないが、Nimmer論文は、著作権法により向上されるべき利益とは正反対であるとして、このような見解に反対している (Nimmer §5.06 [C] at 5-60)。[4]

結　論

マクリーンは有効な著作権とその侵害を立証した。当裁判所は、マクリーン勝訴の判決登録を指示する。当裁判所は、さらに審理を尽くすために地方裁判所に差し戻す。

BellSouth Advertising & Publishing Corp. v. Donnelley Information Publishing, Inc., 999 F.2d

1436 (11th Cir. en banc 1993) 　ベルサウス（BAPCO）は，フロリダ州マイアミ地域をカバーするイエローページ電話帳を出版していた。同電話帳に収録された多種多様な素材に照らして，この電話帳に著作権が成立しているということは，当事者において争いのない事実である。被告は，コンピュータへの打込み会社と契約して，BAPCO の電話帳から情報を抽出し，広告を出している電話加入事業者の氏名，住所，電話番号を収録したデータベースを作成した。これには，広告の大きさと種類を示すアルファベットと数字の組合せのコードと事業種目を示す同種のコード（BAPCO の電話帳におけるページ分類の見出しに基づいたもの）も添えられていた。被告はこのデータベースを用いてリスト（「セールス・リード・シート」）をプリントアウトし，これらの BAPCO 電話帳の広告顧客に対して被告のイエローページ電話帳に広告を出稿するようコンタクトしたのである。これに対して BAPCO は，著作権侵害であるとして提訴した。被告は，原告から素材（BAPCO が意図的に紛れ込ませておいた誤情報を含む）をコピーしたことは認めたものの，こうした素材は著作権が成立していないと争った。これに対して原告は，ここでのデータの選択，統御および配列は，最高裁が 2 年前に Feist v. Rural Tel. Service 判決において判示した創作性要件を満たしている，と反論した。全裁判官の陪席による控訴審判決は，意見が分かれはしたものの，原告の主張自体失当を理由として被告を勝訴とするものとなった。

　裁判所は，BAPCO による地域的範囲やイエローページへの掲載締切日の選択は著作権を取得できないとし，Feist 判決における判示や，いかなる事実の集積であれこうしたパラメータを有するものであることなどを引合いに出している。最も本質的には，「BAPCO の配列と統御は職業別電話帳としては『まったく典型的』なもの」であり，「実際上不可避なもの」であると判示したのである。アルファベット順の見出しにおいて職業をアルファベット順に並べるということは，「有益な職業別電話帳を作る一つの方法」であり，そうした配列はかかる電話帳のアイディアと「融合」している，と結論づけている。ある職業をある分類見出しに統御することは，著作権の成立しない事実である。いずれにしても，被告はこうした見出しについて「やや異なる分類の見出しを選択」している。また，BAPCO の見出しの構成に著作権が成立している表現が含まれているわけでもない。すなわち，「法律事務所」とか「銀行」といった見出しは自明なものであり，あたかも，BAPCO が教会について宗派を細分化したり弁護士について専門性を細分化したりしても著作権を取得しえないのと同じである。同様に，「BAPCO の見出しの多くは，全国イエローページ販売協会（National Yellow Pages Sales Association: NYPSA）による推薦といった，職業別電話帳の見出しの選択とフレージングについての標準的な業界慣行から生じたものである」。さらに，こうした数ある見出しの中からどこに名前を出すかを決めるのは，BAPCO ではなく加入者自身なのである。あるいは，被告は「BAPCO の電話帳に収録されている広告の文章やグラフィック素材，広告の場所，タイプフェイスなど」をコピーしたわけでもない。被告は，量的には多くをコピーしているが，「BAPCO の電話帳に固有であるとの議論の余地のあるような創作的要素を利用」してはいないのである。

---

(4)〔原(30)〕　ニマー教授は，私的な作品を法律に借用することが，個人使用のフェア・ユースの抗弁を正当化するのはもっともなことだが，競合する商業的出版社に責任を逃れさせるものではあってはならない，なぜならば，それは「州や連邦が模範法典を採用するという増えつつある傾向に関連して創造性を促す著作権の利益を損なうことが明らかになるだろうからだ」（Nimmer, §5.06 [C] at 5-60）と論じている。

唯一の反対意見を表明した判事は，ほとんどすべての点について多数意見とは対立する。彼としても，見出しのアルファベット順の配列や列記された職業のアルファベット順配列や氏名・住所・電話番号のつながりには権利が発生しないことを認めている。しかしながら，BAPCOの見出し分類の選択（BAPCOの見出し帳に掲載されている約40,000の中から7,000が選ばれている）とそれがNYPSAのそれとは異なっている点において創作性を認定しているのである。被告においてすら，見出しの選択はローカルの販売状況によって異なることを認めている。さらに反対意見は，いくつかの見出しの中である会社をどこに置くかを決めるのは，出稿者たる加入者ではなくBAPCOの担当者である，と結論づけている。すなわち，7,000の見出しのもとに106,000の職業が分類されているが，こうした選択のコーディネーション過程は決して「自明」ないし「機械的」なものではない。「地理的範囲」の選択過程については，BAPCOの言うように，必ずしもホワイトページにおける地理的範囲によって単純に決まるわけではなく，むしろ，ホワイトページで画定されるところのコミュニティにおける消費者の消費行動と消費地域をBAPCOが分析評価した上で，これに基づいて決めているのだ，とする。こうしたことは，データの選択と統御に関しての「自明」の判断というわけではないのであって，被告はこれをコピーしたのである。それは，（コード・ナンバー，加入者の氏名・住所・電話番号をその広告の分類見出しと情報にリンクさせつつ）磁気テープ上にコンピュータ化されたデータベースのデータを格納し，これをリード・シートにプリントアウトし，次いで「内容とフォーマットにおいて実質的に類似する電話帳」を生成することで，こうしたコピーを行ったものである。

【質問】
1 原告は，有料電話機を所有し管理する会社のための情報ガイドブックを編集した。全体の160ページのうち51ページ（各州およびコロンビア特別区）は，電話設備に課せられる州関税規則をまとめたものである。原告は，州関税をくまなく調べ，わかりやすく読みやすい形態に「ばらばらにする」ために，数名の弁護士を雇った。被告は，同じ主題の自著にその51ページをコピーした。これは侵害にあたるか（U.S. Payphone, Inc. v. Executives Unlimited, 18 U.S.P.Q.2d 2049 (4th Cir. 1991)を見よ）。
2 ロウ・スクールが3部からなる卒業生名簿を発行する。第1部は，卒業生の氏名（現住所と勤務先の所在地・電話番号と共に）がアルファベット順に編集される。第2部は，卒業したクラスによって（クラス内ではアルファベット順），第3部は，都市と州によって（内部ではアルファベット順）編集される。あなたは，この卒業生名簿が著作権取得可能かどうか尋ねられた。著作権取得能力をより確かなものとするために，ロウ・スクールが寄与すべき「著作者性」の追加的な要素はあるか。
3 ダウ・ジョーンズの株価指数に著作権は成立するか。この指数は，主要な会社30社をさまざまな業界から抽出して，その株価を基に作られており，これの推移は，この指数の作成者の信ずるところによれば，株式動向を忠実に反映したものである（Dow Jones & Co. v. Board of Trade, 546 F. Supp. 113 (S.D.N.Y. 1982)を見よ）。

データベースに対する超著作権保護

C 事実と編集物

1996年3月，欧州共同体議会（European Parliament）と欧州連合理事会（Council of the European Union）は，データベースの法的保護についての指令（Directive）96/9/EC を発した（O.J.E.C. No. L 777/20 (23.3.96)）。指令は，欧州連合の15か国に，各国の法律を，「独立の著作物(works)，データ，その他の素材を，体系的または系統的に，かつ電子的その他の手段で検索することができるように配列した集合体」と定義される，データベースの著作権保護の統一基準に調和させることを求めている。この指令の著作権保護の基準は，米国法の Feist 判決の基準と同質と思われる（第3条を参照せよ）。

しかし，この指令は著作権保護を超えたものである。著作権が再配列や部分的な選択に対して編集された情報を保護するものではないことをを認めて，欧州委員会（EC Commission）は，「質的ないし量的に，内容の取得，確認，提示に関する実質的な投資……」であることを示して，データベースの「本質的な部分」の「抽出」と「再利用」を禁止するために，新しい固有の権利（sui generis right）を創設したのである（7.1条）。

指令は，この固有の権利は「データベースの著作権やその他の権利による保護の可能性とはかかわりなく適用される。さらに，それはデータベースの内容の著作権やその他の権利による保護の可能性とはかかわりなく適用される」と明記している。米国の表現でいうと，EC の指令は編集者の「額の汗」を保護するものである。例えば，この指令によると，包括的な，アルファベット順に配列した電話帳は，オリジナルでない全体としてだけでなく，リストの実質的部分についても保護されることになる。結果として，指令は，「保護のうすい著作権」の問題にひとつの答えを与えたことになる。この特有の権利の利益を受ける人は，EC の国民，居住者，EC 内で設立されたか EC 内に本店を有する会社である（11条）。EC 外のデータベースは，委員会の勧告に基づき欧州理事会とデータベースの由来する国との間に契約を締結しない限り，内容の抽出や再利用に対して保護を受けない（11条）。委員会は，他の国が EC のデータベースと同等の保護を及ぼすのでない限り，契約を締結するのを勧告する傾向にはないようだ。

Feist 判決の余波で，米国著作権法が編集者の投資を保護しないことは明らかである。しかし，データベースとその他の情報編集物は，アメリカ国内の取引と同様，国際的にも重要なものである。それで，EC の相互主義の要件は，編集物特有の保護を立法化するよう米国に無視できない圧力をかけている。実際に，EC 指令の可決は米国の立法化の動きと世界知的所有権機構（WIPO）における条約起草の動きに拍車をかけた。後者は，1996年12月にジュネーヴで開催される WIPO 外交会議において討論の予定であったが，棚上げされている。

アメリカ国内の動きとしては，1996年5月，Moorhead 議員が第104期連邦議会において，「1996年データベースの投資及び知的財産保護法（Database Investment and Intellectual Property Antipiracy Act of 1996）」を提出した（H.R. 3531, 104th Cong., 2d Sess.）。Moorhead 議員の提案は，EC の基準に触れて，「1998年に完全に実施されたときには，欧州指令は，米国の会社を，全ヨーロッパ市場において競争上非常に不利な立場に追い込むことになるかもしれない」ことを強調している。しかし，第104期連邦議会はデータベース立法を行うことなく終了した。

第105期連邦議会においては，新しいデータベース保護法案として「情報収集物保護法（Collections of Information Antipiracy Act）」（H.R. 2652）が下院を通過したが，上院でつまずいた。下院法案は第106期連邦議会において再提出されたが（H.R. 354），結局通過しなかった。本書が印刷さ

れている段階では，107期連邦議会には何の法案も提案されていないが，将来的にはいくつかの胎動はある。「情報収集物保護法」は欧州連合モデルとはやや異なるものである。データベースにおける固有の権利というかわりに，同法案においては，情報の収集者に一定の利用行為に対して不法行為法上の請求権を付与しているのである。

H.R. 354の関連条文を以下に示す。これらを検討して，法案が情報の編集物に効果的な保護を与えるものかどうか考察せよ。保護が過度だろうか。連邦議会は他にどのような保護を考慮に入れるべきだろうか。すでに考慮がなされているだろうか。最後に，Feist判決が創作性を「憲法上の要件」だと宣言したことを想起せよ。連邦議会には，以下の制定法を立法する権限があるだろうか（United States v. Moghadam, 50 U.S.P.Q.2d 1801 (11th Cir. 1999)〔固定されていない音楽実演を保護する1101条の合憲性について〕と比較せよ）。

〈情報収集物保護法〉
(H.R. 354, 106th Cong., 1st Sess. (1998))

1401条（定義）
(1) 「情報の収集物」とは，ばらばらの情報を1つの場所ないし1つのソースに持ち寄ってユーザーがこれにアクセスできるような目的のために収集され組織化された情報をいう。
(2) 「情報」とは，系統的に収集され組織化され得るところの，事実，データ，著作物，その他の無形の素材をいう。
(3) 「潜在市場」とは，1202条における保護を求める者が現に利用しようとしている市場もしくは利用しようとしていることが立証可能な市場，あるいは，情報収集物を含んだ同種の商品やサービスを提供する者が通常利用するところの市場をいう。
(4) 「商取引」とは，連邦議会が合法的に規制できるすべての商取引をいう。

1402条（不正利用の禁止）
　何人も，第三者が相当額の金銭投資ないしその他の資財を投じて収集，組織あるいは維持する情報収集物の，全部または本質的部分（量的ないし質的に計測されたところの）を抽出ないし商取引において使用して，販売その他商取引に使用されるべく提供されるところの当該情報収集物を含んだ商品ないしサービスに関しての当該第三者もしくはその利益承継者の現実市場ないし潜在市場に害悪を与えた場合には，1406条に規定する救済に関して，当該第三者ないし利益承継者に対して有責であるものとする。

1403条（許容される行為）
(a) 教育，科学，研究，その他の合理的行為
(1) 非営利の教育的，科学的ないし研究的使用　　1402条にかかわらず，何人も，1402条に規定する商品ないしサービスの現実市場を直接に害さない態様において，非営利の教育，科学ないし研究の目的をもって情報を抽出ないし使用することを禁じられないものとする。
(2) その他の合理的使用
　(A) 一般原則：1402条にもかかわらず，例示，説明，例証，コメント，批評，教授，研究ないし分析を目的として，当該目的にとって適切かつ通常の量において情報の使用ないし抽出がなされた場合，そうした個々の行為（individual act）ないし抽出行為は，それが当該状況に

C 事実と編集物

おいて合理的であるならば，本章における権利の侵害とはならない。かかる行為が当該状況において合理的であるかどうかを判定するにあたり，以下の要素が考察されるものとする。

(i) 当該使用ないし抽出がどの程度に商業的であるか，あるいは非商業的であるか。

(ii) 当該使用ないし抽出を行った者の善意度（good faith）

(iii) 使用ないし抽出された部分が別の作品に組み込まれた程度と態様，元の情報収集物と新たに作られた別の作品ないし収集物との差異の程度

(iv) 使用ないし抽出がなされた収集物は，主として，当該使用ないし抽出を行った者と同じ分野ないし事業に従事する者のために開発されたもの，もしくは販売されるものであるのかどうか。

いかなる場合においても，使用ないし抽出された部分が販売されたり，販売のために提供されたり，あるいはその他商取引において提供された場合であって，当該使用ないし抽出のなされた収集物の全部ないし一部の販売上の代替物として機能するおそれのある場合においては，当該使用ないし抽出は本項において許容されたものとはみなされない。

(B) 定義：本項において「個々の行為」とは，同一の情報収集物ないし関連の情報収集物のシリーズに対する関係で，同一人，関係者ないし協調行動をとる者によってなされる一定パターン，システムないし反復される行動の一部ではないものをいう。

(b) 情報の個々のアイテムおよびその他の非本質的部分　本章においては，情報収集物における情報の個々のアイテム自体ないしその他の非本質的部分自体の抽出ないし使用が禁じられるものではない。著作物を含む情報の個々のアイテムそれ自体は，1402条における情報収集物の本質的部分とはみなされないものとする。ただし，本項によって，1402条の禁止規定を潜脱するような，情報収集物の個々のアイテムないし非本質的部分の反復的ないし組織的な抽出ないし使用が許されてはならないものとする。

(c) 他の方法によって取得された情報の収集ないし使用　本章においては，情報を独立に収集したり，第三者が相当額の金銭投資ないしその他の資財を投じて収集，組織あるいは維持する情報収集物からの抽出以外の方法で取得した情報を使用したりすることは禁じられていない。

(d) 確認目的における情報の使用　本章においては，何人も，自身が独自に収集，組織ないし維持した情報の正確性を確認するだけの目的において，何らかの団体ないし組織体の情報を抽出したり使用したりすることは制約されないものとする。ただし，いかなる場合においても，かく抽出ないし使用された情報は，当該抽出ないし使用がなされた情報収集物の現実市場ないし潜在市場を害するような態様において他者に利用させてはならないものとする。

(e) 報道　本章は，何人といえども，取材，伝達ないしコメントを含む報道のみを目的とした情報の抽出や使用を制約するものではない。ただし，かく抽出ないし使用された情報が時間にもろい（time sensitive）性質のもので，当該情報が報道機関によって収集されたものであり，かつ抽出ないし使用が直接的な競争目的でなされている一貫したパターンの一部である場合には，この限りでない。

(f) 複製物の移転　本章は，情報収集物の全部ないし一部の，合法的に作成された複製物の所有者が，かかる複製物を売却したり，その他その占有を処分することを制約するものではない。

1404条（適用除外）

(a) 政府による情報収集物

(1) 除　外　　本章における保護は，政府機関（連邦，州，地方を問わず，またかかる機関の従業員，代理人，かかる機関から独占的にライセンスを受けている者についても，そうした雇用，代理ないしライセンスの範囲においてこれに含まれるものとする。以下同じ）により，あるいは政府機関のために収集，組織ないし維持されている情報収集物には及ばないものとする。本項は，かかる代理ないしライセンスの範囲外においてかかる代理人やライセンシーが収集，組織ないし維持する情報や，連邦ないし州の教育機関が教育ないし学術に従事する過程で収集，組織ないし維持する情報について保護を及ぼさない趣旨ではない。

……（略）……

1405条（他の法律との関係）

(a) 他の権利は影響されない　　本章は，著作権その他の情報に関する権利ないし義務（特許，商標，意匠，独占禁止，営業秘密，プライヴァシー，公的書類へのアクセス権，契約法などに関する法律を含む）の権利，制約ないし救済に何らの影響を与えるものではない。

……（略）……

(c) 著作権との関係　　本章における保護は，情報収集物に含まれる，あるいはその全部ないし一部を構成する著作物の，範囲，存続期間，帰属関係，存在，著作権保護ないしその制限について，これらから独立であり，これらについて何の影響も与えず，これらを拡張することもない。

(d) 独占禁止法　　本章は，連邦ないし州の独占禁止法が商品ないしサービスの提供の態様について課すことあるべき制約（商品やサービスの単一供給者に対するそれを含む）を，いかなる意味でも制約するものではない。

……（略）……

〔1406条は，差止，損害賠償および利益償還請求の民事救済について規定している。被告が，非営利の教育機関，科学機関，図書館ないし研究機関の従業員であって，そうした雇用の範囲内で行動したものであり，自身の行為が許容されるものと合理的に信じていた場合においては，裁判所は金銭賠償を減額したり免除したりすることができる。1407条は，1402条を故意に違反した者に対する刑事罰を規定している。1408条は，民事・刑事ともに3年間の時効を規定している。〕

1408条（訴訟提起の制限）

……（略）……

(c) さらなる制約　　本章における，情報収集物の全部ないし実質的部分の抽出ないし使用に対する民事上ないし刑事上の訴訟は，編集物のそうした部分が本章における保護の対象になるような投資のなされた後において，当該抽出ないし使用された情報収集物の一部が最初に販売その他の商取引のために提供されてから15年以上経過している場合には，係属しえない。既存の収集物を維持する上で投入された実質的な資財の投資から生ずる本章における保護は，当該既存収集物の複製物からの情報の抽出ないし使用が15年を経過しており，かつその後かかる抽出ないし使用に関して何の責任も発生していない場合には，こうした抽出ないし使用を妨げるものではない。

〈Mason v. Montgomery Data, Inc.〉

(967 F.2d 135 (5th Cir. 1992))

C 事実と編集物 169

リヴリー控訴審判事

　Hodge E. Mason と Hodge Mason Maps, Inc., Hodge Mason Engineers, Inc. ("Mason"と総称する) は，Montgomery Data, Inc. (MDI) と Landata, Inc. of Houston (Landata), Conroe Title & Abstact Co. (Conroe Title)に対し，被告らはテキサス州モンゴメリー郡の233枚の不動産所有地図における Mason の著作権を侵害したとして訴訟を提起した。地方裁判所は，初めは，232の著作権の侵害について Mason が制定法による損害や弁護士報酬の賠償を受けることはできないと判断した。後になって裁判所は，Mason の地図はアイディア／表現の融合法理のもと著作権取得能力がないと判示し，正式事実審理を経ないで被告勝訴の判決を与えた。我々は，これらの地図が著作権取得能力を有するという Mason の主張を支持し，地方裁判所の判決を破棄し，事件を差し戻す。しかし，被告らが Mason の著作権を侵害したことを Mason が立証した場合に，Mason は，233枚の地図の1枚の侵害を理由に法定損害賠償と弁護士報酬の賠償を受けることができるのみである，という地方裁判所の判断に対しては，我々はこれに賛成するものである。

I　背　景

　1967年8月から1969年7月までの間，Mason は，全部を合わせるとモンゴメリー郡の全域を網羅する118枚の不動産所有地図を製作し発行した。その地図は，著作権表示がなされていて，測量図や下付地，土地の所在，大きさ，形態，また郡内の地勢上の特徴が図で表現されている。地図上の数字や文言は，さまざまな土地についての不動産権利証書や権原要約書，地積，所有者を明らかにしている。Mason は，地図に含まれている情報を，種々の情報源から入手した。これらの情報源を頼りに Mason は，最初に郡内の各測量図の配置と範囲を決め，次に合衆国地質調査局(1) (United States Geological Survey : USGS) が発行した地勢図の上にそれぞれの測量図の角と線を引いた。そして，各測量図の中の土地の境界線の位置を決め，それらを USGS の地図に書き込んだ。最後に Mason は，測量図と土地境界線を透き通った上敷きにトレースし(2)，USGS の地図とその上敷きを拡大し，その上敷きに名称などの情報を加え，その地図と上敷きを組み合わせて，最終的な地図を印刷した。Mason は，さまざまな情報源のなかの不一致を調整し，最終的な図面に含めるべき特徴を選択し，一般の人々にとって役に立つような方法で情報を表現するという実質的な判断や選択をした，と証言した。1970年から1980年まで Mason は，初版の地図に改訂を加え，115枚の新しい地図を著作権表示を付けて発行し，最終的には地図は全部で233枚になった。Mason は，地図を，ばら売りで，またセットで販売した。

　Mason の侵害の申立ては，被告が Mason の地図を，モンゴメリー郡の土地の変遷する権利情報を連続的に編成し蓄積するために Landata が作成した地理索引システムの一部として使用していることに基づく。〔Landata は，Mason の地図を，形態を整え直して，土地の権利について更新する情報を続けて記録するための上敷きと別のコピーを作成するために利用した。そして，コンピュータに保存する土地の権利のデータにこれらのコピーを入力した。Landata は，MDI と会社との契約により，これらのコピーを MDI を合併した数社の権原保険会社が使用できるようにコピーしデータ化した。Landata は，自社のシステムの一部として Mason の地図を使用する許諾をMason に求めたが，Landata が許諾料の支払を拒んだために Mason はその求めを拒絶した。しかし Landata は，Mason の地図を使ってしまった。Landata は，1982年から1989年までの間，Mason の地図を使って更新された上敷きとコピーを作った。〕

〔Masonは，1968年10月に118枚の元の地図のうちの１枚について著作権登録をした。Landata が Mason の地図を使っていることが判明した後，Mason は，残りの117枚の元の地図と115枚の改訂版の地図について，1987年10月から12月までの間に著作権登録をした。原告の主張自体失当を理由とする被告勝訴の申立を受けて，地方裁判所は，Mason の地図は著作権取得能力がないと判示して，Mason の申立てを棄却した。その理由は，その地図に具体化されている「アイディア」は，その地図におけるアイディアの「表現」と分離することができないから，というものだった。〕

II　検　　討
A　Mason の地図の著作権取得能力
1　アイディア／表現の融合法理

著作権法は，著作権保護を「有形の表現媒体 (medium of expression) に固定されたオリジナルな著作物 (works of authorship)」に及ぼしている (§102(a))。しかしながら，その保護の範囲は無限定ではない。「いかなる場合においても，オリジナルな著作物に対する著作権の保護は，<u>アイディア</u>，……には及ばない。このことは，これらがいかなる形式で記述され，説明され，図解され，あるいは実体化されているかを問わない」(Id. §102(b). 下線は引用者)。従って，著作権は，あるアイディアについてのある著者のオリジナルな表現をコピーすることを妨げるが，そのアイディア自体を用いることを妨げるものではない。「その『表現』を剽窃しない限り，その『アイディア』を利用することは自由である」。(Herbert Rosenthal Jewelry Corp. v. Kalpakian, 446 F.2d 738, 741 (9th Cir. 1971)) しかしながら，アイディアとその表現とが融合してしまって両者を区別するのが困難な事例もある。そこで，あるアイディアを表現する方法が本質的に１つしかないときは，「その『表現』をコピーすることは禁止されない，なぜならば，そのような状況でその『表現』に保護を与えることは，特許法によって付される条件や限定に縛られることなく，その著作権者にその『アイディア』の独占を認めることになるからだ」(Id. at 742)。その基礎にあるアイディアと融合された表現に対する保護を否定することによって，我々は，「単にいくつかの表現についての著作権があるからというだけでそのアイディアを著作者が独占することを回避する」(Toro Co. v. R & R Products. Co., 787 F.2d 1208, 1212 (8th Cir. 1986)。

地方裁判所は，本件にこの法理を適用し，「Hodge Mason の地図は，……原告がその地図を作成するにあたって基礎にした法的な説明とその他の事実の情報の正確な解説の結果を図解入りで示した唯一の表現である」(Mason, 765 F. Supp. at 355)。……従って，地方裁判所は，「公けに知られた法的および事実的な情報を基に地図を作るための原告のアイディアは，その地図の中に具体化された表現から分離することができない，故に著作権保護は及ばない」(Id.) と結論づけた。

我々は，地方裁判所は本件に融合法理を適用する誤りをおかしたという Mason の意見に賛成す

---

(1)〔原(3)〕　これらの情報源には，モンゴメリー郡，サン・ハシント川当局から得た税金関係，不動産権利関係，測量関係の記録や，テキサス州公有地管理局から得た測量記録，地図，権原要約書，Conroe Title から提供を受けた権利データと細分情報，テキサス州 Conroe 市から得た地図，合衆国国土地理院から得た地図が含まれている。

(2)〔原(4)〕　USGS は，モンゴメリー郡を含め，合衆国のほとんどの地図を作っている。Mason のような民間の地図作成業者の多くは，自社の地図を作る出発点として，USGS の地図を用いる (David B. Wolf, Is There Any Copyright Protection of Maps after Feist?, 39 J. Copyright Soc'y USA 224, 226 (1992)を参照)。

る。いかなる事件であれこの法理を適用するかどうかを判断するためには，裁判所は，「そのアイディアがさまざまな方法で表現することができるかどうかに焦点をあてなければならない」(Apple Computer, 714 F.2d at 1253)。そこで裁判所は，まず最初にその作品で表現されているアイディアを見極め，その次に，そのアイディアを，著作者による表現から区別しなければならない。もし裁判所が，アイディアと表現とが分離不能だと判断したときには，融合法理が適用され，その表現は保護されないことになるだろう。反対に，もし裁判所が，表現からアイディアを区別することができたら，ある著作者がそのアイディアの一つの表現に著作権を得るという事態は，他人が同じアイディアを自分の表現で創作し著作権を得ることを妨げることにはならないから，その表現は保護されることになるだろう。あらゆる事件において，「一線を画する基準は，合衆国憲法の特許著作権条項に反映されている，競争と保護のバランスをとる，ということにある」(Herbert Rosenthal Jewelry, 446 F.2d t 742)。

地方裁判所は，モンゴメリー郡の地図の上に「権原要約書と土地の境界線を描き，所有者の名前や地積，その他の事実情報を示す」という Mason のアイディアは，「公けに知られた法的および事実的な情報を基に地図を作る」ことであると判断した (Mason, 765 F.Supp. at 356)。裁判所は，1 通りないし限られた方法でしかこのアイディアを表現することはできないと判示する誤りをおかしたのは明らかだ，と Mason は主張する。我々も Mason の主張と同じ考えである。本件の記録には，Mason の地図に具体化されたアイディアはさまざまな表現が可能であることを議論の余地なく証明する，Mason の競業者によって作成された地図のコピーが含まれている。競業者の地図と Mason の地図は同じアイディアを具体化したものであるが，配置，大きさ，多数の測量図や土地その他の特徴の守備範囲が異なっている。また，記録の中には，免許を受けた測量技師と経験ある地図作成者が次のように説明している宣誓供述書がある。彼らは，Mason の地図と競業者の地図との差異は，各地図作成者の情報源の選択や，その解釈，複数の情報源の間の不一致の調整，情報の表現の能力と判断力から自然に生じるものだ，と述べている。

MDI は，Mason と競業者は同じ情報源から情報を得たという証拠がないから，この証拠は関連性がないと主張する。しかし，同じアイディアをもつ異なる地図作成者が，異なる情報源に頼って異なる結論に達することがあり得るという事実は，我々の結論を支えるものである。Mason と競業者が異なる情報源に頼っていようと，同じ情報源に頼って複数の情報源の間の不一致を解決していようと，情報源から得た情報をもっとも良く表現するについて異なる判断をしていようと何ら関係なく，それらの地図の相違は，Mason の地図に具体化されたアイディアがさまざまな方法で表

---

(3)〔原(5)〕 Mason は，融合法理の適用はある作品を著作権取得不能にするものではなく，むしろ，さもなければ著作権取得可能であるはずの作品について侵害が生じることを回避させるものである，と論じた (Kregos v. Associated Press, 937 F.2d 700, 705 (2d Cir. 1991)〔第 2 巡回審は，「いわゆる『融合』法理を，著作権が有効かどうかよりもむしろ，訴訟で争える侵害が発生したかどうかを判断する際に斟酌した」〕を参照せよ)。しかし，当裁判所は，融合法理を著作権取得可能性の問題に適用するものである (Kern River Gas Transmission Co. v. Coastal Corp., 899 F.2d 1458, 1460 (5th Cir.)〔アイディアと原告の地図において具体化された表現は分離不可能だから，「問題の地図は著作権取得能力がない」〕, cert. denied, _ U.S. _, 111 S. Ct. 374, 112 L. Ed. 2d 336 (1990)を参照せよ)。いずれにせよ，我々は本件において融合法理の適用はないと考えるので，その適用の効果は関係がない。

現されうることを確かに示すものである。異なる情報源を選択することによって，または，複数の同じ情報源の間の不一致について異なった解決をすることによって，または，情報を異なる風に調整し，配列し，あるいは異なる書き方をするだけで，他の地図作成者は，Masonのアイディアを，Masonが作った地図とは異なった表現で作成することができるし，実際にそうしている。

……（略）……

本件において我々は，地図を作成する初期のポイント，すなわち，情報の選択と土地の境界線をどこに引くかという決断に先立つポイントに焦点を当てる。ここでのアイディアは，境界線，境界標，所有者に関する情報を一緒にして，それらを効果的な視覚表現で配置する選択を行うことだった。そのアイディアと最終的に決定した表現とは，競業者から保護を受ける権利が与えられるところのMasonの努力と創造性によって区別される。……その表現に保護を及ぼすことは，Masonにそのアイディアに対する独占を認めることにはならない。なぜなら，他の地図作成者は，同じアイディアを違った風に表現することができるからだ。それぞれの地図が受ける保護は，そのオリジナルの表現についてのみであって，その地図に表現された事実やアイディアが保護されるのではない。「事実とアイディアは，……自由に取ってくることができる。……たとえある著作者がその事実を発見したかアイディアを提案した最初の者であったとしても，全く同じ事実やアイディアが，後発の者によって，元の著作者が負わせた文脈から分離され，言い直され，再構成され得るのである。」(Feist, 111 S. Ct. at 1289 (Jane C. Ginsburg, Creation and Commercial Value：Copyright Protection of Works of Information, 90 Colum. L. Rev. 1865, 1868 (1990)から引用))

これらの理由により，我々は，地方裁判所は本件に融合法理を適用する誤りをおかしたと結論する。Masonの地図に具体化されたアイディアはさまざまな方法で表現されうるから，融合法理によって，そのアイディアについてのMasonの表現が著作権取得能力がないという結論を導かれるものではない。

2　「創作性（オリジナリティ）」の要件

Landataは，仮に融合法理が適用されないとしても，Masonの地図は，Feist判決にいう「オリジナル」ではないから，著作権取得能力がない，と反論する。地方裁判所は，Masonの地図は

---

(4)〔原(6)〕　専門家の一人であるPliny M. Galeは，Masonの地図と競業者の地図を精査して，以下の結論に達した。「種々の記録や特徴の集め方や図の表現，配置は，相当の能力と判断力，オリジナリティのあるものです。……私が精査したMasonの地図と他の地図とで，私が気づいた差異は，当然予想されるべきものです。というのは，記録には数多くの解釈があり，それぞれの判断があり，また，100年以上の進展にわたる証書などに基づいて所有者の地図を作る時に考慮しなければならない地図の基礎の選択があるからです。……地図を調べて，私は，Masonの地図はMasonが選択した図の表現に独特で，しかも公けの記録には見られない，多くの特徴があることを発見しました」(Gale Aff. at 2-4)。もう一人の地図作成者であるMilton R. Hanksは，以下のように述べた。「Masonのモンゴメリー郡の地図と同じくらい詳しくて複雑な地図を編集するには，地図作成者は，たった1枚の地図の上に，さまざまな組合せの中からさまざまな特徴を配置するのに，多くの個別的な判断を迫られることになるでしょう。……Masonの地図をTobinの地図と同じ縮尺で重ねあわせてみると，……さまざまな特徴と概説の配置に多くの違いがあるのを容易に見てとることができます。2枚の地図の違いはまさに，同じ古い地図を基にして2人の者が別個に作った地図の間に見られるだろうと私が考えるのと同じ種類の違いです。その違いが生じる理由は，この種の大規模な地図の作成においては非常に多くの個別的な判断が下されなければならないからです」(Hanks Aff. at 2, 5)。

著作権取得能力がないと判示するのに融合法理を適用したが,「Hodge Mason の地図の問題点は,オリジナリティの欠如ではない」(Mason, 765 F. Supp. at 355) と判示した。我々は,Mason の地図がオリジナルであることに同意する。オリジナリティは,「新奇さ,精緻さまたは審美的であること」を要求するものではない (H.R. Rep. No. 1476, 94th Cong., 2d Sess. 51 (1976), reprinted in 1976 U.S.C.C.A.N. 5659, 5664. Feist , 111 S. Ct. at 1287も参照せよ)。そうではなくて,オリジナリティは,「著作者によって独自に作り出された作品(他人の作品をコピーしていないという意味で)というだけであって,少なくとも最低限の水準の創造性があれば足りる」(Feist, 111 S. Ct. at 1287 (1 M. Nimmer & D. Nimmer, Copyright §2.01［A］-［B］(1990)を引用))。両当事者は,Mason が独自に地図を作成したという Mason の主張については争っていないが,Landata は,Mason の地図が Feist 判決におけるオリジナルというに必要な創造性の水準に達していないと反論する。

……（略）……

本件における証拠は,Mason が地図を作成する時に十分な創造性を発揮したことを示している。Mason は,証言録取書および宣誓供述書において,Mason が数多くの,しかも矛盾するものもある情報源から情報を選択し,その情報を地図に図示するという選択を独自にしたのだ,と説明している。Mason の地図に示された情報の編集物は,要求される最低限の水準をはるかに超える創造性を有している。

Mason の地図はまた,絵画ないし図画の著作物として著作権保護を受けるのに十分な創造性を有している。歴史的に,ほとんどの裁判所は,地図を単に事実の編集物として扱ってきた (Wolf, supra note 4, at 227を見よ)。しかしながら,著作権法は,地図を,事実の著作物としてではなく,「絵画,図画ないし彫刻の著作物」――写真や建築の設計図を含む類型――に区分している (17 U.S.C.A. §101 (West Supp. 1992))。地図は,電話帳やその他の事実の編集物とは違って,本来的には著作権の保護を受ける絵画ないし写真の性質を有している,と認めた裁判所もあった (例えば,Rockford Map Publishers, Inc. v. Directory Service Co., 768 F.2d 145, 149 (7th Cir. 1985)〔「伝達者によって残された断片から絵を引き出すことは,その情報の形態において本質的な変質である。その成果は,著作権取得能力がある……」〕, cert. denied, 474 U.S. 1061, 106 S. Ct. 806, 88 L. Ed. 2d 781(1986) や,United States v. Hamilton, 583 F.2d 448, 451 (9th Cir. 1978)〔「地図製作の表現は,それがオリジナルかどうか判断するのに独特の規則が必要なほどに,外面的な真実を追究する他の美術形態と相違があるわけではない」〕がある)。我々はこれらの裁判所の判断に賛成である。ウルフは,その論文で以下のように説明している。

> 間違いなく,地図はその主題に関する限りでは事実の編集物である。明らかに,ほとんどの地図は地理関係の情報を示していて,実用の観点から,その情報の『正確さ』が,ほとんどの地図が作成され販売される根拠となっている。しかしながら,ほとんどの事実の編集物とは異なり,地図はその主題を絵画ないし図画の形態にしている。……著作権保護に関連するのは,地図の主題ではなくて,絵画ないし図画の形態であるから,地図は絵画でない事実の編集物から区別されなければならない。……地図は,客観的事実を示すものではない。写真において絵画の形態であることがその主要な性質であるのと同様に,地図においても,事実が独特の絵画の形態にされていることがその主要な性質なのである (Wolf, supra note 4, at 239-40)。

著作物がオリジナルと言えるために要求される創造性の水準は,「極めて低く,ほんのわずかで

も十分である」(Feist, 111 S. Ct. at 1287)。我々は，Mason が独自の能力と判断で，モンゴメリー郡において把握した事実を，特別な相互関係で線と記号を描くことによって絵画的に表現した手順は，容易にその水準を超えると考える。

Mason の地図は，描いた事実の選択，統御，配列と，その方法の絵画ないし図画の性質の両方において十分な創造性を有しているから，我々は，Mason の地図がオリジナルであるという地方裁判所の結論に誤りはないと考える。

敷地を特定した建築物の建築設計図に関し，類似の「融合」の問題に対する判断として，CSM Investors, Inc. v. Everest Dev., Ltd. (840 F. Supp. 1304 (D.Minn. 1994)) を見よ。

【質問】
1　Mason 判決の原告の主張が，ごく普通の，昔からある，ありふれた，実際には必然的なものには著作者性が欠けるとする Feist 事件判決によって，その土台を致命的には崩されないことに，読者は納得するか。他方，「地図，図画（海図）および書籍」を保護する1790年著作権法に原告が言及することは，総体として原告にとって有利な決定的な要素となっただろうか。
2　Mason が苦労して得た土地境界線に関する詳細な情報を，Mason が図に描いたデータから，名前と番号を列にした表に工夫して使った場合，Mason の地図を使った人は，侵害，すなわち著作権取得能力のある素材をコピーしたことになるだろうか（Rand McNally & Co. v. Fleet Mgt. Sys., 634 F. Supp. 604 (N.D. Ill. 1986)と比較せよ）。
3　もし，Landata が Mason の地図を土地登記所に持っていって，そこに書かれた詳細な情報をすべて確認し，その上で，上記の事件でやったように上敷きとコピーを作ったとしたら，Landata は侵害をしたことになるだろうか。言い換えると，編集著作物の素材を確認することは，無許諾のコピーだという主張に対する防御策となり得るだろうか。

D　派生著作物

⟨L. Batlin & Son v. Snyder⟩
(536 F. 2d 486 (2d Cir. 1976))

オークス控訴審判事

控訴人 Snyder およびそのライセンシー Etna Products Co., Inc.は，原告 L. Batlin & Son に付与された仮処分命令に対して本控訴を提起した。同仮処分命令においては，控訴人らは合衆国税関における著作権の登録の取消しを命じられ，かつこの著作権を他人に対して執行することを禁じられている。地方裁判所は，かつて Etna Products Co. v. Mishan & Sons (75 Civ. 428 (S.D.N.Y. Feb. 13, 1975)) において判示したように，控訴人の著作権が本案の審理において有効と認められる蓋然性は「ほとんどない」とした。その理由は，控訴人が著作権を主張しているプラスチックの貯金箱とパブリック・ドメインとなっている鋳鉄製の貯金箱との間には単に「些細な」相違があるにす

ぎず，従って控訴人の貯金箱は著作権をサポートするほどのオリジナリティがない，ということである (394 F. Supp. at 1390, citing Alfred Bell & Co. v. Catalda Fine Arts, Inc., 191 F. 2d 99 (2d Cir. 1951))。当裁判所は，地裁の判断に同意し，従って，仮処分を発したその判決を認容する。

アンクル・サムの器械仕掛けの貯金箱がアメリカの風物として登場するのは，少なくとも1886年6月8日にまで遡ることができる。この日に，このタイプの玩具の貯金箱に対して意匠権 (design patent) 第16723号が発せられた。この基本的な面白いデザインがパブリック・ドメインとなって久しい。この貯金箱はしばしば収集家の本に出てくるし，アメリカ文化に興味をもつ平均的な人々の間ではよく知られた存在である。貯金箱の形はというと，まずアンクル・サムがおきまりのシルクハットをかぶり，青い燕尾服を着て，星の模様のチョッキをつけ，ズボンは赤と白のストライプという出立ちで，傘をつき，4ないし5インチの広い箱の上に立っていて，この箱の上に古風な旅行かばんをのせている。コインは，アンクル・サムの伸ばした腕の上に置くことになる。そしてレバーを押すと，腕が下がり，コインはかばんの中に入ってゆく。この間，アンクル・サムの頬ひげは上がったり下がったりする。底となっている箱には，アメリカのシンボルの鷲が浮彫りにされており，これに添えて，飾りリボンの上に「アンクル・サム」と書かれ，両側には「貯金箱」と書かれている。こういった貯金箱は，多数の収集家の本に現れており，一番最近のものとしては，F. H. Griffith著『器械仕掛けの貯金箱』(1972年) がある。ここでは，この手の貯金箱がNo. 280として登場し，それほど珍しいものではないとのコメントが書かれている。

控訴人 Jeffrey Snyder は，"J.S.N.Y." という名で営業をしており，1975年1月23日に「彫刻」としてクラスGにプラスティックの「アンクル・サム貯金箱」の著作権登録をした。同控訴人の宣誓供述書によれば，1974年の1月に同人は，全長11インチの鋳鉄製のアンティークのアンクル・サム貯金箱を見つけ，1974年4月にこの鋳鉄製の貯金箱を携えて香港に飛んで，建国200周年記念の土産品としてこれのレプリカを作るための，デザインおよび生産の手筈を整えた。彼の香港における購入代理店が，プラスティックの「試作品」を作る会社として，その値段と品質の点で，"Unitoy" という会社を選びだした。同控訴人は，「値段の幅の点と，品質と使われる材質の量の点にフィットするために」貯金箱をプラスティック製にして，高さは鋳鉄製のサンプルよりも少し低いようにしたかった。従って，アンクル・サムの背丈は11インチよりも少し低く9インチになり，底の部分が低くなって狭くなった。また，控訴人の主張によれば，旅行かばんの形を変えて，傘を胴体と同じ1つの鋳型に入れるようにして，「傘がなくなったり，別々の鋳型で作る際の問題を起こさないように」した。Unitoy の人が鋳鉄製の貯金箱を見ながらこれをスケッチし，「粘土モデル」を作って，その後にプラスティックの試作品が作られ，これについて控訴人の承認を得て，最初の注文は1974年5月に出された。このプラスティック製の貯金箱は，"© Copyright J.S.N.Y." と表示され，1975年1月に著作権局に登録される前である1974年10月15日に最初に「発行」されたとされている。

被控訴人 Batlin は，やはり土産物ビジネスを行っており，1974年8月9日頃に台湾の業者に鋳鉄製のアンクル・サム貯金箱を30箱注文した。被控訴人の社長は以前に，この貯金箱が台湾で作られているのを見たことがあった。被控訴人は，自分のところの鋳鉄製の貯金箱と「ほとんどそっくりのコピー」であると思われるプラスティック製の貯金箱があることを知り，同社は香港における商社を使って製造業者を調達させ，これに対してプラスティック製のコピーの注文を出した。1975

オリジナルの鋳鉄製貯金箱　　　　Snyder のプラスティック製貯金箱

　年4月から被控訴人は合衆国税関より，同社の受け取るプラスティック貯金箱は控訴人の著作権によってカバーされている旨の通知を受け取りだした。さらに税関は，それ以前に注文を発せられていた鋳鉄製の貯金箱についても，控訴人の宣誓供述書に基づいて，これの輸入を認めない旨通知してきた。そこで被控訴人は，控訴人の著作権の無効確認宣言，不正競争および不当な取引制限による損害賠償を求めて出訴した。本控訴における唯一の争点は，被控訴人勝訴の仮処分を認めるにあたりメッツナー判事はその裁量を逸脱したか否かである。当裁判所は，それはなかったと判示する。
　当裁判所は，控訴人の著作権のもとに作られたプラスティックのアンクル・サム貯金箱と，パブリック・ドメインであるオリジナルから複製された鋳鉄製の著作権未取得の貯金箱とを検討してみた。控訴人は，サイズの点のみならず他の小さな点についても違いがあることを強調している。すなわち，プラスティックの方の旅行かばんの形がすらっとしていて，鋳鉄の方はごわごわしている。鋳鉄の方のかばんは底のところで太くなっている。鋳鉄の方の底の部分の正面にある鷲は矢を爪でつかんでいるが，プラスティックの方は葉をつかんでいる。ただし，この差は，「矢の形は，プラスティックの小さい型ではうまく複製することができない」という事情でなされたことが認められる。また，控訴人の宣誓供述書によれば，アンクル・サムの顔，帽子の形と生地の感じが違っているという。鋳鉄の方は，傘がゆるくぶらさがっているのに対し，プラスティックの方は，傘は1つの型の中に入っている。洋服の生地の感じ，髪型，蝶ネクタイの形，シャツのカラーや左腕の形，底部にある名前をつけた旗の形，脇に描かれた鷲の形も違っている，と主張されている。しかし，これらの多くは，通常の観察者には見て取ることのできない差異である。控訴人は，アンクル・サム人形のプラスティック製のものについて，看取できるような差異は何ひとつ主張していない。
　我々は2つの貯金箱を検分したが，その結果は，控訴人の著作権を差し止めた始めの方のケース

におけるメッツナー判事の結論と同じものとなった。すなわち，控訴人の貯金箱は，「サイズと材質の点を除けば，鋳鉄製の貯金箱と酷似して」おり，他の唯一の違いといえば，かばんや鷲の爪につかまれた葉といった，「全くもってマイナーなもの」にすぎない。類似点は，もっと重要な点で存在しており，例えば，ズボンの縞の数と形，燕尾服のボタン，チョッキと帽子の星，全体としての色の配置，旅行かばんの開き方など，数え挙げれば決して少数ではない。（下級審は2つの貯金箱を実際に検分して，）相違点が本質的なものか些細なものにすぎないかについての，プラスティックの鋳型を作るに必要な技術についての鑑定証人の相反する証言を，両当事者の側から聞いた。……

……地裁判事が全面的に依拠した，被控訴人側の鑑定証人の証言の本質は，控訴人のプラスティック貯金箱における相違点は全く「些細なもの」にすぎず，製品の製造のために可能な限り単純に金属製の貯金箱を複製したものにすぎない，ということに尽きる。言葉を換えれば，意味ある変更点にあたるような違いはないし，プラスティックの媒体により適合した（そして，おそらくより安い）型を作り出すという機能的なもの以外の目的はなかった。

……著作権法5条(h)のもと美術作品の複製物が著作権を取得するためには，当法廷におけるこの30年間の判例法によれば，著作物は「単に些細なものではなく，実質的なオリジナリティがなければならない。……」（上記 Chamberlin v. Uris Sales Corp., 150 F. 2d at 513）。

しかし，オリジナリティは新規性と区別され，独立の創作がなければならないが，それは，人目をひくようなユニークさ，独創性，目新しさといった意味における発明のようなものである必要はない。合衆国憲法は，「著作者」とその「著作物（writings）」を「発明者」とその「発明」から分けているからである（上記 Alfred Bell & Co. v. Catalda Fine Arts, Inc., 191 F. 2d at 100; Runge v. Lee, 441 F.2d 579, 581 (9th Cir.), cert. denied, 404 U.S. 887 (1971)）。オリジナリティとは，著作物がその創作の起源を著者に有するということであり，このことはすなわち，その著作物がコピーされたものを含んでいないということである（上記 Alfred Bell, at 102-103; Sheldon v. Metro-Goldwyn Pictures Corp., 81 F. 2d 49, 54 (2d Cir. 1936), aff'd, 309 U.S. 390 (1940)）。[1]

……（略）……

著作権を得るためには，別の媒体に移すときに起こるような単なる些細な差異といったものではなく，少なくともある種の実質的な差異がなければならない。これが，この巡回区やその他における判決の流れであり，当裁判所はこれに与する。

また，オリジナリティの要件は，単に「物理的な才能」や「特別の訓練」といったものを立証することで満たされるわけではない。これらの要素については，メッツナー判事は念のために，控訴人のプラスティック製貯金箱のもとをなすプラスティックの鋳型を作る際に必要なものとして認定していた。複製が著作権取得能力を得るためには，相当程度に高い才能，真の芸術的な才能が要求されるのである。従って，上記 Alfred Bell 事件（at 104-105 n. 22）においてフランク判事は，そこでのメゾチント彫版技術は「異なった描線により作られる光と影を統御する」ために「大いなる労力と才能」を必要とし，「彫版師のコピーした絵の画家や素描家によって費やされた労力や才能とは非常に異なる」ものがあることを指摘している（上記 Millworth Converting Corp. v. Slifka〔織物のデザイナーが布の平らな表面に色の効果で立体的な感じを作り出すのに1か月の労力がかかった〕を参照）。本件においては，控訴人自身の側の鑑定証人の証言によると，Unitoy の者が金属製の貯金箱からプラスティックの鋳型を作るのに「1日半か2日」かかったという。仮に，著作権法において，純

粋な芸術的才能と労力とが実質的な差異という要件にとってかわる境界点というものがあるとしても，それは本件では到達されていない。

　控訴人は，Alva Studios, Inc. v. Winninger（177 F. Supp. 265 (S.D.N.Y. 1959)）に深く依拠している。このケースは，「神の手」のケースであり，ここでの裁判所は，「偉大な作品をそっくりそのままスケールだけを小さくして作ることは，偉大な才能とオリジナリティとを要する」と判示している（同 at 267）。このケースでは，もとになったオリジナルの彫刻は，「これまでに創作された彫刻の中で最も複雑なもののひとつ」で，「多次元的な作品の中で互いに関係づけられた……数限りない水平面，描線，地形のようなパターン」を有するものである（同所）。地裁の認定によれば，オリジナリティは，このスケール縮小版を作り出すには「オリジナルを直接に前にして何時間もの間，非常に才能のある彫刻家が仕事をしなければならない」という事実によって主として認められている（同 at 266）。ここでの裁判所は，レプリカがそれ自身美術の著作物となるだけのオリジナリティがあり，著しいもので，創造的であることを認定している。そこでの複雑さと正確さは，このケースと本件とを大きく区別させるに足る。控訴人自身の指摘するように，プラスティックの貯金箱の複製は，オリジナルの鋳鉄製のものとは種々の些細な相違がある。従って，このプラスティック版は全くの忠実な複製ではないといっていいし，細心に作られた複製でもないといっていいであろう。あるいは，もととなった作品の創造性も，「神の手」の場合と同じ程度とはいえない。ロダンの彫刻は非常にユニーク，稀少なもので，これに対して適切な公衆のアクセスを認めることは難しいものであるので，正確かつ芸術的な複製から公衆の得る利益は大きい。このような利益は，本件の鋳鉄のアンクル・サム貯金箱の「やっつけ」の複製からは想像すべくもない。従って，控訴人のプラスティック貯金箱は，Alva Studios ケースで要求されているような正確さの極みの範疇にも入らないし，本質的なオリジナリティの範疇にもあてはまらない。それが該当する領域とは，「法廷の友（amicus curiae）」の意見書に示唆されているように，著作権における不毛の広野である。

　もととなった美術著作物と，保護が求められているところの，それについてのコピーとの間に，真正の差異がない場合には，芸術の発展を助成しようという公共の利益は——実にこのことは憲法上の要請である（上記 Chamberlin v. Uris Sales Corp. 参照）——ほとんど満足されない。著作権取得能力を微細な変更部分にまで及ぼすことは，パブリック・ドメインの作品を利用してこれを独占化しようとする有害なコピー屋の手に厄介な武器を与えるようなものである。

　……（略）……

　原審認容。

---

(1)〔原(3)〕　この原則に対する唯一の例外と思われるのが，「神の手」判決である。これは，Alva Studios, Inc. v. Winninger, (177 F. Supp. 265 (S. D. N. Y. 1959))判決で，非常な正確さをもって，高度に複雑な小像を全く同じ大きさに複製したものが，「非常なる才能とオリジナリティ」を要するような「オリジナル」に該る，と判示した。この判決については，本文中でも論じられている。

　オリジナリティの有無を判定するテストは，低いもので足りるとされており，「『著作者』が『ごく些細な変更を加えただけ』という以上の何かを行ったこと，『彼自らのもの』と認識できる何かを成し遂げたこと，で十分なのである」(Alfred Bell & Co. v. Catalda Fine Arts, Inc., 191 F. 2d at 103)。しかし本裁判所が何年も前に判示したように，「パブリック・ドメインのものをコピーしても，それが単なるコピーにすぎないのであれば，著作権を取得するには至らない。……」のである (Gerlach-Barklow Co. v. Morris & Bendien, Inc., 23 F. 2d 159, 161 (2d Cir. 1927))。

D 派生著作物

メスキル控訴審判事（反対意見）（ティンバース控訴審判事およびヴァン・グラフェイランド控訴審判事はこれに同調する）

私は謹んで反対する。

本件においては，著作者は，単に些細な変更という以上の本質的な貢献を行っている。「既存の著作物からの『見分けることのできる変更』というものは何であれ，それが著者の独立の努力の産物であって，単に些細なものという以上のものであれば，著作権をサポートするに足るオリジナリティが認められる」（1 Nimmer on Copyright §10.1 at 34.2）。著作権法の目的である，著作権保護を通じて個々人の努力を奨励して発展を促すということに沿っていえば，我々としては，著作権取得能力を認めてやるためには，ほんの最小限のオリジナリティさえ要求すれば足りるのである。プラスティック貯金箱を作るために鋳型を独立に作り上げたこと，形やサイズの上で多くの相違点があることは，この基準を満足しているというべきである。

本件のプラスティック貯金箱は，認められているとおり，パブリック・ドメインのものを基に作られている。このことは直ちにこの物件を著作権取得能力のないものにするわけではない。なぜならば，「パブリック・ドメインの既存資料の新しくかつオリジナルな組合せや並べ方が，著作権の保護を受けるに足るオリジナリティを有する，ということは初歩の法知識である。……」（Alva Studios, Inc. v. Winninger, 177 F. Supp. 265, 267 (S.D.N.Y. 1959)）。多くの裁判所が繰り返して強調していることは，著作権の保護を受けるために必要なオリジナリティはささやかなもので足りる，ということである。……Dan Kasoff, Inc. v. Novelty Jewelry Co., Inc. (309 F. 2d 745, 746 (2d Cir. 1962)) においては，当控訴審裁判所は，著作権をサポートするためにはほんの「オリジナリティのかすかな痕跡（faint trace of originality）」さえあれば足りると判示した。

彫刻の関係する著作権事件をまず見るに，Puddu v. Buonamici Statuary, Inc. (450 F. 2d 401, 402 (2d Cir. 1971)) では，原告の従業員が一から彫刻を作り上げたケースで，当法廷は，「著作権を得たモデルと得ていないモデルとの間には非常に近しい類似が認められるけれども，両者の差異は，オリジナリティというつつましやかな要件を満足させるに足る。……著作権保護のために必要なオリジナリティとは，著作者が従前より知っている素材との対比で新しいものを導入した場合にこれを認めることができる」としている。織物のケースは，同様に，「非常にささやかな程度のオリジナリティ」さえあればデザインに著作権取得能力が認められるとしている (Peter Pan Fabrics, Inc. v. Dan River Mills, Inc., 295 F. Supp. 1366, 1368 (S.D.N.Y. 1969))。この後者のケースでは，織物に転写される前に，買ってきたデザインを飾りたてて拡大したことが，オリジナリティとされるに足る「わずかな追加」となる，とされた。最後に，複製の過程それ自身が非常な才能を要するからという理由で，全く何の変更も要らない，とするケースもある。……

本件にもどれば，メッツナー判事は，プラスティック貯金箱はパブリック・ドメインの貯金箱と比べてわずかの変更点しかないとの事実認定をしている。私は，本件での複製過程が Alva Studios 事件（ロダンの彫刻のミニチュア版）や Alfred Bell 事件（クラシック美術のメゾチント版画）のように複雑であるというつもりはさらさらない。しかし，これらのケースは，オリジナリティを確立するのに，過程の困難さということのみに依拠しているのである。けだし，もとの作品を変えたり改善しようとしたりする試みは全くなされていないからである。

本件における2つの貯金箱の一番明らかな相違点は，サイズと材質である。これらの要素のみでは確かに著作権を取得させるに十分とはいえないものの，これらは明らかに他の相違点と一緒に考慮されるべきものである。そして，他方において相違点を作り出した著者の側における理由というものは，その相違点が些細なものであるか否かの判定には無関係である。上記 Alfred Bell 事件（191 F. 2d at 105）にあるとおり，不注意による相違ですら有効な著作権を受けうるのである。事後的に，控訴人が審美的理由で変更を行ったのか機能的理由で行ったのかを詮索しても，それは判断の基礎に据えられるべきものではない。2つの貯金箱の主要な違いは，その背丈，素材，アンクル・サム人形の部分部分の他との均衡（顔の形や表情を含む），洋服のデザイン（帽子，ネクタイ，シャツ，衿，ズボンを含む），底部の鷲の紋章の細部，傘の置き方，かばんの形と材質，にある。控訴人に対してこれらの相違点につき著作権を認めてやることは，パブリック・ドメインの貯金箱のこの控訴人の特定のヴァージョンを誰もコピーすることができないようにしてやる，ということを意味するにすぎない。すなわち，何者かが控訴人の人形を卑屈にコピーして鋳型を作ったりすることのないように保護がなされる，ということにすぎないのである。上記 Alva Studios 事件（177 F. Supp. at 267）においては，ロダンの彫刻の複製を作るに際して著者は何らの目立った変更を加えなかったにもかかわらず，それでも裁判所はこの複製物を著作権取得能力あるものとして，侵害の成立があることを認めた。もちろん，主要要素は同じパブリック・ドメインのものから取られるわけであるから，単なる類似だけでは侵害を成立せしめることはできないが，実際のコピー行為の証拠があれば侵害の認定をサポートしうるわけである。

　このアプローチは，著作権保護を通して個々の努力を促進するという著作権法の目的に適ったものに思える。著作権取得能力についての比較的低いレベルのオリジナリティ基準というものも，この目的から引き出されたものである。この目的は，まず促進があって，次に必要とあれば，後で侵害の問題について訴訟をしよう，ということなのである。とりあえずは，公共の文化は促進の部分から利益を得るのである。誰が金銭的利益にあずかるかの問題が，絶え間ない変転にさらされている産業や世の中に，硬直性や遅れをもたらすようであってはならない。

　従って，私であれば，地方裁判所の判決を覆すものである。

派生著作物におけるオリジナリティ

　第1章における Alfred Bell v. Catalda 判決を想起されたい。そこで第2控訴審は，原告の作った絵画"Old Master"のメゾチント版画ヴァージョンは創作的であると判示し，品質の高いアートの複製物を作る上で必要な才能，労力，判断を重視した。Alva Studios, Inc. v. Winninger 判決（177 F.Supp. 265 (S.D.N.Y. 1959)）はさらに一歩を進め，オーギュスト・ロダンの「神の手」と題された彫刻の模型を作るのに要する「非常な才能」と「多くの時間」において創作性を認定している。これが意味することは，芸術作品の複製物が派生著作物として保護されるのは，その創造に多大な才能と労力を要した場合のみ，ということなのか。芸術品を写真によって複製する場合にはどうなると言うのだろうか（例えば Bridgeman Art, Inc. v. Corel, Inc., 36 F.Supp.2d 191 (S.D.N.Y. 1999) を参照）。オリジナルが二次元的ないし三次元的な作品を写真で写した場合には，問題になるのか，あるいは問題とされるべきか。

派生著作物が保護を受ける上で，先行作品をもたない著作物に比べてかく「汗」の量が多く必要であろうが（Feist 判決前において議論された）なかろうが，より多くの創造性は必要とされよう。Batlin 判決においては，許諾を得ている派生著作物のオリジナリティについての基準を，一般の著作物に対するそれと比べて，一応は厳格なものとして提示している。派生著作物についての Batlin 判決の見方が通説的なものとは自信をもって断言することはできないし，第2控訴審の中での判決例ですら，どちらかと言えば互いに矛盾しているように見えるものが散見される。第2控訴審は，Durham Indus., Inc. v. Tomy Corp.（630 F. 2d 905（2d Cir. 1980））において，Batlin 判決のアプローチを再確認した。これは，Tomy が許諾を得て作っていた，ディズニーのミッキー・マウス，ドナルド・ダック，プルート・ドッグのねじ巻き式プラスティックの人形を Durham が無許諾でコピーしたものであり，コピーの事実については争いがなかった。裁判所は，「3つの Tomy の人形は直ちにディズニーのキャラクターの別のフォームによる複製物と認識されうるものである」ことを認定し，「著作権取得能力におけるオリジナリティ要件は，単に別の素材において美術作品を複製すれば足りる，あるいは，『芸術的才能』に対置するところの『物理的才能』の立証があれば足りる」との立場を否定した。裁判所は，「既存の著作物からの独立の創作が認められず，区別さるべき変更点もなく，Tomy の人形を典型的なミッキー・マウス，ドナルド・ダック，プルート・ドッグから際立たせる Tomy 自身の何の貢献も認めることはできない」と判示した。さらに裁判所は，ディズニーからライセンスを受けてキャラクターを複製する者は，従前のライセンシーからの訴訟を避けるためには，ディズニー・キャラクターに本質的な変更を加えなければならない，とした。「理論的には，もちろん，Durham が Tomy の人形でなくディズニーのキャラクターをコピーしても，Tomy の権利を侵害したことにはならない。……しかし，アクセスと実質的類似性についての証拠によって侵害の認定はサポートされうるものであるから，Durham は，嫌がらせの訴訟に対しては少なくとも脆いところがあるといわねばならない。しかし，責任を免れるために Durham が大きな変更を加えれば，それは，Tomy が自らは著作権を持たないことを認めているところのディズニー・キャラクターから離れたものとなってしまうし，ディズニーのもつ自身の創作物を複製する権利（あるいは，他者にコピーを許諾する権利）を実質上限定することとなろう」。

しかし，この同じ裁判所が Eden Toys, Inc. v. Florelee Undergarment Co.（697 F. 2d 27（2d Cir. 1982））においては，Batlin 判決のアプローチを適用しようとして，下級審におけるオリジナリティ不足との認定を覆した。このケースでの原告は，著作権のある初期のパディントン・ベアのイラストについて許諾を得て，そこからの派生のイラストを描いた者であった。もとの著作物は次頁のイラスト A であり，原告の作品はイラスト B で，被告の作品（これは控訴審において侵害と認定された）はイラスト C である。控訴審は，地裁がオリジナリティの基準について誤って厳格な基準を当てはめているとし，派生絵画において侵害と認定できるだけの外観上の類似性があれば当然に著作権取得能力の認定を否定しなければならないという地裁の結論は間違いであるとした。控訴審によれば，仮に無許諾であれば侵害となるような，もとの著作物と「同一の審美的魅力」というものをある作品がもっているとしても，それは，もとの著作物に対して「些細ではない変更」をしているかもしれず，従って，許諾さえあれば著作権取得能力があるかもしれない，とする。裁判所の認定によれば，イラスト B は「オリジナルかつ本質的な」変更をイラスト A に対して加えており，そ

の例証として,「帽子の全体に占める割合の変更,個々の手と足の指を消してしまったこと,全体として描線をスムーズにしたこと」によって,もとになったイラストよりも「別の,きれいな」外観が作られた,とする。これと同様に,Raggedy Ann と Raggedy Andy 人形について,被告から申し立てられた,原告の主張自体失当の申立てについての判断の中で,原告に好意的な扱いをしたケースについては,Knickerbocker Toy Co. v. Winterbrook Corp. (554 F. Supp. 1309 (D.N.H. 1982)) を参照のこと。

しかし,Sherry Mfg. Co. v. Towel King of Florida, Inc. (753 F. 2d 1565 (11th Cir. 1985)) は,パディントン・ベア判決とは区別された。ここでは原告は,著作権表示なしに,水際に立つ椰子の木のイラストのデザインのタオルを販売していた。同人は,後にイラストをほんの少し変更し,著作権表示をつけて,この著作権の侵害訴訟を提起した。下級審は,パブリック・ドメインのデザインとその改訂版デザインとの相違を認定した。すなわち,海の表面の塗り方が違っていること,砂の量が多くなっていて陸地が島というよりも海岸のように見えるようになったこと,椰子の葉が「シャープになってずっと生き生きしてきた」こと,雲が異なった形に描かれていること,風で揺れている感じが弱められていること,水面のレベルが低くされた結果うなだれている椰子の葉が水面にはくっついていないようになったこと,右の方にある小さな椰子の木の葉が短くされたこと,などである。しかし控訴審は,「明白な誤謬」基準は控訴審が下級審と同様に有形の証拠を見る機会のある場合には適用されないとした上で,「これらの異なる細部というものの大半はあまりに微細なものであり,2つのタオルをざっと比較した場合には実際上は感知しえないものである」と判示した。この同じ裁判所は,しかし,パディントン・ベアの場合には,2つを並べてざっとした比較をすれば直ちに区別のつく相違点が判る,としたのである。また同裁判所は,「タオル・デザインの変更の主たる目的は,これに著作権を取得させるためであって,これをより審美的意味において魅力あるものにすることではなかった」との指摘をしている(読者は,この点が意味あるところだと考えるであろうか)。

Batlin 判決では,派生著作物の著作権者による嫌がらせの可能性がないかということが懸念事項であったが,Gracen v. Bradford Exch. (698 F. 2d 300 (7th Cir. 1983)) における別の控訴審は,オリジナリティ要件の根拠として,まさにこのことを第1に掲げている。ここでは原告は,映画『オズの魔法使い』におけるドロシーに扮したジュディ・ガーランドの絵を許諾を受けて描いた。被告 Bradford は,この映画に基づいた一連の絵皿を収集家のために作り出そうとしていたのであ

イラストA
(もとの作品)

イラストB
(Aからの許諾派生作)

イラストC
(Bの侵害コピー)

り，原告 Gracen のこの絵は，その画家を選ぶコンテストの出品作として作られたものであった。原告の絵は，ドロシーのキャラクターの「エッセンス」を最も見事に捉えたもののひとつとして選定されたが，原告は被告と条件面での折合いがつかなかったので，絵皿のデザインを作る仕事は Auckland という者に対して与えられ，これが原告の絵をコピーした。控訴審は，原告の絵（次頁のイラスト1参照。これは，映画のスティール写真のイラスト2および3を基にしている）は，著作権を取得するために必要なオリジナリティを欠いている，と判示した。ここでの裁判所は，オリジナリティの基準というものは，それが派生著作物に適用される場合においては，重複する請求を避けるために作られたものである，とする。それは例えば，モナ・リザの複製に非本質的な変更を加えた芸術家がいたとして，それがダヴィンチのオリジナルのモナ・リザをコピーした者を訴えた場合のような状況である。「もしもオリジナルとAの作った複製との間の違いが僅かなものであれば，AとBの複製の差異も僅かなものであろう。従って，BがAの複製に対してアクセスを有したとすると，事実審は，BがAのものをコピーしたのかオリジナルのモナリザをコピーしたのかの判定に多大の困難を感ずることとなろう」。結論として裁判所は，映画『オズ』のセットの提供を受けて，それに載せた形でドロシーのキャラクターを描いても，そこには十分なオリジナリティはないとし，「著作権法におけるこの用語の目的は，審美的判断をガイドすることにはなく，もとになった著作物を描く後続のアーティストが著作権のややこしい問題に巻き込まれることのないように，もとになった著作物と派生著作物との間の総体としての違いを確実にすることにある，ということを常に心にとめるべきである」とした。オリジナリティがあまりに広く解釈されるときには，「それは逆説的に，著作物の創造を促すよりも，抑制する方向に働くものである」。

Sherry のオリジナル・デザイン   Sherry の改訂版デザイン

Durham 判決と Gracen 判決に表れた，原著作物の権利者やそうした者と他のライセンシーとの間の「もつれあい」についての裁判所の懸念なるものは，Entertainment Research Group, Inc. v. Genesis Creative Group, Inc. (122 F. 3d 1211 (9th Cir. 1997) の核心にも触れている。そこでは原告の Entertainment Research Group, Inc. (ERG) は，ピルズベリー・ダーフボーイ，キャップン・クランチ，トゥーカン・サムといった二次元の漫画キャラクターをもとにした不燃性コスチュームを合法的にデザイン・製造していた。これらのイメージを衣装に変換するに際して，ERG はまず画像を三次元化し，人間が着られるようにやや次元に調整を加えることとなる。その他にも手が加わるところとして，布地の選定や顔の表情の選定などが漫画のものとはやや異なっている。被告の Genesis は（当初は ERG との契約により，後には自ら）ERG のそれを踏襲した同様の不燃性のコスチュームを販売していた。裁判所は，ERG の派生著作物たるコスチュームには創作性が欠けているとの抗弁を認めた。

　裁判所の認定によれば，原告の不燃性コスチュームと原著作物たる漫画との差異は著作権保護に値するほどには顕著なものではないということであった。裁判所は，第103条(b)において派生著作物の著作権は原著作物の著作権に「影響」を及ぼさないと規定していることを強調し，もしも

イラスト１―Gracen の絵

イラスト2—Gracenの絵が基にした映画のスティル

イラスト3—Gracenが背景の基とした映画のスティル

ERGに著作権が認められることとなると原著作の漫画の著作権者は他人にコピーの許諾をするにあたり（ことにコスチュームの形態において）悪影響が生じるであろう，と結論づけている。さらに，著作権とは，ERGがよりよくコスチュームを製造できるようにしたところの創造的判断や，ひとつの媒体から別の媒体へと変換するにあたって払われた工夫や努力に対して生じるものではない，ということを指摘している。フォーム，生地，プロポーションのポイントにおける派生著作物の差異とは，すべからく「機能的考察」から生じたものであって，著作権保護の範疇にはない，と結論づけたのである。

最後に，ERGのコスチュームにおける顔の表情は原著作の漫画との比較において些細な差異という以上のものであることを裁判所としても認めているが，それでも原告の主張自体失当を理由として被告を勝訴させるのが適当である，と判示している。それは，「ERGのコスチュームを見たとき，合理的な事実認定者であれば誰でも原著作物であるキャラクター以外のものを見ることはないからである。……ERGのコスチュームは原著作たるキャラクターの『別の形態』の『具現物として即座に識別できる』ものであるから，合理的な陪審員であれば，原著作物たる漫画キャラクターとERGがデザイン・製造したコスチュームとの間に『些細でない』芸術的な差異があるなどとは結論づけ得ないものである」。

この裁判所の結論の理由づけは深いものといえるか。たとえば，平面的な漫画のキャラクターを彫刻的な形に変換するにあたってなされる最小限の創造的方法というものがないのか。原告のコスチュームにおける顔の表情について著作権が成立しないのは，それを見た者がともかくも全体としての漫画キャラクターと認識するからか。こうしたことは，主張自体失当の判決という解決に適切なものか（Medallic Art Co. v. Washington Mint, LLC 208 F.3d 203 (table), 2000 WL 298253 (text of unpub. opinion) (2d Cir. 2000)〔国債の立体レプリカについては著作権取得能力を認めたが，コインのレプリカについてはこれを否定した〕参照）。

派生著作物が著作権を取得するにはより高度の創造性を要するとの裁判所の見方は，近時の2つの判決中の，製品の写真が派生著作物になるか否かの争いにおいて，その絶頂に達した。たとえば，ウォツカのボトルや装飾的な鏡の写真が派生著作物になるのか，つまり，写真が「非派生的」である場合以上の著作権保護を正当化するに足る，より本質的なオリジナリティを必要とするのではないか，ということである。このどこか興味深いアプローチは，Ets-Hokin v. Skyy Spirits, Inc. (225 F.3d 1068 (9th Cir. 2000))における意見の割れた第9控訴審判決で生き生きと描き出されている。原告である写真家は，被告のウォツカ販売業者の求めに応じて，Skyy Vodkaの青いボトルを，背景光をあてた白ないし黄色の背景に置いて，ストレートな写真撮影を行った。被告はその写真に満足せず，別の写真家に新しい写真（原告のそれに似たもの）を撮影させ，それに対して原告が訴訟を提起した。地裁判事は，原告の写真は派生著作物にあたり，十分なオリジナリティに欠けるものと判示した。これに対して控訴審はこれを覆した。

控訴審は，写真の著作権の歴史について長い有益な検討を加えた上で，原告の写真は，照明，影のつけ方，アングル，背景における原告の意思決定において創造性を発揮していることを認めた。同裁判所の見解によれば，さらなる創造性が必要かどうかは，写真が派生著作物か否かによるものであり，それは翻って，ウォツカのボトルがそれ自体著作権取得能力があるか否か（この問題について裁判所の意見は2：1で割れた）の決定を要するものである，とした。裁判所は，当該ボトルは

「分離された」絵画的ないし彫刻的要素を欠いた実用品であり，ラベル自体は著作権取得能力がなく，商標法における保護の可能性は著作権法における地位には全く無関係である，と結論づけた。よって，本件写真は著作権の対象物である既存の作品に「基づいて（based upon）」いないので，それは派生著作物ではなく，著作権取得能力があるものであるとされた。反対意見の裁判官は，本件写真を派生著作物であるとし，通常の基準においても，オリジナリティの欠如と融合法理の故に著作権が成立し得ないものであるとした（SHL Imaging, Inc. v. Artisan House, Inc., 117 F.Supp.2d 301 (S.D.N.Y. 2000)〔鏡張りのピクチャー・フレームの商業写真は，フレームを「改変，変更ないし翻案」するものではないので，派生著作物ではないと判示し，写真について広範な著作権保護扱いを示唆〕参照）。

　こうした写真の派生著作物としてのステータスに関する注釈は正当化されるものか。これらの判決は，Batlin 判決や Gracen 判決で表明された懸念に応えているだろうか。写真の著作権取得能力を判定する上で，それが絵画の写真なのか山の写真なのかレストランの食べ物の写真なのかが，本当に意味を持つべきなのか（Oriental Art Printing, Inc. v. Goldstar Printing Corp., 58 U.S.P.Q.2d 1843 (S.D.N.Y. 2001)〔よくあるチーズ・ディッシュとそれがレストランのメニューに配置されているところの写真が創造性に欠けると判示された〕参照）。

【質問】
1　美術の複製の領域においては，その作品の審美的および教育的な価値は，それが可能な限り正確な複製であるということから引き出されている，といえよう。そうすると，合衆国憲法および法のもとにおいて，裁判所としては，かかる作品に対しては，オリジナルと実質的な相違点のない限り著作権保護を否定するのが適当なのであろうか。苦労して正確さを期した美術の複製に著作権の保護を与えることは，Feist 判決における最高裁判所の判決に抵触するのではないか。
2　例えば，Batlin ケースにおける鋳鉄製の貯金箱を写した写真は，著作権の対象と言えるか。言えるとすれば，Snyder がこれをプラスティックで複製したものはどうして著作権の対象とはならないのか。
3　もとになった著作物が「ユニークで珍しいもの」で，簡単に公衆がアクセスできないものである場合には，これの複製を保護することができる，という裁判所の提案には，憲法上の，あるいは政策的な正当化事由があるか。著作権は著作物を公衆にとってよりアクセスしやすくするものなのか，それとも，しにくくするものなのか。
4　Snyder のプラスティックの貯金箱に著作権が認められたとした場合に，そのことによって鋳鉄製の貯金箱がパブリック・ドメインの地位から抜け出して，何者もこれをコピーすることができなくなるのか。
5　Gracen 判決の理由づけを検討せよ。まず，著作権一般，殊に派生著作物における「オリジナリティ」要件の主たる機能は，嫌がらせ的な訴訟をなくすことにある，ということに同意するか。次に，裁判所はこの件の原告の請求をかかる理由で否定している一方で，被告が Auckland に対してこの絵を「整理して（clean it up）」くれといって指示を与えていたこと，被告は主張自体失当の判決の申立てに付随して Auckland の絵を添付していないことの2点をもって，被告は原告の絵を直接にコピーしたとの結論を出している。これらのことは両立しうるものなのか。第3に，この裁判

188　第2章　著作権の対象

　　　所のアプローチは，本当にBに対してモナ・リザの複製を作るインセンティブを与えるものであるのか。もしも新たな複製画家Cが現れて，Bの複製を直接にコピーしたとしたら，Bは何か頼りとするものがあるであろうか。第4に，裁判所は，ドロシーが映画『オズ』を背景として立っている姿には十分なオリジナリティはないとしたが，これは，Roth Greeting Cards 判決と同様の，著作権取得能力のある編集物が作られた，と議論する余地はないか。第5に，Gracen 判決の議論が絵画，図画ないし彫刻の著作物にも適用されるとした場合に，これは同じような程度において音楽著作物や文芸著作物にも適用のあるものなのだろうか（例えば，原告が，他人の著作権の存する小説ないしパブリック・ドメインの小説を基にして劇の台本を作るような場合）。

6　もしも，モナ・リザの真面目な複製があって，ただそこに口髭が描き込まれている，というようなものがあったら，これのどの点に著作権取得能力があるのか。人は，この口髭のところを除いて，その複製物を自由にコピーすることができるのか（Millworth Converting Corp. v. Slifka, 276 F.2d 443 (2d Cir. 1960) を見よ）。

7　ソングライターが単一のメロディ・ラインの（歌詞付き又は歌詞なしで）楽曲を作曲したとき，その楽曲に随伴するコードの追加は，独立に著作権取得能力ある派生著作物を生み出すものと言える。このようなコードの連なりの作成は，著作権保護を受けるには，あるいは派生著作物を構成するには十分なオリジナリティを欠く，型どおりのものにすぎないのだろうか（もし音楽についてよく知らなかったら，詳しい友人に尋ねてみよ）。

　　　この問題を扱った同一裁判所の別々の判事による，ほぼ1か月しか違わずに下された，最近の2件の事件，Tempo Music, Inc. v. Famous Music Corp. (838 F.Supp. 162 (S.D.N.Y. 1993)〔デューク・エリントンのジャズの古典 "Satin Doll" について，後になって追加した音楽的要素は著作権保護に値すると判示〕と，Woods v. Bourne Co. (841 F. Supp. 118 (S.D.N.Y. 1994), aff'd, 60 F.3d 978 (2d Cir. 1995)〔有名な20年代の楽曲，"When the Red, Red Robin Comes Bob-Bob-Bobbin' Along" について，詞と単純なメロディ・ラインだけだったものにコードが付されただけでは，派生著作物として著作権が発生するものではないと判示〕）を検討せよ。ただし，こうした結論の相違は手続的側面からは説明可能なものではあるのだが。

　Maljack Productions, Inc. v. UAV Corp., 964 F.Supp. 1416 (C.D. Cal. 1997), aff'd on other grounds sub nom. Batjack Prods. v. GoodTimes Home Video Corp., 160 F.3d 1228 (9th Cir. 1998)　"McClintock!"（ジョン・ウェイン主演）という映画が1963年にリリースされて，更新がなかったことを理由に1991年末にパブリック・ドメインとなった。この映画のプロデューサーは1993年に "McClintock!" の新ヴァージョンをリリースした。1993年版の違いは2点だけであった。ひとつは，ビデオカセット用に "panned and scanned" されていて（訳注：ワイドスクリーン用の横長フィルムをテレビ放映用にするために，フィルムの両端を切ったり，スクリーンの左右で対面する人物にカメラが寄るように見せる編集を施すこと），標準的なテレビ画面におさまるようになった。また「アスペクト率（スクリーンの縦と横の比率）が調整されていて，元のフルスクリーンの映画における一定の部分が削除された。もうひとつは，映画のモノラルのサウンドトラックがデジタル化され，リミックスされ，「サウンドスィートニングがかけられ，イコライズ処理がなされ，バランス調整がかけられ」て，アップグレードされたステレオ音声に変換された。

　地裁は，いずれの要素においても十分な創造性があるので1993年ヴァージョンは著作権保護に値

すると判示した。地裁としても，Gracen 判決を引きつつ，"panned and scanned"ヴァージョンに著作権を付与することによって，元のパブリック・ドメイン映画に依拠して"McClintock!"の派生ヴァージョンを合法的に作ろうとする者に対し，原告からの不当な訴訟のおそれが生まれるという意味で，抑制的にはたらきかねないことを認識している。それにもかかわらず，こうした懸念がありつつも，それは派生著作物における著作権を評価する上での標準的な適度の「創造性」要件から離れてしまうことを正当化するに足るものではないと結論づけた。

読者が控訴審判事であるならば，この地裁の結論を容認するか。

E　コンピュータ・プログラム

1976年法へと結実する合衆国著作権法の包括改正法においても，コンピュータ・プログラムの著作権取得能力の問題については特に何の言及もなかった。著作権局は1964年以来，プログラムの登録を「疑わしきは申請人の利益に」の原則に基づいて認めてきたものの，1909年法においてはこうした慣行の是非につき何の裁判例もなかった。改正作業が大詰めを迎える中，連邦議会は，「著作物の新技術による使用に関する全国委員会（National Commission on New Technological Uses of Copyrighted Works: CONTU）」を設立して，コンピュータと著作権の問題を検討させ，連邦議会に対して勧告を行うように命じた（Pub. L. No. 93-573, 93d Cong., 2d Sess. (1974)）。ただし，1976年法についての下院報告書は，新法が102条において，極めて明確に，コンピュータ・プログラムに対する保護を規定していると理解されるべきことを指摘している。CONTU の陣容は，議会の指導のもとに，著作者，その他の著作権者，著作権使用者，「一般公衆」の中から傑出した者が選ばれ，専門のスタッフがつけられた。CONTU は1978年7月31日に最終報告書を提出し，委員の多数意見は，コンピュータ・プログラムが今後とも著作権の対象である続けるべきであるということであった。以下は，CONTU の最終報告書の多数意見からの抜粋である。

〈著作物の新技術による使用に関する全国委員会（CONTU）最終報告書〉

コンピュータ・プログラム

コンピュータ・プログラムとは，著作物（writing）の一形式であり，25年前には事実上ほとんど人に知られていなかったものであった。プログラムは一連の指令からなり，これらが適切に立案された場合には，給料計算，航空機器のモニター，データの読取り，リサーチのための計算，タイプのセッティング，組立てラインの操作，在庫の取入れ等々，さまざまな俗事から人類を解放する，ほとんど無限の使用可能性をもったものである。コンピュータ・プログラムは，さまざまなメディアにおける言葉，文章，数字，その他の記号を注意深く固定化したものである。プログラムを構成する指令自体は，人間が読んだり，了解したり，捕捉したりすることができるものである。経済的および人道主義的理由から，人がコンピュータ・プログラム中の骨の折れるような細部に書き込まれているプロセスを手動によって実行することは望ましくないことである。人間の属性を持ち合わ

せていない機械は，この繰返しの多い，退屈する，あきあきする仕事に対して，文句を言わないのである。機械がこの仕事をすることができるし，また事実するからこそ，人間は，人間だけができる仕事，ないしその労力に対してより多く報いる仕事をすることができるのである。

コンピュータ作りと，そしてプログラムが記録される媒体とに，大きな変化が起こった。時代時代の進展というものが，かさばるプラグ・ボード，パンチ・カード，パンチ・テープ，磁気テープ，磁気ディスク，セミコンダクター・チップといったものを発展させ，実用化し，そして時には忘却の渕に沈めてきたのである。ただ，これらの発展というものは，プログラムが貯蔵されている媒体の変化を反映しているのみで，プログラム自体の性質の変化を反映しているわけではない，ということは強調されるべきであろう。

……（略）……

ちょうど19世紀のオルゴールの中の畝のついた真鍮製のホイールがほとんど保護する必要などないのと同じように，初期のコンピュータの中の奇妙な回路やプラグ・ボードなどは，ほとんど保護する理由などは存在しなかった。ホイールを作るコストは，畝のついた完成品を作るコストと分けられないものであった。これに対し磁気テープをコピーするコストは，それにショパンのエチュードが入っていようがコンピュータ・プログラムが入っていようが，僅かなものである。そこで，次のような考え方が的を射ていると思われる。すなわち，情報を複製化するコストが小さいときには，良心的とはいえない人々がこれを複製することが容易となる。このことが意味するのは，もしもこの情報が，生み出される価値のあるもので，流通させる価値のあるものであるならば，法的にも物理的にもこの情報を保護することが必要なインセンティブである，ということである。

……（略）……

コンピュータの台数が飛躍的に増えて，それに使えるプログラムの数もまたそのように増大した。初期のコンピュータは，1つないし少数の特定の仕事しかできないように作られ，プログラムされていたけれども，いまや増えつつあるコンピュータの大部分は汎用機であり，これらは，そこに使われるプログラム次第でさまざまな仕事をこなすものである。初期のプログラムは，機械の製作者によって作られたもので，1つの機種あるいはたった1つの特定のコンピュータ向けに使われるようにデザインされたりしていた。今日では，多くのプログラムは，1つないし数社のメーカーのマシーン上でオペレートできるようにデザインされている。さらに，そしておそらくもっと重要なこととしては，マシーンを作ってはいない者によって作られるプログラムが年々増えているということである。これらの人々は，ユーザーであったり，さらにこれがより大きい傾向であるが，マシーンの所有者ではあっても自分たち自らはプログラムを書き入れない人たちを対象にプログラムを販売するプログラマーや小会社であったりするのである。ちょうどヴィクター式蓄音機が初期の蓄音機やレコードのほとんどを作り出したように，初期のコンピュータ・メーカーは初期のプログラムのほとんどを自分で書き上げたのである。ヴィクター式蓄音機の後継者はRCAだが，同社はまだ録音物を作ってはいるが（しかし，興味深いことには，レコード盤ではない），他の数百社も同じことをしている。もし現在のコンピュータ業界の傾向が続くものならば，機器メーカー以外の者によるプログラムはマーケットにおけるシェアを伸ばし続けるであろう。それは必ずしも，プログラムを書くことと機械を作ることとは2つの別個の才能を要することで，同時になされねばならないものではない，という理由からだけではなく，プログラム製作というものがほとんど資本のいらないビ

ジネスであるからである。

　コンピュータ・プログラムを作るコストは，それを複製するコストに比べると，遥かに莫大なものである。結論として，上記の分析において明らかにされたように，コンピュータ・プログラムが流通する際の条件とは，
　① 創作者が最初の販売によって，コストの全部と公正な利益を得ることができて，その後の発行状況については無関心でいられるようであること，あるいは，
　② 無許諾の複製行為に対する一定の保護方法を講じた上で，創作者がその作品の多くのコピーについてそのコストを分散させることができること，あるいは，
　③ 例えば政府ないし基金が賞金を出すことなどにより，創作者のコストが他人によってまかなわれること，あるいは，
　④ 創作者がコストについて無関心であって，その作品を社会に贈与しようとすること，
である。

　最初の可能性の生む結果は，どのプログラムの値段も非常に高いものとなり，販売されるプログラムの数は必然的にドラスティックに減ずることとなろう。わが国において，3番めと4番めの可能性は起こりはするが，アカデミックなリサーチと政府のスポンサーのリサーチものを除けば極めて稀である。コンピュータ・プログラムは，大いなる知的な労力の成果であり，その有用性は疑いようがない。従って委員会は，競争市場においてコンピュータ・プログラムを創造し，広く流通させるには，一定の保護様式が必要である，と結論するに至った。

　委員会の結論は，引き続いての著作権法における保護が望ましいということである。アメリカの著作権法の200年に及ぶ発展の歴史においては，この法によって保護されるとされた作品の地平が，想像力，通信メディア，社会の技術的能力に寄り添うようにして広がってきたのだが，コンピュータ・プログラムに著作権の保護を及ぼすことは，この発展の歴史に見合ったものである。従って，コンピュータ・プログラムは，それが有形の表現手段に固定されている限りは著作権により保護されるが，機械の電気的ないし機械的な機能を保護するわけではない。これは，著作権がゲームそのものとゲーム遊びとにどう影響を与えるのかということと類似性がある。著作権のあるゲームの規則については，何人もこれを利用したり，再出版したり，再販売したりすることはできない。しかし，著作権者は，他人がこのゲームをして遊ぶことを禁止する力を持たないのである。

……（略）……

著作権と他の方法との比較

　著作権の目的は，著作者に対して，そのアイディアの表現様式における限定された財産権（property right）を与えることにある。コンピュータ・プログラムにおける物権的な利益を保護するための他の方法は，異なる理論的な根拠をもとにするもので，当然のことながら，異なる機能の仕方をする。これらの差異を認識することが，委員会が，著作権による保護がプログラムに適用され続けるべきである，との勧告を採択することの一助となった。特許は，発明者に対して，考案，プロセス，物事の組合せ，アイディアを表したデザインなどに関する短期の強力な独占権を与えるべく作られている。トレード・シークレッツの考え方は，あるビジネスにおける「方式，パターン，考案，情報の組合せ」で，「それを知らない，あるいは使っていない競争者に対して有利な地位に立ちうるようなもの」をもつ者を保護しようということである。不正競争は，主として，商業上の

商品の性質と出処に関する不実表示を禁止する法理である。これらの保護様式のそれぞれが，著作権以上に，情報の伝播を抑制し，競争を制限することがありうるかもしれないのである。

ある種の状況においては，権利者は，特許による保護が著作権による保護よりも魅力的だと感ずるかもしれない。特許は，許諾権と特許権の存する考案やプロセスの使用をコントロールする権利を与えるだけではなく，この考案やプロセスが第三者によって独立に開発された場合ですらも，かかる使用を差し止めることができる権利を与えてくれるからである。このような権利は17年間継続する。しかし特許の取得は，主として権利者の権利が大きくかつ申請者の越えねばならない法的なハードルが高いという理由のために，時間がかかり，高価である。申請の対象は，特許の申請されている技術領域の現時点における水準に詳しい者にとって，有益，新規かつ非自明なものでなければならない。申請者は，特許商標庁の満足のいくようにこれらの条件を証明せねばならず，それができなかった場合には，税関および特許控訴裁判所（Court of Customs and Patent Appeals）あるいは州最高裁に対して証明するほかはない。

仮に特許が合衆国内で有効であるとの証明がなされたとしても，厳格な審査手続と不服審査手続を生き残って特許が与えられるプログラムは，僅かなものにすぎない。もちろん，かかる保護がひとたび与えられたならば，他の者は，たとえ独立に作ったものであっても，特許の与えられたプロセスを使うことができなくなる。

トレード・シークレッツの法理は，アメリカのどの州においても知られている法理である。それは，州の制定法ないしコモン・ロウの産物であるので，州ごとに少しずつ異なっている。トレード・シークレッツのよって立つ根拠は次のようなものである。すなわち，もしあるビジネスが，ある事を行うやり方についての秘密，あるいはその所有するある情報についての秘密を維持しているとすると，裁判所は，そのような秘密の不正利用についてそのビジネスを保護しなければならない。おそらく多くのプログラムの権利者は，トレード・シークレッツ法理を使う場合には保護を受けていると感じることであろうが，プログラムの保護に関しては避けて通れない問題が実はある。秘密性というものが至上命題であるから，秘密を含んでいてなおかつ広く流通すべく作られているというものを保護することは不適当なのである。この点は，大口の顧客向けのユニークなプログラムについては当てはまらないことではあるが，小口のビジネス，学校，消費者，趣味の購入者等に店先で販売される多数のコピーのあるタイプのプログラムについては，本質的にトレード・シークレッツによる保護をなくしてしまうものである。秘密が開示されると，その開示の状況いかんにかかわりなく，保護はなくなる。この領域における全国的な法がないことも，この保護方式の有用性に若干の見劣りがあると権利者らが感じる点かもしれない。

ユーザーの観点としては，さらに不利な点がある。ユーザーは，秘密漏洩を防ぐシステムを維持することに伴う売り手側の出費を，代金の値上げというかたちで負担しなければならない。売り手が自由にそのビジネスをすることができるという状態は減殺されてしまう。というのも，彼らは，秘密にアクセスする従業員や第三者との間に注意深く作った秘密保持契約を結んだり，秘密にアクセスできる者をごく少数に押さえたりしなければならないからである。秘密というものはその定義からして少数の人にのみ知られているものであるので，マーケットにおいては情報の流れが必然的に減少し，このことは，買い手の側において比較をする機会が少なからず損なわれることを意味し，従って値段が釣り上がってくることになる。

コンピュータ業界の専門家にいわせれば，トレード・シークレッツのさらなる問題は，他人が既に行ったけれども秘密にしていることに関して新たにこれを行おうとする者は，二度手間をかけねばならない，という人的資源の無駄遣いである。これは，Public Interest Economics Center とニューヨーク大学のエコノミスト・グループによって作られ委員会に提出されたレポートにおいて指摘されている事柄である。

　もちろん，コンピュータ・プログラムに著作権の保護があるということは，これに対してトレード・シークレッツの保護がないということを意味するわけではないし，前者は後者に何の影響をも与えない。1976年法においては，同法において付与される独占権と同一視できる州法上の権利（一般的にはコモン・ロウ著作権）のみが先占（preempt）されているにすぎない。トレード・シークレッツを適用することに難点があるとすれば，それは，先占の点に問題があるのではなく，広範に頒布されているプログラムの数がさらに大きく増えているため，そこにおいてトレード・シークレッツの保護を主張することが難しくなってきた，ということの方にあるといえよう。

　コモン・ロウの法理である不正利用（misappropriation）の根拠は，人はあるものについての権利者の才能，出費，労力を利用してはならない，という原則である。この法理は，不実の広告，他人の商品を自分のものとして「偽物をつかませる（passing off）」ことなどを禁止している。連邦法においてもいくつか不正競争防止法は存在するものの，この領域の法の大半は，トレード・シークレッツと同様に，全国的な統一性に欠けている。不正競争防止法は，ある種の状況においては著作権と似た救済を与えるが，その適用範囲は大きくはなく，これのみによって，プログラムの不正利用に十分な保護が与えられるとは考えにくい。例えば，不正競争防止法に該当しなくとも，いかなる目的であれ著作物を無許諾でコピーすることは，著作権侵害となるのである。

　保護を及ぼすことによるマーケットに対する影響，非競争的な状況における投資回収効率に対して保護がつくりだす機会利益，などの経済的な問いに対する答えは，いろいろな保護手段の中では著作権によるものが一番ネガティヴな影響の少ないものである，という傾向を示している。

……（略）……

コンピュータの作成にかかる著作物

　委員会は，コンピュータに関するその調査と一般的な経験に基づいて，コンピュータが使用される過程においてこれが何らかの意味で作品の著作者性に寄与するという考え方については，これを合理的根拠のないものとした。コンピュータとは，カメラやタイプライターがそうであるように，自力では動けない道具にすぎず，人間が直接ないし間接に動かさなければ機能しえないものである。このようにして動かされたときにおいても，それが機能するようなかたちで，命じられたことを行うにすぎない。

　コンピュータは，いろいろな使い方によって，著作権により保護されうる著作物を創作することに使用することができる。グラフィック・アートの作品は，コンピュータの助けを借りて選択され構成されるデザインや描線，色彩の濃淡等などで作られうる。コンピュータは，アニメーション・アーティストがアニメーションの数多くのフレームを埋めてゆく作業を手助けして，時間と労力とを軽減している。

　コンピュータ音楽の場合においては，プログラムは，一連の音符を選びだしこれを音楽として作曲するようにデザインされており，種々の音質とリズム上のパターンを揃えている。コンピュータ

は楽器の役割を果たし，それ用に作曲された音楽を演奏することもできる。

その他の場合においては，コンピュータは，統計的な情報を操作して，その情報の分析をするべく使用することができる。この結果でてくるものは，分析の対象とされたもののもともとの形や配列に比べると，ほとんど類似性がないかもしれない。例えば，このことは，生の経済的なデータを操作して作られる経済予測などの場合にあてはまる。他方でコンピュータは，ある作品の一部を抽出して複製することに使用されることがある。すべての場合において，複製された作品は，データ・ベースの内容と，プログラムの中に間接に規定されている指令と，命令過程で人間が直接に介在することの3者の働きの結果として存在する。

著作権の対象となるためには，作品はオリジナルな著作物でなければならない。すなわち，合衆国憲法の著作権条項にいう著作物（writing）でなければならない。連邦最高裁は，この要件には，「創造的，知的ないし審美的な面における労力の成果が，物理的に提供されていること」が含まれると解している。オリジナリティの概念の史的発展の教えるところに従えば，ここではごく些細な労力が要求されているにすぎない。……

従って，ある作品についてこれに著作権が宿るとの主張をサポートしうるに足るオリジナリティの量というものは，少なくてもかまわないのではあるが，ともかくも存在しなくてはならない，ということがあるのである。コンピュータ・テクノロジーを使って作られた作品が，オリジナリティについてのこの最小限の基準を満たすならば，それは著作権取得能力のあるものといわなければならない。ある作品が著作物の保護を受けうるか否かは，それを作り出した装置いかんにかかるものではなく，それが作られた時点における最小限の人間の創作的労力のいかんにかかっているのである。

コンピュータは，ある作品を創作するに際して人間の行う計算，選定，再配置，ディスプレイ，デザイン，その他の物事を，人間の能力を遥かに拡大させて代行してくれる，非常に複雑で強力な道具である。しかしながら，この道具が拡大するのは人間の能力なのである。コンピュータというものは，例えばカメラと類推ないし同一視することができよう。コンピュータが，結果として生じさせる作品の著作権における地位に与える影響とは，スティル・カメラないし映画カメラやテープレコーダやタイプライタが発明された際のそれ以上のものではない。従って，コンピュータの助けによって作られた新しい作品の著作者性に関する問題とは，もっと伝統的な作品の創造によって生ずる問題と異なるものではないのである。

……（略）……

法律の改正に関する勧告

〔委員会は，とりわけ101条に以下の定義が付け加えられて改正さるべきであるとした。
「コンピュータ・プログラム」とは，ある結果をもたらすためにコンピュータ中において直接ないし間接に使用される一連の文章ないし指示である。〕

1980年に連邦議会は著作権法を改正し，101条にはCONTUの勧告した定義を加えた。1980年改正の際の立法府におけるやりとりがほとんど無かったことに鑑みれば，「連邦議会はCONTUの勧告を変更なしに採用している以上，CONTUレポートが議会の意図を反映している，とみるのが正当である」といわれている（Midway Mfg. Co. v. Strohon, 564 F. Supp. 741, 750 n.6 (N.D.Ill. 1983)）。

⟨Apple Computer, Inc. v. Franklin Computer Corp.⟩

(714 F. 2d 1240 (3d Cir. 1983))

スロビター控訴審判事

I 序

原告 Apple Computer, Inc. は，地裁において被告 Franklin Computer Corp. に対し，14のコンピュータ・プログラムの著作権侵害についての差止の仮処分申請を行ったが，地裁はこれについて却下した。そこで原告はこれに関して上訴したものである。……地裁の却下理由は，主として，「プログラムの著作権取得能力につき疑いがある」からであった（Apple Computer, Inc. v. Franklin Computer Corp., 545 F. Supp. 812, 812 (E.D. Pa. 1982)）。ここにおける法律上の判断は，この訴訟の将来におけるすべての手続にとって基本となるものであり，「法廷の友」意見も認めているように，コンピュータ・サービス業界にとって大きな意味をもつものである。当法廷は，地裁判決が適用法規について誤った見解のもとに手続を進めたものと解し，ここに，仮処分の申請を却下した判決を破棄し，地裁に差し戻すものとする。

II 事実および手続上の経緯

原告は，コンピュータ業界のリーダーのひとつであり，パーソナル・コンピュータ（マイクロコンピュータ），ディスク・ドライヴ等の関連の周辺機器，コンピュータ・プログラム（ソフトウエア）の製造および販売を行っている。同社は現在，「アップルII」コンピュータを生産し，150以上のプログラムを販売している。原告は，40万台以上の「アップルII」を売り，約3,000人の従業員を雇い，1981事業年度においては3億3,500万ドルの売上げを計上した。原告の成功の副産物のひとつは，第三者が原告とは無関係に「アップルII」コンピュータ上で機能するようなコンピュータ・プログラムを数多く作りはじめたことであった。

被告は，「エース100」パーソナル・コンピュータを製造，販売しており，審問の時点においては，75人の従業員を雇い，コンピュータの売上げ台数としては1,000台以下であった。「エース100」は「アップル・コンパティブル」として設計されており，「アップルII」のための周辺機器およびソフトウエアが「エース100」においても使用しうるようになっていた。被告はこのような互換性を達成するために原告のオペレーティング・システムをコピーしたわけだが，これが今回の訴訟の原因となった。

すべてのコンピュータがそうではあるが，アップルIIとエース100には，プログラムを実行する集積回路の中央演算処理機構（CPU）が備わっている。やさしい言葉でいえば，CPUは命じられた仕事を行う装置である。これらの指示命令がコンピュータ・プログラムに入っている。

……（略）……

CPUは，オブジェクト・コードに書き込まれている指示にしか従うことができない。しかし，プログラムは普通ソース・コードで書かれていて，これは人間にとってより判りやすいものである。ソース・コードに書かれているプログラムは，「コンパイラ」プログラムの働きによって，コンピュータの使用のためにオブジェクト・コードに転換ないし翻訳される。プログラムは通常，記憶ディスクに収納されたオブジェクト・コードの形で販売される。

コンピュータ・プログラムというものは，いろいろな記憶ディスクに収納ないし固定化できるが，

本件に関係のあるのはその中の2つの形態である。ROM（読出し専用メモリ）は、セミコンダクタないし「チップ」でできた、内部の永久的なメモリー装置で、コンピュータの回路に組み込まれている。オブジェクト・コードの状態のプログラムは、まずROMの中に書き込まれて、その後にコンピュータに入れられる。ROMに貯えられている情報は、読み出すことができるのみで、消去することも書きなおすこともできない。……本件で問題となっているプログラムを貯えるためのもうひとつの装置は、ディスケットないし「フロッピー・ディスク」であり(1)、これは、フォノグラフ・レコードを組み合わせて作った、磁気ディスクでできた外部的な記憶装置で、コンピュータに挿入でき、ここからデータや指示が読み取られる。

コンピュータ・プログラムは、その機能に着目した分類により、アプリケーション・プログラムとオペレーティング・システム・プログラムとに分けることができる。アプリケーション・プログラムは普通、コンピュータ・ユーザーのために特定の仕事を行うもので、ワード・プロセッシング、会計システム、ゲーム機能などである。これに対して、オペレーティング・システム・プログラムは、コンピュータの内部的な機能を司り、あるいはアプリケーション・プログラムを使いやすくする機能を果たす。本件で問題となっている14のプログラムがオペレーティング・プログラムであるということに、当事者間に争いはない。

原告は、1982年5月12日、28 U.S.C.1338条に基づいて、ペンシルヴァニア東部連邦地方裁判所に本件訴訟を提起し、被告が14のプログラムについて、著作権侵害、特許権侵害、不正競争防止法違反、不正利用に基づいて有責である旨主張した。被告の、著作権に関する答弁の中には、本件のプログラムには著作権を取得しうる対象が含まれていない旨の抗弁が存在する。被告は反訴として、本件のプログラムに関する著作権登録が無効かつ執行不能であることの確認判決を求め、原告の不正使用に基づく差止の救済を求めている。……

迅速化された開示手続の末に、原告は被告に対して、被告が原告の著作権を使用、コピー、販売その他侵害してはならない旨の差止を求めた仮処分を申請した。地方裁判所は、著作権侵害の主張のみに問題を絞った3日間の証拠調べ手続を開いた。原告は、宣誓供述書と証言の形の証拠を提出し、その中で、「エース100」と一緒に被告の販売しているプログラムは、実際上、原告の14の著作権でカバーされているものと同じである、とした。変更箇所はあるものの些細な点にすぎず、原告会社に対する何らかの言及やその著作権表示が削除されているようなものにすぎない、とした。

……（略）……

被告は、原告のプログラムをコピーしたことは否認していない。被告側の証人は、本件で問題となっているもののそれぞれについて、これを原告のプログラムからコピーしたことを認めている。被告の側の事実に関する抗弁は、被告が自分自身のオペレーティング・システム・プログラムを書くことが実行不可能であった、ということに向けられている。被告のエンジニアリング担当副社長David McWherterの証言によれば、彼は1981年10月に、30ないし40時間を投じて、被告会社が独自にそのAutostart ROMプログラムを書くことができるかどうかの調査をして、それは不可能で

---

(1)〔原(3)〕 永久的な記憶装置との対比では、RAM（ランダム・アクセス・メモリー）は、一時的な内部的な記憶が収納されるチップであって、このような記憶は、コンピュータの電源が切られると消え去ってしまうものである。

あるとの結論に達した，という。その理由は，「プログラムの数多くの指令に関してあまりに多くのエントリー・ポイントがある」からであった。プログラムの中の特定の場所におけるエントリー・ポイントとは，アプリケーション・プログラムをオペレーティング・プログラムで捉えることができるように，プログラマーに使えるようになっている。McWherter は，「アップル」コンピュータ用に作られたアプリケーション・プログラムが100％互換性をもつようにするためには，同一のシグナルを使うことが必要である，との結論に達したとする。彼は，Autostart ROM を書きなおそうとはしなかったことを認め，かつ，本件で問題となっているいくつかのプログラム（例えば，Copy, Copy A, Master Create, Hello など）は被告によってゼロから書きなおすことはおそらく可能であったことを認めている。被告は，コピーを除いては，本件訴訟に先立ってそのプログラムを書きなおすことはしていない。ただし，McWherter は，被告はアップルのプログラムのいくつかを「デザインしなおしている最中である」とし，「当社としては，かなりの自信をもって，これらがうまく働くものと予測している」という。原告は，被告が Autostart ROM プログラムも含めてこれらのプログラムを書きなおすことができたはずであったことの証拠を提出し，「アップルⅡ」と互換性のある第三者によって書かれたオペレーティング・プログラムのあることの証拠を提出した。

被告の，仮処分審問手続および当審における主たる抗弁は，法律上のものであり，それは，原告のオペレーティング・システム・プログラムには著作権による保護が及ばないという主張である。

Ⅳ 議 論

A オブジェクト・コードによって表現されたコンピュータ・プログラムの著作権取得能力

下級審の判文のはしばしには，ソース・コードとは区別されるところのオブジェクト・コードで書かれたプログラムは著作権の対象とはなりがたい旨の法解釈がある。しかし当法廷は，かかる解釈について，法文中にいかなる根拠も見いだせない。……

著作権法102条(a)はコンピュータ・プログラムを明示に著作物としてリストアップしてはいないが，立法過程をみれば，コンピュータ・プログラムが文芸著作物のひとつとして考えられていたことが判る（H.R. Rep. No. 1476, 94th Cong., 2d Sess. 54, reprinted in U.S. Code Cong. & Ad. News 5659, 5667〔「『文芸著作物』には……コンピュータ・プログラム……が含まれる」〕を参照）。……

1980年改正法は，次のコンピュータ・プログラムに関する定義を付け加えた。

> コンピュータ・プログラムとは，ある結果をもたらすためにコンピュータ中において直接ないし間接に使用される一連の文章ないし指示である。

この改正法はまた新たに117条を作りなおして，「コンピュータ・プログラムの利用」ないし「保存目的だけのために」必要な場合においては，「コンピュータ・プログラムのコピーの所有者が自ら別のコピーないし翻案物を作り，または他人に対してそれを許可することは，著作権の侵害ではない」と規定した。この条項が本件訴訟に関係しないことについては，当事者間に争いはない。しかし，この条項の文言は，コピーに対する禁止という通常の原則に対する例外を定めており，明らかに，プログラムが著作権取得可能なものであること，著作権の保護が与えられることを示している。

当裁判所は，Williams Electronics, Inc. v. Artic International, Inc.（685 F.2d 870 (3d Cir. 1982)）において，コンピュータ・プログラムの著作権取得能力の問題について考察し，結論として，「コ

ンピュータ・プログラムの著作権取得能力は，1980年改正法の後においては，確固として確立されたものというべきである」と判示した（685 F.2d at 875）。Williams事件において問題となったのは，ビデオ・モードの「アトラクト・モード」と「プレイ・モード」の２つの視聴覚の著作権の問題だけではなく，ROMにオブジェクト・コードで書き込まれていてゲームの画面と音声とを統御するコンピュータ・プログラムの著作物性の問題でもあった。そこでの被告は，「コンピュータ・プログラムにおける著作権が問題であるとき，プログラムのソース・コードのヴァージョンとオブジェクト・コードのヴァージョンとは区別がなされるべきで，……前者は著作権の保護がなされて然るべきだが，後者はかく保護がなされるべきではない」と主張したが，当裁判所はかかる主張を退けた（同 at 876）。

　本件における下級審は，著作権が「顕微鏡と忍耐心を持ったエキスパートによって判読されるものとは区別されるところの，人間の読み手により判読されうるように作られている」著作物に限られるか否か，という疑問を検討している（545 F. Supp. at 821）。著作権取得能力が個々人へと伝達する機能次第で生じたり生じなかったりするという考え方は，初期の判例法であるWhite-Smith Music Publishing Co. v. Apollo Co.（209 U.S. 1 (1908)）から出てきた考え方である。この事件においては，ピアノ・ロールが楽曲のコピーではないとされており，その理由は，ピアノ・ロールにおいて楽曲は，非常に限られたエキスパートを除いては感得することのできないものであるから，ということであった（1 Nimmer on Copyright §2.03 [B][1] (1983) を参照）。しかし，1976年法の文言およびその立法過程から明らかなように，同法は，White-Smithケースにおけるかかる区別を消去することが意図されたものであった（上記 H.R. Rep. No. 1476, at 52, reprinted in 1976 U.S. Code Cong. & Ad. News at 5665を参照）。

　制定法のもとにおいては，著作権は「直接にまたは<u>機器その他の考案の助けを借りて</u>，著作物が感得でき，複製でき，あるいはその他伝達されうる」有形の表現手段における著作物に及ぶこととされている（§102(a)〔下線引用者〕）。さらに，連邦議会が1980年改正法において採用した「コンピュータ・プログラム」の定義は，「ある結果をもたらすためにコンピュータにおいて<u>直接ないし間接に使用される</u>一連の文章ないし指示である」としている（§101〔下線引用者〕）。ソース・コードの指令は，これに基づいてコンピュータが作動するためには，オブジェクト・コードに翻訳されなければならないから，オブジェクト・コードに書かれた指令のみがコンピュータによって「直接に」使用されることとなる（Midway Manufacturing Co. v. Strohon, 564 F. Supp. 741 at 750-751 (N. D. Ill. 1983)を参照）。この定義はCONTU報告の勧告を容れて採用されたものだが，CONTUにおいて多数意見は明白に，オブジェクト・コードは著作権の対象となりうるとの立場をとっていた（CONTU報告書21ページ参照）。多数意見に対して反対意見は，プログラムの「機械を統御する局面」は人間の視聴覚に対して向けられるものではないからという理由で，この結論に反対した（同28-30ページ〔ハーシー委員の反対意見〕）。

　Williams事件の被告は，著作権取得能力のある作品というのは，「人間にとって判読可能なものでなくてはならず，人間に対する伝達の手段として意図されたものでなければならない」と主張した（同 at 876-77）。当裁判所は，Williams事件の際にこの主張を却けるにあたって当裁判所が行った判示を，ここで再び繰り返そうと思う。「被告の主張に対する解答は，法律そのものの文言中にある」（685 F. 2d at 877）。

下級審はまた，オブジェクト・コードの状態におけるコンピュータ・プログラムが「文芸著作物」に該当するか否かに関して，不確実性があるということを述べている。しかし，「文芸著作物」というカテゴリーは，7つの著作権取得の可能な著作物のひとつであるが，これは必ずしもヘミングウェイの『誰がために鐘は鳴る』のような著作物に限定する趣旨ではないのである。101条における「文芸著作物」の定義においては，言葉による表現のみならず，「数字その他……数値的なシンボルないし記号」による表現も含まれるものとされ，通常の用法における「文芸著作物」というものよりは広いものを指すのである（Harcourt, Brace & World, Inc. v. Graphic Controls Corp., 329 F. Supp. 517, 523-24 (S.D.N.Y. 1971)〔試験の解答用紙の上の質問や答えのスペースを表すシンボルが，1909年法のもとにおいて著作権取得の可能な「作品（writings）」であるとされた〕を参照）。従って，オブジェクト・コードであろうとソース・コードであろうと，コンピュータ・プログラムは「文芸著作物」であり，ソース・コードからでもオブジェクト・コードからであっても，それを無許諾にコピーすることは禁止されている（Midway Mfg. Co. v. Strohon, 564 F. Supp. at 750-51 と比較せよ。また，GCA Corp. v. Chance, 217 U.S.P.Q. at 719-20 を参照）。

B　ROM 中のコンピュータ・プログラムの著作権取得能力

オブジェクト・コードとソース・コードとの区別についての下級審の意見が，3年前の Williams 事件における当裁判所の意見によって否定されたのと全く同じに，下級審は，ROM の中のコンピュータ・プログラムが，伝統的な意味における書き物（writings）とは異なるということで，著作権の保護には値しない，との意見を抱いているが，これについても当審は Williams 事件において，かかる意見を否定している。Williams ケースにおいては，「プログラムが電気的な記憶装置（ROM）に搭載され，機械の活動を統御するために使用されているときには，コンピュータ・プログラムの侵害というものは起こらない」という考え方を，我々は否定した（682 F.2d at 876）。そこでの被告は，ROM は実用品（utilitarian objects）ないし機械のパーツだから，それに対して著作権の保護はありえない，と主張した。これに対して当裁判所は，「固定されていること」という法律上の要件は，ROM における表現の固定という方法によって満足されている，と考えた（同at 874, 876. さらに，Midway Mfg. Co. v. Strohon, 564 F. Supp. at 751-52; Tandy Corp. v. Personal Micro Computers, Inc., 524 F. Supp. at 173 を見よ。参考として，Stern Electronics, Inc. v. Kaufman, 669 F. 2d 852, 855-56 (2d Cir. 1982)〔ROM に「固定」されたビデオゲームの視聴覚ディスプレイ〕）。従って，当裁判所は，ROM チップに書き込まれた，オブジェクト・コードによるコンピュータ・プログラムは，適切なる著作権の対象物である，とここに再確認する（Note, Copyright Protection of Computer Program Object Code, 96 Harv.L.Rev. 1723 (1983)；Note, Copyright Protection for Computer Programs in Read Only Memory Chips, 11 Hofstra L. Rev. 329 (1982) を参照）。

C　コンピュータのオペレーティング・システム・プログラムにおける著作権取得能力

我々はいまや，被告の中心的な控訴理由たる，コンピュータのオペレーティング・システム・プログラムは，アプロケーション・プログラムとは異なり，著作権の適切なる対象物とはなりがたく，それは「それが固定されているところの言語や媒体のいかんを問わない」との立場について，検討を加えるところにきた（控訴人の準備書面15〔強調部分は削除されている〕）。

……（略）……

被告は，オペレーティング・システムは，著作権法102条(b)の明確な条項および Baker v. Selden

(101 U.S. 99 (1879))の底流をなす考え方のもとにおいては，その性質上当然に著作権の保護の対象から排除されている，と主張する。しかし，これら2つの根拠の間には，実質的には理論上の重なりがある。

……（略）……

被告は，Baker v. Selden を，「いくつかの根本的な原則を確立した判例であり，そのそれぞれが……本件での原告のオペレーティング・システムの著作権取得能力にとっての越えがたい障害となって立ち現れている」と位置づけている。被告は次のように言う（控訴人の準備書面22）。

まず，Baker 判決は，システムを使うことそれ自体は，システムを記述したものの著作権を侵害したことにはならない，としている。第2に，Baker 判決は，著作権は純粋に実用的な作品には及ばない，という原則を述べている。最後に，Baker 判決は，著作権というものは，アイディアに関しての独占をつくりだし維持するための手段として使われてはならない，ということを言っている。これを示すにあたり同判決は，著作権と特許権との主な違いを列挙しているが，これらは本件にあっても非常に関係のあるところである。

被告の依拠するもうひとつの根拠である著作権法102条(b)は，Baker v. Selden 判決のはるかに後である1976年法において，初めて現れた。それは以下のとおりである。

> オリジナルな著作物に対する著作権は，それがいかに記述され，説明され，図解され，化体されていようとも，アイディア，手続，プロセス，システム，操作方法，概念，法則，発見には及ぶものではない。

102条(b)が，Baker v. Selden 判決における判示と傍論との実質的部分を法文化したものであることは，明白である（1 Nimmer on Copyright §2.18 [D], at 2-207）。

そこで，次に，被告の議論の2つの主なポイントについて論ずることとする。

1 「プロセス」，「システム」，「操作方法」

被告は，オペレーティング・システム・プログラムは，「プロセス」，「システム」ないし「操作方法」のいずれかに該当し，従って著作権取得能力に欠ける，と主張している。たしかに，被告も正確に認識しているとおり，102条(b)の底流をなすもの，および Baker v. Selden 判決を引用する論述の多くのものは，特許と著作権との区別をどこに引くかという問題についてであり，前者は発明を保護するのに対して，後者は，かかる発明を記述した作品を保護するものである。しかし被告の議論は，この区別を本件に誤って適用したものである。原告は，コンピュータが操作機能を果たすべく指令を与える方法に関して著作権の保護を要求しているのではなく，その指令そのものについて著作権の保護を求めているにすぎないのである。方法というものは，保護されるとすれば，特許権によって保護されるものであり，これはいまだ解決されていない問題である（Diamond v. Diehr, 450 U.S. 175 (1981) 参照）。

被告は，オペレーティング・システム・プログラムを，「方法」ないし「プロセス」であるとして攻撃しているが，これは，一方でアプリケーション・プログラムが著作権の保護の対象となるとする立場と矛盾するように思われる。いずれのプログラムもコンピュータに対して何かをするべく指令を発することに変わりはないからである。従って，102条(b)にとっては，これらの指令がコンピュータに対して，税金申告を準備するように指示するものであろうと（アプリケーション・プログラムの場合），ソース・コードの高級言語を二進法のオブジェクト・コードに翻訳するように指示

するものであろうと（"Applesoft"のようなオペレーション・システム・プログラムの場合），何ら違いはないのである。保護を受けるのは指令だけである。従って，例えば，複雑なマシンを活動させるに必要な順序を記載したマニュアルに，指令が普通の英語で書かれていた場合に，「プロセス」というものが関係ないのと同じように，たとえ指令がオペレーティング・システム・プログラムの中に書かれていたとしても，やはり「プロセス」は関係ないのである。よって，アプリケーション・プログラムにおける指令に与えられる著作権の保護よりも少ない保護しかオペレーティング・システム・プログラムには与えられない，とすることには理由がないのである。

下級審は肯定的に扱っているが，被告の議論である，オペレーティング・システム・プログラムはマシンのパーツである，という主張も，指令というものの物理的な特徴に焦点をあて損ねたものである。媒体はメッセージそのものではない。当裁判所はすでに，オブジェクト・コードとROMについての議論において，この主張について考察し，これを否定した。オペレーティング・システム・プログラムがROM上に刻みつけることができるという事実のみでは，プログラムがマシンのパーツやその等価物とされるいわれはない。さらには，被告側のある証人が証言しているように，オペレーティング・システム・プログラムは必ずしも永久にROMの中にいなければならないものではなく，ディスケットや磁気テープなどの，コンピュータのメモリー空間にすぐに移転できる状態における他の媒体の上にあればいいのである。事実，本件で問題となっているいくつかのオペレーティング・システムは，ディスケットに固定されていた。CONTUの多数意見は以下のように述べている（報告書21）。

> ちょうどビデオテープが投影機の一部とはみなされないように，あるいは，レコードが音声複製機の一部とはみなされないように，プログラムもマシン・パーツとはみなされるべきではない。……プログラムの言葉が究極的にはプロセスの実行のために使われるということが，それの著作権取得能力に影響を与えてはならない。

被告はまた，オペレーティング・システムは「純粋に実用的な作品」であり，原告はオペレーティング・システムに化体された技術の使用を妨害しようとしているから，著作権取得能力は否定されるべきである，と主張している。この議論は，Baker v. Selden判決の以下の傍論部分から発生したものである（101 U.S. at 103）。

> 科学や有益な技芸についての書物を出版することのまさにその目的が，世界に向かってかかる有益な知を伝達することにあるからである。もしも書物を侵害せずにはかかる知を使いこなすことができないとすれば，このような目的は大いに阻害される。また，かかる書物が伝える技術が，そこで描かれた方法や図表その他のものを採用しないと使えないものならば，かかる方法や図表等はその技術に付随するものであって，その技術と一緒に公衆に開放されたものである。その技術を解説する他の著作を出版するという目的においてではなく，その技術を使う実際上の目標のためにおいて。

ある裁判所はこの判示を拡張的に解しているが，当裁判所はそのような見解を受け入れるわけにはいかない（Taylor Instrument Companies v. Fawley-Brost Co., 139 F. 2d 98 (7th Cir. 1943), cert. denied, 321 U.S. 785 (1944)を参照）。この点に関しては，我々は，ニマー教授の所説に賛意を表するものである（1 Nimmer on Copyright §2.18 [C] を参照）。

この判示の字義通りの解釈は，被告の主張する，著作物が実用目的に用いられたときには著作権

取得能力が否定されるということを支持するかもしれないが，かかる解釈は最高裁において否定されたところのものである。Mazer v. Stein（347 U.S. 201, 218 (1954)）において，最高裁判所は以下のように述べている。「著作権を取得しうるものが意図されたところに従って使われ，あるいはその業界における使われ方をされるということが著作権登録を妨げることになるという主張については，我々はこれを支持する何らの根拠も見いだせない」（同 at 218）。CONTU の多数意見も，いくつかの裁判所がとる Baker v. Selden の拡張的な解釈に対して否定的であり，次のように述べている。「プログラムの言語は終局的にはプロセスの実行に使用されるものであるということがその著作権取得能力に影響を与えると解されるべきではない」（同 at 21）。また同報告書は，「過去および現在における著作権の実務が，著作物の利用形態の如何を問わずに，著作者性のある著作物に対して保護を認めている」ということにも言及している（同）。さらに，「記述されたゲームの規則や<u>マシーンの操作のシステム</u>に著作権が有るか無いかということは，これらの規則がゲームをする者やプロセスを実行する者の行動を統御するという事実によって影響を受けるべきではない」としている（同〔下線引用者〕）。我々は，CONTU 報告書が連邦議会によって受け入れられたものと考えている。連邦議会は，同報告書の多数意見勧告をほぼそのままに法文化しているからである（18 Cong. Rec. H 10767 (daily ed. Nov. 17, 1980)〔カステンマイヤー下院議員の発言。本法案は「コンピュータ・ソフトウエアの著作権法による保護ということを明らかにした CONTU の勧告を立法化することによって，コンピュータ・ソフトウエアの法的な位置づけにまつわる混乱を解消するものである」〕；18 Cong. Rec. S14766 (daily ed. Nov. 20, 1980)〔ベイ上院議員の発言。「この条文の文言は，CONTU の提案を反映したものである」〕）。

　我々をして被告の主張を否定させた最も説得的なものは，おそらく法文上のコンピュータ・プログラムの定義で，そこではコンピュータ・プログラムとは，ある種の結果をもたらすべくコンピュータの中で使用される一連の指示とされているが（§101），これは，アプリケーション・プログラムとオペレーティング・プログラムとの間に何の区別もおいていない，ということである。被告はこの点，被告は，そのような区別を採択した先例を提示することができなかった。この点について考察した裁判例の中で，Apple Computer, Inc. v. Formula International, Inc.（562 F. Supp. 775 (C. D. Cal. 1983)）においては，裁判所は当裁判所と同じ結論に達している。すなわち，オペレーティング・システム・プログラムは，当然には著作権の対象から排除されるものではない，ということである。この裁判所は次のように判示する。「法文中には，マシンの中で異なって機能することで区別される 2 つのコンピュータ・プログラムについて，異なる保護がなされるということを示唆する条項は見いだされない」（同 at 780）。他の裁判所は，この問題に触れることなく，オペレーティング・プログラムの著作権取得能力を肯定している（Tandy Corp. v. Personal Micro Computers, Inc., 524 F. Supp. at 173〔Applesoft や Apple Integer Basic と同様に，インプットを機械言語に翻訳するインプット／アウトプット・ルーティンを収納した ROM について，これを適法な著作権の対象であるとした〕；GCA Corp. v. Chance, 217 U.S.P.Q. at 719-20〔オペレーティング・プログラムをソース・コードの状態で登録してあったが，これのオブジェクト・コード・ヴァージョンも同じ著作物であり，保護されるとした〕を参照）。

2　アイディア／表現の区別

　オペレーティング・システム・プログラムに著作権取得能力なしとする，被告の別の理由づけは，

アイディアとその表現との間に引かれる境界線についてのものである。この点に関する法のありかたについては，Mazer v. Stein 判決で解釈された Baker v. Selden 判決が，いまもって基準となっている。Mazer v. Stein 判決において，最高裁はこのように述べている。「特許とは異なり，著作権というものは，そこで開示された技術に関しての独占権を付与するものではない。保護が与えられるのは，アイディアの表現についてのみであり，アイディアそれ自身にではない」(347 U.S. at 217〔注は省略〕)。

このアイディア／表現の区別は，今日では102条(b)において明示に認められているもので，そこでは，著作権は「いかなるアイディア」に対しても認められないとされている。この条項は，著作権の保護の範囲を拡張ないし縮小すべく作られたものではなく，「表現とアイディアの間の基本的な区別がいまも不変であることを……確認して述べたもの」である（上記 H. R. Rep. No. 1476 at 57, reprinted in 1976 U.S. Code Cong. & Ad. News at 5670）。立法過程を精査するに，102条(b)は，「プログラマーによって採用された表現はコンピュータ・プログラムの中で著作権取得能力のある要素であり，プログラムに収められている実際のプロセスや方法などは著作権法の範囲にあるものでないことを明らかにさせる」意図によって挿入されたものであることが判る（同）。

アイディアと表現との間に境界線を引こうとしてきた多くの裁判所は，これが実際にどこに引かれるべきなのかを言い表すのに困難を感じてきた（Nichols v. Universal Pictures Corp., 45 F. 2d 119, 121 (2d Cir. 1930)〔ラーニド・ハンド判事〕を参照。また，3 Nimmer on Copyright §13.03 [A] における議論を参照)。本件についていえば，我々は，オペレーティング・システムのプログラムについては，この境界線は実際的なものでなければならないと考えている。これは同時に，「特許法と著作権法とに反映しているところの，競争と保護とのバランスを保つ」(Herbert Rosenthal Jewelry Corp. v. Kalpakian, 446 F. 2d 738, 742 (9th Cir. 1971)) ということをも考慮にいれた境界線でなくてはならない。当裁判所は，Franklin Mint Corp. v. National Wildlife Art Exchange, Inc. (575 F. 2d 62, 64 (3d Cir.), cert. denied, 439 U.S. 880 (1978)) で述べたように，「特許とは異なり，著作権は，新規性や発明を保護するというよりは，オリジナリティを保護するものである」。この意見の中で当裁判所は，以下の文章を Dymow v. Bolton (11 F. 2d 690, 691 (2d Cir. 1926)) 判決から肯定的に引用している。

> 特許が，発明的なアイディアを実用に応用する方法のみに保護を限っているように，著作権は，アイディアを表現する方法のみに保護を限定しているのである。<u>もし同じアイディアが全然別個の複数の方法で表現されうるとすれば，複数の著作権が存在し，侵害はない</u>，ということは全く真実であって，この場合侵害は発生しないというべきであろう（下線引用者）。

我々は，上記の文言における示唆を受け入れ，従って，アイディアがいろいろな表現をとりうるか否かについて注意を集中する。もしも，原告のオペレーティング・システム・プログラムと同じ機能を果たす別のプログラムを書いたり創作したりすることができるならば，そのプログラムはアイディアの表現物にあたるのであり，著作権取得能力のあるものということになる。本質的には，この調査は，表現とアイディアとが融合したか否かを判断する際のそれと変わるものではない。この表現／アイディアの融合現象は，ある特定のアイディアを表現するのに他に方法がない場合，あるいは，あるとしてもほとんどない場合に起こるものとされている（Morrissey v. Procter & Gamble Co., 379 F. 2d 675, 678-79 (1st Cir. 1967); Freedman v. Grolier Enterprises, Inc., 179 U.S.P.Q. 476,

478 (S.D.N.Y. 1973)〔「著作権の保護は，その作品の根底にある対象が必要的に統御するところの表現形態に対しては付与されない」〕；CONTU 報告書 at 20 等を参照）。

　この点，下級審は，原告のオペレーティング・システム・プログラムの全部ないし一部が，その根底にあるアイディアの唯一の表現手段であるか否かについて，事実認定を行っていない。被告からは，これに関しては，少なくともいくつかのプログラムについては書きなおすことが可能である旨の認容があるように思われるが，この問題についての記録は明らかとは言いがたく，控訴審レベルで判断するに足るものがない。従って，この問題が差し戻されれば，その時点で必要な事実認定がなされるものと思われる。

　被告は，プログラムを書きなおすことができると否とにかかわらず，「アップルとコンパティブルなソフトウエアの全体を載せることができるようなコンピュータを可能にするためには，オペレーティング・システムを調整する方法は限られたものしかない」と主張している（被控訴人の準備書面20）。しかしこの主張は，アイディア／表現の区別やそれらの融合現象に何の関係もない。表現と融合して，その表現の著作権取得能力を失わしめるアイディアとは，その表現の対象たるアイディアである。オペレーティング・システムのひとつにおけるアイディアとは，例えば，ソース・コードをどうやってオブジェクト・コードに転換するか，といったことである。このアイディアを表現する方法が実際的にいって他にもあるとしたら，そこには融合現象はないのである。被告は，「アップルⅡ」向けに書かれた独自開発のアプリケーション・プログラムで完全なコンパティビリティを達成しようと望むことはできるわけだが，これは，特定のアイディアと表現が融合したか否かという幾分か形而上的な問題には関与しない，商業的かつ競争にまつわるところの問題である。

　要約すれば，オペレーティング・システム・プログラムには当然に著作権取得能力がないとする被告の主張は説得的でない。この問題が提起された別の裁判所においては，この区別は否定された。CONTU の多数意見も連邦議会も，オペレーティング・プログラムとアプリケーション・プログラムとの間の区別を否定した。当裁判所は，1980年改正法は，連邦議会が新しいテクノロジーを受け入れ，著作権法を通じてコンピュータ・プログラミングの分野における想像力と創造性とを促進する姿勢を反映したものである，と信じている。当裁判所は，下級審における仮処分申請の却下が，その多くの部分はオペレーティング・システム・プログラムに関して著作権保護が可能か否かについての誤った見解およびオブジェクト・コードと ROM についての不必要な懸念に影響されてのことであると判断するので，ここに，仮処分申請の却下についてはこれを破棄し，再考を促すべく差し戻すものとする。……

Data General Corp. v. Grumman Systems, 825 F.Supp. 340, 354-55 (D. Mass. 1993)　　データ・ジェネラル社はソース・コード状態でコンピュータ・プログラムを著作権局に献納し，グラマン社はそのオブジェクト・コード・ヴァージョンのもののみをコピーした。被告グラマン社は，従って，保護されている素材をコピーしてはいないという抗弁を主張したが，裁判所はこれを退けて，以下のとおり判示した。

　　被告は，被告がコピーし使用していると認めている MV/ADEX が原告が著作権を有するものと同一の著作物であることの立証を原告が行っていないことをもって，自社勝訴の判決が下

されるべきだと主張している。より特定すれば、被告の主張によれば、原告は被告がコピーしたオブジェクト・コードのプログラムが著作権局に登録されているソース・コードのプログラムと同一である旨の立証が必要であるとしているのである。原告はMV/ADEXのどのヴァージョンであれソース・コードを証拠として提出していないので、被告によるオブジェクト・コードの使用が著作権局に登録されているソース・コードを侵害しているとの立証がなされていない、と主張しているのである。しかし私が1992年10月9日の裁定において説明したとおり、被告の主張には欠陥がある。

被告の理解するところとは逆に、著作権局に登録されている素材は、登録作品に対する実体的な保護がどこまで及ぶかを規定しているものではない。実際、著作権法は明示に「著作権登録は著作権保護の前提条件ではない」と規定しており、登録は著作権の存続期間中であればいつにても取得できるものである（408条(a)）。著作権保護は登録の有無とは無関係に生じるものなので、登録に付随する献納がそれ自身で著作物の範囲を画定するということはありえないのである。本件では、著作権局になされているソース・コードの献納は著作物の単なるシンボルであって、著作物それ自体の範囲を画定するものではないのである（Midway Mfg. Co. v. Artic Int'l, Inc., 211 U.S.P.Q. (BNA) 1152, 1158 (N.D. Ill. 1981)〔「コピーされたり組みこまれたりしてはならないのは著作物であって、著作権局にファイルされた特定の有形表現ではない」〕参照）。従って、原告はMV/ADEXの様々なヴァージョンに著作権を有するのであり、ソース・コード・ヴァージョンのみに権利があるというわけではないのである。

同様に、被告は、①登録されたコンピュータ・プログラムと②当該プログラムのソース・コード・ヴァージョンと③当該プログラムのオブジェクト・コード・ヴァージョンとを、3つの別々のプログラムとして取り違えている。被告はオブジェクト・コード・ヴァージョンのMV/ADEXをコピーしたことを認めているが、「登録されたオブジェクト・コード・ヴァージョン」を侵害した証拠はないとしている。しかし著作権登録局は、「ソース・コードとオブジェクト・コードは同一プログラムの2つの表現であると考えている。登録する上での表記としては、プログラムの特定の表現よりは『コンピュータ・プログラム』となる」としている (Copyright Office, Compendium II of Copyright Office Practices §321.03 (1984); e.g., Apple Computer, Inc. v. Franklin Computer Corp., 714 F.2d 1240, 1249 (3rd Cir. 1983), cert. dismissed, 464 U.S. 1033 (1984))。従って、原告としては、被告がMV/ADEXの保護の及んでいる形態のいずれかをコピーしたことの立証責任を負いはするが、当該プログラムのソース・コードかオブジェクト・コードかのいずれかが侵害されたことを立証すればそれで足りるのである。

【質問】
1 著作権の取得可能な著作物といいうるためには、「人間に伝達されるメディアとして意図されたもの」である必要はない、というApple v. Franklin判決の考え方に、読者は同意するか。コンピュータに直接連絡はするけれども人間に対しても伝達行為を行うプログラムと、コンピュータに対して内部的な機能を果たすことを命ずるのみで人間に対しては何の伝達をも行わないプログラムとを、区別すべきではないのか。

206　第2章　著作権の対象

> 2　プロセスを実行すべくコンピュータに指示を出すプログラム（例えば，ソース・コードからオブジェクト・コードへと翻訳をさせるプログラム）と，人間にあるプロセスを実行するように指示する文字の著作物（例えば，ケーキの焼き方）との間で，著作権に関連性のある区別があるのか。

F　絵画，図画ないし彫刻の著作物

はじめに

　ある作品が実用目的をもつからといって必ずしも著作権の取得能力が奪われるわけではないという一般原則があるにはあるが（第1章 Bleistein 判決参照），たとえば当該作品自体ないしその一部が「プロセス」や「操作方法」とみなされた場合には，機能性というものが保護をゼロにしてしまったり狭めてしまうことについては，これまで見てきたとおりである。ある作品の実用性という問題は，応用美術の分野において特に意識されてきた。こうした分野においては，審美的で快適なデザインが実用品と結合を遂げているのである。以下に明らかになるように，実用品のデザインに対する著作権保護の問題は，不確実なものから一貫性のないものへと推移してきている。これらを検討しつつ，連邦議会が1976年法において採用したテストよりも良さそうなものは何か，またそれを適用することの結果はいかなるものかについて考察せよ。

〈連邦著作権法の大改正に関する著作権局長官の第2補足報告書草案〉
（第7章 4-13（1975））

113条および第2編の立法経緯

　1954年までは，実用品のデザインに対する唯一の制定法上の保護は意匠特許法（同法は1842年にまで遡る）によるものであると一般に考えられていた。デザインを特許権で保護するのは実務的に不適切であるということは，大方の人々の認めるところではあった。デザインの保護のために特許法が不適切であるとの議論として通常挙げられる理由としては，以下のものがある。

(1)　**不適当性**　　特許取得能力のあるデザインは，「オリジナル」（他人のもののコピーをすることなく独立に作られたということ）というもの以上でなくてはならない。「新規」（以前にどこにも存在したことがなかったという意味における絶対的な新しさ）でなくてはならないし，「非自明」（単なる才覚や考案の才というものを超えた創造的行為の産物）でなくてはならない。こういった非常に高い基準を満たす意匠特許は，単にコピーをされないという以上の権利を与えられる。意匠特許は，そのデザインのいかなる態様の使用についても完全な独占を約束される。

(2)　**裁判所における厳重な審査**　　保護を受けうる基準がかくも高く，かつ保護の範囲がかくも広いために，これらの意匠特許が裁判所の審査にかけられると，これを生き延びる確率が極めて低い。

(3)　**コスト**　　意匠特許を取得するための費用は非常に高額で，ある場合にはあまりに高額なため諦めざるをえないこともある。ほとんどの申請者は弁護士を使わざるをえず，調査過程から始まり申請書を提出してこれを進行させることに要する費用は，意匠特許取得をあきらめさせるファクターとしてはたらく。殊に，特許発行の可能性がいろいろ問題のある場合においては。

いくつか新しいデザインをもっている申請者は，申請の段階でどのデザインが通るのかは判らないわけだが，全部のデザインについて申請を行うことは，多くの場合経済的に不可能である。

(4) 遅延　特許の審査には，絶対的な意味での新規性を判定するための，「既存の技術」の調査がある。デザインの場合における既存技術調査が現実的にはいかに迅速に行われようとも，この過程は必然的にゆっくりしたものである。意匠特許の領域において現在特許商標庁にたまっている案件は約7か月分で，申請書の提出から意匠特許の発行までの平均の時間差は約21ヶ月である。特許による保護というものは，特許が発行されて初めてなされるものであり，特許申請中のコピー行為に対しては当該デザインは脆いものである，ということは銘記されるべきである。

　1914年頃より，デザインの海賊行為が増え，それによる経済的なインパクトが深刻になり，これを退治する手段として特許法では全然役に立たないという認識が広まって，オリジナル・デザインを保護するさまざまな代替手段が考察された。業界の自主規制という形でデザインに対する海賊行為防止のボイコットを伴う試みがなされ，1930年代には非常に有効な手段であったが，結局は裁判所によって，かかる対抗策は否定されるにいたった。デザインに対する海賊行為を裁判所によって違法と宣告させようとして，あらゆるセオリーが動員された。それらは，連邦著作権法，州のコモン・ロウ著作権，連邦および州の商標法，不正競争防止法（「不実表示（passing off）」と「不正利用（misappropriation）」を含む），詐欺，信頼関係破壊，黙示の契約の違反等であるが，これらはほとんど不成功に終わった。

　この間，デザインについての別の新たな立法を求めて，連邦議会に対する立法のはたらきかけも絶え間なくなされた。1914年から1954年までの間に，50のデザイン保護法案が上程され，多くの公聴会が催された。ある法案は特許法よりも著作権法に近かったし，その逆のものもあった。多くのものは，著作権の原則に基づいて保護の形態を定めていたが，伝統的な著作権よりもその保護範囲と保護期間を限っていた。いくつかの法案は立法されそうなところまできたが，結局両院を通過したものはなかった。

　1952年，特許法の一般的改正が首尾よく通ることとなり，包括的な新特許法が誕生することとなったが，意匠特許に関する諸条項については意図的に手つかずのままとされた。その理由は，この大改正法案の提出者側において，特許法はデザインを保護するのにふさわしい法律ではないとの理解があったからであった（やがて，著作権局は，特許局や特許専門家に合流して，デザイン保護法案を起草した。1960年代初めのころのことで，この法案は，著作権法大改正における第2編として提案された）。

　合衆国におけるオリジナル・デザインの法的地位について大きな変化が起こったのは，1954年3月8日であった。この日，連邦最高裁判所は，7：2の多数決をもって，実用品のデザインとして組み込まれた「工芸著作物」の著作権取得能力を肯定したのである（Mazer v. Stein, 347 U.S. 201）。最高裁は著作権局に対して，「美術的な宝石，エナメル細工，ガラス製品，タペストリー等の美術的な職人芸作品は，その機械的ないし実用的な側面ではなく，その形に関する限りにおいて，絵画，図画，彫刻等のいわゆる美術に属する作品と同様に」著作権取得能力のあるものとして，登録を認めるように強く説いた。……

Mazer ケースで問題となったのは，人間をかたどった小像の形のランプ台であった。この小像は，「工芸著作物」として著作権登録がなされていた。最高裁の多数意見は（ダグラス判事とブラック判事は反対意見），工芸著作物は「著作者の著作物（writings of an author）」として著作権取得能力があり，オリジナルの工芸著作物は，たとえそれが実用品の中に組み込まれてしまっても著作権取得能力を失うことはなく，この観点からは，以下の要素は結論を左右しない，とした。

(1) 同じ対象について，意匠特許の保護が存在する可能性のあること；この点について，リード判事は次のように言っている。

> 当法廷は，……ランプにくっついた或いはくっついていない状態における本件小像の特許取得能力というものは，工芸著作物としての著作権を何ら妨げるものではないと考える。著作権法も他の法律も，ある物が特許取得能力がある故に著作権を取得できないなどとは規定していない。当法廷はかかる判示をなすべきではない。……審美的なものに対する保護をするか否かの基準は，美か実用かという点に求めるべきではなく，著作権の認められるべき美術か，意匠特許の認められるべきオリジナルで装飾的なデザインの発明があったか，という点に求めるべきである。著作権法のどこにも，著作権の認められる作品が産業界において実用的に使用されることでそれが著作権登録を受けられなくなってしまったり，登録が無効になってしまうなどとは書かれていない。当法廷はかかる制約を著作権法の中に読み込むものではない。

(2) そのデザインの商業的な利用や大量生産についてのアーティストの意図

(3) デザインの審美的価値，あるいはそれが全然ないこと；この点に関する多数意見は次のとおりである。

バリ島のダンサーの小像（ランプ台）
(Mazer v. Stein での物件)

1909年法前の法，1909年法の立法経緯および著作権局の実務によれば，「工芸著作物」および「工芸著作物の複製」という言葉で連邦議会が表そうとしたものの中には，これらの小像に著作権を与える権限を含めていたことが一貫して明らかである。個々人が何をもって美しいと感じるかに頼ることは，その基準があまりにもまちまちで，美術というものに狭いないし正確な概念を与えることができない。……「工芸著作物」というものは，オリジナルでなければならない。すなわち，著作者が彼自身のアイディアを有形に表現していなければならない。……かかる表現は，たとえそれが精密にモデルあるいは心の中のイメージを写し取ったものであろうと，あるいは近代的な形態や色使いで何かの意味を担ったものであろうと，著作権取得能力のあるものなのである。

(4) デザインが実用品に組み込まれるかたちで大量生産され，全国スケールで商業的に販売されること……

デザイン保護に関するMazer判決の革命的なインパクトは，実際にとくと理解されるまでにやや時間がかかった。その判示射程は明白にランプ台を超えていたが，すべてのオリジナルのインダストリアル・デザイン（機械，自動車，冷蔵庫等）をカバーするというところまでいっていたのだろうか。

〔編者付記〕このレポート中で著作権局長官が提起した問題は，Mazer判決のやや後に，著作権局の詳細な規則でカバーされた。これらの規則は，ほとんど変更なく1976年法に組み入れられている。主な条項は101条および113条である。

デザイン保護立法

バーバラ・リンガー著作権局長官の報告書においても指摘されていたように，デザイン保護立法は20世紀初頭よりほとんど常に連邦議会の議事に名を連ねてきた。こうした立法は実用品の魅力的な外観をコピーから守ることを意味するため，その根底にある政策は一部は著作権に，一部は特許法にそれぞれ根ざすものである。立法化を阻む主要なものは，機能的な物品がコピーされた場合に，その無許諾複製が軽率に違法とされてしまうことへの懸念や，特許取得能力の要件との見合いにおいて保護期間が長すぎることなどへの懸念であった。こうした懸念に拍車をかけたのが，実用品における審美的な要素でさえも実用を構成する要素と簡単には分離できないということであった。

連邦議会は，後に1976年著作権法となる法案の第2編としてデザイン法案をほとんど成立させかけたことがある。同法案は実際，上院を通過した (S.22, 94th Cong., 2d Sess. (Feb. 1976))。しかし，第2編は下院司法委員会によってまるごと削除され，法案が両院を通過した後にも両院協議会によって復活されなかった。この時以来15年にわたり，ほとんど毎議会にデザイン保護法案が提出されてきたものの，ひとつとして立法化には至っていない。最も堅固な反対論者のひとつが自動車保険業界とディスカウントの自動車パーツのメーカーと販売業者である。読者にはその反対理由がお分りであろうか。

1970年代中盤から1990年代初頭にかけてのデザイン保護法案においては，以下のような主要な条項が一般に規定されていた。

(1) 実用的な製品のデザインは，それが著作者のオリジナルな創作にかかるものであれば（すな

わち，コピーしたものでなければ），新規性や自明性の有無に関わらず保護を受けられる。しかし，「標準的なものあるいはありふれたもの」であってはならず，また「そのデザインが実体化されている製品の実用的機能のみによって導きだされた」ものであってもならない。

(2) オリジナル・デザイナーは，デザインの実体の無許諾のコピー行為に対してのみ保護を受けられる。類似のデザインを独立に作り上げる行為は，侵害とはならない。

(3) 保護の始期は，デザインが公けに展示されたり，販売されたり，供与されたり等，公けにされた時で，それから10年間継続する。

(4) デザインが公けにされて後1年以内に，保護の請求が政府機関に登録されなければならず，これがない場合には保護は喪失する。政府機関職員は，既存のデザインとの比較や調査等は行わず，本法案のもとで「そのデザインが一見して保護の対象となる」と判断した場合にはこれを登録しなければならない。保護の対象とならないデザインの登録については，第三者によってその取消手続が開始されうる。

(5) デザインに「デザイン表示」をつけることについて，柔軟な要件が用意されている。表示をつけそこなっても保護が失われず，ただ侵害者に対する救済が極端に制限されることになる。

(6) 主要な救済は差止請求と求償的損害賠償であり，裁判所はその裁量で1つのコピーあたり1ドルないし全体で50,000ドルのいずれか大きい額までを上限に増額を図れる。

(7) 著作権法，意匠特許法，州コモン・ロウに若干の調整規定が設けられる。

デザイン保護立法をめぐる戦線に数年の静止状態が訪れた後，連邦議会は，非常に狭い保護立法を可決した。すなわち，船体のデザインを保護する立法が，1998年10月にクリントン大統領の署名により，デジタル・ミレニアム著作権法の第5編として成立したのである。1989年に連邦最高裁はBonito Boats, Inc. v. Thundercraft, Inc.（489 U.S. 141 (1989)）において，こうしたデザインは州法によっては保護を与えることができないと宣言した。船体デザイナーらは頑張って，船舶胴体デザイン保護法（Vessel Hull Design Protection Act）が著作権法の第13章として追加されることになった。初期のデザイン保護立法が丸ごと借りてこられたが，そこでは「実用品」が船体を意味するものとして再定義されていたのである！　同法においては，デザインを具現化する実用品ないしデザイン登録が公表された時から当該デザインは保護されることとされ，最初の公表から2年以内に登録がないと保護は失われるものとされ，登録がなされれば保護の開始日から10年の保護期間が付与される。デザインの創作者は，デザインを具現化した実用品の作成，作成の許諾，輸入，販売，販売目的の頒布，取引における使用などの権利を享受できる。合理的な公示手段として◯でDの字を取り囲んだ表示が船体に貼付されることで，対抗要件が具備される。また，同法は施行から2年（2000年10月28日）で失効するものとされる「サンセット条項」が規定されており，著作権局と特許商標局はそれまでに共同で同法の影響を研究することとされている。

以下で見ていくように，アメリカの連邦法は3種類の実用品のみの三次元的形態のコピーに関して完全な保護を与えている。これらは，建築著作物，船体，そしてコンピュータの「マスク・ワーク（mask work）」である。その他の実用品についての著作権保護は，曖昧かつ限定的なたちのものであって，それについてはすぐに解説されることとなる。

§101　定　義

「絵画，図画ないし彫刻の著作物」には，美術，グラフィック，応用美術，写真，印刷，美術複製，地図，地球儀，図，図表，モデル，建築設計図などの技術的な図面等の，平面的なものと立体的なものが含まれる。かかる著作物には，その機械的ないし実用的側面ではなく，その形が関連する限りにおいて，美術工芸著作物（works of artistic craftsmanship）も含まれる。本条において，実用品のデザインが絵画，図画ないし彫刻の著作物とみなされる場合とは，その商品の絵画的，図画的ないし彫刻的側面が，実用的側面から別個に識別でき，かつこれと独立に存在し，この絵画的，図画的ないし彫刻的側面にかかるデザインが一体化している場合に限られる。

「実用品」とは，単にその外観を表現したり情報を伝えたりするためだけのものではなくて，本質的に実用的な機能を有する品物である。通常実用品の一部とされている品物は，一個の「実用品」とみなされる。

§113　絵画，図画ないし彫刻の著作物における独占権の範囲

(a)　本条(b)および(c)に規定しているところに従い，絵画，図画ないし彫刻の著作物を複製する106条における独占権には，実用的であると否とを問わず，商品の中ないしその上に複製する権利を含むものとする。

(b)　本法は，実用品をそのままに描写した著作物の著作権者に対して，かかる実用品の製造，販売ないし展示に関し，1977年12月31日現在有効な法（本法，州のコモン・ロウ，制定法を問わず，また，本法のもとに提起された訴訟において裁判所によって解釈され適用された法を含む）のもとにおいて，かかる著作物に与えられている権利よりも大きい権利を与えるものでもなければ，小さい権利を与えるものでもない。

(c)　実用品の中に合法的に複製化された著作物で，それが販売ないし公衆に対するその他の頒布を目的として呈示された場合に，かかる商品の販売ないし展示に関連する広告ないし論評に関して，もしくは報道に関して，かかる商品の絵ないし写真が製造され，頒布され，もしくは展示されても，かかる著作物の著作権の中には，かかる行為を妨害する権利は含まれないものとする。

〈下院報告書〉
(H.R. Rep. No. 94-1476, 94th Cong., 2d Sess. 105 (1976))

113条は，「応用美術」に著作権の保護の及ぶことを明らかにしている。本条は，最高裁のMazer v. Stein（347 U.S. 201 (1954)）を出発点としており，(a)項の第1文はこの判決の確立した基本原則を規定している。本法案により確認されたMazer判決の原則とは，絵画，図画ないし彫刻の著作物における著作権は，仮にその著作物が実用品のデザインとして採用されたとしても影響を受けることはなく，かつ，実用品におけると非実用品におけるとを問わず，著作権者に対して，無許諾の複製行為からの保護を与えている，ということである。「絵画，図画ないし彫刻の著作物」という言葉と「実用品」という言葉は，いずれも101条において定義がなされている。……

106条(1)と113条(a)の文言は広いので，実用品のイメージを描いた，描写した，ないし表現した絵画，図画ないし彫刻の著作物で，その描き方がその実用品の性質が判るように描かれているものにつき，これらの著作物の保護の範囲について疑問が生ずる。通常引用される例をとれば，自動車を

描いた絵における著作権は，その絵の作者に対して，その絵と同じデザインの自動車を作る独占権を与えるだろうか，ということである。

1961年の著作権局長官報告書によれば，判例のもとにおいては，「実用品をそれとして描いた絵画，図画ないし彫刻の著作物における著作権は，その実用品それ自体の製造には及ばない」とされており，「現行の裁判例によってこの領域に引かれた境界線」は制定法により変更されるべきではない旨特に勧告されている。著作権局長官補足報告書は48ページにおいてこれらの判例を引用し，「満足のいくように境界線を引くような制定法上の枠組み」を見いだすことは非常に難しいと説明している。113条(b)は，次のような著作権局長官の結論を反映している。「現実に必要なことは，実用品をそのものとして描写した著作物における保護の範囲については現行の法を変更する意図がない，ということを明らかにすることである」。

―――――

実用品のデザインに著作権を適用することは，連邦議会に「著作物（writings＝書き物）」と「著作者」を保護する権限を与えた合衆国憲法に適合的であるか。Mazer v. Stein 判決の同調意見でダグラス判事は次のように述べている。

> 著作権局は，著作権登録がなされているとされている長文のリストを提供してくれた。これらは，小像，ブックエンド，時計，ランプ，ドアノッカー，蠟燭立て，インクスタンド，シャンデリア，貯金箱，日時計，胡椒入れ，金魚鉢，カセロール，灰皿などである。もしかしたらこういったものは，憲法的な意味で「著作物＝書き物」なのかもしれない。しかし少なくとも私には，どうも明白にそうとは思えないのだ。我々としても問題に正面から向き合う時期なのではないか。

Goldstein v. California（412 U.S. 546 (1973)）においては，レコードから音楽実演をコピーすることを州政府が禁止できるかどうかが争われたが，裁判所は合衆国憲法の著作権条項の用語は「その狭義の文字通りの意味に解釈されてきたわけでなく，憲法原則の広義の範囲を反映すべく広く解されてきた」とした。そこでは，「著作物＝書き物」は「創造的な知的労力や審美的労力の成果の物理的な表現を含む」ものとされた。

1 「実用品」とは何か

Masquerade Novelty Inc. v. Unique Industries, 912 F.2d 663 (3d Cir. 1990)　第3控訴裁判所は，豚，象，鸚鵡の鼻に似せてデザインされたマスクが著作権取得能力のない「実用品」だと判示した第1審の判決を破棄した。上訴審は，「その鼻マスクの唯一の実用的な機能は，動物の鼻を表現していることにある……。鼻マスクは，その外観に由来しない有用性を何も有していない」とした。

もし，Masqueradeの鼻マスクが，冬，着用者の鼻を温かくしておくためにも役立つとしたら，どうだろうか。この付け加えられた有用性（ありそうもないが）は，著作権法の意味における「実用」の品物の意味を変えるものだろうか。舞台衣裳や，ハロウィンの変装はどうだろうか。これらは単なる「描写的（depictive）」なものにすぎないか，あるいはまた衣服だとみなされるべきもの

F 絵画，図画ないし彫刻の著作物　213

なのだろうか。例えば，Whimsicality, Inc. v. Rubie's Costume Co. (891 F.2d 452 (2d Cir. 1989))で裁判所は，原告が「ソフトな彫刻 (soft sculptures)」と名づけてキャラクター化したハロウィン用衣裳を著作権取得能力のない衣服であると判示して，認めなかった。あきらめない Whimsicality, Inc.は再び提訴して，自社の衣装はそれを着用者に動物の姿を描かせるという実用性があるとしても，「実用品」になるものではないと主張したが，再び敗訴した (Whimsicality, Inc. v. Maison Joseph Battat, 27 F.Supp.2d 456 (S.D.N.Y. 1998))。

最初の Whimsicality 判決の後，著作権局は，「衣裳デザインの登録可能性についての政策決定」(56 FR 56530 (1991年11月5日))を発した。それには，次のように述べられている。「実際に行われている例によれば，マスクは絵画または彫刻の著作者性に基づいて登録されるだろう。衣裳は実用品として扱われ，分離可能な芸術的著作者性が認められた場合にのみ登録されるだろう」。著作権局は，「マスクは一般に外観を表現しているから，今回の件は，『実用品』の定義にはあたらない」と決定した。逆に，著作権局によれば「衣裳は，身体を覆う目的と外観を表現する目的の2つを果たす。身体を覆うことが実用的な目的を果たす以上，衣裳は文字どおり実用品にあたる」。

こんなことに意味があるだろうか。衣裳が「身体を覆う」ものだというならば，着用者に衣裳に表現された役柄の「外観を表現」させるべく，衣裳は身体を覆うものだ。衣裳は暖まるためや慎みのために着用されるかもしれないが，通常，それが目的というわけではない。他方，法律は「実用品」を「ひとつの本質的に実用的な機能」を有するものと定義している。従って，恐竜に扮することに加えてハロウィンのいたずら者を暖かくしておくといった付随的な実用目的は，ハロウィン用のステゴザウルスの衣裳を「実用」とみなすに十分とされるかもしれない。そうした衣装が，絶滅した爬虫類を表現する以外に「身体を覆う」ために使われるなどということがありそうにないにもかかわらず，である（もちろん，政策決定の下では，ステゴザウルスのマスクは「実用的」ではないとして保護を受けることにはなろうが，首をちょん切られた残りであるところの衣裳の著作権取得能力の判断は「分離可能性のテスト（後述）」の評価に委ねるということになるのだろう）。

Superior Form Builders, Inc. v. Dan Chase Taxidermy Supply Co., 74 F.3d 488 (4th Cir.), cert. denied, 117 S. Ct. 53 (1996)　裁判所は，原告の，動物の皮を乗せるために剝製師に使われている動物のマネキンは，著作権法における意味での「実用品」ではない，と判示した。「これらの動物のマネキンは，その創作において作者が示す美術的特徴を通じて動物の外観を描写するためにデザインされたものである……」。原告は，実際の動物の死骸をモデルに使い，マネキンを作り出すために伝統的な彫刻の技術を用いた。原告は，マネキンを美術的な表現形態であると考え，美術コンテストに彼の飾りのないマネキンのいくつかを出品し，賞を獲得した。

本件では，被告 Chase は，原告 Superior Form の動物のマネキンが動物の皮を展示するという実用的な機能を有していると論じている。しかし，この議論は，普通のプラスチック製の丸くふくらんだ動物の詰め物からマネキンを区別することを見過ごしている。マネキンは，究極的には動物を展示するための創造的な形態や表現であるのに対し，通常の丸い球はそうではない。たとえ皮に覆われていたとしても，マネキンは不可視なものではなく，最終的な展示でははっきりそれとわかる。最終的な展示における，動物の頭の角度や体の部分の並び，体の部分の外形は，ほとんど根底にあるマネキンの描写そのものである。実際，マネキンは，曲げた

体の部分の力強さを描写し，またはリラックスした体の部分の優美さを示すことさえできる。皮でマネキンを覆ったことによって，これらの表現上の特徴のいずれも失われてはいない。従って，マネキンの実用的な面は，動物の「外観を表現するためだけに」存するものである（17 U.S.C. §101参照）。……マネキンの形態は「その定義上実用品とはいえない」のである。……
（同旨，Hart v. Dan Chase Taxidermy Suply Co., 86 F.3d 320 (2d Cir. 1996)）

2　分離可能性

〈Kieselstein-Cord v. Accessories by Pearl, Inc.〉
（632 F.2d 989 (2d Cir. 1980)）

オークス控訴審判事

本件は，著作権法のぎりぎりの限界にあるケースである。本件での問題はベルトのバックルで，著作権取得能力のない実用品であることは間違いのないところである。しかしこれは普通のバックルではなかった。これは，貴金属に彫刻的なデザインを施したもので，装飾的なものであり，宝石と同様，主として装飾品として使われるものである。これが「ぎりぎりの限界にある」といったのは，本件が著作権法とそこにおける規則のもとにおいて，はっきりした境界線を引くべく我々を強いるからである。当法廷は，控訴人かつ原告のデザイナーに有利にこの境界線を引き，著作権局が原告に対して与えた著作権を肯認し，従って，原告のデザインをコピーした被控訴人すなわち被告に対し，原告の主張自体失当を理由として勝訴判決を下した地裁の判決（489 F. Supp. 732）を，ここに破棄するものである。

事　実

控訴人，原告 Barry Kieselstein-Cord は，全くの手作りでファッション・アクセサリーを作り，これを販売していた。本件で問題となっている２つのバックル，「ウィンチェスター」と「ヴァケロ」を作るに際して，原告は自分自身でオリジナルの形をスケッチして作るところから始めた。そして，蝋細工でモデルを削りあげ，そこからバックルを金と銀とで作るための鋳型をこしらえた。記述するのは難しいのだが，このバックルは　稠密に彫刻されたデザインで，地裁のゲッテル判事の言葉によれば，「丸みを帯びた角をもち，表面に彫り物があり，……ベルトのつく方の端に長方形の切込みがあり」，「表面が凸凹している」。「ヴァケロ」は，２つの曲がった溝が，変形した長方形のひとつの角を横切って斜めに走り，第３の溝が反対側の角を横切って走っている。「ウィンチェスター」では，２つの平行した溝が，先細りになった形の中心を水平によぎって，バックルの止め金のところで終わるカーブした畦を形づくっている。もっと小さいカーブした溝が，止め金の上の角から斜めに出ている。

「ヴァケロ」は，1978年に作られたもので，デザイナーの証言によれば，アール・ヌーボーのデザインの本とその後スペインへの旅行の際に見た関連する建築物とからヒントを得て作った一連の作品の一部であった。このバックルは，原告の代理人によって，1980年３月３日に著作権局に「宝石細工類（jewelry）」として登録され，1978年６月１日が発行の日とされていた。ただし，原告による作成行為としては，登録証上は「オリジナルの彫刻およびデザイン」とされていた。これより

F　絵画，図画ないし彫刻の著作物　215

も前に作られた「ウィンチェスター」について，なぜこのような名前をつけたかについては，原告は，「私の心の目に，アール・ヌーボーの時代と古風なウィンチェスター銃の台尻とが関連しあって見え」，そこで「この２つをグラフィックに一緒にしてみようと思った」からである，と証言した。これについての登録は，美術著作物ないし美術著作物のモデルあるいはデザインの登録に使われるフォームでなされたが，登録はこの作品の性質を「彫刻」として記述している。

　ウィンチェスター・バックルは殊に，マーケットにおいて大きな成功を収めた。1976年から1980年初頭にかけて，ウィンチェスター・バックルをつけた4,000以上のベルトが販売され，1979年のベルト販売については，原告の300,000ドルを超える宝石細工類売上高のうち95％を占める勢いであった。本訴訟の開始された時点では，銀作りの婦人用の小さい「２つの先端を切った三角形のベルト・ループ」バックルが卸売り価格で１つ147.50ドル，男性用の銀製の同じものの大きいバックルが，ベルト本体付きで662ドル，無しで465ドルの卸売り価格であった。もっと軽い男性向けの同じものが，ベルト付きおよび無しで，各450ドル，295ドルであった。金製のものは，1,200ドルから6,000ドルで卸売りされていた。もっと小さなウィンチェスター・バックルをつけた短いベルトも販売されていて，これは，腰のまわりではなく，首のまわりとか他の体の部分につけられるようになっていた。２つのバックルを売っているのは，主として高級なファッション・ストアや宝石店で，これによって原告を「デザイナー」として認識させた。この認識の中には，1979年宝石デザインの分野におけるコーティ・アメリカン・ファッション評論家賞を受賞したこと，1978年にアメリカ・ファッション・デザイナー評議会委員に選ばれたことなども含まれている。「ヴァケロ」と「ウィンチェスター」の２つのバックルについて，本訴訟の提起の後に，原告はこれをメトロポリタン美術館にその永久的コレクションとして寄付し，この寄付は受け容れられた。

　以下に当裁判所の認定するとおり，被告のバックルは寸分違わないコピーではあるが，これは貴金属ではなく普通の金属でできていた。被告は，「ヴァケロ」をコピーしてこれのイミテーションを販売したこと，「ウィンチェスター」のコピーを販売したことを認めている。実際にも，被告のオーダー・フォームのブランクの箇所には，"Barry K Copy"，"BK Copy"，そしてひどいのは"Barry Kieselstein Knock-off"と書かれたものまであった（訳注：knock-off はイミテーションということ）。(1)

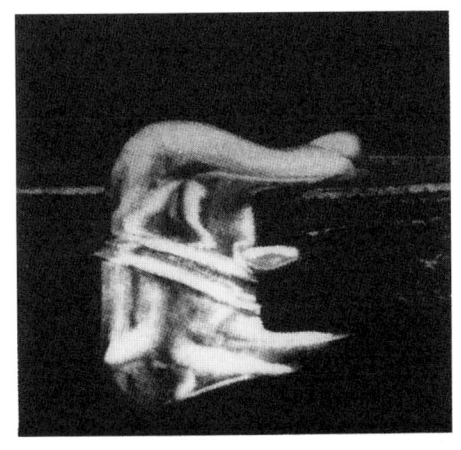

ウィンチェスター 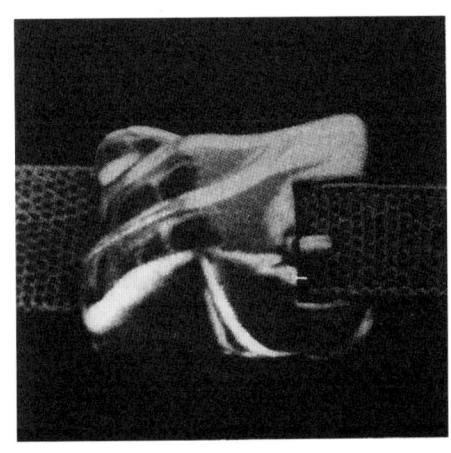　　　　　　　　　　　　　　ヴァケロ

……当法廷には，……このバックルに著作権取得能力があるか否かという問題だけが解決すべき問題として委ねられている。

検　討

検討を開始するにあたって，まず，原告のこのバックルについては，美術著作物の著作権の取得にとって必要なオリジナリティや創造性が欠けているという主張はなされていない，という点に一応言及したい（L. Batlin & Son, Inc. v. Snyder, 536 F. 2d 486 (2d Cir.), cert. denied, 429 U.S. 857 (1976); Alfred Bell & Co. v. Catalda Fine Arts, Inc., 191 F. 2d 99 (2d Cir. 1951); 1 Nimmer on Copyright §§2.01, 2.08 ［B］(1980) を参照）。被告の議論の要の部分，そして当法廷の判断の要でもある部分とは，原告のバックルは「実用品」であって，バックルとしての「実用的側面から別個に識別でき，かつこれと独立に存在しうる絵画的，図画的ないし彫刻的側面」というものを有していないもので，従って著作権取得能力がない，という点である。1976年著作権法が，実用品について著作権を与える場合とは，その実用品の機能的な側面とは独立に識別しうる美術的側面にデザインが組み込まれている場合に限っている（§§101,102）。この問題については，法は，長く使われている著作権局規則の文言を採用した（37 C.F.R. §202.10(c) (1977)──1978年1月5日に廃止（43 Fed. Reg. 965, 966 (1978)）。規則の方は，1909年法下で，最高裁の Mazer v. Stein 判決（347 U.S. 201 (1954)）を実行すべく，1950年代に採用された。

結局ニマー教授の結論では，どの有権解釈においても，すなわち，Mazer 判決における最高裁，旧法下の規則，現行法においても，「応用美術の著作物にうまく適用できる，著作権の保護範囲を決めるのに固有の線引問題にあつらえの答えは出していない」ということになる（同 at 2-89）。

被告は，ベルト・バックルは全くの実用品であり，そこに使われている装飾的な形は審美的目的と同時に実用的目的に奉仕するものである，と主張する。従って，被告の主張によれば，著作権法は，実用品について独占を付与すべく意図されていないし，合衆国憲法もそのようなことを許可していない，というのである。しかし，被告の議論において行き過ぎの点があるのは，「著作権取得能力は，芸術的要素が『観念的に』分離しているだけでは宿ることはありえない」との主張である（被告＝被控訴人の準備書面17）。この主張は，立法意図に真っ向から反する。すなわち，かかる立法意図は，下院報告書中でもわざわざ，実用品の「実用的側面から物理的ないし観念的に別個のものとして識別できる」要素として言及されているところである（House Report at 55, [1976] U. S. Code Cong. & Admin. News at 5668）。

当法廷は，原告のベルト・バックルを観念的に，その彫刻的な要素とは別個のものとして認識している。このバックルを腰以外の場所に装飾品としてつけた者はまさにそう思っていたことだろうと思う。「ヴァケロ」と「ウィンチェスター」における主要な装飾的側面は，これを補足する実用的側面から観念的に別個のものである。議会の意図は，著作権取得能力のある応用美術とこれのないインダストリアル・デザインとを区別するということにあったが，当法廷の上記の結論はこれに反するものではない（House Report at 55, [1976] U.S. Code Cong. & Admin. News at 5668）。応用美術のひとつとして，これらのバックルは宝石細工類と考えられるかもしれない。宝石細工類は著作権保護の対象となる。

---

(1) ウィンチェスター・バックルは，1976年法の施行日の1978年1月1日前に登録された。

F　絵画，図画ないし彫刻の著作物　217

　被告はその宣誓供述書中で，原告のデザインが「よく知られたウェスタン調のバックル」の単なるヴァリエーションにすぎないとしているが，そうではない。原告側の2人の鑑定証人が証言しているように，また著作権局の行動が示唆しているように，本件のバックルは創造的な芸術の域に達しているものである。
　……（略）……
　当裁判所は，原告の主張自体失当を理由とする被告勝訴の判決を破棄し，原告が著作権表示の要件を満たしていたか否かを調べるために，事件を差し戻すものとする。

ワインステイン地裁判事（反対意見）
　事実審の判事は，原告が著作権の保護を受けえないとするその卓抜な判示において，事実問題についても法律問題についても正しかった（Kieselstein-Cord v. Accessories by Pearl, Inc., 489 F. Supp. 732 (S.D.N.Y. 1980)）。本件で問題となっている作品は，たしかに尊敬すべき近代的デザインの美しい典型ではあるものの，疑いもなくベルト・バックル以外の何物でもないのである。バックルの形の変更は，それが奉仕するところの重要な機能，すなわち腰のところでズボンを押さえる，ということと分離されてはありえないのである。
　ただし，私が本件で被告の行為を肯定すべきであるという結論に達したのは渋々ながらにすぎない，ということを言っておくべきであろう。立体的な抽象的作品を，そのものの分離不可能な一側面として機能的なものに意図的に組み込んだデザイナーに対しては保護を否定し，その一方で，実用品に魅力を与える目的で，独立の芸術の表現あるいはたとえありふれた仕掛けにせよそれを付着させると，著作権の保護が生ずることとなる。さらに，この結果は，商業市場における当事者に対して，才気と洞察力とで我々の生活を豊かにしてくれるデザイナーらの作品を，自分では全然費用をかけることなく自分自身の利益のために利用することを可能ならしめるものである。繊細さに欠けた者は報償を受け，美を創ったアーティストは報いられない。我々だれもが，他人の作品のひどいコピーに対して憤慨している。このことは後悔すべきことであるが，連邦議会の否定した結果をなしとげるべく法を曲げることは，当裁判所の任ではない。
　……（略）……
　現行法は，Mazer判決における最高裁の判決に従っている（Mazer v. Stein, 347 U.S. 201, rehearing denied, 347 U.S. 949 (1954)）。Mazer判決において最高裁が言ったのは，独立した美術作品であれば，たとえそれが実用品に組み込まれている場合であっても著作権取得能力を有する，ということであった。最高裁は次のように言う。「著作権法のどこにも，……著作権の認められる作品が産業界において意図された使われ方をされたことで，著作権登録を受けられなくなってしまったり，登録が無効になってしまう，などとは書かれていない」（同 at 218）。しかし，著作権による保護は，実用品から独立に別個に識別しうる美術作品であるところのそのものの側面のみをカバーするのであり，Mazerケースに即していえば，これはランプの一部として使われた小像である。
　同じ区別を行った近時の裁判例としては，Esquire v. Ringer（591 F. 2d 796 (D.C. Cir.), cert. denied, 440 U.S. 908, rehearing denied, 441 U.S. 917 (1979)）がある。Esquire判決においては，照明具の全体としての形に著作権の保護が及ぶか否かが争われ，裁判所は，全体の照明部品の機能的側面がその形と一体になっているからという理由で，これを否定に解した。「実用品の全体としての

形状ないしデザインは、たとえそれが機能的な考慮のみならず審美的な基準からも決定されているのだとしても、著作権取得能力をもたない」(同 at 804)。

　Mazer 判決の前後を問わず、区別の基準はたしかに不明瞭とはいうものの、裁判所は、著作権は実用品における装飾的なものないし余分なデザインに及ぶという著作権法の原則を守ってきたし、一方で、実用品における芸術的にデザインされた機能的な側面に対しては著作権の保護を否定した。概してこれらの判例は、実用品の構造の一部をなし、これに実体化されている非表現的な芸術形態に対峙するところの、表現的な芸術に対して好意的であった（Ted Arnold Ltd. v. Silvercraft Co., 259 F.Supp. 733 (S.D.N.Y. 1966)〔鉛筆削りを象ったアンティークの電話機が著作権取得能力ありとされた〕; Royalty Designs, Inc. v. Thrifticheck Service Corp., 204 F. Supp. 702 (S.D.N.Y. 1962)〔犬の形の玩具の貯金箱が著作権取得能力ありとされた〕; Scarves by Vera, Inc. v. United Merchants and Mfrs, Inc., 173 F. Supp. 625 (S.D.N.Y. 1959)〔スカーフに印刷されたデザインが著作権取得能力ありとされた〕; Syracuse China Corp. v. Stanley Roberts, Inc., 180 F. Supp. 527 (S.D.N.Y. 1960)〔食器のデザインが著作権取得能力ありとされた〕を、上記 Esquire 判決〔照明具の全体としてのデザインについて著作権否定〕; SCOA Industries, Inc. v. Famolare, Inc., 192 U.S.P.Q. 216 (S.D.N.Y. 1976)〔靴底の波型の模様について著作権取得能力なしとされた〕; Vacheron & Constantin-Le Coultre Watches, Inc. v. Benrus Watch Co., 155 F. Supp. 932 (S.D.N.Y. 1957), affirmed in part, reversed on other grounds, 260 F. 2d 637 (2d Cir. 1958)〔芸術的にデザインされた非表現的な時計の文字盤について著作権取得能力なしとされた〕; Russell v. Trimfit, Inc., 428 F. Supp. 91 (E.D. Pa. 1977), affirmed, 568 F. 2d 770 (3d Cir. 1978)〔「つまさき靴下」のデザインは著作権取得能力がないとされた〕; Jack Adelman, Inc. v. Sonners & Gordon, Inc., 112 F. Supp. 187 (S.D.N.Y. 1934)〔ドレスの絵は著作権取得能力があるかもしれないが、ドレス自体はかかる能力がない、とされた〕等の諸判決と比較せよ）。この分野における法において展開されてきた法則性は、強い理由のない限り変更されるべきではないし、本件でかかる強い理由は何ら示されてはいない。

　下院報告書は、司法委員会によって著作権法の解釈と適用を助長すべく報告を行っているが (House Report No. 94-1476, U.S. Code Cong. & Admin. News 1976, p. 5658)、そこでは、明らかに Mazer の原則が組み込まれたことを示している。

　　最高裁の Mazer v. Stein (347 U.S. 201 (1954)) 判決に従って、「応用美術」の著作物とは、実用品に実体化されることを意図された、またはそこに実体化されたすべての絵画、図画ないし彫刻の著作物であって、大量生産、商業的な利用ないし意匠特許の保護、……の有無に関わらない。

　　委員会は、「絵画、図画ないし彫刻の著作物」の定義に言葉を足して、これによって本法案上保護される応用美術著作物と保護の対象とはならないインダストリアル・デザインとの区別を一層明確にしようとした。「絵画、図画ないし彫刻の著作物」の中に、「機械的ないし実用的側面ではなく、その形に関連する限りにおいて、美術工芸作品 (works of artistic craftsmanship)」が入る、との宣言は、その古典的なものである。これは、1940年代に発布された著作権局規則からとってこられたもので、Mazer 判決の最高裁が明示に採用するところとなった。

　　……（略）……

　　この修正的な文言を採用するに際して、委員会は、著作権取得能力ある応用美術とそれがないインダストリアル・デザインとの境界線を、可能な限り明瞭に引こうと努めた。平面的な絵、

F　絵画，図画ないし彫刻の著作物　219

図，図画的な作品などは，織物，壁紙，容器等の実用品に印刷されたり応用されたりする場合には，いまだそれとして識別することが可能である。同様のことが，彫像や彫り物などが工業製品を装飾するために，あるいは Mazer ケースのように美術作品として独立に存在する能力を失うことなく製品の中に組み込まれたりする場合にも言える。しかし一方では，ある<u>工業製品の形が審美的にいっても申し分なくかつ価値ある場合でも，委員会の意図は本法案においてはこれに著作権を与える趣旨ではない</u>，ということがある。自動車，飛行機，婦人服，食品処理器，テレビ受像機その他の工業製品の形状というものには，物理的ないし観念的に，その製品の実用的側面とは別個の側面がない限りは，そのデザインは本法案においては著作権を与えられないのである。「その製品の実用的側面」からの別個性かつ独立性という基準は，そのデザインの性質次第で決まるものではない。すなわち，仮にある製品の形状が（機能的に対するところの）審美的な判断で決められたとしても，実用品からそれとして別個に識別可能な要素のみが著作権取得能力あるものとされるにすぎないのである。<u>そして，立体的なデザインがこのような要素をいくぶんか有していたとしても（例えば，椅子の後に彫り物を施すとか，銀食器の花模様のレリーフとか），著作権の保護はその要素にしか及ばず，実用品の全体としての形状には及ばないのである</u>（1976 U.S. Code Cong. & Admin. News, pp. 5667-5668〔下線引用者〕）。

連邦議会は熟慮の末，「実用品のデザインであって，その形や表面の平面的ないし立体的な姿等の，それがその製品の形状を作り上げているもの」に関しては，これに著作権の保護を及ぼすような立法をすることを拒否した（H.R. 2223, Title II, §201(b)(2), 94th Cong., 1st Sess. (January 28, 1975)）。この条項の議会通過については，著作権局長官と……合衆国税関の勧告があった。……司法省は政策的理由から反対していた。……司法省は，かかるものに著作権を認めると，実用品の改良版や新しいデザインに対して人々が料金を払わなくてはならなくなる，という重要な実体的な反対のあることを考慮していたのである。

　　……（略）……

装飾的なデザインに対する保護という新しい類型について提案されている保護期間は，意匠特許の最長14年に比べると10年と短いが，これは，特許法における新規性や非自明性という要件に合致しなくても与えられる保護なのである。このような新種の保護がなくてはならないような需要が存在する，ということの認定の前に片づけておかなければならない前提問題があり，それは，<u>この種の保護が公衆に与える利益が負担を上回っているか否か</u>ということである。<u>我々の信ずるところでは，これまでのところ，かかる装飾的なデザインをパブリック・ドメインの地位からおろし，現在の法案のもとで提案されている権利と利益を他人に使用させるということを正当化するに足る十分な必要性が示されたとはいえない</u>。新たな保護が一般公衆に対して実質的な利益を与え，かつそれがかかるデザインをパブリック・ドメインの地位からおろしたことの不利益を補ってあまりあるということが適切に示されない限り，我々は，今日与えられているところの意匠特許が，公衆が実用品の装飾的デザインについて独占権を得られる，可能なぎりぎりの形態であると考える。

意匠特許発行にあたっての特許庁における審査手続が遅れて大きな問題となり，実用品の装飾的デザインの「創作者」に損害を与えている，ということだが，<u>実用品の装飾的デザインの中で意匠特許を取得できるほどではないものについては，これを自由に使える</u>ということが最

も重要なことなのである。

　<u>実用品の装飾的デザインの創作による公衆に対する寄与が，特許を取得するまでの新規性がないならば，そのデザインは法によって保護されるべきではないのである</u>。司法省は，この種の立法に対して常に反対をし続けてきた。

　実用品の形に関する連邦法上の保護をしないということは，この種の形を作り出した者に対してあらゆる種類の救済を与えないという意味ではない。もしもこの作出者が，自分の競争者が製品のデザインをコピーして作出者のものとして製品を流通させれば，不正競争の訴えを提起しうるのである（同 at 139-140〔下線引用者〕）。

　下院法案のこの側面に関しては，これに追加する証言は受け容れられなかった。両院合同委員会は，デザイン保護法制の実行上の困難性とパブリック・ドメインに制限を加えることによる利益と負担とをさらに考察させるために，この条項を削除した（1976 U.S. Code Cong. & Admin. News, pp. 5663, 5832）。デザイン保護立法の試みは，下院議員 Thomas F. Railsback が，1979年6月19日に H.R. 4530法案を提案して，1976年著作権法を改正しようとした時に，再びなされた。下院法案 H.R. 4530号は902条において，1976年著作権法における実用品のデザインに対する保護と似た条項を有していた。しかしこれは連邦議会の容れるところとはならなかった。

　面白いことには，商務省および Railsback 議員の提案した法案が通ったとしても，原告のバックルは，立体的な衣服の形について適用除外を定めた下記の条項によって，保護対象から外されたかもしれないのである。

　保護対象とはならないデザイン
　§202　本法の保護は以下のデザインについては適用がない。
　　……（略）……
　　(e) <u>男性用，婦人用および子供用の衣服（下着，外出着を含む）に関する形や外面の立体的な姿から成るデザイン</u>（下線引用者）

（同じく同法案202条(b)〔一般的となってしまった形についての適用除外〕，202条(c)〔ヴァリエーションについての適用除外〕を参照せよ）

　著作権取得能力のある「絵画，図画ないし彫刻の著作物」とそれのないインダストリアル・デザインとの違いは，競争の促進，品質のいい製品の広範な入手可能性，コピーと改良によって達成される技術の発展などをまさに反映した結果なのである（例えば，G. Nelson, Design, 170 (1979)〔経験の教えるところでは，自由にコピーを許した方が早い発展をもたらす〕を参照）。……

　重要な政策マターが問題となっていることは明白である。我々は，アーティストを元気づかせて，創造的な努力に対する報酬を増やしてやるべきなのか。それとも我々は，安い複製品を許して，さほど裕福でない人々にも美しい工芸品を手に入れられるようにしてやるべきなのか。原告はオリジナルを600ドルないしそれ以上で販売していた。被告のものはそれの15分の1の値段である。

　これまでのところ，連邦議会と最高裁とは，アーティスト，デザイナー，富裕階級のためというよりも，商業活動や大衆のために一連の問題に対して解答を与えてきた。もし何かこれに変更があるとすれば，これらの権威筋に委ねられるべきである。これは立法問題であって，司法上解決されるべき問題ではないのである。

【質問】

1 意匠特許法のもとにおいては，上記のケースの装飾的デザイン・バックルは保護されるものなのか。この裁判所は，著作権のもとにおいてはこのバックルが保護されると言っているが，このケースにおける原告は，どちらかひとつの法による保護のみを選択しなければならないのか，それとも両方の保護を受けられるのか。読者は，合衆国憲法ないしその他の根拠に基づいて，著作権法と特許法との「先占（preemption）」を実際上問題とするような議論を立てることができるだろうか（Application of Yardley, 493 F. 2d 1389 (C.C.P.A. 1974); 37 C.F.R. §202. 10(b) 参照）。

著作権局は，最近，「特許の取得された意匠または特許出願中の図面ないし写真については……特許が発せられた後は」著作権登録を拒否するという，長い間続いてきた実務を排斥するために，規則を改正した（37C.F.R. §202.10(a)と，§202.10(b)だった相当する文言を参照せよ）。現行の202条10(a)は，関連の箇所で，「実用特許または意匠特許の法の下での保護あるいはその可能性は，オリジナルの絵画，図画または彫刻の著作者性におけるクレームの登録可能性に影響を及ぼさない」としている。

2 Esquire 判決（上記判決中で言及されている）では，右掲の街灯のデザインについて著作権を主張する者が，1日の半分はこの構造物は実用的な機能を全く発揮しないのであって，専ら彫刻著作物として公衆に展示されるだけである，と主張した。この議論に賛成するとすると，Esquire 判決は，Kieselstein-Cord 判決以上に著作権の保護を確立させる事件として魅力ある事件にはならないか（その反対の結論にもかかわらず）。

3 Kieselstein-Cord 判決の反対意見の見解は，装飾的なものではなく線や形を強調したデザインを差別するように作用するのではないか，その結果，ホームズ判事が Bleistein v. Donaldson Lithographing Co.（第1章B参照）で唱えた，裁判官は国民の嗜好の判断者たるべからず，との警告を無視しているのではないか，ということが議論されてきている。この見方に賛成するか。

4 それでは，一方で，著作権局長官の主張（Esquire v. Ringer 事件におけるコロンビア特別区控訴審にて主張された）である，この事件においてかかるデザインに保護を与えることは，「すべての消費者向けの製品，すなわち衣服，トースター，冷蔵庫，家具，バスタブ，自動車等と，審美的な魅力をもつべく作られたすべての工業製品，すなわち地下鉄，車，コンピュータ，コピー・マシン，タイプライター等に対して」同じように著作権の保護を与えることになってしまう，という主張があるが，読者はこれに賛成するか。

〈Carol Barnhart Inc. v. Economy Cover Corp.〉

(773 F.2d 411 (2d Cir. 1985))

マンスフィールド控訴審判事

原告 Carol Barnhart, Inc.は，デパート，ディストリビュータ，小規模の小売店等に対してディスプレイ・フォームの販売をしており，本件を地裁に提起したが，地裁は，原告の主張自体を失当

とする被告勝訴の判決を下した。本控訴は，同判決を下したレオナード・D・ウェクスラー判事（ニューヨーク東部連邦地方裁判所）の判決からの控訴である。被告 Economy Cover Corp. は，主として卸店やディストリビュータを相手にいろいろな展示用品を販売している。原告の主張は，原告は自分の4つのオリジナルの「彫刻的な」販売用ディスプレイ・フォームに著作権を取得しているところ，これを被告がコピーして売っており，これが原告の著作権の侵害であり，また不正競争行為である，ということである。ウェクスラー判事は，被告の申し立てた，原告の主張自体失当を理由とする被告勝訴判決の申立てを正当と認め，衣服を展示するために使われる人体の一部のトルソたる原告のマネキンは，分離可能な工芸著作物を含んでいない実用品であり，従って著作権取得能力がない，との理由で，被告を勝訴させた。当法廷もこれを肯認するものである。

　本件の争いの骨子は，原告の作った4つの人体トルソ・フォームで，それぞれが実物大で，首，腕，背中がなく，伸縮可能な白色のスチレン製である。原告の代表者は1982年にこのフォームを，まず粘土，ボタン，布地で作り上げ，そこからアルミニウムの鋳型を作って，そこにポリスチレンを注入して，彫刻的なディスプレイ・フォームを完成させた。いずれも上半身2体ずつの男性用および女性用のトルソがある。男女各1体のトルソは，シャツやセーターを展示するために衣服を着ていない状態である。他の1体ずつは，セーターやジャケットの展示用に，シャツを着ているように彫刻されている。すべてのフォームは実際に似せて作られており，解剖学的に正確であり，衣服をフォームにぴったりフィットさせる場合に後ろの部分でたくしこめるように，背中の部分が空洞である。原告の宣伝では，これらのフォームがセーター，ブラウス，ワイシャツ等のディスプレイに最適である旨をうたい，これらが「標準郵便小包サイズの箱に包装されるので，簡単にお届けでき，1ダースごとに販売しております」としていた。……

　原告の4体のフォームは明白に実用品であるので，これの著作権取得能力を決定する重要な要素は，これらが物理的ないし観念的にその実用的側面とは分離した芸術的ないし審美的側面を有するか否か，という点である。……

〔裁判所は，1909年法以来の絵画および彫刻著作物の保護についての立法経緯を概観し，「分離」原則の発展の経過をたどる。〕

　これらの立法経緯に照らせば，著作権の保護は実用的な側面をもつ品物に一層及ぶようになってきたが，実用的側面から分離できない芸術的ないし審美的な形をもつインダストリアル・デザインないし応用美術作品に対しては，連邦議会は明示に著作権の保護を拒否してきた。かかる作品は，これらが「審美的に満足を与えるものであり，価値のあるもの」であろうとなかろうと，著作権取得能力がないのである（上記 H.R. Rep. No. 1476, at 55, U.S. Code Cong. & Admin. News at 5668）。

　これらの原則を本件にあてはめると，原告のフォームにおける審美的あるいは芸術的な形は，フォームの実用品としての使用と分離しえないものなので，これは著作権取得能力がないものというべきである。原告は，伝統的な彫刻にしばしば使われる粘土細工がこのフォームの鋳型製作においても取り入れられていること，このフォームが彫刻のように人々から取り扱われていること，このフォームが衣服を展示する以外の目的においても使用されていること（例えば，衣服やアクセサリーなどを全くつけないで，装飾的なアクセントや目印として使われている）を強調している。たしかにこれらのことは，このフォームが「審美的に満足を与えるものであり，価値のあるもの」であることを示してはいるかもしれないが，これだけでは，このフォームが衣服を展示するという実用的目

的としての使用から物理的ないし観念的に分離しうる審美的ないし芸術的な形を有しているということを十分に証明してはいない。逆に，このフォームが審美的に人を楽しませる形を有している限度において，この形を全体としてとらえたとしても，これがその実用的側面とは独立に存在するものとして概念化することはできない。

原告はこの結論に対して，これらの4体のフォームは特定のアイディアを表現したものであり（例えば，女性のブラウスというような），人体のトルソというここでの形は伝統的に著作権取得能力ありとされてきたものである，として反論する。原告は，そのフォームが伝統的な人体の彫刻というカテゴリーにあてはまる以上，その著作権取得能力の判定にあたっては低いレベルの審査に服すべきである，と主張している。しかし当法廷はこれに賛成しない。我々は，制定法の文言にも，あるいは立法経緯においても，ある実用品が伝統的な美術のフォームにあてはまるというだけの理由で，その著作権取得能力の判定について低いレベルの審査のみで足りる，などということを支持するものを見いだしえない。かかる主張を認めることは，上記 Bleistein v. Donaldson Lithographing Co. (188 U.S. at 251-52) におけるホームズ判事の非差別原則に抵触する結果をもたらすであろう。

また当法廷は，本件の著作権取得能力の問題が，Kieselstein-Cord v. Accessories by Pearl, Inc. (632 F.2d 989 (2d Cir. 1980)) における当法廷の判決の指示下にある，と解することにも賛成しえない。……これらのバックルと本件の原告のフォームとの違いは，バックルにおける装飾的な表面というものがその実用的機能面から必要とされるものでは全然ない，という点である。従って，芸術的，審美的な形は，実用品に対して付け加えられた，ないし上にかぶせられたものとして受け取ることが可能である。ユニークな芸術的デザインは，その実用的な機能を果たす上では全く不必要なものなのである。ところが，本件の原告のフォームの場合，審美的ないし芸術的であると主張されている形とは，等身大の人間の肩と胸の形であって，どうあがいても衣服の展示目的という実用品としての形とは切り離しようがないものなのである。人体のトルソが実用的機能を果たすためには，胸と肩との何らかの形をもっていなければならないのに対し，ベルトのバックルは，Kieselstein-Cord におけるような際立った装飾が何もなくともその機能を十分に発揮できるのである。(1)

よって，地裁の判決はここに肯認される。

ジョン・O・ニューマン控訴審判事（反対意見）

本件は，興味深く，しかし難解な問題であり，1976年法のもとにおける「観念的分離可能性」の問題に関連した事件である。私は，多数意見はこの問題の性質を誤解しているか，あるいは本件におけるこの問題を解決するのに不正確な基準を適用していると考えるので，ここに謹んで，地裁の下した原告の主張自体失当の判決を肯認した本判決に，反対意見を述べるものである。私見によれば，問題のトルソのうち2体については，被告の主張自体を失当とする原告勝訴の判決が下されるべきであり，他の2体については，事実に関する争いある部分を解決すべく事実審に差し戻されるべきである。

……本件の4体のそれぞれは，法101条に定義されるところの「実用品」であることに争いはない。おのおのは，小売店において衣服やアクセサリーを展示するという「固有の実用的機能」を有しているからである。従って問題は，これらの実用品のデザインが，そのフォームの「実用的側面

とは別個に識別でき，かつこれとは独立に存在しうる」ところの彫刻的な形を有するか否か，ということになる。

このつかまえどころのない基準は，1976年法となった法案に添付された下院報告書の中でいくぶんかは明確化されている。報告書は，ここでの実用品というものが「物理的ないし観念的に，その製品の実用的側面とは分離したものとして識別しうる何らかの要素」をもっていなければならない，としている（H.R. Rep. No. 1476, 94th Cong., 2d Sess. 55, reprinted in 1976 U.S. Code Cong. & Admin. News 5668〔下線引用者〕）。この控訴審においては，「観念的分離可能性」とは，「物理的分離可能性」とは別のもので，それが存在する場合には実用品の創作者にそのデザインについての著作権を付与するものである，ということが確立しており，多数意見もこれについては争いのないところである。

ここで慎重に考察されるべきは，「観念的分離可能性」原則というものの意味とその適用である。本来的には，これは「物理的分離可能性」というもの以外のものを指すという自明のことを意味したものであったかもしれない。この物理的分離可能性については，絵，彫り物，彫刻的な形，その他，実用品からは別に，物理的に見えている装飾的な補飾物等のさまざまな例によって例示することができるものである。ニマー教授は，自動車のフードの上に飾られたジャガーの彫刻の例を引い

---

(1)〔原(5)〕 我が学究豊かな同僚であるニューマン判事は，実用品における著作権取得能力を，「その物を目で見て，かつすべての関連する証拠を考慮したとき，通常の観察者の心において，少なくとも一時的に，実用的側面にとってかわりうる別個の非実用的観念が生じたか否か」という基準で判断すべき，としている（反対意見 p. 423）。この提案の難しい点は，尺度として使う基準があまりにも微妙なので，これを実際に運用してゆくには極端に困難な（仮に不可能ではないとすれば），「基準ならざるもの」というに等しいものとなっている。実用品が一時的にも美術工芸品と感得されうるか否かの決定には，それが時に応じてどのような展示のされ方をしているかということや展示の程度などに関する，裁判上の調査を要することとなろう。通常の観察者としての裁判官とは一応区別しての鑑定証人や，ある種の意識調査的な証拠も出てくるかもしれない。

ほとんどすべての実用品は，ある程度は美術工芸として別個に見ることが可能であり，その程度は展示のされ方によって変わりうる（例えば，現代美術の美術館に飾られたキャンベル・スープの缶詰や華麗なハサミなど）。しかし，著作権の保護が求められているのは，そのオブジェであって，展示のされ方ではない。ある物の著作権取得能力は，平均的な観察者が見るその物の普通の用法によって決まるのであって，どんな実用品にもありうるような一時的な空想力の飛翔（例えば，車のエンジンでも展示の仕方いかんでこういった「飛翔」が可能であろう）によって決まるのではない。連邦議会はそのことを合理的に明らかにしたのである。

ニューマン判事の提唱する基準がその性質上架空のものであるということは，次のことにもおのずと表れている。すなわち，この基準によれば，あるマネキンは著作権取得能力のある彫刻となるが，他のマネキンは，素材，手足のかどばった形，顔や頭髪の形等の種々の要素次第で，著作権取得能力がないかもしれない，というのである。ニューマン判事は，シャツやブラウスを着けたスチレン製のマネキンの胸については，これが通常の観察者によって美術工芸として見られるかどうかは定かではないとしているが，このことは，かかる曖昧な基準によって作られた底無しの落し穴があることを明瞭に語っているものである。しかし，どんな基準が適用されるにしても，我々はとにかく本件でのマネキンが，平面的な写真としてではなく，（著作権が主張されているところの）中身のがらんどうの立体的な形として観察された場合に，通常の観察者がこれをマネキンとしての実用的な機能をもつ物体という以外に見ようとはとても思われない。これが彫刻のように見えるというのは，写真で見るとこの物体の後のがらんどうの部分が隠れているからにすぎないのであって，この部分は明らかに，衣服をピンでとめたりたくしこんだりするために空洞になっているのである。（反対意見が依拠している写真の場合においては）このような場合と，本件での著作権の主張されている立体的な物体の場合とでは，扱っている対象が異なるのである。

て，著名なイギリスの自動車の場合に言及している（1 Nimmer on Copyright §2.08 [B] at 2-96.1 (1985)）。自動車におけるすべての実用的な要素を物理的にはぎとった場合，ジャガーの芸術的な創作というものの観念，すなわち装飾というものが残る。「観念的分離可能性」は「物理的分離可能性」と同じではないから，デザインの形が実用品の実用的側面から物理的に分離不能な場合においても，これが「観念的に分離可能」な場合のありうることを明らかに前提にしている。

　この「観念的分離可能性」を理解しうるいくつかの場合があるかもしれない。ひとつは使用に関連するものである。主として実用的な機能を果たす品物は，たとえそのデザインの要素が二次的にのみ美術的製品として使われうる場合でも，「観念的分離可能性」を欠いているとみなされるかもしれない。このアプローチには，多数者によっては実用品として使われる物でも少数者は美術作品として展示するデザインなどに関して，これに対する著作権の保護を否定するという落し穴があることに注意する必要がある。著作権取得能力のある等身大の人体彫刻のデザインは，単にマネキン・メーカーがこれを複製して，安い素材でこれを作り，衣服展示用に大量にデパートに販売しているから，という理由のみで著作権保護を失うと解すべきではない。

　Kieselstein-Cord 判決において，オークス判事は関連するアプローチについて示唆しているが，それは，装飾的ないし審美的に人を楽しませる側面が「主」であり，実用的側面が「従」といえる場合においては著作権を肯定すべし，との見解である（632 F.2d at 993）。このアプローチは，明らかに実用的使用と非実用的使用との頻度を問題にはしていない。なぜなら，そこで問題になっていたベルト・バックルは頻繁にベルトを止めるために使われていたもので，腰以外のいろいろな場所に装飾的アクセサリーとして展示されることはずっと稀であったからである。このアプローチの難しい点は，これが，「主」と「従」という分類によって何が計測されているかについて考察する，事実審の裁判官，ないし事実に関する問題があるか否かを判定しようとしている裁判官に，ほとんど指針を与えてくれない，という点である。

　別のアプローチは，やはり最初のものに関係があるが，これはニマー教授によって示唆されたものである。教授は，「観念的分離可能性は，たとえその実用品が全く実用的な価値がない場合においても，単にその審美的な品質の故に相当程度の数の人々に販売されうるような実質的蓋然性がある場合に，これが存在する」とする（上記 1 Nimmer, §2.08 [B] at 2-96.2〔注省略〕）。この「販売」アプローチの危険性は，著作権をポップ・アートの範囲内にあるデザイン・フォームに限定してしまうかもしれないことで，この危険はニマー教授も認めている（同 at 2-96.3）。しかし，必ずしもそれらをわざわざ購入して家に飾ろうとする人がほとんどいなくとも，すなわち「相当程度の数の人々」ではないとしても，多くの彫刻的な作品が美術作品として認められるであろう。

　ある者は，「観念的分離可能性」は，その形のデザインが芸術的に高い品質を有するために十分な魅力をもっている場合にこれが存在するのだ，とする。このアプローチは，あっさりと連邦議会によって否定された。下院報告書は，芸術的な形が別個に識別できない場合においては，たとえその形が「審美的に満足のいくようなものであり，価値あるもの」であったとしても，その形は著作権取得能力がない，ということを明らかにしている（上記 H.R. Rep. No. 1476, at 55, 1976 U.S. Code Cong. & Admin.News at 5668）。美術館に入れられるほどに美しくデザインされた椅子であっても，その事実のみでは「観念的分離可能性」の基準をパスすることはできない。美術館の観客は，美しくデザインされた椅子を見，これを理解するが，人がそこに坐るという機能的な目的から観念的に

離れたデザインを見たり感じたりするわけではない。

　それでは,「観念的分離可能性」とはいかに決定されるべきであろうか。私見によれば,これに対する解答は「観念的」という言葉から引き出される。デザインの形が,そのデザインを実体化している実用品の実用的側面から「観念的に分離可能」であるためには,その製品が見る者の心の内に,実用的な機能が生み出す観念とは別の観念を生じさせるものでなければならない。従って,これの基準は,何が通常合理的に見る者の心の内に起こるであろうか,ということになり,あるいは,見る者の「心の目」に何が映るか,と言い換えてもいいかもしれない。この理論では,誰が見る者であり,どの時点である観念が「分離した」といえるか,が問題となる。

　……〔ニューマン判事は,「ここでの見る者とは,最も便利な法的な人物,すなわち普通の合理的な観察者ということになるべきだ」と結論を下している。〕ある実用品のデザインによって生みだされた,実用的な側面と非実用的な側面とが「離れている」ということは,それ自体人を惑わす観念である。私見によれば,あるデザインが通常の観察者の心に,必ずしも同時的ではなくとも2つの異なる観念を抱かせる場合には,ここでの「離れている」という現象が起こっていると考える。再び,美しくデザインされた,美術館に展示されている椅子の例にもどろう。通常の観察者は,その椅子をいつ見ようとも,椅子のデザインを感知するであろう。これに加えて,あるいは彼は,美術作品としての観念を楽しむかもしれない。しかし,たとえこの2番目の観念が,その物の実用的機能の観念と同時に心に浮かんだとしても,「離れている」という現象は起きてはいない。この基準は,観察者がその物を椅子として認識しそこなったか否か,ではなくして,実用的機能が観察者の心の中で他の観念と入れ替わりうるか否か,なのである。このようなことは,たとえ最も美しくデザインされた椅子を見た場合であっても,少なくとも通常の観察者には起こらないのである。しかしこのことは,その物の実用的機能が全然感知されないような物を見た場合には起こりうることなのである。あるいは,実用的機能は観察によって,そして説明を受けたりして判りはするけれども,実用的機能以外の別の観念を観察者が楽しんでいる一方で,実用的機能の観念は観察者の心の中で置き換えられてしまう,というような場合にも起こりえよう。別の観念というのは,普通は美術作品のそれであろう。

　あるいは,フォームのデザインが通常の観察者の心に,フォームの実用的機能の観念といかなるものであれ別の観念を生み出せば,観念の分離可能性はある,との見方もあるかもしれない。このアプローチにおいては,芸術的にデザインされた椅子のデザインは,もし通常の観察者が椅子の観念に加えて美術の観念をも楽しむならば,著作権の保護ありということとなろう。しかし私の考えるところでは,このアプローチは,審美的に人を楽しませるような実用品のデザインについて著作権の保護を否定した連邦議会の努力を損なうことになると思う。

　一方では,著作権取得能力のない,審美的に人を楽しませる実用品のデザインがあり,他方では,その実用的機能の観念と離れた観念を生み出す,著作権取得能力のある実用品のデザインがある。この2つの間に境界線を引くためには,裁判所は,そこで問題になっている芸術の性質について最小限の審査をせざるをえないであろう。裁判所がこの手の審査をしなければならないというのは,よいことではない。というのも,裁判所は,芸術における,あるいはその他の審美的な分野における趣味の判定人となってはならないからである。しかしながら,「観念的分離可能性」というものがその実用品のデザインの著作権取得能力を決定する以上,そこでの芸術についてのある種の要件

図1　　　　　　　　　　　　　　　図2

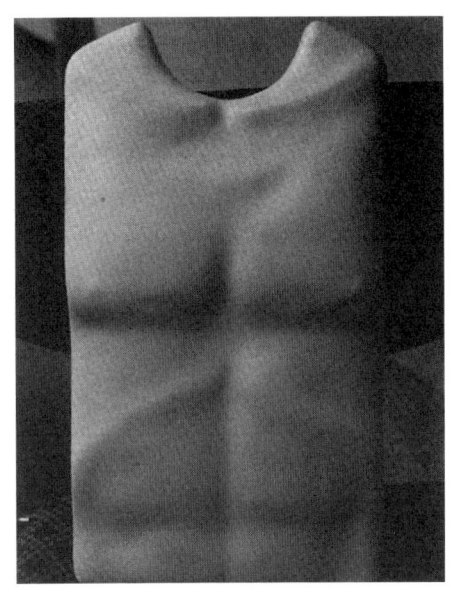

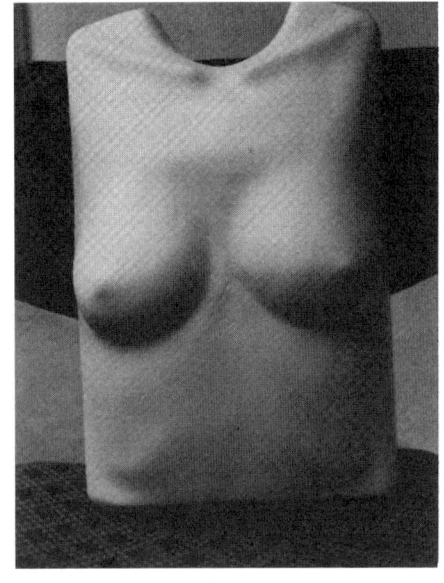

の審査が必要となってくる。「観念的分離可能性」の基準を満たす分離した観念というものは、しばしば芸術作品の観念と重なるものであるからである。もちろん、裁判所は芸術の質についてはこれを審査してはならない。審査が及ぶのは、あるデザインが、その製品の実用的機能の観念とは別の、芸術作品としての観念を生み出しているか否か、であり、このことは、その物が芸術作品であるか否か、ということをある程度まで考察する必要を生じさせる。

　……本件は、スチレン製の4体の胸のフォームに関するものだが、これは Kieselstein-Cord 事件よりもずっと容易なケースのように見受けられる。通常の観察者、例えば実際のところ、この判決の読者で、図1および2に掲げる2体のむきだしのフォームの写真を見た通常の者ならば、これを見ることのみによって、シャツやブラウスを展示する実用的機能を持つ、マネキンとしての観念を思い浮かべる、ということは極めて考えにくい。観察者は、芸術的な彫刻として展示されていた裸体のトルソなどを以前に見た経験に基づいて、まず芸術的なもののイメージを観念として抱くこととなると思われ、このことは非常に判りやすいことである。この2体のフォームが小売店においてシャツやブラウスを展示するために使われると知らされた後においてすらも、通常の観察者がたどりつくであろう唯一の合理的な結論は、このフォームが実用的機能と美術作品として果たす全く異なる機能との2つをもっている、ということであろう。私は断言するが、通常の観察者ならば、以下のような結論に合理的に必ずや到達するであろう。すなわち、これらの2つのフォームは、美術作品としてもたまたま十分に審美的魅力をもっている単なるマネキンということだけではなく、その心の中において、マネキンとしての観念がもし感得されているとしたならば、これに加えてかつこれとは別個に感得されうるところの、美術作品としての観念が生ずる、ということである。原告は、ミケランジェロの「ダヴィデ」が、仮に小売店における衣服展示用として安物のコピーで売られたとしても、それだけで著作権取得能力を失うものではない、と主張しているが、無理からぬ誇張といえよう。

図3　　　　　　　　　　　　　　　　　　図4

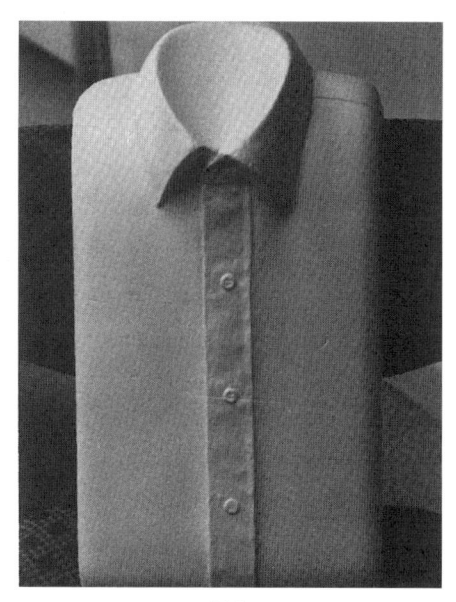

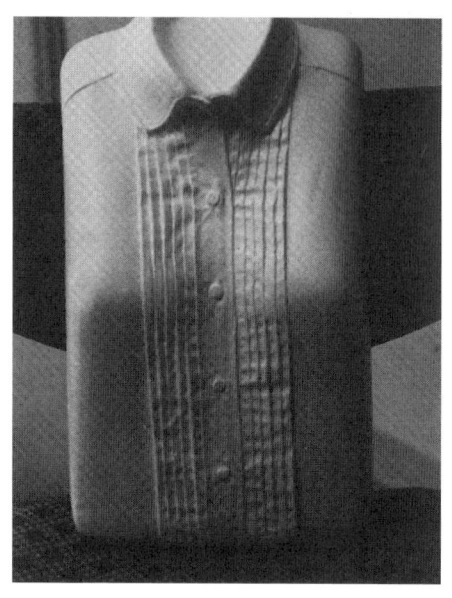

　しかしこのことは，マネキンとして使用されるべく作られたあらゆるフォームのデザインが，芸術的な要素さえあれば自動的に著作権保護にあずかれる，といっているのではない。多くの，おそらくはほとんどのマネキンは，その素材，手足のかどばった形，顔の表情，頭髪の様相などの組合せのおかげで，これらが全くのマネキン以外の何ものでもないという見た目の印象を与えるのである。ある場合においてマネキンが，衣服を引き立たせるというその機能から離れて人目を引くように店に飾られていること，あるいは話題を引く家具として居間に飾られていること，あるいは美術館に今日のインダストリアル・デザインの興味あるサンプルとして飾られることがあってすらも，これが，マネキンの観念から離れた観念を生み出したことの証左とはならないのである。しかし，図1および2のフォームは，仮にマネキンとして感知されたとしても，芸術オブジェとしての全然別個の観念を生み出しており，この観念は，心の中においてマネキンとしてのフォームを同時に感知することなく感得することのできるものなのである。
　……（略）……
　もちろん，原告が裸体のフォームのデザインについて著作権の保護を受けられるといっても，それは価値あるものではあっても，限られたものである。ここでの著作権は，本物の人の胸からイミテーションをデザインすることを妨げるものではない。それは，単に原告のフォームにおけるデザインをそっくりコピーする行為を禁止するにとどまるものである。
　図3および4としてここに掲げられた2つのフォームについては，胸の部分がシャツとブラウスで覆われた形で出来上がっており，私としては，これが通常の観察者の心にいかなる観念（1つまたは複数の）を生み出すのか判然としない。
　私としては，おそらくこれらの2つのフォームも，それがマネキンとしての観念を呼び起こすか否かにかかわらず，これとは別個の美術作品としての観念を生み出しそうに思えるが，これが，通常の観察者の感じ方についての，合理的な事実判定者の到達する唯一の結論とはいえない。かかる

観察者は，これを常にマネキンとしか感知しないかもしれないし，各フォームの上に彫刻された特定のスタイルのシャツおよびブラウスの宣伝材であると考えるかもしれない。「観念的分離可能性」の問題との関係において，衣服の乗っている状態のフォームについては，私見によれば，合理的な事実判定者はどちらにも解釈しうるはずである。従って，この問題は，主張自体失当の判決に馴染むものではなく，事実審理に付されるべきものと考える。ともかくも，事実判定者の到達する唯一の合理的な結論は，着衣状態のフォームは実用的機能の観念から別個の観念を全然生み出していないということに尽きる，ということについては私は同意しえない。

私としては，2体の裸体のフォームのデザインについては，被告の主張自体失当を理由とする原告勝訴の判決を下すべきものと考え，2体の着衣のフォームについては事実審に差し戻すべきものと考える。

【質問】
　Carol Bahnhart 判決での衣服の展示用の人間型マネキンが「実用品」であるというのは，そう明白なことか。その実用性の本質は何か。Superior Form Builders, Inc. v. Dan Chase Taxidermy Supply Co. (74 F. 2d 488 (4th Cir.), cert. denied, 117 S. Ct. 53 (1996)) および Hart v. Dan Chase Taxidermy Supply Co. (86 F.3d 320 (2d Cir. 1996)) においては剝製師が動物の皮をかぶせる動物のマネキンが著作権法における「実用品」ではないとされたこと（「これらの動物のマネキンは，その創作において作者が示す美術的特徴を通じて動物の外観を描写するためにデザインされたものである」と判示）と比較せよ。

第2控訴審は依然として，観念的分離可能性の問題と格闘を続けている。Kieselstein-Cord 判決の多数意見を代表したオークス判事は，自転車ラック（下掲写真参照）の著作権取得能力に関するケースにおいて，Kieselstein-Cord 判決と Carol Barnhart 判決を両立するものとしようとした。すなわち Brandir Int'l v. Cascade Pac. Lumber Co. (834 F. 2d 1142 (2d Cir. 1987)) において多数意見は，波打ったチューブの自転車ラックのかたちはその機能と不可分のものである，とした。多数意見によれば，もしも機能的な関心によってその作品の審美的に人を楽しませるような外観が影響されたのだとしたら，彫刻的な形は，101条のもとでは分離不能なものとみなされる，とする（裁判所は，基準を考案するのに，Denicola, Applied Art and Intdustrial Design: A Suggested Approach to Copyright in Useful Articles, 67 Minn.L.Rev. 707 (1983)に多くを負っている）。多数意見は，裁判官が，問題となっている作品の機能にフォームが服しているか否かを判定することによって，非機能的なものの審美的価値を審査するという負担から逃れられるものである，としている。反対意見においてウィンター判事は，多数意見のアプローチは実質的に「観念的分離可能性」ということを消去する考えである，と批判している。裁判官を芸術評論家から守るというよりもたちの悪いことは，多数意見はデザイン・プロセスにおける実用的な関心の影響を強調しているが，これは創作過程に対する司法的詮索をあまりに増やすことになってしまう，と主張する。

230　第 2 章　著作権の対象

【質問】
1　仮に，「閑静」と題された石膏造りの抽象的な水平の形をしたものに著作権が主張されたとする。この形をベッドやその他の家具にすることは，下院報告書の文言において保護から外されていた「実用品の全体的な形ないし形状」であるとして，保護がなくなってしまうのか，それともいぜん保護を受けるものなのか。

(掲載許可済み。写真撮影 Joanne Gere)

F　絵画，図画ないし彫刻の著作物

2　下掲の写真の作品のうち，どれが著作権取得能力のあるものだろうか。

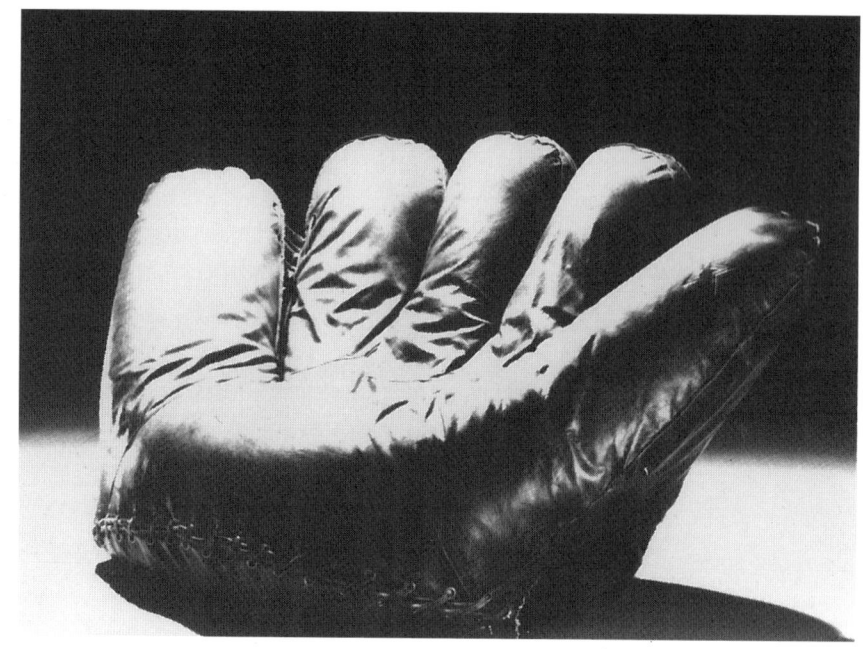

＊これらの写真に掲げられている作品はいずれも，フィラデルフィア美術館で1983年10月から1984年1月にわたって開催された「1945年以降のデザイン」展で展示されたものである。各作品のデザイナー，タイトル，製作年月日は次のとおりである。前ページ上左：P. McCobb, "Planner Group"コンポーネント（1949），同上右：H.T. Baumann, "Brasilia"コーヒー紅茶セット（1975），同中左：Magistretti, "Atollo"テーブル・ランプ（1977），同中右：S. Yanagi, "Butterfly"スツール椅子（1956），同下：DePas, D'Urbino, Lomazzi, "Joe"椅子（1970），本ページ上：F.O. Gehry, "Easy Edges"ロッキング・チェア（1972）。これらの作品は，フィラデルフィア美術館の許可（および""Joe"椅子についてはStendig, Inc.の許可）を得てここに掲載した。

タイプフェイス・デザインの著作権取得能力

　1976年著作権法の立法を導いた一連の議論の中で提起された，デザイン保護という難しい問題のひとつに，タイプフェイス・デザインの保護というものがある。下院報告書（p. 55）は次のような一文を収録している。

　　タイプフェイスのデザインの保護の可能性については，委員会はこれを検討はしたが，その解決についてはこれを先送りすることとした。「タイプフェイス」とは，ひとまとまりの文字，数字その他の記号であって，ある表記法において一貫して使われる，反復するデザインの要素によって関連づけられているもので，その固有の実用的機能が文章その他認識可能な文字の組合せを作成するために使用される物品に実体化されるべく意図されているものをいう，と定義される。委員会はかく定義されたタイプフェイスをもって，法案中にいう意味としての，および101条の境界線の適用上の意味としての，著作権取得能力のある「絵画，図画ないし彫刻の著作物」とはみなさなかった。

　タイプフェイスの保護の問題は，1970年代の初頭に特にホットな論争となったものであった。そ

れは，新しい写真植字技術の発展の成果によって，タイプフェイス・デザインの無許諾コピーが簡単に作れるようになったからであった。バーバラ・リンガー長官は，1974年11月6日，著作権局始まって以来初めての規則制定公聴会を開き，タイプフェイスの著作権取得を一般的には認めていないと解されている現在の著作権局規則を改正するべきか否かを判断しようとした。保護賛成派は，著作権局の公聴会でも，同時になされた係属中の改正法案についての合衆国議会の公聴会においても，次のように主張した。すなわち，タイプ・フォントのオリジナルなデザインは，合衆国憲法および1909年法のもとにおける「著作者の著作物（writings of an author）」であって，判例法についてもこれらを保護するということについて決して矛盾をきたすようなことはないし，登録されたとしてもそれは小説等の著作者や印刷業者に何の負担も負わせることはないし，保護の形態は著作権法と現在審議中の新しいデザイン立法（この時期，著作権法第2編として審議されていたが，後に議院通過前に削除となる）の両方で保護がなされるべきだ，と主張した。これに対して反対派の最大の論拠は，デザイン保護というものは大手のタイプフェイス業者をして独占禁止法違反の行為を誘発せしめるであろうし，印刷物の発行差止訴訟を頻発させるであろう，ということであった。著作権局は結局タイプフェイス・デザインの登録を見合わせ，これに対して，かかる登録を義務づける行

政訴訟が提起された。この訴訟 Eltra Corp. v. Ringer（579 F. 2d 294 (4th Cir. 1978)）において，原告の訴えは棄却され，裁判所は，タイプフェイスが1909年法によってカバーされている著作権の対象としての「工芸著作物」ではない，と結論づけた。この結論は，今日も力をもっている判決であろうか。上記に引用した下院報告書の一節は，どの程度に決定的なものであろうか。これらの問題を考える一方で，前ページに（合法的に？）複製したタイプフェイスのサンプルを検討してみよ。

タイプフォントは多くの場合コンピュータ・プログラムによりデザインされ複製されるという事実に鑑みると，プログラムを登録するという方法でEltra判決をかいくぐる努力がなされてきた。これによって，少なくともプログラム（それが紡ぎ出すタイプフェイスではなく）を直接にコピーする者に対しては救済策が用意されることとなった。少なくとも1つの裁判所は，こうしたコンピュータ・プログラムに著作権保護が及ぶことを認めている。プログラムにおける指示は十分な創作性があるものとされた（Adobe Sys. Inc. v. Southern Software Inc., 45 U.S.P.Q.2d 1827 (N.D. Cal. 1998)）。著作権が成立しないタイプフェイスとその根底にある著作権が成立するプログラムとの区分は，著作権局規則202.1条(e)の「タイプフェイスとしてのタイプフェイス」という計り知れない条文表現へとつながっているのである。

〈ロバート・マージズ「意匠特許（Design Patents）の考察」〉*

* 以下は，Robert P. Merges, Patent Law and Policy, Cases and Materials から引き写したものである。マージズ教授が引用を許諾してくださったことに謝意を示したい。

手続にかかる長い時間，高い申請料，厳格かつ一定しない基準，裁判官の敵意の長い歴史のために，意匠特許の制度は非効率で改正する必要があると批判されてきた（J.H. Reichman, Design Protection and the New Technologies: The United States Experience in a Transnational Perspective, 19 U. Balt. L. Rev. 6,23 (1991)）。裁判所は最近意匠特許を認めやすくなっているので，この形態の知的財産保護が復活してきた。この章では，意匠特許制度の基本的な説明を行う。

意匠は，表面の装飾，形状，またはその両方からなる。意匠特許は「製品の，新規，オリジナルかつ装飾的な意匠……」に与えられることとし，発明特許に関する全条項は意匠特許にも適用されると規定した35 U.S.C.§171の1954年特許法の下に，意匠特許法は制定された。意匠特許は，14年間存続する。

I 特許取得の要件

意匠は，特許取得能力の通常の要件に合致している場合（新規性，非自明性など）の他，装飾的であって機能的な配慮からなされたものではない場合にも，特許を取得することができる。特許商標局は，意匠を「物品にあらわされた視覚的な特徴または外観，見る者の意識に視覚的な刺激を生み出す物体に示された外観である」と定義している（U.S. Patent and Trademark Office, Manual of Patent Examining Procedure §1502 (5th ed. rev. 8, 1988)）。

法律は，意匠は「製品」にあらわれたものでなければならないと規定している。この中には，銀器（Gorham Mfg. Co. v. White, 81 U.S. (14 Wall.) 511 (1871)），セメント・ミキサー（In re Koehring, 37 F.2d 241 (C.C.P.A. 1930)），家具（In re Rosen, 673 F.2d 388 (C.C.P.A. 1982)），液体を入れる容器（Unette Corp. v. Unit Pack Co., 785 F,2d 1026 (Fed. Cir. 1986)）が含まれる。

F 絵画，図画ないし彫刻の著作物　235

A 新規性

新規性は，以前の作品にまったく同じ意匠がない場合に認められる。「通常の観察者（ordinary observer）」が，新しい意匠を全体として見たときに，既に存在していた意匠の改定というよりも，全く別のものだとみなす場合，意匠は新規である（例えば，Clark Equi. Co. v. Keller, 570 F.2d 778, 799 (8th Cir. 1978)を参照）。§102(b)の制定法上の無効取消原因が適用され，つまり，1年間の猶予期間があるが，「試験利用」の例外は意匠特許にはない（Tone Bros. v. Sysco, 23 U.S.P.Q. (BNA) 1184 (S.D. Iowa 1992)を参照）。

B 非自明性

171条は，実用特許に関するTitle 35の規定が意匠特許にも適用されると規定しているので，意匠は，「発明的または創作的能力を働かせたもの」（Smith v. Whitman, 148 U.S. 674, 679 (1893)）であることを要するという非自明性がなければならない。

意匠特許において非自明性を決める一定の標準が用いられるようになる前は，裁判所は，Graham判決にいうテストを適用するときには「通常のデザイナー」の基準を使うか「通常の知性ある人」の基準を使うかで争いがあった（In re Laverne, 356 F.2d 1003 (C.C.P.A. 1966)を参照）。意匠特許の非自明性を決するには，実用特許とは反対に，本質的に主観的な審査であるから，個人の嗜好に大いに依存し，予測ができない。実用特許の非自明性を評価するには，裁判所は以前の技術と新しい発明との距離を一定の科学的基準と技術的なデータに基づいて計ればよいが，ある外観の意匠とその前にあったものとの間の距離の評価には，「量的に定めることの難しい，良く見たところで当てにならない価値判断」を必然的に含む（Reichman, supra, at 33 n.164）(In re Bartlett, 300 F.2d 942, 944 (C.C.P.A. 1962)〔意匠事件での特許取得能力が各裁判官の主観的な判断次第だということではない〕を参照）。非自明性の要件は，1920年代から合衆国における意匠保護の能力を限定する第一の要素として言及されてきた（Reichman, supra, at 24）。連邦控訴裁判所の非自明性要件の自由化は，意匠特許が無効とされる割合を，つい数年前の75～100パーセントから，今日の38パーセントまで低下させた（Id. at 37）。

1981年，関税・特許上訴裁判所は，Grahamのテストを意匠特許にも適用し，非自明性は，「申請された種類の物品をデザインする，通常の能力を備えたデザイナー」の見地から判定されるべきだ，と判示した（In re Nalbandian, 661 F.2d 1214, 1216 (C.C.P.A. 1981)）。新しい基準は，非自明性を証明するために，その分野の専門家の証言を客観的な証拠として用いることを可能にした（Id. at 1217）。その後連邦裁判所はこの基準を採用した。このアプローチはより公平で，多くの特許についてその有効性を維持させたが，予測可能性の問題を解決することはできなかった。なぜなら，別のデザイナーの意見は相当に違うということがあり得るからだ（William T. Fryer, III, Industrial Design Protection in the United States of America—Present Situation and Plans for Revision, 70 J. Pat. & Trademark Off. Soc'y 821, 829 (1988)）。

連邦裁判所は，意匠特許の推定効果を強調し，異議を申し立てる者に，非自明性の明白かつ確信を抱くに足る証明を行う立証責任を負わせた（例えば，Trans-World Mfg. Corp. v. Al Nyman & Sons, 750 F.2d 1552, 1559-60 (Fed. Cir. 1984); Avia Group Int'l v. L.A. Gear Cal., 853 F.2d 1552, 1559-60 (Fed. Cir. 1988)を参照）。裁判所はまた，非自明性を判断するために，いくつかの関係から特徴の組合せを対照するというよりは，特許を与えられる意匠の全体的な外観と以前に存在したものとを

対照しなければならない，とした（Litton Sys., Inc. v. Whirlpool Corp., 728 F.2d 1557, 1562 (Fed. Cir. 1984))。もっとも重要なのは，商業的な成功やコピーのような，実用特許に適用される客観的で二次的な事柄が，意匠特許の非自明性を判断するについてもあてはまる，と連邦裁判所が判示したことである（例えば，Litton, 728 F.2d at 1441, Avia, 853 F.2d at 1564を参照）。商業的成功の考慮を支える理論は，意匠特許の目的が販売可能性を拡大することにあるということである。それで，もし意匠が成功すれば，それは「十分に新規で，すぐれて関心を引くものに違いない」（Robert W. Brown & Co. v. De Bell, 243 F.2d 200, 202 (9th Cir. 1957) (1 Donald S. Chisum, Patents §1.04[2][f], at 1-208 (1992)も参照）。商業的成功の証拠は，機能の発展や広告といった要素よりも，特許を受ける意匠に関係するものでなければならない（例えば，Litton, 728 F.2d at 1443; Avia, 853 F.2d at 1564を参照）。

C 装飾性

特許を取得できる意匠は装飾的でなければならない，つまり好ましい外観を創り出しているものでなければならない。装飾性の要件を充たすためには，意匠が「美的技能と美術的構想によって作られたもの」でなければならない（Blisscraft of Hollywood v. United Plastics Co., 294 F.2d 694, 696 (2d Cir. 1964)。この要件は，伝統的な「美術（art）」の範囲から外れた品物にもあてはまる（In re Koehring, 37 F.2d 421, 422 (C.C.P.A. 1930)〔セメント・ミキサーの意匠について，以前のものよりも「洗練された好ましい外観を有している」から装飾的であると判断した〕を参照）。数多くの事件において，装飾性は目的物が通常の意図された使われ方をする際に意匠が目に見えることを要するという理由で，通常の使用の際に隠れてしまう意匠の特許所得能力を否定した（Chisum, supra, §1.04[2][c], at 1-190-91を参照）。

D 機能性

もし意匠が，「装飾的というよりむしろ第一次的には機能的」であるか，または「機能的な考慮から要請される」場合には，特許を取得することができない（Power Controls Corp. v. Hybrinetics, Inc., 806 F.2d 234, 238 (Fed. Cir. 1986))。機能性のルールは，装飾的な芸術を促すという，意匠特許法の目的を促進する。さらにこのルールは，実用特許の要件に適合しない機能的な特徴を本質的に独占させることを防ぐ。機能性のルールの厳格な適用が近代意匠の大多数を無効にすると気づいて連邦裁判所は，以前裁判所に寛大に取り扱われていたよりも高い機能的要素を備えた意匠を有効とした（Reichman, supra, at 40)。このことは，次の物に意匠特許を認めた事件で裏付けられる。眼鏡のレンズの陳列棚（Trans-World Mfg. Corp. v. Al Nyman & Sons, 750 F.2d 1552 (Fed. Cir. 1984))，ファイバーグラスのキャンピングカーの車体（Fiberglass, in Motion, Inc., v. Hindelang, No. 83-1266 (Fed. Cir., Apr. 19, 1984) (LEXIS, Genfed library, USApp file))，液体を計り分ける容器（Unette Corp. v. Unit Pack Co., 785 F.2d)。連邦裁判所は，意匠が市場で競争するのに必要な機能を具体化したのでない限り，意匠は機能的な構成要素を持つことがありうる，と判示した（Avia, 853 F.2d at 1563)。意匠の機能的側面が，他の意匠の方法によって達成されうるときには，それは第一次的に機能的なものではない（Id.）。この，より柔軟なアプローチは，経済的成長を刺激するために保護が与えられるべき価値ある工業意匠の多くは機能的特徴と美的特徴とが組み合わされているという裁判所の認識を反映している。

II クレームの要件と手続

合衆国における意匠特許制度の2つの大きな批判は，高価すぎるということと，保護を得るのに

時間がかかりすぎるということだ (Fryer, supra, at 834; Reichman, supra, at 24〔手続要件は, 合衆国における意匠保護を他の国よりもはるかに『時間と金がかかる』ものにしている〕; Perry J. Saidman, Design Patents—the Whipping Boy Bites Back, 73 J. Pat. & Trademark Off. Soc'y 859 (1991)〔これらの批判を主張している〕を参照)。

1988年に, 意匠特許出願の費用は1000ドルと概算されていた (Fryer, supra, at 835)。この費用の大部分は, クレームを構成する図面を準備するための費用である。図面は,「物品の外観の完全な特定をするのに十分な数の視点がなければならない」(37 C.F.R.§1.152)。書面にすることが要求されているのは, その図面についての非常に簡潔な説明だけである。112条が要求している適当な内容の特定と明示は, 図面によってなされる。1件の意匠出願には2つ以上のクレームを含めることはできない。具体化したものが「1つの独創的な構想」を含み, 単一のクレームで保護しうる場合に限り, 1件の出願が意匠の2つ以上の具体化を入れることができる (In re Rubenfield, 270 F.2d 391, 396 (C.C.P.A. 1959))。

意匠特許は, 通常, 手続をしてから2〜3年で発せられる (Saidman, supra at 861)。この長い待ち時間の間, 最初に何の手続要件も必要とせず登録されるのに数か月しかかからない著作権保護とは異なり, 意匠特許出願者は, 複製をする者に対し何らの保護なく放置されることになる (Fryer, supra, at 840, 835)。現在のシステムは,「今日の大量生産消費財市場の, 動きが速く短命な商品サイクルに適合していない」と指摘されている (Reichman, supra, at 24)。工業意匠のための新しい保護形態が必要だという一般的な合意はあるが, 連邦議会はまだ法案を可決成立させていない。意匠により良い保護を与える法案の一例は意匠著作権保護で, これは, 意匠特許に代わるものとして修正された著作権の保護形態を採用したものである (Fryer, supra, at 839-46)。あるいは, 法案は, 美的にも技術的にも革新的でないものも含め, 機能的な工業意匠を保護するものになるだろう (Reichman, supra, at 121-22)。

III 侵　害

意匠特許の侵害の認定の基準は, Gorham Mfg. Co. v. White で定義された。そこで最高裁判所は,「購入者が, 通常の観察者の払う注意をもって目で見て2つのデザインが本質的に同一である場合, その類似が一方を他方であると思って買おうという気にさせるほど観察者の目をあざむくものである場合, その一方の物は, 他方の特許ある物を侵害している」(81 U.S. (14 Wall.) 511, 528 (1872)) とした。

「通常の観察者の目」の基準は, ルールとして続けられている (Oakley, Inc. v. International Tropic-Cal, Inc., 923 F.2d 167, 169 (Fed. Cir. 1991)を参照)。通常の観察者は, 問題の対象物に「合理的に精通 (reasonable familiarity)」し, 先行する他の対象物との比較をすることができる者である (Applied Arts Corp. v. Grand Rapids Metalcraft Corp., 67 F.2d 428, 430 (6th Cir. 1933))。重要な要素は, 消費者の混同よりもむしろ類似性である (Unette, 785 F.2d at 1029〔物品の出所についての混同における類似性は, 意匠特許の侵害を判断するのに必要な要素でも適切な要素でもない, と判示した〕)。

侵害を分析する2つめの点は,「新規性のポイント (point of novelty)」テストで, これは類似性の問題とはまったく別である。「新規性のポイント」テストでは, 通常の観察者が認める類似性は, 先行する物から区別される特許ある意匠の新規性ある要素に由来することを要する (Litton, 728 F.2d at 1444; Avia, 853 F.2d at 1565; FMC Corp. v. Hennessy Indus., Inc., 836 F.2d 521, 527(Fed. Cir.

1987)))。訴えられた意匠が特許ある意匠の新規性ある特徴を盗用していない限り，侵害はない（Avia, 853 F.2d at 1565）。特許を得たクレームの範囲とその新規性のポイントは，先行するものの分野を調査することによって判断される（Litton, 728 F.2d at 1444〔先行するものの分野が「混み合った（crowded）ものである場合には，クレームの範囲は狭く解される，と判示した〕を参照）。

特許されたクレームの範囲を確定した後，侵害の審査は，特許された意匠の，保護されうる美的な構成要素にのみ焦点があてられる（Lee v. Dayton-Hudson Corp., 838 F.2d 1186, 1188 (Fed. Cir. 1988)〔「機能的でない意匠の観点が，侵害の決定に関連する」と判示した〕を参照）。従って，被告が，意匠の保護されうる要素には十分な変形を加え，「ありふれた若しくは一般的なアイディア，機能的な特徴，または保護されないもの」だけを借用した，と証明することができた場合には，このテストは強度の類似性についての抗弁を許容することになる（Reichman, supra, at 44）。

ある意匠が，特許された物品とは全く異なる種類の物品に用いられた場合に意匠の侵害があるかどうかは，一定していない（Chisum, supra, §1.04〔4〕, at 1-225）。Avia Group Int'l v. L.A. Gear Cal. では，特許された意匠は大人の競技用の靴で，訴えられた意匠は子供用の靴だったが，裁判所は侵害を認め，特許権者が製品を製造していない場合や特許された意匠が特許権者の製品と競合しない製品に使われている場合であっても侵害の認定は妨げられないと判示した（853 F.2d at 1565）。この判断は，連邦控訴裁判所が，「文字通りの（literal）侵害」を超えて意匠特許の保護範囲を拡張し，意匠の構想そのものを保護することをいとわないことを示している（supra, at 53）。

G　建築著作物

我々が日常的に出会う，かつ，歴史的にわが著作権法が誤って定義してきた，創造的な美術の形態のひとつが，建築である。建築物にも著作権保護を拡張することを意図した法案（最終的に1990年建築物著作権保護法（Architectural Works Copyright Protection Act of 1990）となった）と共に，最近，議会の委員会によって以下のとおり報告がされた（H.R. Rep. No. 101-735, 101st Cong. 2d Sess. 12-13 (1990)）。

　　……すべての著作権立法は合衆国憲法の第1条8節8項に基づいていて，同条項は「科学の進歩を促進する」ために著者の「著作物＝書き物（writings）」を保護する権限を連邦議会に与えた。ここに提案された法案は，こうした憲法上の目的を推進しなければならないし，また本委員会はそうなるものと信じている。建築は，単にシェルターや投資の対象としてのみならず，芸術作品として，我々の日常生活の中で中心的な役割を担っている。建築とは，非常に公的かつ社会的な目的を演ずるアート様式なのである。ウィンストン・チャーチルは次のような発言において著名である。「我々はビルディングを研磨し，ビルディングは我々を研磨してくれる」。我々は建築物を単独で鑑賞することは稀であって，その他の構造物や環境一般と一緒に見るのが普通である。従って，建築の最善のものは，全体としてのコミュニティの目標や抱負を表現することに資するものである。フランク・ロイド・ライトは，以下のように適切に観察している。「ビルディングは常に人々の環境における最も価値ある側面であり続け，それは文化的な

リアクションを最も起こしやすいものであるのだ」。

　……本委員会としては，建築物のデザイン作品は合衆国憲法にいう「書き物」であると結論し，著作権法における保護に十全に値するものと考える。建築著作物に保護が与えられることで，デザインにおける優秀性が刺激され，よって我らの公的な環境が増進されるべきであり，それが憲法上の目標に適うものである。

1976年著作権法に基づく保護

　1976年著作権法では，以前から規定されていたとおり，建築は，たとえ保護されるとしても，101条で定義される「技術的な図面，図表，モデル」を含む「絵画，図画ないし彫刻の著作物」として保護されうるものだった。建築のより手厚い保護の素振りとして（ただし，あまり明確ではない含みをもって），その定義は1988年に「図表，モデル，建築設計図などの技術的な図面」を含むものに改正された。もちろん，ほとんどの建築は，「実用品」すなわち「本質的に実用的な機能を有する品物」という101条の定義に該当する。このように，建築の著作権保護は，一般に「絵画，図画，彫刻」の範囲の通常の限定に服することになる。つまり，「物品の実用的な観点から分離可能で独立して存在可能だ」という特徴についてのみ拡張しうるということである。従って，フリーズや女性像の柱のように分離可能な装飾的特徴は著作権によっていかにも保護されるように思われるのに対し，全体としての建築物はおそらく保護されないということであった。実際に，建築が地味であればあるほど，建築物は1976年法の定義に合致しそうにない。このことは，もちろん，家具や街灯，自動車のような，すべての実用品の宿命であった。下院報告書で論じられた，謎めいた「観念的分離可能性」の指摘にもかかわらず，住居や事業用ビルの全ての外形が著作権によって保護されそうにないことは一般に理解されていた。道の反対側から，外観が構築されるあいだ建築物を「じろじろ見ること」は，一般的には職業上・モラル上の非難に値すると思われるだろうが，著作権侵害だと主張されることはおそらくなかろう。

　以前の1976年法に基づく同様の限定は，著作権のある建築設計図および図面にも影響を与えた。これらは「実用品」ではない。なぜなら，これらの目的は「単に物品の外観を描写し又は情報を伝達するにすぎない」（101条）からであって，「分離可能性」の限定とは無関係だった。ところが，別の障害があった。二次元の設計案を許諾なしにコピーすることは侵害になるが，三次元の建築物を設計案に基づいて建築することは侵害になるだろうか。裁判所はほぼ一貫して，無許諾建築でも設計案の侵害ではないと判示している。剽窃した建築は，設計案の「表現」よりむしろその「アイディア」を具体化するにすぎないこと（そうだろうか？），あるいは，より厳密に言うと，Baker v. Selden 判決によって，設計案をその機能的な相棒である建築物に転換することについては著作権の主張が妨げられるものであることの，いずれかが判示されている。おそらくこの問題をもっともくまなく探求したのは次の事件であろう。

　Demetriades v. Kaufmann, 690 F.Supp. 658 (S.D.N.Y. 1988)　幾分単純化すると，原告はスカースデイルに高価な「同じ物は１件しかない（one of a kind）」邸宅の建設案をデザインした。被告夫婦は設計図を許諾に基づかずに入手し，原告の設計案を建築家にトレースさせ，数軒しか離れ

ていないところに（！），実質的に同一の家を建て始めた。原告は，設計図の著作権侵害を主張して，その家の完成の差止を求めた。原告は，被告らが原告の家から作った写真や図面に基づいて建築を行っているのであれば，被告らが侵害を行ったことにはならないと認めた。しかし原告は，被告らの家が原告の著作権ある設計図に直接に由来するものであることを主張した。裁判所はこれを支持しなかった。

　裁判所は，トレースされた設計図が侵害であることを認めたが，行われている住宅の建築は侵害でないと判示した。図面に描かれた実用品の「作成 (making)」に関して1977年の状態のまま法律を凍結させた，1976年法の113条(b)が施行されていたので，裁判所は，この時期の法のキーたる要素は Baker v. Selden における最高裁判所判決であると判示した。裁判所は，最高裁判所判決を，著作権保護はその技術や作品の特定の説明については及ぶけれども，著作権の成立している書面に記述されている技術や作品の使用には及ばないと判示したもの，と解した。故に，「著作権ある設計図の保有者は，その設計図を許諾なしにコピーすることを禁止する権利を与えられるが，その者は，意匠特許の恩恵なくして，それらの設計図を表現している実用品について保護されうる利益を保有するものではない」。

　Demetriades の裁判所もまた，しばしば論じられる Muller v. Triborough Bridges Auth. (43 F. Supp. 298 (S.D.N.Y. 1942)) に依拠した。この事件では，クロスベイ・パークウェイ・ブリッジへのアプローチを描いた案の著作権保有者が，被告が類似する橋へのアプローチを建設する侵害行為を行ったと申し立て，裁判所は，原告の著作権ある書面は，「交通渋滞のもつれをほどく新しい橋のアプローチを示しているが，そこに描かれた交通分離のシステムを誰かが使ったり応用したりすることを差し止める権限あるものではない」と断定した。

　しかしながら，Demetriades 事件の裁判所によって最終的に発せられた仮処分の救済が，原告が求めていたものを実質的に与えることになった。裁判所は，被告らに対し，その設計図をそれ以上無許諾でコピーすることと，被告らの家を建築するについて「原告の設計図の，権利を侵害するコピーに依拠すること」を禁じた。さらに裁判所は，被告らの下にある権利侵害をして作られたコピーの全部を押収することを命じた。

　すぐ後で述べるように，著作権法は，1976年法の元の規定で与えられていた保護の範囲を超えて「建築の著作物」に対する保護を拡張するために，最近改正がなされた。しかし改正法は，法律の発効日である1990年12月1日の前に建設された建築物には適用されない。従って，ここで詳しく述べた1990年法前についてよく知っておく必要がある。なぜなら，それは（侵害の申立てがなされる日を問わず）我々の周囲に見える建築物のほとんどに適用されるからだ。

　著作権法の根底にある経済的インセンティブによる理由づけというものを考えた場合，建築家に対する保護というものを設計図の無許諾の平面的なコピーについてのみ限定して，そこに描かれた建築物の無許諾の建築は自由にこれを許すとすることは，正当化されうることだろうか。建築家にとって真に経済的に意味のある独占権はどちらの権利なのか。被告がビルを建築するにあたって，原告の設計図をコピーしたか（これは侵害となる）あるいはこれを盗んだか（これは侵害とはならない）で区別をつけて，侵害の成否を論じることは，良いやり方といえるだろうか。

〈1990年建築物著作権保護法〉

　建築物への著作権保護の拡張の第一次的な理由は，合衆国が1988年10月に批准したベルヌ条約である。同条約は，加盟国が保護すべき著作権取得可能な対象として「建築の著作物」を含んでいる。1990年12月1日にブッシュ大統領が署名して直ちに発効した，1976年著作権法の1990年改正は，101条に定義されるところの，102条(a)に基づき保護される対象として「建築の著作物」を追加し，120条で保護の限界を定めた。絵画，図画ないし彫刻の著作物とは別に，建築の著作物という別の種類を作ったことの重要性は，絵画，図画ないし彫刻の著作物に適用される「分離可能性」の要件が建築の著作物には適用されないということだ。新しい規定は，1990年12月1日以降に作られたあらゆる建築の著作物に及び，同日に「建設されておらず，公表されない設計図や図面に具体化されている」ものにも及ぶ（2002年12月31日までに建築されない限りその保護は同日で終了する）(Pub. L. No. 101-650, §706)。Zitz v. Pereira（232 F.3d 290 (2d Cir. 2000)）における第2控訴審は，建築物が1990年12月1日前に「実質的に建築された」場合には1990年法における保護を受けられないと判示した。同判決は，著作権局規則37 C.F.R. §202.11(d)(3)に特に依拠してこうした判示を行った。同条では，上記日付の前に「建築され，その他発行された」作品についての保護を否定している。また同様に依拠したのは，「実質的に建築された」という方が「居住できる程度に十分に完成した」（原告の建築家の主張）という基準よりは実務上理解しやすいとの信念であった。

§101　定　　義
　「建築の著作物」とは，建築物，設計図または図面を含む表現を，あらゆる有体的な媒体に具体化した，建築物の意匠をいう。意匠上の構成要素や空間の配置および構成の他，全体としての形態を含むが，個別の標準的な特徴を含まない。

§120　建築著作物の独占的権利の範囲
　(a)　絵による表現の許容　　建築された建築の著作物の著作権は，その建築の著作物を具体化した建築物が公けの場所または公けの場所から通常視認することができる場所にある場合には，その著作物の絵，絵画，写真，その他の絵による表現を作成，頒布または公けに展示することを禁じる権利を含まない。
　(b)　建築物の改築および解体　　106条(2)の規定にかかわらず，建築の著作物を具体化した建築物の所有者は，建築の著作物の著作者または著作権者の同意なくして，かかる建築物の改築を行いおよびこれを許諾しまたはかかる建築物の解体を行いおよびこれを許諾することができる。

〈下院報告書〉
(H.R. Rep. No. 101-735, 101st Cong. 2d Sess. 18-21, 24 (1990))

定　　義
　……保護される作品は建築物の意匠である。「意匠（design）」の語は，意匠における空間と構成要素の配置と構成のほか，全体としての形態を含む。「構成要素や空間の配置および構成」の文言は，次のことを認めている。(1)建築における創造性は，しばしば，保護されえない構成要素の選択，統御，配列を，オリジナルで保護されうる全体に転じさせる。(2)建築家は，新しい保護されうる意

匠の要素を，標準的で保護されえない建築物の特徴に組み込むことがある。(3)内部の建築は保護されうる。

　この定義は，著作権法と著作権局規則の他の規定と平仄を合わせつつ，普通の窓，ドア，その他の建築物の重要な構成部分のような個別の標準的特徴には保護が及ばないことを明らかにしている。このような特徴に独占的な権利を与えることは，建築の革新を促進するどころか妨げることになる。しかし同規定は，建築家の創造性が発揮されたあらゆる個別的特徴を，建築の著作物の著作権から排除するものではない。

　……（略）……

　小委員会は，建築の著作物の定義の，2度目の改訂を行った。「または三次元構造物」の文言の削除である。この文言は，建築の著作物が簡単な分類のできない革新的な構造を具体化したものである場合をカバーするために（早期の法案で）入れられた。不幸なことに，この文言は，州間高速自動車道の橋や，クローバー型交差点，運河，ダム，歩道もカバーすると解することができる。小委員会は，わが国の輸送システムの重要な要素を含むこれらの物の保護について検討し，創造性を刺激し又は無許諾の複製を禁止するのに著作権保護は必要ではないと判断した。

　今回の立法化の唯一の目的は，合衆国をベルヌ条約の義務に明確に調和させることにある。橋や人の住まない三次元の構造物の保護は，ベルヌ条約では要求されていない。従って，これらの物の著作権保護の問題は，別の機会に持ち越すことができる。結果として，「または三次元構造物」の文言は，法案の建築の著作物の定義からもその他の全ての箇所からも削除された。

　だが，この削除は，「建築物」の文言が何を意味するかという問題をより先鋭に提起した。明らかにこの文言は，家や事業用ビルのような人の居住する構造物を含んでいる。しかし，この文言は，人が住んではいないけれども利用する構造物もカバーする。教会，東屋，見晴し台，公園の休憩所がそれである。

　……（略）……

著作権の対象

　この規定は，「建築の著作物」という保護の対象である新しい区分を創設するために，Section 102, title 17, United States Code を改正する。新しい102条(a)(8)に，保護の対象となる新しい区分を創設することによって，また，あえて既存の102条(a)(5)にいう絵画，図画ないし彫刻の著作物に建築の著作物を含めないことにしたことによって，建築の著作物の著作権取得能力に対しては，実用品に具体化された絵画，図画ないし彫刻の著作物に適用される分離可能性のテストに基づく評価は行われないものとなる。分離可能性のテストをどう適用するかについては，学術的にも裁判上でもかなり不一致がある。また，建築の著作物を，絵画，図画ないし彫刻の著作物として扱わない第1の理由は，この不一致に建築の著作物を巻き込むのを回避することにある。

　当委員会はしかし，建築の著作物の著作権取得能力や範囲を評価するについて，著作権局や裁判所は機能性を無視すべきだとの示唆をするものではない。2段階の分析が予想される。第1に，建築の著作物は，全体の外観と内部の建築を含め，表現されているオリジナルな意匠の要素があるかどうかを判断するため検討されなければならない。もしそのような意匠の要素が存在する場合には，第2段階として，意匠の要素が機能的に要求されたものかどうかの検討である。もし意匠の要素が機能的に要求されたものでなければ，物理的ないし観念的な分離可能性に関わりなく，それは保護

されうる。結果的には，工業製品に関する1976年著作権法に伴う委員会報告とは反対に，建築の著作物における審美的に人を満足させる全体としての外観は，当法案によって保護されることになる。

建築物著作権保護法を適用した諸判例

現在までのところでは，建築著作物改正条項を適用して建築意匠に以前から与えられていた保護が拡張されたかどうかを判断した判例はほんのわずかしかない。この問題（および救済方法と弁護士費用）に関する議論については，Richmond Homes Mgt. Inc. v. Raintree Inc.（862 F.Supp. 1517（W.D. Va. 1994）〔被告のロックフォード・モデルは，原告のルイーザ・モデルのエクステリアとインテリアとを実質的にコピーしたものであった。著作権保護は，居間の場所，ドアや窓の配置，部屋やクロゼットの大きさと場所にも及ぶとされた〕, modified on other grounds, 66 F.3d 316（4th Cir. 1995）. また，Yankee Candle Co. v. New England Candle Co.（14 F. Supp. 2d 154（D. Mass. 1998）〔囲い込まれたショッピング・モールは，建築著作物法で保護がなされる「建築物」になりうるとしたが，そこにおける個々のユニットはこれにはあたらないとした。しかし，二次元の店舗設計図は侵害訴訟の根拠たり得ると判示〕）を見よ。

Hunt v. Pasternack（179 F.3d 683（9th Cir. 1999））では，101条の「建築著作物」の定義上明らかなとおり，これらの著作物は平面的な設計図の形態でしか存在せず，また建築されていない状態であっても，侵害から保護されるものである旨を，控訴審は判示している。同控訴審はかつてはそうは判示していなかったが，それが覆されたのであった。

建築著作物については，その機能的な特性によって侵害判決をもらうのが難しいということについて，Attia v. Society of N.Y. Hospital（201 F.3d 50（2d Cir. 1999））が示している（コピーがあったとしても，初期段階のスケッチの，ハイウェイ越しのプラットフォームに立つ改装された病院のビルの立つ場所や，トラス技術の使用や，フロアの高さの連なりや，回廊その他のスペース，病院棟をめぐる連続的な交通ループ，緊急病棟の配置，救急車の駐車場，歩行者エリアと機械類の場所については侵害が成立しないとされた）。また，Walter Sedovic Architect P.C. v. Alesandro（2000 CCH Copyr. L. Dec. ¶ 28,012（S.D.N.Y. 1999）〔教会の改装プランについて侵害なしとの認定。そこでは，ビルのサイズ，屋根の形状，入口の場所が違い，唯一の類似点は，両教会とも背の高いメイン・ドアをもち，両方とも十字架形のビルであったことであった〕）をも参照。

【質問】
1 住宅や事業用ビル，教会，博物館といった，見慣れた，印象的なデザインの建築の著作物を想起せよ。「物理的ないし観念的に分離可能」であり，従って1990年12月より前のテストに基づき著作権を取得することができる特徴を見極めることができるか。建築物の全体としての外観は著作権取得可能だろうか。
　（前掲の下院報告書で論じられている）建築の著作物の著作権取得能力の機能性の限界と，絵画，図画ないし彫刻の著作物の「観念的分離可能性」の基準の様々な記述との違いを説明せよ。
2 下掲の構造物は，1990年改正法によって著作権を取得することができるか。1990年改正法の前で

は，「絵画，図画ないし彫刻の著作物」として保護されただろうか。

3　ダーリン・デベロップメント社はロスアンジェルスに変わった形のオフィスビルを建築した。同社はサミュエル・スカルプトを起用し，同氏は，ビルの壁の一つに融合するいくつかのタワーをデザインし，そうした壁がサイドウォークにもつながってゆくようデザインした。タワーは，カリフォルニアの砂漠から持ってくる水を連想させるドリルの刃のような，ロスの歴史において何らかの役割を演じたものを描いている。モーガル映画社は映画"Son of Wonderman"の製作のために，ダーリン・デベロップメント社のオフィス・ビルの近くで撮影を行った。撮影はタワーとそれに連なる壁の前でのアクションを収めている。モーガルはまた，壁とタワーのレプリカの組み込まれたバットマンの玩具も販売している。スカルプト氏は，タワーについての著作権侵害のかどで提訴した。問題となったこととしては，著作権の帰属，タワーは著作権により保護される「分離された」芸術的要素を有するか否か，そして120条(a)の「公共の場所」の例外規定がモーガルの行動に適用されるかどうか，などであった。モーガルは主張自体失当を理由に被告勝訴の判断を求めているが，読者であればこれを認めるか（他に知っておくべき事実関係があるとすれば，それは何か）（Leicester v. Warner Bros., 232 F.3d 1212 (9th Cir. 2000) 参照）。

(Dennis A. Rocha の許諾を得て写真掲載)

4　ベルヌ条約との適合の必要性は脇に置くとすると，建築の著作物の全体の外観には著作権保護が拡張されたが，家具やドレス，自動車，銀器，電気掃除機などの実用的な彫刻的著作物の他の形態への保護は否定されたわけである。この差について，美的，経済的または実際的な理由があるか。建築物のデザイナーは，特有の保護がなされるべき所以を説得力をもって訴えることができるのだろうか。

H　キャラクター

Nichols v. Universal Pictures Corp., 45 F. 2d 119, 121 (2d Cir. 1930) (L.ハンド判事)　「当法廷は，2つの芝居がプロットの点において，侵害といいうる程度に非常に近接していることに，疑いを有するものではない。この近接性がどこまで行かねばならないかは，別の問題である。あるいは，我々の知る限りにおいてそのような事件はないとはいえ，「プロット」プロパーから十分に独立したキャラクターについては，同じことは言えないとまでは判示する必要もないのである。仮にシェークスピアの『十二夜』が著作権をもっているとして，後発者がトビー・ベルク卿やマルヴォ

リオを侵害といいうるほどに模倣することは可能であろう。しかし，飲み騒ぎのすえ奥方の不興を買う放蕩の騎士という役どころを振られたキャラクターの一人や，恋人に好色にせまる悪どくにやけた執事といった役を振られたキャラクターの一人を模倣したところで，侵害というには不十分なのである。これらは，シェークスピアの劇におけるアイディア以上のものではなく，アインシュタインが相対性理論を独占できないのと同様に，またダーウィンが「種の起源」における理論を独占できないのと同様に，独占の対象とはなりえないものなのである。このことから，キャラクターというものが詳しく書き込まれていなければいないほど，著作権で保護される望みは薄い，といえよう。それは，著者がこれらのキャラクターを明瞭に描かなかったことに対するペナルティのようなものである」。

〔編者注〕　第2控訴審は，とくに詳しく論ずることなく，文字に記述された状態における Hopalong Cassidy と Amos & Andy のキャラクターを，上記のハンド判事の提唱する基準を満たすものであるとした（Filmvideo Releasing Corp. v. Hastings, 668 F. 2d 91（2d Cir. 1981）；Silverman v. CBS, Inc., 870 F. 2d 40（2d Cir.）, cert. denied, 492 U.S. 907（1989）を参照）。

Warner Bros. Pictures v. Columbia Broadcasting System, 216 F. 2d 945（9th Cir. 1954）, cert. denied, 348 U.S. 971（1955））　〔映画やテレビにおいてキャラクターを使う権利に関する訴訟というものが日常茶飯事になるずっと前に，このケースは同ジャンルにおける傑出した存在であった。ただしその影響力は，以下で論じられるところの出来事によってやや狭められた感はある。〕　ダシール・ハメットは，著名な探偵小説『マルタの鷹』を執筆し，これは連続物として雑誌に連載され，その後，Alfred A. Knopf 社が本を出版し，同社がその著作権を取得した。1930年，Knopf 社とハメットは，『マルタの鷹』を映画，ラジオおよびテレビで使用する独占的権利（契約において定義されている）を，著作権の譲渡とともに，ワーナー・ブラザースに，8,500ドルの対価で譲渡した。ワーナーの大ヒット映画『マルタの鷹』（ハンフリー・ボガートが探偵サム・スペードを主演）は1941年に公開された（これは，1931年にワーナーの製作した映画の新ヴァージョンであった）。1946年にハメットは CBS に対して，サム・スペードのキャラクターと氏名，その他『マルタの鷹』の登場人物のキャラクターと氏名をラジオ番組で使う権利を与えた。ただし，『マルタの鷹』のストーリーの使用は認めなかった。CBS は1946年から1950年まで，毎週1回30分ものの「サム・スペード」ラジオ番組を放送した。ワーナーは，CBS，ハメット，Knopf 社を訴え，著作権法および不正競争防止法のもと，当該ラジオ番組は『マルタの鷹』のストーリーとキャラクターについての自社の権利への侵害であると主張した。

　裁判所は，1930年の契約を解釈して，これによっては『マルタの鷹』ストーリーの外側におけるキャラクターの権利までも譲渡したとは読めないと判示した。裁判所の指摘によれば，ワーナーは「巨大で経験を積んだ映画製作会社」であるのだから，契約書における曖昧さはそれに不利に解釈されるべきで，キャラクターとその氏名についての権利はこの契約書のどこにも明確には規定されておらず，このジャンルにおいて通例であるように（コナン・ドイル卿を引合いに出している），探偵小説の続編における特別の価値ということを念頭に置いた場合においては，そうした権利がワーナーに対してなされた一般的な許諾文言の中に包含されていると解釈されるべきではない，とした。同じく裁判所の指摘することとして，ワーナーは，ハメットが1932年に出版した3編の小説（『マ

ルタの鷹』のキャラクターが使われていた）について何の反対もしなかったし，CBSがこれらのキャラクターを使ったラジオ番組（"Kandy Tooth"というタイトルが，CBSとワーナーが「鷹」をめぐっての交渉をして，それが決裂した挙句に採用された番組名であった）を流したことに対しても反対をしなかったことが挙げられている。また，ワーナーの購入価格の8,500ドルなるものが，『マルタの鷹』なる書籍における「有名キャラクターを全部引き渡してしまうことに対する補償としては適切なものとは思われない」としている。結論として，契約当事者の意図は，『マルタの鷹』のキャラクターを他のストーリーにおいて使用すること，あるいは第三者に使用させることを，ハメットから奪う趣旨ではなかった，と認定している。

ところが，このように事件について完全に判断を下しきった後で裁判所は，「著作権法においては，キャラクターというものがその名前とともに保護されるべく意図されたものか否かを考察する」として，次のような踏込みを始めた。

……もしも連邦議会が，著作権の成立している小説の出版権を売ることがそこでのキャラクターを後続の小説中には権利存続期間中ずっと使えないということを意味するのだと決めたのならば，議会はそのための特別の条項を立法しそうなものである。著者というものは，ちょうど他の専門家が自分の職業への愛着によって仕事をするのと同じように，自分自身の芸術への愛着によって仕事をしている。また，金銭的な動機もある。作者の想像力の生み出したキャラクターと，彼のものを書く才能の技術というものは，あたかも画家や書道家のそれのごとくに，常に限定的なものであり，どうしても一定のパターンを逃れることはできない。ここで議論されているキャラクターへの制約というものは不合理なものであって，芸術の生産を奨励するという法の目的の正反対の効果をもつだけである。……

キャラクターというものは，そこで語られたストーリーの一部となるものではあるけれども，もしもそのキャラクターがストーリーを語るというゲームのこまのひとつにすぎないものであれば，このキャラクターは著作権による保護の範囲には入らないものである。……当裁判所は，たとえ著作権者が『マルタの鷹』の著作権におけるすべての権利を譲渡したとしても，かかる譲渡によって著作者が，そこで使われたキャラクターを他の話で使用することができなくなる，とは考えない。キャラクターというものは，語られるストーリーを載せる乗り物であり，この乗り物は，ストーリーが販売されてもそれと一緒に走り去るものではないのである。

〈Anderson v. Stallone〉

(11 U.S.P.Q.2d 1161 (C.D. Cal. 1989))

ウィリアム・ケラー連邦地裁判事

背　景

映画『ロッキー』のI，II，IIIは非常な大当りをとった映画である。シルベスター・スタローンがそれぞれの脚本を書き，各映画の主要キャラクターであるロッキー・バルボアを主演した。1982年5月，『ロッキーIII』の宣伝ツアーの最中であったスタローンは，記者に対して『ロッキーIV』の構想を語った。この構想は，細部は記者会見によって異同はあるが，およそ以下のようなものであった（Waco Tribune Herald, May 29, 1982）。

もしロッキー自身が少しだけこれまでと違う風になるのなら，僕としては『ロッキーIV』

をやってみたい。世界的な問題にアタックするみたいな。たとえばロシアが自国のボクシング選手にプロ入りを認めたとしたらどうなる？　ロッキーはアメリカ合衆国の代表で，ホワイトハウスはオリンピックでロシア人と戦ってもらいたいということになるわけ。で，場所はロシアで，何もかもロッキーには敵対する。モスクワに巨大なスタジアムがあって，そこでは何もかもがロシアのまっ赤っか。どでかい規模のファイトで，50のモニターが50か国に中継するというような。つまり，ワールドカップだね。2国間の戦争だ。

　1982年6月，『ロッキーIII』を見た原告 Timothy Anderson は，『ロッキーIV』と題した31ページのトリートメント（粗筋）を書き上げ，スタローンと MGM/UA Communications 社（以下「MGM」という）が『ロッキーIII』の続編として使ってくれるといいと思った。このトリートメントにおいては，スタローンが過去の映画で作ったキャラクターが取り込まれており，スタローンを共同著作者と表示していた。

　〔原告は後に，MGM の社長や取締役らとトリートメントについて会議を持っている。〕

　1984年4月22日，原告の弁護士は MGM に対して，来たるべき『ロッキーIV』映画において原告のトリートメントを使用することにつき，原告に対価を支払うよう求める手紙を送付した。1984年7月12日，スタローンは『ロッキーIV』の脚本についての自分のプランを全国放送の視聴者に対しトゥデイ・ショーで披露した。原告はその証言において，自分の両親や友達が「スタローンがテレビでお前のストーリーを話しているのを見たぞ」と言ってきたと供述している。原告は1984年7月12日の日記に，スタローンが全国放送で「自分のストーリー」を話していたと記している。

　スタローンは1984年10月に『ロッキーIV』の脚本を仕上げ，映画は1985年11月に公開された。本訴訟の訴状は1987年1月29日に提出されている。

法律問題に関する結論

　〔裁判所はまず，原告の主張する州法上の信頼関係の違背については消滅時効によって主張不能であると判示した。また，州法上の訴訟原因の不当利得および不正競争については，これらが著作権侵害と同等のものとして，301条に規定するとおり連邦法たる著作権法に先占されたものと判示した。さらに，被告スタローンらは，原告の主張自体失当を理由とする被告勝訴判決を取得し得るものであるとする。なぜならば，原告の映画用トリートメントには著作権が成立していないからである。かかる結論に至るうえで裁判所は，「『ロッキーI，II，III』で培われたロッキーの登場人物たち（characters）は，ストーリーとは独立して著作権の保護対象となるべき表現である」とし，原告のトリートメントはこうした著作権の成立している登場人物たちの無許諾の派生著作物であるとする。そして，こうした登場人物たちを不法に使用することによって103条(a)により原告の著作権は没収されたことになるとする。ロッキーにおける登場人物たちに著作権が成立しているとの判示にあたって裁判所は，ラーニッド・ハンド判事の「特定性（specificity）テスト」とサム・スペード事件の「語られたところのストーリー（story being told）テスト」の両方を満たしたものであるとしている。最後に裁判所は，映画『ロッキーIV』におけるストーリー要素と原告のトリートメントにおけるそれとは実質的に類似しているとは言えないとも判示している。以下は，ロッキーの登場人物たちの著作権取得能力に関しての裁判所の検討箇所である。〕

　……（略）……

　ロッキーの登場人物たちは，今日のアメリカ映画において最も生き生きと描き出された一群の

キャラクターのひとつである。ロッキー・バルボアやその他の登場人物らの肉体的および感情的な特徴は，原告がそのトリートメントにおいてこれらを利用する以前に，3本のロッキー映画において余すところなく描かれている。ロッキー，エイドリアン，アポロ・クリード，クラバー・ラング，そしてポーリーの相互関係と発展は，これら3本の映画の中心をなすものである。ロッキー・バルボアは最も生彩あふれて描かれたキャラクターであり，その結果彼の名前は4本すべての映画のタイトルになっており，そのキャラクターは話し方や肉体的外見などの特定のキャラクター特徴と一体のものとなっている。当法廷がためらいなく法律解釈の問題として判示しうることは，ロッキーにおける登場人物たち（characters）が本格的に生き生きと描かれた結果，これらは他人による続編の中にまとめて取り込まれて移し替えをされるというような丸ごとの利用のされ方から保護されるものと言える。原告は，ロッキーの登場人物たちが著作権保護を受け得るほどに生き生きと描かれているということに対して，これを反駁する証拠を提出していないし，それをなし得ぬであろう。

ロッキーとは単なるストック・キャラクター（訳注：穴埋めや間に合せ的に使用できるようなキャラクターのこと）にすぎないとの原告の主張は，それが著作権取得可能であるとの数多くの証拠とつきあわせるときに，当裁判所がこの問題について主張自体失当判決を書く妨げとはならない。映画の一群の登場人物が著作権を取得しうるとすれば，ロッキーの登場人物こそが，3本のロッキー映画において展開された関係性と特徴の上に築かれたにすぎない続編における丸ごとの利用から保護されるべきものだと言えよう。合理的な陪審であればそれ以外に認定しようがないであろう。

当法廷としては，いずれか一人の登場人物がロッキーとは独立に著作権保護を受け得る程度に特定的に描かれているかどうかという問題についてはたどり着かなかったし，そのつもりもない。また，丸ごとの利用というほどではない利用に関して保護されるかという問題についても検討していない（1 M. Nimmer, §2.12, pg. 2-171〔登場人物の著作権取得能力は，「それ自身の著作権取得能力としてよりは，侵害を構成するに足る実質的類似性の程度との関連において，より適切に位置付けられる」〕を参照）。

当法廷はまた，ロッキーの登場人物たちが原告のトリートメントより前に作られた3本の映画において高度に展開され，これらにおいてかくも中心的であったために，それらは「語られるストーリー」そのものになったものと考える。これら3本のロッキー映画はすべて，様々な登場人物たちの展開と関係に焦点を当てている。これらの映画は複雑なプロットやストーリー・ラインをめぐって展開するわけではない。その代りに，3本の映画が焦点を当てるのは，ロッキーの登場人物たちの展開である。こうした生き生きとした描写を認定する証拠は非常に広範であるので，ロッキーの登場人物たち（ロッキー，エイドリアン，アポロ，クリード，クラバー・ラング，ポーリー）は3本のロッキー映画において「語られるストーリーそのもの」になったと認定できることになるのである。……

【質問】
1 『ロッキー』の登場人物たちがハンド判事の基準を満たすべく展開されたとする特徴を並べてみよ。たとえば，ロッキーの妻であるエイドリアンに帰属する特徴として，読者はどういう細かい点を生き生きと描写できるか（彼女がからんだプロットの詳細とは区別されたところの特徴として，とい

うことである。それは可能か）。シャイでそっけない物言いの負け犬アマチュア賞金稼ぎ（レスラー？ チェス・プレイヤー？ 空手キッド？）がボルチモアやボストンのジムや街路でトレーニングするというテレビ映画を作るとすると，それは侵害になるのだろうか。ロッキーの登場人物たち（ロッキー自身ですら）は，「語られたストーリー」のテストをパスしているといえるのか。ロッキーとエイドリアンは，『マルタの鷹』における「ゲームのこま」であるサム・スペードとブリジット・オショーネシーよりもずっと展開されているのだろうか。2つのテストのどちらがクリアしやすいものなのか。

2　ロッキー事件の裁判所は，ロッキー単独のキャラクターの侵害ではなく，登場人物グループとしての侵害を認定したのか（そうであれば，それはキャラクターの保護なのか，それともストーリーの保護なのか）。

3　スタローンが原告の細かいストーリーをコピーするのを許すことは，公正と言えるか。それは裁判所の判示の結果とはいえないか。

4　「エイモス＆アンディ・ショウ（"Amos 'n Andy Show"）」は，人気のあったラジオ番組で，1928年から1955年まで放送されていた。これは，多くの黒人のキャラクターが出てくるコメディだった。1951年から1953年にかけてはテレビのネットワーク番組となり，1966年まで非ネットワークのシンディケーションに流されて放映されていた。弁護士のあなたのところに，ある日クライアントがやってきて，古いラジオ番組のいくつかをブロードウェイ・ミュージカル仕立てに翻案したいと思う，と相談をもちかけた。あなたは，これらのラジオの台本はすでにパブリック・ドメインとなっていることをクライアントに説明した。クライアントは，もしも新しいショウにこれらのラジオ台本を使えるとしても，Amos, Andy やその他のテレビ番組にでてきたキャラクターを，CBS（テレビジョン番組の著作権者）の同意を取らずに自由に使えるかどうか，あなたに聞いてきた。そして，特にミュージカルでの役者として，テレビ番組におけるその役の者に似ている者を使えるか否かを聞いた。どう答えるか（Silverman v. CBS, Inc., 870 F.2d 40 (2d Cir.), cert. denied, 492 U.S. 907 (1989)参照）。

〈ウィンカー「カプラン著『著作権に関するあせらない見解』についての書評」〉
(76 Yale Law Journal 1473, 1478-83 (1967))

＊　Yale Law Journal と Fred B. Rothman & Co.の許諾により再録。

保護の外延はどこまで及ぶべきなのだろうか。本書『著作権に関するあせらない見解』は，伝統的な著作権を評価する多くの基準について触れている。カプラン教授は，弁護士にとって当然とるであろう道筋である現行の判例法に依拠している。しかしそれは，放送業界の人々の生きる道とは異なったものである。

ここでは，ダイナミックな言葉が，現行の契約と将来の法の原則を形づくっている。もしもコモン・ロウというものの特徴が，マーケット・プレイスに常に追い付いていることにあるのだとしたら，放送業界についてはとくと見てみた方がよい，ということになろう。以前にも指摘されたことだが，「著作権」という言葉は，シュールな花園に咲く珍奇な植物を記述するのにふさわしい言葉ではない（それは主として不完全という意味でふさわしくないのだが）。

以下の文章を考察していただきたい。これは，読者をポイントから外そうとして持ち出したわけではなく，単に楽しんでもらいたいと思ってここに紹介するまでなのだが。

　　　フロリエンバッドの町は燃え上がっていた。全世界のスパイの巣窟のこの町は，ここブカレ

ストの郊外にあって，いまや半分は破壊されていた。壊滅の中を，背の高い，無関心な様子の秘密諜報部員レヴァレット・ロウエル（1942年ハーヴァード卒）は，常時つけている，気合術（絶叫による禅式戦闘法）5段の黒帯をしめ，意識的に落とさないでいた煙草の灰を無造作に落として，びっこのオセロット（訳注：南米産の豹様の動物），アレック（彼はロンドン塔破壊事件では非常に優雅にポーズをとっていたものだった）を従えて歩き回っていた。ロウエルは，いつものことながら，2人の肉感的なユーラシア人の若い女のボディガードに脇を固められていた。

通行人を装った小男が，燃えさかるビルのわきに立ち止まって，満足気に炎を見守っていた。ロウエルはこの男をQ50と見破った。彼は，あの恐ろしい「放火コンサルタント株式会社（Arson Consultants, Ltd.: ACL）」の中堅スパイであった。この火災からQ50が向きなおると，彼の目は潤んでおり，ロウエルをとらえた。

「こいつは保険会社向けのやつさ，相棒」と，Q50は言った。

「参ったね」と，ロウエルは冷ややかに答えた。

筆者はこの文章にいたく感動したが，これは Vol. IV, Television Quarterly（Fall, 1965）に出てきたものである。文学的に優れたところの全然ない点なども，まったく著作権関係事件の伝統に見事に則っている。

レヴァレット・ロウエルと彼の奇妙な側近たちは，実のところ，財産であるのかもしれない。全体としてみると，このコンビは，世間一般が価値を置く要素の一種の結合体である。別々にみると，各要素はそれ自身の価値をもつのかもしれない。別の設定のもとにおいてすらも。特にテレビにおいては，実際にどのように物事が起きるかというと，例えば，ボディガードの女の子の一人が，びっこのオセロットと共に，あるいはこれとは別に，レヴァレット・ロウエルのシリーズから引き抜かれて，次のテレビジョン・シーズンにはロウエルなしの自分自身のシリーズにスターとして君臨することになるかもしれない。

テレビジョンとは，文芸的な著作物を繰り返してがつがつと食い尽くす，最も貪欲な消費者である。従ってテレビジョンは，新しいセオリー，新しい法的生命の形態，新しい財産権の概念を試すための，理想的な実験対象として有益である。かかる実験においてはスノビズムは無用である。ラーニッド・ハンド判事の懸念は，何も『十二夜』に限定されたものではない。

テレビジョンにおいては，レヴァレット・ロウエルからの抽出物は，長い取引交渉事と販売の対象となるのかもしれない。おそらくは，しかし必ずというわけではないが，キャラクターというものは後続のエピソードにおいてより展開されるであろうが，それが目に見えるほどの豊かさをもたらすものとは限らない。ことの善し悪しにかかわらず，ロウエルと彼の側近たちは，商品として扱われるのかもしれない。

この連中は，もとはスパイ小説，映画，あるいはテレビ用のシリーズ「上映」から出てきたのかもしれない。典型的には，独立系の映画製作会社が，時にレヴァレット・ロウエル・ストーリーに関して，時にそのキャラクターとまわりのキャラクターのみに関して，製作オプション権を取得するのである。かかる権利の取得に際しては，非常に詳細な交渉事が行われる。ホームズとワトソンの他に，ハドソン夫人の権利もきちんと取っただろうか？　オリジナルの所有者は，シリーズが1時間物なら1エピソード当りいくら貰い，もしも30分物ならいくら貰うであろうか？　オリジナルの所有者は，サウンドトラック・アルバムやレヴァレット・ロウエル人形の売上げから，あるいは

2本の番組を1本にして長編映画にしたものを劇場公開した場合の興行収入を，いくら取れるのか？　オリジナルの所有者は，マイナーなキャラクターのひとつが別のシリーズに「スピンオフ」した場合に，何らかのシェアにあずかれるか？　こういったことは皆ファンタスティックに聞こえるかもしれないが，実際に起こることなのである。

　J・R・R・トールキンの神話的物語などは，今日，無形の財産の市場において売り買いされる可能性のある，無体財産の一種の生き生きとした見本である。トールキンは，すべてが想像上の人物，種族，時代，言葉，呪術，宝物を創りだした。これらすべてが，すなわちこの組合せの中のひとつひとつの要素が，それ自身として少なくともオリジナルだし，潜在的に価値のあるものである。H・P・ラヴクラフトも同じことを行い，これにとりつかれた読者は，彼の薄気味の悪い空想物語を買いつづけるのである。

　テレビジョンは，この種の交通を促進させるのである。「女探偵ハニー・ウェスト」シリーズは，「バークにまかせろ」からのスピンオフとして毎週1回放送された。スピンオフが1回の陰には，何百もの，結局は実らなかった，真剣な，何か月にも及ぶ，つらいネゴがあるのである。スピンオフという概念は重要である。それは，1つまたは複数のフィクション上の要素を別のセッティングに植え換えることを意味する。これは，ビジネス上の言葉でいえば引抜きということで，テレビジョンの権利の取得のほとんどすべての契約において登場するものである。もしも我々がこれを無視したらどこかに消えるものだと振る舞っても，意味のないことである。

　カプラン教授と，行きすぎた保護を非難する他の教授らは，現実は既にこれらの者の主張するあるべき法というものをはるかに超えてしまっている，という反論に出会うことであろう。これらの教授らは，この分野における買い手は単に訴訟を避けるために権利放棄証書（quitclaim）を買っているにすぎない，と反論するかもしれない。時としてこれは正しい。テレビジョンは動きの早い世界で，訴訟事件としてテストをするだけの時間がない。ロイヤルティを要求されているフィクションの上の要素のいくつかのものは，名前を持ったアイディアという程度のもので，パブリック・ドメインに属すべきものかもしれない。おそらくは，呈示の仕方をちょっと変えること，名前を変更すること，別の職業や国籍にすることなどで，コピーに関する法的ないざこざを避けるのに十分，ということも多かろう。しかし，それだけでは済まない場合もあるのだ。ときたま我々は，たとえ別の名前をつけられ，鋏でばらばらにされて新しい庭に移植されていようとも，いぜんオリジナルで，価値をもち続けるキャラクター，といったようなフィクションの上の要素を見いだすことがあるのだ。すなわち，こういった要素に対する保護というものは，全くのところ可能なものなのである。

　もしも取引上の慣習というものが何らかのことを意味するとしたら，放送業界は，コモン・ロウが考慮すべきある基準を創り上げたのである。業界全体で使われている，製作側とアメリカ脚本家協会（Writers Guild of America）との間の労働協約には，キャラクターの使用に関するロイヤルティ条項が含まれている。いつの日にか，これらの当事者は別の要素を，少なくとも一般的な文言で入れるようになるだろう。

　それにしても，取引上の慣習というものがすべてではない。カプラン教授は，この我らの異端的見解のサポートとなるような法的分析を行う権利をもつものである。

　これについては，名前の問題に立ち返るべきであろう。フィクション上のキャラクターの名前は

「著作権」ではない。フィクション上の時代，言葉，戦いといったものも著作権ではない。もしもシェークスピアの作品の著作権が今日も生きていたとして，他人がフォルスタッフをコピーすることは，特定の芝居の著作権が侵害されたか否かを判定するのに重要な要素であろうが，このジョン卿は著作権ではない。彼は何か別のものである，いまだ名前を持たない何かである。

しかし，まったく名前がないわけでもない。正しい名前というものは，「稀釈化から保護されるべき文芸上のサービス・マーク」である。この言葉は洗練には欠けているが，これの背後にあるものをよく見極めた後においては，もっと良い言葉を作り出せるとは思う。

サービス・マークと似た概念である商標というものは，もともとは責任というかたちで観念されていたが，段々に財産というかたちで観念されるようになってきた。この幸福な過程において，これは著作権とパラレルに発展してきた。ひとつは，中世のギルドにおける取締手段かつ基準として始まった。他方は，（イギリスにおいて）異端の著者と出版社を記録する手段として始まった。その後，商標は製品の出処を識別する販売のバッジとなってきたし，著作権は経済的な財貨，芸術上の作品に対する法的な権利となってきたのである。

2つの無体財産法理には別のルールがある。商標というものは，期間の定まったものではない。その地理的ひろがりは固定されていて，その譲渡については，公衆を欺瞞することのないように，ある種の制約がかかっていることがある。商標の成否は，ある瞬間に必要とされる事実いかんに大きくかかっている。何々という名前が，パイナップルを表示する名前として，ハワイでは今年有名だけれども，ボンでは有名ではなく，むしろその名前は10年も前に自転車の名前として有名であった，ということもある。著作権はこれとは全く異なる。著作権の所有者は，固定期間という確実性をもっている。その保護は全国に及び，しばしば国際的にも及んでいる。商標はよりフレキシブルだし，著作権はより確実である。著作権の問題点は，それがあまりにすぐに無くなってしまって，ラヴクラフトやトールキンなどにより創造されたキャラクターや想像上の物事を保護しなくなってしまうことである。

ここでは商標は，有益な補充物としての役目を果たしている。あるいは，サービス・マークは，という方がより正確であろう。著者の創作物はそのもののサービスを識別するからである。このサービスとは文芸的なサービスであり，それで「文芸上のサービス・マーク」という言葉が出てきたのである。稀釈化というのは，もともとドイツ法上の概念であり，ニューヨークおよびマサチューセッツを含む数州で採用されている概念である。これは，たとえ公衆の誤認混同のない状況であっても，マークが異種の製品に使用されることによってそのマークが「少しずつ価値において削られること」から守ることを狙っている。この法理においては，中世のマーク制度下のマークは，いまや保護を妨げる古い障害に全く遭遇することもなく，十分に財産として成熟していることになる。「ロールスロイス靴」というものがあったとすれば，この稀釈化法理のもとでは理論的にいって差し止められることになる。この観念をもって我々は，ジョン・フォルスタッフ卿のためのあのぎこちない言葉，「稀釈化から保護されるべき文芸上のサービス・マーク」という言葉の翻訳を完成させることとなる。これが今日における法の世界におけるフォルスタッフなのだ。

……（略）……

『著作権に関するあせらない見解』は，国家の側から，権利付与と認可という局面において，ものごとを見ている。それは，自由で安価なコミュニケーションにおける公共の利益という点につい

ては意識されているが，著作者についてはあまり意識されていないアメリカの著作権法の歴史である。少なくともこれは，ひとつの方向におけるアメリカ著作権法の歴史をその極限まで書き尽くしている。

このカプラン流の見方に対しては，別のものの見方もあるわけで，それはもっと作家寄り，出版社寄り，プロデューサー寄りの見方である。この見解をよく代表するのが，G・K・チェスタトンが『評伝チャールズ・ディケンズ』(Methuen, 1906, at p. 81) で書いていることである。

> 普通の人なら，あなたが今シャーロック・ホームズについて言及しているのならばそれと判るものである。アーサー・コナン・ドイル卿は，この近代小説における唯一の本当に親しみをもてる人物を創りだしたことによって，鼻高々と天にも届くとしても，別段悪いことはないのである。しかし，シャーロック・ホームズが近代小説の生んだ唯一の本当に親しみのもてる人物であることを想起して，卿の鼻をうなだれさせようではないか。シャーロック・ホームズは，シャーロック・ホームズ物語における，唯一の本当に親しみのもてる人物でもある。誰が『銀星号』の所有者であったか，あるいはワトソン夫人の髪の色が黒いか金髪か，を多くの人が即座に言えるわけではない。しかし，もしもディケンズがシャーロック・ホームズ物語を書いたとしたら，すべての登場人物がすべからく印象的で記憶に瑞々しいものとなったであろう。あるシャーロック・ホームズは夕飯を自炊することもあろう。あるシャーロック・ホームズは車を運転するかもしれない。もしディケンズが，手紙を運ぶだけの登場人物を出してきた場合，一瞬の時間があれば，それでもうその人物は立派に性格を与えられた者となってしまうのである。

人物の性格を鮮やかに描きだすタッチというものには，カプラン教授の忘れているポイントがあるのだろう。こういった事態は滅多に生ずるものではないから，最も熱心な著作権保護派でも，お定まりのキャラクター（ストック・キャラクター）や単なるアイディアについて物権的な属性を持たせようとは言わない。ともかくも，他愛のない手練手管でパブリック・ドメインを拡大すべきではあるが，しかし我々の中には魔術師もいるのだ，ということもまた認識せねばなるまい。

スポーツ・カーのテレビCMで，若くて身なりのいいカップルの運転する車がハイテク装備のヘリコプターに追われていて，メタルで覆われた腕をもったグロテスクな悪漢がヘリから車のルーフに飛び移った，というようなものを思い浮かべてみよう。男性ドライバーは女性に茶目っ気たっぷりにウィンクしてみせ，着脱可能なルーフを飛ばして，悪漢を空中に投げ飛ばし，悠々と車を脱し去る，というようなものである。最初に作られた時点では，登場人物たちは英国風のアクセントで会話をし，ジェームズ・ボンド的な音楽がかぶさっていたが，こうした点は作り直された（アメリカ風のアクセントというように）。これは，ジェームズ・ボンド映画ないしジェームズ・ボンドのキャラクターの侵害なのだろうか。

Metro-Goldwyn-Mayer, Inc. v. American Honda Motor Co. (900 F.Supp. 1287 (C.D. Cal. 1995)) において裁判所は，本コマーシャルは一般的なアクション・シーンを一般的なヒーローで描いたにすぎないとの被告側の主張を退けた。その認定によれば，このコマーシャルにおける様々な劇的要素はジェームズ・ボンド映画のいくつかからコピーされたもので，これらに実質的に類似しているとされた。たとえば，ハンサムなヒーローと美貌の相棒，知能と秘密装置を使ってのグロテスクな

悪漢からの超スピードの脱出，ハイテク効果と大音量のエキサイティングな音楽，会話におけるドライなウィットと微妙なユーモアなどである（これらが著作権を受け得る劇的要素かどうか，後に考察せよ）。

男性のキャラクターをその各個のストーリーから切り離して考察した結果，裁判所は，ジェームズ・ボンドのキャラクターの侵害であると認定した（ウィンカー書評で論じれていたような借りてきたキャラクターとは対照的に，ここでは何の名前も使われていないにもかかわらず）。

結論として，キャラクター著作権についての2つの基準（「語られたストーリー（story being told）」と「生き生き描写（fully delineated）」の基準）のいずれについてもジェームズ・ボンドのキャラクターは満たしている，と裁判所は言う。それは「キャラクターがテレビ・シリーズや映画において視覚的に描かれて」いるので，純粋に文芸的なキャラクターよりも保護が大きい，と言う。前者の基準について裁判所は，ボンドを，ターザン，スーパーマン，シャーロック・ホームズなどの，周辺のストーリーではなく活躍するヒーローを見たいとして観衆をひきつけるキャラクターと比較している。後者の基準については，ヒーローの見え方や動き方において実質的類似性を認めている。すなわち，両方とも若く，タキシード装備で，英国人風容貌，プレッシャー時にも薄気味悪いほど冷静，女性相棒にモテモテというような点である。もしもこのように「描き込まれた（delineated）」キャラクターが全然違った環境に放り込まれた場合，裁判所はそれでもジェームズ・ボンドのキャラクターの侵害と認定すると言っていいわけだろうか。

────────

DeCarlo v. Archie Comic Publications, Inc., 127 F.Supp.2d 497（S.D.N.Y. 2001）　原告は1950年代に，音楽グループ"Pussycats"のリーダーのJosieというマンガキャラクターを作り，被告のマンガ出版社にある権利を譲渡した。21世紀になってJosieの人気はマーチャンダイズや映画において爆発したので，原告は対価を獲得するべく多くの州法上のクレーム（古い未発行のスケッチに基づく）を提起した。これに対して被告は，これらのクレームは連邦法上先占されていると反論した。裁判所は以下のとおり判示した（引用は省略）。

　　にもかかわらず原告は，マンガのキャラクターは連邦著作権法の保護のないものであるから，自らのクレームは著作権法において生じたものではない，と主張するのである。しかしそれは法を誤解したものである。文芸上のキャラクターの著作権取得能力は厄介な問題を提起し得るものの，「マンガにおいて描かれたキャラクターに著作権保護が及ぶことには疑問の余地がない……」。ある裁判所によれば，その理由は，文芸上のキャラクターにおける特徴的な属性を，より一般的なアイディアやテーマの具現物から区別すること（Nichols v. Universal Pictures Corp.判決における第2控訴審が提示した著作権取得能力の基準）の難しさというものが，視覚的なイメージにおいては，少なくとも同じ程度には存在しないからである。「多くの文芸上のキャラクターが保護されたアイディアとほとんど変わらない程度のものの具現化物であるのに対して，物理的かつ概念的な質を有するマンガのキャラクターは，ユニークな表現としての要素を有することとなりがちなのである」。こうした要素としては，「キャラクターはどう考えるか，感じるか，言うか，行動するか，作品中の他のキャラクターへのコメントを通じて作家が伝達する描写」や「作品全体の印象を形作るような……視覚的な受け止め方」などを含むものであるとされた。さらに，アニメーションのキャラクターにおける保護の及ぶ属性とは，「ア

ニメの人物の物理的な見かけのみならず，その動き方，行動の仕方，性質の組合せの描き方……までをも含むものである」とされた。結論として，マンガのキャラクターは著作権法において保護されないとする原告の主張は，せいぜいのところ極端な単純化にすぎないとされた。

Walt Disney Productions v. Air Pirates, 581 F. 2d 751 (9th Cir. 1978) 被告（皮肉なネーミングであるが）は，何人かのディズニーのマンガのキャラクター（ミッキーとミニー・マウス，ドナルド・ダック，悪い狼，3匹の子豚，グーフィ等）が淫らな乱交パーティ，ドラッグ吸飲にふけっているさまを，キャラクターの名前もそえて，2つのマンガ雑誌に描いた。原告は，著作権侵害と他の連邦および州法上の請求原因を主張して出訴した。著作権の主張に対する被告の反論は，ディズニーのキャラクターには著作権取得能力がなく，仮にこれがあるとしても，被告のコピー行為（コピー行為については被告は認めている）はフェア・ユースの法理と言論の自由（First Amendment）によって侵害の責任からは保護されている，ということであった。控訴審は，原告勝訴の判決を認容した。まず初めに控訴審は，1914年のマンガの事件にまで遡って，キャラクターには著作権取得能力がありえないとの主張を否定した。裁判所の分析は，同控訴審における初期のケースである Sam Spade 判決に焦点をあてている。（フェア・ユースの抗弁を却けた理由づけについては第7章Bを参照)。

たしかに，Warner Brothers Pictures v. Columbia Broadcasting System（216 F. 2d 945 (9th Cir. 1954), cert. denied, 348 U.S. 971）における判決理由では，キャラクターには著作権取得能力がそもそもないという立場をサポートするような箇所がなくもない。……スティーヴンス判事の意見は，「著作権法においてこれまでキャラクターとその名前をその保護のもとに置くべきことを意図したことがあったか否か」を考慮している。この文脈において，少なくともキャラクターがストーリーの単なる「乗り物」であって，そこで語られるストーリーを「真に構成して」いない場合においては，ハメットに対してそのキャラクターの将来の使用に制約をつけることは不合理である，と結論づけた。スティーヴンス判事のこの結論に対するこの理由づけは，この結論を，文学作品上のキャラクターではなくマンガ本のキャラクターにあてはめる場合に注意すべき重要な指摘である。スティーヴンス判事は，キャラクターというものは「常に限定されたものだし，限られたパターンの中にどうしてもはまってしまうもの」であるからと理由づけたが，彼は，文学作品上のキャラクターをはっきりと描きだすことは難しいということを認識していた（なお，Nichols v. Universal Pictures Corp., 45 F. 2d 119 (2d Cir. 1930), cert. denied, 282 U.S. 902を参照)。しかし，著者が視覚的なイメージを付け加えることができるならば，この難しさというものは減少するのである（一般的に 1 Nimmer on Copyright §30 を参照)。別の言い方をすれば，多くの文学作品上のキャラクターは，保護されないアイディア以上のものを実体化していないのは事実であるが（Sid & Marty Krofft Television v. McDonald's Corp., 562 F. 2d 1157 (9th Cir. 1977))，マンガ本のキャラクターは物理的および観念的な属性を持っており，ユニークな表現の要素を持っていることが多い。従って，マンガ本のキャラクターは文学作品上のキャラクターとは区別されうるものだから，Warner Brothers 判決における判決文言は，必ずしもディズニー・キャラクターへの保護を否定するものではない。

さらに判決は，その脚注において次のように言っている。

この結論はキャラクターに対する保護を正当化するに十分なものであるから，下級審は，ディズニー・キャラクターが Warner Brothers 判決における例外事由，すなわちストーリーを「真に構成する」キャラクターに該当する，という判断を行っているが，我々は，あえてこの点については判断をする必要がないと考える。地裁判事は，キャラクターの保護の基礎としてどのディズニーのストーリーがもとになっているのかを明らかにしていないし，どのキャラクターが保護されるのかも述べていない。地裁判事は，この例外が「プロットというものを取り去ったストーリー」（1 Nimmer on Copyright §30）に限定されたものであるということを認識していないようであるが，それはさておき，この地裁の結論は，ディズニー・キャラクターはそれが全体としてストーリーを構成すれば保護されるとの不正確な前提に立って導かれているように思われる。当然のことながら，選ばれるキャラクター・グループが大きいほどこれらが全体のストーリーを「構成」するというふうに言いやすくなる。そのことは，特に特定のストーリーが取り上げられているのではなく，一般的な抜取りがなされる場合には，なおさらである。

King Features Syndicates v. Fleischer, 299 F. 2d 533 (2d Cir. 1924)　原告は，『バーニー・グーグルとスパーク・プラグ』という連載マンガを創作し，これを日刊の新聞に配信（syndication）することを業としている。「スパーク・プラグ（時として「スパーキー」と呼ばれる）」は，裁判所の言葉を借りれば，「新しい，滑稽な，コミックな競争馬」である。被告は，「スパーキー」にそっくりそのままの複製の玩具を製造し，販売した。地裁は，仮処分発令を拒否したが，控訴審はこれを覆した。控訴審の結論は，たとえ被告は全部のマンガを侵害していないとしても，あるいはその主要なキャラクターのすべてを侵害したのではないとしても，「スパーキー」をコピーすることで侵害を行った，と判示した。「当法廷は，実体ないしアイディアを取ってきて，これを別の媒体で作ることで，著作権侵害の責任を回避できるとは考えない。……単なるサイズと材質の違いということは重要であるとは思われない」。「彫像や絵画という材質において表現された美という観念は，著作権取得能力のあるものである。これが侵害者のコピーするものである。著作権法は，この考案を取り去ることというものを禁止している。著作権法は，芸術家や彫刻家がものするような天才の考案というものを保護するのと同様に，マンガ家が作るユーモアの考案をも保護するのである……」〔裁判所のこの判示は，そうあるべきものを超えて広すぎないか？〕。

Detective Comics v. Bruns Publishing, 111 F. 2d 432 (2d Cir. 1940)　原告は，「スーパーマン」を載せているコミック・ブック『アクション・コミックス』の著作権を有している。被告は，「ワンダーマン」コミック・ブックを出版し，これを頒布している。控訴審は，地裁の判決，すなわち，被告は『アクション・コミックス』の中の絵をコピーして原告の著作権を侵害したとの判決を認容した。スーパーマンもワンダーマンも，「奇跡のような強さとスピード」の男で，これらの「属性と身振りとは……非常に似通っている」。両方とも，普段着を脱ぎ捨てて，「肌に密着したアクロバットのようなコスチュームの派手な装束で」出で立つ。唯一の現実的な違いは，スーパーマンのコスチュームは青で，ワンダーマンのは赤だ，という点である。どちらも，拳銃をそのパワフルな力で握り潰すことができ，かすり傷ひとつ負うことなく銃弾をはねかえすことができる。スーパーマ

ンは，ビルディングを跳び越してゆくように描かれているが，ワンダーマンは，屋根から屋根へと跳んでゆく。それぞれが，世界一強い男で，悪と不正義の敵として描かれている。被告は，スーパーマンの属性は一般的なものにすぎず，オリジナルなものではなく，文学や神話のヒーローにおける典型像にすぎない，としたが，控訴審はこの議論を受け容れなかった。「もしも『スーパーマン』の著者がコミック版のヘラクレスを作ろうとして，しかもその結果一般的タイプという以上のものを生み出したのだとすれば，彼はこれの著作権を取得することができるし，『たいしたものではないかもしれないが，これは自分自身のものだ』と言うことができよう。原告の週刊誌は，面白いというよりも馬鹿馬鹿しいものなのかもしれないが，これにはオリジナルな事件の配列があり，絵画的かつ文芸的なフォームを有しており，これらは被告が『アクション・コミックス』中の『スーパーマン』の属性をコピーしていない，との主張を退けるものである。当法廷は，被告が一般的タイプやアイディアというより以上のものを使っており，原告の著作権に実体化されている絵画的および文芸的細部を利用している，と考えるものである」。原告は，「人類への恩恵である『スーパーマン』の単なるキャラクター」を独占することはできないが，その作品が「当該著作者においてオリジナルな，出来事と文芸上の表現の配列」を実体化している限度において，著作権の保護を援用できる。裁判所の差止命令の中では，「『スーパーマン』によってなされる強さや力の目覚ましい活躍を描いた」マンガないし書籍，あるいは「いかなる活躍においても『スーパーマン』のコスチュームないし姿を模倣した」マンガや書籍の印刷および頒布が禁止されている。

【質問】
1 「ワンダーマン」事件における差止命令は，裁判所の法的分析と被告の侵害の幅を踏み越えてしまってはいないか。裁判所は，原告の「アイディア」にではなく「表現」に保護を与えるべく，適切に自らを自制しているか。
2 「ワンダーマン」事件の被告が後に散文だけの絵のない本を出版し，その中で，コミック・ブックでそうしたように「ワンダーマン」の英雄的活躍を描いたとした場合，これは差止命令違反として法廷侮辱に問われるだろうか。そうされるべきだろうか。
3 文芸作品におけるキャラクターが著作権保護を受けられるほどに十分に描かれているとした場合に，このキャラクターを無許諾で視覚的に描くことは著作権侵害になるか。

I 政府作成の著作物およびその他の公けの政策的理由に関する問題

§105 著作権の対象：合衆国政府の著作物

本法における著作権の保護は，合衆国政府のあらゆる著作物に対しては適用されないが，合衆

国政府が譲渡，遺贈，その他によって移転された著作権を受け取り，かつこれを保持することについて，これができなくなるわけではない。

<下院報告書>
(H.R. Rep. No. 94-1476, 94th Cong., 2d Sess. 58-60 (1976))
〔保護範囲〕
　法案105条の基本的前提は，現行法8条のそれと同じである。つまり，合衆国政府のために公務員および職員によって作られた著作物は著作権の対象とすべきではない，ということである。この条項は，発行済みおよび未発行の著作物の双方に適用される。
　105条で著作権が一般的に否定されているのは「合衆国政府のあらゆる著作物」であるが，これは101条の定義によれば，「合衆国政府の公務員ないし職員により，その公務の一部として作られた著作物」とされている。この定義からすれば，合衆国政府の公務員ないし職員であっても，公務以外で書いた著作物や自分自身の意思で書いた著作物については，たとえその対象となっているものが合衆国政府の著作物に関係していたり，公務としての自分の専門的分野に関連したことであっても，著作権取得を妨げられるわけではない。「合衆国政府の著作物」という言葉の定義は，「雇用著作物」の定義とはやや言葉の使い方が異なるものの，ここでの概念は同じように解釈されるべく意図されている。
　もっと難しくて根の深い問題は，合衆国政府との契約ないし特権付与のもとで作られた著作物についてもこの定義を拡張させてその著作権を否定すべきか否か，という点である。法案に見られるとおり，連邦政府機関から仕事を請け負った者や特権を付与された者が，連邦政府の資金だけで，もしくはそれを一部として，ある著作物を作った際に，その著作権の取得をその者に許すか否かは，当該政府機関が各場合ごとに決められることとなっている。このような状況下で著作権を取得させることに反対する側の論拠は，公衆が「二重の補助金」を支払わなければならないというのはおかしいこと，連邦政府の職員の手になる著作物には著作権を禁じておきながら，連邦政府の資金を支払われる民間の者の手になる著作物は増える一方だというのにこれに対する著作権を認めるというのは一貫性がないこと，などである。著作権保護を認めようという側の議論によれば，著作権というものが，このような状況下にあっては創造と知識を広めるためのインセンティブとして重要であって，連邦政府職員によって作られた著作物と民間機関が連邦政府の資金で作った著作物とでは，適用さるべき政策上の考慮に違いがある，ということを強調する。
　連邦政府との契約ないし特権付与のもとに作られる著作物に関しては，法案は意識的に，単純一律の著作権の禁止というアプローチを避けている。おそらく，連邦政府のリサーチの契約等から生ずる著作物の中には，公衆の利益の観点からいって，著作権を否定した方がよいものもあるであろう。ある著作物を自分自身の使用のために作らせるについて，連邦政府機関が単に自分のところの職員に作らせることの代りに外部に出したような場合には，著作権を取得する権利はその民間部門において許されないこととなろう。しかし，著作権を否定することが不公平であったり，重要な著作物の作成や頒布を妨げるような結果となる事態が多くありうるところなのである。特定の状況下では，連邦議会ないし関連する機関は，ある著作物が自由に人々に利用できる状態におくことの必要性が，民間の著作者に著作権を取得させることの必要性を上回ると判断することがあり，かかる

場合においては，この問題はその時々の立法，規則，契約上の取決めによって対処されるのである。

【質問】

1 　連邦最高裁の公式判例集（official reports）と連邦控訴審判例集第3集（Federal Third series）を調べてみよ。このヴォリュームのうちのどの部分が著作権取得可能であろうか。

2 　『スコット切手カタログ』は，すべての合衆国の切手を写真入りで載せていて，その他に目打ち，透かし，値段，使用済みか未使用か，等の情報も載せていたが，これは著作権の侵害となるだろうか。合衆国の切手をカーテンや洋服の生地デザインとして自由に複製することはできるのか。下院報告書は，105条が「合衆国郵便サービスの従業員が創作した著作物には適用されない」とし，その理由として，1970年郵便再編成法（Postal Reorganization Act of 1970）における別異の立場にあることを挙げている。「著作権法を使って，切手のデザインを私的ないし商業的な非郵便サービス（例えば，切手収集についての出版物やカタログ，一般的な広告，美術上の複製，服地のデザイン等）のために複製することを止めさせることができるようにしておいた」ということである。105条からのこの除外扱いは筋の通ったものだろうか。

3 　ハイマン・リックオーヴァは，Assistant Chief of the Bureau of Ships for Nuclear Propulsion として，海軍の副提督であった。このポジションに在任中，彼は，例えば「核と海軍」とか「エンジニアリングと科学に関する教育」，「我らが子供たちの教育」，「核のパワー——産業への挑戦」，「エネルギー資源とこれからの将来」，「海における革命」，「ヨーロッパの中学校」等さまざまな分野にわたってのスピーチを行った。これらのスピーチは，商工会議所，ミネソタ州立医療協会，デトロイト・エンジニアリング協会，核パワー教育学校，コロンビア大学フォーラム等の場所で行われた。いずれの場合においても，スピーチの場所はリックオーヴァが監督および調査の勤務をしている勤務地の近くであって，交通費を彼が負担したことは全然なかった。彼がスピーチをしたのは，勤務時間外の自由時間においてであった。スピーチの最終原稿は，海軍における彼の秘書が彼のオフィスのタイプライターでタイプし，コピーは海軍の複写機によって，またそのコピー用紙は国防省がプレス・リリース用に使うためにとってある紙を使ってなされていた（ここでは，これらすべてのコピーにはリックオーヴァ提督の名で著作権表示が入っていたと仮定せよ）。ある教育関係の出版社が，リックオーヴァのスピーチをまとめてハードカバー本として出版しようとした。リックオーヴァはこれに対して出版を差し止めようとして訴訟を提起したところ，出版社側は，これらのスピーチはパブリック・ドメインであると主張した。差止命令は認められるべきか（Public Affairs Associates v. Rickover, 177 F. Supp. 601 (D.D.C. 1959), rev'd and remanded, 284 F. 2d 262 (D.C. Cir. 1960), vacated for further proceedings, 369 U.S. 111 (1962), on remand, 268 F. Supp. 444 (D.D.C. 1967) 参照）。

4 　合衆国造幣局（The United States Mint）は，Susan B. Anthony コインに代わる1ドルのコインを発行しようと考え，デザイナーを選ぶコンペを開催した。コンペは，造幣局の従業員たるデザイナーにも外部のデザイナーにもオープンであった。匿名で選出されたコンペの優勝者は Glenda Goodyear（造幣局の従業員ではない）で，彼女の提出したのは Sacagawea（初期の西部地域へのルイスおよびクラーク遠征隊で重要な役割を演じたインディアン）の石膏彫像だった。Goodyear はデザインと著作権とに1万ドルを与えられ，造幣局は石膏彫像における著作権を登録した。その後コインは造幣局により発行された（もっと大きな金属製のレプリカも作られた）。民間会社の Minnetonka Mint 社は，Sacagawea コインの銀製のレプリカ（直径3インチ）を発行した。合衆国造幣局は Minnetonka Mint 社に対して著作権侵害訴訟を提起した。被告は，105条を根拠に，当該彫像にお

いて合衆国政府が著作権を主張する権利を争い、いずれにせよ彫像が公式の合衆国コインに組み入れられた時点において既存の著作権は消滅したと主張した。裁判所はこうした論点にどう対処すべきだろうか（後者の論点については以下に続く項で論じられることになる）(United States v. Washington Mint, LLC, 115 F. Supp. 2d 1089 (D.Minn. 2000) 参照）。

州政府の著作物の著作権法上のステータス

　著作権法105条がアメリカ合衆国政府の著作物についてしか言及していないことは明瞭である。それでは、州政府の作った法律文書の著作権法上のステータスはどうなるのだろうか。たとえば、州の制定法や裁判判決は連邦著作権の保護を受けられるのか。著作権は、州政府が立法その他に要する費用を賄うのに適切であり、また公式文書の歪曲や引用の誤りを防ぐためにも適切である、という主張も成り立つかもしれない。しかし一方で、著作権の根底をなす「インセンティブ」の考え方が州と地方自治体の成果物に関連性があるのかということに疑問が生じ得よう。というのも、法律や判決文を起草したりすることには明らかに別のインセンティブが存在するし、こうした活動をサポートするべく公衆は既に課税されていて、コピーを阻止するために著作権が動員されるという形でさらにお金を払わされるべきではないからである。さらに強力な議論として、州の法律、規則、判決などは、州市民の行動を規律する（しばしば不服従には罰則の担保を伴いつつ）ものであるから、公衆の全メンバーがその文章に自由にアクセスでき、広くそれをコピーし拡布できて然るべきだからである。

　105条はこの問題について解決をもたらすようにはなっていないにもかかわらず、最高裁は1世紀以上も前に、少なくとも州の裁判判決については解決をつけた。Banks v. Manchester (128 U.S. 244 (1888)) において最高裁は、民間の判例編纂会社の編集した州裁判判決の編集物についての著作権を否定した。その理由とするところは、裁判の判決は、それを書いた裁判官が公けの資金で雇われたものだから公けに所有されるものであり、公共政策上、法律へ自由にアクセスさせることが公益に資するものである、ということであった。こうした見解は著作権法理においては当然のこととみなされるようになり、一般的に「法の適正手続」の一要素を構成するものと考えられるに至った。すなわち、法律に従い、その罰則のもとに服することを期待されている市民は、それへの自由なアクセスを付与されなければならない、ということで、それは（市民および出版社によって）コピーを作る権利をも示すものなのである。

　2つの重要な問題が近時の判決で脚光を浴びている。それは、訴訟が州の法体系と裁判判決の「コア」部分を超えたところにかかわったからである。ひとつは、著作権が成立しないとする原則が、自治体の報告書や情報文書や編集物や地図などのその他の州・自治体の文書に及ぶのか否か、ということである。たとえば、州や郡が課税に服する全物件を掲載した地図を作って役所で見られるように公開している場合、こうした地図を個人利用目的や隣人などに頒布する（インターネットのウェブサイトなどで）目的で個人がコピーを作ることができるのだろうか。自治体の規則に著作権を否定する公共政策は、こうしたことにも同じく適用されるのか。これが以下のケースで問題とされたものである。

I 政府作成の著作物およびその他の公けの政策的理由に関する問題　261

County of Suffolk, N.Y. v. First American Real Estate Solutions, 261 F.3d 179 (2d Cir. 2001)

ニューヨーク州のサフォーク郡が，郡内の不動産の所有者と大きさと場所とを示す一連の「税金地図」を作り，これを1年ごとに更新しており，州法により公衆の利用に供されている。現在約4,600枚の地図が12冊のアルバムに収められ，これらには50万筆の地所が掲載されている。アルバムと地図それぞれに著作権表示が付され，著作権局に登録されている。被告はこれらの地図をハードコピーと CD-ROM とにコピーした。内容証明のやりとりがあった後，郡は著作権侵害の訴訟を提起し，差止と損害賠償を求めた。

控訴審は，本件の地図には情報の選択と編集において十分にオリジナルな作家性 (original authorship) が存するものと認めた。同時に，「ニューヨーク州開かれた政府委員会」による反対趣旨の勧告意見にもかかわらず，州の情報自由法 (Freedom of Information Law : FOIL, N.Y. Pub. Off. Law §84──公けの文書は市民の「公開の査察とコピーに供されなければならない」と規定する) は郡が有すべき著作権法上の連邦法的権利の妨げにはならない，と判示した。「（情報自由法の）この条項が公衆の一員に公けの記録のコピーを許していると解することは可能だが，それが民間会社に対して著作権法においては頒布不可能なようなものを商業的に頒布する権利を与えていると解することはまったく別論である。……さらに被告は，他人を教育したり州や州機関を批判したりするために州機関の記録を使おうとする報道機関や個人は，著作権法のフェア・ユース法理で保護され得るという事実を無視している (107条)。……よって当法廷は，情報自由法を制定した立法府がサフォーク郡の著作権を廃棄したものとは考えないのである。」　この点について裁判所は，さらに以下のように述べている。

> サフォーク郡は，最初のアクセスを制限しようとしているのではなく，自身の著作権のある作品のその後の再頒布を制限しようとしているだけである。情報自由法の目標であるアクセスと，州機関がその著作物を再頒布することに合理的な制約を設けることとの間には，何の矛盾もない。……

> サフォーク郡の課税地図が「評価上の公文書を作る」(N.Y. Real Prop. Tax Law §503(1)(a)) 上で用いられるものである以上，情報自由法の核心たる目的に至るものであることは事実である。すなわち，公衆に対して行政の運営や意思決定機能へのアクセスを提供するということである。商業的な出版社はこうした記録を可能な限り広範に配布する効果的な方法と言うことはできるかもしれない。よって，課税地図のような著作物と行政機関の意思決定に直接の影響を与えない著作物とを区分するという試みも可能かもしれない。しかしこうした区分は，情報自由法自身がその条文において，政府の公的役割，事業体的役割，あるいはその混合型といった政府の諸機能を区別していないという事実を忘却するものである。……

次に判決は，本件地図を政府機関が作ったということによってそれが原始的にパブリック・ドメインになってしまうのか（あたかも，被告が自由にコピーでき自由に頒布できる裁判判決や法令のように）どうかという問題について検討している。判決はまず，105条において連邦政府の著作物にのみ著作権が制約されていることによって，著作権法は州政府とその機関による著作権所有については熟慮の姿勢を見せたものである，と指摘する。そして次のように述べている。

> 法令や判決には誰も著作権を所有できないということは，著作権法の特定の条文から生じたものではなく，著作権法の「司法上の注釈 (judicial gloss)」から生じたものである (Building

Officials & Code Adm. V. Code Tech., Inc., 628 F.2d 730, 735 (1st Cir. 1980)："BOCA 判決")。たとえば Banks 判決において最高裁は，公共政策の問題として，裁判官はその司法的な労働の成果物において著作権を有してはならないのである，と判示している (128 U.S. at 253)。裁判官は，「国庫などの公的な資金源から決められた給与を得るものであり，……自らは全体としての公衆に対して何らの金銭的な権益ないし所有権を有し得ないものである」から，著作権を所有し得ないのである (Id.)。Banks 判決の裁判所もまた，適正手続と公正な告知に関する考慮においても，こうした判示を基礎づけている。「裁判官の行った全部のはたらきが，法律の典拠ある解説と解釈となるもので，それが市民を拘束しつつ，誰に対しても自由に出版できるものとなるのである……」(Id.)。もしも裁判官がその判決について著作権を有することとしたら，理論的には法律の拡布を妨げることができることとなる。かくて，ある著作物をパブリック・ドメインとみなすべきかどうかの判断において，以下の2つの点に関する考察が影響を与えることとなる。すなわち，①当該著作物を作った個人ないし機関がそれを作るにあたり経済的なインセンティブないし所有権を必要とするものかどうか，②公衆が法律について告知を受ける上で当該著作物についての告知を必要とするかどうか，という点である (Practice Mgmt. Info. Corp. v. American Med. Assoc., 121 F.3d 516, 518-19 (9th Cir. 1997)；BOCA, 628 F.2d at 734-35)。次にこれらの点について順次考察してゆくこととしよう。

1 創作のインセンティブ

著作権とは，著作権者に一時的な独占を与えることを通じて芸術的な創造性を刺激するインセンティブを与えることにより，公衆に便益をもたらすものである (Twentieth Century Music Corp. v. Aiken, 422 U.S. 151, 156 (1975))。Banks 判決は，判決の創作にあたってはそうしたインセンティブは不要であるとしたのである。しかし同判決は当法廷にとっては，政府の従業員の作った著作物は政府から支払われた給与の故をもって公衆の所有に帰するという単純な三段論法だけのものではないのである。むしろ Banks 判決は，ある政府機関ないし政府従業員が著作物を作る上で，著作権の保護がない場合に，適切なインセンティブを有しているか否かの判定を行うよう求めているものだ，と解釈するのが適当なのである。……裁判官や立法者は〔給与を得ているために〕判決を書いたり法律を立法するうえで別途の経済的インセンティブを必要としないのである。

しかし多くの政府著作物は，それについて費用を要するために，それを作ることを正当化するための別途のインセンティブを必要とし得るものである。……かくて当法廷としては，州政府が著した著作物が自動的に作成と同時にパブリック・ドメインとなるという一般的なルールを宣言することはできないものである。課税地図がオリジナルなものであるか否かの判定に関連する証拠は，サフォーク郡がこれらの地図を作る上で別途のインセンティブを必要とするか否かの判定においても関連性ある証拠である。たとえば，同郡の地図の存在と内容が純粋に法律の命ずるところのものであれば，同郡はこれを作る上で別途のインセンティブを必要としないということになるだろう。……当法廷としては，法律判断の問題として，課税地図がその作成にあたって別途のインセンティブを必要としないものであると言い切ることはできない。しかし当法廷の言えることは，サフォーク郡は課税地図を作るにあたり著作権の規定する別途のインセンティブを必要とするとの証拠を提出する権利がある，ということである。……

I 政府作成の著作物およびその他の公けの政策的理由に関する問題   263

2 告　知

適正手続の命ずるところは，刑事罰や重要な民事ないし行政上の不利益が生ずる前に，個人はこうした罰や不利益を課する法令や規則の禁ずる行為について公正な警告を受けていなければならない，というものである。……

本件では，課税地図自体は資産税の支払義務を生じさせるものではなく，単に政府が既存の義務を評価するための手段を提供しているにすぎないものである。合衆国憲法の適正手続条項において要求される「公正な警告（fair warning）」要件は，資産税の支払義務を定めた法令において告知がなされることで満たされるものである。この法令についての告知が一般的に入手できないというような主張はなされていない。……さらに，適正な資産税を支払うよう求められた個人が法令ないし課税地図にうまくアクセスできない，というような主張もなされていない。サフォーク郡は情報自由法の要求するところにより，こうした地図を要請のあり次第開示しているからである。……告知に関する懸念事項は本件においては何もないのである。

要約すれば，当法廷における記録に関すれば，法律問題としてサフォーク郡の地図が原始的にパブリック・ドメインであるとは我々は結論し得ないものである。当法廷は，サフォーク郡は救済の与えられるべき有効なクレームを主張し得ているものと結論づけるものである。従って，サフォーク郡は著作権侵害を支持する証拠を提示する権利があるものである。

近時しばしば提起される2番目の問題は，多くの立法法規が当初より州や自治体の機関によって起草されるよりは，民間団体によって起草されて，後に正規の機関によって法律として採用されることがある，という事実に関連するものである。この問題の別の発現の仕方としては，社会的な活動を規制する際に使用される基準を提供するものとして，立法機関や行政機関が単に民間の著作物に言及するような場合である。たとえば，CCC Information Servs. v. Maclean Hunter Market Reports, Inc.（前掲）では，自動車の価格についての編集物の著作権取得能力を認めた。これが，いくつかの州では保険金の決定の基準として保険法令や規則において取り入れているにもかかわらず，である。同事件の裁判所は，準拠法規に公衆が自由にアクセスできることの重要性は認識しつつも，もしもこうした州法による準拠によって著作権法における財産権が「収用」という結果を招くとしたら，それは深刻な憲法問題を引き起こすことになってしまう，としたのである。

Practice Mgt. Info. Corp. v. American Medical Ass'n, 121 F.3d 516 (9th Cir. 1997) における別の連邦控訴審は，アメリカ医学協会（American Medical Association: AMA）が開発したコーディング・システムである「外科現代手続用語集（Physician's Current Procedural Terminology: CPT）」に関するクレームについて考察している。ここでのコードは保険フォームにおいて非常に有益である。CPT が作られた後に，連邦議会は連邦健康保険財務局（Federal Health Care Financing Administration: HCFA）に外科医の役務のコード化を命じた。HCFA は，自らコードを作るのに代えて，CPT を「採用し使用する」許可を AMA より得た。本件訴訟の原告は，AMA のコードを書籍として出版できることの確認判決を求め，すなわち本件でのコードがパブリック・ドメインであることの確認を求めようとした。裁判所は，AMA コードを HCFA が取り入れても，それによって保護の及ばない連邦文書にはなるものではない，と判示した。

著作権者に一次的独占権を与えることで技芸と科学を推進するという著作権システムの目標

は，Banks 判決においては問題とはされなかった。なぜなら，裁判官の給与は判決を書く上で適切なインセンティブであるから，ということであった。これとは対照的に，CPT の著作権取得能力は，AMA がこれを作成し維持するに際しての経済的インセンティブを提供するものである。「かかる状況において著作権を無効にすることは，適切な正当化理由がなければ，創造性を後押しするということにおける著作権の利益に対して壊滅的なものとなり得る」のであって，それは，「州と連邦がモデル法規を取り入れる傾向が高まっている」ことを考えに入れると非常に重要なこととなるのである（1 Melville B. Nimmer & David Nimmer, Nimmer on Copyright §5.06 [C], at 5-92 (1996))。AMA が指摘しているように，HCFA が使った時点で CPT がパブリック・ドメインとなったという理由で著作権が奪われてしまうとしたら，広範に作られている民間のモデル規則や標準やレファレンスは，すべて著作権を奪われることになってしまう。こうしたモデル規則や標準を作っている非営利団体は，そうした規則や標準が公的機関に採用される時点でパブリック・ドメインになるとすると，これらを作成する活動を続けられなくなってしまう，と警告している。

　この問題は，本書が印刷にかかっている間も別の控訴審において俎上にのぼった。Veeck v. Southern Bldg. Code Congress Int'l Inc.事件において，原告（確認判決を求めた）は，被告の SBCCI が作成して著作権登録をしていたあるモデル規則をインターネット上に無許諾で掲示した。SBCCI は，標準配管規則，ガス規則，防災規則といったモデル建造物規則を作ってその採用を促進する非営利法人である。これらの規則は，しばしば地方自治体の引用によって法律に組み込まれることがある。自治体にとってはそれにより経費を節減できるのである。こうした規則は，典型的には行政機関のオフィスや図書館に置いてあることが多い。原告は，SBCCI からテキサスの町の建築物規則をコンピュータ・ディスク上に入手し，自分のコンピュータを使ってこれを自身のウェブサイトに（SBCCI に無許諾かつ同団体へのクレジットなしに）アップロードした。控訴審は意見が割れたが，原告の主張自体を失当とする，SBCCI 勝訴の判決を下した。多数意見は，規則の文章が最初に民間団体により起草された場合には Banks 判決は適用がないとし（著作権による経済的な報奨の必要性による），そうした文章が関心のある個人に対して行政機関のオフィスで入手できる限りは適正手続の保障も満たされているとした。また，立法府の文章における「事実」が SBCCI 規則の「表現」と融合しているから規則が法律に取り込まれたと同時に著作権が消滅した，との主張も退けられた。反対意見の判事は「融合」の議論を支持し，適正手続上の考慮からは，それが当初州機関によって起草されたのであれ民間機関によって起草されたのであれ，公的な法律にアクセスし拡布することは正当化される，とした。控訴審判事らは一致して，全判事陪席による再審理をなすべきことを認め（241 F.3d 398 (5th Cir. 2001)），パネルの決定を覆した。

【質問】

1　Suffolk County 判決で，読者が郡側の弁護士であるとしたら，課税地図を作る上での「経済的インセンティブ」の必要を立証するために，差戻審ではどういった証拠を提出するであろうか。この基準のもとだと，市民なり出版社なりは公的な文書を広範に拡布するためにコピーを作れるかどうかを事前に知ることができるだろうか。

> 2 Veeck判決とSuffolk判決はいずれも，法律その他の公的文書に公衆がアクセスする必要性は市役所などで入手できることによって満たされていると結論づけているが，それは正しいことか。今日の「情報化社会」における「電子革命」の恩恵というものが，インターネットやCD-ROM経由で無許諾で公的文書を市民に簡便かつ無料で（あるいは安価に）拡布することを禁止することによって，耐えがたいまでに否定されているのではないか。
>
> 3 公的な課税が公僕に対してその仕事（法律や課税地図などを作る仕事も含む）の報酬を支払う財源を作り出しているとしたら，著作権の故をもってライセンス料という形で公衆は二度払いをするよう期待されるべきなのか。公僕がこれらを自分自身で起草したか，それを民間団体に下請けさせたかが関係あるべきか。
>
> 4 第2章CのCCC判決（自動車の価格情報を民間会社が購入者の一助という私的な目的のために編集していたものを，行政機関が対価なしにそれを「組み入れて（coopted）」しまった事例）を想起せよ。そこにおいては，当該編集物から著作権保護を剝ぎ取るべきではないということは了解し得るものであった。その唯一の存在理由が，公的な文書を作ってそれを行政機関に採用し普及してもらうことにある規則制定団体にとって，このケースは魅力的なものであろうか。

<Mitchell Brothers Film Group v. Cinema Adult Theater>
(604 F. 2d 852 (5th Cir. 1979))

ゴドボウルド控訴審判事

本件は，現在では新法にとってかわられた1909年法のもとにおける著作権侵害事件である。しかし，本件で著作権者と侵害したとされる者との間には，通常の商業上の争い以上のものがある。侵害者は抗弁として，著作権を取得されたとする著作物すなわち本件での映画は猥褻なものであり，従って「クリーン・ハンド」の衡平法原則のもとにおいては原告は救済を受けえない，と主張している。本件フィルムを実際に見て下級審はこれを猥褻なものと判断したので，クリーン・ハンド原則を採用し，著作権者の救済を否定した。この判決を控訴審として審査するにあたって当法廷は，著作権を認める連邦議会の権限に及んでいる合衆国憲法上の制約，連邦議会がかかる権限を行使する際の方法，クリーン・ハンド原則の適用可能性について考慮することを余儀なくされた。

原告兼控訴人は，"Behind the Green Door"と題する映画の著作権を1909年法のもとで登録している。被告は2つのグループから成り，それぞれが1つの劇場と何人かの個人とから成っているものだが，原告の許諾なくこの映画のコピーを取得し，これを劇場で上映することによって原告の著作権を侵害した。……

当法廷は，地裁が猥褻性の主張を侵害の主張に対する抗弁として許容したのは誤りであったと考え，従って，この映画が猥褻であったか否かの問題には到達することなく本件を覆すものである。

I 制定法上の文言

本件に関連する制定法上の文言は，次のようになっている（17 U.S.C. §4 (1970)〔廃止〕）。

> 本法のもとにおいて著作権の取得される著作物は，すべての著作物（all the writings of an author）を含むものとする。

「映画」は，問題なく，著作権法にいう「著作物（writings）」にあたる。

地裁は，その判決の根拠を著作権法における基準にはおかなかった。地裁によれば，著作権法における基準は，「登録および著作権に服する作品について沈黙している」というのである。しかし，

法はこの点について沈黙してはいない。むしろ法上の文言は「すべての著作物」といっているのであり、これは表面的には、それ自身の中に例外を入れない、全部を含みこんだものである。4条の定義の中には、猥褻な性質の著作物は著作権取得能力の点において不利な扱いを受ける、といった示唆すら窺えない。また、法上の他の文言においても、連邦議会が猥褻物が著作権を取得できないようにしようと意図したことを窺わせるものはない。

　さらには、著作権法の中に猥褻物に関する例外事項を黙示に読み取るべきではないとする重要な理由がある。著作権、商標権、特許権に関する、内容に基づく権利の制約が、歴史的にどう変化してきたのかを見れば明らかなように、1909年法においてこのような制約がないということは、単にそれを置くことを忘れたためではなく、意識的にそうしたことなのである（一般的には、74 Colum. L. Rev. 1351 n. 27 (1974) を参照）。最初の著作権法である1790年法以来、連邦議会は、著作物の対象が何であるかに基づいた制約というものはめったに置かなかったし、内容に基づく制約を置いた場合にも、それを後に取り去ることが多かった。こういった傾向が何を示すかといえば、決定的とはいわないにしても、連邦議会は、著作権取得能力に関して、内容に基づく制約に対して敵意をもっていた、ということであろう。これに対して、連邦議会は、商標法と特許法の分野においては、現行法にも、内容に基づく明示の制約を置いている。ランハム法は、「非道徳的、欺瞞的ないしスキャンダラスな事柄から成る、あるいはこれを構成する」商標の登録を禁止している（15 U.S.C. § 1052(a)）。また発明は、特許の発行に先立って、「有益」であることが立証されなければならない（35 U.S.C. §101）。

　1976年法の立法経緯によれば、連邦議会は、1909年法における立法政策であった、著作権取得能力に関して内容に基づく制約を避ける、との方針を引き続きとるつもりであったことが窺われる。1976年法の文言を推奨するに際して、下院司法委員会は次のように言っている。

　　「オリジナルな著作物」という言葉はあえて定義を置かないのであるが、これは、現行著作権法（1909年法）のもとで裁判所が確立してきたオリジナリティのスタンダードをそのままこの条文に挿入する意図のもとになされたわけである。このスタンダードのもとでは、新規性、工夫の妙、<u>審美的要素</u>などは要件とされず、また新法はこれらを要求すべく著作権保護のためのスタンダードを広げる意図もない（H. R. Rep. No. 1476, 94th Cong., 2d Sess., 51, reprinted in [1976] U. S. Code Cong. & Admin. News pp. 5659, 5664〔下線引用者〕）。

　連邦議会は、憲法の与えている著作権の権限、すなわち「科学と有益なる技芸の発展を促進させる」（合衆国憲法第1条8節8項）権限というものを全うさせるには、すべての創造的な著作物がその対象や内容にかかわらず著作権の保護を受けることが一番であり、その後は公衆の嗜好というものを信じて、本当に有益な著作物の創作者にはその嗜好が報酬を与えるだろうし、有益でない著作物の創作者には報酬を否定するであろう、と結論づけているようである。……

〔第9控訴審は最近、著作権侵害の訴訟における、詐欺的な内容という抗弁を拒否した。そこでは、以下のように判示されている。〕

　　著作権法のどこにも、裁判所が、著作物の中に表されている見解の真否、健全性ないし不健全性を審査すべきである、とは規定されていない。もしも裁判所がこのような問題を扱うとしたら、裁判所の直面する神学的、哲学的、経済学的ないし科学的な問題は、腰をすえて考察をするにはあまりに重大かつ広大である。これは紛れもなく軽々しく引き受けられるべき仕事で

はないし，我々も，これを引き受けるように誘われたとしても，丁重にお断りする (Belcher v. Tarbox, 486 F.2d 1087 (CA9, 1973))。

当法廷の意見によれば，著作権取得能力に関する内容に基づく制約について何も条項が存在しないということが何を意味するかといえば，著作者が自分の作品の売行きのみならずその価値について政府の役人が判定することに気を遣わねばならないとすると，創作性を促進するという憲法上のゴールにそぐわない，と連邦議会が判断したものだということである。

さらに，もしも連邦議会が著作権についての内容ベースの制約を受け入れているのだとしても，そのような制約のひとつとして猥褻性はまず選ばれそうもないのである。猥褻性というものは，創作的な作品が著作権取得能力を持つか否かを確かめる手段として使用されるべく作られた概念ではない。憲法上の法理としての猥褻性とは，言論の自由と警察目的の取締りとの間で何とか両立しうる妥協を生み出すという努力の中で発展してきたものである。それは，いつでも我々の司法システムと全体としての社会とにつきまとっている，ぎこちなく，かろうじて受容できる概念なのである。憲法が連邦議会に著作物を保護する権限を与えているということの根底には，オリジナルな著作活動を促進し，創作性を高める，という目的がある。これは，嗜好の点における制限もなければ，政府に受容されるか否かのテストもない，積極的な目的なのである。このような制約というものは，もしも課されたとすると，創作性の促進というものに対して正反対にはたらくものである。創作性の追求というものは，グレイ・ゾーンに踏み込み，さらにそれ以上にも探索の手を伸ばすことのできる自由さ，というものを要求するのである。これに対して，猥褻性とは，書かれた言葉の受容性の幅を圧縮する，制限的な法理である。

……（略）……

ある時代の猥褻性の基準によって猥褻と断じた著作物に保護を否定すると，しばしばその著作物が後の世代によって，猥褻でないどころか偉大な文学的価値を見いだされるというような事態において，著作権の保護が失わされている（従って，創作のための経済的なインセンティブを無くしている）という結果を招来する (Phillips, Copyright in Obscene Works: Some British and American Problems, 6 Anglo-Am. L. Rev. 138, 168-69 (1977) 参照)。今日高い評価を受けている作品も，前の時代においては猥褻と判断されたものも多い。……

さらに，連邦議会が著作権取得能力について猥褻性の例外を設けなかったことの背景には，実際的な困難が無視しがたいことと，言論の自由というデリケートな問題とがあることを指摘できる。あるローカル・コミュニティにおいて猥褻とされるものは，別のローカル・コミュニティにおいては猥褻でないとされることもありうるのであり (Miller v. California, 413 U.S. 15 (1973) 参照)，著作権法というものは，地方ごとに適用が異なるという点は全然ないのである。そうすると，もし猥褻性の例外というものを導入するとなると，連邦議会は，著作権システムについての全国一律の基準というものをばらばらにするようなコミュニティ基準（違憲とされる可能性がある）を選ぶのか，あるいは，全国一律の猥褻性基準という，これまで全く公認されたことのないものを作り出すという冒険をするのか，のジレンマに直面することになる (上記 Phillips at 170-71; 上記 Schneider, note 3 at 715; Comment, Constitutional Protection of Obscene Material Against Censorship as Corelated with Copyright Protection of Obscene Material Against Infringement, 31 S. Cal. L. Rev. 301, 306 (1958); 46 Fordam L. Rev. 1037, 1943-47 (1978) 参照)。当法廷の結論としては，我々は単に1909年法を額面通

りにすべてを含みこんだものとして受け取るべきで，猥褻物に対する明示ないし黙示の著作権禁止条項はないものとして解釈せねばならないし，猥褻・非猥褻を問わず，すべての創作的著作物に対して，他の著作権法上の要件に合致していれば著作権を提供しているものである，と解する必要がある。

II 著作権法の合憲性

しかし，1909年法がすべてを含みこんで保護を提供しており，猥褻性に関する例外を置いていない，との結論は，それで我々の審査をおしまいにするわけではない。我々は次に，猥褻物についても著作権を許容している著作権法というものが合憲であるか否か，連邦議会の意図にもかかわらず裁判所としては著作権侵害事件において猥褻性の抗弁を当事者に許すべきか否か，を考えなければならない。まず我々は，合憲性の問題について考察しよう。

合衆国憲法の特許著作権条項は，次のように規定している。「連邦議会は，……著作物および発明とに関して，限られた期間における独占的な権利を与え，以て科学および有益なる技芸の発展を促進させる権限を有する」（第1条8節8項）。地裁はこの条項の解釈として，これは連邦議会が，科学と有益な技芸を促進する著作物にしか著作権を与えることができない，という意味での限定的な権限を意味すると解した。この結論に従えば，有益な著作物と共に有益でない著作物（例えば猥褻物はこれにあたると言うこともできる）をも含みこんで著作権を与える立法をしたということは，連邦議会が憲法に違反して行動したということになる。いくつかの下級審と学者の一部は，特許著作権条項についてのこの解釈に同意している。しかし，これに同意しない学者らは，連邦議会の著作権権限の行使が一般的にその憲法上のゴールを促進する限りにおいて，有益な技芸を促進しないような個々の著作物に対しても著作権を与える権限を連邦議会は有するものである，と反論している。当法廷の見解では，地裁の特許著作権条項の解釈は，連邦議会の権限を不当に制約するもので，この条項で付与された議会の権限について最高裁判所は広く解釈していることとの間で一貫性を欠くことになる。ある学者は次のように言っている。

> 憲法における著作権条項の言葉は，<u>著作物が科学ないし有益な技芸を推進すべく要求してはいない</u>。これが言っているのは，<u>連邦議会がかかる目的を促進すべきこと</u>を要求しているのである。次のようなことが言えるであろう。すなわち，すべての著作物を保護する一般的な法律を作ることの方が，その内容が現実ないし空想上の異議にさらされている本に対して保護を否定することよりも，この目的をよりよく実現できる，と連邦議会は考えたのである，と（上記 Phillips, note 15, at 165-66〔下線はオリジナル〕）。

……裁判所も，連邦議会が憲法上の目的を達成するために選んだ手段が，かかる目的達成のために「適切」でありかつ「率直に」採用されたものである限りは，その権限を逸脱してはいない，と判示してきた（McCulloch v. Maryland, 17 U.S. (4 Wheat.) 316, 421 (1819)）。我々が，すべてを含みこむ著作権立法を行うことが憲法上の権限を逸脱しているか否かを判断する基準は，この McCulloch 判決における緩やかな基準によってでなければならない。

この基準によるとき，明らかなことは，連邦議会が個々の著作物が有益な技芸を発展させるように要求すること（特許の場合のように）は可能ではあったが，そうしなければならないということはない，ということである。先に論じたように，創作性を促進させる最上の方法は，著作物の内容面に関する政府の干渉を課さないことである，と連邦議会は合理的に結論づけることができたので

ある。このような選択をすることによって連邦議会は，これから著作者になろうとする者への萎縮的効果（chilling effect）を取り除き，何が有益で何が非有益かということの判断に政府職員（裁判官を含めて）が誤謬を犯す大きなリスクを避けたのである。さらには，特許と異なり，非有益な著作物に著作権を与えても，そのことが科学や有益な技芸の発展を妨げることはほとんどないのである。著作権者は，その著作物に含まれているアイディアがさらに頒布されたりこれが使用されたりすることを阻止する権利を持たないからである（Baker v. Selden, 101 U.S. 99 (1879) 参照）。

1909年法における，全部をいっしょくたにして保護するというやり方は，比喩的にいえば，麦を保護するにはある程度籾殻も保護しなければならない，という政策判断を反映しているのである。我々はこの判断が，連邦議会に与えられた権限を逸脱しているといいうるほどに不合理であるとは考えない。当法廷は，すべての著作権は，その内容のいかんにかかわらず保護され，かかる保護の在り方は，科学および有益なる技芸を促進する方法として憲法上許容される手段である，と結論づけるものである。

Ⅲ　不道徳ないし猥褻な著作物の著作権侵害訴訟における裁判上の抗弁

裁判所によっては，不道徳ないし猥褻な著作物の著作権者からの著作権侵害訴訟においては，裁判上作られた法理を適用して法的救済を否定することがあった。……

……（略）……

本件において，クリーン・ハンドの原則がなにがしかの適用根拠をもつものと仮定しても，猥褻性を著作権保護の限界として主張することの抜け道として使われてはならない，ということは言えよう。クリーン・ハンドの原則としてにせよその他の言い方にせよ，猥褻性の抗弁を作ることは，連邦議会が認めていない抗弁を付け加えることになり，それは，先に論じたように，全部をいっしょくたにして保護しようという著作権法の根底にある連邦議会の選んだ目的を抑圧することになるからである。またこれは，裁判所における承認という要件を加重することになるので，創作性をくじくことにもなろう。論争の的となるような，あるいは人気のある分野ではない，あるいは新しい題材を扱った著作者にとって，その著作物の内容を有効なものとするためには司法上の審査を経なければならないとすることは，著作権の目的に反することである。もしも著作権者が，その著作物の内容が司法上の異議に実際に会ったため，あるいは潜在的に会いそうなために，経済的な保護を受けられないということになったとしたら，著作権法における創作性を伸ばすという目的は阻害されることとなろう。

……（略）……

著作権の保護を否定することによって猥褻性を管理するということがどの程度有効なことなのかは，いまだ結論の出ていない問題である。地裁は，差止命令を拒否することによって，短期的に猥褻な著作物の頒布が増えるかもしれないが，その弊害よりも，長期的に全体としての猥褻な著作物の創作をくじくことが重要である，と考えた。この議論は，鑑定証人や経験に基づく証拠抜きで到達されたもので，少なくとも疑わしいということは言える。多くの学者はこれに同意しないし，猥褻な著作物を侵害した者に対して差止命令を否定すれば，かかる著作物を増やすばかりである，という見方をとっている。このような意見の食い違いは，必ずしも我々がここで解決する必要はないものだが，これが何を示しているのかといえば，著作権と猥褻物というものの関係をどう扱うかという問題が，個々的な裁判上において解決されるべきものではなく，立法によって解決されることこ

そが最適である，ということを示しているのである。連邦議会は猥褻な著作物について著作権を否定してはおらず，従って我々としては，この問題についての立法上の判断を乗り越えるについては慎重にならざるをえないのである。

破棄および差戻し。

Devils Films, Inc. v. Nectar Video, 29 F.Supp.2d 174 (S.D.N.Y. 1998)　　原告は，カリフォルニアでアダルト映画を製作し，これをニューヨーク等において配給した。これらのビデオ数本を見た後に審理を担当した判事は，これらを疑問の余地なく猥褻なものであると判断し，これらを州間において移送することが犯罪であり，映画を没収の対象とした。この訴訟は被告に対する著作権侵害訴訟であるが，被告は，原告の映画の無許諾コピーを頒布していたものであった。原告は，合衆国保安官が映画および被告の営業記録を押収し，かつ被告の資産を差し押さえるよう求めた。裁判所は，(Mitchell Brothers 判決における第5控訴審とは異なり) 第2控訴審が，著作物の猥褻性が侵害訴訟における抗弁となり得ると判示するかどうか，について判断を控えた。この件においては，裁判所が求められているのは一時凍結命令（temporary restraining order）であり，本件状況における原告の「クリーン・ハンドでない状態」に鑑みるとそうした命令を差し控える衡平法上の裁量権があるものと結論づけた。裁判所としては，原告の売上げの減少に対してよりも「州法ならびに連邦法違反を助長するべく合衆国保安官に命令を下すことになるという潜在的な結果」を重視する権限が与えられている，とする。「連邦議会が禁制品に著作権保護を及ぼそうと意図したとすることは，法の曲解である」。　また，猥褻関係の法の違反に関しての結論の後に言及していることとして，これによって著作権局が登録の前提要件として猥褻性を判断すべきことを意味しているわけではない，とも述べている。こうしたものは，保護される言論の事前抑制として，修正第1条上の疑義を生じさせるものだからである，と。

【質問】
　Mitchell Bros.判決における裁判所は，個々の著作物が知識の普及を促進するものでなくてはならないという考え方を拒否した。裁判所としては，憲法における著作権条項の他の側面において，こうした立場をとるべきだろうか。著作権というものが著作物のインセンティブであることは事実としても，個々の場合において，著作権の保護が個々の著作者をして問題となっている著作物の創作に向けて駆り立てたということを立証する必要があるだろうか（Hutchinson Tel. Co. v. Fronteer Directory Co., 770 F.2d 128 (8th Cir. 1985)と，本章 A 1で収録した Feist Pub's., Inc. v. Rural Tel. Serv.判決とを比較せよ。いずれの事件においても，電気通信免許を確保するための電話帳を出版する義務というものが，こうした編集物を作る上での相当のインセンティブとなっている。Hutchinson 判決の裁判所は，この事実によっても原告の著作権はなしでも構わないという認定をしなかったが，Feist 判決の裁判所は，電話帳を作る上で著作権以外のインセンティブを原告は有していると考えた）。
　Mitchell Bros.判決は，著作物の審美的な価値について裁判所は判断を下さないという著作権法における長い伝統に則っているようである（前記 Bleistein v. Donaldson Lithog. 判決参照）。それでは，Hutchinson 判決におけるように，特定の経済的なインセンティブの有無に関する審査の回避は，これと同じように説明のできるものだろうか。著作権の保護を得られるであろうとの見込みなるものが，

その著作物の創作ないし製作においていかなる役割を果たしたかということにつき，裁判所は識別しようと試みるべきではないか。こうした検討を行う上でどのような問題があるだろうか。

第 3 章
所有関係

A 当初の所有関係

1 著作者の地位

〈Lindsay v. R.M.S. Titanic〉

(52 U.S.P.Q.2d 1609 (S.D.N.Y. 1999))

ハロルド・ベア Jr.地裁判事

　原告 Alexander Lindsay は1997年に本訴訟を提起し，著名な沈没船タイタニック号の引揚げ現場で行われたサルベージ操業から生じた収入の分配に基づいて，損害賠償を求めている。被告の R.M.S. Titanic, Inc. (RMST) と Suarez Corporation, Inc.は，これに対して，原告による著作権侵害という答弁を行い，そうした反訴を提起した。原告は，訴状を変更して被告に Discovery Communications, Inc.を加え，これら3社に対して著作権侵害の訴因を付け加えた。〔原告は，被告の著作権侵害のクレームにつきその主張自体失当を理由として原告勝訴の判決を下すよう申し立て，被告は，原告の著作権侵害の主張に関してその却下を求めた。〕

　〔原告は，独立ドキュメンタリー映画のプロデューサーで，ドキュメンタリーの創作，監督，プロデュース，撮影に従事している。1993年に被告 RMST は，タイタニック沈没現場の「実効海難救助者 (salvor-in-posession)」としての排他的地位を与えられ，そこにおけるサルベージ操業を実行できることとなった。原告は1994年に，RMST による3度目のサルベージ作業の模様をドキュメンタリーに撮影し，そこにおいて，高感度照明を用いたタイタニック引揚げを撮影しようと思い立った。1996年の引揚げ作業の撮影に関しての交渉がその後行われたが，書面の契約は交わされなかった。原告は，引揚げの撮影について，事前に，また1996年の作業中にも，以下で裁判所が認定するように細かく計画した。しかし原告は，自分でカメラを回すことができなかった。本訴訟において原告は，彼の役務についての補償を求めており，被告らが問題の撮影プロジェクトの「利用から不法に利益を得て」いると主張している。〕

III 検　討
B 著作権クレーム
2 著作者性

　被告らはまず，原告は自分で船に潜ったわけでもなく，よって自分で引揚げを撮影したものではないから，本件の照明を施されたフッテージにおいて何らの保護されるべき権利をも取得し得ないものである，と主張する。しかしこの議論は，水も漏らさぬものとは言えない。

1976年著作権法は，著作権が「著作物の著作者に原始的に帰属する」と規定している（§201(a)）。一般的にいえば，著作物の著作者とは，「著作物を実際に創作した者，すなわち，アイディアを，有体物に著作権保護を受けうる表現として固定した者」である（Community for Creative Non-Violence v. Reid, 490 U.S. 730, 737 (1989)）。映画のフッテージや写真のコンテクストにおいては，著作物の「著作者」とは，その映画や写真を撮った者，つまり写真家や撮影監督であると，直感的には分かる。しかし，この概念は被告らが主張するよりは広いものである。

100年以上にわたって最高裁は，写真は「作者の知的なオリジナルな構想の表現物である限り」著作権保護を受け得るものとしてきた（Burrow-Giles Lithographic Co. v. Sarony, 111 U.S. 53, 58 (1884)）。著作権上の著作者であると主張する者は，「思想や概念の創作性や知的な生産という事実の存在」（Feist判決）を立証しなければならない。……写真における創作性の要素には，「被写体のポーズ，照明，アングル，フィルムやカメラの選択，狙った表現の喚起，その他関連するあらゆる変数」が含まれるものである（Rogers v. Koons, 960 F.2d 301, 307 (2d Cir.), cert. denied, 506 U.S. 934 (1992)）。原告の主張は，それを真実であると仮定すれば，この基準を満たすものである。原告の主張するところのストーリーボードや，照明塔の使い方についてスタッフにした特定の指示，どのアングルから引揚げ場面を撮るかといったことのすべては，最終的なフッテージが原告の「知的なオリジナルの構想」の産物であることを示している。

原告自身が文字通りには撮影をしていなかったということ，つまり，引揚げ現場に潜ってカメラを操作していないということは，本件の照明撮影のフッテージを「著作した（authored）」との原告の主張を否定することにはならない。原告はそのプリプロダクション段階において，いわゆる「ストーリーボード」を作ったが，これは，特定のカメラ・アングルから写されたタイタニック号のイメージや撮影順番を書いた何枚かの図である。引揚げ作業の最中においては，原告は水中撮影の「監督兼プロデューサー兼撮影監督」である，と主張している。そうした役割の一部として，原告は，撮影スタッフと毎日撮影計画を練り，彼らに対して「照明塔の位置の固定と使用について詳細な指示」を与えた。さらに原告は，実際にサルベージ船のOcean Voyager号の船上からタイタニック号の「撮影について監督をした」としている。最後に，原告は，毎日のお終いの時刻にフッテージの上映を行い，「狙ったイメージが撮れたかどうか確かめた」という。

原告は，最終的な産物がどのように映画に見えるべきかという自分の概念とヴィジョンをなぞるべく，高度のコントロールを映画の撮影（使用される照明の種類と量，特定のカメラ・アングル，その他細々とした映画の芸術的要素など）に及ぼしたのだ，と主張しているが，こうした原告は著作権法にいう「著作者」であると言い得るものである。

実際，本件はAdrien v. Southern Ocean County Chamber of Commerce（927 F.2d 132 (3d Cir. 1991)）に似ている。このケースでは第3控訴審は，「ある者のアイディアの表現が，その者の許諾のもとに，機械的ないし自動的な転写によって有体物に具現化された場合には，その者が著作者となりうる」と判示した（Id. at 135）。この事件の原告はニュージャージー州ロングビーチ・アイランドの地図の著作権を受けていたが，これは，既存の地図の編集物から，原告自身のその地域の調査を交えて作られたものであった。最終的な地図に自分の集めた発想と情報を変換するにあたって，原告は印刷会社に頼んで地図を最終的な形態に印刷してもらった。原告の証言によれば，地図は「文字どおり自分がつきっきりで」印刷者により作られ，地図が作られる数週間にわたり毎日原告

は印刷所で時間を過ごし，細かい点にわたって地図の作成に指示を出したという。同事件において下級審は，原告の主張自体を失当として被告の勝訴判決を下したが，控訴審はこれを覆し，印刷会社は「原告の作り上げたコンセプトを知的に変形したり技術的に改良したりといったことを何ら行って」おらず，また「原告のオリジナルの表現の実質には一切変更を加え」ていない，と認定した（Id. at 135. また，Lakedreams v. Taylor, 932 F.2d 1103, 1108 (5th Cir. 1991)〔著作者はたとえ自分が「その手を使って，素材を公衆に頒布する形態に押し込めるという機械的な作業」をしなくても著作権保護の資格を得ることができる旨判示〕参照）。本件の原告の主張が著作権法の要件を満たすものかどうかはこの段階では分からないが，その語るところを信じることとされているこの手続においては，この段階における却下は正当化され得ない。

被告は，Geshwind v. Garrick (734 F.Supp. 644 (S.D.N.Y. 1990), vacated in part, 738 F.Supp. 792 (S.D.N.Y. 1990), aff'd, 927 F.2d 594 (2d Cir.), cert. denied, 502 U.S. 811 (1991))が本件却下に関して適用されるべきだと主張している。しかし，このケースは適当とは言えない。そこでの原告は，CGアニメーションと特殊効果のプロデューサーであったが，15秒のアニメーションを作る契約をしていた。原告は，CG会社のDigital社を雇い入れ，基本的にはこの会社に製作を行わせた。Geshwind判決における裁判所は，Digital社が著作権法における「著作者」であると認定した。パターソン判事は，原告が「著作者」とは言えないとする理由として，そこでの原告が最終成果物に対して最小限の貢献しかしておらず，あったとしてもいくばくかの「サジェスチョン」程度のものにしかすぎない，ということを挙げている（Id. at 650）。これは，原告Lindsayがサジェスチョンならぬ貢献を行って，自らを最終成果物の背後の原動力と自称している本件とは，全く対照的な点なのである。……

【質問】
　Adrien判決では次の最高裁判決に言及がなされた。「一般論としては，著作者とは著作物を実際に創作した者，すなわちアイディアを有体物に著作権保護を受けうる表現として固定した者をいう」（CCNV v. Reid判決。この後すぐに登場する）。しかしAdrien判決もLindsay判決も，「著作物」とそれが具現化された「有体物」との違いを指摘することで，この原則を変えてしまっている。すなわち，人は自ら書き付けることなく，ただ他人に対しそれを「固定」するようにディクテイトすることによって，文芸作品や音楽作品の著作者となれる，ということである。前者が「著作者」であり，後者はそうはならず，Adrien判決いうところの「筆記者（amanuensis）」にすぎないというわけである。
　もしも筆記者が「著作者」ではないのであれば，神の啓示を筆記したと主張する者はどうなるのか（たとえば，Urantia Foundation v. Maaherra, 114 F.3d 955 (9th Cir. 1997); Penguin Books v. New Christian Church, 55 U.S.P.Q.2d 1680 (S.D.N.Y. 2000)〔後者のケースでは，筆記者は「（ジーザスの）御声」が本の内容をディクテイトしたばかりか，著作権登録をすることをも導いたと述べている〕参照。さらに，Cummins v. Bond, [1927] 1 Ch. 167〔「運命の川の向う岸の住人に著作者性および著作権が帰属するか否か」の問題について検討〕をも参照）。

Adrien判決とLindsay判決は著作者性における2つの対立する概念間の選択を行っている。そ

れは，着想（conception）に基づく著作者性と実行（execution）に基づく著作者性である。両判決の見方は明らかに今日主流のもので，創作への知的な貢献を肉体的なそれよりも上に置く考え方である。しかし，合衆国著作権はいまや著作者性を完全に知的な性格のものとして捉えるに至ったというのは言い過ぎであろう。わが著作権法においてはさらに別の対立する著作者性の概念がある。それは経済的な著作者性という考え方である。この考え方においては，「著作者」とは著作物の創作と頒布に資金提供（実際に著作物を創作した人のコストも含む）をした者ということになる。すべての経済的リスクを引き受けた者が「著作者」たる扱いを受ける権利があるということである。これは合衆国著作権法の「雇用著作物」原則を支える概念である。読者は以下の文章を読むなかで，様々な著作者性概念間における哲学上の差異と結果を検討せよ。

2 経済的概念としての著作者性：雇用著作物

合衆国憲法が連邦議会に対して与えていたのは，「著作者に対して……著作物（writings）に……関する独占的な権利を……与える」（第1条8節8項）権限であった（下線引用者）。ところで，この著作権とのかねあいでは誰が「著作者」であるのか。合衆国憲法は，現実に創作をした者に対して最初に著作権を受ける資格を与えようとしているのか。実際には，他のほとんどの海外の例とは異なり，合衆国憲法は著作者たる地位を自然人に限定してはいない。著作権法は法人にも「著作者」たる資格を認めているのである。「雇用著作物」の法理（後記a参照）においては，雇用者と一定の委託者が「著作者」であるとしている。

法人その他の，自らは著作物を創作していない者（一定の委託者）に対して，著作者たる地位を与えることは，単なるラベリング上の手品のようなものなのだろうか。これは，合衆国憲法の文言に対して形式的に適合するものなのだろうか。憲法上の意味の「著作者」というものになるためには，どういった労力が支払われる必要があるのか。憲法の著作権条項に表れた，合衆国における著作権というものの概念が，主として（これのみということではなく）経済的なものだとすれば，ある著作物の創作に関して財政的な援助をなしこれを市場に持ち込むについてリスクを負った者に対して限定的な独占を与えることは，合衆国憲法に合致したことではないのか。それとも憲法は，「著作者」と「著作物」との間にもっと緊密な繋がりのあることを示しているのだろうか（金はモノを言うことはあるが，書きはしない？）。もしも「著作者」というものが，単にお金を払う者ではなく，「何かがその起源を有する者，製作者，科学や文学を完成させた者」（第1章掲記のBurrow-Giles v. Sarony）であるとすると，連邦議会がその他の者を「著作者」と認めることは憲法に矛盾することになりはしまいか。

§101 定　義

本法において，以下の言葉とその種々の変形とは，次の意味を有するものとする。
　A　「雇用著作物」とは，
　　(1)　従業員が，その雇用の範囲内において作成した著作物。または，
　　(2)　集合著作物への寄与として，映画その他の視聴覚著作物の一部として，翻訳として，補

助的な著作物として，編集物として，教科書として，テストとして，テストへの解答として，図表集として使用されるために，ある著作物の作成が特別に発注ないし委嘱された場合で，両当事者が署名済みの書面にて，かかる著作物が雇用著作物として扱われるべき旨明示に合意している著作物。

§201 著作権の帰属

……(略)……

(b) 雇用著作物——雇用著作物においては，雇用者その他当該著作物がその者のために作成された者が，本法においては著作者とみなされ，両当事者が署名済みの書面にて明示に別途の合意をしている場合を除いては，これらの者が著作権についてのすべての権利を有するものとする。

a 従業員の創作した作品

〈Community for Creative Non-Violence v. Reid〉
(490 U.S. 730, 109 S. Ct. 2166, 104 L. Ed. 2d 811 (1989))

マーシャル判事が法廷意見を代表する。

本件では，アーティストと彼を雇用して彫刻を作らせた団体とが，その著作権の帰属をめぐって争っている。この問題を解決するため当法廷は1976年著作権法（以下単に「法」ないし「1976年法」という）の「雇用著作物」条項（17 U.S.C. §101, 201(b)）を解釈し，ことに「雇用著作物」を「従業員が，その雇用の範囲内において作成した著作物」と定義する101条に焦点を当てなければならない。

I

上告人は，Community for Creative Non-Violence（CCNV）と称する非営利の法人格なき団体で，アメリカにおけるホームレス根絶を目指している。もう一人の上告人は，CCNVのメンバーで信託受託者である Mitch Snyder である。1985年秋，CCNV は，ホームレスの苦闘を描いた展示物にスポンサードをして，ワシントン D.C.で開催されるクリスマス平和行進に参加しようと思い立った。これについて地方裁判所は以下のように認定している。

> Snyder と仲間の CCNV メンバーたちは，この展示物の性格づけについてのアイディアを考案した。それは，現代的なキリスト降誕の図の彫刻で，伝統的な聖家族の代りに，2人の大人と赤ん坊がいて，この大人たちは現代のホームレスの人が道端のスチームの鉄格子上で頭を寄せ合っているような構図のものであった。この家族は黒人の家族で（ワシントンにおけるホームレスの大半は黒人である），大きさは等身大，プラットフォーム「台座」ないし底の部分の上に据え付けられるスチームの鉄格子上の載せられ，この台座の中に入れられた特殊効果装置により発生する「スチーム」が，鉄格子を通してこの人形たちのまわりを渦巻く仕掛けとなっていた。彼らは，この作品のタイトル "Third World America" も考えだし，台座につける銘文 "and still there is no room at the inn" も考案した。

Snyder は，この彫刻を制作するアーティストをさがした。そしてメリーランド州バルティモア在住の彫刻家，被上告人の James Earl Reid を紹介された。2回の電話のやりとりで，被上告人

（James Earl Reid の許可を得て掲載）

は3体の人形を彫刻することに合意した。Snyderはスチームの鉄格子と台座を作ることを引き受けた。被上告人は，作品をブロンズで作ると，最低でも経費としては約100,000ドル必要で，完成まで6か月から8か月はかかると申し出た。Snyderは，CCNVにはあまりお金がないし，平和行進に参加するには彫刻は12月12日までに完成させる必要があるので，この申出には合意できないとした。そこでReidは，彫刻をブロンズ様の彩色ができる「デザイン・キャスト62」という化学物質で作ると，CCNVの資金面・時間面のニーズにかない，また諸要件にも耐えるであろうと提案し，Snyderもこれに合意した。両者は総経費（Reidの手間賃は含まない）は15,000ドルを上限とすることとし，Reidの手間賃分は彼の申出によりこのプロジェクトへの寄付ということにした。両者とも書面に署名はせず，いずれも著作権については言及しなかった。

　3,000ドルの前金を受け取ってReidは，様々なポーズをつけた人体のスケッチを数葉描いた。Snyderの要請でReidはCCNVに，託児所のようなセッティングでの家族を表現した彫刻スケッチを送った。これは，母親が坐って膝の上で子供をゆすっており，父親はその背後に立って母親の肩ごしに子供の足に触っている様を描いている。Reidの証言によれば，Snyderは彫刻への資金調達のためこのスケッチが欲しいといった。Snyderの証言によれば，それは同時にスケッチの是非を承認するためであったという。Reidは，彫刻のモデルにするために黒人の家族をさがした。SnyderはReidに，CCNVのワシントンのシェルターで生活する家族を訪ねてはどうかと言ったが，訪問の結果，Reidは彼らの赤ん坊だけをモデルに使うことにきめた。Reidがワシントンに滞在中，Snyderは，ストリートに生活するホームレスを見せにReidを連れ出した。Snyderは，ホームレスたちは立ったり坐ったりするよりは暖をとるためにスチームの鉄格子にもたれかかりがちなことを，Reidに指摘した。その時点以降，Reidのスケッチにはもたれかかる人体のみが登場

するようになった。

　1985年の11月いっぱいと12月の最初の2週間にかけてReidはもっぱらこの彫刻にかかりきりで，CCNVからの分割払金で雇った12名のアシスタントが入れ替わり立ち替わり彼を補佐した。何度かCCNVのメンバーがReidのもとを訪れ，進展具合のチェックとCCNVの作る台座との調整をした。Reidは，彫刻の家族の身の回り品を入れるのにスーツケースかショッピング・バッグにしたらどうかと提案したが，CCNVはこれを拒否し，ショッピング・カートがいいのだとした。こうした訪問においても両者は著作権に関してまったく話をしていない。

　1985年12月24日，納期に12日遅れて，Reidは完成した彫刻をワシントンに搬入した。そこで彫刻は，CCNVが作成したスチーム鉄格子と台座とに合体され，行進の場所の近くのディスプレイに設置された。

　SnyderはReidに15,000ドルの最後の分割払い金を払い終え，彫刻は1か月間ディスプレイに設置された。1986年1月末，CCNVのメンバーは，ちょっとした修繕のために彫刻をReidのもとに送った。その後数週間してSnyderは，この彫刻を数都市をまわるツアーに出しホームレスのための資金調達をはかる計画を企画した。これに対してReidは，デザイン・キャスト62は素材的に，こうした過酷なツアーに耐えないとして反対した。そしてCCNVに対し，35,000ドルをかけてブロンズ製にするか，5,000ドルかけて金型を作るか，どちらかをすべきだとした。Snyderは，このプロジェクトにCCNVの資金をこれ以上注ぐつもりはなかった。

　1986年3月，SnyderはReidに彫刻の返還を求めたが，Reidはこれを拒んだ。そしてReidは自らの名において"Third World America"の著作権登録を申請し，CCNVが企画したものよりもハードでない彫刻のツアーを発表した。Snyderは，CCNVの信託受託者として，直ちにこれに対抗した著作権登録を申請した。

　これに続いてSnyderとCCNVは，Reidとその写真家 Ronald Purteeに対して本訴を提起し，彫刻の返還と著作権の確認請求とを求めた。連邦地裁は仮処分命令を発し，彫刻の返還を命じた。[1] 2日間の無陪審審理を経て連邦地裁は，"Third World America"は著作権法101条における「雇用著作物」である旨を宣告し，CCNVの信託受託者としてのSnyderが本件彫刻の著作権の独占的な所有者であるとした（652 F.Supp., at 1457）。その理由として判示されたのは，CCNVこそが本件彫刻を製作するにあたっての動機づけを担った者であるから，Reidは法101条(1)に言うところのCCNVの「従業員」であった，ということである。裁判所によれば，Snyderとその他のCCNVメンバーは「全国的なクリスマスシーズンと対比させるために現代的なキリスト降誕シーンを考案した」し，「最終的にReidではなくCCNVが欲するところのものを製作せしめたと言うに足るだけReidを指揮監督した」のであった（Id., at 1456）。

　コロンビア特別区控訴審はこれを覆し，"Third World America"が雇用著作物ではないとしてReidに著作権がある旨を判示した（270 U.S.App. D.C. 26, 35, 846 F.2d 1485, 1494 (1988)）。Easter Seal Society for Crippled Children and Adults of Lousiana, Inc. v. Playboy Enterprises（815 F.2d 323, 329 (1987), cert. denied, 485 U.S. 981 (1988)）で第5控訴審が採ったと同様の解釈（コロンビア特別区控訴審はこれを「文理解釈」と言っている）を採用し，101条をもって「従業員と請負人（in-

---

(1) Purteeは，被告とされているが1度も出廷しておらず，また本件彫刻に関する権益を主張してもいない。

dependent contractor) の 2 つの事実面における単純な区別」を創り出したものであると解釈する（270 U.S. App. D.C., at 33, 846 F.2d, at 1492）。代理法理においては Reid は請負人であるから，同裁判所は，Reid は101条(1)における「従業員により作成された」著作物ではないと結論づけた（Id., at 35, 846 F.2d, at 1494）。また本件彫刻は101条(2)における「雇用著作物」とも言えない。というのも，彫刻は同項で列挙されている 9 種類のカテゴリーに入っていないし，また当事者は本件彫刻を雇用著作物とするべく書面で合意してもいないからである（Ibid.）。ただ，本件彫刻が CCNV と Reid の共同著作だった可能性はある，と同裁判所は示唆している（Id., at 36, 846 F.2d, at 1495）。そこで，この点について審理を尽くすべく事件を差し戻した（Id., at 39-40, 846 F.2d, at 1498-1499）。

II

A

1976年著作権法は，著作権は「その著作物の著作者に原始的に帰属する」と規定している（§201(a)）。一般的に言って，著作者とはその著作物を実際に創作した者であり，それはすなわち，あるアイディアを，著作権保護を受けうる固定された有形の表現へと移し替えた者のことである（§102）。しかし法は，重要な例外を「雇用著作物」について規定している。もしも著作物が雇用において作成されたものであると，「雇用者その他当該著作物がその者のために作成された者が著作者とみなされる」こととされ，別途の書面の合意のない限り著作権者とみなされることになっている（§201(b)）。ある著作物を雇用著作物と分類することは，単に当初の著作権の帰属が決定されるだけではなしに，著作権の存続期間（§302(c)）や著作権者の更新権（§304(a)），解除権（§203(a)），著作権を有する一定のものについてこれを輸入する権利（§601(b)(1)）などにも影響を及ぼすことになる（1 M. Nimmer & D. Nimmer, Nimmer on Copyright §5.03[A], pp. 5-10 (1988) 参照）。従って，雇用著作物の法理の外延がどこまで及ぶのかという問題は，フリーランスの創作者，すなわちアーティスト，作家，写真家，デザイナー，作曲家，コンピュータ・プログラマーらにとって重要な問題であるし，また，これらの者に仕事を依頼する側の出版業界，広告業界，音楽業界等にとっても大きな問題である。

(2)
……上告人は，本件彫刻が101条(2)の要件を満たしていると主張しているわけではない。その点については疑いがない。本件での彫刻は，この項に列挙されている 9 つの「特別に発注ないし委嘱された」著作物のカテゴリーのどれにもあてはまるものではなく，かつ，本件著作物を雇用著作物とする旨の書面の合意もまったく取り交わされてはいない。

従って，本件を決する要素は，本件彫刻が，101条(1)にいう「従業員が，その雇用の範囲内において作成した著作物」であるかどうかである。著作権法はこの言葉についての定義をおいていない。この点についてのガイダンスが何もないところ，4 つの解釈が唱えられている。最初のものは，雇用側がその成果物についてコントロールする権利を有していれば必ず従業員が雇用著作物を作ったことになる，とするものである（Peregrine v. Lauren Corp., 601 F. Supp. 828, 829 (Colo. 1985);

---

(2)〔原(4)〕 著作権局の調査によると，1955年当時において，すべての登録著作権の約40％は雇用著作物であった（Varmer, Works Made for Hire and On Commission, in Studies Prepared for the Subcommittee on Patents, Trademarks, and Copyrights of the Senate Committee on the Judiciary, Study No. 13, 86th Cong., 2d Sess. 139, n. 49 (Comm. Print 1960)（〔以下，Varmer, Works Made for Hire と略称する〕）。著作権局は，もっと近時の雇用著作物の割合については統計資料を有していない。

Clarkstown v. Reeder, 566 F. Supp. 137, 142 (S.D.N.Y. 1983) 参照）。上告人はこの見解をとる（上告趣意書15; Tr. of Oral Arg. 12）。第2の，そして第1のものと近い見方としては，特定の著作物の創作に関して，雇用側が現実にコントロールを発揮していれば，それは従業員によって雇用著作物が作られたことになる，とする。このアプローチは，第2控訴審のとる見方であり（Aldon Accessories Ltd. v. Spiegel, Inc., 738 F. 2d 548, cert denied, 469 U.S. 982 (1984)），また第4控訴審（Brunswick Beacon, Inc. v. Schock-Hopchas Publishing Co., 810 F. 2d 410 (1987)）および第7控訴審（Evans Newton, Inc. v. Chicago Systems Software, 793 F. 2d 889, cert denied, 479 U.S. 949 (1986)）に採用された見方でもあった。この考えは，時として上告人によって採用されてもいる考えである（上告趣意書17）。第3の見解は，101条(1)の「従業員」という言葉はコモン・ロウの代理についての法におけると同じ意味を担っている，という考え方である。この見方は，第5控訴審が Easter Seal Society for Crippled Children and Adults of Louisiana, Inc. v. Playboy Enterprises （815 F. 2d 323 (1987)) でとった考え方で，本件での控訴審のとった見解でもある。最後に第4のものは，被上告人および多くの「法廷の友」意見のとる立場で，「従業員」というのは「正式のサラリーの支払われる」従業員を意味する，という説である（被上告人準備書面23-24；著作権登録官の「法廷の友」意見書7）。第9控訴審は近時この見解を採用した（Dumas v. Gommerman, 865 F. 2d 1093 (1989)）。

　制定法の解釈に関する我々の出発点は，常にその条文である（Consumer Product Safety Comm'n v. GTE Sylvania, Inc., 447 U.S. 102, 108 (1980)）。しかし著作権法は，「従業員」ないし「雇用の範囲内」という言葉についてはどこにも定義をおいていない。ところが，「連邦議会が……コモン・ロウにおいて確定された意味を代々担わされてきた言葉を使った場合には，制定法が別途に規定していない限り，裁判所は，議会がこれらの言葉の確立した意味を使ったということを推定しなければならない」ということが確立した判例である（NLRB v. Amax Coal Co., 453 U.S. 322, 329 (1981); Perrin v. United States, 444 U.S. 37, 42 (1979)）。過去において連邦議会が「従業員」という言葉を定義なしに使った場合には，当法廷はこれをもって，連邦議会はコモン・ロウの代理権の法における，伝統的な雇用者と被用者の関係（master-servant relationship）を念頭においていたものだ，と結論づけてきた。……雇用著作物の条項においては，「伝統的な雇用者と被用者の関係」以外のものを描こうとして「従業員」や「雇用」といった言葉を連邦議会が使ったということを示すものは何もない。……その反対に，議会は代理についての法における定義を著作権法に組み入れる意図であったのであり，そのことは，101条(1)に「雇用の範囲内」という言葉を使っていることに表れている。この言葉は，代理についての法においては広く使われている言葉である（Restatement (Second) of Agency §228 (1958) 参照）。

　過去における制定法の解釈で，連邦議会が「従業員」，「雇用者」，「雇用の範囲内」等の言葉で意図したのは代理法における意味である，と我々が結論づけた場合には，その意味するところは，一般的なコモン・ロウにおける代理法の意であって，どこか特定の州の代理法の意ではなかった。……これは，「連邦法は全国的に統一した適用が一般になされるべきである」との姿勢を反映したものである（Mississippi Choctaw Indian Band v. Holyfield, 490 U.S. ＿, ＿ (1989)）。州の代理法ではなく連邦の代理法を確立するということは，著作権法に関してはことに適切である。同法は，州の制定法およびコモン・ロウ上の著作権法を広く先占して，全国的に統一的な著作権を作り上げる，というところにその目的を有するものだからである（§301(a)）。従って当法廷は，本件控訴審裁判

所の言うように,「従業員」という言葉が一般的なコモン・ロウの代理法において理解されるべきだとすることに賛成である。

これに反して,上告人の提案する基準は,いずれも著作権法の文脈と両立するものではない。まず,成果物につきコントロール権があったか否かというかたちで雇用側と生産物との関係にもっぱら注目する基準は,101条(1)の文言と矛盾を生ずる。同項は,雇用側と被用側との関係に焦点をあてているのである。成果物をコントロールする権利の基準はまた,101条(2)の意味をも損なっている。101条は,ごく単純に著作物が雇用著作物とみなされる2つの場合を規定しているのである。ひとつが従業員により作成された場合で,もうひとつが9つのカテゴリーの内に入る特別の発注・委嘱製作の場合で,後者は書面の合意書を必要としている。成果物コントロール権基準は,この2項分類を無視している。というのは,雇用側の監督とコントロールに服する「特別の発注・委嘱製作」の著作物を結局すべて101条(1)の方へ移し替えてしまうことになるからである。その定義からして,「特別の発注・委嘱製作」を頼んだ雇用側はその望むところの作品の特徴等について特定する権利があり,これは注文をした時点だけでなく,完成した時点まで続くことがままあるのであるから,成果物コントロール基準というものは,101条(2)を満たす著作物は既にして101条(1)をも満たしているということを意味することとなってしまう。さらに上告人の解釈では,101条(2)の9つの特定のカテゴリーの制限列挙をどう説明するのかということで非常な困難をみることとなろう。この9つのカテゴリーは,雇用著作物となりうる特別の発注・委嘱製作品を掲げていて,これらは「集合著作物への寄与」,「映画の一部」,「テストへの解答」などである。これらの著作物に共通する特徴は,これらは通常,発行者ないし製作者の側の要請,指示,リスクによって作成されるものだ,ということである。まさにこの性質によって,こういったタイプの著作物は,上告人の提唱する成果物コントロール基準においては従業員の著作物ということになってしまう。

「現実のコントロール」基準は,Aldon Accessories 判決において第2控訴審が提唱したものであるが,101条の文言と構造に照らして,わずかに上記の基準を周辺的に改善したものにすぎない。この基準では,特定の著作物の創作過程で現実に監督とコントロールを受けた請負人が,101条にいう「従業員」とみなされる。従って,101条における雇用著作物の成否は,成果物についてのコントロール権の有無ではなく,雇用側による現実のコントロールの有無にかかっている (Aldon Accessories, 738 F. 2d at 552)。雇用側が9つのカテゴリーの中に該当するようなある作品を委嘱したが現実のコントロールは及ぼさないという場合においては,「現実のコントロール」基準によれば,101条(1)は問題にならず,101条(2)の問題となろう。しかしそれにもかかわらず我々は,第5控訴審の次の判示に対して賛意を表するものである。「法の文言から Aldon Accessories 判決におけるような『現実のコントロール』基準を引き出すことは,全くできないものである」(Easter Seal Society, 815 F. 2d at 334)。101条は明らかに,従業員によって作成された著作物と委嘱によって作成された著作物とを区別しているのである。これ以外の区別が著作権の立法論としては適切なものであるとしても,雇用側によって現実に監督・コントロールのなされる委嘱製作の著作物とそうでないものとの間に区別をつけることは,制定法上の根拠を見いだしえないものである。

従って当法廷は,著作権法101条の文言および構造上,成果物のコントロール権基準および現実のコントロール基準はその根拠のないものである,と結論づける。101条の構造は,雇用著作物は2つの互いに排他的な方法の内のひとつから生ずるものであることを示している。ひとつは従業員

によるもの，もうひとつは請負人によるもので，制定法の通常の解釈によれば，ある雇用著作物をこのどちらに分類するかは代理法を参照してなされるべしということになる。

法律上は定義のない言葉をこのように解釈することについては，著作権法の立法過程においてこれを根拠づけるものが少なからず見いだされる（Diamond v. Chakrabarty, 447 U.S. 303, 315 (1980)）。現行の著作権法は，当時存在した著作権法をほとんどそっくり書きなおしたに等しいものであったが，これは20年にわたる創作者側と著作権を使用する業界側との長い交渉の産物であり，著作権局と，同局ほどではないにせよ連邦議会とが，この交渉を監督してきたのであった（Mills Music, Inc. v. Snyder, 469 U.S. 153, 159 (1985); Litman, Copyright, Compromise, and Legislative History, 72 Cornell L. Rev. 857, 862（1987）参照）。本法を生み出すまでには多くの交渉と妥協が繰り返されたが，2つの事柄は一貫して変わらなかった。第1に，関係者と連邦議会とは，従業員による著作物と請負人による委嘱製作の著作物とは別のものであると見ていた，ということである。第2に，「従業員」という言葉を使う場合，関係者および連邦議会は，伝統的な雇用関係において雇われた者を意味するべくこの言葉を使っていた，ということである。これらの事実は，我々が適切と考える解釈を支持する方向にはたらくであろう。

1955年に連邦議会が著作権法を作り直そうと決意した時点で効力を有していた雇用著作物に関する条項は，1909年法の62条であった（17 U.S.C. §26 (1976 ed.)（1909年法））。ここでは，「『著作者』という言葉は，雇用著作物における雇用者を含むものとする」と規定されていた。1909年法では「雇用者」とか「雇用著作物」という言葉は定義されていなかったから，これらの言葉が何を意味するかを確定する作業は裁判所に委ねられた。裁判所の結論は，62条に成文化された雇用著作物の法理は，雇用の通常の過程において従業員によって作成された著作物を指し示しているにすぎない，ということであった。委嘱製作の作品については，裁判所は一般的に，受注側の当事者が発注側に対して，完成した作品と共に著作権をも譲渡すべきことを暗黙に合意していることを推定した。……

1961年の，著作権局の最初の立法についての提案書では，従業員の手になる著作物と請負人の手になる著作物との区別をつけていた（Report of the Register of Copyrights on the General Revision of the U.S. Copyright Law, 87 Cong., 1st Sess., Copyright Law Revision 86-87 (H. Judiciary Comm. Print 1961)）。関係団体の代表との数限りない打合せの果てに，著作権局は1963年に準備的な草案を発表

---

(3)〔原(8)〕 しかし我々はまた，被上告人および「法廷の友」意見の主張するように，101条(1)の「従業員」が正式のサラリーを得ている従業員のみを意味するとの説についても，これに加担しえない。この説には，立法経緯的にみてある種の支持材料が見られることは事実であるが（Varmer, Works Made for Hire 130; infra at n. 11参照），101条(1)の文言を見れば，かかる説を支持しえない。法は，「正式」とか「サラリーを得た」という言葉を使わずに，単に「従業員」と言っているのみである。さらに，この説を支持する被上告人や「法廷の友」は，この説における基準の内容について決して合意に至っていないのである。被上告人の準備書面では，「従業員名簿（payroll）に載っている者が101条(1)にいう従業員である」としているが（37参照），口頭弁論では，「サラリーないし日常的にコミッションをもらっている者が101条(1)にいう従業員である」としている（Tr. of Oral Arg. 31）。また，Volunteer Lawyers for the Arts Inc. その他の「法廷の友」意見書では，「サラリーを受けて，かつ社会保険と税金の面において従業員として扱われている者が，101条(1)にいう従業員である」としている（Amicus Curie 4）。ある控訴審でも，この「正式のサラリーを得ている」基準を採用するに際して，我々の提唱するところの代理法の定義における従業員から引き出される多くの決定要素を考慮に入れたアプローチを実際には行っていた（Dumas, 865 F. 2d, at 1104）。

した。同草案は，著作権局長官の意見を容れて，「雇用著作物」とは，「従業員がその雇用上の義務の範囲内において作成した著作物で，特別の発注ないし委嘱によって作成されたものを含まない」と定義していた (Preliminary Draft for Revised U.S. Copyright Law and Discussions and Comments on the Draft, 88th Cong., 2d Sess., Copyright Law Revision, Part 3, p. 15, n. 11 (H. Judiciary Comm. Print 1964)〔以下「準備草案」という〕)。

　書籍の出版社からは，準備草案が雇用著作物を「従業員」によるものに限定している点が反対され，この批判を容れた1964年法案は，初めて雇用著作物の範囲を委嘱製作の著作物にも拡張した。この法案の条文は，もともとは書籍出版業者から提案のあったものだが，従業員に関する部分はさきの定義をそのまま維持し，委嘱製作の著作物に関するものを別立ての条文として，「当事者が書面の合意をすることを条件として」内容の如何にかかわらずこれらを雇用著作物とするとした (S. 3008, H.R. 11947, H.R. 1254, 88th Cong., 2d Sess., §54 (1964), reproduced in 1964 Revision Bill with Discussions and Comments, 89th Cong., 1st Sess., Copyright Law Revision, Part 5, p. 31 (H. Judiciary Comm. Print 1965))。一方，著作者側を代表する者は，この追加条項は出版社側の強いバーゲニング・パワーをさらに強化させ，著作者に対して雇用著作物の契約書を締結するように強いる力を出版社に与えることになり，本を出版する条件としてすべての著作権を放棄させることになってしまう，といって反対した (Supplementary Report, at 67)。

　1965年に，この相競合する当事者は歴史的な妥協に達し，その合意内容は連邦議会と著作権局に提出された。これは1965年改正法案にそのまま盛り込まれ，結局同じ形式およびほとんど同じ言葉遣いで，1976年法の101条にとり入れられた。この妥協案は，第1項として，「従業員がその雇用の範囲内において作成した著作物」という言葉を採用している。しかし，出版社側が譲渡済み権利の解除権についての譲歩をしたのと引替えに，著作者側は第2項を設けることに合意した。第2項では，4つのカテゴリーの著作物につき，当事者が明示に書面で雇用著作物とする旨合意した場合には雇用著作物となる，と規定された。これらは，「集合著作物への寄与として，映画の一部として，翻訳として，補助的な著作物として」使用される著作物である (S. 1006, H.R. 4347, H.R. 5680, H.R. 6835, 89th Cong., 1st Sess., §101 (1965))。関連利益団体がこのカテゴリーを選んだ理由は，これらの委嘱製作著作物が従業員によるものでないため第1項でカバーされない場合でも雇用著作物として扱われるべきだと考えたからである。なぜなら，これらは通常「出版社ないし製作者の依頼，指示，リスクによって」作成される著作物だからである (Supplementary Report, at 67)。Supplementary Report は，この「特に列挙した4つのカテゴリー」だけが雇用著作物となりうるものであり，「特別の発注ないし委嘱に基づくその他の著作物はこの定義にあてはまらない」という点を強調している (同 at 67-68)。

　1966年，下院司法委員会は，その最初の改正法案についての立法報告書中において，この妥協案をよしとした (H.R.Rep. No. 2237, 89th Cong., 2d Sess., 114, 116 (1966))。従業員による著作物と委嘱製作著作物との間の区別を維持するに際して，委員会は代りに，「特別に発注ないし委嘱されて作られたものの内，雇用著作物として取り扱われるべきものと，そう取り扱われるべきでないものとの区別を法律上どうつけるか」という問題に注意を集中した (同 at 115)。委員会は，雇用著作物として扱いうる他の4つのカテゴリーの委嘱製作著作物を付け加えた。これが編集著作物，教科書，テスト，図表集である (同 at 116)。これに「テストへの解答」というのを付け加えると，1976年法

の雇用著作物の定義は1966年改正法案と同じになり，同法案と同じ構造かつほとんど同じ文言を持つことになった。事実，1976年の下院および上院の報告書は，その文言の多くを初期の草案に付随された報告書から借用している(4) (H.R.Rep. No. 94-1476, p. 121 (1976); S. Rep. No. 94-473, p. 105 (1975))。

　従って，本法の立法経緯はいくつかの理由において重要である。まず最初に，1965年の妥協案をごく細部の修正をしただけで立法化したということが何を示すかといえば，連邦議会が，雇用著作物というものに至るためには2つの互いに排他的な方法しかないということを意図したことである。すなわち，ひとつが従業員によるもの，もうひとつが請負人によるものである。第2に，法律上の文言は明らかに立法経緯から引き出されたものだということである。委嘱製作の著作物の内ここに列挙されたもののみが雇用著作物の地位に至りうるのである。成果物をコントロールする雇用側の権利というのみでは決定的ではない (Note, The Creative Commissioner: Commissioned Works under the Copyright Act of 1976, 62, N.Y.U.L. Rev. 373, 388 (1987))。実際のところ，仮に成果物についての雇用側のコントロール権や実際のコントロール権を基準にすると，「2つの利益団体間の正当な利益を考量した，注意深く作り出された妥協案」(H.R. Rep. No. 2237, supra, at 114, quoting Supplemental Report) を崩してしまうこととなろう。

　当法廷は，上告人の主張する本法の立法経緯に反した解釈を，説得力あるものとは思わない。上告人の主張によれば，1909年法下では，雇用側がアーティストの作品をコントロールないし監督する権利を保有している場合には雇用側が著作権を有するとするに足る雇用関係が存在する，との一連の判例があったという (Siegel v. National Periodical Publications, Inc., 508 F. 2d 909, 914 (CA2 1974); Picture Music, Inc. v. Bourne, Inc., 457 F. 2d 1213, 1216 (CA2), cert. denied, 409 U.S. 997 (1972); Scherr v. Universal Match Corp., 417 F. 2d 497, 500 (CA2 1969), cert. denied, 397 U.S. 936 (1970); Brattleboro Publishing Co. v. Winwill Publishing Corp., 369 F. 2d 565, 567-568 (CA2 1966))。そして連邦議会はこの結論を新法に組み入れたのだ，と主張するのである。これを補足して上告人は次のように述べる。「1976年法ないしはその立法経緯のどこにも，連邦議会が，雇用著作物における雇用関係の判定についてのコントロール基準やその他の新法制定以前のアプローチを捨て去る，とは書かれていない」(上告趣意書 20, citing Aldon Accessories, 738 F. 2d at 552)。

　しかし当法廷は，これには不賛成である。通常の場合，「連邦議会が何かについて何も言わないということは，単にそれだけの意味である」(Alaska Airlines, Inc. v. Brock, 480 U.S. 678, 686 (1987))。ことに本件において上告人が，立法経緯において連邦議会が何も言っていないということを強調することは，101条の文言と構造に照らして誤りである (Bourjaily v. United States, 483 U.

---

(4)〔原(13)〕「写真その他の方法による肖像」というカテゴリーを雇用著作物になりうる委嘱製作著作物に入れようとされたことがあったが (S. Rep. No. 94-473, p. 4 (1975))，著作権局長官の次のような反対がなされたあと，これは失敗に終わった (Second Supplementary Report of the Register of Copyright on the General Revision of the U.S. Copyright Law: 1975 Revision Bill, Chapter XI, pp. 12-13)。

　「雇用著作物」に該当しうる委嘱製作のカテゴリーに肖像を加えることは，正当化しがたいことである。アーティストと写真家とは，著作権法において最も価値のある人々でありながら，最も貧困に扱われてきた人々である。そして，真面目な作曲家や踊りの振付師と同じくこれらの人々は，慎重に交渉された101条の定義においては「従業員」として扱われるべく意図されていないのである。

S. 171, 178 (1987); Harrison v. PPG Industries, Inc., 446 U.S. 578, 592 (1980) 参照)。さらに，雇用著作物条項の構造については，1965年にすっかり固められていて，1966年にはその文言についても，基本的には最終的なものとして合意されていたのである。しかもその時点では，裁判所が1909年法下の雇用著作物の法理として適用していたのは，伝統的な意味の従業員に対してのみであった。事実は，連邦裁判所が最初に雇用著作物の法理を委嘱製作著作物にあてはめたのは，1965年の妥協案が連邦議会により練りあげられて採用された後のことであった（Brattleboro Publishing Co., supra, at 567-568参照)。連邦議会は，それまで判決されてもいない一連の判例を「捨て去る」ことなどできはしなかったのである。

最後に，上告人の主張するように雇用著作物の条項を解釈したとすると，それは，連邦議会が1976年法の改訂にあたり著作権の帰属についての予見可能性と確実性を増進させようとした至高の目的に反するものである（H.R. Rep. No. 94-1476, supra, at 129)。「著作権のマーケット」においては，当事者は，その一方の当事者が著作権を有しているということを前提に交渉活動を行っているものである（Dumas, 865 F. 2d at 1104-1105, n. 18)。この前提に基づいて当事者は，価格や複製権の帰属等の種々の契約条件について取決めを交わしうるのである。

上告人がこの現実のコントロール基準を推す限度において，雇用著作物の条項をこのように解釈するとすると，このような事前の計画をそこなうこととなる。この基準は雇用側が製作過程を緊密にモニターしていたか否かにかかることになるから，当事者としては，（完成するまでとはいわないでも）この過程の後半にならないと当該著作物が101条(1)に該当するか否かが判らないのである。従って，上告人のアプローチでは，当事者はあらかじめ雇用側が著作者となるに十分なコントロールを及ぼすべきことを予見しうるものでなければならない「もし当事者の見積りが不正確であったら，『雇用著作物』ないし著作物の譲渡ということに依拠した当事者は，自分らが取引しなかった著作権の権利を入手してしまうことになるかもしれない」（Easter Seal Society, 815 F. 2d at 333. 同旨，Dumas, 865 F. 2d at 1103)。雇用著作物の条項をこのように解釈することは，明らかに，連邦議会の目標である，事前の計画によって予見可能性を確保するということに障害となる。さらには，上告人の解釈は，「第2項の埒外の請負人から譲渡によって著作権を得ておくことを怠った雇用側当事者に，作品が完成して何年もたってから雇用著作物を取得させる方途を与えることになり，その条件としては，単に雇用側がその著作物を指示ないし監督していたことというもので，当事者が雇用側であれば容易に満たしうる基準である」（Hamilton, Commissioned Works as Works Made for Hire Under the 1976 Copyright Act: Misinterpretation and Injustice, 135 U.Pa.L. Rev. 1281, 1304 (1987))。

要約すれば，当法廷としては上告人の主張を却けざるをえない。雇用側がコントロール権を有していたこと，ないし現実のコントロールを及ぼしていたことを理由として，委嘱製作の著作物を従業員により製作された著作物へと変換することは，雇用著作物条項の文言，構造，そして立法経緯に反するものである。ある著作物が法のもとにおいて雇用著作物か否かを判定するためには，裁判所はまず，一般的なコモン・ロウ代理法の原則に則り，その著作物が従業員により作成されたのか請負人により作成されたのかを決定すべきである。その後に裁判所は，101条の各項の適当な方を適用することができることになる。

B

最後に我々は，本件彫刻の被告の製作について101条をあてはめることとする。雇われ側の当事者が一般的なコモン・ロウ代理法において従業員となるか否かについは，雇った側が製作物を完成するやり方と方法においてどの程度のコントロール権を有していたかを考察しなければならない。これについて何よりも重要な要素は，必要となる技術，材料と道具がどこから出されたか，著作物の場所，当事者間の関係の長短，雇った側が雇われ側に対して追加の仕事を指示する権利があったかどうか，雇われ側がいつ仕事にかかりどのくらい仕事をやるかにつき裁量権をどの程度もっていたか，支払の方法，助手を雇い入れてこれにお金を支払うについての雇った側の役割，著作物が雇った側の通常の事業の一部であったか否か，従業員向けの福利厚生，雇われ側の税金上の取扱い等である（Restatement §220(2)〔雇われ側が従業員にあたるか否かの判定基準として重要な項目を掲げている〕参照）。これらのどれも1つだけで決定的というわけではない（Ward, 362 U.S., at 400；Hilton Int'l Co. v. NLRB, 690 F. 2d 318, 321（CA2 1982）参照）。

　これらの要素に照らして本件を見るとき，被告は原告の従業員ではなく請負人であるとする控訴審の認定に，当法廷は同意するものである（270 U.S. App. D.C., at 35, n. 11, 846 F. 2d, at 1494, n. 11）。なるほど原告のメンバーたちは，被告の作る彫刻が自分たちの注文に合うように被告に指示を与えていたことは確かである（652 F. 2d, at 1456）。しかし，雇った側が製品の細部に及ぼすコントロールの程度というものは，決定的な要素ではない。実際のところ，その他の状況は，雇用関係を認定するのに強く反対する方向にある。被告は彫刻家で，才能を要する職業人である。被告は自分自身の道具を使った。彼は自分のバルティモアのスタジオで作業をしていて，原告のいるワシントンから被告の活動を日常レベルで監督することは不可能であった。被告は2か月にも満たない期間雇われていたにすぎず，これは比較的短い期間である。この期間中およびその後，原告は被告に対して追加の仕事を指示する権利はなかった。本件彫刻を期限までに完成させるということの他には，被告は，いつ仕事にかかりどれだけ仕事をするかについて完全な裁量権をもっていた。原告は被告に15,000ドルを支払っているが，これは「特定の仕事の完成時に支払うこととされており，請負人が報酬をもらう際の方法としてよくとられる手法」である（Holt v. Winpisinger, 258 U.S.D.C. 343, 351, 811 F. 2d 1532, 1540 (1987)）。被告は，助手を雇い入れてこれに支払をするにつき，完全な裁量権を有していた。「彫刻を作ることは，原告にとっての『通常の事業』とは言えない」（270 U.S. App. D. C., at 35 n. 11, 846 F. 2d at 1494, n. 11）。事実，原告は全く事業団体ではないのである。最後に，原告は，雇用に伴う税金ないしは社会保険料を支払っていないし，福利厚生処置を与えていないし，失業保険料や労災保険料を支払っていない。

　従って，被告は請負人であるから，本件彫刻が雇用著作物であるか否かは，これが102条(2)の条項を満たすか否かで決まる。しかし，本件ではこれには該当しない旨原告は認めている。従って原告は，法の雇用著作物条項の故をもっては，本件彫刻の著作者ではありえないのである。しかしながら，控訴審が明らかにしているように，原告はなお本件彫刻の共同著作者となりうる余地はある。これは，差戻し後の地方裁判所が，原告と被告がこの著作物を作成するにあたり「それぞれの寄与を全体の中の不可分ないし相互依存的な一部とする意図のもと」（17 U.S.C. §101）にあったと認定すれば，共同著作者という結論に至ることとなろう。この場合，原告と被告とはこの著作物の共同著作権者ということになる（§201(a)参照）。

　以上の通りであるから，当法廷はコロンビア特別区控訴審の判決を認容する。

判決認容。

　共同著作性の争点の差戻しを受けて連邦地裁は，原告と被告に対して調停に付すべきことを勧告した。その結果，1991年1月7日，双方に納得のゆく和解で本件は決着した。この和解において，CCNV はオリジナルの彫刻に関しての単一の所有権（すなわち，有体動産としての所有権）が与えられ，Reid は著作物の唯一の「著作者」として認められた。Reid は本件彫刻を三次元的に複製する独占的な権利を有することとされ，二次元的な複製については CCNV も Reid も共に権利を有することとなった。ただし，Reid は自身の作る複製物から台座と碑文を除去することとされ，CCNV が作る複製物には彫刻家としての Reid のクレジットが入るべきものとされた。各当事者は，それぞれの複製権の行使から収益が揚がればそれを独占的に享受してよいこととされた。

　この合意においては，Reid がオリジナルの彫刻にアクセスできるかどうかについて沈黙したままである。この問題は，三次元複製を作るのに必要なマスター金型作成のために Reid が本件彫刻の占有を求め，これを CCNV が拒んだ時に顕在化した。地裁は，「本件彫刻のマスター金型を作成するために，Reid は必要性に基づく黙示の通行権（implied easement of necessity）たる性質の，限定的な占有の権利があり，右作成の後においては速やかに本件彫刻は CCNV に返却されなければならない」と判示した（1992 CCH Copyr. Dec. ¶26,860 (D.D.C. 1991)）。

【質問】
1　なぜ雇用著作物を作った従業員や委嘱を受けた者は201条(b)の故に「著作者」たるの地位を奪われなければならないのか。どうして雇い主側が原始的な著作権者とみなされるべきなのか。なぜ「生存期間プラス70年」という権利保護期間が雇用著作物には適用されないのか。一定の長期にわたる著作権付与を終了させる「著作者」の権利（以下で学ぶことになる）は，どうして雇用著作物の創作者には適用されないのか。

2　雇用における「管理監督権限」の基準と代理における「製作物を完成するやり方と方法においてのコントロール権」の基準の差異を明らかにせよ。

3　Dan's Department Store は，地方紙の The Brunswick Beacon に広告を掲載した。Dan's は，(Dan's のスローガン以外には) Beacon 紙に提供する広告レイアウトがなかったので，広告の宣伝文句は Beacon 紙のスタッフが作った。それは文章とグラフィックスからなるものであった。Beacon 紙に広告が掲載されて料金も支払われた後，別の競合地方紙においても同じ広告が掲載された。Dan's がそうさせたわけである。Beacon 紙は Dan's および他紙に対して訴訟を提起した。これを判断せよ。とくに，Beacon が著作権者であるとしたら Dan's のような広告主が広告（明らかに広告主にとってのみ有益なもの）を他のメディアで利用できなくなるのだからそれは馬鹿げているとの被告の主張について考察せよ（Brunswick Beacon, Inc. v. Schock-Hopchas Pub. Co., 810 F.2d 410 (4th Cir. 1987) と Canfield v. The Ponchatoula Times, 759 F.2d 493 (5th Cir. 1985) とを比較せよ）。

4　Brunswick 判決や CCNV 判決の事件のように，他人のために仕事をした人間と仕事を頼んだ人間との間の関係が（伝統的な雇用関係ではなく）独立した請負関係であったとしても，前者に対して著作権の帰属を正当化する法理によって後者がどうしようもなくなる，というわけではない。W. Patry, The Copyright Law 124-25 (1986) は次のように述べている。

　　　　雇用側当事者が重要な芸術上の貢献をした場合には，それは独立請負人とともに共同著作者となる。雇用側当事者が表現のすべてについて貢献し，独立請負人側は単なる書記として行動したにすぎない場合には，雇用側が唯一の著作者とみなされるべきである。しかし，雇用側が単にアイディアに貢献したにすぎないとか，著作権保護の及ばない漠然とした表現を出しただけという場合には，「雇用側において書き手の仕事の仕方を監督し管理する権利を有しているかどうか」にかかわりなく，著作権は独立の請負人に帰属することになる。しかし雇用側はこうした状況においても，当該作品の創作の条件として，請負人から全権利の譲渡を受けることができるのである。

　委嘱側の当事者を守るこうした手段にかんがみれば，雇用著作物の定義にあらゆる委嘱著作物を入れてしまう（101条(2)のように）必要があると読者は思うだろうか。この定義に掲げられた9つのカテゴリーの背後にある正当化事由を見てとることができるか。

5　ある訴訟において，1978年より前の特定の関係ないし取引から創作された著作物がかんでいる場合に，「雇用著作物」の定義は1909年法におけるそれなのか，それとも1976年法におけるそれなのか（Meltzer v. Zoller, 520 F.Supp. 847 (D.N.J. 1981)とRoth v. Pritikin, 710 F.2d 934 (2d Cir.), cert. denied, 464 U.S. 961 (1983)とを比較せよ）。

Aymes v. Bonelli, 980 F.2d 857 (2d Cir. 1992)　被告は，プールやその関連商品を販売するアイスランドの会社の代表者であるが，同人の要請で，原告は一連のコンピュータ・プログラムを作成した。このプログラムは，現金受取りや在庫，売上数，注文，商品移動，価格変更などを記録するものである。原告・被告間には，プログラム著作権の所有についての何の書面の契約もなかった。原告は概ねアイスランドのオフィスで1人で働いていて，被告がときおりそこに来て，プログラムにおいてどういうことをして欲しいかの指示を出す，というような勤務形態であった。被告は，自分ではそうしたプログラムを書くほどには技能がなかった。被告が原告の勤務時間を減らして原告の報酬15,000ドルほどの支払を遅らせたので，原告は被告のもとを去った。原告は，プログラムに関して自分の名前で著作権登録をし，本人訴訟で侵害訴訟を提起した。地裁では「雇用著作物」の認定が下ったが，控訴審においてはこれが覆された。以下は第2控訴審における判断の抜粋である。

　　当法廷は，Reidテストはいとも簡単に不適切な適用のされ方をしてしまうという認識から本件の分析を始めようと思う。というのも，このテストは，事案に関連するかもしれない考察ポイントの羅列にすぎないからである。Reid判決は，どのひとつの要素も決定的なものではないことを明らかにしたが，諸要素をどう位置づけるべきかについて何の指示も与えなかった。どのひとつも決定的ではないということが，必然的に，全要素を平等に重視せよとか，どのケースにおいても全要素が関係あるということにはならないはずである。考慮要素というものは，数え上げられるだけでなく，そのケースにおける重要性にそって位置づけられるべきである。……

　　ある当事者が従業員だったのか請負人であったのかを決定するのに，ほとんど関連性のない要素というものもある。逆に，ほとんどどの場合においても重要性のある要素というものもある。こうしたものとしては，①雇入れ側が創作の手段や方法についてもつコントロール権，②要求される技能，③従業員としての福利厚生の提供，④雇われ側の税金の扱い，⑤雇入れ側が

別の仕事を割り振る権限をもっていたか否か，である。こうした要素はほとんど常に関連性のあるものであり，事件分析においてより重い比重を与えられるべきものである。なぜならば，これらは雇用関係というものの純正な本質を強く証拠立てるものだからである。

　Reidテストはまだ広範に適用されているわけではないが，このテストを解釈した裁判所の中には，個々の事件において重要であると認定された要素のみに言及するかたちで，こうした比重をかけたアプローチを実質的に採用したところもある（Marco v. Accent Publishing Co., 969 F.2d 1547 (3d Cir. 1992)〔いくつかの要素を無視しつつ写真家を請負人と認定し，これらの要素は「決定的ではない」ので考慮されるべきではないと判示〕; MacLaean Assocs, Inc. v. Wm M. Mercer-Meidinger-Hansen, Inc., 952 F.2d 769 (3d Cir. 1991)〔雇入れ側勝訴の指示評決からの控訴事件で，Reid事件での要素のいくつかに言及することなく，コンピュータ・プログラマーが請負人でありうる旨を判示〕; M.G.B. Homes, Inc. v. Ameron Homes, Inc., 903 F.2d 1486 (11th Cir. 1990)〔8つの要素のみに基づき，他の要素は無視して，設計業務が建築主に対する関係で請負人としてなされていた旨を認定〕; Johannsen v. Brown, 797 F.Supp. 835 (D.Or. 1992)〔いくつかの要素に基づき，他は無視して，アーティスト兼印刷者をグラフィック・デザイナーと認定); Kunycia v. Melville Realty Co., 755 F.Supp. 566 (SDNY 1990)〔4つの要素のみで他は無視して，建築家が請負人である旨を認定〕; Kelstall-Whitney v. Mahar, No. 89 Civ. 4684, 1900 U.S.Dist. LEXIS 6186 (E.D.Pa, May 23, 1990)〔4つの要素のみで他は無視して，コンピュータ・プログラマーが請負人である旨認定〕）。……

　Reid事件以降このテストを適用したケースはすべて，雇入れ側が社会保険や税金を払っているとの立証ができずに，雇われ側を請負人と認定している。このことにより，従業員の福利厚生と税金の扱いの要素の重要性は，ことに強調されていると言えよう。……

Carter v. Helmsley-Spear, Inc., 71 F.3d 77 (2d Cir. 1995), cert. denied, 116 U.S. 1824 (1996)
彫刻家である原告は，近時制定された視覚アーティスト権利法（Visual Artists' Rights Act: VARA）に基づいて，被告が所有管理するニューヨーク州クィーンズのビルに原告らが建てた「歩ける彫刻」の改変，修正ないし除去に対して，差止を求めた。当事者間における契約書では，原告らにおいてデザイン，創作および設置に関する完全な権限が与えられており，デザインについてのクレジットが原告らに付与されるべきこと，および原告らに著作権が帰属していることが規定されていた。ビルの所有権が移転した時点で，新たな所有権者は，原告らに対してこの彫刻を除去するよう命じ，またこれが除去もしくは本質的に改変されるべき旨を発表した。

　裁判所は，問題の彫刻が雇用著作物（すなわち，VARAの「視覚的著作物」の定義に明確に外れるもの）であるかどうかの判断において，CCNV v. Reid最高裁判決における13の要素のいずれも決定的なものではないことを認識しつつも，Aymes v. Bonelli判決におけるように，ほとんどの事件では次の5つの要素が重要であるとしている。すなわち，①原告らが作品を制作する態様や手段をコントロールしていたこと，②彫刻作品が非常な技能を要するものであったこと，③ビルの所有者はその他のプロジェクトを（追加支払なしに）指示し得たこと（また実際にそうしたこと），④被告は雇用税および社会保険料（payroll and social security taxes）を支払っていたこと，⑤被告が原告らに週給（1週間40時間ベースで）を支払い，かつ生命保険，健康保険，損害保険，有給休暇等の福利を供与し，また原告に代わって失業保険や労災保険基金にお金を支払っていたこと，であると

する。最後の2つの要素が，その他のCCNV要素がそうであるように，従業員としての地位を認定する上で強くはたらくとする。彫刻を作る上で使用された原料はほとんどが被告によって調達され，原告らは期間の定めなく2年以上にわたって雇われていたものであった。原告らが対価を払ってアシスタントを雇うことができる場合というのは，被告の同意のある場合のみ，ということにもなっていた。よって控訴審は，地裁の発令した差止命令を覆した。

原告の彫刻家らは，ビル所有者および管理人との契約書において著作権が自分らにあるとされている事実に大きく依拠して主張を展開していた。つまり，これこそ原告らが請負人（independent contractor）であることを証拠立てているというわけである。裁判所はこの点について考察を控えた。読者が控訴審判事であるとしたら，これにどう対処するか。

【質問】
　フリーランスの著作者，ことに写真家やグラフィック・アーティストを代表する種々の団体は，現在101条の「雇用著作物」の定義をドラスティックに縮減する改訂法案に賛意を表している。改訂法案の中には，101条(1)の「雇用」が成立するためには当該推定上の従業員に対する報酬から連邦個人所得税が源泉徴収されていなければならない，とするものもある。あるいは，101条(2)のカテゴリーはたった1つのカテゴリーの映画だけに縮減されるべし，とされている（S. 1223, 100th Cong., 1st Sess. (1987)）。読者はこの立法を支持するか。

「雇用の範囲内」

「雇用著作物」の法律上の定義においては，創作活動をした個人が従業員であることと，当該作品がその人の雇用の「範囲内」において作成されたことを要件としている。CCNV v. Reid 判決以降のほとんどの関連判例は使用者・従業員関係の有無に関するものであったが，いくつかの事件では「雇用の範囲」論点が扱われている。ここにおいても，問題は各事件における事実を慎重に評価することにかかっている。事実審の認定はそれが明確に誤りでなければ控訴審において維持されるが，こうした事実の総体が全体として「雇用の範囲内」の基準を満たしていないと判断された場合には，控訴審はゼロからの審理をすることができる。従業員を請負人から区別する際にも，また「雇用の範囲」を定義する上でも，裁判所は「代理法に関するリステイトメント（第2版）」に依存している。リステイトメントにおいては，雇用者と目される者が立証責任を負うのは，①当該著作物は当該個人が作成するために雇われた類のそれであること，②当該個人による当該著作物の創作は当該労働の「許諾された時間と空間的制約の中において実質的に」なされたこと，③当該著作物が雇用者と目される者の利益に「少なくとも部分的には適う目的によって作られた」こと，であるとされている（Avtec Sys., Inc. v. Peiffer, 21 F.3d 568 (4th Cir. 1994)）。

コンピュータ・プログラムの開発（通常の勤務時間後に従業員が家で多くを開発した）にからむ2つの事件において，第4控訴審は異なる結論に達した。ひとつは Avtec 訴訟の控訴審であり，そこでは従業員側に有利な判決を下し，以下のように述べる。

被告 Peiffer は給与を与えられていたわけではなく，本プログラムは被告が通常の勤務時間にしている仕事と直接関係のあるものではなかった。被告が後に，微々たる対価を受けて，本プログラムをデモ用に磨きをかけるよう原告 Avtec から指示を受けたことは，本件には無関係である。著作権の帰属はそれが創作された時点において判断されるものだからである。……被告がその雇用における時間と空間的制約の外側で本プログラムを創作したことは疑問の余地がない。

さらに，被告は「自分の仕事や原告の事業における効率性を高めるために働いたものではなかった」と判示された（Avtec Sys., Inc. v. Peiffer, 67 F.3d 293（4th Cir. 1995）(per curiam, table; full opinion at 38 U.S.P.Q.2d 1922)。また，City of Newark v. Bearsley, 883 F.Supp. 3 (D.N.J. 1995)〔少年による自動車窃盗を探知するために警察官が開発した教育素材について，それが当該警察官がなすべく雇用されたところの作品ではなく，オフの時間で家庭内で作成されたことを認定〕参照）。

これに対して Cramer v. Crestar Fin. Corp.（67 F.3d 294（4th Cir. 1995）(per curiam, table; full opinion at 38 U.S.P.Q.2d 1684)）では，同じ裁判所が同日において，銀行の情報システム部門のディレクターが開発したコンピュータ・プログラムが雇用著作物であると判示している。革新的な銀行サービスを提供すべくソフトウェア・システムを創作することは，当該従業員の責任範疇に属するもので，銀行の利益に適うとの目的に「少なくとも部分的には動機づけられていた」ものとされたのである。作業は「仕事について許諾された時間と空間的制約の範囲」でなされたものであり，「仮に，通常の仕事時間外で，また自分自身のイニシアティブに基づいて，自分のマシンを使って，家でなされたものだとしても……原告自身が認めるように，彼の仕事は長時間労働を強いるもので，週末や家にも持ち越される類のものであったのだから，家でなされる仕事はその性質上自分の雇用の範囲外であるとは到底主張しえぬであろう」とされた。

雇用の範囲という論点は，近時，珍しい背景のもとに浮上した。ABC のニュース記者が，スーパーマーケットの「フード・ライオン」において不衛生な慣行がまかり通っているとの情報を得たため，潜入してこれを密かに撮影するため，同スーパーの従業員として雇用されるに至った。フード・ライオン側はこの撮影テープの放映差止を求め，その根拠として，同テープは従業員が創作した雇用著作物であるから会社に著作権があると主張した。地裁はこの主張を退けて，ビデオ撮影は通常はミート包み係等の従業員の仕事の一部ではなく，また「雇用者に仕えようとの願望によって動機づけられた」ものでもない，と判示した（Food Lion, Inc. v. Capital Cities/ABC, Inc., 946 F. Supp. 420 (M.D.N.C. 1996), aff'd per curiam, 116 F.3d 472 (4th Cir. 1997)(table)）。

1976年法における雇用著作物と「教師の例外」

第7控訴審のなした2つの判決，Weinstein v. University of Illinois（811 F. 2d 1091（7th Cir. 1987））および Hays v. Sony Corp. of Am.（847 F. 2d 412（7th Cir.1988））は，2人の元ロウ・スクール教授，イースタブルック判事とポスナー判事とによって書かれたものだが，両判決ともに，1976年法においては学術的な著作が，雇用著作物として，その著者の勤務する大学や学校に帰属するか否か，という問題を扱っている。

イースタブルック判事は，大学からの「要求ないし義務」として創作された著作物について大学

A 当初の所有関係

側が著作権を有するとする書面の就業規則のあることを指摘しつつ，そこで問題になっていた学術的著作については，雇用著作物の前提となる雇用関係に特有の強制の契機のもとに作成されたものではなかった，とした。

　大学は，そのすべての学者たちに書くことを「要求」する。大学の要求，ことに永世教授職（tenure）を与えるか否かを決定しようとしている学部の要求は，多くの学術的な著作の「作成される動機たる要素である」。原告の学部長が原告に対して，本を書かないと誡にすると言ったとしても，それは，その本が大学の就業規則の「要求ないし義務」にあたるからという理由でこれに対して著作権を主張しているのではない。大学側は，数学の教授がその雇用の過程で新しい定理を証明したとすれば，これを含んだ書物を書いた場合にその書物の著作権を同教授が取得するであろうことを認めている。これこそが，著作権法が開始して以来のアカデミックな伝統であったのである。

イースタブルック判事のもちだした伝統というものは実に古来のものである。教授が自分の著作の著作権を所有するという法理は，コモン・ロウにおいて多くの支持判例を数えている。エルドン卿によれば，ウィリアム・ブラックストーン卿は法律の講義についての著作権を所有していたという。この先例によって，エルドン卿は，薬の講義について著作権を主張していた原告に対してこれを認容する判決を下した（Abernethy v. Hutchinson, 3 L.J. 209, 214-15 (Ch.) (1825)）。この英国法の伝統はアメリカにおいても，さほど多くの先例があるわけではないが，一致したコモン・ロウ著作権の判例法の見解として受け継がれている（C.O. Sherrill v. L.C. Grieves, 57 Wash. L. Rep. 286, 20 C.O.Bull.675 (1929)〔教授がその講義内容を書き物にしなければならないとか，そうした場合にはその著作権がこの教授を雇っている機関に帰属するとかいった先例は，法廷の全く関知するところではない」〕; Williams v. Weisser, 78 Cal.Rptr. 542 (Cal.App. 1969)〔教室内でなされた講義は，これに対して教授がコモン・ロウ上の著作権を所有する〕参照。ただし，Manasa v. University of Miami, 320 So.2d 467 (Fla. App. 1975)〔事務局の職員によって書かれた資金調達の企画書は大学の所有物である〕）。

Hays 事件のポスナー判事にとっては，1976年法にはこの伝統に対立するような文言があるにもかかわらず，右伝統はなお尊重するに足るものである。

　1976年までは，「雇用著作物」という法律上の言葉は定義がなく，ある裁判所は「教師の例外」というものを採用し，これにより学術的著作は雇用著作物にはならないとの推定が及ぶとしていた（Dreyfuss, The Creative Employee and the Copyright Act of 1976, 54 U.Chi.L.Rev. 590, 597-98 (1987)）。このような結論を正当化する先例は，実のところ Simon, Faculty Writing : Are They "Works for Hire" Under the 1976 Copyright Act? (9 J.College & University L. 485, 495-99 (1982)) に書かれているように，ごく少ないのである。しかし，それが少ないのは，この例外の正当化理由が疑わしいからではなくて，逆に，学術的著作の著作者がその著作の著作権を取得すべきことを疑う者が誰もいないからに他ならない。カレッジや大学の教師が，その雇用上の義務のひとつとして学術的著作をものしたり，著述にあたって大学付属の原稿，コピー機，セクレタリー，（しばしば）コンピュータ設備などを使ったりするとしても，普き前提と原則は，（誰が著作権を有するかについての明示の合意がない以上）かかる著作についての著作権はカレッジや大学ではなく教師に帰属するということなのである。かかる前提には十分な理由がある。カレッジや大学は，その教授団が学術的な本や論文を作成するにあたり何の監督

も及ぼさないし，出版その他の方法でこれらの著述を発展させるための然るべき手段をもっていない。我々としては，大学が教師に対して教材を作成することを指示し，別の教師に対してこの教材を使用するように指示したような場合については，ここでは扱わないものとする。

　学術的著作が雇用著作物であるとの前提に反対する理由は，これまでと同様，現在でもいまだ生きている。しかしながら，1976年法はこの「教師の例外」を廃止したとの説も広く説かれているところである（Dreyfuss, supra, at 598-600 ; Simon, supra, at 502-09 ; Weinstein v. University of Illinois, 811 F.2d 1019, 1093-94 (7th Cir. 1987)）。しかし，そうだとしても，それは不注意にそうされたにすぎない。なぜなら，この点についての議論は立法経緯には何ら表れていないのであって，連邦議会がなぜこの例外を廃止しようとしたかについての何らの政治的ないしその他の理由も思い浮かばないからである。制定法を文字どおりに解釈する者にとっては，法が「教師の例外」を廃止したという結論は不可避のものに見えよう。学術的な雇用の範囲内における学術的著作物はまさに雇用著作物である，という議論となろう。そして，学術上の雇用者が明示の契約書において自らの権利を放棄しない限り，かかる著作物における著作権は雇用者に帰属する，との結論となろう。しかし，かかる結論が学術的機関に定着した実務を混乱させること，また学術的な創作活動と雇用著作物法理とがうまく噛み合わないこと，連邦議会がこの例外を廃止するつもりであったとの素振りが何もないこと，を考えると，あえてこの問題に判断を下すべく求められれば，本例外は1976年法においても生きている，と結論づけることになるかもしれない。……

ポスナー判事はまた，学術的著作が雇用著作物にあたらない理由として以下の理由を付け加えている。これらの著作は「従業員がその雇用の範囲内において作成した」（§101）ものであるかもしれないが，これらはその教育機関の「ために」作成されたものとは必ずしもいえない，としている（§201(b)）。つまり，教授というものは学術的な著作を著述することを期待されてはいるが，それは必ずしもカレッジないし大学が自らの使用のためにこれらの指令に基づいて作成させるわけではない。学者がその所属する機関のために著述をするのではないという所説は，2つの前提に基づいている。ひとつは学問の自由であり，もうひとつは，自立的な巡回説教師，学者としての中世の教授を念頭においた個人的な独立の観念である（Abelard, History of My Troubles〔ピーター・アベラールの，パリ大学との栄光に満ちた，しかし短い共同関係について述べている〕; NLRB v. Yeshiva Univ., 444 U.S. 672, 680 (1980)〔「学者の団体（guilds of scholars）は自分たちに対してのみ責任を有するにすぎない」〕を参照）。

「教師の例外」原則からの乖離に関する近時の例としては，Vanderhurst v. Colorado Mountain College Dist.（16 F.Supp.2d 1297 (D.Colo. 1998)）がある。セクハラのクレームが原告たる教授になされたという背景で彼の学問の自由に関して広範な措置がなされた後において，大学は同教授がその授業に関連して書いた獣医学技術講義録について著作権侵害をしたとの主張を，主張自体失当であるとして退けた。同大学は，講義内容の開発と作成を教授職による「プロフェッショナルなサービス義務」の内にあると定義していた。裁判所は，「原告による講義録の作成は，同人がそれをするために雇われていたところの仕事に直接関連するもので，その雇用と顕著かつ合理的に付随するものである」とし，よって雇用著作物になると判示したのである。

【質問】

1　「教師の例外」は教師に限られているものなのか。ブルッキングス研究所などのシンクタンクやベル研究所などのリサーチ会社に雇われている学者はどうなるのか。定期的に説教を行う宗派のリーダーはどうか。もしこれらの者がリサーチや著述をなすにあたって束縛を受けずに裁量を行使するとしたら，これらの者は同様に上記の例外の利益を受けうるのだろうか。そうなるべきであろうか。伝統という以外に（そしておそらく，かつて学者であった人が現在は判事をしている，という自己利益も除いて），「教師」についてのみの例外ということにどんな正当化理由があるのだろうか。

2　ポスナー判事は「教師の例外」の根拠のひとつとして，学術機関は「（学術的）著述を発展させるための然るべき手段をもっていない」ことを挙げている。これは説得力ある理由であろうか。ある大学がその教授らの著作物を発展させる能力を有していると，その学術上の著作は雇用著作物とみなされるべきなのか。大学が「然るべき手段をもたない」のだとすると，それは，伝統的に大学による開発行為が意味あるものとなるだけの経済的に十分な回収を，大学のもつ著作権が与えてこなかったから，というのが真実なのではあるまいか。別の言い方をすれば，「教師の例外」が存在するのは，単にそれがあっても大学の大きな損失とはならないからではないか。もしも問題となる著作物が例えばコンピュータ・ソフトウエアであったならば，例外の検討も異なってくるのではないか，これであれば実質的な報酬を生むだけの開発行為がなしうるのではないか（多くの大学ではまさに学部が生み出した知的財産権をマーケティングするという目的で「テクノロジー移転」オフィスを設置している。これらは主として特許を扱うものではあるが，著作権をも含むと解釈する余地のあるだけの幅広い定義の仕方をしているものである）。あなたがフランクリン大学の顧問弁護士であるとして，そこの法学部の著名な教授であるドンナ・プリマが自分の講義用のノートをD社が製作して配給するところのビデオ講義の素材として使おうとしていることを知ったとする。プリマ教授はD社から悪くない報酬を支払われ，D社は他のカレッジや大学にそのビデオテープをライセンスすることで莫大な報酬を得ることになっている。フランクリン大学に対して，プリマ教授とD社にどういう権利を主張できるのかアドバイスせよ。

3　もしも大学が，その教授によって作成された著作物の著作者とされ，著作権者とされたとすると，A大学での講師時代に講義ノートを作成して今やB大学で助教授として講義を始めた者が，その講義でこれを使用してアップデートもしていることに関して，あなたならどういうアドバイスを与えるであろうか。

4　プロフェッショナルな書き物に関して雇用著作物の法理を適用することには深刻な疑問があるとしても，事務局のようなフルタイムの大学職員については同法理が適用されることは一般的に了解されている。別の例としては，大学施設，教師，学生，イヴェント，諸活動などを写真撮影して様々な大学関連の出版物に掲載する目的で雇われているスタッフの写真家などがある。Parkland College は最近になって著作権ポリシー・マニュアルを公表し，そこに，「素材を作成した本学のスタッフ・メンバーは，かかる素材において著作権を有するものとする」と規定されていた。こうしたスタッフ・メンバーは，同マニュアルを組み入れた団体交渉の合意書のカバーするところで，同合意書は全スタッフ・メンバーを代表した組合が署名したものであると仮定しよう。Phyllis Photo は，昨年度になされた大学のイヴェントを写真撮影し，ちょうど大学側から解雇されたところである。彼女は，こうした写真の著作権が自分にあるのか大学にあるのかについてアドバイスを求めている。どうアドバイスすべきか（Manning v. Parkland College, 109 F.Supp.2d 976 (C.D. Ill. 2000) 参照）。

b 特注ないし委嘱作品

委嘱著作物の9カテゴリー

　CCNV v. Reid の最高裁判決で述べられているように，雇用著作物の定義の背後にある立法経緯はいくつもの曲折を経たもので，ことにこの定義に入れられた委嘱著作物のカテゴリーをめぐってはそれが著しい。普通は，訴訟で争われる委嘱著作物が9つのカテゴリーのひとつに当てはまるかどうかについては争いがないものである。

　しかし，そうした論点が Lulirama Ltd. v. Axcess Broadcasting Serv., Inc.（128 F.3d 872（5th Cir. 1997））においては争われた。そこでは，Lulirama が Axcess に対してコマーシャルソングを50曲作ることを書面で約束していた。このコマーシャルソング契約においては，作品が「雇用のもの（for hire）」と書かれていた。Lulirama は7曲しか楽曲を提供できず，その後両者の間でやりとりや契約なども取り交わされたものの，結局は紛争となった。Axcess は曲を使い，Lulirama は著作権侵害で訴えたという成行きとなった。

　裁判所は，（原告からのライセンスがあることを示唆しつつ）被告は著作権侵害をしていないと結論づけたが，コマーシャルソングが雇用著作物であるとの主張は退けた。被告はコマーシャルソングが「映画その他の視聴覚著作物の一部として」委嘱されたものだと主張していたのである。控訴審においては，コマーシャルソングは「聴覚」のみの著作物であって，101条の定義における「視聴覚」著作物になるのに必要な「映像」を伴っていない，と判示された。視覚的要素が欠落しているが故にコマーシャルソングは「雇用著作物」のカテゴリーに入り得ず，よって契約書における「雇用のもの」との文言は無益なものであったことになる。コマーシャルソングが最終的には被告によってテレビのスポンサーに販売されたかもしれないが，証拠上では，どれがテレビ用でどれがラジオ用かの区別はつかない，とされた。

　1999年末に連邦議会は包括的な知的財産権立法を成立させたが，そのひとつの条文は，101条の委嘱による雇用著作物のリストに「録音物」を付け加えた。この遅れてきた不意の追加は多くの批判を呼び，2000年5月には下院の司法知的財産小委員会が公聴会を開いて，録音物を雇用著作物のカテゴリーに入れることについて審議した。殊に実演家たちは，制定法上の著作者たる地位を奪われることに関しての怒りを表明した。レコード製作者らは，録音物は編集物や集合著作物の一部として既に雇用著作物となり得るものであったのだから，これは単に技術的な改正にすぎないのだ，と主張した（関連の定義条項にあたり，これが正しいかどうか確かめてみよ）。1999年改正によって引き起こされた抗議の叫びと，これに呼応した法的な議論の整備と，そして Napster 紛争における「ピアトゥピア（peer-to-peer）ファイル共有」への戦いの真っ最中だったレコード会社への公衆の冷ややかなムードといったものすべてが，雇用著作物の定義から「録音物」を削除することへのレコード業界の黙認というものに貢献したのであった。しかしレコード会社らは，こうした撤廃によって録音物が雇用著作物であるとの自分らの主張にいかなる意味でも暗雲がさしたものではない旨の文言を入れさせることに成功した。101条に挿入され，連邦議会が2000年10月27日に承認した（「録音物」を挿入してから1年と経っていない）この追加文言は，どの当事者の権利をも傷つけずに物

事を当初のとおりの場所に収めるべくデザインされたものであった（こうした背景を知らないと，極めて理解が難しい条文である）。

ある著作物が法101条(2)の意味における「特別に発注ないし委嘱された」ものの場合，当事者の関係のどの時点において，「雇用著作物」とする旨の合意がなされなければならないのか

　101条(2)は，契約で委嘱製作された雇用著作物という類型を規定するにあたり，「両当事者が署名済みの書面にて」当該の発注ないし委嘱された著作物が雇用著作物となる旨を「明示に合意している」ことを求めている。しかし同条は，いつそうした合意をすべきかについては規定していない。委嘱に先だってか？　委嘱に先立って著作者たる地位についての交渉をし忘れた場合に，雇入れ側としては，対価を渡す際に雇用著作物の合意書に雇われ側がサインすることを条件にすることで失地回復ができるものと考える人もいるかもしれない。反面，法文の空白を利用したそうした企ては，法の字義（ないしその欠如）に乗じるもので，雇用著作物の精神（ことにCCNV事件の最高裁が解釈したような）に反するものである，と考える人もいるかもしれない。

　ポスナー判事の最近の判例も同様の結論に至っている。Schiller & Schmidt, Inc. v. Nordisco Corp. (969 F.2d 410 (7th Cir. 1992)) において，あるカタログの出版社がそこに使われた写真が雇用著作物であり，自分はその雇用者であると主張したが，ポスナー判事は以下のように述べる。

　　Bertel（写真家）は18枚の写真を撮ったが，これらが「雇用著作物」であるか，あるいは著作権の譲渡があれば，Schiller（カタログの出版社）はその著作権を有することになる。Community for Creative Non-Violence v. Reid 判決以降，BertelがSchillerの従業員とはとても考えられないので，これらが雇用著作物であるとすれば，それは101条(2)に列挙された範疇に属し，Schillerが特別に委嘱し，かつその旨の書面に両当事者が署名している場合にのみありうることである。前２者については本件で満たされているが，最後の要件について，本件では満たされていない。実際に起きたことは，本訴が提起されてずっと後である1988年に，Bertelは，「私は（本件写真に関する）著作権をSchiller & Schmidtが所有することを認め，Schiller & Schmidtのために撮影した写真に関して何らかの残余の著作権がある場合にはこれを同社に譲渡すること，これらに関する侵害があった場合に侵害訴訟を提起し維持するあらゆる権利を同社に譲渡することに，ここに合意する」と書かれた書面に親切にも署名したのである。しかしこの書面にSchillerは署名していなかった。法文は雇用著作物とするにはそれを要求しているのである。そこでは「両当事者が署名済みの」と規定しているのであり，それは文字通りの意味を有するのである。

　　さらに，この書面の成立が遅すぎる。特別に委嘱された著作物の著作権に関する書面要件について，これらの諸判決（引用省略）は書面様式性（statute of fraud）という目的を強調するが，単にそれにとどまるものではない。すなわち，口頭契約という虚偽のクレームから人々を守るということのみではない。もしそれだけであったのならば，書面に署名されたのがいつであっても構わないはずである。しかしながら，そうした書面は訴訟が提起される前に署名されねばならないとする先例があるのである（Watson v. McCabe, 527 F.2d 286, 289 (6th Cir. 1975); E. Allan Farnsworth, Contracts §6.7 at p.428 and n.19 (2d ed. 1990)）。これは難解な問題である。と

いうのも，普通ならば，法文上の要件が書いてなければ，それについて検討するまでもなく訴訟としては終了してしまうものだからである。だが我々はこの問題を解決する必要はない。著作権法101条(2)の署名済み書面の要件には第2の目的がある。それは，当該著作物の著作権の帰属を明確にすることにより，かかる著作物を即座に売買可能な状態におく，ということである。著作物の創作者は，雇用の範囲内で創作した従業員でない限り，あるいは両当事者の署名済みの書面で委嘱側に著作権が帰属すると合意したのでない限り，その著作物の所有者である。（創作者ではない）所有者を明瞭に識別するというこの目的に資するためには，こうした書面は著作物の創作に先立って存在しなければならない。本件ではそうなってはいないのである。

ところで，第2控訴審はこれとは逆の結論を近時下した。Playboy Enters., Inc. v. Dumas (53 F. 3d 549 (2d Cir. 1995))において同裁判所は，委嘱作品が雇用著作物とされるためには，創作時点の前に両当事者がその旨を実際に合意することが必要である，とした。すなわち，そうした合意は書面でも口頭でもよく，こうした合意を記載した書面が調印されるのは作品に着手した後でも完成後でもよい，と判示したのである。本件は，あるアーティストの作った，雑誌「プレイボーイ」に掲載された多数の絵画作品に関しての事案で，作品完成後に「雇用著作物」云々の文章の書かれた小切手に当該アーティストが裏書して送り返したという事実関係であったが，裁判所は上記要件を満たしているとしたものである（差戻し後の地裁の判決については 960 F.Supp. 710 (S.D.N.Y. 1997) を参照）。

著作物の委嘱の契約書においては，委嘱側があらゆる権利を所有することが明確でありさえすれば，それが「雇用のもの」であると記載されている必要もない，とする判決もある（Armento v. Laser Image, Inc., 950 F.Supp. 719 (W.D.N.C. 1996)）。しかし，この判示は，雇用著作のための契約書を権利の全部譲渡の契約書と同じにするもので，疑問がある。この両者には重要な差異があるのである。譲渡は終了させることができ著作権が譲渡人に帰還することがあり得るのに対し，雇用著作物においてはそうしたことが起きないのである（第4章C参照）。

3　知的概念としての著作者性：共同著作物

§101　定　義

共同著作物とは，2人ないしそれ以上の数の著作者により，それぞれの寄与を単一の全体の中の不可分ないし相互依存的な一部とする意図のもとに作られた著作物をいう。

〈Thomson v. Larson〉
(147 F.3d 195 (2d Cir. 1998))

キャラブレージ控訴審判事

原告で控訴人の Lynn Thomson は，批評家筋に評価の高いブロードウェイ・ミュージカル『レント』の「新ヴァージョン」を，著名な劇作家である Jonathan Larson と共作した，と主張している。原告も Larson も，各自の権利を契約書で特定していないので，本件においては2つの問題が発生している。1つは，『レント』が原告によって共同著作されたところの「共同著作物」の定

義にあてはまるものなのかどうか，2つめが，原告が共同著作者とみなされないとした場合において
も，原告はその寄与部分において独占的権利を自動的に有しているのかどうか，である。最初の
問題については，Childress v. Taylor (945 F.2d 500 (2d Cir. 1991)) で述べられたところの含蓄ある
共同著作のテストによってきっちりと回答されており，これに則って当法廷は，地裁の下した結論
である，原告は『レント』の共同著作者ではないとの判断を肯認するものである。第2の問題，す
なわち共同著作者ならざる者の作品への寄与部分における著作権の帰属（契約書がない場合の）に
ついては，Childress 判決において提起されていなかった。しかし，原告はこうした推定上の著作
権権益についての侵害主張をしていないため，この問題は正式に当法廷において問題とはされて
いないことになるので，我々としてはこれについては判断をしないこととする。

背　　　景

以下の事実は地裁の認定したものであるが，実質的には当事者間に争いがない。

ピューリツァー賞およびトニー賞の受賞作品である『レント』は，プッチーニのオペラ『ラ・ボ
エーム』を原作とするブロードウェイのモダン・ミュージカルで，Billy Aronson と作曲家の
Jonathan Larson との共同プロジェクトとして1989年に始まったものである。Aronson と Larson
は1991年に友好裏に分かれるまで同作品において協力関係にあった。この時期になって被告 Larson は，Aronson の許諾のもとに同戯曲を自ら発展させた。契約書において Larson は，この戯曲
のタイトルを常に「『レント』：ジョナサン・ラーソンによるロック・オペラ　オリジナル・コン
セプトおよび作詞補：ビリー・アロンソン」とすることを約束していた。その見返りとして Aronson は，「『レント』の積極的協力者ないし共同著作者とみなされない」ことに合意した。

1992年夏，Larson の書いた『レント』の脚本がニューヨーク・シアター・ワークショップ
(NYTW) の芸術監督 James Nicola の気に入った。NYTW は，イースト・ヴィレッジの非営利
のシアター・カンパニーである。Larson は脚本にさらに手を入れ，『レント』の「ワークショッ
プ・ヴァージョン」を作り上げた。1993年春になって Nicola は，NYTW が劇作家か作家を雇っ
て同戯曲のストーリーラインと語りの構造を作りかえさせてくれ，と Larson を説得した。しかし
Larson は，「作家を雇うというサジェスチョンを絶対的に，断固として，きっぱりと断り」，「『レ
ント』を自分だけのプロジェクトとすることに固執した」。Larson は1994年の春に助成金を受けて，
『レント』のワークショップ・プロダクションを賄った。これは，1994年の秋に NYTW がプロデ
ュースした10の公演のひとつとして公開され，Michael Greif が監督した。「スタジオ・プロダク
ションの後における，このショーに関するプロフェッショナルなコンセンサスは，控えめに言っ
ても非常に前途有望ということであったが，ただし大きく手を入れる必要があった」。芸術監督
Nicola は再び Larson に対して作家と共同作業をすることを勧めたが，Larson は「強固かつ即座
にこれを拒否し，『レント』の唯一の作家であり続ける意思を強調した」という。

1995年5月になって，翌年に予定されていたオフブロードウェイでの『レント』のオープニング
を準備している中で Larson は，NYTW がニューヨーク大学の上級劇作コースの教授である原告
Lynn Thomson を雇うことに同意した。原告は，ミュージカルのストーリーラインをはっきりさ
せる上で Larson を補佐するドラマターグとして雇い入れられた。原告は NYTW との契約書にサ
インをし，そこにおいては，1995年5月1日[1]からプレス・オープニング（1996年2月初旬予定）まで
ワークショップ・プロダクションにそのサービスを提供することとされていた。また同契約におい

ては，原告の「責任には，ドラマターグとしての補佐とリサーチを劇作家および監督に提供することが含まれる」と規定されていた。その見返りとして，NYTW は「提供されるサービスへの全対価として」2,000ドルの「報酬」を支払うこととされ，さらに原告を「ドラマターグ」としてクレジットすることとされていた。原告と NYTW との契約においては，著作権のことや最終作品の所有権の問題については何も触れていなかった。

　1995年の夏と秋，原告と Larson とはショーにかかりっきりだった。大部分は 2 人で Larson のアパートにこもって脚本に手を入れていた。原告の証言によれば，『レント』のテキストの改訂作業が始まったのは1995年 8 月初旬ころだったという。Larson が自ら変更箇所を，脚本のデータが入っているコンピュータに入力したが，どの言葉を誰が直したとか，その他の構造的な改訂案やテーマ上の変更案が誰が出したかといった注は一切つけなかった。原告は，『レント』の「10月ヴァージョン」を，自分の Larson への協力関係の集積物と呼んでいる。この新ヴァージョンは，鑑定人によって，「ショーをラディカルに変容させたもの」であると評されている。

　『レント』の「10月ヴァージョン」の「通し稽古」が1995年11月初旬に行われ，1995年11月 3 日に Larson は NYTW との間で，『レント』の進行中の改訂に関する契約書を締結した。この契約では，Larson が『レント』の「著作者 (author)」とされ，原告への言及はなかった。この契約では初期の作家契約草案への言及がなされていて，その草案では NYTW が『レント』をプロデュースする選択をした場合にはそこでの条項が適用されることとなっていた。この初期の契約草案では，テキストにおける全変更につき Larson の承認権が及ぶこととされていて，こうした変更点はすべて Larson の所有物となり，また Larson を「単独の著作者」としてクレジットを付与すべきことと規定していた。

　最終の衣装稽古が1996年 1 月24日に行われ，その終了の数時間前に，Larson は大動脈瘤で突如死去してしまった。その後数週間にわたり，Nicola, Greif, 原告，音楽監督の Tim Weil らは共同して脚本の練上げを行った。『レント』は1996年 2 月13日にオフブロードウェイでオープンし，批評家からは絶賛を受けた。2 月23日には『レント』がブロードウェイに移行することが発表された。ブロードウェイのオープニングである1996年 4 月29日以来，ショーは『驚くべき，批評的成功，芸術的成功，そして商業的成功』を続けている。

　ブロードウェイでのオープニングに先立ち，原告は，自身の『レント』への貢献に鑑み，ブロードウェイのプロデューサーから追加報酬とタイトル・ページにおけるドラマターグ・クレジットを獲得しようとした。1996年 4 月 2 日，原告は，ドラマターグとしてのサービスに対して10,000ドルの報酬プラス毎週50ドルの名目的な報酬の支払をプロデューサーがなすべきことと規定された契約書にサインをした。同じころ，プロデューサーのアドバイスによって原告は，Jonathan Larson の遺族である Allan S. Larson, Nanette Larson, Julie Larson McCollum（以下「ラーソン遺族」という）に接触して，戯曲の生む印税についてパーセンテージを払ってくれるよう求めた。1996年 4 月 8 日付のラーソン遺族への手紙の中で原告は，もしも被告が生きていれば，「私の行った寄与部

---

(1) 〔原(5)〕　ドラマターグ (dramaturgs) は，演劇作品の製作や開発に関して，劇作家や監督に幅広いサービスを提供する。原告の証言によれば，ドラマターグの役割は，「実際のプロットの要素や劇作の構造，キャラクターのディテール，テーマ，あるいは特定の台詞」などの「戯曲の作成に直結する様々な要素を包含し得るもの」である。

分に対する対価として自身の印税額のささやかなパーセンテージ」をオファーしたであろう，と書いている。これに応えてラーソン遺族は，作家印税の1％を贈与として原告に提供することを提案した。しかし，原告とラーソン遺族の間の交渉は，結局のところ決裂した。

合意に達することができなくなって原告は，ラーソン遺族に対して訴訟を提起し，自分は『レント』の共同著作者であり，また，自分の権利を譲渡，使用許諾，その他の移転をしたことは1度もない，と主張した。原告は，確認判決および著作権法に基づく過去および将来における会計報告を求めた。ことに裁判所に求められたのは，原告が『レント』の共同著作者であり，作家印税の16％が付与されるべきことの確認であった。

……陪審なしの判決においてカプラン地裁判事は，原告は『レント』の共同著作者ではないとして，原告の請求を棄却した。……原告の控訴の焦点は，地裁が共同著作者についてのChildressテストを誤たず適用したかどうかであり，第2に，原告が共同著作者ではないとの地裁の宣言が，それにもかかわらず原告の寄与した素材について原告に依然として独占的な著作権があることを意味するのかどうか，ということである。

……（略）……

I 原告の共同著作者という主張

A 「共同著作物」の法律上の定義

1976年著作権101条に基づく共同著作者としての確認を求める原告の主張は，同法の解釈と同法における権利帰属の条項の適用を当法廷に求めるものである。著作権法によれば「共同著作物」とは，「2人ないしそれ以上の数の著作者により，それぞれの寄与を単一の全体の中の不可分ないし相互依存的な一部とする意図のもとに作られた著作物」である（101条）。この定義の基準は，「著作がなされた時点において各パーツが統合されたユニットに吸収され，あるいはまとめあげられるという意図」であったかどうかである（H.R. Rep. No. 1476, 94th Cong. 120, 121 (1976), reprinted in 1976 U.S. Code Cong. & Admin. News 5659, 5735）。

共同著作物であることにより，共同著作者らは，全体としての作品において不可分かつ均等な権利をもつこととなる。言い換えれば，各共同著作者がその望むように作品を使ったりライセンスしたりする権利があることとなり，ただ，他方の権利者に対して収益があった場合にはそれを会計報告をしなければならないという義務には服することとなる。……

B Childress判決の基準

Childress v. Taylor判決において当裁判所は，共同著作物について判断を行い，当事者が共同

---

(2) 〔原(10)〕 原告は，訴状における請求原因を訂正して，「原告はプロットとテーマを開発し，ストーリー全般に貢献し，多くのキャラクター要素を創作し，台詞と歌詞の相当部分を書き，その他の著作権取得可能な寄与を本作品に対してなした」としている。

(3) 〔原(11)〕 原告の16％の主張の根拠は，「Larsonが作品の主たる作家であることへの敬意の故」であるという。原告の計算方式は次のとおりである。原告によれば，現状の『レント』は1994年のワークショップ・ヴァージョン（原告の参加以前のもの）との対比で48％が新しいものである。共同著作者として原告はこの部分の50％（すなわち全収入の24％）に権利があることになるが，『レント』は3つの部分（脚本，歌詞，メロディ）から成っており，原告はメロディについては貢献していない。よって24％の2/3である16％の権利がある，ということである。原告はまた，自分が書こうとしている本において『レント』を自由に引用する権利についても確認を求めている。

著作性についての書面の契約に署名していない場合における「ある作品への貢献を行った者が共同著作者になる際の基準」を設定した（945 F.2d at 501）。著作権法では単に，共同著作者がその寄与を「単一の全体の中の……一部とする」ことを意図しなければならないと規定するだけだが，ニューマン判事は，この文言以上の厳重な検討が必要とされる理由について，以下のように判示している（Id. at 507）。

> こうした立場をとると，連邦議会が考えてもいなかったような広範な人々にまで共同著作者たるの地位を及ぼすことになってしまう。たとえば，多くの編集者は，作家の書いた第1稿に有益な改訂をしたり，ときにはそれは著作権取得可能な改訂であったりもする。作家も編集者も，そうした寄与が単一の全体の中に融合されることを意図しているが，そうした編集者に共同著作者たるの地位が与えられ，出版された作品中の著作権の不可分の権益を享受できると思っている編集者はほとんどいないし，そう思う作家はさらに少ない。

Childress 判決は，この懸念を「取込み過ぎ」の貢献という形で強調している。同事件の被告で女優の Clarice Taylor は，伝説的なコメディ女優の Jackie "Moms" Mabley の生涯をもとにした脚本を書いたが，自分ではこれを芝居としてプロデュースすることはできなかった。Taylor は，脚本家の原告 Alice Childress を口説いて，新しい脚本を書いてもらうことで，このプロジェクトを救出してもらった。Childress の脚本が完成した後で，Taylor はこの脚本を持ち出して，別の劇場で Childress の許諾なくプロデュースをした（Id. at 503）。Childress は Taylor を著作権侵害で訴え，Taylor は共同著作物であることを抗弁した（Id. at 504）。

Childress の裁判所は，「(Taylor の貢献は，)キャストや監督やプロデューサーがしてくれるかもしれないような，有益なアドバイスという以上のものではなかった」と結論づけている（Id. at 509）。こうしたことを根拠に，裁判所は，Taylor の主張自体失当を理由として Childress 勝訴の判決を下した。

両者が各自の貢献を1つにする意図を持っていたとした場合に，ある作品に対して小さな貢献をした者に共同著作者としての地位を与えてしまうことの危険性に鑑みて，裁判所は二股のテストを設けるに至った。共同著作者を主張する者は，各推定上の共同著作者が，①当該作品に対して各自が独立に著作権取得可能な寄与をしたこと，②共同著作者になることを完全に意図していたこと，の2つの立証責任を負うべしとするのである（Id. at 507-08）。裁判所としては，「創作過程における真の協力者には共同著作者たる必要条件を与える」一方で，「誰か別の者が助力をしたというのみで単一の著作者が独占的な著作者たる地位を否定されるリスクに備える」ことのバランスをとろうとしたのである（Id.）。

(1) 独立に著作権取得可能な寄与

Childress 判決においては，協力関係だけでは共同著作の証明としては不十分とした。各著作者の寄与が独立に著作権取得の可能なものでなければならないとしたのである（945 F.2d at 507）。こ

---

(4)〔原(12)〕 Taylor は，自分の主要な役割が脚本の歴史的な背景のリサーチであったことを認めているにもかかわらず，共同著作物であるとの主張を行っている（Childress v. Taylor, 945 F.2d at 502）。

(5)〔原(13)〕 裁判所によれば，Childress は「常に単一の著者としてのステータスにこだわって」おり，Childress が自分の名前において著作権登録をしたこと，Taylor の提案にかかる戯曲を共同著作物とする契約書を拒否したことを認定している。

れは「判例法および著作権法を所轄する政府機関のとる立場である」と判示されている（Id. Seshadri v. Kasraian, 130 F.3d 798, 803 (7th Cir. 1997); M.G.B. Homes, Inc. v. Ameron Homes, Inc., 903 F. 2d 1486, 1493 (11th Cir. 1990) 参照）。

地裁は，歌詞その他の寄与についての Thomson の主張のどれと特定することなく，Thomson は「少なくとも一定程度の著作権取得可能な寄与を行った」ものと認定しており，『レント』の脚本への Thomson の寄与は「むろんゼロとは言えない」としている。かかる認定をした上で地裁は，Childress 判決の2番目のテスト，すなわち相互的な共同著作の意図へと向かう。よって，Thomson の様々な寄与（プロット開発，テーマ的要素，キャラクターの詳細，構造的な組立て）における独立の著作権取得可能性という論点には至っていない。

(2) 各当事者の意図

(a) 相互の意図という要件

Childress 判決では，各当事者が「その心の中で共同著作というコンセプトを有している」ことが必要だとする（945 F.2d at 508）。この相互的意図の要件は，共同著作者なるものがその作品において均等な権利を付与されるものである以上，「全参加者が完全に共同著作者となることを意図した関係において，権利の均等なシェアリングが保持されるべきである」ということの認識を意味する（Id. at 509）。

(6)

……相互的な共同著作の意図という Childress 判決における原則は，その後，本控訴審や他の裁判所においても追随されている。……しかし，Childress 判決とその係累においては，共同著作者になるべき必要な意図なるものの性質について明確に定義づけてこなかった。Childress 判決においては，「多くの場合において有益なテストは，著作者性について契約上の取決めがなされなかった場合には，各参加者それぞれが自分たちすべてを共同著作者として位置付けていたかどうか，ということである」とするのみである（945 F.2d at 508）。しかし，意図の基準なるものは厳密には主観的なものではない。言い換えれば，共同著作者の意図なるものは，当事者の言った言葉や述べられたところの心の状態のみに拠るものではないのである（「共同著作は，この点について当事者が何ら明示の議論をしていなくても存在しうるものである」(Id.)）。むしろ Childress 判決が示唆しているのは，権利の帰属と著作者性についての事実上の象徴についてのよりニュアンスに富んだ検討である。そうしたものとして，クレジットや意思決定（decisionmaking）や契約する権利との関連で協力者は自分自身をどのように位置付けていたかといったことがある（Id. at 508-09）。この点につき裁判所は，「共同著作であることというのは，必ずしもそうした関係の法的結論を共同著作者が了解していなければならないということではないが，こうした者らの意図する対象となったというためには，そうした関係における何らかの区別されるべき特徴というものが了解されたことは必要である」としている（Id. at 508）。

最後に Childress 判決では，「一人の人間が当該作品の主たる著作者であって，唯一の問題は，その者が単一の著作者であるのか，別の者とその者とが共同著作者であるのか」という場合においては，意図の要件がことに重要であるとする。「誰か別の者が助力をしたというのみで単一の著作

---

(6)〔原(15)〕 裁判所は，「著作物の創作を助けたことに関するその他の関係における利益の分配は，ロイヤルティの分配や著作権の共有に関する契約交渉における参与者によって，より正確に測定できる」と付け加えている（Childress, 945 F.2d at 509 (citing 17 U.S.C. §201(d))）。

者が独占的な著作者たる地位を否定されるリスクに備える……ために配慮がなされなければならない」のである（Id. at 504. また Erickson, 13 F.3d at 1069〔「著作権を求める者は，手を入れて洗練度を高めてやろうと同僚が申し出たとしても，それによって単一の著作者性を失う危険にさらされるのだとすると，そうした洗練を求めないものである」〕参照）。

　Childress 判決における厳格な相互の意図の基準は「作品への最小限の寄与」をした権利主張者についてのケースに限定されるべきものであると，本件原告の Thomson は主張している。また，本件の『レント』への大掛りな寄与がそれ自体，原告が共同著作者であるとの Larson の意図を証拠立てている，とも主張している。実際 Thomson は，この証拠が自分と Larson との関係に，共同著作者性の立証に必要な「区別されるべき特徴」をもたらすものである，とまで述べている。しかし Childress 判決では，作品に対して相当量の文章を寄与したというような場合ですら，自動的に共同著作関係を生じさせるものではない，と明確に述べている。Childress 判決においては，相互の意図という特定的な認定が依然として必要なのである（945 F.2d at 508）。よって我々は，先行する諸判例において表れたところの，本考察に関連する権利帰属と著作者性についての事実上の象徴についての検討に入ることとなる。

　　(b)　Larson の意図に関する証拠
　　　①　意思決定（decisionmaking）(8)における権限の所在
　著作者性の重要な指標のひとつは，作品についてどういう変更をし何を入れるかということについての意思決定の権限が誰にあったかということである（たとえば，Erickson, 13 F.3d at 1071-72〔俳優がテキストについてサジェスチョンをした場合であっても，こうした寄与が作品に入れられるべきか否か，どこに入れられるべきかについて単一の著作者が決定をした場合には，共同著作の主張をサポートするものではない，と判示〕，また，Maurel, 271 F. at 214-15〔共同著作を主張する側がオペラの内容をコントロールする権利を契約上有していた場合〕を参照）。

　地裁の認定によれば，Larson は「『レント』に何を入れるべきかについての単独の意思決定を常に維持してきたし，そう意図していた」という。その結論のサポートとして地裁が注目したのは，

---

　(7)〔原(19)〕　Thomson の主張によれば，本件は，「少なからぬ著作権取得可能な素材の寄与者が著作権法上の意味における共同著作を行ったにもかかわらず，その共同著作者としての権利を否定された最初のケースである」という（控訴状16）。ラーソン遺族はこれに反論して，Clogston v. American Academy of Orthopaedic Surgeons（930 F.Supp. 1156（W.D. Tex. 1996））を引用する。同事件では，医学教科書の共同著作性が争われたもので，原告の主張自体失当を理由に被告に単一の著作者性を認めた。原告は写真家で，同書で使用された写真の90％以上について寄与したことを根拠に共同著作者であると主張していた。Clogston 判決では，ある作品への「（権利主張者の）寄与の重要度」は Childress 判決において「必要とされる検討とは無関係である」としているが（Id. at 1162），我々はそこまで言うつもりはない。よって我々としては，Clogston 判決の「寄与の程度自体は重要な事実認定上の問題とするには不適当である」との判示（Id.）には賛同しない。しかし我々は，Childress 判決において Taylor の寄与が少なかったということが，共同著作の意図がないとの認定における唯一の根拠ではないし，主要な根拠ですらない，と考えるものである。

　(8)〔原(20)〕　Childress 判決においては，共同著作関係が生じる上では各著作者が共同著作者となることを意図することが必要であるとされた（945 F.2d at 508）。ラーソン遺族は，「Thomson には共同著作の意図を欠いていたので，原審判決を肯認する第 2 の独立した根拠となる」とする。……当法廷は，Larson において共同著作の意図がなかったとの地裁の結論を支持するので，我々も Thomson の意図（それが Larson の意図と関連する場合を除いて）を問題とはしないものとする。

Thomsonの証言であるところの，「自分の書いた文章をテキストに入れるようLarsonが依頼してきたことに対して光栄に思った」というくだりであって，Thomsonですら「自分の行う寄与が脚本に取り込まれるかどうかの問題はLarsonの単独かつ完全な裁量のもとにある」ということを理解していたことを示している，とした。さらに裁判所は，LarsonとNYTWとの間の11月契約において，『レント』へのすべての変更についてはLarsonが最終的な承認権を有する旨が明示に規定され，そうした変更部分はすべてLarsonの所有物となる旨が規定されている点にも言及している。[(9)]

② ビリング

ある作品との関係で関係者が自らをどう見ていたかを判定するにあたり，Childress判決は，どのようにクレジットないしビリング（billing）をしたかということを重視している（945 F.2d at 508〔「『ビリング』ないし『クレジット』はすべてのケースにおいて決定的なものではないが……この問題について考察することは，関係者がその取決めを暗黙裏にもどう見ていたかについて事実認定者の焦点を合わせる上で有益である」〕）。地裁が指摘しているように，「ビリングないしクレジットは，……これを付与する権限をもった者の心の窓のようなものである」。そして，作品への作家としての表示のみが「当該作家がその作品を自らの著作者性を表すものとして意図した……ことの説得的な証拠」であり，「当該作品が共同作品を意図されたものではないことの一応の証拠（prima facie evidence）」である（Weissmann, 868 F.2d at 1320）。

Tomsonは，Larsonが『レント』脚本の最終のページでThomsonを「ドラマターグ」とクレジットしたことが，ある種の共同著作者性の意図の反映である，と主張する。Thomsonは，Larsonと同じ大きさのビリングを求めたことはない旨を認めているが，法律上の共同著作者とみなされるためにそうであるべき必然はないと反論している。

これに対して地裁は，ビリングは率直であると認定している。法廷に持ち込まれたあらゆる脚本は「レント　ジョナサン・ラーソン作（Rent, by Jonathan Larson）」と書いてある。さらに，Larsonは，「死亡する9日前の1996年1月にプレイビル用に提出した経歴書中において自らを作家兼作曲家として表示し，同じ文書の中でThomsonをドラマターグとして表示している」。[(10)] Thomsonが主張するように，作家兼作曲家がドラマターグを筆頭格（byline）でクレジットすることは極めて異例であるかもしれないが，『レント』脚本の最終ページでThomsonを「ドラマターグ」と表示することがLarsonにおける共同著作の意図の反映であるとは到底思えないのである。地裁が「脚本におけるLarsonのクレジットの態様は彼が自分を単一の著作者であるとみなしていたとの見方を強く支持するものである」と判示したことは適切である。

---

(9)〔原(22)〕　これに関して，地裁はまた1995年10月にLarsonが高校生と交わした電話のやり取りを挙げていて，そこではLarsonが「大意，『レント』において自分はすべてを書きつくし，演劇の作家を他メディアでの作家と区別して，演劇においては作家は王様であると言った」ということを指摘している（「映画やテレビとは異なり，演劇においては劇作家は作品の著作権を保持する，独立の契約者である。……」Brief for Amicus Curiae The Dramatists Guild, Inc. at 15 n. 3）。地裁がこの陳述を重視したのは，「これが，『レント』はあらゆる点において自分のものであり，自分は王様であるとLarsonが見ていたことを証拠立てている」からである。

(10)〔原(24)〕　同様に，オフブロードウェイとブロードウェイのプレイビルには，『レント』は「ジョナサン・ラーソン作（by Jonathan Larson）」と表示され，Thomsonは「ドラマターグ」として表示されている。

③ 第三者との契約書

当事者間の契約書が，それぞれが互いを共同著作者とみなしていたことの証拠となるように (Gilliam v. American Broad. Cos., 538 F.2d 14, 22 (2d Cir. 1976)〔当事者間の書面の脚本家契約は，それによって彼らが単一の作品の共同著作者であると見ていなかったことを示している，と判示〕; Erickson, 13 F.3d at 1072〔ライセンス契約は共同著作者たる意図の欠如の証拠〕参照。また Maurel v. Smith, 271 F. at 214-15〔契約書が共同著作関係を証拠立てた事例〕をも参照)，部外者との契約書も，共同著作の意図についての洞察を与えてくれるものである。もっとも，こちらはやや関係性が希薄なことは否めないものの。

地裁の認定によれば，Larson は「1995年11月に彼が NYTW と結んだ1995年改訂契約においては自分を作家として表示ないし扱っており，同契約は次いで，署名されるには至らなかった初期の作家契約草案に取り込まれたものである」。後者の契約書は，Larson を『レント』の「作家 (author)」と表示していて，Thomson への言及はない。また同契約書は，1995年9月の契約書草案 (「作家契約」と定義づけられている) の条項を取り込んでおり，Larson が「単一の作家としてのビリングを受けるものとする」と規定していた。さらに地裁は，「Larson が，Thomson の同意や彼女への言及なく，1995年11月の契約に自由に署名できると感じていた事実が，その意図として単一の著者であるというものであったことを示している」と認定している。

④ その他の証拠

Larson が最終的な作品について意思決定の権限を保持していたとの証拠のほかに，地裁は，彼が単一の著者としてクレジットされていたこと，単一の作家として第三者との契約書に署名したことを指摘したが，さらに，Thomson を共同著作者とする意図が Larson に欠けていた証拠として，次のような事実を認定している。

『レント』を企画開発している期間中，何度か (1度は，1995年夏に Thomson がドラマターグとして雇われた直前)，芸術監督の Nicola は Larson に対し，脚本の練り直しのために作家を雇って手助けを求めるよう進言していた。しかし Larson は，作家を雇うという考えを「絶対的に，断固として，きっぱりと」拒絶し，『レント』を「自分だけのプロジェクトとする」ことに固執したのである。地裁の認定によれば，Larson の「作家の拒絶は……Larson の意図であり，……Larson が決して共同著作関係を意図しなかったであろうことを裁判所に確信させる広範なパターンのひとつである」とされている。

……最後に，Thomson と Larson が交わしたと Thomson によって主張されているところの「共同著作に関する明示の話合い」(Brief for Appellant at 9) についても触れている。Thomson の陳述書によれば，以下のような話がなされたという。「私は Larson に，自分の書いた文章をテキストに入れるよう Larson が依頼してきたことに対して光栄に思った，と言いました。これに対して Larson は，『もちろんそうして欲しいわけだよ』と答えました。……それから Larson は私に，『私はいつだってあなたの貢献を承認するよ』と言い，『あなたが書いたものを自分が書いたなんて言うつもりはないよ』と言いました」。

地裁は，この会話がそのとおりであったとしても，それは，「Larson が自身を単一の著作者と見ていたということ，そして Thomson をそれとは異なる役割と彼が感じていたところのドラマターグと見ていたということと，全く矛盾しない」と認定した。

(c) 結　論

……当法廷は，地裁が Childress 判決における基準を証拠に対して正しく適用しているものと考え，よって，Larson が共同著作を意図しなかったとの認定には明白な誤りはない，と判示するものである。

II　Thomson の著作権

……Thomson は，もしも自分が『レント』の共同著作者ではないとされるのであれば，自分の貢献部分については単一の著作者としての権利が認められるべきである，と主張する。控訴審において Thomson は初めて，共同著作関係の認定ができないのであれば，その唯一の代替策は共同で作られた作品をばらすこと，すなわち，自分は貢献部分を引き上げる権利がある，という主張を展開した。フリーランスの脚本家のトレード・ユニオンである全国脚本家ユニオン (The National Writers Union) とアメリカ文芸マネージャーおよびドラマターグ社 (Literary Managers and Dramaturgs of the Americas, Inc.) は，Thomson を支持する「法廷の友」意見書において，Thomson は共同著作の主張の根拠をなす事実関係において，著作権侵害を提起する理由がある，と主張している。……

これに対してラーソン遺族は，「Childress 判決においては，編集者やその他作家を手助けすべく雇われた人による著作権取得可能な貢献というものは，相互的な共同著作の意図のない限り，作家に帰属することとされている」と反論した。その結論として，「Thomson は共同著作者ではないので，よって何の権利もない」としている。また予備的な反論として，「仮に Childress 判決にもかかわらず，単一の著作者が寄与提供者による寄与素材の著作権者にならないものだとしても，Thomson がなしたサジェスチョンは黙示ないし明示に Larson に対して『レント』での使用のためにライセンスされたものである」とも主張している。……

当控訴審においては，少なからぬ著作権取得可能な寄与をしたものの相互的な共同著作の意図の要件をパスできなかった者が，雇用著作物の契約やその他明示の契約上の権利譲渡がない場合に，そうした寄与部分における権利を保持するものか否かにつき，いまだ判断をしたことはない。しかしこの問題は，当事者によって地裁に提出されていたものではなかった。……よって地裁は，① Thomson が共同著作者とみなされなかった場合にもなお『レント』におけるその寄与部分について著作権を保持するものか否か，② Thomson は Larson に対して，Thomson が『レント』に寄与するつもりであった素材に関して，それを使用するライセンスを許諾したかどうか，そうであるとするとどういう条件で許諾したのか，については判断する機会が与えられていなかったものである。これらの論点はこれまで提起されておらず，よって適切に当法廷の前に提出されたとは言いがたいので，これについては我々は意見を差し控えるものである。……

〈Aalmuhammed v. Lee〉
(202 F.3d 1227 (9th Cir. 2000))

クレインフェルド控訴審判事

本著作権事件は，映画『マルコムX』についての共同著作者の主張に関するものである。当法廷は，「共同著作」の主張を退けるものである。……

I　事実関係

1991年にワーナー・ブラザースは，被告であるスパイク・リーと彼の製作会社との間で，映画『マルコムX』を作る契約を交わした。同映画は『マルコムX自伝』を原作とするものである。被告は，同映画（マルコムX役はデンゼル・ワシントンJr.）の脚本を共同著作し，同映画を監督し，共同プロデュースした。ワシントンは役作りのために原告に助けを乞うた。原告はマルコムXとイスラム教についてよく知っていたからである。原告は熱心なイスラム教徒であり，ことにマルコムXの生涯については知悉しており，彼に関するドキュメンタリー映画の脚本を書き，また監督・プロデュースをしていた。

原告は，映画のセット上でワシントンと合流した。同映画は，ニューヨークの市街地区とエジプトで撮影された。原告は，映画作りにおける自分の関与が非常に大きかった旨の証拠を提出している。原告は，被告とワシントンのために撮影台本を検討し，細かな訂正を申し出た。そうした訂正部分のいくつかは，映画の公開ヴァージョンにも反映されている。それ以外は，撮影されはしたものの，公開ヴァージョンには入れられていない。原告の行った訂正のほとんどは，マルコムXの宗教的転向とメッカへの巡礼を描くシーンにおける，宗教上および歴史上の正確性と真正性を保つためのものであった。

原告は，彼がワシントンその他の俳優をセット上で演技指導し，少なくとも2つのシーン全部を新たな登場人物で創作し，字幕用にアラビア語を英語に翻訳し，吹替えに自分の声を提供し，登場人物に対して相応しい祈りの文句と格好を選び，ポスト・プロダクションにおいて映画の一部の編集を行った，という証拠を提出している。ワシントンは証言録取において，原告の映画に対する貢献は「大きい（great）」と証言している。その理由としては，彼が「より真実らしくするために書直しを助けた」からだとしている。制作が終了した段階で原告は，数多くのイスラム教団体と会って，この映画がマルコムXの生涯の正確な描写であることを説得して回った。

原告は，ワーナー・ブラザース，被告あるいは被告の製作会社とは1度も契約してはいないが，被告が自分の仕事に対して報酬を与えてくれるものと期待していた。ニューヨークとエジプトにおける経費を自分で負担するつもりもなかった。最終的に原告は，被告から25,000ドルの小切手をもらい，これを現金化し，ワシントンからは10万ドルの小切手をもらったが，これは現金化しなかった。

1992年11月に『マルコムX』が公開されるその直前の夏に，原告は映画の脚本の共同執筆者としてのクレジットを求めたが，断られた。映画が公開された時点で，原告のクレジットは単に「イスラム教テクニカル・コンサルタント」ということで，ずっと下の方であった。1995年11月に原告は，合衆国著作権局に，同映画の共同創作者，共同脚本執筆者，共同監督としての登録を申請した。著作権局は原告に対して「登録証」を発行したが，同映画に関する「既存の登録と抵触する」とのコメントがなされた。

1995年11月17日に原告は，被告，被告の製作会社およびワーナーに対して訴訟を提起した。また，Largo International, N.V., Largo Entertainment, Inc., Victor Company of Japan, JVC Entertainment, Inc.に対しても提起された。訴訟は，確認判決と著作権法における会計報告を求めている。……地裁は，原告の主張自体失当を理由として……請求を棄却した。

II 検 討

A 著作権の主張

原告は，映画『マルコムX』が「共同著作物」で，自分がその著作者の1人であり，よって著作権の共有者である，と主張している。そして，その旨の確認判決を求め，利益についての会計報告を求めている。彼が著作権を主張しているのは，単に自分が書いたり寄与をした対象についてだけではなく，全体としての作品について「共同著作物」の共同著作者であるといっているのである。地裁は，原告の著作権の主張に関して，主張自体失当を理由にこれを退けた。当法廷はあらためて審理することとする。……

原告の主張によれば，自分が「共同著作物」としての映画『マルコムX』の著作者であるということについて，事実認定上の争いがあることを提示し得ているという。……著作権法によれば，「共同著作物」となるには，①著作物であって，②2人以上の「著作者」があり，③著作者たちがそれぞれの寄与部分を，単一の全体の中の不可分ないし相互依存的な一部とする意図のもとに作られたことが必要である。本控訴審下においては「共同著作物」は，問題となっている作品に対して「各著作者が独立に著作物性のある寄与をすること」を要件としている。『マルコムX』は著作権の成立している作品であり，この映画がそれに参加したすべての人々において単一の全体としての作品として意図されていることについては争いがない。同じく，原告がこの映画に対して実質的かつ価値ある寄与を行ったこと（エジプトのモスクでの担当者にアラビア語で話したりといった技術的なヘルプや，イスラム教徒としていかに祈るかを俳優に指導するというような学術的かつ創作的なヘルプ，また映画の宗教面における迫真性を加えるための脚本の変更など）についても，争いがない。しかし，エジプトのモスクでの担当者にアラビア語で話したことは，映画への著作物性のある寄与とは言えない。俳優への指導が著作物となるためには，それが著作権となるべき形態における表現に落とし込まれなければならない。同じことは，原告の他の活動についても言える。しかし原告は，『マルコムX』にあらわれたいくつかの台詞について書き直したことの証拠を提出しており，映画中で描かれたマルコムのハジへの巡礼に関するシーンを書いたとする証拠も出している。主張自体失当を審理する裁判であるので，この原告の証拠はあるがままに受けとめられることになるが，これらは独立に著作権の成立するものであるということになる。従って原告は，自分が著作権の成立する寄与をなしたかどうかについて，事実認定上問題があることを示したものと言える。映画に関与した者はすべて，原告の寄与が，単一の全体としての映画の中の不可分ないし相互依存的な一部となるであろうことを意図していたのである。原告は，「共同著作物」の各要素について事実認定上の問題があることを示したとの立場を主張している。

しかしながら，「共同著作物」には別の要素がある。これには「複数の著作者」が必要である。原告は，映画に実質的に寄与したことは立証したが，自分が「著作者」の1人であることは立証していない。当法廷は，共同著作物の定義においては著作者性が必要であり，そうした著作者性とは，著作物たる価値ある寄与とは同じものではない，と判示するものである。我々は，ある表現としての寄与があった場合に，その表現が独立に著作物たり得るかどうかの判定においては，そうした表現を寄与した者が「著作者」であるとは考える。しかしここで問題になっているのは別のもので，もっと広いものである。寄与者は著作権法101条にいう共同著作物の著作者なのか，ということである。

法律の定義上「共同著作物」は「複数の著作者」を前提としている。「著作者（author）」という言葉は，ある人がペンをもって机に坐って，発表するための何かを書いているという，伝統的な活

動から取られたものである。「著作者」という言葉を小説にあてはめることは比較的容易であろう。また，2人の人間がやはり伝統的な「ペンとインク」的な方法で共同作業をする状況（たとえばギルバートとサリヴァンのように）にあてはめることも，簡単である。"I Am the Very Model of a Modern Major General"という歌において，ギルバートの歌詞とサリヴァンのメロディは不可分であり，この歌を聞いた者であれば誰もが，歌の存在は彼ら2人に負っているものと理解するのである。しかし，色々な寄与が出現し，また作品が1人ないし2人の個人によって大した助けに頼ることなく作られた産物であることが少なくなってきた結果，「著作者」という言葉はあてはめが難しくなってきたのである。

契約書などがない状況で，誰が映画の著作者とされるべきなのか。……最高裁はかつて，Burrow-Giles Lithographic Co. v. Sarony事件におけるニューメディアでの「著作者」の定義をいかに考えるかという問題を扱ったことがある。そこでの問題は，誰が写真の著作者かというものであった。すなわち，写真をお膳立てしてシャッターを切った者か，そこから石版画を作った者か，ということである。問題となった写真の被写体はオスカー・ワイルドで，彼が何らかの創作的なアドバイスをしたことは疑いもない。最高裁は，写真家こそが著作者であると判示したのであった。……

Feist判決の最高裁は，誰が「著作者」かというのではなく，何が著作権の成立する「著作物」か，という別の質問に答えて，それには「最小限のレベルの創造性」ないし「創作性」で事足りる，と言っている。しかしこのメジャーでは，映画の「著作者」が誰かを決める上では広範にすぎ，決定不能である。もしも問題が，実質的な創造的寄与をなしたかどうかということに限定されるのならば，あまりにも多くの者が「著作者」になり得ることになってしまい，このテストではある者と別の者とを分けることができないことになってしまう。プロデューサーや監督に始まり，キャスティング監督，衣装係，結髪，「ベスト・ボーイ」に至るまで，映画のクレジットに載っている者であればすべて，ということになる。なぜなら，彼らの創造的寄与が実際にモノを言っているのだから。映画『マルコムX』における照明の色調をコントロールした者の寄与には素晴らしいものがあるが，誰もこうした者の映画との関係を表すのに「著作者」という言葉は使わないのである。創造的な寄与だけでは，映画における著作者性を確立するには十分でないのである。

Burrow-Giles判決では，「著作者」を定義するにあたって，最小限の創造性や創作的寄与以上のものを求めている。Burrow-Giles判決は今も有効な判例であり，Feist Publications, Inc. v. Rural Telephone Services（499 U.S. 340 (1991)）においても再確認された。Burrow-Giles判決とFeist判決とは，2つの別々の質問に答えている。それは，誰が著作者かということと，何が著作権の成立している著作物かということである。Burrow-Giles判決は著作者というものを，著作物がその起源を負うところの者，全体としての作品を監督した者，「究極の指導者（master mind）」であるとしている。映画にこの定義をあてはめれば，契約書がないとすると，スクリーン・クレジットの上の方にいる者（ある場合にはプロデューサー，時には監督，また主演俳優や脚本家ということもあり得るかもしれない），つまりアーティスティックなコントロールを持つ者に限定されることであろう。結局のところ，Burrow-Giles事件では，リトグラファーは実質的な著作権のある寄与をし，それはまたポーズをとったオスカー・ワイルドも同じであったが，最高裁は写真家こそが著作者であると判示したのである。

Thomson v. Larson 判決の第 2 控訴審と Erickson v. Trinity Theater, Inc. (13 F.3d 1061 (7th Cir. 1994)) における第 7 控訴審も同様に，ある作品に対する独立に著作権の成立する寄与（全体について不可分となることを意図した）だけでは共同著作物における著作者性を確立し得ない，と判示している。これらの控訴審は法文の「著作者」という言葉にその判断根拠を求めてはいないが，彼らが到達した結論は我々のそれと同一である。これらの控訴審が判示するところは，共同著作物の著作者であると主張する者は，両当事者が共同著作者となることを互いに意図していたことを立証しなければならない，とするものである。第 2 控訴審は，両当事者が共同著作者となる意図を持っていたかどうかを判定するには，誰が意思決定の権限 (decision making authority) を持っていたか，当事者たちはどうクレジットをしたか等の証拠に着目することになるとしている。……

　Burrow-Giles 判決を念頭に置きながら，共同著作物に関する近時の 2 つの判決（ことに入念な Thomson v. Larson 判決）とギルバートとサリヴァンの例を見てみると，契約がない場合にはいくつかのファクターが共同著作者における重要性を持つものであることが分かる。第 1 に，著作者というものは，コントロールを行使しながら作品を「監督 (superintend)」するものである。これは，「全体の絵を描いて，その中に人を配置し，どこに人がいるべきかを差配するような，つまりはそうしたことの実効的な原因たるべき者」あるいは「アイディアを創造しそれを実行に移す……創意工夫の人ないし究極の指導者」というようなものということになるだろう。第 2 に，共同著作者となるべき者は他の共同著作者とそうした関係にあるという共通の意図を客観的に表示するものとして，たとえば「ギルバートとサリヴァン」作『ペンザンスの海賊』というような表記をするものだ，ということである。客観的な表示と言ったのは，もしも相互の意図なるものが主観的な意図によって決まってしまうとしたら，それは口頭証拠排除規則ということになってしまう。というのも，1 人の共同著作者が他方の共同著作者に対して，自分だけで単独のクレジットを取ってしまおうという意図を隠していたとすると，主観的意図基準では，これは共同著作物ではないことになってしまうからである。第 3 に，観客へのアピールは両者の寄与によるもので，「成功ということに占めるそれぞれの持分というものが計れない」のである。多くの事例において，コントロールというものが最も重要なファクターである。

　共通の意図の客観的な表示の最たるものは，契約書の中で共同著作者となるとかならぬとか書いてあることである。契約がない場合には，事実を検討するしかない。本判決における諸々のファクターや，第 2 控訴審および第 7 控訴審でのファクターは，かっちりしたフォーミュラに落とし込むことができない。なぜなら，こうしたファクターが適用されるところの創作的な関係というものは多様にすぎるからである。異なる人々が創作的な活動を異なる方法で行い，一緒に働いている同じ人々でさえも作品が進行するにつれてその関係は変化してゆくことがあり得るのだ。

　原告は，いかなる時点においても作品の監督 (superintendence) を行ってはいなかった。ワーナー・ブラザースとスパイク・リーとがコントロールしていたのである。原告は，「全体の絵を描いて，その中に人を配置し，どこに人がいるべきかを差配するような」者ではなかった。記録から見る限り，それはスパイク・リーであった。原告はちょうど Larson 事件のドラマターグのように，非常に有益な助言をなし得る者であったが，スパイク・リーはそのいずれについても受け容れる義務はなかったのであり，彼がそれを受け容れない限り作品は全然それからの利益を被らないのである。原告には作品に対するコントロールを欠いており，コントロールの欠如は共同著作者性の欠如

の最強の証拠である。

同様に，原告もスパイク・リーもワーナー・ブラザースも，共同著作者となるべき客観的な表示をしていなかった。ワーナーはスパイク・リーに対して「雇用著作物」とする契約書に署名するよう求め，つまりは，これによってリーすらもワーナーとの関係で共同著作者や共同著作権者ではなくなることとなっていた。リーが著作権を有することを欲しないワーナーが，リーのコントロール下で働いていた原告のような者と所有権を共有する意図を有していたとするのは，非論理的であろう。ことに，当時において共同著作者という立場に何のクレームも公けにしていなかった者であってみれば，なおさらである。原告を含めて誰も，この訴訟前において，原告が共同著作者や共同著作権者を意図しているなどということを表してはいないのである。

原告は，自身がこの映画の「創意工夫の人ないし究極の指導者」であったことの証拠を何ら提出していない。彼は，マルコムXについてのもうひとつのさほど知られていないドキュメンタリーの著作者ではあるが，本件映画のマスターではない。原告の証拠の示すところは，スパイク・リーがそれを受け容れるか否かという条件において，彼は映画に対して非常に価値ある寄与を行ったということであり，それに尽きる。これは，共同著作物における共同著作者の主張としては不十分である。

合衆国憲法は，法律上の言葉である「著作者」を解釈するにあたっての社会政策的な基準を示している。憲法起草者たちは連邦議会に対して，「科学および有益なる技芸の発展を促進させる」ために著作者に著作権を付与する権限を与えた。もしも著作者が他人に相談して有益なサジェスチョンを得ようとすると著作物についての単一の所有を犠牲にしなければならないとしたら，こうした発展が促進されるどころか停滞してしまうだろう。著作者の定義をあまりに広げてしまうと，著作者は他からの声を遮断して，他人がしてくれるかもしれない寄与を無視することを強いられることになる。スパイク・リーはイスラム教への改宗についての映画を作るために，学術的なイスラム教徒に相談できないということになり，技芸はそれだけ貧しいものになってしまう。

原告が言うような広い解釈は，Larson事件のドラマターグのような，多くの寄与者を共同著作者に包含しすぎる結果を招き，「単に他人が何らかの援助をしたというだけで排他的な著作者たる地位」を単一の著作者から奪うこととなってしまう。もしも著作権の成立する創作的な寄与というもののみで著作者性を満たしてしまうとしたら，著作者は，リサーチ助手，編集者，昔の配偶者，愛人，友達といった人たちに，今どういうことをしているかを語ってきかせることなど，危なくてできなくなってしまう。……

地裁における記録においては，原告が『マルコムX』の共同著作者であるということについて事実関係上の問題を提示し得ていないので，確認判決および会計報告請求に関して，原告の主張自体失当を理由にこれらを棄却した地裁の判断は正当である。

【質問】
1 法律上の「共同著作物」の定義は，両当事者がそれぞれの寄与部分をひとつの作品に融合させようという意図に焦点を当てている。これに対してThomson v. Larson判決では，さらに加えて，当事者の内の一方（協力関係において「主従」の関係がある場合において）における権利帰属をシェア

A　当初の所有関係　313

するという意図を重視するという要件を実質的に課している。これは，司法による不適切な立法への介入であるのか。この要件を加えることについて強い理由があるか（学生のリサーチ・アシスタントや本の編集者による寄与について考察してみよ。また，交渉の末に結ばれた取決めがない場合には共同著作者は50：50で収入をシェアできるという事実についても考察せよ）。

2　裁判所は，共同著作者を主張する者に対して，単独の著作者が示す以上の創造性を立証することを要求しているのだろうか（第2章D〔派生著作物の創作者はより創作性が必要とされるか否かについて検討〕参照）。裁判所は，ある個人の創造的な優位性を強調することによって，共同著作物と雇用著作物の境界を崩れさせているのではないか。

3　この付加された「意図」要件は，適用する上で実際的であるか，また公平と言えるか。たとえば，協力者たちが著作権の帰属について何の意図も持っていなかったような多くの場合において，裁判所はどう対処すべきなのか。また，Thomson v. Larson 事件のように，主要な当事者の意図が第三者に対してその意図を連絡されているのみで，劣後する当事者はこれについて何も知らないような場合には，どうなるのだろうか。

4　「著作権の移転」についての以下の項を読んだ上で，Thomson v. Larson 事件の判決の末尾で残された問題についてどう考えるか。

5　ホームオーナー氏は，自宅の建築に使う設計図を作らせるために，建築家に相談をもちかけ，これを雇った。ホームオーナー氏は，建築家に対して，4つの寝室，2階に2つの洗面所，キッチン，暖炉付きの居間，図書室，浴室，1階に1つの洗面所のある，2階建てのコロニアル・スタイルの家がいい，と言った。さらに氏は，インテリア雑誌に掲載されていた各種のフロア・プランを見て参考にしつつ書いたレイアウトの鉛筆書きのラフなスケッチを，建築家に渡した。建築家が第1ドラフトを作ってこれをホームオーナー氏に見せると，彼は，部屋の形（ある家具を入れるのに適切ではないとして）と大きさを変える方がよいのではないかと示唆した。また，屋根と窓の角度についても変えた方がよいのではないかと示唆した。これらの変更の示唆を建築家は取り入れて，最終設計図となり，ホームオーナー氏はこれを承認した。同氏は建築家に5,000ドルを支払い，家の建築には100,000ドルを支払った。建築設計図の著作権の帰属については，建築家と同氏との間で口頭でも書面でも話が交わされたことはなかった。ホームオーナー氏は，ちょうど建築家がこれと本質的に同一の設計図を使って隣町の家の設計をしていることを知った。同氏は，あなたのもとに相談にきて，建築家のかかる行為を差し止めることができるか否か知りたがっている。どう答えるべきか（Joseph J. Legat Architects, P.C. v. United States Dev. Corp., 625 F. Supp. 293（N.D.Ill. 1985）; Meltzer v. Zoller, 520 F. Supp. 847（D.N.J. 1981）; M.G.B. Homes, Inc. v. Ameron Homes, Inc., 903 F.2d 1486（11th Cir. 1990）参照）。

6　アルフォンソとガストンは，もともとは『80年代のエチケット（Etiquette for the Eighties）』と題された，適切な立居振舞いのマニュアル本を共同で作っていて，今やこの本は『90年代のエチケット』というタイトルである。ガストンが抜けてしまって，アルフォンソは単独で『至福千年のエチケット』という本を出版しようとしている。同書はアルフォンソの手になる新しいものも含むが，それ以前の共同版における部分も相当のページ数含むものである。『至福千年のエチケット』は共同著作物であろうか（Weissmann v. Freeman, 868 F. 2d 1313（2d Cir. 1989）参照）。

7　高校生や大学生たちが，インターネットのワールド・ワイド・ウェブ上にホームページを持ち，楽しみや評判やコミュニケーションのよすがとしている。魅力的なウェブページは当然写真がなければならない。学生を単独ないしグループで撮影して学校の年鑑用の写真を撮るために雇われているプロの写真家は，ある日，自分の撮影した写真がデジタル・スキャンされて何人かの学生のウェ

ブ・ページに掲載されているのを発見した。写真家としては，著作権侵害のクレームができるのかどうか知りたがっている。学生の側から出そうな反論として，何らかの衣装を着たり顔に表現をつけてみたりしたことで，自分らはクラス写真や卒業写真に共同著作者としての寄与を行っているのであり，よってこうした方法で自由に使用でき，写真家に対価を払ったり許諾を求めたりする必要はないのだ，ということについて評価してみよ（Olan Mills, Inc. v. Eckerd Drug of Tex., Inc., 1989 CCH Copyr. L. Dec. ¶26,420 (N.D. Tex. 1989)参照。Natkin v. Winfrey, 111 F.Supp.2d 1003 (N.D. Ill. 2000)〔テレビの「オプラ・ウィンフリー・ショー」のプロデューサーが，オプラの顔の表情や衣装，ゲストの選択，ショーの進行などを根拠として，セットで撮影された写真について共同著作権を主張〕と比較せよ）。

共同著作者や共同著作物における共有の問題は，連邦法マターであると考えられている。あるクレームが著作権法におけるものか州法におけるものかの判定テストは，そのクレームが，著作権法において明示に付与されている救済を求めているのか，同法の解釈を求めているのか，あるいは少なくとも連邦著作権法の法政策に関係しているか，である（T.B. Harms v. Eliscu, 339 F.2d 823 (2d Cir. 1964), cert. denied, 381 U.S. 915 (1965) 参照）。共同著作物における共同著作関係のクレームは，共同著作物の定義の解釈と適用を求めており，また，201条(a)に規定するように作品における不可分的な半分の持分の確認宣言という救済を求めているのである（Lieberman v. Estate of Chayefsky, 535 F.Supp. 90 (S.D.N.Y. 1982) 参照。ただし，Royal v. Leading Edge Prods., Inc. 833 F.2d 1 (1st Cir. 1987) と比較のこと）。実際のところ，連邦著作権法においては共同著作物の創作の意図の立証が要求されているのだから，必要な意図の定義について連邦法上の定義があってもかまわないものであるといえよう（たとえば，Merchant v. Levy, 92 F.3d 51 (2d Cir. 1996), cert. denied, 117 S.Ct. 943 (1997)〔共有関係にある者を共同著作者であるとの宣言を求める訴訟は合衆国著作権法「における」訴訟であると判示〕；Zuill v. Shanahan, 80 F.3d 1366 (9th Cir. 1996〔上記に同じ〕を参照）。

B 権利の移転

1 分離可能性と方式要件

§101 定　義
　……「著作権の移転」とは，時間的制限や空間的制約の有無を問わない，著作権ないしこれを構成する独占的権利のいずれかの，譲渡，抵当化，独占的許諾，その他の移転ないし担保化であるが，非独占的許諾は含まれない。

§201 著作権の帰属
　……（略）……
(d) 所有権の移転──

(1) 著作権の所有権は，その一部または全部を，いかなる譲渡方法でも，ないしは法の作用によって，移転でき，かつ，遺言により遺贈でき，あるいは無遺言の際の適用法律によって動産として相続移転される。

(2) 著作権を構成するそれぞれの独占権（106条により規定されるかかる権利の細分化されたものも含む）は，(1)に規定されるように，別々に移転され所有されうる。特定の独占権の所有者は，その権利の限度において，本法において著作権者が受けるすべての保護と救済とを享受するものとする。

§204 著作権の所有権移転の実行

(a) 法の作用によらない著作権の所有権移転は，譲渡証書ないし移転を証する覚書が書面により作成され，かつ，譲渡される権利の所有者またはこれから適正に権限を与えられた代理人により署名されていない限り，効力を有しない。

分離可能性

1976年法には，「わが国の著作権法で初めて，明示に著作権の分離可能性を認めた」条項がある（H.R.Rep. No. 94-1476 at 123））。以前の法においては不可分性の概念が根付いていたが，これを廃絶することが著作者その他の団体の長い間の重要な目的であった。

不可分性の概念があると，いつ何時でも著作権というものは1人だけの著作権者しかいないということを意味することとなる。その他の著作権における利益の持主は，全部ライセンシーとみなされる。この不可分性の問題は，著作権表示，所有関係，移転の登録，訴訟の当事者適格，税金などの問題に波及することとなる（Kaminstein, Divisibility of Copyright, 1 Studies on Copyright 623 (Arthur Fisher mem. ed. 1963））。従って，初期の判例においては，権利を授与された側の者が「著作権者」となるためには，明示ないし周囲の状況からいって必然的に推量されるところの，すべての著作権を移転する意図がなければならず，「単なるライセンス」では著作権を取得できない，とされた（Public Ledger Co. v. New York Times Co., 275 F. 562 (S.D.N.Y. 1921), aff'd, 279 F. 747 (2d Cir.), cert. denied, 258 U.S. 627 (1922)）。かかるアプローチは，不正義とまではいえないまでも，多くの不便さがある（Henn, Magazine Rights—A Division of Indivisible Copyright, 40 Cornell L.Q. 411 (1955））。例えば，制定法上の著作権を口頭で「譲渡」することは無効だが，口頭によるライセンスなら有効である，といったことである（同 at 439）。

不可分性の法理があると，定期刊行物とそれに寄稿する著作者とは，完全な権利移転ないし「譲渡」をするような取決め方をした方がよいということになる。これによって，刊行物に1つだけ著作権表示を付せば全体の著作権を取得できることとなるからである（Kaplan v. Fox Film Corp., 19 F.Supp. 780 (S.D.N.Y. 1937)）。著作者としては，しばしば，寄稿した著作物の著作権の再譲渡を求めることとなる（Geisel v. Poynter Products, Inc., 295 F.Supp. 331, 337-42 (S.D.N.Y. 1968) 参照）。

1976年法は，分割可能な著作権というものを次のように規定している。「著作権を構成するどの独占権についても，『著作権者（copyright owner）』という言葉の意味するのは，その特定の権利の所有者を指す」（§101）。この定義は201条(d)(2)の基礎ともなっている。同条は，「著作権を構成する

それぞれの独占権（106条［保護される権利を列挙した規定］により規定されるかかる権利の細分化されたものも含む）は，別々に移転され，……所有されうる」と規定している。上記の定義と軌を一にして，この項はさらに次のように規定する。「特定の独占権の所有者は，その権利の限度において，本法において著作権者が受けるすべての保護と救済とを享受するものとする」。

委員会報告書は，この条文が文字どおりに受け取られてかまわないものであるとしている。下院報告書は次のように言っている（H.R.Rep. No. 94-1476, supra at 123. Cf. S.Rep. No. 94-473, supra at 107）。

> 従って，例えば，ある地理的な範囲内において，ある期間内に，ある著作物を送信する独占的なライセンスをもった地方テレビ局が，著作権者としての自分の名において，その特定の権利を侵害した者を裁判に訴えることができるのは明白である。

独占的なライセンシーによって行使しうる権利のひとつに，著作権侵害の訴えを提起する権利がある。501条(b)は次のように定める。「著作権における独占権の法律上の所有者ないしは受益者（beneficial owner）は，……その者がこの特定の権利の所有者ないし受益者である間は，この権利の侵害に対して訴訟を提起しうる」。このことから，106条の権利について非独占的なライセンスを持っている者は，侵害に対して訴えを提起しえない，ということになる。

この原則は Broadcast Music, Inc. v. CBS, Inc.（421 F.Supp. 592 (S.D.N.Y. 1983)）で適用されたが，ここでの原告は，作曲の分野における2大実演権団体のひとつ（もうひとつは American Society of Composers, Authors and Publishers）であり，これに上記の原則を適用することが一見奇異にみえた。BMIもASCAPも，ポピュラー音楽の著作権者（作曲家であったり出版社であったりする）から，ラジオ局やテレビ局等の第三者に対してその音楽を演奏してもよい旨のライセンスを許諾する非独占的なライセンス権を取得していた。両組織とも，入念なシステムをそなえ，これによって，放送局，レストラン，ナイトクラブ等に対して許諾を与え，著作権の成立している音楽を許諾なしに公けに演奏している者を監視し，ロイヤルティを回収してこれを著作権者へ配分するのである。BMI v. CBS 事件では，BMIとASCAPの提起した多くの訴訟としては初めて，被告がBMIの当事者能力，つまり，公けの実演権の侵害訴訟を提起する能力があるか否か，という問題を法廷につきつけたのであった。裁判所は，BMIは非独占的なライセンシーであるから，訴訟を提起する当事者適格に欠ける，とした。それにもかかわらず，多くの異なる歌が問題となっているときにそれぞれの出版社が訴訟参加をするのは煩雑であるから，裁判所は，原告を連邦民事訴訟規則23条(b)におけるクラスとして，これらの出版社に宣言させるべく出訴するのがよいのではないか，と示唆した。

〈Effects Associates v. Cohen〉

(908 F.2d 555 (9th Cir. 1990), cert. denied, 498 U.S. 1103 (1991))

コジンスキー控訴審判事

ここで問題とされているのは報酬の払い忘れである。低予算映画の帝王，被告 Larry Cohen は，特殊撮影効果のフッテージを原告の Effects Associates に発注したが，約束の金額を下回る額しか払わなかった。そして被告は，著作権の書面のライセンスや譲渡をとることなく，このフッテージを使用した。原告はこれに対して著作権侵害で提訴した。当法廷は，必ずしも映画業界では珍しく

B 権利の移転 317

はない，書面契約なしの著作権譲渡が，著作権法での要件を満たすか，という問題を検討することとなる。

事実関係

本件は，お定まりのハリウッド流こぜりあいに端を発する。被告は，"The Stuff"というタイトルの社会的諧謔をまじえたホラー映画の脚本を執筆し，監督し，プロデュースした。地球がフローズン・ヨーグルト的外観（味も）のエイリアンに侵入され，このエイリアンはある不幸な副作用（中毒性があり，食べた者の精神をのっとる）を持っている。無節操な会社がマーケティングを担当して，このフローズン・ヨーグルト状エイリアン"The Stuff"はビッグ・ヒットとなった。アイスクリーム業者の雇った産業スパイが恐るべき秘密を探り当てる。彼はアメリカ人に警告を発し，ヨーグルト工場を爆破し，全世界のフローズン食品愛好家には再び平和が訪れる。

この味覚をめぐるメロドラマを料理するにあたって被告は，小規模な特殊効果会社である原告に対し，映画の中のいくつかのアクション場面を強化するようなフッテージを作って欲しいと依頼した。1984年10月29日付けの短い手紙で原告は7つのショットを提案し，その中で一番ドラマチックなものは"The Stuff"の工場の爆破シーンのものであった。被告は口頭で契約に応じたが，このフッテージの著作権を誰が持つかについては誰も何も言わなかった。

被告は，原告の作った工場爆破シーンが気にくわなかった。そこで原告に対し，約束の額の半額しか払わないというかたちで，この不満足の意を伝えた。原告は残額（8,000ドル強）の支払を何度か督促したが，被告はこれを拒んだ。それにもかかわらず被告は，原告のフッテージを映画に取り入れ，ニューワールド・エンターテインメント社に配給のために引き渡した。そこで原告は，本件である著作権侵害訴訟を提起し，被告が（制作会社およびニューワールドとともに）原告に契約金額を完全に支払うまでは当該特殊効果フッテージを使用する権利がない旨を主張した。原告はまた，詐欺と著作権侵害の共謀の州法上の請求も提起している。

連邦地裁は当初本件を棄却し，本件は主として契約上の紛争であり，従って連邦法上の争点を構成しない，と判示した。当裁判所はこれに対して，非常に明晰な理由によってこれを覆し，差し戻した。すなわち，原告は「そのクレームに関する主人」であり，契約に基づく訴訟をせずに著作権に基づく訴訟を提起する選択権がある，と判示した（Effects Assocs. v. Cohen, 817 F.2d 72, 73 (9th Cir. 1987)）。そこで当裁判所が認識していた本件での争点とは，原告が被告に対して本件フッテージの使用権を譲渡していたかどうか，ということであった（Id. at 73 & n. 1, 74）。

差戻しを受けた地裁は，著作権侵害に関して原告の主張自体失当を理由とする被告勝訴判決を下し，原告は被告に本件ショットを使用してもよい旨の黙示のライセンスを与えていたと判示した。よって地裁は，残る州法上の主張を却下して，これらを州裁判所で追行すべく原告に言い渡した。当法廷は，地裁の下した上記判決を一から見直してみることとする。

検 討

A 著作権の移転

法律はこの上なく明快である。「映画その他の視聴覚著作物」の著作権者は，著作物を複製し，公けに頒布し，展示する独占的な権利をもつ（106条）。そして，著作権者はその権利を他の者に売却したりライセンスしたりできるが，著作権法204条は，それが書面によってなされていない限り無効であるとしている（204条(a)）。本件で，原告が"The Stuff"に使われた特殊効果フッテージの

(1)

著作権者であり，被告らが書面の許諾なしにこれをコピーし頒布し公けに展示したことには，誰も疑いを抱かないであろう。

　被告は，204条にいう書面要件は本件には適用されないという。その理由を半ば冗談めかして要約すれば，映画業界の人間たちは昼飯を喰うのであって契約をするのではない，ということだ。被告は，「あらゆる可能な法律世界の最上の部分においては」当事者というものは書面要件に服するものではあろうが，映画作家というものは，「著作権ライセンスといった法的精緻さに注意を向ける」には「共同の創造的な努力」の中に没入し過ぎている，というのである（被控訴人の準備書面 at 16, 18）。かくて被告は，「映画業界においては……書面のライセンスを取り交わさないことが通例である」ことを理由として，当法廷が本件に関して204条の書面要件が適用されない旨を判示すべきである，と主張している（Id. at 18）。被告が，映画作家一般に関して，著作権の黙示の移転なるものを認めることで204条の通常の適用を免れうるとの「例外ではなく原則」を主張する限りにおいて，当法廷はかかる主張を拒むものである。

　常識に照らして，合意というものはごく普通に書面に落とし込まれるものである。この単純な慣行によって，取引の条件を黒白つけて描き出すことで誤解を防ぎ，当事者たちに考えを明快にすべく強い，潜在的な問題を考慮させ，約束を守らせるのである。口頭に比べて書面の契約では撤回するのが困難だからである。著作権法は，著作権移転が書面でなされるべしとの要件を置いたことで，この常識をうまく取り入れたのである。204条は，著作権者というものは不注意にその権利を放り出したりしないものだから，著作物を使用したいと願う者であれば，創作者と交渉して，移転されるべき権利は何で，それがいくらで移転されるのかを正確に決定できるようにしよう，として作られているのである（Cf. Community for Non-Violence v. Reid, 109 S. Ct. 2166, 2177-78 (1989)〔雇用著作物における書面要件について言及〕）。もっとも重要なことは，204条は著作権の所在についての予見可能性と確実性，すなわち1976年に著作権法を改訂した際の連邦議会の究極の目標に資するということである(Community for Non-Violence v. Reid, 109 S. Ct. at 2177. また Dumas v. Gommerman, 865 F.2d 1093, 1103-04 (9th Cir. 1989)も参照)。すなわち，裁判所としては，ある著作物の使用が相互間の合意に相違しているかをいちいち見ないでも，それぞれの権利を書き記した書面さえ見ればいいのである。

　204条の書面要件というのは，さして面倒なものではない。ルールは極めて簡単である。もしも著作権者が他人に著作権を移転しようと思った場合には，譲受人側は，権利者をしてその旨を記した書面にサインさせればいいのである。それはマグナカルタである必要はない。1行の形式的な文言で足りるのである。

　被告は映画作家を著作権法の要件の例外たらしめようとしているが，それは，雇用著作物をめぐる近時の最高裁判決と控訴審判決によって概ね退けられている。……本件の原告のように，従業員でない者が書籍や映画に寄与を行った場合，著作権における独占的権利は，別途の趣旨の書面の契約がない限りは，そうした寄与の創作者に宿るのである。……

---

(1)〔原(2)〕 著作権法による「著作権の移転」の定義によれば，「著作権ないしこれを構成する独占的権利のいずれかの，譲渡，抵当化，独占的許諾，その他の移転ないし担保化……（ただし，非独占的許諾は含まれない）」とされている（101条）。

かくて101条は，映画業界や出版業界に対して，創作的寄与における著作権を取得する単純で直截的な方法（すなわち，書面の契約ということ）を採用するべくはたらきかけているのである。最高裁と本控訴審は，業界における慣習や慣行を認めはするものの，映画作家が204条の書面要件を潜脱することを許すわけにはゆかないのである。従って，特定のグループを例外扱いしていない204条の書面要件が被告には適用がないとする被告の主張は，説得力をもたないと断ずるものである。204条が映画業界に特例を認めていないように，当法廷もまた認めない。

B 非独占的許諾

当法廷は，映画業界が204条の例外との議論には与しないものだが，本件に妥当しうる書面要件の狭い例外があることは認識している。204条は，著作権の移転はすべからく書面によるべしと規定している。101条によれば，著作権の移転は広く定義されているが，明示に除かれているのが「非独占的許諾」である（注(1)〔原(2)〕を参照）。そこで唯一残る問題は，被告が原告の特殊効果フッテージを使用する非独占的許諾を有していたかどうか，ということになる。

著作権法の有力学説は，「非独占的許諾は，口頭でも，あるいは行為によって黙示ですらも，付与することができる」と述べている（3 M. Nimmer & D. Nimmer, Nimmer on Copyright §10.03［A］, at 10-36 (1989)）。被告はこの後者の叙述に依拠している。すなわち，原告は書面でも口頭でもライセンスを付与していないが，原告の行為が"The Stuff"において本件フッテージを使用してよいとの黙示の許諾を作り出したものだ，と主張しているのである。

被告は，当裁判所の判決である Oddo v. Ries（743 F.2d 630 (9th Cir. 1984)）に大きく依拠している。そこでは，フォードF-100ピックアップ・トラックの修繕方法に関する一連の記事の作者である原告が，同じトピックの書籍の出版社である被告に対して，同書籍中で原告の記事を使用してもよいという限定的な非独占的許諾を黙示に付与した，と認定された。当裁判所が依拠した事実関係は，原告と被告とが同書籍を創作出版するためのパートナーシップを作っており，原告が著作を提供し被告が資本を提供することになっていた，ということである（Id. at 632 & n.1）。原告は，主として自分の過去の記事から取った素材からなる原稿を作って，これを被告に提出した（Id. at 632）。この原稿は既存の素材を含んでいたため，二次著作物になる。これを被告が出版することは，原告が許諾を付与していない限り，必然的に原告の記事の著作権の侵害となるところのものである（Id. at 634）。当裁判所は，それが出版されれば原告の著作権の侵害となるべきものを原告が作成し被告に提出したことは，原告が「本件パートナーシップに対し黙示に本件記事を（本件原稿に含まれている限度において）使用する許諾を付与したものである。もしもそれがないとすれば，パートナーシップへの原告の寄与はほとんど無いも同然となってしまう」と判示した（Id.）。

本件で連邦地裁は被告の言い分を認め，当法廷もまた地裁に与する。本件でOddo判決が有効性(3)をもつのである。Oddo事件の原告のように，原告Effectsは，被告の要請で作品を作り，被告が複製して頒布することを意図しながら，これを被告に引き渡したのである。その時点で原告が本件フッテージの使用許諾を付与していないとすることは，本件映画への原告の寄与が「ほとんど無いも同然」だと断ずるに等しい。しかしこの結論は，被告が原告に本件フッテージの料金として約

---

(2)〔原(4)〕 原告は従業員ではなく，また原告のフッテージが雇用著作物となる旨の書面の契約もないので，被告はこの法理を利用することはできない。……

56,000ドルを支払っている事実関係とそぐわない。よって当法廷は，原告は被告とその制作会社に対し本件フッテージを映画"The Stuff"に組み入れることの非独占的許諾を，そしてニューワールド・エンターテインメントに対して本件映画を配給することの非独占的許諾を，それぞれ黙示に付与していたものと認めるものである。

結論

当法廷は，原告の主張自体失当を理由とする被告勝訴の地裁判決をここに認容する。ただし，原告は手ぶらでこの法廷を去るわけではない。著作権というものは権利の束からなっている。被告に非独占的許諾を付与するにあたって，原告は，そうした束の一つかみを放棄したにすぎないのである。すなわち，被告を著作権侵害で訴える権利である。原告は，いろいろの理由で被告を州裁判所で訴える権利は依然保持しているのである。さらに原告は，本件特殊効果フッテージに残る権利を，ただで許諾したり売却したり放棄したりできるのである。むろんこうした権利がことさらに価値あるものとは言えないかもしれない。映画"The Stuff"はブロックバスター大作というほどのものではなかったし，大量のエイリアン・ヨーグルトが壊れた工場からダラダラと流れるショットにどれほどのマーケットがあるかは議論のあるところだろう。しかし，こうしたショットは，ミュージック・ビデオでの使用ということになれば，何かしらの可能性はあるかもしれない（Kozinski & Banner, Who's Afraid of Commercial Speech?, 76 Va. L. Rev. 627, 641 (1990) 参照）。いずれにせよ，原告がこのフッテージをどう使おうと，被告としては何も文句を言える筋合いではないのだ。そしてこれこそが，もう少し芸のある映画のライセンシーたちが肌身に沁みて感じるべき教訓ということになるだろう。

【質問】
1 もしも行為によって黙示の許諾を認められるのならば，204条(a)の書面要件をめぐって，どうして裁判所は戒告的な言辞を述べているのだろうか。
2 ペイン医師はデジタル氏にお金を払って，医院用の会計管理および薬剤在庫管理ソフトを設計して作ってもらった。デジタル氏は2つのプログラムを開発し，両者は簡単な書面の契約を交わして，そこでは，ペイン医師が15,000ドルを支払い，デジタル氏はプログラムが「ペイン医師のもの」であることを認めた主旨の文言が書かれていた。デジタル氏が同じプログラムを他の医者に販売していることをペイン医師は知り，著作権侵害の訴訟を提起した。これへの反論としてデジタル氏は，譲渡したのはソフトウェアを格納していた物理的な媒体のみであって，著作権を移転した趣旨ではない，と主張した。デジタル氏は原告の主張自体失当を理由として被告勝訴の判決を下すように申し立てたが，地裁はこれを却下した。その理由として，(a)契約書における文言はペイン医師に著作権を譲渡したと解するに十分なものである，(b)この文言が曖昧であったとしても，口頭証拠排除原則がはたらくので，ペイン医師としては，自らの主観的意図についての証拠，デジタル氏とのやりとりに関する証拠，第三者とデジタル氏が結んだ契約，医療ソフトウェア業界における慣行などの

---

(3)〔原(5)〕 Oddo事件ではそれでも原告が勝訴したが，それは別の理由においてである。被告は原告の原稿に不満で，別のライターを雇って仕事をやり直させた。このライターは新たな素材をつけ加えたが，原告のものも大分使ってしまい，原告の既存の記事の一部を取り入れてしまったのであった（743 F.2d at 632）。このもう一人のライターの本を出版したことで，被告は原告の付与した黙示の許諾の範囲を逸脱してしまい，著作権侵害と判示されたのである（Id. at 634）。

B 権利の移転 321

　　証拠を提出することが認められるべきである，といったことを挙げた。控訴があったとして，あなたならどう判断するか（Friedman v. Stacey Data Processing Services, 17 U.S.P.Q. 2d 1858 (N.D.Ill. 1990) 参照）。

3　Medical Publications, Inc.は，ベストセラーの家庭用医学書『汝自身を癒せ』を出版し，その著作権を所有している。昨年，同社は Book Placement Company（BPC）に対し口頭にて，その時点で Medical Publications が店頭に本を置いていない書店を対象に，BPC が本を置ける権利を与えることに合意した。しかし，数か月して Medical Publications は，ブックストアのチェーン店 Dalton を通じて『汝自身を癒せ』の全国的な頒布を始めた。BPC は Medical Publications を相手に，契約違反を理由として訴訟を提起した。被告はこの訴訟で，口頭での独占的許諾は書面によっていないのだから無効であるとして，原告の主張自体失当を理由とする被告勝訴の判決を求める申立てをした。BPC 側はしかし，このライセンスは独占的許諾ではなかったと主張している。その理由とするところは，Medical Publications は既存の書店に『汝自身を癒せ』を頒布する権利を留保していた，というところにある。被告の申立てについて判定を下してみよ（Library Publications, Inc. v. Medical Economics Co., 548 F.Supp. 1231 (E.D.Pa. 1982), aff'd without opinion, 714 F.2d 173 (3d Cir. 1983) を参照）。

4　アル・アーティストは1980年以来数年にわたってプレイボーイ・マガジンのために絵画を作成してきた。彼は毎月オリジナルの絵画を1枚送り，プレイボーイ側は小切手を送り返してくる。こうした小切手は，裏書欄の横に印刷文が書かれていて，「被支払人は〔当該絵画〕に関してのあらゆる権利，権限ないし利益をプレイボーイ社に完全に譲渡することに対しての支払であることを認めます」と読める。プレイボーイ社は近時，アルの絵画の複製物を販売し始め，アルはこれに対して著作権侵害訴訟を起こし，雑誌に1度きりの印刷複製をさせる意図はあったが著作権を移転する意図はなかったと主張している。また，小切手の裏書文言は204条の要件を満たさないとも主張している。読者であればどう判断するか（Playboy Enters., Inc. v. Dumas, 53 F.3d 549 (2d Cir. 1995)を参照。また，Arthur Rutenberg Homes v. Drew Homes, 29 F.3d 1529 (11th Cir. 1994)と比較せよ）。

5　移転を確認するファックスは交わしたが，移転の事実に関する情報は与えていなかったという場合には，204条(a)の「譲渡証書ないし移転を証する覚書」の要件は満たせるか（Radio Television Espanola S.A. v. New World Entertainment, Ltd., 183 F.3d 922 (9th Cir. 1999) 参照）。E メールを交わした場合はどうであろうか。

移転の登録とその他の書類の登録

　「1976年法における登録および対抗要件（priority）の条項の205条は，現行1909年法の30条および31条のもとにおいて生じた多くの不確実性を改めるべく作られたもので，これらをより一層効果的かつ現実的にするために立法されたものである」（S.Rep. No. 94-473, supra at 112; H.R.Rep. No. 94-1476, supra at 128）。

　1976年法の登録制度は，著作権の移転の登録に加えて，著作権に関係あるいかなる署名入りの文書（例えば，遺言書とか抵当権設定書）をも登録しうるものとした（§205(a)）。告知の推定機能についても明示に規定されたが，2つの条件が課されている。すなわち，①その著作物が特定的に識別されていること，および②その著作物の著作権のクレームが登録されていること，である（§205(c)）。

移転の登録をすると，移転を受けた者は，後続の移転がなされてその旨の登録がなされても，これに対抗（priority）することができる（たとえば Quality Records, Inc. v. Coast to Coast Music Inc., Copyr. L. Rep. (CCH) ¶29,924 (9th Cir. 1997) 参照）。最初に移転を受けた者にはさらに1か月の猶予期間（海外で移転がなされた場合には2か月）が与えられ，この期間中はこの者がいかなる場合にも対抗力を有するとされている。後続の移転を受けた者がさきの移転につき告知を受けている場合，その他善意でない場合，あるいは「価値ある対価」を支払って移転を受けたのではない場合（§205(e)），ないし「ロイヤルティを支払う旨の拘束力ある約束に基づいて」移転を受けたのではない場合（同）においては，かかる猶予期間を過ぎても後続者に対抗できる。

　1976年法は，やはり難しい問題であるところの，相矛盾する，移転行為と非独占的許諾との間の対抗関係についても，果敢な取組みをみせている。このような非独占的許諾は，「著作権の所有権移転」という定義からは外されているので，登録される必要もなければ，書面でなされる必要すらないのである（むろん登録することは可能であるが）。しかし，登録の如何にかかわらず，署名された書面による非独占的許諾は，移転の前になされるか，あるいは移転の登録前に善意でなされて告知のなかった場合には，これと相矛盾する移転に対して対抗力を有することとされた（§205(f)）。

　205条に関する新たな問題として National Peregrine Inc. v. Capitol Fed. Sav. & Loan Ass'n (116 Bankr. Rptr. 194, 16 U.S.P.Q.2d 1017 (C.D.Cal. 1990))（指定によりコジンスキー控訴審判事）判決で扱われたものは，著作権局における移転登録とあい争う権利についての登録の対抗関係が，州務事務所での担保権登録を規定する州法（すなわち統一商法典）を先占する，という論点であった。この事件では，原告の NPI は破産手続における担保を有する債権者で，破産財団の有する145本の映画とそこからのライセンス料収入の利益を確保しようとしていた。原告にこれらの映画を譲渡した会社は，以前に被告から600万ドルの貸付けを受けていて，被告はこれらの映画のライブラリーとそこからの将来の収入を担保にとっていた。被告は，3つの州に適法な UCC-1 ファイナンス報告書を登録していたが，著作権局には担保権登録をしていなかった。

　連邦地裁は，判断されるべき問題は，「著作権の担保設定が対抗力を有するのは，著作権局での登録によるのか，関連する州務事務所での UCC-1 ファイナンス報告書の登録によるのか」であり，前者が正しい回答であるとした。同判決は，貸付けのための担保として著作権を移転することは101条にいう著作権の「移転」であり，それは2005条(a)において登録可能なものであるとした。続けて裁判所は，著作権法における包括的な登録制度は，そこにこめられたユニークな連邦制度上の利益とあいまって，著作権とそれに関連する受取り口座における担保の対抗力について連邦法が州法を先占しているとの見解を支持するものである，と述べている。もしも州法上の対抗関係が優先するとすれば，貸し手は様々な州で担保の調査をしなければならず，経費増と時間増とを強いられることになる。このことは，「著作権の売買を妨害し，著作権がすぐに商業的に移転可能であるべしとする連邦議会のポリシーを阻害するものである」とする。同裁判所は，統一商法典9条それ自体が，著作権法で規定するような連邦登録制度に直面した際の州の登録制度を後退させる「譲歩条項」である，と判示した。

　連邦破産法において原告は，財物における利益を善意かつ告知なく取得した「仮定的先取特権者」として扱われるべき（また，著作権局にタイミングよく登録した者としても扱われるべき）であるから，著作権法205条(d)の対抗規定によって原告は被告の利益を無効化することができ，破産財団

のために当該著作権上の権益を捕捉できるのである。

　この判決の明白な結果として，著作権（本件での145本の映画のような）における担保設定者，すなわち典型的には銀行は，自らの権利を守るためには，そうした著作物の１つ１つについて著作権局に別途登録をしなければならない羽目になった。さらに，205条(c)(2)においては，銀行は各著作物における著作権が登録されているかどうかを確かめないといけないことにもなった。統一商法典での登録であれば，借り手の名において「145本の著作権のある映画」としてリストを添付すればよかったもので，むろん銀行にとってははるかに簡単だったのである。

　1993年初頭に提案された法案（S.373, H.R. 897）は，Peregrine判決やその後の同判決にならった破産裁判所の判決を否定したものであった（In re AEG Acquisition Corp., 127 B.R. 34 (Bkrtcy.C.D. Cal. 1991), aff'd, 161 B.R. 50 (9th Cir. 1993); In re Avalon Software, Inc., 209 B.R. 517 (Bkrtcy.D.Ariz. 1997) 参照）。この法案の推進者の一人であるヒューズ議員によれば，「これらの判決は，比較的簡単なビジネスであったものを企業や貸し手にとっての悪夢に一変せしめた。さらに，過去において多くの貸し手がUCC登録しかしていないことを考えれば，そうした既存の取引についての相当程度の不安定性が生じたというべきである。またこの不安定性というものは，貸し手側で著作物を登録することができないということでさらに高まるものである。205条を制定した連邦議会の意図は，相反する移転の間での優先関係を規定することにあったのであり，担保権者の権利が保護されているように作られている州法上の手続を先占するためではない。この領域で連邦システムと州システムとが共存できない理由はないのだ」。

　この種の立法運動は本書出版時点においても継続している。いろいろな手法が提案されているが，一番よくあるのは，205条(e)ないし301条(b)を改正して，競合する著作権担保権（ことに，借り手側が破産して管財人がついた場合）の登録，対抗問題および執行可能性については州法が準拠法となることを明確にし，その一方で，合意による担保設定以外の著作権移転と記録については連邦法が準拠法となる（たとえば，著作権を善意で譲り受けた者は，当該譲受けに先行するが著作権局に登録のない担保権設定者には対抗できる，など），といったものである。

2　権利付与の範囲

〈Cohen v. Paramount Pictures Corp.〉
(845 F.2d 851 (9th Cir. 1988))

ハグ控訴審判事

本件は著作権法における新たな問題を提起している。映画を「テレビジョンの方式で（by means of television）」上映する権利を付与したライセンスは，映画をビデオカセットにおいて頒布する権利を含むものかどうか，ということである。我々はこれを否定に解するものである。

事実関係

原告 Herbert Cohen は，『メリーゴーラウンド』という楽曲（以下「本楽曲」という）の著作権者である。1969年5月12日，原告は H&J Pictures, Inc.に対して「シンクロニゼーション」ライセンスを付与し，これによって H&J は，"Medium Cool"という映画に本楽曲を使用し，劇場およびテレビジョンで同映画を上映する権利を与えられた。その後 H&J はこの映画に関する全権利を被告 Paramount Pictures に譲渡した。この譲渡された権利の中には，原告が H&J に1969年にライセンスした権利のすべても含まれている。その後しばらくして被告は同映画のネガをビデオカセット業者に渡し，同社は映画のコピー（本楽曲の複製を含む）を作り，それを被告に納品した。被告は次いで同映画のビデオカセットを約2,725本販売し，69,024.26ドルの売上げを得た。

1985年2月20日，原告は被告に対して著作権侵害訴訟を連邦地裁に提起した。原告は，H&J に付与したライセンスには，映画のビデオカセット複製物において本楽曲を使用する権利は含まれていない，と主張した。両当事者は事実関係についてはこれを相互に認め，ともに相手方の主張自体失当を理由とする勝訴判決を下すよう申立てを行った。地裁は被告勝訴の判決を下し，原告は控訴をした。……

……（略）……

本件での問題を解決するには，映画"Medium Cool"のビデオカセット複製物において本楽曲を使う権利をライセンスが含んでいたかどうかを判断するために，我々としてはライセンスの条件を検討しなければならない。このライセンス契約は冒頭において，ライセンシーに対し，「本契約に規定する条件，条項および制約<u>に従って</u>，"Medium Cool"について……本楽曲の歌詞およびメロディを，いかなる態様，媒体，形態ないし言語においても，録音する権限」（下線引用者）を与えている。第4条では，「本契約において付与された，本楽曲を……実演するライセンスは，(a)本映画を……劇場において観衆に上映する，(b)本映画を……<u>テレビジョンの方式で</u>（ペイ・テレビジョン，家庭用閉鎖回路方式などを含む）上映するための許諾である」（下線引用者）と規定されている。最後に第6条は，権利許諾側が留保する権利を規定していて，「ライセンシーに対して本契約において許諾された以外の，本楽曲についてのあらゆる権利および使用……」が留保されているとする。

注目できることは，本ライセンスは明示には本楽曲を"Medium Cool"のビデオカセット複製物で使用する権利を付与してはいないということである。被告は，この権利が，本楽曲を本映画について「いかなる態様，媒体，形態ないし言語においても」録音する権利があるとするこの文言の中に含まれている，と主張する。しかし，このやや広い許諾は，この契約で規定される制約に明示に

服するものとされているのである。つまり，本映画の一部として本楽曲を提供する権限というものは第4条に規定されているわけだが，この条項がそうした提供行為を劇場とテレビジョンという2つの媒体に明示に限定しているのである。ビデオカセット複製がこのいずれかに入らない限り，このライセンスによって被告の行動を正当化できないことになる。なんとなれば，第6条によればライセンスの条項によって付与されていないあらゆる権利はライセンサーが留保しているからである。

予想されたところであるが，被告は，ビデオカセットの上映（display）は「テレビジョンの方式での上映」と等価であると主張する。だが我々はこれには賛同しえない。ビデオカセットはテレビジョンのモニター装置を使って上映できるかもしれないが，著作権法の観点からは，ビデオカセットが「テレビジョンによる上映」にあたるとの結論が導かれるわけではない。映画をテレビジョンにおいて上映することというのは，ビデオカセット再生機を使っての上映とは根本的に違うものである。テレビジョンというものは，中間に位置するネットワーク，消費者の家庭にテレビ電波を送る局ないしケーブルを必要とするものである。テレビジョンにおけるエンターテインメントのメニューはネットワークに完全にコントロールされていて，消費者側の選択は，いろいろとあるチャンネルにおいてどれを選ぶかということにしかはたらかない。さらに，伝統的なテレビ受像機しか持っていない消費者は，テレビに映ったものをどれ1つとして捕捉する手段をもたない。つまり，番組が終わればそれは消え去るだけで，これを再生したりできないのである。テレビ電波は家庭の外から入ってくるので，それは一時的なはかないものであり，視聴者はこれをしっかりと捕まえることはできないのである。

ビデオカセットというものは，当然ながら非常に異なる性質の視聴を可能にするものである。ビデオカセットのエンターテインメントは，視聴者の完全な裁量のもとに家庭内においてコントロールされるものである。視聴者は，まさに見たいと思うものを見ることができ（市場にそうしたソフトがあるとして），見たいと思う時間に見ることができる。見たくない部分については「早送り」をして飛ばすことすらできる。そうした本質によってビデオカセットは，テレビジョンに固有の制約から視聴者を解き放ち，ネットワークのような中間介在者を除去したのである。

……（略）……

「テレビジョンの方式での上映」なる文言がビデオカセット複製を含むとは解し得ないとする主要な理由は，ビデオ再生機はネットワークにおいては使われていたものの，家庭用機器としては1969年当時には発明されても知られてもいなかったからである。両当事者ともこの事実については認めており，地裁の判決においても言及されている。かくて，ビデオカセット市場が隆盛となるずっと前の1969年において，原告としては，本楽曲の鳴っている映画に対して公衆が自由かつほぼ無制約なアクセスをするようになるとは思い描き得なかったのである。むしろ彼が思い描いたのは，映画"Medium Cool"への視聴者のアクセスは劇場とネットワークにほぼコントロールされたもの，ということであったはずである。同じことの裏返しとして，ライセンシーにおいても，ビデオカセット複製に関する権利について取引をしたり，これに対価を支払ったりしてはいなかったはずである（Comment, Past Copyright Licenses and the New Video Software Medium, 29 U.C.L.A. L. Rev. 1160, 1184（1982）を参照）。ライセンスの保持者がニューメディアに関しての「たなぼたを全部ふところに入れる」べきではあるまい（同上参照）。先に言及したとおり，ライセンスにおいてはライセンサー側に，「ライセンシーに対して本契約において許諾された以外の，本楽曲についてのあら

ゆる権利および使用」が留保されているのである。この文言によれば，当時両当事者に知られていない，あるいは両当事者が企図したのではない使用は，ライセンス対象から排除されていると考えるべきである。

さらに，ライセンスは，連邦著作権法の根底にある目的に沿って解釈されるべきである。従来裁判所が繰り返し述べてきたのは，著作権法は「『著作物の生産を奨励するという全世界にとってのより大きな便益をもたらすために』……作家や出版社等に対し価値ある権利を付与することを明確に意図して」きたものであるということだ。……もしも我々が本件でのライセンスを，その制限的な文言にもかかわらず，当事者が契約した当時に国内市場に登場してもいなかった媒体での権利を付与したものと解釈したならば，我々は著作権法の目的を踏みにじることになるだろう。

被告は，2つの連邦地裁判例を持ち出して，反対の結論を支持すべき旨を主張する。しかし両事件とも，本件のライセンス文言とははっきりと異なる文言のライセンスに関するものである。

Platinum Record Co., Inc. v. Lucasfilm, Ltd.（566 F.Supp. 226 (D.N.J. 1983)）においては，1973年に結ばれた契約書が問題となり，そこでは，原告の前身たる会社が被告の Lucasfilm に対して映画『アメリカン・グラフィティ』のサウンドトラックにおいて4曲のポピュラー・ソングを使用する権利を付与していた。この契約では明示に「上記映画，劇場予告編およびテレビジョン予告編を，現在ないし将来知られるところのあらゆる方式ないし方法で，永久的かつ全世界的に，上映，配給，利用，販売および上演する」権利（下線引用者）が付与されていた（Id. at 227）。Lucasfilm は Universal との契約に基づいて『アメリカン・グラフィティ』を製作し，同映画は，劇場，ケーブル，ネットワーク，地方テレビジョンで公開された。1980年になり，Universal の関連会社がこの映画をビデオカセットで公衆に対して販売およびレンタルを始めた。原告は Universal とその関連会社に対して，契約上映画をビデオカセットで頒布する権利はないとして，訴訟を提起した。

地裁は，原告の主張自体失当を理由として，被告勝訴の判決を下した。その理由とするところは，映画の上映権を付与した契約書の文言は，「現在ないし将来知られるところのあらゆる方式ないし方法」という「極めて広く，かつ曖昧さのないもので，本契約において映画の潜在的な特定の使用を1つ1つ挙げてゆくという必要性を排除している。……本件での契約書が新たに開発された媒体を包含するべく『公正に読む』ことができるものと言うべきであって，本契約中にビデオカセットやビデオテープについて特定の言及がないことは，本質的なことではない」とした（Id. at 227）。

同様に，Rooney v. Columbia Pictures Industries, Inc.（538 F.Supp. 211 (S.D.N.Y. 1982), aff'd, 714 F.2d 117 (2d Cir. 1982), cert. denied, 460 U.S. 1084 (1983)）においては，いくつかの映画の上映権をうたった契約書が，映画のビデオカセットを販売する権利をも被告に付与したもの，と認定している。Platinum 事件における契約書と同様，Rooney 事件の契約書も包括的な文言を用いて，たとえば映画を「現在ないし将来の方式ないし方法」や「現在知られ，あるいは将来知られるその他の方法」（下線引用者）で上映する権利を付与しているのである（Id. at 223）。裁判所は，「本件の契約は，映画の配給および上映における極めて広い権利を被告に与えており，こうした権利は特定されているものを除いて何の制約もないということを意図している。また，複製，送信および上映の方式における将来の技術的革新があっても，それは被告の利益に帰属するのだという意図を表してもいる」と述べている（Id. at 228）。

Platinum 事件および Rooney 事件における契約書と比べて，本件のライセンス契約にはこうし

た広範な文言が欠けているのである。両事件における契約は，明示に，今後発明される方式における映画の上映権を付与していたのである。本件の契約ではこうした文言がないばかりか，ライセンスにおいては，明示に付与されていない全権利は著作権者側に留保されるとも書かれている。よって我々は，Rooney 判決と Platinum 判決が本件において説得力を有するとは思えない。

結　論

当裁判所としては，本件のライセンスが被告に対して，映画"Medium Cool"のビデオカセットの製作および頒布に関して本楽曲を使用する権利を与えてはいないものと判示するものである。被告を勝訴させた地裁の判決は，よって破棄されるものである。

破棄差戻し

〈Boosey & Hawkes Music Publishers, Ltd. v. Walt Disney Co.〉
(145 F.3d 481 (2d Cir. 1998))

リーヴァル控訴審判事

原告の Boosey & Hawkes Music Publishers, Ltd. はイギリスの会社で，イゴール・ストラヴィンスキーの『春の祭典』の著作権譲受人である。原告は，被告 Walt Disney Co. がストラヴィンスキー作品をフィーチャーした映画『ファンタジア』のビデオカセット版とレーザーディスク版（以下「ビデオフォーマット」という）とを海外において頒布したことが原告の権利を侵害するものであるとして，本件訴訟を提起した。1939年にストラヴィンスキーは，本映画において『春の祭典』を被告が配給することをライセンスした。原告は，1947年にストラヴィンスキーの著作権の譲渡を受けたが，このライセンスはビデオフォーマットでの配給を認めていない，と主張している。

地裁（ダフィ判事）は，被告の主張自体失当を認めて原告一部勝訴の判決を下し，被告のビデオフォーマットでのリリースはライセンス契約において認められていないと認定した。これに対して被告は控訴した。……

当法廷は，……本件においては事実関係について重要な判断問題があるため……（契約書の範囲についての）主張自体失当を理由とする判決にはなじまないものと判断する。

I　背　景

1938年当時，被告 Disney は，『春の祭典』（以下「本楽曲」ということがある）を全世界において映画に使う許可を得ようとストラヴィンスキーと交渉していた。合衆国法においては本楽曲はパブリック・ドメインであったので，この国で録音したり配給したりする上では何の許諾も必要はなかったのだが，著作権が生きている国においてはそうした許諾が必要だったのである。1939年に両当事者は契約書（以下「1939年契約」という）を締結し，6,000ドルの支払と引換えに被告は本楽曲を映画に使用する権利を得た。

1939年契約には次のように規定されている。

> 6,000ドルの対価（その受領はここに承認されている）を約因として，（ストラヴィンスキーは）カリフォルニア州法人である Walt Disney Enterprises に対し，……以下に規定する本楽曲をいかなる態様，媒体ないし形態においても録音し，またその実演をライセンスするための非独占的かつ撤回不能の権利，ライセンス，特権および権限を付与するものである。

第3条の「使用の種類」については以下のとおり規定されている。

上記楽曲の音楽は，1本の映画の全編にわたり，あるいは購入者が指定するどの一部分においても使用することができる。上記音楽は，その全部ないし任意の一部を使用することができ，また購入者がその絶対的な裁量において決定する通りに翻案，変更，追加ないし削除をすることができるものとする。……『春の祭典』という英語，フランス語ないしその他の言語におけるタイトルは，上記映画のタイトルとして使用できるものとし，ストラヴィンスキーの名前は，上記映画において，ないしこれに関連して，使用できるものとする。

　本契約第4条は，本作品についての被告のライセンスは「本楽曲を映画にシンクロニゼーションすることないし同期（timed-relation）させることにおける使用に限られる」旨が規定されている。そして第5条は次のように規定する。

　　　本契約でカバーされる楽曲を録音する権利は，ASCAP その他上記楽曲が実演される地域に管轄を有する実演権団体の発行する有効なライセンスを有する劇場において，楽曲が実演されるべきことを条件とする。

　この条項は本訴訟に重要性を有するので，以下では「ASCAP 条件」と呼ぶことにする。

　最後に第7条は，「ライセンサーは，本契約において明示に付与しなかった，楽曲についてのあらゆる権利および使用を自らに留保するものである」と規定している（以下「留保条項」という）。

　被告は1940年に，ミッキー・マウスを主演とする『ファンタジア』を公開した。この映画には台詞はない。そこではアニメの動物たちや空想上の生物たちのパントマイムと偉大なクラシック音楽とが融合して，批評家らが「芸術音楽とアニメーションのパートナーシップ」と称えるところのものを創り出している。映画のサウンドトラックにおいては，バッハ，ベートーヴェン，デュカス，シューベルト，チャイコフスキー，ストラヴィンスキーらの楽曲が使用されており，すべてレオポルド・ストコフスキー指揮のフィラデルフィア管弦楽団の演奏によるものであった。『春の祭典』は，映画のサウンドトラック上ではオリジナルの34分よりは短い22.5分のものとなっていた。楽譜のいくつかの部分がカットされ，並べかえられた部分もあった。50年以上にもわたって被告は，1939年契約に基づいて『ファンタジア』における『春の祭典』を上映してきた。この映画は1940年以降，少なくとも7回，劇場においてリヴァイバル・ロードショーを行ってきており，テレビにはその全体像を1度たりとも見せたことはないものの，『春の祭典』の部分を含む断片は何回か放映されたことがある。ストラヴィンスキーも原告も，これまでそうした配給行為に対して異議を唱えたことはない。

　1991年に被告は『ファンタジア』を初めてビデオフォーマットでリリースした。このビデオはアメリカ国内と海外とで販売された。これまでのところ，『ファンタジア』ビデオは被告に3億6,000万ドル以上の総収入を挙げさせている。

　原告は本訴訟を1993年2月に提起した。訴状において求められているのは，1939年契約がストラヴィンスキー作品をビデオフォーマットで使う権利を被告に与えていないことの確認である。……

　原告・被告双方から，相手方の主張自体失当を理由とする判決を求める申立てがなされ，地裁は，先に記載したとおりの判断を下した。地裁は，ライセンスがビデオフォーマットによる頒布をカバーしていないとする判示をするにあたり，ライセンスの広範な文言は被告に対して「ビデオテープやレーザーディスクに作品を録音する権利」を付与したとは言えるものの，ASCAP 条件によって「被告がビデオテープやレーザーディスクを消費者に直接に頒布することを妨げている」とした

(Boosey & Hawkes Music Publishers Ltd. v. Walt Disney Co., 934 F.Supp. 119, 123 (S.D.N.Y. 1996))。よって，被告によるビデオフォーマットの販売はライセンスの範囲を超えたものである，と判示したのである。

……（略）……

II 検 討

……被告は，1939年契約が『春の祭典』のビデオ頒布を許諾していないとする判決に異を唱えるものである。……

A ライセンスの範囲に関する確認判決

原告による確認判決の訴えは，契約解釈における2つの問題を提起している。ひとつは，1939年契約における包括的な許諾が『ファンタジア』のビデオフォーマット版において『春の祭典』を使用する権利を被告に与えているのか（地裁はこれを被告に有利に解した）ということであり，もうひとつは，もしそうだとした場合に，ASCAP条件は被告がビデオフォーマットにおいて本楽曲を利用することを妨げるのかどうか（地裁はこれを原告に有利に解した）ということである。

1 「映画」のライセンスはビデオフォーマットをカバーするのか

原告は，「映画」におけるストラヴィンスキー作品の使用ライセンスはビデオフォーマットにおける映画の頒布を許諾するものではないと主張する。ことに，「将来の技術的手段」といった明示の条項のないこと，また契約においてストラヴィンスキーが許諾していない権利については自らに留保していることに鑑みれば，なおさらそうである，と主張している。ライセンシーが，契約時以降に開発された技術が可能にした新しい販売チャンネルを通じてライセンス作品を利用できるのか否かについての紛争（しばしば「新たな利用（new-use）」に関する問題などと呼ばれる）は，少なくとも映画の発明以来，何度も裁判所の頭を悩ましてきた問題である（3 Melville B. Nimmer and David Nimmer, Nimmer on Copyright, §10.10 [A] at 10-86; Kirke La Shelle Co. v. Paul Armstrong Co., 263 N.Y. 79, 188 N.E. 163 (1938)〔舞台制作のためのライセンスがトーキー映画の権利も含んでいるかどうかについての判断〕を参照）。

Bartsch v. Metro-Goldwyn-Mayer, Inc.判決において当裁判所は，「ライセンシーは，ライセンスに規定された媒体の範囲内に入ると合理的に言える使用であれば，何であれこれを行うことができる」と判示した（391 F.2d 150, 155 (2d Cir. 1968)（フレンドリー判事））。Bartsch判決においては，ある戯曲の映画化権ライセンスにはその映画を放映する権利も含まれているとしたのである。そこにおいて当裁判所は，「もしも契約書の文言が新たな使用をカバーするに足るほどに広範であれば，例外を決めてそれを交渉する役割は譲渡人の側にあるとするのがより公平であろう」，ことに契約時点で新たな媒体なるものが全く未知のものでもなかった場合においては，と判示している（Id. at 154, 155）。

1939年契約では，「（1本の）映画」における使用のために「（本楽曲を）いかなる態様，媒体ないし形態においても録音する」権利が与えられている。我々は，この文言が映画のビデオフォーマットでの頒布を包含するべく広範なものであると考える。Bartsch判決では，新利用をカバーすると合理的に解釈できるような権利付与文言があれば（少なくとも契約時に新利用が予想可能である場合），「新たな利用」の権利が排除されていることの立証責任は譲渡人の側にある，と判示しているのである（391 F.2d at 155. また，Bloom v. Hearst Entertainment Inc., 33 F.3d 518, 524-25 (5th Cir.

1994)〔Bartsch 判決をあてはめ，ある本の映画化テレビ化権の付与はビデオ化権も含んでいると判示〕を参照)。「いかなる態様，媒体ないし形態においても録音する」ライセンスとは，明らかにビデオカセットでの録音にまで及んでおり，本契約中に別途の条文もない本件において，なぜ「映画」の複製権許諾がビデオフォーマットを含まないとされるのか，我々としては理由が分からないところである（Bourne v. Walt Disney Co., 68 F.3d 621, 630 (2d Cir. 1995); Bloom, 33 F.3d at 525 を参照)。もしも「新たな利用」のライセンスの有無が契約時における新チャンネルの予想可能性にかかっているのだとしても（Bartsch 判決において残された問題)，被告側は，1939年までに家庭内で映画を見る初期段階の市場が存在していた証拠を提出しており，これは反駁されていない。従って，Bartsch 判決におけるアプローチにより，本件における映画のライセンスはビデオフォーマットの頒布にも及ぶとの結論が必然である。

　当法廷は，新たな技術のもたらす将来開発されるところの市場について，広範なライセンス文言がこれをカバーすべきかどうかにつき，裁判所と学説とが必ずしも意見の一致をみていないと認識している。この問題について Nimmer 論文は2つのアプローチを述べている。第1の見方——本件の原告のとる見方——によれば，「ある媒体における権利のライセンス（たとえば「映画権」）は，その語の明確なコアの意味（たとえば，劇場における映画の上映）の範囲内に入る使用のみのものであり，曖昧な周辺部分（たとえば，テレビにおける映画の上映）に入る使用は排除される」ということになる（Nimmer, §10.10 [B] at 10-90. また，Cohen v. Paramount Pictures Corp., 845 F.2d 851, 853-54 (9th Cir. 1988)〔テレビ番組で楽曲を使用できるライセンスはビデオカセットでの使用には及ばないと判示〕); Rey v. Lafferty, 990 F.2d 1379, 1390-91 (1st Cir. 1993)〔「テレビ視聴（television viewing)」のために『おさるのジョージ』をアニメーションで描くライセンスはビデオカセット・リリースには及ばないと判示〕を参照)。こうしたアプローチにおいては，「映画権」についてなされた1939年契約のライセンスは，1939年当時に理解されていたところの「映画」というもののコアの利用にのみについてのものだということになり，テレビやビデオカセット，レーザーディスクといった後に開発された映画の配給方法については包含しないものということになる（Nimmer §10.10 [B] at 10-90)。

　第2の立場は，Nimmer によれば，「ライセンシーは，当該ライセンスにおいて規定された媒体に入ると合理的に解し得るものであれば，どういった利用であれなし得る」（Id. at 10-91) ということになる。Nimmer は明確に後者の立場を支持しており，その理由としては，「どちらかと言えば不当ではない」からであるとしている（Id.)。Bartsch 判決でフレンドリー判事が言ったように，「我々もそう思う」（391 F.2d at 155)。

　作家でありライセンサーである者から，新たな予測しなかった配給チャンネルからの利益にあずかる権利を奪うという結果は，もろ手を挙げて賛成する解決というわけではない。しかし，契約当事者が交渉した条件に合理的に見出される権利を奪うという結果よりは，より公正で理にかなっていると考えるものである。この問題はしばしば，間違った言い方で，ライセンシーとライセンサーとどちらをひいきするか，という枠組みで語られるものである。ライセンサーはしばしば著作者（すなわち，著作権法が育むべき創作性の出所）で金がないことが多く，ライセンシーはしばしば巨大な事業体である。そこで，著作権の学説や判例の中にはライセンサーに有利な解決を求める傾向というものが見うけられる。かくて，Cohen 判決（845 F.2d at 854）の第9控訴審は，「ライセンスは連邦著作権法の根底にある目的に沿って解釈されるべきである」とし，そうした目的とは，著作物

の生産を奨励するために作家や出版社等に対し価値ある権利を付与することである，と述べるわけである。著作権法が「作曲家の利益のために制定された」と言うことによって（Jondora Music Publishing Co. v. Melody Recordings, Inc., 506 F.2d 392, 395 (3d Cir. 1975)から修正して引用），ライセンス付与当時存在していなかったビデオ技術をもライセンスが包含すると解するとしたら，それは「著作権法の目的を踏みにじる」ことになる，と裁判所は結論づけた（Id. また，Warner Bros. Pictures v. Columbia Broadcasting System, 216 F.2d 945, 949 (9th Cir. 1954)〔「こうした疑念は作曲家の利益に解決されるべきである。著作者からその労働の果実を奪うには明確な文言が必要なのである」〕; William F. Patry, 1 Copyright Law and Practice 392 (1994)〔「契約書は可能な限り著作権の譲渡人に有利に解釈されるべき」ということが，連邦議会の「著作権者は特に移転したのでない限り，その全権利を保持しているべきである，との政策判断」の反映である，と論じている〕を参照）。

　我々の見解では，「新たな利用」に関する分析においては，いずれかの当事者への肩入れというよりも中立的な契約解釈の原則に拠るべきであると考える。Bartsch 判決では，「例外を決めてそれを交渉する役割は譲渡人の側にある」としているが（391 F.2d at 155），それは著作権ライセンシーを有利に扱うことを「初期設定」とするルールを採用したものではないし，いかなる意味でもそうした「初期設定」的なルールを採用したと解されるべきではない。Bartsch 判決でものを言ったのは契約書の文言であった。もしもある契約書がひとつの意味を伝えていると合理的に解釈できるのであれば，そうした解釈によって利益を受ける側の当事者がそれに依拠できるべきである。[1]これに対して，契約書の文言上合理的に伝えているとおぼしき意味からの例外や乖離を求めている当事者は，そうした制限や乖離を表現するところの文言を交渉する責任を負ってしかるべきである。この原則は，ライセンシーを有利にしているのでも，ライセンサーを有利にしているのでもない。ただ単に契約書の文言を追っているだけである。

　本件被告のライセンスの文言は，ビデオフォーマットで頒布される映画というものを排除していると読むよりも含んでいると読む方がずっと合理的である。よって我々は，もしもストラヴィンスキー側が後に開発されるところの映画の新技術から生ずる新たな市場を排除したいと考えたならば，そうした制約を表す文言をライセンスに挿入する責任がストラヴィンスキー側にあったものと考えるのである。

　その他の主要な法理学上の考察や政策的考察も，「新たな利用」についての我々のアプローチの正しさを確認してくれている。我々の見解は，ライセンスの対象として描かれたものの中に合理的に入る場合であってすらも，新たなテクノロジーを排除するという見解に比べると，契約法の原則により矛盾のないものだと思う。契約解釈というものは普通，契約当事者の意図について検討を加

---

(1)〔原(3)〕　我々は，学説や判例は Bartsch 判決をこのように誤解していると思う（たとえば，Film Video Releasing Corp. v. Hastings, 426 F.Supp. 690, 695 (S.D.N.Y. 1976)〔Bartsch 判決を「権利付与文言は譲渡人の不利益に解されるべき」と解釈〕; James W. Dabney, Licenses and New Technology: Apportioning and Benefits, C674 ALI-ABA 85, 89, 96〔Bartsch 判決を「ライセンシー寄り」の判決と分析し，「新たな利用」のケースにおいてライセンシー有利に契約解釈の原則を述べた判決であるとする〕を参照）。我々は，Bartsch 判決はいずれの当事者をも有利に扱っておらず，「新たな利用」の状況において何の特別な契約解釈基準をも推奨してはいない，ということを強調したい。むしろ同判決が言っているのは，裁判所はライセンス契約の文言と基本的な契約解釈原理を頼りにするべきだということである。

えるものだが，当事者たちが考えていなかったものが検討の対象である場合には，当事者の意図というのはあまり役に立たない（Nimmer, §10.10 ［B］ at 10-90〔通常は「契約締結時において……後に開発されるところの新たな利用方法が権利付与に含まれるかどうかなどということについては，単にそうした意図が全然ない」ものであることに言及〕参照）。また，当事者の意図を照らし出すような過去のやりとりや業界慣習についての外部証拠（extrinsic evidence）（訳注：口頭証拠排除則にまつわるもので，「制定法，契約書，遺言書などの文書それ自体には含まれていない外部的証拠で，文書の内容にはないことを証明しようとし，あるいは文書中の文言の意味を説明・改変しようとする証拠」〔東京大学出版会『英米法辞典』327ページ〕）というものもないことが多い。なぜなら，問題となっている利用とは新たなものであって，従前の交渉の対象であったり確立された慣行の対象であったりし得ないものだからである（Michael R. Fuller, Hollywood Goes Interactive: Licensing Problems Associated with Re-Purposing Motion Pictures into Interactive Multimedia Videogames, 15 Loy.L.A.Ent.L.J. 599, 607 (1985) 参照）。さらに言えば，契約を交わして何年も後になっては，「新たな利用」についての当事者の意図に関する証拠が仮にあったにしても，それを確認するために人にものを聞いたり文書を探し出したりすることは不可能であるということもままある。一方で，契約当事者やその承継者は契約書の文言に依拠できて然るべきである。ことに本件のように，意図に関する証拠がいずれもかすかであやふやな場合においては，契約書の最も合理的な解釈から離れることを正当化するには，そうした乖離をよしとする側の当事者がその立証責任を負うべきである。

　本契約には，将来のテクノロジーについての条項がないし，また留保条項が存在してはいるけれども，いずれもこうした分析を変更させるには至っていない。留保条項は，ストラヴィンスキーが付与していないものが何であれ，それを彼が保持するという単純な事実確認にすぎない。それは，ライセンスの限界の定義に何ら貢献していないのである（Bartsch, 391 F.2d at 154 n.1 参照）。また，将来のテクノロジーについての明示のライセンスの付与をする条項があろうとなかろうと，ライセンスの最も合理的な解釈から離れたいとする当事者において，そうした乖離が契約書の最終的な条項に反映されていることを確認する責任を持つことには変りがないのである。先に述べたように，ライセンスの広範な文言によって特定の将来のテクノロジーが含まれていると解するのが合理的な場合であれば，ライセンシーとしてはこうした文言に依拠することができるのである。

　よって，Bartsch 判決はいまも「新たな利用」問題に対する当裁判所の「ご贔屓の」アプローチであり（Nimmer, §10.10 ［B］ at 10-91），被告のライセンスの基本条件には『ファンタジア』をビデ

---

(2)〔原(4)〕　我々はまた，ライセンシーの地位を脅かすような「新たな利用」問題へのアプローチは非生産的なインセンティブを導入することになるとの思いを抱いている。映画のプロデューサーたちは，もしも映画を革新的なテクノロジーで上映することによって映画の上映権を失うような結果になるとすれば，そうした革新的なテクノロジーを開発したり利用することに消極的になるであろう（Bartsch, 391 F.2d at 155）。

　我々はまた，我々のアプローチがライセンサーを不利に扱うものだとも思わない。契約当事者はその合理的な解釈について責任を持つべきであると判示することで，我々はライセンサーとライセンシーの両者に対して，潜在的な将来の使用の全価値を予期し取引をすべきだと言っているのである。将来の開発物についてあれこれ予期したくないとするライセンサーは，こうしたものについての権利は明確に留保する旨の文言を交渉すればいいのである。ただし，ニューテクノロジーの移転のライセンスについて契約解釈の例外原則を作り出すことは，ライセンサーにもライセンシーにも害悪を及ぼす可能性がある。それは，本来自分らが手にすべき収益の相当部分のパーセンテージを弁護士にもってゆかれてしまうからである。

オフォーマットにおいて録音・頒布する権利が含まれるとの地裁の認定は，このアプローチを適切に適用したものである。

2 ASCAP条件

原告は，『ファンタジア』をビデオフォーマットで頒布することはASCAP条件の違反であると主張している。地裁はこれを認めた。被告の主張自体失当を理由として原告を勝訴させたのは，ASCAP条件が「ビデオテープやレーザーディスクを消費者に直接に頒布することを妨げている」からであるとした（Boosey & Hawkes, 934 F.Supp. at 123）。我々は，この地裁の分析には賛同できない。

ASCAP条件とは以下のとおりである。

> 本契約でカバーされる楽曲を録音する権利は，ASCAPその他上記楽曲が実演される地域に管轄を有する実演権団体の発行する有効なライセンスを有する劇場において楽曲が実演されるべきことを条件とする。

地裁は，原告の主張するように，ASCAP条件によって，ASCAPその他の実演権団体のライセンスをもつ劇場のみに被告の映画利用が明確に限定されるものと思ったようである。この解釈は，契約書においてあたかもライセンスがASCAPライセンス下の劇場での実演のみにしか及ばないと書いてある，あるいは被告がそうした劇場でのみライセンスを行使すると書いてあると言っているようなものである。しかし，この条項が言わんとしているのはそうしたことではない。

この条項は，被告が本楽曲を録音する権利をASCAP（ないし類似の）ライセンスをもった「劇場における本楽曲の……実演に」のみ条件づけているのである。文字通りに読んだ場合，これは，被告がASCAPライセンス公認の劇場で映画を上映すべきことを求めているにすぎず，ずっと前に満たされている条件である。どういう意図があったにせよ，ASCAP条件は明確に被告に対してASCAP非公認の劇場で楽曲を実演してはならないと義務づけていないし，映画を消費者に直接に頒布してはならないとも言っていない。

ASCAP条件の文言が原告の解釈を導くものではないということに加えて，この解釈がありそうにないと考えられる別の理由もある。本楽曲はアメリカにおいてはパブリック・ドメインであったので，ライセンスは海外の権利のみに関するものであり，契約書ではこれを全世界と称している。原告の主張のようにASCAP条件を解釈すると，本楽曲の保護が生きていて，しかもASCAPタイプのライセンスをもつ劇場のない国においては映画の上映ができないということになる。

さらに，音楽ライセンスについての論文から学んだこととして，この条項は，アメリカ映画のための「無限シンクロニゼーション・ライセンス（countless synchronization license）」におけるボイラープレート条項（訳注：どの契約書にもついてくる決まり切った条項）なのである（Al Kohn & Bob Kohn, Kohn on Music Licensing, 838-40, 857-58 (2d ed. 1996)）。もしもこの条項が原告の言うようなものだとしたら，このボイラープレート条項をつけてライセンスされた音楽を収録した映画の製作者たちは，仮にアメリカの劇場がASCAPライセンスをもたなくなった場合，自分たちの映画をアメリカ内で公開することが完全にできなくなってしまう。映画業界が，ASCAPライセンスがなくなった場合にライセンサーのお慈悲にすがるような立場に自らを立たせる契約を結んできたというのは，考えられないことである。

実際問題として，ASCAPライセンスは，1948年の独占禁止法訴訟の判決によりアメリカの劇場

から消滅してしまったのである（Alden-Rochelle Inc. v. ASCAP, 80 F.Supp. 888, 894-96 (S.D.N.Y. 1948)参照）。原告の解釈によれば，ASCAP条件のもとにライセンスされた著作権のある楽曲を収録した「無数」の映画はその後アメリカにおける劇場公開が禁じられたということになる。もしも原告の解釈が広く支持を受けたのだとしたら，ASCAPの劇場ライセンスがなくなった後で，ライセンサーとライセンシーの権利の整理を求める訴訟が間違いなく多発したことであろう。ところが原告は，そうしたASCAP条項の見方を確認するような判決を1つだに引用していないのであって，そのことは，こうした見方が広く支持されたものでないことを強く示唆するのである。

さらに，Kohn前掲書が示唆するところは，ASCAP条項は業界のボイラープレートとして1950年代まで生き延びていたということである（Kohn, supra, at 840）。もしこれが真実なら，原告の主張するところは，映画スタジオが，既にASCAP公認劇場が非合法であると宣言された後になっても，そうしたASCAP公認劇場にしか楽曲入りの映画をかけないことに合意していた，ということになる。映画製作者たちが，合法的には満たし得ない条件において楽曲のライセンスを受けるというのはナンセンスであるばかりか，国内市場への映画の配給がライセンサーの後の許諾ないし黙認にかからしめられているような映画を製作するということは，到底想像できない。

我々は，いずれの当事者の解釈も本条項の平明な意味から導かれるものとは思えない（Kohn, supra, at 838-39〔ASCAP条項に似た設例をとりあげて，範囲の不明瞭なライセンスと分類している〕）。これは，外部証拠としての考察を正当化するほどには，外見上明瞭とは言い難いものである（Shann v. Dunk, 84 F.3d 73, 80 (2d Cir. 1996) 参照）。

原告は，ASCAP条項の意味についての曖昧さは，被告が1939年契約において本楽曲の使用はASCAP公認劇場でしか使用できないことを知っていたことを示す外部証拠によって相殺されている，と主張している。しかし我々は，これが説得力をもった証拠とは思わない。

原告はまず，限られた契約後の取引過程（course of dealings）を指摘している。1941年に被告は，本件ライセンスがラジオにおいて『春の祭典』を使う権利を含んでいないことに気がついたとする。1969年には被告は，『ファンタジア』の完全版サウンドトラック・アルバムに収録するために，交渉をし，対価を支払っている。1990年には，本楽曲を「ギザのピラミッド上でピンク・フロイドが新たな演奏をし，『ファンタジア』からのイメージがピラミッドの表面に投影される」というプロジェクトでの使用許諾を原告にもちかけ，断られている。原告は，こうしたやりとりによって，本楽曲における権利が公認の劇場での利用に限られていた旨を被告が知っていたのだということを我々に推認せよというのである。

しかし，本楽曲のこうした利用は明らかに1939年契約の埒外にあるものである。こうした利用はいずれも，本契約第4条にいう『ファンタジア』に本楽曲を「シンクロニゼーションすることないし同期（timed-relation）させることにおける使用」にはあたらない。1941年と1969年の要請は，本契約第3条にあるような，映画での楽曲使用ですらない。本契約はこうした利用をカバーするものとは合理的に解し得ないので，被告がこうしたことに対して補足的な許諾を求めたとしても，そのことは，ASCAP公認劇場以外で『ファンタジア』をライセンスされていたか否かに関して何物をも語るものではない。

むしろ，取引過程における証拠としては，反対の結論，すなわち，被告はライセンスがASCAP公認劇場での実演に限定されているとは考えていなかったという結論を支持するものすらある。被

告は，原告の許諾を得ることなしに，少なくとも 2 つの海外地域の消費者に対して直接に『ファンタジア』を販売し，また同映画の抜粋における本楽曲を数回にわたりテレビ放映している。被告が映画『ファンタジア』の関係しない本楽曲の使用については許諾を求めたが，映画の別フォーマットにおける『ファンタジア』の直接頒布については許諾を求めなかったことは，被告の行動が原告の解釈を証拠立てているとの原告側の主張に反駁していると解する余地があるものである。

……（略）……

1939年契約の平易な読み方によっても，わずかばかりの相矛盾する外部証拠によっても，被告のもつライセンスが劇場での実演に限定されていたとの結論には至らないものである。従って，主張自体失当を理由とする判決は不適切である。よって当法廷は，原告勝訴の判決を破棄し，被告によるビデオフォーマットのリリースが ASCAP 条件に違反するか否かについて判断するために審理を差し戻すものとする。

［編者の注：控訴審はまた，Disney の不便宜法廷地の申立てにもかかわらず，Boosey は Disney に対して18の外国楽曲についての著作権侵害訴訟をニューヨーク市の連邦裁判所に提起できるものとした。2001年 1 月に Disney は， 2 億ドルの賠償を求めていた Boosey との間で和解に達したと発表し，Boosey に対して300万ドルを支払うことで合意したという。］

【質問】

1　Cohen 判決と Boosey & Hawkes 判決は両立するのか。結論が違うのは，契約書の条項の違いによるものなのか，それとも，当時適用のあった著作権法の差か，契約書の調印された当時のテクノロジーの差なのか。

2　Cohen 判決と Boosey 判決で引用されているシンクロニゼーション・ライセンスを再読してみよ。「頒布（distribute）」という言葉があるか。映画の複製物を家庭内視聴のために公衆に頒布する権利は，明確に，どの箇所で許諾されているのか。

3　契約解釈におけるお馴染みの公理として，文言における曖昧さは起草者の不利益に解するというものがある。第 2 控訴審はこの公理に従ったものといえるか。「ディズニーのライセンス」は誰が起草したのか。

4　Boosey 判決のいう，ある著作物を利用する権利の付与は合理的に折合いがつくようなかたちで解釈されるべきである，という前提に着目せよ。著作権法202条では，そうは違わない設定において，連邦議会は素材の譲渡に関して異なる前提をとっている。すなわち，素材の譲渡がなされてもそれは著作権の譲渡とはみなされない，という立場である。たとえそれによって複製や利用についての制約が課され， 2 つの異なる権利の権利者間で相克が生じようとも，である。これは，Boosey 判決における裁判所の前提が健全ではないということを示すものだろうか。

5　もしもあなたが著作権の移転の契約書を作るとした場合，Cohen 判決と Boosey 判決に照らして，権利の譲受人たるあなたが未知の将来の利用についての権利を自分のものにするためには，どういう文書をドラフトすることになるだろうか。あなたが譲渡人であった場合に，そうした将来的な利用についての権利を保持しておくためには，どうドラフトするだろうか。

⟨Random House, Inc. v. Rosetta Books, LLC⟩
(150 F. Supp. 2d 613 (S.D.N.Y. 2001))

〔ウィリアム・スタイロン，カート・ヴォネガット Jr., ロバート・パーカー（以下「著者ら」という）は，それぞれ1960年代，1970年代，1980年代に出版契約を結んで，原告 Random House から小説を出版してきた。この契約によって原告は「書籍形態にて（in book form）」著作物を出版する独占的権利を得たのである。著者らはまた，著者らが原告に与えた権利の行使と競合するような態様で自分らの権利を行使しないとする条項にも同意している。後にこれらの著者らは，eBook の出版社である被告 Rosetta Books に対して自分らの作品の電子版を出版する独占的権利を与えた。原告は，著者らはそうした権利を所有していないものであると主張した。原告によれば，eBook は依然として「書籍」であり，よって「書籍形態にて」の範疇に入るものだという。さらに原告は，仮に eBook が「書籍形態にて」にあてはまらないとしても，それは「非競合」条項に抵触するものである，と主張している。著者らは，原告が1994年までは電子出版権について明示に契約上の権利を主張しなかったと指摘した。さらに著者らが強調するのは，出版契約には，ペーパーバック版，ブッククラブ版，雑誌への抜粋，オーディオブックなどの明確かつ狭く定義された枝分権条項があるが，eBook は，これらの著作物の異版同様に「書籍形態」ではないのだ，ということであった。裁判所は，Boosey 判決や Bartsch 判決などの「昔のライセンス/ニューメディア」事件の枠組みにおいて原告の主張を検討している。そして，被告の eBook 出版に対する原告の仮処分の申立てを棄却した。〕

シドニー・H・ステイン連邦地裁判事

……Boosey 判決や Bartsch 判決で教えるごとく，「ライセンス契約の文言と基本的な契約解釈原理」を頼りにして（Boosey, 145 F. 3d at 487 n.3），当法廷は，問題となっている契約書における権利付与である「書籍形態にて印刷，出版および販売する」ということの最も合理的な解釈は，eBook として作品を出版する権利を含まないものであると認定する。この契約では当初から，純粋の内容物（すなわち「著作物」）とその展示形態（「書籍形態にて」）とが言葉の上で区別されている。Random House Webster's Unabridged Dictionary によれば，「書籍（book）」とは，「通常，表紙の間に束ねられ，もしくは綴じられ，紙面上に印刷された，フィクションないしノンフィクションの執筆作品ないし印刷作品」とされている。「形態（form）」とは，「色彩や素材とは区別されるところの明瞭に区切られた部分の外面的な表れ。ある物ないし人の形」とされている。

各契約書の第1パラグラフ（「権利の付与」とか「独占的出版権」と名づけられている）は明白に，一定の権利を著者から出版社へと譲渡している。このパラグラフにおいては，ブッククラブ版の出版権，再発行版の出版権，短縮版の出版権，点字版の出版権の譲渡に関して別途の権利付与文言が用いられている。もしも「書籍形態にて」という言葉が本のあらゆるタイプを包含するものならば，こうした別途の文言は不要であったはずである。このパラグラフでは，著者から出版社に何の権利が譲渡されたかについて明確に特定しているのである。実際，出版社の契約書式において規定された権利の多くは，出版社に譲渡されておらず著者に留保されているのである。すなわち，こうした契約書式の中の一定の言葉や文章やパラグラフを削除することによって，著者に留保されるようになっているのである。このことは，著者らが出版社に対して最大限の権利を付与したわけではないことを証拠だてるものである。

原告は，「書籍形態にて」が，読書体験として著者の文章をそのままの形で忠実に複製することを意味するものであり，よってeBookは作品の全文章を含むものであるから被告はそうした権利を有し得ないのだ，と主張している。原告によるこの定義は，「書籍形態」なるものが，別の契約文言を必要とするような他の形態（たとえばオーディオブックや連載物など）とは異なるものであることを納得させるが，契約書の第1パラグラフで言及された他の形態（ブッククラブ版や再発行版など）とは区別がつかない。当法廷は，可能な限りあらゆる契約上の文言に意味をもたせて「どれか個別の条文が余分になるような解釈を採用するのを防ぐ」必要があるから，原告のこの定義は採用し得ない。

　原告は，「自らが適当とみなすスタイル，態様および値段にて，かつ自らの費用により，本著作物を出版する」ことを規定した条項に注意を促して，これを自らの立場を支持するものとしている。しかし原告はこの条項を背景から切り離して論じている。これは，「スタイル，値段および発行日」と題された第2パラグラフに登場するもので，すべての権利譲渡について規定した第1パラグラフではない。この文言は背景と一体として読めば，第1パラグラフで原告に付与された形態の外面，すなわち本のスタイルに関して原告がコントロール権を有する旨を意味しているにすぎない。

　原告はまた，非競合条項をもって，著者がその作品における広範な独占的権利を原告に譲渡したことの証拠としている。著者らは出版される本の販売を害するような素材を原告の同意なく許可できないのだから，原告に対してeBookの出版権も譲渡したはずである，というのである。……著者らが被告と契約することで原告との契約のこの条項に違反したのだとしても（これに関して当法廷は意見を表明するものではないが），それに対する救済は，著者らに対する契約違反の訴訟であって，被告に対する著作権侵害訴訟ではない。

　フォトコピー条項は原告に対して「ゼロックスし，その他現在使用され，あるいは将来開発されるコピー方法によりコピーする」権利を与えているが，これも原告の主張を補強するものではない。この条項は権利付与のパラグラフにはあるものの，背景とともに読むとき，写真複写技術の新たな展開について言っているだけである。これをeBookなどの新たな出版形態を包含するものとして拡大解釈することは，契約書の残りの部分を余分なものとしてしまうことになる。なぜならば，著者らが「現在使用されている」出版形態についての権利を留保する理由はないことになるからだ。こうした解釈は，出版業界の用語使用慣行にも適合するものでもある。

　契約書自体の文言が，原告はeBookでの出版権を有していないとの結論を否応なく導いているばかりか，「ある業界ないしビジネスにおいて一般的に了解された習慣，実務，慣行および用語法を認識している」合理的な人間であれば，ここでの譲渡文言がeBookを包含していないとの結論に達するものである。「書籍形態にて本著作物を印刷，出版および販売する」とは，出版業界においては「限定的」な権利付与として認識されているところのものである。

　Field v. True Comics判決において裁判所は，「書籍形態にて出版，印刷および販売する唯一かつ独占的な権利（the sole and exclusive right to publish, print and market in book form）」の解釈として（ことに，著者が自分自身において一定の権利を留保した場合における），「当該書籍を出版，印刷および販売する唯一かつ独占的な権利（the sole and exclusive right to publish, print and market *the book*）」に比べると「ずっと限定的」なものであると判示した（89 F.Supp. at 612（強調は引用者））。実際，出版業界は「書籍形態にて」という文言を出版社に対して「北アメリカにおける英語でのハ

ードカバー本を出版する独占的権利」の付与と一般に解釈するのである（1 Lindey on Entertainment, Publishing and the Arts Form 1.01-1 (2d ed. 2000)〔原告 Random House の契約書式を使って各条項の意味を説明している〕）。

3　従前の「新たな使用」に関する判例法との比較

本件で問題となっている5つのライセンス契約が eBook での出版権を譲渡していないとの認定は，第2控訴審とニューヨーク州判例と矛盾しない。事実，ある「新たな使用」が譲渡文言に包含されていたとする……2つのリーディング・ケース (Boosey, 145 F.3d 481 (2d Cir. 1998) と Bartsch, 391 F.2d 150 (2d Cir. 1968))は，4つの点において本件とは異なるのである。

第1に，Boosey 事件と Bartsch 事件における譲渡文言は本件におけるよりもはるかに広範であった。第2に，これらの事件での「新たな使用」は，映画をテレビやビデオカセットで見せるということであったが，それは当初の権利付与と同じメディア内にすっぽり収まるものであった (Boosey, 145 F.3d at 630〔「『映画』という用語は『その根本的特徴が，連続して見せられたときに動きの印象をもたらす一連の関連するイメージであるような広範な属』を指すものであると合理的に理解できるものである。……この概念のもとにおいては，フィルム，テープ，ディスクなどの映画が固定される物理的な形態は無関係である」〕参照)。

本件において「新たな使用」とはインターネット上で送信される電子的なデジタル信号ということになるが，これは，当初の使用，すなわち紙の上に言葉を印刷するというものとは異なるメディア形態である。原告自身の鑑定証人も認めるとおり，デジタル化されて格納された情報はアナログ情報ではできないような仕方で操作することができるが故に，メディアが異なるのである。eBook のユーザーは，特定の言葉やフレーズを探して本文をサーチできたり，フォントのサイズやスタイルを変えたり，本文に書込みを入れたり，それを電子的に編集したり，ブックマークを入れたり，ある箇所と別の箇所をリンクしたり，あるいは将来において別のサイトとリンクさせたり，eBook 中の言葉を電子辞書にアクセスさせてそれを発音させたり，といったデータの操作ができるようになっていて，eBook はこうしたデジタル・メディアのデータ操作能力を活用しているのである。データをこのような使用のできるようにインタラクトさせるためのソフトウェアの必要性や，読者が文章を読めるようにするためのハードウェアの必要性ということも，アナログ・フォーマットとデジタル・フォーマットの違いである (Greenberg v. National Geographic Soc'y, 244 F.3d 1267, 1273 n.12（11th Cir. 2001)〔デジタル・フォーマットは，マイクロフィッシュやマイクロフィルムで雑誌を複製することと同じようなものではない。なぜなら，それは「新たなメディアにおける有益な複製を達成するためにコンピュータ・プログラムのインタラクションを必要とする」からである〕参照)。

従って，新たな使用が同じメディアの内にあるとした Boosey 判決と Bartsch 判決は，本件を決定づけるものではないのである (たとえば……Tele-Pac, Inc. v. Grainger, 168 A.D.2d 11, 570 N.Y.S.2d 521 (1st Dep't 1991)〔「テレビジョン，その他現在知られ，あるいは将来知られるようになる装置により放送する」権利は，ビデオカセットやビデオディスク上での上映とは全然似ておらず，「ビデオ権なるものが契約書で使用された文言の『曖昧なグレイゾーン』にも入らぬほど」であるとして，第2控訴審の「新たな使用」法理の適用はないとした〕参照)。

上記の映画関連のケースと本件の書籍出版社のライセンスを分ける第3の重要な違いは，映画でのライセンシーはライセンサーからの素材を基にして新たな作品を実際に作り上げているという点

である。よって，新たな作品を見せる権利（テレビジョンであれビデオであれ）とは，そうした作品を作る権利から派生的なものなのであった。書籍出版においては，出版社は編集過程に参加しはするものの，自分らが書いたのではない著者の書いた言葉を見せているにすぎない。

第4に，Boosey判決とBartsch判決の裁判所は，「ライセンシー（本件の原告）が革新的なテクノロジーを開発したり利用したりすることに消極的になる」限りにおいて，そうした「ライセンシーの地位を脅かすような『新たな利用』問題へのアプローチは，非生産的なインセンティブを導入することになる」ことを懸念している。しかし本件においては，新たなテクノロジーの発達を奨励するという政策的根拠は，少なくともライセンサー（すなわち著者ら）においてこれらの権利を留保していると認定することで維持されていると言える。21世紀において，書籍出版社や映画製作者のようなライセンシーが，駆出しの会社よりもデジタル技術において事実上進歩しているとは言い得ないのである。……

【質問】

1　Phil Phlashはプロの写真家で，ヨット・レースの「アメリカズ・カップ」を撮った写真についての著作権を有している。彼はWinterland Productionsとライセンス契約を交わし，「スクリーン印刷されたTシャツその他のスポーツウェア上で使用するイラストのためのガイド，モデルおよびサンプルとして写真を使用する独占的権利」を与えた。Winterlandは，通常は自社のアーティストに手書きの絵柄を書かせてアパレル製品を飾るものであったが，今回はPhlashのアメリカズ・カップ写真をスキャンしてコンピュータに取り込み，そのデジタル画像を操作して，競いあっている2艘のボートの画像を左右反転させ，帆と水の色を強めた。そして，この変更された画像をシャツその他のスポーツウェアにプリントした。Phlashは著作権侵害訴訟を提起し，Winterlandの画像はライセンスされたところの「イラスト」ではないと主張している。果たしてWinterlandが製作したのは，許諾されたところの「イラスト」なのか無許諾の「写真」なのか（Mendler v. Winterland Prod., Inc., 207 F.3d 1119 (9th Cir. 2000) 参照）。

2　シンガーソングライターのJack Spratは，プロデューサーのManny Motownに対して，自作の曲"Funky Soul"を自身がレコーディングした録音物における権利を，第三者にライセンスする権利を与えた。契約書においてプロデューサーは，「全世界において，"Funky Soul"における私の実演を収録したレコードを，現在知られ，あるいは今後知られることとなるあらゆる方法によって，あらゆる分野においてライセンスすること」を許諾された。別のアーティストであるGee Whizは，その新曲である"So On and So On"のレコーディングで，Spratの"Funky Soul"から6.5秒を「デジタル・サンプリング」して組み入れたいと考えた。Manny Motownはこうしたサンプリングを許諾した。SpratはMotownとWhizに対して著作権侵害で訴訟を提起した。読者であれば，主張自体失当を理由に原告敗訴の判決を求める被告の申立てを認容するか（Batiste v. Island Records Inc., 179 F.3d 217 (5th Cir. 1999) 参照）。

3　Kennedyは，全国青少年権利センターのコンサルタントとして，合衆国の様々な地域における青少年の犯罪事例についての報告書を書くために雇われた。コンサルタント契約では，センターが報告書に記載されたことを「複製し，出版し，使用する」権利があることが規定されていた。Kennedyが報告書の最終草案を提出して（報酬も受け取った）後，センターはそれが不十分なものであると結論づけ，そこでの分析や結論を変更して，別のコンサルタントを雇って書き直させ，報

告書を拡張した。その過程で別の結論が導かれ，別の提言がなされることとなった。Kennedy はセンターを著作権侵害で訴えた。センターは，契約書の「使用」という言葉には派生著作物を作成することも含まれていると反論した。Kennedy はこれを争っている。いずれがより説得力があるか（Kennedy v. National Juvenile Detention Ass'n., 187 F.3d 690 (7th Cir. 1999) 参照）。

著作権法の「もとに生じた」のか，契約法の「もとに生じた」のか

　Bartsch 判決におけると同様，Boosey & Hawkes 判決における第 2 控訴審は，契約による著作権の移転の範囲という問題は連邦著作権法の問題ではなく州の契約法の問題であるとみなした。従って，被告が行使しようとしている権利を著作者は付与していないという著作者（ないしその相続人）のクレームは，州の契約法上の問題ということになる。しかし，著作権と契約のからむあらゆるクレームが州法上の問題となるわけではない。たとえば，著作権法上で移転が書面でなされるべきことを規定している場合には，どのようなものが204条(a)にいう「譲渡証書ないし移転を証する覚書」を満たすかどうかは連邦法が決定することになる。あるいは，著作者が，その権利付与者においてライセンス権の逸脱があり，よって著作権が侵害されたと主張している場合には，そうしたクレームは連邦法上のものということになる（これは，著作権の帰属を争うクレームとどの程度違うか）。以下の判例が示すように，あるクレームが著作権法の「もとに生じた（arising under）」のか，州の契約法の「もとに生じた」のか，裁判所として扱いに苦慮する場面がときとしてある。

　Bassett v. Mashantucket Pequot Tribe, 204 F.3d 343 (2d Cir. 2000)　原告は，被告である部族との間で，インディアン博物館（Native American tribe's museum）で上映するための，ピクォート戦争（1636〜38年）に関する映画を製作するレター・アグリーメントを締結した。原告は部族に対して脚本原案を提出したが，被告側は，原告において契約上の義務の不履行があったとして契約を解除した。被告は別の製作会社を使って映画を完成させた。原告は，自分の脚本が無許諾で使われたと主張して著作権侵害訴訟を提起したが，契約違反に関する訴えは事物管轄がないことを理由に却下された。地裁は，Schoenberg v. Shapolsky Pubs., Inc. (971 F.2d 926 (2d Cir. 1992)) に準拠して，原告の著作権クレームは契約違反のクレームに「付帯している」にすぎないので，連邦法の「もとに生じた」とは言えないとした。

　しかし第 2 控訴審は，Schoenberg 判決のアプローチは不適切かつ曖昧であるとして，かつての基準であった T.B. Harms Co. v. Eliscu (339 F.2d 823 (2d Cir. 1964)) におけるそれに回帰した。この種の事件では，著作権を利用するライセンスがからんでおり，ライセンシーが契約に違反するとそれによりライセンスが解除され，結果として著作権侵害が発生する。T.B. Harms 判決自身，さらに前のアプローチ（著作権が紛争の「本質」であるのか，それとも契約問題に「単に付帯して」いるものにすぎないのかを判定するというもの）を廃棄したものであったのである。同判決は，①制定法上明示に認められた救済を求めている場合，もしくは②制定法の解釈を求めている場合には，かかる訴訟は著作権法の「もとに生じた」ものであると判示した。この基準は，被告が提出するかもしれない抗弁（すなわち，契約法上の資格を主張して州法に言及するのか，それとも著作権法における抗弁

を主張するのか）ではなく請求原因を見て判断することになる。

　Bassett判決では，「本質/付帯」基準にはいくつかの欠点があるとした。第一に区別が曖昧である。Schoenbergアプローチでは，契約紛争に付随すると認定された著作権クレームは連邦法廷と連邦法上の救済へのアクセスが否定されるから，連邦議会と連邦法の目的を抑圧することとなる。このアプローチは，請求原因で主張された要求よりも抗弁に依存することとなるので，原告側としては，連邦裁判所に持ち込むべきか州裁判所に持ち込むべきか事前に判断できない。そしてまた，裁判所が管轄について判断する上では，本案に関連するところの複雑な事実関係上の判断（被告が犯したとされている違反が，原告が解除権を行使できるほどに実質的であったか否か，など）に依拠せざるを得ない。Bassett判決においては，T.B. Harmsのアプローチを用いて，原告の主張は著作権法の「もとに生じた」ものとした。それは，訴状において，映画を製作するために原告の脚本を侵害的に使用したとされており，制定法上の差止救済が求められているからである。

Foad Consulting Group, Inc. v. Musil Govan Azzalino, 270 F.3d 821 (9th Cir. 2001)　第9控訴審は，「黙示による非独占的な著作権ライセンスが付与され得るかという入り口のところの問題に連邦法は〔肯定的に〕回答しはするが，……著作権者が実際のところそうしたライセンスをしたか否かという契約法上の問題については州法が決定するものである」と判示した。多数意見によれば，連邦法は独占的権利譲渡の有効性について一定の要件を課するものだが，非独占的な権利付与については沈黙していることによって，連邦議会はそうした契約の有効性については州法に委ねたのである。カリフォルニア州法においては，文言上の曖昧さがない場合においてすら，権利付与の存在と範囲を確認するために裁判所は口頭証拠を認めることができる。これについて，連邦の著作権政策と州の契約法の間には抵触はないという。コジンスキー判事は，黙示のライセンスを州の契約法上の問題と性質決定することに反対意見を表明している。すなわち，「黙示の契約とは契約ではない。それは，当事者間に実際の契約がない場合において法律が当該当事者に課すところの法的な義務である。……それは著作権の付随物であって，よって著作権法に準拠するものなのである」。

§201　著作権の帰属
　　……（略）……
(c)　集合著作物への寄与——集合著作物への各個の寄与物における著作権は，全体としての集合著作物の著作権とは別のものであり，当該寄与物の著作者に原始的に帰属するものとする。著作権ないしはそれにおける独占的権利の明示の移転がない限り，集合著作物の著作権者は，その集合著作物，これの改訂版ないしは同じシリーズの後の集合著作物の一部として，各寄与物を複製し頒布する権限のみを有するものと推定される。

〈New York Times Company, Inc. v. Tasini〉
(__ U.S. __, 121 S.Ct. 2381 (2001))

ギンズバーグ判事が法廷意見を代表する。
　本著作権事件は，フリーランス・ライターの権利とその出版社における推定上の特権に関するも

のである。本訴訟は，6人のフリーランス・ライターによって起こされた，3つの定期刊行物（2つの新聞と1つの雑誌）に彼らの書いた記事に関する事案である。定期刊行物の出版社との契約により（ただしフリーランサーの同意なく），2つのコンピュータ・データベース会社がこれらの記事のコピーを，当該記事の出ていた定期刊行物における他の全記事とともに，3つのデータベースに載せた。フリーランサーが書いたか社の従業員が書いたかを問わず，各記事は当初の印刷状態の背景から切り離された状態で，ユーザーに対して別々に提示され，検索できるようになっていた。

フリーランサーらの訴状における主張は，自分たちの記事がデータベースに組み入れられたことによって著作権が侵害されたというものであった。これに対して出版社側は，著作権201条(c)において与えられた複製と頒布の特権に依拠した。……

……当法廷は，201条(c)は本件で問題となっているコピー行為を許諾するものではないと判示するものである。データベースは，記事を孤立した状態で複製し頒布するもので，背景とともに，すなわち，著作者が寄与したところの「その集合著作物の一部として」あるいはその「改訂版……の一部として」ないし「同じシリーズの後の集合著作物の一部として」複製頒布するものではないから，出版社は201条(c)をシェルターとすることはできないのである。紙媒体の出版社も電子出版者もともに，フリーランス・ライターらの著作権を侵害したものである，と当法廷は判示する。

I
A

被上告人のJonathan Tasini, Mary Kay Blakely, Barbara Garson, Margot Mifflin, Sonia Jaffe Robbins, David S. Whitfordは，著作者（以下「本著作者ら」という）である。1990年から1993年にかけて，これらの著作者は本紛争にかかる21本の記事（以下「本件記事」という）を執筆した。……本著作者らは本件記事のそれぞれについて著作権登録を行った。The Times, Newsday, Time（以下「紙媒体出版社ら」という）は，本件記事が最初に掲載された定期刊行物版について集合著作物としての登録を行った。紙媒体出版社らは本著作者らを，契約（本件記事を電子データベースに載せるについての同意を本著作者らから取得しているわけではない）のもとに，独立した請負人（フリーランサー）として雇い入れた。

本件記事が発行された時点で紙媒体出版社は3社とも，テキストのみのフォーマットで情報を収納したコンピュータ・データベースNEXISの所有者兼運営者であるLEXIS/NEXIS（旧社名Mead Data Central Corp.）との間で契約を有していた。NEXISは，何年にもわたり何百もの雑誌（新聞や定期刊行物）からの記事を擁している。紙媒体出版社らは，3つの新聞に登場した記事のテキストをLEXIS/NEXISにライセンスした。このライセンスによりNEXIS/LEXISは，これらのテキストをコピーし販売する許諾を得た。

このライセンス契約によれば，紙媒体出版社らはLEXIS/NEXISに対して定期的に各出版物において発行された全部の記事を提供することとされている。紙媒体出版社らは，コンピュータ検索をしやすくするための各記事にコードをふり，それを別々のファイルで送信する。LEXIS/NEXISはさらにコードをつけて，データベースの中央ディスク上に記事を載せるのである。

NEXISの加入者は，コンピュータを通じてシステムにアクセスし，著者，対象，日付，出版物，見出し，キーワード，文章中の言葉，その他の項目によって記事検索ができるようになっている。サーチ・コマンドを打ち込むと，NEXISはデータベースをスキャンして，ユーザーのサーチ項目

に合致した記事の数をユーザーに知らせる。そしてユーザーは，サーチのもたらした記事を見たり，印刷したり，ダウンロードしたりできるのである。各記事の画面には，出版物の名前（たとえば The New York Times），日付（1990年9月23日），セクション（雑誌欄），最初の出版物におけるページ数（26），見出しないしタイトル（"Remembering Jane"），著者名（Mary Kay Blakely）が表示されている。それぞれの記事は，別々に切り離された「ストーリー」として現れる。すなわち，最初の同じ新聞や雑誌において発行されていた他の記事とは何の目に見える繋がりもない状態で，ということである。NEXIS は写真や広告を含んでおらず，当初の印刷出版のフォーマット形態（ヘッドラインの大きさとか記事の割付けとか次ページ以下に記事が続いた場合の続きの位置など）は再現しないのである。

The Times はさらに University Microfilms International（UMI）ともライセンス契約を結んでいた。この契約によって The Times の素材は，New York Times OnDisc（NYTO）と General Periodicals OnDisc（GPO）という2枚の CD-ROM 上に複製することが許諾されている。

NEXIS 同様 NYTO もテキストのみのシステムである。ただ，NEXIS とは異なり NYTO は，その名のとおり Times しか収録していない。3通りの契約によって LEXIS/NEXIS は，Times から送信された各記事を収録したファイルを UMI に供給している。LEXIS/NEXIS と同じく UMI も各記事に特別なコードを付している。UMI はさらに NYTO 中の全記事の索引も載せている。NYTO の記事画面は NEXIS でのそれと本質的に同じである。すなわち，識別情報（著者名，タイトル等）つきではあるが，最初のフォーマットや付随する写真などは無しである。

GPO は，約200の出版物ないしその項目からの記事を収録している。NEXIS や NYTO とは違い，GPO はテキストベースというよりは画像ベースのシステムである。Times は GPO に対して，Times' Sunday Book Review and Magazine の複写物が供給できるようライセンスしている。UMI は，これらのセクションの各ページを CD-ROM に「焼き付ける」。この CD-ROM は，各記事が印刷ページで見られるのと変りなく再現し，写真やキャプションや広告などの周辺素材も完全に揃ったものである。UMI は，GPO 上の全記事の索引と要約文を付け加えている。

本件記事は，NEXIS でアクセスされるのと同じくらいの頻度で NYTO や GPO においてもアクセスされている。ユーザーは，似た項目（著者名，見出し，日付など）を使ってサーチ要請を打ち込む。コンピュータ・プログラムは，利用可能な索引や要約文をサーチして，サーチ要請に合致する結果リストを検索する。ユーザーはこうしてサーチ結果にある各記事を見ることができ，それを印刷したりディスクにダウンロードしたりすることができる。各記事は，それが最初に掲載された印刷出版物上の他のページとは何の繋がりもない状態で表示される。[(1)]

……（略）……

II

[(1)]〔原(2)〕 たとえば，Blakely の "Remembering Jane" の記事を検索した GPO のユーザーは，その記事の始まる Magazine の26ページ全体と，その記事の続きと終りの部分が載っている78ページを見ることとなる。これに対して NYTO のユーザーが同じ記事を検索すると，記事のテキストと識別情報（著者名，見出し，発行物，ページ数など）しか見られない。両者ともに，27ページや79ページといった他のページは出てこない。他のページを見たいユーザーは単純に「ページをめくる」わけにはゆかず，新たな検索をかけなければならない。

〔最高裁は，1909年法においては，著作権表示の条項と「不可分性」の法理が，しばしば雑誌記事それぞれの著作者の著作権を雑誌出版社に譲渡せしめる結果（適切な著作権表示を欠くことによる著作権喪失への備えとして）を招いたことを説明する。1976年法において，連邦議会はそうした状況を，「可分な」著作権を規定し雑誌の著作権表示によって個別の記事の著作者の著作権を保護し得るものとすることによって，是正しようとした。後者の状況において，書面の契約がない場合には，201条(c)が著作者と集合著作物の出版社の間で各々の権利の分配を規定している。〕

　201条(c)は，集合著作物への著作者の寄与物について出版社が取得する「特権」を，規定すると同時に制約している。……

　新聞や雑誌の出版社は，別途の規定をした契約書がなければ，フリーランスの著者の寄与物たる記事をこのように複製し頒布する特権を与えられているのだが，それは，以下の3つのカテゴリーのいずれかの「一部として」のみなのである。すなわち，ⓐ著者が自身の作品を寄与した「その集合著作物」，ⓑ「その集合著作物の改訂版」，ⓒ「同じシリーズの後の集合著作物」の3つである。連邦議会の述べるところに従えば，「出版社はある号の雑誌に載った寄与物を将来の号に再印刷することができ，百科事典の1980年版における記事をその改訂版である1990年版に再印刷することができる。しかし出版社は寄与物自体を改訂できないし，あるいは新たなアンソロジーや全然別個の雑誌その他の集合著作物に掲載することはできない」（H.R. Rep. 122-23）。

　201条(c)は本質的に，フリーランサーが寄与物において有する著作権と出版社が集合著作物において有する著作権とを調整するべく作られているのである。もしもフリーランサーの記事がそれのみで必要とされたり，あるいは新たなコレクションにおいて必要とされた場合には，著作権法はそうした需要からフリーランサーが利益を受けることを許しているのである。フリーランサーは，最初の発行を許諾した後において，記事を他人に販売することもできるのである。もしも新聞ないし雑誌の出版社において寄与物のコピーを孤立した状態で複製・頒布できたり，新たな集合著作物における複製・頒布ができるとしたら，連邦議会が想定したようには「集合著作物における著作者の著作権を保持する」ことなど，ほとんどできなくなってしまう（Gordon, Fine-Tuning Tasini: Privileges of Electronic Distribution and Reproduction, 66 Brooklyn L. Rev. 473, 484 (2000) 参照）。

III

　本件において著者らは，いくつかの記事を書いて，出版社に対してこれを雑誌や新聞で発行することを許諾した。本件記事に著作権が生じ，よってこれについて独占的権利が生じていることは争われていない。さらに，紙媒体出版社らと電子出版社らが，106条において当初は本著作者らに独占的に生じた権利の少なくとも一部を行使していることも明白である。すなわち，LEXIS/NEXIS の中央ディスクと UMI の CD-ROM は本件記事の「コピーを…複製」している（106条(1)）。UMI はこれらの CD-ROM を販売することで，また LEXIS/NEXIS は NEXIS データベースを通じて本件記事のコピーを販売することで，「販売の方法によって公衆に」本件記事の「コピーを頒布」していることになる（106条(3)）。そして紙媒体出版社らは，データベースにおいてコピーを複製することを許諾した契約を通じて，本件記事の複製と頒布を「許諾」したものである[(2)]（106条）。

　本著作者らの著作権の侵害という主張に対して，出版社らは，本著作者らがデータベースに本件記事の複製を許諾する契約を締結したのだとは主張していない。……そうではなく，出版社らは

201条(c)における特権に全面的に依拠しているのである。本件記事の掲載された定期刊行物の個々の版は「集合著作物」である。そして，データベースによる本件記事の複製と頒布が「その集合著作物……の改訂版……の一部として［本件記事］を複製し頒布する権限」（201条(c)）の範囲内にあると主張しているのである。しかし，201条(c)の特権についての出版社らの広範な解釈は受け容れがたいものである。なぜなら，それは本件記事における本著作者らの独占的権利を減少せしめるものだからである。

　本件記事が集合著作物の「改訂版」の「一部として」複製・頒布されたのかどうかを判定するために，当法廷は，データベースのユーザーに提示され，感得されるところの本件記事について着目してみるものである（§102〔著作権保護は著作物を「感得でき，複製でき，あるいはその他伝達されうるような」媒体に固定されたオリジナルな作品に生じる〕；§101〔「コピー」と「固定」の定義〕；Haemmerli, Commentary: Tasini v. New York Times Co., 22 Colum.-VLA. J. L. & Arts 129, 142-43 (1988) 参照）。本件では 3 つのデータベースがユーザーに対して，背景から切り離された記事を提供している。これらの記事は，当初の定期刊行物によるものか，あるいはそれの改訂版からのものである。本件のデータベースは，まずユーザーに対しコンテンツの宇宙をサーチするよう促す。何千という集合著作物からの何百万もの記事を収録したファイルが，あるいは 1 つのシリーズ（NYTO における Times）において，あるいは数シリーズ（NEXIS や GPO における雑多なタイトル）において，浮遊しているのである。ユーザーがサーチを実行すると，サーチ結果の中に各記事が別個のアイテムとして現れる。NEXIS と NYTO では記事は，図やフォーマットや当該記事が最初に発行された時に隣り合っていたような他の記事などなしに，ユーザーの目の前に現れる。GPO では，記事が最初に発行されていた時に同じページにあったものと一緒に現れるが，他のページに出ていたものは現れない。いずれの場合においても，本件のデータベースが「『最初の版』ないしその『改訂版』の一部として」感得し得るように記事を複製し頒布しているとは，我々には見えないのである。

　あるいは，こうした記事を新たな要約物の一部と見る人があるかもしれない。すなわち，本件のデータベースにおける作品の全体ということである。そうした要約物において，各定期刊行物の各版は常時拡大し続けるデータベースのごく一部を表しているにすぎない，という考え方である。しかし，ソネットをついでのように引用した400ページの小説がそうした詩の「改訂版」とは言えないように，本件データベースもそれを構成する各要素の「改訂版」とは言えない。「改訂（revision）」とは新たな「版（version）」を示唆するものであり，版とはこの場合，「それを創作した者その他からひとつの作品と見られている何物かの別の形態」（Webster's Third New International Dictionary 1944, 2545 (1976)）である。本件データベースの膨大な全体が，その小さな一部分の新たな版であるとは認め得ないのである。

　あるいは，本件データベースにおける本件記事は，それより大きな何かの「一部として」ではなく，単に個別に提示された個別の記事の「一部として」見る人もいるかもしれない。各記事には特

---

(2)〔原(8)〕　本件の出版社らが当初本著作者らに独占的に生じた106条の権利を行使したということに得心がいったので，当法廷はこの点についてこれ以上の追求はしない。かくて，著作権登録官が積極的に主張している論点には我々は到達しないものである。登録官は，本件のデータベースが本件記事を公けに「展示（display）」していると主張しているのである。201条(c)は「展示」の特権を規定してはいないので，登録官は，201条(c)はデータベースでの使用を免責していないというのである（Peters Letter E182-E183 参照）。

定の刊行物において最初に発表されたことを示すマーク（NEXISとNYTOではやや不明瞭だが，GPOではより明瞭である）が付されているという事実は，当該記事がかつてその刊行物の一部であったことを示すものである。しかしこのマーク付けは，当該記事がそうした刊行物の一部として現在複製され頒布されていることを意味するものではない。本件データベースによる本件記事の複製と頒布は，単に個々の記事としてのものであって，106条における本著作者らの独占権の核心を侵害するものなのである。

　本件の出版社らは，本件データベースとマイクロフィルムやマイクロフィッシュをアナロジカルに考えるべきだと主張している。しかし当法廷は，こうしたアナロジーは不適切であると考える。これらのマイクロフォームは典型的には，ミニチュア化されたフィルム媒体上の刊行物の連続的な写真複製からなるものである。従ってマイクロフォームにおける記事というものは，それが新聞に掲載されたのと正確に同じ位置で，ただし小さな状態で，再現されるのである。たとえばTimesであると，その1990年9月23日のMagazineの26ページにBlakelyの"Remembering Jane"が印刷されているが，それのマイクロフィルム版では，1990年9月23日版の全部の複製の中にMagazineセクションのすべてが複製されていて，その中の全く同じ位置に同じ記事が複製されているのである。このようにマイクロフィルムのロールは複数の版を収録していて，そのユーザーは本件記事のみにマシーンのレンズの焦点を合わせて，周りの記事等を視界の隅に追いやるのである。それにもかかわらず，ユーザーは最初に本件記事を背景の中において捉えるのである。これに対して本件データベースにおいては，本件記事はその最初の背景とは切り離されて現れるのである。……要約すれば，本件データベースは，マイクロフォームとは異なり，記事が寄与したところの集合著作物（ないしその「改訂版」）の一部として感得できるようには複製することがないのである。

　出版社らは「媒体中立性（media neutrality）」なる概念を提起して，「媒体間の著作物の移転」は著作権法上当該著作物の「性質を変更」しない，と主張する。それは実際正しい（§102(a)〔著作権の保護は「有形の表現媒体に固定された」オリジナルの著作物に宿る〕参照）。しかし，新聞紙からマイクロフィルムへの変換とは異なり，記事をデータベースに移転することは，刊行物（あるいはその改訂版）そのままをひとつの媒体から別の媒体へと単に変換するものではない。本件データベースは，ユーザーに個々の記事を提供するもので，刊行物そのものを提供するものではない。本件では，データベースというニューメディアに関して集合著作物の範囲外で本件記事が個別に提供されるという限りにおいて，媒体中立性は個々の記事における本著作者らの権利を保護すべき方向に働くのである。……
(3)

IV

　本件の出版社らは，本著作者らを勝訴させるとすると「壊滅的な」結果をもたらすことになるという。彼らによれば，本件データベースは何十年も過去に遡る完全な新聞上の文章に対して簡単なアクセスを提供しているのである。もしも本著作者らを勝訴させるとすると，電子的な歴史上の記録に大きな割れ目をうがつことになる，と言うのである。こうした出版社側の懸念は幾人かの歴史家においても唱えられているが（Brief for Ken Burns at al. as Amici Curiae），別の歴史家はさほど

---

(3)〔原(11)〕　……本件での3つの出版社にせよ，その他の出版社にせよ，私的な契約上の取決めにおいてその利益を守ることができるということは，銘記されて然るべきである。

には考えていない（Brief for Ellen Schrecker et al. as Amici Curiae; Brief for Authors' Guild, Jacques Barzun et al. as Amici Curiae）。

しかしながら，何人かは悲惨な予想をしているとはいえ，本日の結論から直ちに本件記事を本件データベースに入れること（すべてのフリーランスの記事をあらゆるデータベースに入れること，というよりもずっと小さいわけだが）への差止がなされなければならないということにはならない（§502(a)〔裁判所は侵害を差し止める「ことができる」と規定する〕; Campbell v. Acuff-Rose Music, Inc., 510 U.S. 569, 578, n.10 (1994)〔著作権法の目標は「自動的に差止命令を発することでは必ずしも達成できない」と判示〕参照）。当事者（本著作者らと本出版社ら）は契約を締結して，今後とも本著作者らの作品を電子複製できるようにすることもできる。彼らは，また必要と考えれば裁判所や連邦議会も，著作物を頒布してそこから著作者が収入を得られるような様々なモデルを作ることができるのである（§118(b); Broadcast Music, Inc. v. Columbia Broadcasting System, Inc., 441 U.S. 1, 4-6, 10-12 (1979) 〔包括的な音楽ライセンス体制とその運営を統御した同意判決の歴史を詳説〕参照）。いずれにせよ，将来における害悪についての憶測は，連邦議会が201条(c)において確立した著作者の権利を当法廷が縮減させることの根拠とはなり得ない。当法廷は，本件出版社らが侵害の責任があるとの控訴審の結論に賛意を表しつつ，救済をどうすべきかの問題は地方裁判所における最初の決定に委ねることとする。(4)

……（略）……

以上判決する。

スティーヴンス判事の反対意見（ブレイヤー判事もこれに同調）

……（略）……

……本日多数意見が到達した結論が1976年の連邦議会が明白に意図した結果であるとは，私にはそう自明には思われないので，上告人を勝訴させると「連邦議会が……確立した著作者の権利」を「縮減させる」との多数意見の結論に，私は反対を表明する。

II

……多数意見と同様に私も，本件で重要な検討事項は記事が最初の集合著作物の「背景」の内に現れるかどうかであると考える。しかしこの質問は，いったいどれだけの「背景」があれば十分なのかという，さらなる問題を提起するものなのである。

---

(4)〔原(13)〕 他の国の裁判所は，そこでの著作権法を適用するにあたって，フリーランサーの著作物をインターネットやCD-ROMで複製・頒布することは彼らの著作権を侵害すると結論づけている（Union Syndicale de Journalistes Francais v. SDV Plurimdia (T.G.I., Strasbourg, Fr., Feb. 3, 1998), in Lodging of International Federation of Journalists (IFJ) as Amicus Curiae; S.C.R.L. Central Station v. Association Generale des Journalistes Professionnels de Belgique (CA, Brussels, Belg., 9e ch., Oct. 28, 1997), transl. and ed. in 22 Colum.-VLA J. L. & Arts 195 (1998); Heg v. De Volskrant B.V. (Dist. Ct., Amsterdam, Neth., Sept. 24, 1997), trans. and ed. in 22 Colum.-VLA J. L. & Arts, at 181)。フランスのPlurimdia判決の後，ジャーナリストのユニオンと被告の新聞社とは，引き続きユニオン加盟のジャーナリストの作品を電子複製することについて，著作者らにお金を払う契約を締結した（FR3 v. Syndicats de Journalistes (CA, Colmar, Sept. 15, 1998), in Lodging of IFJ as Amicus Curiae)。ノルウェーでも同種の契約が締結されたとの報告がある（Brief for IFJ as Amicus Curiae 18)。

証拠によれば，New York Times から本件データベース（GPO を除く）に送られたものは，特定日における New York Times のコンテンツを収録した ASCII テキスト・ファイルの単なる集合体である。個々の ASCII ファイルには，記事が 1 つと追加コード（読者が最初に記事の掲載された背景を識別してデータベース・サーチをやりやすくするために付されたもの）が収録されている。かくて，たとえば New York Times は，記事の最初のテキストにその「見出し，筆者名，タイトル」，「新聞のどのセクションにその記事が最初に掲載されたのか」，「記事が最初に掲載された新聞ないし刊行物のページ数」などの情報を付け加えるのである。

私には，New York Times の単一の版に対応するファイルの集合体が，それのみとして，その日における New York Times の「改訂版」になり得ない，とする差し迫った理由が理解できない。被上告人がそう主張するように，個々の記事を個々の電子ファイルにおいて提供することが，ファイルの集合体全体を「改訂版」と言えなくしているのだ，ということなのかもしれない。だが，全体としての集合著作物のテキストを個別の電子ファイルに変換することそれ自体が，この疑問を判定するものであってはならない。結局のところ著作権政策の優良性の証明のひとつは，媒体中立性の原則にあるのである。

New York Times が，点字で，外国語で，あるいはマイクロフォームでその各号を再印刷できる，ということに誰も疑いを持たない。そうした改訂版が最初のものと全然違って見えたり，感じられたりしても，である。しかしこうした違いは，採用された媒体の違いから多くは起因するものであろう。同様に，単一の集合著作物としての新聞を個々の ASCII ファイルの集合体に変換することは，電子媒体という異なる性質を反映したものという以上のものではないのである。……

……媒体中立性に適切に注意を払えば，個々の ASCII ファイルの集合体として複製された New York Times は，各記事が最初の集合著作物を明示に指差し，また当該集合著作物の残りの部分が同時に即座にユーザーによってアクセス可能である限りにおいて，最初の版の「改訂版」として扱われるべきである，と私は考える。本件において，ユーザーが個々の ASCII 記事ファイルを見たときに最初に見る情報が，その記事の掲載された出版物名であり，当該出版物の版であり，その版における記事の場所であることは，争われていない。……

ラベルに加えて，電子ファイルには，その日の New York Times の当初の版のすべての本文内容が収録されている。すなわち，単一の記事のみでは，たとえ識別情報（出版物，日付，見出し等）のコードが付されていても，より大きな集合著作物の「一部」としてのものとは言えない，との結論に私としても賛成するかもしれないが，個々の記事がその日の New York Times の本文全体を収録した記事の集合体の「一部」として存在する場合に，同じ結論であるとは言い得ない。このことはまた，……本件での紙媒体出版社らの選択プロセス（たとえば，New York Times のスタッフが「印刷するのに適した全部のニュース」に入る記事はどれかと判断する編集過程）こそが，出版しようとしている集合著作物への寄与として同社らにおける最も重要な創作的要素であることを考えれば，なおさらである。ASCII フォーマットにおいてはページの場所とかコラムの幅といった表面的な要素は失われるが，紙媒体出版社らの重要な編集上の選択行為は，データベースに送られた個々の記事ファイルの集合体において完全に保たれているのである。

……（略）……

たとえば 2000 年 10 月 31 日の New York Times を取り上げたときに，それが電子化されることで，

同紙は追加的なコンテンツに囲まれて，さらに大きな集合著作物（すなわちNEXISデータベース全体）の一部として存在するに至ったと概念づけ得る，ということは事実であろう。その場合問題となるのは，集合著作物の改訂版をより大きな「集合著作物」の中に存在するとみなすことによって，もとの改訂版のステータスを変えてしまうのかどうか，ということである。201条(c)は，記事が「その集合著作物……の改訂版の一部」としてのみ発行されるべしというものであって，この問題への回答を導くものではない。2000年10月31日付けのNew York Timesのマイクロフィルムは，単にそれがTimesの他の版と同じフィルムロール上に格納されているから，あるいは他の何百という発行物のマイクロフィルムを収めた図書館の同じ棚に収められるからという理由で，個々の集合著作物の改訂版たる性格をなくするわけではない。あるいは201条(c)によって，TimesのマイクロフィルムがたとえNew York TimesとHerald-Tribuneの両方の1年分を収めたフィルムロールで販売されたからといって，それが改訂版たりえなくなるとの直感に反する結論を強いられるとも思えない。同様に，我らが仮定上の2000年10月31日付けNew York Times電子版をより大きな電子データベースの中に置くことによって，最初の電子的改訂版の性質が変わるわけでもなく，そうした改訂版とその「一部」として存在する個々の記事との関係が変わるものではないのである。

　　……（略）……

　……著作権法の文章における曖昧さを解決するにあたっては，同法の根底にある政策について我々は注意を払わねばならない。

　マコーレーは，著作権とは「作家に対して助成をする目的で読者に課された税金」であると述べている（T. Macaulay, Speeches on Copyright 11 (A. Thorndike ed. 1915)）。こうした税金は著作物の頒布を規制する，ただし助成の基本目的であるところの著作物の生産を促すのに必要な限りにおいて，であるが（合衆国憲法第1条8節8項参照）。言い換えれば，「著作権の主たる目的は著作者に報酬を与えることにはなく，『著作者の労力から公衆が引き出す一般的な利益』を確保することにある」。本日の多数意見の決定は，「著作者の権利」に近視眼的に焦点を当てることをよしとした結果，著作権法におけるこの基本的な目標を不必要に顛倒させるものである。こうした権利を保護したいとの思いは称賛に値する感情には違いないが，著作権法は，「私的な動機は終局的には，文芸，音楽，その他の芸術を<u>公衆が広く享受できるよう</u>促進する原動力に資すべきこと」を要求しているのである（Twentieth Century Music Corp. v. Aiken, 422 U.S. 151, 156 (1975)（強調引用者））。

　多数意見は，それが包括的なデジタル・データベースの利用可能性に対して与える影響を割り引いて考えているが，私はそう自信がもてない。上告人の「法廷の友」が説得力をもって主張したとおり，個々のフリーランサーを探すことの困難性や法律上の損害賠償に直面する潜在的な脅威ということを考えれば，電子的なアーカイヴはフリーランスの素材をデータベースから削除せざるを得なくなるかもしれない。「こうした素材を除去することは，それが大規模なものであれ偶発的なものであれ，電子アーカイヴが歴史家に提供してきた主用な恩恵，すなわち効率性，正確性，包括性を損なうことになる」（Brief for Ken Burns et al. as Amici Curiae 13）。

　　……（略）……

　あるいはまた，著作者らが本件の勝利によって何らかの利益を得ることになるかについても，明らかではない。上告人の代理人は口頭弁論において，1995年以来New York Timesはフリーランスの著作者に対して，その記事に関する「電子権（electronic rights）」を付与するよう求めてきて

いることを明らかにしている。そして、こうした条件が入ることによって著作者らの受ける対価には何の影響もないのである。これは理解できるところである。何となれば、たとえ電子データベースについて個別的な記事の集合体であるとする多数意見の性格づけを受け容れたとしても、NEXIS のようなデータベースへの需要とは、出版社らが欲深くも頂戴しているところの「スタンドアローンのフリーランス記事への需要」の反映では、おそらくない（Cf. Ryan v. Carl Corp., 23 F. Supp.2d 1146, 1150-51 (N.D. Cal. 1998)〔「複製された記事へ出版社が付加した価値は大きい」〕）。

実際のところ、電子データベースへの需要とは、多数の完全な刊行物全体を素早くサーチする手段をユーザーに提供するような製品への需要の反映である、というのがずっと当り前の結論である。……

ユーザーは、……NEXIS が Jonathan Tasini の個々の記事の多くをカバーしているからという理由でこれを利用するわけではない。むしろユーザーが NEXIS を利用するのは、それが包括的かつ簡単にサーチ可能な（そのままの）[1]刊行物の集合体を収録しているからである。

……私であれば、控訴審の判決を覆すものである。多数意見は、今日の判決が電子データベースの包括性にいかなる影響を与えるかを事前に知ることができないとするが、これは正しい。しかし我々として確かなことは、それが著作者にも読者にも（あるとしても）ほとんど利益をもたらさないということである。

【質問】

1　最高裁の判決を前提にすると、読者が雑誌出版社の弁護士だとして、それが明示には電子権を取得していない記事を電子的に複製しようとしているとしたら、どうアドバイスするか。最高裁は 201 条(c)における電子的複製というものをすべて締め出しているのか。

2　読者が仮に National Geographic Magazine を代理しているとして、同社は 50 年に及ぶ全号を CD-ROM に収録して公衆に売り出そうとしているとする。雑誌のページは CD-ROM において正確にその通りに再現されるものとし、従ってユーザーは元のとおりのテキスト、写真、広告を、それらが最初の印刷形態において印刷されたとおりに見ることができるものとする。この CD-ROM には、ユーザーがその主題、著者、日付などでサーチするプログラムも収録されている。記事は印刷できるが、モニター画面上ではそれを取り巻く素材から切り離して表示されることはない。1 枚の CD-ROM には何年分もの号が収録されている。読者は National Geographic を代理して、過

---

(1)〔原(20)〕　多数意見のように (n.6)、NEXIS のようなデータベースの存在により、集合著作物に収録されたフリーランス著作者の寄与物のスタンドアローンの編集物市場に何らかの悪影響があるのだと仮定しても、電子データベースがマイクロフォームとどう異なるのか、私には理解できない。スタンドアローンの著作物市場への影響に関しては、2 つの商品の唯一の違いはスピードであり、デジタル技術を擁した NEXIS においてはユーザーは素早く求めるデータを検索できる。しかし 1976 年法は、「出版社に著作者の作品を利用する〔新たな〕機会を与えるような」考えうるすべての技術革新の利用を禁じているわけではない (Ibid.)。著作権法は、著作者にとっての保険証書ではなく、著作者性へのインセンティブ生成の必要と、アイディアへの広範なアクセス可能性という社会の利益との慎重なバランスの上に築かれたものである（合衆国憲法第 1 条 8 節 8 項〔連邦議会は著作物の作成を促すために著作者や発明者に対して「限られた期間（limited term）」において「独占的な権利」を許すべしとされた〕参照）。著作者へのインセンティブに多数意見は目を向けているが、それは等しく重要な（少なくとも著作権政策の観点からは）公衆の利益の犠牲においてである。……

去の号においてフリーランスの写真家から得た写真を（明示の著作権条項なしに）上記のような方法で自由に使えると考えるか（Greenberg v. National Geographic Soc'y, 244 F.3d 1267 (11th Cir. 2001) 参照）。
3 著作者勝訴の結論が「歴史」を妨げるとする Tasini 判決の反対意見を，Random House v. Rosetta Books 判決における，著作者が電子的出版権を有することが「非革新的なインセンティブ」を育むものではないとの判定と対比せよ。いずれが説得的な議論を展開しているか。なぜそうなのか。

「法の作用による」著作権の移転

　法201条(d)および204条(a)に規定されている「法の作用による」著作権の移転とは，どのような事態を指しているのか。著作権は収用の対象となりうるのだろうか。201条(e)は，かかる結論を否定しているように読める。ところが一方で，まさにその条項が倒産手続における売却と更生手続の一部として，著作権の移転のあることを規定している。201条(d)は，州法における無遺言の際の相続の規定が，死亡した者の著作権の移転について適用される旨，はっきりと述べている。原始的な著作権者が生存している場合において，州法に著作権の帰属を決定させるとどういうことになるのであろうか。州の夫婦共通財産法が著作権の分割を執行すべく登場することになるのか，それとも，かかる法を適用することは201条(e)に反することになるのか。

　カリフォルニアの州控訴審は In re the Marriage of Susan M. & Frederick L. Worth（241 Cal. Rptr. 135, 195 Cal.App.3d 768 (1st Dist. 1987)）において，結婚中に書かれた著作物の著作権は夫婦共通財産になる，と判示した。そして，201条(d)(1)は，「法の作用により」原始的に著作権の帰属した夫から夫婦共通財産へと，著作権の帰属を変更するものである，とした。さらに連邦著作権法は，州の夫婦共通財産法を先占してはいない，とした。かかる判示の結論は非常に重大なものである。もしも著作権が夫婦共通財産であるならば，かつての（あるいは現在の）配偶者は，共通財産たる著作権の生み出すロイヤルティの半分について権利を有するのみならず，その著作物のライセンスないし譲渡について，原著作者の同意を得ることなく著作者としてこれをなしうることとなる。ライセンスを行った配偶者はもう一方の配偶者に対して，かかる権利許諾から生ずる収益の会計報告をなす義務を負いはするが，反対の趣旨の契約書のない限り，原著作者はかかる権利許諾の条件に対して拒否をしたりコントロールを及ぼしたりすることができない。

　Worth 判決においてよしとされた，こうした著作者の権利への介入が，ルイジアナ州（これも夫婦共通財産法を採用している）所在の連邦裁判所において，近時 Worth 判決を否定する理由のひとつとされた（Rodrigue v. Rodrigue, 50 U.S.P.Q.2d 1278 (E.D. La 1999)）。そこでは，27年間の結婚生活を送っていた夫のアーティストが，離婚後，妻から，結婚生活中に創作された作品の著作権の共同所有者であるばかりか，結婚生活中に創作されたイメージを取り入れて離婚後に作られた作品の著作権についてもその共同所有者である，と主張された。妻側の求めた救済には，夫が離婚後においてこうしたイメージを継続使用して創作した派生著作物についての会計報告請求も含まれていた。地裁は，妻への著作権の非自発的な移転は連邦著作権法の権利帰属原則に抵触するという理由で夫の勝訴としたが，控訴審はこれを覆した。それによれば，夫の著作権持ち分の半分を奪った

Worth判決の域にまで到達するべきではないとされた。むしろ裁判所は，ルイジアナ州の夫婦共通財産制の関連条文を検討し，それが所有権をいくつもの構成部分に細分化しており，その中のひとつに権利の譲渡権や担保権，経済的な成果物を享受する権利などがあることを明らかにした。同判決によれば，201条(a)に適合する配偶者たる著作者は，著作権，すなわち106条における独占的権利とそれを譲渡する権利を，引き続き保有することができるが，その妻は結婚中およびその後において当該著作物（およびこれに基づいた派生著作物）からの「稼得収入と利益」を等しく分配にあずかることができる，とされた。こうした結論は著作権法201条(e)の所有条項と矛盾しないか。Rodrigue判決についてのさらに詳細な議論については第9章Cを参照のこと。

著作権の移転によって，移転者からは法的権原ともいうべきものが去って行くことになるが，場合によっては，移転者が引き続き「受益権（beneficial ownership）」を持つような状況がありうる。1976年法501条(b)は，受益権という概念をはっきりと認知し，この権利を持つ者に，侵害に対して出訴する権限を与えている。「著作権における独占権の法律上の所有者（legal owner）ないし受益者（beneficial owner）は，……その者がこの特定の権利の所有者ないし受益者である間は，この権利の侵害に対して訴訟を提起しうる」。以下のケースは，最も典型的な受益権の在り方を描きだしている。こういった典型的なものから，どの程度までこの概念が離れることができるのかについては，一言で言うことが難しい。

〈Fantasy, Inc. v. Fogerty〉

(654 F.Supp. 1129 (N.D. Cal. 1987))

コンティ地裁判事

原告は本訴訟を，被告 John C. Fogerty および Wenaha Music Co.（まとめて被告フォガティと称する）ならびにそのライセンシーである被告 WEA International, Inc. および Warner Bros. Records, Inc.（まとめて被告ワーナーと称する）を相手に，著作権の侵害を理由として出訴した。

被告フォガティは，1970年に"Run Through the Jungle"という歌（「ジャングル」と称する）を作り，後にこれの著作権に関する独占的権利を，原告への譲渡人である Cireco Music および Galaxy Records に許諾した。これに対して被告フォガティは，売上げについてのパーセンテイジとその他原告が「ジャングル」を利用することから生ずるロイヤルティを受け取ることになっていた。1984年に被告フォガティは"The Old Man Down the Road"という歌（「オールドマン」と称する）を作った。フォガティはこれを著作権登録し，フォガティが「オールドマン」を演奏しているレコードを頒布することを，被告ワーナーに許諾した。原告は，「オールドマン」は単に「ジャングル」に新しい歌詞をつけただけのものであるとして，著作権侵害で訴え出た。

本件の現状は，原告の著作権侵害の請求に対して，被告ワーナーからの原告の主張自体失当を理由とする被告勝訴判決の申立てがなされているところである。被告ワーナーは，著作権の共有者はその著作権を侵害しえないから，著作権の受益者も侵害をなしえないはずである，と主張している。被告ワーナーは，被告フォガティが「ジャングル」の著作権の受益者であると主張している。従って，受益者から許諾を得たライセンシーとしての被告ワーナーは，「ジャングル」について原告の有する著作権上の利益を侵害しえない，と結論づけている。被告フォガティは，被告ワーナーのこ

の申立に参加している。

　……（略）……

　著作権法101条は，「著作権者」を定義して，著作権に含まれる独占権のいずれかの所有者，としている。著作権における独占権としては，複製権，派生著作物を作成する権利，公けの実演ないし公演権，頒布および販売権等がある（§106）。こういった独占権は，別個に移転でき，また別個に所有することができる（§201(d)）。著作権者は，こういった独占権を侵害から守るために訴訟を提起することができる（§501(b)）。注意しなければならないのは，著作権者は自分の所有している特定の利益を侵害することはできない，ということである。また，著作権の共有者は，別の共有者を著作権侵害で訴えることはできない（Cortner v. Israel, 732 F.2d 267, 271 (2d Cir. 1984); Oddo v. Ries, 743 F.2d 630, 633 (9th Cir. 1984)）。本申立の目的において，被告ワーナーは，原告が「ジャングル」の著作権の法的な所有者であることを認めている（原告の主張自体失当の判決を支持する準備書面2ページ）。

　「受益者」の定義では，「売上げに対するロイヤルティないしライセンス・フィーと引替えに，著作権に対する法的な権原を手離した著作者」とされている（Cortner, 732 F.2d at 271, quoting, H.R. Rep. No. 1476, 94th Cong., 2d Sess. 159, reprinted in 1976 U.S.Code Cong. & Ad. News 5659, 5775）。受益者は，違反行為者の侵害によって自分が著作権について有する経済的利益が稀釈化されることを防ぐために，侵害訴訟を提起できることとされている（§501(b)；Cortner, 732 F.2d at 271）。本申立の目的においては，被告ワーナーも原告も，被告フォガティが「ジャングル」に関してこの定義にいう「受益者」であることを認めている（上記準備書面2ページ，原告の主張自体失当の判決の申立に反対する準備書面2ページ）。

　被告ワーナーは，著作権の共有者間で侵害訴訟を禁ずる法理は，受益者に対する法律上の所有者からの侵害訴訟についても同じようにあてはまる，と主張している。しかし同被告は，何の先例も引用していない。かわりに同被告が引用するのは，①著作権の共有者ないし共同著作権の所有者は，自分が有する特定の著作権利益を侵害しえない，ということ（Oddo, 743 F.2d at 271; Richmond v. Weiner, 353 F.2d 41, 46 (9th Cir. 1965), cert denied. 384 U.S. 928 (1966); Meredith v. Smith, 145 F.2d 620, 621 (9th Cir. 1944); Donna v. Dodd, Mead & Co., 374 F.Supp. 429, 430 (S.D.N.Y. 1974)），②受益者は著作権における経済的利益を守るために侵害訴訟を提起する当事者適格を有するということ（§501(b); Kamakazi Corp. v. Robbins Music Corp., 534 F.Supp. 69, 73-74 (S.D.N.Y. 1982)）である。被告ワーナーの主張によれば，これらの先例の示すものは，受益者は著作権において「物権的利益（property interest）」を有しており，これを侵害訴訟を通じて執行しうるのだから，著作権の共有者間で侵害訴訟が禁じられるとの法理は，等しく著作権の法律上の所有者と受益者との間の侵害訴訟の可否の問題にも適用されるべきだ，とするのである（原告の主張自体失当の判決を支持する第2準備書面3〜8ページ）。

　しかし，被告ワーナーの主張は，著作権の共有者間で侵害訴訟が禁じられているということの背後にある理由づけを無視している。複製権，派生著作物の作成権，公けの実演権，頒布権，販売権などにも共通することではあるが，著作権の共有者は，各自が「その著作権を使用し，あるいは他人に使用を許諾する独立の権利」を有しているのである（Oddo, 743 F.2d at 633）。従って，著作権の共有者間で侵害訴訟を禁じているといっても，それは，ある著作権の所有者が自分の著作権を侵

害することはできないという自明の理の結論にすぎないのである（Richard, 353 F.2d at 46）。

　一方で，「受益者」は，その著作権を使用し，あるいは他人に使用を許諾する独立の権利を持ってはいない。「受益」とは，著作権の利用から生じる売上げのパーセンテイジないしロイヤルティと引替えに，これらの独占的な使用権限を放棄した者，と定義されているのである（Cortner, 732 F.2d at 271, quoting, H.R.Rep. No. 1476, 94th Cong., 2d Sess. 159, reprinted in 1976 U.S. Code Cong. & Ad. News 5659, 5775）。従って，受益者とは，著作権に関して経済的な利益を有しているだけの存在である。この経済的な利益の及ぶのは，法律上の所有者による著作権の使用から生じる収益についてのみである。

　受益者は，著作権を使用したり他人に使用の許諾をしたりする独立の権限はもたないから，法律上の所有者の有する独占権を侵害することは可能なのである。著作権者は，自分が他人に譲渡ないし許諾した独占権については，これを侵害しうるものである（Dodd, Mead & Co., Inc. v. Lilienthal, 514 F.Supp. 105, 108 (S.D.N.Y. 1981)〔独占的な印刷，出版および販売の権限を著作者から許諾された出版社は，著作者ないし許諾者が自ら印刷および販売しようとした場合には，これに対して侵害訴訟を提起しうる〕）。受益者とは，自分の著作権の「使用」についての独占的な権利を，その使用から生ずる収益における経済的利益と引替えに移転した者なのである。従って，もしも受益者がいったん移転した独占的「使用」権を行使しようとするならば，この独占的権利の法律上の所有者は侵害訴訟を当然に提起しうるのである。

　本件においては，被告フォガティの「ジャングル」著作権における受益的な利益は，原告から提起される侵害訴訟において同人を免責させるものではない。同被告は，「ジャングル」の著作権をすべて，ロイヤルティと売上げパーセンテイジを受け取る権利と引替えに，原告の権利の前身たる者に対して移転しているのである（マルコム・バーンステインの宣誓録取書AおよびB）。この権利移転によって，「ジャングル」の著作権の使用についてのすべての独占的権利は，原告の単一の所有権のもとにおかれたのである（同）。従って，もしも被告フォガティの「オールドマン」が「ジャングル」の派生著作物であるならば，フォガティは，自分が既に原告に付与してしまった独占的権利のひとつを行使した，ということになる。この事実関係においては，原告は被告フォガティを著作権侵害を理由に提訴しうるものである。フォガティが「ジャングル」の著作権の受益者であるとしても，そのことはこの結論を左右するものではない。

　以上のとおり，原告は被告フォガティに対して侵害訴訟を提起しうるのであるから，フォガティからのライセンスを受けた者としての被告ワーナーも，原告に対して侵害の責任を負いうるものである（§501(a)）。従って本法廷は，原告の第1の救済請求に関する被告ワーナーからの原告の主張自体失当の判決の申立を，ここに却下するものである。

【質問】
1　作者は，1980年にある文章を書いて，同年その著作権を1万ドル（6か月ごとの2回の分割払い）と引替えに出版社に譲渡した。出版契約においては，全部の本が売り切れて，かつ出版社が再刊しないことを決定した場合には，著作権が作者に再譲渡されることとなっていた（以下で読者は知らされるように，この1980年の著作権譲渡は作者により2015年に解除しうる性質のものである）。今日にな

って作者は，海賊出版社が彼の本の無許諾の版を出そうとしていることを知った。作者は，「受益者」として著作権侵害訴訟を提起することができるだろうか（Hearn v. Meyer, 664 F.Supp. 832 (S.D. N.Y. 1987) 参照）。

2 　作者は，ロイヤルティの支払と引替えに著作権を出版社に譲渡した。出版社は，かなりの額の借入れの必要に迫られ，この著作権（および，出版社が受けるべき，ここから生ずることが予想される収益）を担保として，銀行に譲渡した。無許諾の本が出版されようとしていることが判明した場合に，誰が侵害訴訟を提起しうるのか（Hearst Corp. v. Stark, 639 F.Supp. 970 (N.D.Cal. 1986) 参照）。

第4章
著作権の有効期間，更新，移転の解除

A　有効期間と更新

1　政策上の論争

〈チャッフィ「著作権法に関する考察」〉
(45 Columbia Law Review 719-21, 725-27, 729-30 (1945))

a　独占期間は長い方がいいか短い方がいいか

我々の主たる目的は著作者に利益を与えることにある，ということを想起せよ。従って，第一印象としては，独占期間が長いほど著作者にとっては有利である，ということになろう。このことがどこまで本当なのかということについては，1841年にマコーレイが次のように指摘している。＊

　　独占の悪影響は，その期間の長さに比例する。しかし，悪影響と一緒に受けるところの良い影響というものは，期間が長くなったからといってこれに比例して大きくなるものではない。[1] 60年間の独占というものは，30年間の独占の倍以上の弊害をもたらし，20年間の独占の3倍以上の弊害をもたらすものである。しかし，死後20年間の独占が著作者にもたらす楽しみと強いインセンティブとを，死後60年間の独占を与えた場合のそれと比べると，後者が前者の3倍もあるとはいえない。逆に，違いはほとんど感じられない程度に少ないことであろう。誰もがよく知っているように，非常に遠くにある利益というものは，たとえそれによって我々が享受できると合理的に思うことができる場合であっても，これにあまり影響を受けるものではない。それが，我々の死後約半世紀後の利益，それも我々が誰とも知らない者，つまり，おそらくはまだ生まれてもいない者，我々にほとんどつながりのない者，によって享受される楽しみ，ということになれば，これは全然，著作活動のインセンティブとはならない。……〔著作者に対する恩恵という観点から考えるとき，著作権の独占が死後長い期間に及ぶということは〕全く意味のないことである。しかし，公衆に対する賦課金という観点から考えると，意味のないものではないのであり，非常に深刻かつ有害な現実問題となる。例を挙げて説明しよう。ジョンソン博士は，56年前に死亡した。もしも法が〔著作者の死後60年間著作権を有効としているならば〕，ジョンソン博士の著作について誰かがいまだに独占権を有しているであろう。それが

＊〔編者注〕しかし，最高裁判例からの抜粋（本書18～19ページ）を参照せよ。
(1)　8 Macaulay, Works (Trevelyan ed. 1879) 199-201.

誰なのかは判らないが、おおよそのあたりはつけられる。多分それは出版社かもしれないし、あるいはその出版社は別の出版社から著作権の譲渡を受けたのかもしれず、その譲り渡した出版社はまた別の出版社の孫にあたっているのかもしれず、その祖父にあたる方の出版社は、ジョンソン博士の家の召使で相続人であったブラック・フランクから1785年ないし1786年に著作権の譲渡を受けたのかもしれない。さて、一体ジョンソン博士にとって、この著作権が1841年現在存在しているということが、満足感の源泉であっただろうか。このことが励みとなって、彼の奮励努力を刺激してより良い作品を書かしめる原動力となったであろうか。このことが励みとなって、彼を早朝から一所懸命に働かせる動機となったであろうか。このことが励みとなって、気分のむしゃくしゃすぐれないときに彼を慰めたことが1度でもあっただろうか。このことが励みとなって、彼をして、さらに寓意をよけいに生み出させたこと、さらに詩人の生活を1つよけいに生み出させたこと、さらにユブナルの模倣を1つよけいに生み出させたことがあったか。私は断固として、そのようなことはないと信じる。私は確固として信じるが、100年前に彼がGentleman's Magazineに討論を書いていたときに、彼が欲しいと思っていたのは、地下の料理屋で出されるビーフのすね肉料理を買う2ペンスであったと思う。彼にとっての報酬という観点から見るとき、死後の著作権の保護期間が20年でも60年でも、何の変りもないか、あってもほとんどないに等しいのである。しかしこの違いは、我々にとっては何の意味もないものなのだろうか。私は6ペンス出せば"Rasselas"を買うことができる。しかし、著作権が生きていると、これを買うのに5シリングを出さねばならなかったのかもしれない。辞典であれば、全部を買うのに2ギニー支払えば買えるし、もっと安くすむかもしれない。しかし、著作権が生きていると、5〜6ギニーかかったかもしれない。私はこの金をジョンソン博士のような人に対して支払うことを惜しむだろうか。そんなことはない。このような恩恵の見込みがジョンソン博士をして懸命な努力へと駆り立てたこと、あるいは、困難な状況下にあっても彼の魂を支えていたこと、を私に示してくれたまえ。そうすれば、私は喜んで、その値段がいかに大きくとも代金を支払うであろう。しかし、私の不満に思うことは、私の財政的状況は悪くなるのに、ジョンソン博士の状況もそれによって全然良くはならない、ということなのである。私が5ポンドを支払っても、彼にとってはそれがびた一文の値打ちもないことなのである。

ジョンソン博士は子供のいないやもめだったが、未亡人と子供のいる著作者であれば、独占期間の続くことにもっと意味を見いだしたことではあろう。しかしマコーレイは、次のような話を語ってくれる。それは、18世紀の中頃、まだコモン・ロウ著作権が永久に続くとされていた時代にあって、ミルトンの孫娘が"Comus"の慈善興行によってみじめな貧困から救われなければならなかったというのに、一方では、ミルトンの著作の著作権を有していた出版社は法廷において海賊版退治を行っていた。ミルトンは、無期限の権利を出版社に売切りのかたちで売ってしまっていて、その後何があろうと彼と彼の家族とには何の意味もないのであった。

著作者が出版社と取り決める金銭上の取引をどう行うかということは、率直にいって、長期間の独占が著作者にとって価値があるか否かを決めるのに重要な要素である。もしも著作者が著作権の存続期間中にわたるロイヤルティ契約を結んでいれば、それが長ければ長いだけ、彼とその家族に

---

(2) 同 at 203。

は得るところが大きい。しかし，彼がこれを売切りで売ってしまうと，独占の長短が著作者にとって唯一意味のあるのは，そのことが出版社の支払う値段にはねかえっているか否かである。出版業というものの投機的な性質を考えると，値段は，保護期間が56年というのと作者死亡後50年というのとで，その差に影響されるとは考えにくい。1945年に出版された本で，ある出版社がこれを56年間独占したあとで，どこか別の出版社がこれをいくらかでも支払って買おうといってくれるだろうか。ビレルの言っているように，「マネー・マーケットは短期的な見方をとる」のである。あるビジネスマンはＪ・Ｍ・マガイアに対して，「15年というのは自分にとって永遠といってもいいくらいに長く感じられる」と語ったという。出版社というものは，著作権存続期間の初めの数年の予想売上げをもとに，払切りの金額を常に決定するものなのである。出版社が大当りをとれるのもこの故にである。このことは今日一層この傾向を著しくさせている。なぜなら，ほとんどの書籍も歌の類もすぐに売上げが落ちるからである。この間まではやっていたヒット・パレードはどこへ行ってしまったのか。古典物と法律の本とは脇において，1940年以前に出版された本の内，弁護士は1944年にどれだけを読んでいるのだろうか。出版業における正しい会計慣行においては，出版後3年以内に，資産の部から本は償却される。歌手のルディ・ヴァレーは，"The Maine Stein Song"をいまだに生きたものとして歌い続けているし，映画"To the Victor"は1898年に出版された犬の本をもとにしているが，こういった復興的なことは，新しい本や歌に払われる売切りの金額を上げる材料としてはおぼつかないものがあるのである。しかしロイヤルティは，販売の上下を反映するものである。

　売切りの販売とロイヤルティ契約との間の違いが実際上非常に重要である点に鑑み，著作権法としても，この違いに注目せざるをえない。1909年法はしかし，それをしてはいなかった。これに注目しているショットウェル法案には，この点でひとつの長所がある。

　従って，長期間生きる著作権の後半部分は，もしも著作者が一時にその権利を売切りにしている場合には，著作者にとってあまり意味はないのである。それは単に，出版社への利益のために読者に賦課金をかけることに等しい。出版社は，彼が実際には何も支払っていないに等しいものからたなぼた式にもうけるというわけである。長い保護期間というものは，著作者とその家族が後半の期間から確実に利益を得ることができる場合に限って，望ましいものなのである。法律によってこれを達成するのにいくつかの方策がある。少なくとも後半の期間については，ロイヤルティ契約を強制するという方法がある。これらの期間については権利が著作者に返還されて，初期になされた売切り契約の効果を制限する，というやり方もある。1909年法はこの後者の方策を選んだが，それがどこまで成功しているかは，これから検討してみなくてはならない。

〈下院報告書〉

(H. R. Rep. No. 94-1476, 94th Cong., 2d Sess. 133-36)

著作権の保護期間がどの程度の長さであるべきかという論争は，最古の著作権法の時代からあり，

---

(3) Birrell, Seven Lectures on the Law and History of Copyright in Books (1899) 25. 23〜26ページの全文章はすぐれている。

(4) Maguire, Capitalization of Periodical Payments by Gift (1920) 34 Harv. L. Rev. 20.

(5) Shotwell Bill, §13(4), 86 Cong. Rec. 63, 67 (1940).

疑いなく著作権法の続く限り存在する問題である。いくつかの例外を除いて，本法案に出ているような，著作者の生存期間プラス死後50年という原則に対しては，強い支持があるようである。ことに著作者サイドは，この生存期間プラス50年という制度を取り入れることが最も重要な立法上のゴールであるというように強調してきた。著作権局長官も，生存期間プラス50年を全法案の基本であるとみなしている。

　現行著作権法においては，保護が開始されるのは発行日（未発行の著作物については登録日）からであり，その日から28年間続く。これは次の28年について更新することができ，どの場合にも全部で潜在的には56年間の保護期間を達成しうる。この制度の主要な要素，すなわち，特定の年数が決まっていること，発行ないし登録から年月を数えるやり方，更新制度などは，一番初めの著作権法である1790年法の一部でもあったほどである。この制度を，著作者の生存期間に基づくものに変更する理由としては，次のようなものが指摘されている。

(1) 著作者とその代表者が公正な経済的利益を著作から得るよう保証するためには，現行の56年の保護は十分に長いとはいえないこと。現在では人は以前に比べてもっと長い平均寿命があって，著作者はこれまで以上に，その生存期間中に自作がパブリック・ドメインになってしまう事態に直面しつつある。そうすると，晩年の作が，著作権のきれた自分の初期の作と競合する事態となってしまう。

(2) コミュニケーション・メディアの大いなる発展によって，多くの偉大な作品の商業的な生命が，実質的に以前よりも長く伸ばされたこと。短い保護期間は，ことに真面目な音楽，文学，美術などにとっては差別的に働きかねない。なぜなら，これらの真価というものは長い年月を経てからでないと認識されないかもしれないからである。

(3) 著作権の保護期間に制限というものは当然必要ではあるのだが，短かすぎる保護期間は，公衆にも何らの実質的な利益を与えることなく，著作者に害をもたらすものであること。公衆はしばしば，著作権の成立している作品とパブリック・ドメインの作品とに同じようにお金を払うものであって，著作者の犠牲において唯一なぼたを得るのは，ある種の使用者である。ある場合においては，著作権保護がないということが，作品の頒布そのものを制約してしまうことがある。それは，出版社やその他の使用者が，独占権の保証のない限りその作品に投資するだけのリスクをかけられないからである。

(4) 著作者の生存期間に基づく制度を採用すると，「発行」という曖昧な概念をとりまく不確実さと混沌を一掃することができ，期間を計算するのにずっと簡単で明瞭な方法を提供できること。著作者の死亡は，はっきりした確定可能な事実であり，潜在的なユーザーとして思い患わされる唯一の日付ということになる。著作者の全部の著作（後の改訂版も含まれる）が同一の日にパブリック・ドメインとなる。従って，現行のように，いくつもある発行日を決めることの煩わしさや，後の改訂版における，どこが「新しく」どこが「古い」かの詮索作業にまつわる煩わしさを，避けることができる。あまり人目につかない著作者の死亡などの場合にこれを

---

(1)〔原(2)〕 Public Laws 87-668, 89-142, 90-141, 90-416, 91-147, 91-555, 92-170, 92-566, 93-573 においては，1962年9月19日現在で更新期間内に存在している著作権であって1976年12月31日までに失効するものについては，当時，著作権法の大改正が将来起こるであろうことを見越して，そこで決められる延長された保護期間にあわせて延長されるもの，とされていた。

何時と決定するかについては，法案は死亡日の登録制度と推定制度を設けている。

(5) 現行著作権法のうちで最も体裁の整っていない点は，更新制度である。実質的な負担と費用がかかるこの不明瞭でいたずらに枝葉末節にすぎる制度によって，膨大な量の非生産的な仕事が結果として生じた。多くの場合に，これが，不注意による不当な著作権の喪失理由となった。生存期間プラス50年の体制のもとでは，更新制度は不適切かつ不必要である。

(6) 301条の先占条項およびそれの作り出す単一の著作権制度のもとにおいては，著作者は，未発行の著作物（発行以外の方法によってすでに広く頒布されたものも含む）における永久かつ無制限の独占的なコモン・ロウ著作権を捨て去ることになっている。生存期間プラス50年の法定期間は，かかる永久の権利放棄の代償として，フェアなものであろう。

(7) 非常に多くの国々が，生存期間プラス50年の保護期間の体制をとっている。アメリカの著作者は，アメリカにおけるよりも長い期間，海外で保護されることが多いために，著作権保護の期間の不均衡が，考慮すべき憤りを買っており，報復的な立法が提案されたりしている。著作権というものは国境を越えて移動するもので，それは他のどんな商品と比べても最も容易に移動することができるものである。そして，現在普通に使われている技術をもってすれば，このような移動は多くの場合，一瞬のうちに，何の労力もいらずに成し遂げられるようになる。合衆国における保護期間を世界の他の諸国における趨勢に合わせる必要性というものは，日増しに高まっているというべきで，これによって，国際的なビジネス取引において確実性と簡明性とをもたらすことができる。もっと重要なことは，著作権の保護期間の基礎を変更することで，わが国は国際的な著作権コミュニティの最前線に躍り出ることができるということである。この変更なしには，将来的なベルヌ条約への加入の可能性もはかないものとなるが，この変更によって，大いなる躍進ができる。これらすべての利益がアメリカと外国の著作者とに直接に生ずることとなるのである。

……教育関係者からは，次のような懸念が寄せられている。すなわち，大多数（約85％）の著作物は更新されないでおわっているので，もしも生存期間プラス50年の体制をとると，商業的な価値はないものの，著作権の制約さえなければ学術的な利用を即なしえたような著作物が多くあるのに，これらの利用を妨げることとなってしまう，というのである。1966年に著作権局長官は更新についての統計調査を行ったが，この結果は，継続的ないし潜在的な商業的価値ありとされているものはほとんどが更新されているという一般論を裏付けている。これを除いたもののうち，実務上だれにとっても価値のない著作物というものも一定割合存在するが，そうでないものもあり，これらは，各分野にわたる，歴史家，文書の保存者，スペシャリストらにとっての学術的価値のあるものもあり，多くの数が更新されないでおわっている。この点は，更新制度を採用すること，ないし未発行ないし未登録の著作物の保護期間を制限することを支持する理由として，背後に控えているものなのである。

たしかに，今日の束の間の流行は，明日においては風俗的な歴史と化す。今日29年でパブリック・ドメインとなる学術的価値ある著作は，この法案によってもっと長い間保護されることとなってしまうであろう。しかし，これと対比されなければならないのは，更新に要する負担と費用であり，さりとて法定の期間を決定するにつき著作物のタイプで差異化することは実際上不可能であることであり，また，生存期間プラス50年を採用すべき非常に強い理由のあることである。さらに重

要な点は，本法案は，学者が「フェア・ユース」として，あるいはソースとして何かの著作を利用することを禁じてはいない，ということである。……

Sonny Bono 著作権延長法

　1998年，「Sonny Bono 著作権延長法」によって，連邦議会は著作権の保護期間を著作者の死後50年から70年に延長した。無名著作物，匿名著作物および雇用著作物については，発行時から75年が発行時から95年に延長された。また，1909年法下で取得された著作権についても20年の加算が行われ，1976年法下では発行時から75年だったものが発行時から95年に延長された。1976年著作権法についての下院報告書で掲げられた理由のうちのどれが，こうした延長措置に適用があるものであろうか。

　20年を加算するこの保護期間延長法は，現在の権利者に対してのものである。すなわち，著作者ないし解除権者は権利移転を解除して新たな保護期間を再捕捉することができる旨の条項があるが（ただし，著作権保護期間の初期の方で解除権を行使していないことを条件とする），著作者ないしその遺族（生存配偶者，子供，孫。もしもこれらの誰も生存していなかった場合には，著作者の遺産管理人ないし信託受託者）が，1978年より前になされた更新期間における権利移転（19年延長されている）を解除し，これを別の者（典型的には出版社）に移転した場合には，この権利移転を新たに受けた者が20年の期間延長の利益にあずかることができるのであり，著作者の遺族らには別途解除権が与えられるものではない。読者はこれは問題だと考えるか。

　学者や司書からの異議を静めるべく，この20年延長法は，非営利の教育機関における図書館は延長された20年の間，保存，学術ないし研究の目的のために，発行済み著作物を自由に複製，掲示，実演できる，と規定した。ただしそれは，当該著作物のコピーが「合理的な値段」で手に入らず，かつ当該著作物が「通常の商業的利用に服して」いないと図書館が最初に判断した場合に限られる。これは，学術コミュニティや図書館コミュニティの利益調整に満足のゆくものと言えるか。

　保護期間の延長は望ましいことなのか。1998年法は，将来の著作物のみならず過去の著作物についても，それがパブリック・ドメイン入りするのを遅らせている。パブリック・ドメインは著作権システムにとって重要な対概念であるから（合衆国憲法は連邦議会に対して「限られた期間（limited Times）」において著作権を付与する権限を与えている），保護されている作品と権利消滅した作品との間における1976年著作権法のバランスを見直すためには，強い理由が必要でなければならない。しかし，こうした理由が示されたとは言いがたいように思える。

　保護期間延長を支持する考え方は，次の2つのものに収斂される。著作者の権利の増進と，著作物の国際的な取引におけるアメリカの利益の増進ということである。後者は説得力をもった正当化理由となるかもしれないが，前者はかなり疑わしい。以下の議論を参照せよ。

　著作者の権利の増進ということについては，伝統的な著作権保護の正当化理由として言われる，著作物の創作へのインセンティブというものは，既存の著作物の保護期間を延長することに対しては全然あてはまらない。よってこの法律は，過去からの創作性の量を増やすことはできぬ一方で，後続の著作者がそうした過去の作品の上に自由に創作できる時点を20年先延ばしにすることで，将来の創作性についても妥協を重ねたのである。既存の著作物についての延長を正当化しうるとすれ

ば，同法前の作品と同法後の作品の保護期間を調和させる手段として有効ということがあるかもしれない。あたかも，1976年著作権法の303条と304条が1909年法における作品と1976年法における作品の保護期間を等しくしたように。しかし，この議論が有力かどうかは，新しい作品における死後70年（あるいは発行時から95年）という保護期間が信頼性のあるものか否かにかかっている。ここでも，インセンティブを強調した正当化はうまくゆかない。著作者の死後50年を経た時点から開始する追加の20年が加算される見込みというものは，さらなる著作活動を刺激するにはあまりに遠すぎるように思える。1976年法における保護期間によって，著作者は既に子供や孫をまかなうことになったのである。著作者の作品の受益者のリストに，ここで曾孫を追加することが，もう1つ歌を作曲したり続編を書いたりすることへの刺激となるだろうか。雇用著作物については，そこにおいては出版社や製作者が法律上の著作者なので，20年の追加がそうした作品の創作への投資のインセンティブとなり得るとも言える。同様に，20年が追加されることで，出版社にとっては作家から権利を得るべき作品について，その頒布のためにより大きな投資をするようなインセンティブになることもあろう。

著作権保護期間延長法の合憲性：Eldred v. Reno

　1999年1月，オンライン上でパブリック・ドメインの作品を出版している Eric Eldred は，著作権保護期間延長法が憲法違反であるとして，司法長官（Attorney General）が同法を執行しないことを求めて提訴した。原告の主張は，こうした保護期間の延長は，ことに既に創作された作品に関して，合衆国憲法上の要請である「限られた期間（limited Time）」要件と言論の自由条項に違反する，というものである。地方裁判所は，原告の主張にあまり重きを置かない簡潔な判決をもってこれを退けた。同判決は，言論の自由条項は他人の言論の自由利用を保障するものではないとの理由で，これについての違憲性の主張を退けた。「限られた期間」に関する主張については，期間が一定である限りにおいて連邦議会はその長さを決める裁量権があるとした。コロンビア特別区控訴審は2：1でこれを認容した（Eldred v. Reno, 239 F.3d 372 (D.C. Cir. 2001)）。

　言論の自由に関する主張は，控訴審においてはパッとしなかった。同裁判所は，先例を引きつつ，「著作権は言論の自由条項に基づくチャレンジからカテゴリカルに免責されている」とした。「限られた期間」に関する主張について原告は，「連邦議会は……科学の発展を促進させる……権限をもつ」との特許著作権条項の前文に照らして，「限られた期間」なる文言が解釈されるべきであるとした。かかる解釈によれば，連邦議会が著作権分野において立法権限を持つのは，そうした立法が知識の進展を促す限りにおいて，ということになる。これによれば，「限られた期間」という制約は，著作権に対して知識を促進するような創作のインセンティブを連邦議会が必要以上には与えることができない，ということを明確にしたものであるという。もしも従前の限定期間が十分なインセンティブを与えていたとしたならば（どうやってこれを立証できるのか），それ以上の保護は余分なものであり，こうした余剰は無駄であるばかりか憲法違反でもある，というのである。DC 控訴審は，前文が連邦議会の権限を制約しているとの主張を退けた。仮に前文に法的効力を認めたとしても，既存著作権の保護期間を延長することは憲法上の目的に適合するものである，と多数意見は判示した。その理由とするところは，古い著作物，ことに「それがなくては消滅してしまうような

……復旧措置を必要とする映画」を保存するインセンティブを提供することで，「発展を促進」することになるからである。

多数意見はまた，合衆国の著作権保護期間をヨーロッパ連合のそれ（1993年に生存期間プラス70年に延長された）にハーモナイズすることの利益についても指摘している。EU 指令第 7 条で規定されている「最短保護期間原則」においては，EU 加盟国は，著作物の発生国での保護期間の方が短い場合には，保護期間に関して内国民待遇をする義務がない。その結果，合衆国の著作権保護期間が延長されないと，多くの合衆国著作物は EU の国内著作物に適用される保護期間をフルには享受できないことになるのである。従って，アメリカの保護期間の延長はアメリカの著作物をヨーロッパの著作物と同じフッティングに置いたと言える。ヨーロッパとアメリカとの間における著作物取引の国際収支はアメリカにとって大幅に出超なので，保護期間の延長はアメリカの著作権産業にとって利益をもたらすことになるのである。

反対意見の判事は，既存著作物に保護期間を延長したことの合憲性について，多数意見とは袂を別った。センテル判事は，著作権条項の前文が，創作へのインセンティブを与えることで知識の発展を促進する立法をするべく連邦議会の権限を制約している，と解釈した。そして，既存の著作物について著作権保護期間を延長することは，知識の発展を促進し得ないものであるとする。それは，既に作成されている著作物においては創作のインセンティブはあり得ないからである。反対意見の抜粋は以下のとおりである。

　　特許著作権条項は，連邦議会に対して 1 つのことをする権限を与えており，まさにその 1 つのことのみの授権なのである。それは「科学および有益なる技芸の発展を促進させる」ということである。連邦議会はどうやってこれをするのか。「著作物および発見に関して，著作者と発明者に対し，限られた期間における独占的な権利を与え，以て」である。同条項は，独占権を確保するうえでの青天井の権限付与ではない。その権限行使の方法は，限られた期間のみにおける独占権の付与であって，伸縮自在で無制限のものではない（Stewart v. Abend, 495 U.S. 207, 228（1990）〔「著作権の保護期間は限定されていて，それによって公衆はアーティストの労役の成果を永久に奪えないようにできているのである」〕参照）。多数意見は，「もしも連邦議会が永久の著作権保護を作りだしたとしたら，それは著作権条項が授権した権限を明らかに超えている」ことを認めている。しかしながら，永久の保護ということと，当初は限定的期間であった保護期間を100年から120年と延長できる永久に利用可能な権限というものとの間には，明白で実質的な区別がないのである。すなわちそうした権限は，120年から140年にも延ばせるし，140年から200年，200年から300年にも延ばせるのである。直接にはできないと多数意見が認めているところのことを，実際には達成できてしまうのである。これは私に言わせれば，一定の定義可能な限界を要するはずの……限定列挙的な権限というものの理解を超えている。

　　条項自体の文言にたちもどれば，合衆国憲法の起草者たちが，直接的であれ，既存著作権の漸進的な保護期間の延長という偽装のもとであれ，永久的な保護なるものを企図していたとすることは不可能である。繰り返すが，同条項が授権した権限は「科学および有益なる技芸の発展を促進させる」ためのものである。先に述べたとおり，連邦議会は，独占権を限定的な期間において確保することによってこれを達成するのである。既存の著作権を延長することは，有益な技芸を促進することにもならないし，限られた期間において独占権を確保することでもな

い。

　政府側は，遡及的な保護期間延長が有益な技芸をどう促進するのかについて，何の筋道立った理論も提出していない。最高裁が述べたように，連邦議会がある立法について憲法目的に資するものであると結論したということは，「必ずしもそうなることを意味しない」。政府側代理人は口頭弁論において強いられて，当初の限られた期間における独占権付与においてなされた約束を守ること，という答弁を行った。しかしこれに対する簡単な反論としては，連邦議会は「約束をしたり守ったり」するべく授権されているのではなく，合衆国憲法第1条に列挙された事項をすることだけのために存在するのである。政府の主張の第2の問題点は，連邦議会はそうした延長をコミットすべく約束などしたわけではなく，当初の限られた期間における独占権を確保すべく約束をしたのだ，ということである。第3に，本件で連邦議会が採用した手段は，限られた期間における独占権の確保ではなく，別のものを混ぜこぜにしたものである。つまり，かつて確保された独占権の延長である。これは著作権条項において許諾された手段ではなく，よって合憲とは言えない。

以下は，反対意見に対する多数意見の反論である。

　仮に我々が……反対意見の主張するところに従って進んだとしても，我々はCTEA（Copyright Term Extension Act）が合衆国憲法第1条に列挙された権限の行使になるものとしか見ないであろう。すなわち，McCulloch v. Maryland（17 U.S. 316, 421, 4 L.Ed. 579 (1819)）に依りつつ我々は，CTEAが著作権条項により連邦議会に授権された権限の「必要かつ適当な」行使であるのか否か，自問するのである。同条項の前文と他の部分との関係について……センテル判事が正しいのだとすると，CTEAは「適切な」手段でなければならないはずだし，前文に規定された目的である「科学および有益なる技芸の発展を促進させる」ことに「平明に適合された」ものでなければならないはずである。連邦議会の認定では，既存の著作物の保護期間を延長することは，著作権者に対し，古い著作物の保存（ことに復旧を必要とする映画）のインセンティブを与えるものであるとしている（S. Rep. No. 104-315, at 12 (1996)）。よって我々としてもこれについて判断せよと言われたならば，CTEAを既存の著作物に適用することは「発展を促進させる」ことに「平明に適合された」もので「適当な」ものであると判示することだろう（Ladd v. Law & Technology Press, 762 F.2d 809, 812 (9th Cir. 1985)〔1976年著作権法における献納義務は，その目的が「連邦議会図書館に望ましい書籍を寄付することを強制すること」にあるから，「必要かつ適当」であると判示〕参照）。

　センテル判事が反対の結論に達したのは，既存著作権の保護期間を延長することと，将来の著作権のそれを延長することとの間にカテゴリカルな差異を見ているからにすぎない。しかし，こうした差異は合衆国憲法自体の中には見出せないものである。反対意見は，著作権の保護期間の年数が後になって「限られた期間」延長された場合にはそれはもはや「限られた期間」にはならないとするような根拠を，テキスト上も歴史上も提示し得ていない。そうではなくて，反対意見の示唆するのは，連邦議会（あるいは，沢山の後継の連邦議会群）が無数の「限られた期間」を数珠つなぎにすることで永久的な著作権を効果として実現するかもしれない，ということであるが，しかしそれは明らかに我々の前にある状況ではない。CTEAの現世的な特徴はずっと穏当なものである。同法は合衆国著作権をヨーロッパ連合の著作権保護期間にマッチ

させるものである（Council Directive 93/98, art. 7, 1993 O.J. (L 290) 9）。多国籍の出版社や瞬間的な電子送信の分野においては，この点に関するハーモナイゼーションは著作権利用において明らかな実務的便益にかなうものである。このことは，CTEA が，永久的な著作権への第一歩というよりは今日の状況において「必要かつ適当な」手段であることの，強力な証拠であるといえよう。こうした証拠はたやすくは減じ得ぬものである。というのも，反対意見も指摘するように，EU は合衆国憲法の著作権条項にしばられてはいないからである。反対意見の主張である，既存著作権の保護期間を延長することが「発展を促進させる」ことに何も寄与しないという点については，我々は，それが発展というものについてかなり歪曲された見方であると考える。それがなくては消滅してしまうような（パブリック・ドメインに入るのではなく，消滅してしまうような）著作物へのアクセスを保持することは，新たな著作物の創作を刺激するのと同じように，「発展を促進させる」ことになるのである。

　……（略）……

　「合衆国憲法の文章が明確にしているように，著作者や発明者に対して，その作品へ適切な公衆のアクセスを与えるべく付与される限定的な独占権の範囲を決めるのは，連邦議会に付託された仕事である」。こうした「仕事は，関連法令の絶えざる改訂に反映されるところの〔競合する利害関係間の〕難しい調整という側面を持つ」ものである。さらに近時においては，「著作権保護期間の進展は，〔著作権権限を行使するにあたっての〕連邦議会の困難さを問わず語りに明らかにしている。……連邦議会が苦心して達成しようとしているデリケートなバランスを変更するのは我々の役割ではない」(Stewart v. Abend, 495 U.S. 207, 230 (1990))。

　このように多数意見と反対意見とでは，著作権法を作り出す連邦議会の憲法上の権限の範囲について，その前提を異にしている。もしも連邦議会の唯一の権限が創作へのインセンティブをもたらす法律を立法することのみにあるとしたら，現状で著作権のもとにある作品について期間延長法を適用することは困難であろう。それによっては既存著作物の創作のインセンティブを提供し得ないからである。しかし，反対意見の言うように前文が解釈されるべきかについては，いくつかの疑問点がある。第1に，多数意見の指摘するように，知識の発展は新たな著作物の創作を刺激することのみによって促進されるものではない。消滅しかけた古い作品の保存と利用可能性を育むことも，知識を促進することにつながる。憲法上の文言からすれば，知識の発展は「著作物に関して，著作者に対し，限られた期間における独占的な権利を与え」ることによって促進されるのである。つまり合衆国憲法は，著作物が新たに創作されたものであれとは言っていないのである。Feist 判決における最高裁は，「著作物（writings）」とは最低限，創作的でなければならないと判示したが，それは，創作がどの時点でなされたかについては言及していない。実際，1976年法の施行日までは，連邦著作権法は（少数の例外を除いて）既存の著作物にしか適用がなかったのである。発行があるまでは適用がないからであった。つまり1790年から1978年までの体制下では，著作権の与えるインセンティブは主として著作物の頒布に対してのもので，創作に対するものではなかったのである。かくて創作から頒布へと焦点をずらせば，反対意見のような異議は大幅にその力を減じてしまう。もしも保護期間延長が，著作物を使用できる状態に置くコストを意味あるものにせしめることによって，そうした作品の伝達を育むような企図の一部をなすものとみなし得るものであるのなら，インセンティブに基づく理由づけも維持されることとなろう。

2 1976年法における著作権の保護期間（1998年改正法下における）

a 1978年以降に創作されたか未発行である著作物

§302 著作権の保護期間：1978年1月1日以降に創作された著作物

(a) 総論——1978年1月1日以降に創作された著作物における著作権は，その創作時に始まり，以下の項における例外に該当しない限り，著作者の生存期間およびその死後70年間存続するものとする。

(b) 共同著作物——雇用されたのではない2人ないしそれ以上の著作者によって作られた共同著作物の場合においては，著作権の保護期間は，著作者のうち最後に生き残った者の生存期間およびその死後70年間存続するものとする。

(c) 無名著作物，匿名著作物および雇用著作物——無名著作物，匿名著作物および雇用著作物の場合においては，著作権の保護期間は，最初の発行日から95年間，ないしその創作日から120年間のうち，いずれか早く失効する方とする。……

(d) 著作者の死亡に関する届出の記録——ある著作権に利益を有する者は誰でも，何時においても，著作権局の記録に対して，その著作権の成立している著作物の著作者の死亡日に関する陳述書，もしくは特定の日現在において著作者が存命である旨の陳述書を届け出ることができる。……

(e) 著作者の死亡についての推定——著作物の最初の発行から95年後ないしその創作から120年後のいずれか早い方の時点において，本条(d)項による記録が，当該著作物の著作者が生存していることを示していない旨の証明書，もしくは同記録上その著作者が直近70年以内に死亡していることを示していない旨の証明書を著作権局から得た者は，かかる著作者が死んで少なくとも70年間は経っている旨の推定から生じる利益を受けるものとする。かかる推定に善意で依拠したことは，本法におけるいかなる侵害訴訟についても完全な抗弁となるものとする。

§303 著作権の保護期間：1978年1月1日より前に創作されてはいたが未発行あるいは未登録の著作物

　1978年1月1日より前に創作されたが，その時までにパブリック・ドメインになっておらず，あるいは未登録の著作物における著作権は，1978年1月1日から始まり，302条により規定される期間，存続するものとする。しかし，いかなる場合においても，かかる著作物の保護期間は，2002年12月31日よりも前に終了することはない。さらに，もしもその著作物が2002年12月31日以前に発行されたならば，著作権の保護期間は2047年12月31日より前に終了することはないものとする。

〈下院報告書〉
(H. R. Rep. No. 94-1476, 94th Cong., 2d Sess. 138-39(1976))

　少なくとも理論的には，303条のインパクトはかなりのものであるはずである。……この条項の基本的な目的は，現在コモン・ロウで保護されているもの全部について，コモン・ロウにとってか

わって制定法上の保護を及ぼすことにあり，また，現在あるところの永久の保護ということを，合理的な，限定された期間の保護にとってかえよう，ということにある。一般的には，このようにとってかわった期限の定めは，本法の施行日以降に創作される著作物に適用のあるものである。例えば，1945年に書かれたが未発行であった著作物があったとして，その著作者が1980年に死亡したとすると，本法においては，この著作物は施行日から〔2050年（著作者の死亡から70年）〕まで保護されることとなる。

　この条項における特別の問題は，通常の制定法上の保護期間が失効していたり，施行日現在でほとんど失効に近いような著作物についてはどう扱うか，ということである。委員会としては，現存するコモン・ロウ上の権利を取り上げて，合理的な期間に限った制定法上の権利を代替することは，憲法上のデュー・プロセスの要請に適ったものである，と判断しているが，こう言いうるためには「合理的な期間」であることが必要である。303条は，いかなる場合においても著作権の保護は2002年12月31日以前には失効することはないとし，もしもその著作物が2002年末までに発行されれば，さらに25年余計に（2047年まで）保護期間を増やすこととして，もって発行を奨励している。

【質問】
1　1909年法のもとでは，更新制度のために，非常に多くの著作物が発行後28年間のみで保護を終了することが多かった。このように著作権の保護期間を短くするということは，公共の利益に適うことといえるかもしれない。それでは，連邦議会は，1978年1月1日以降に創作される著作物につき，生存期間プラス70年の保護期間に延長することについて，適切な正当化事由を述べているであろうか。
2　フリー・マーケットで買ったトランクの中から，あなたは，メイフラワー号の乗客が書いた未発行の手紙を発見した。手紙を書いた人は1650年にマサチューセッツ州で死亡している。この手紙を公表するのはいつがいいだろうか。

　発行日から正確に28年と56年の期間を起算する（そして，一定の未発行著作物については登録日から起算する）1909年法（すなわち，何月何日として起算する）とは異なり，1976年法では，305条において，「302条ないし304条に規定される著作権の期間は，すべて，それが失効する日を含む暦年の最終日まで継続するものとする」と規定している。下院報告書によればその目的は「保護期間の算定をずっと容易にする」ことにある。これは特に，更新の申請をいつ著作権局に出すべきかを決める際に関連が深かった。ただ，以下に述べる理由により，この点は今日ではさほどの重要性をもたなくなったものの，いくばくかの重要性は依然有し続けている。

b　1909年法において最初に発行された著作物の1976年法における扱い

更　新

　わが国の著作権法の，法としての制定以来1978年までの際立った特徴のひとつは，更新期間であ

った。これは，著作権者が比較的短い最初の期間の後に，期限内に再登録をすることで確保することのできる期間である。1710年のアン法は，発行されるべき著作物には14年間の最初の保護期間が与えられ，同じ長さの更新期間が与えられることになっていた。最初の期間と更新期間の各14年間というのは，1790年の最初の合衆国著作権法にも出てくる。この法でも，イギリスのその祖先たる法でも，更新は，著作者が最初の期間を生きぬいていないとできないことになっていた。1831年，最初の保護期間が28年に延長され，1909年法において更新期間も28年に延長された。更新期間の利益を取得するためには，最初の保護期間の最後の1年以内に申請がファイルされねばならない。更新制度の目的は以下で論じられることとなるが，とりあえずここでは，その効果としては，更新の申請がなされない著作物というのが非常に多いため，多くの著作物にかなり短い保護期間しか与えない制度である，ということを注意しておくべきであろう。世界の国々の著作権法は，ほとんどが長い保護期間を採用していて，それが著作者の生存期間をもとに算定されるのに比べると，わが国のみが1978年までは更新制度に固執していたことになる。

　1909年法のもとにおいて更新期間は，まず，著作者が最初の保護期間を存命で通せば，この者によって申請がなされねばならない（あるいは，最低28年目における，更新申請のなされた時点において存命でなければならない。法はこのような細部については沈黙している）とされていた。もしも著作者が死亡していた場合には，更新請求権は相続による移転によって，3種類の法定の受益者に移る。これは，生存している配偶者ないし子供，あるいはこれらがいない場合には著作者の遺言執行者，あるいは遺言がない場合には著作者の直近の親族である。この法定の順番への例外があるのは，ある種のカテゴリーの著作物に限られる。これらの条項の詳細，目的および意味するところについては，1909年法の改正に関する部分を論じた以下の項で論じられる。

　1909年法はその大部分がすでに新法にとってかわられたにもかかわらず，更新についての規定はほとんどそのままのかたちで1976年法の304条(a)に組み入れられている。ただし，28年の更新期間は47年に増え，よって，適切な更新を行えば著作権保護期間は全体で56年ではなく75年となる。1909年法においてそうであったように，更新期間が生ずるのは，更新登録の申請が著作権局になされた場合に限られていた。しかし法律のこの部分は，1992年に連邦議会が修正法案を可決して，同法案通過後に最初の保護期間が終了する著作物については自動的な更新を認めることとしたことで，大きく変わった。従って，1964年以降に発行された1977年以前の著作物については，もはや著作権者が更新をする必要はなくなった（ただし，以下で見るように，更新が自動的になされたか人為的になされたかは更新期間の権利の所有に大きな意味を持っている）。

〈リンガー「著作権の更新」〉

(in Studies on Copyright (Fisher mem. ed. 1960) (Study No. 31))

……（略）……

〔更新後の著作権の性質と理論的な基礎〕

　1831年法において確立され，1909年法でさらに発展をみた更新制度というものは，ユニークな物権の形態であり，いまだその性質と理論的な基礎がよく解明されていないものである。裁判所と学説とは，更新を性格づけるにあたって，繰り返し「新しい財産」ないし「新しい権利付与」という言い方をし，単なる継続的なもの，延長物ではないということを強調した。更新とは，最初の著作

権とは別個の，独立のものであるとされ，「最初の期間の著作権に付着していたあらゆる権利，利益，ライセンス等から自由であり，これらに煩わされない」ものであって，「更新が効力を発した時点において著作権の成立した新たな著作物としての属性をすべて完全にもっている」ものとされた。更新の請求権は，一定の受益者に直接に与えられた属人的な権利であると考えられていた。この権利は，「著作者の財産を構成することなく，……法律から直接に発生するものである」とされた。……

立法経緯の示すところによれば，更新制度に権利帰還的な側面を作ることによって連邦議会の成し遂げようとしていたのは，次の2つの点であった。

(1) 著作者が存命であった場合，連邦議会は，彼に対して，自作の成功から得られる利益を得る機会を与えてやり，不利な取引をしたことについて再交渉の機会を与えてやろうとした。従来よく言われてきたこととしては，更新の条項は「著作者というものがとかく商売のことについてはうっかりしている」ことに基づいている，ということがある。表面的にはこれは一応の筋は通っているようであるが，立法過程において，かかる前提を支持するようなものは何もない。連邦議会は，著作者と出版社との契約がしばしば，著作の価値が不明ないし不確定な時点において結ばざるをえないもので，著作者は（仮にビジネスの能力を有していたとしても）どうしても不利な取引上の地位に立たされるものである，という認識をもっていたのであり，このことを示す証拠は他にもある。

(2) もしも著作者が死亡していれば，連邦議会は，「被扶養家族」において，著作者の結んだ契約が何であれ，更新からの利益を得られるようにしたかった。

これらの結果を達成するために連邦議会は，次の2つの重要な点において，通常の物権の概念から離れざるをえなかった。

(1) 帰還性　　法は，最初の保護期間の終了時において，権利の継続性を破らざるをえず，（存命であったならば）著作者に権利の帰還物を与えなければならなかった。

(2) 受益者の法定　　更新の利益が「死亡した著作者の博愛に頼るのが自然な者」に行くことを確保するためには，著作者の「遺言執行者，遺産管理人ないし相続人」への帰還以上のものが規定されなければならない。もしも更新の利益が著作者の遺産へ帰還するのならば，受遺者や債権者が著作者の家族や被扶養者の犠牲においてそこから利益を得るかもしれない，ということは全くありうることとなる。この結末を避けるための慎重な努力の結果，連邦議会は，更新権を「新しい属人的な権利の付与」として受ける資格のある，順番に並んだ一群の人々を作り出したのである。

これらの特徴が更新制度というものを非常に変わったものとしてしまい，その結果1909年法が発効してすぐに，これが連邦議会の本当に意図したものであるのか否か，確かなことが判らなくなった。しかし数年内に，著作者から権利を譲り受けた者は何の権利もないのだということ，更新の権利は属人的なものであること，更新権は「著作者，それからの譲受人，遺言執行者，遺産管理人の権利の延長物ではなくして，著作者やその他の指定された人々への新しい権利の付与」であること，などが確立されるようになった。

これらの基本的な原則を受け入れても，まだいくつか重要な点がオープンになっている。

(1) 将来の著作権は譲渡可能なのか　　最初の保護期間における著作権の譲渡は，更新期間にお

ける著作権までは伴わないものとすると，著作者ないしその他の受益者は，その潜在的な更新された著作権を，それを取得する前に有効に譲渡することができるのだろうか。この疑問は非常に賛否の切迫した問題であったが，ついに最高裁は，譲渡性を認める方向で決着した。

(2)　遺言執行者は誰を代表しているのか　遺言執行者というのは，著作者の配偶者や子供，直近の親族などとは異なる立場にある。彼は自分みずからが更新についての個人的な利益を得るわけではないからである。この者は，①著作者を代表しているのか，②著作者の遺産を代表しているのか，それとも③受遺者を代表しているのか。判例法によれば，遺言執行者は，著作者を代表しているのではなく，著作者の遺産を代表しているのでもなく，この者は，受遺者の属人的な代表者ないし受託者として更新権を受け取るのである，ということが確立されている。更新権は著作者の遺産の一部をなすものではないので，著作者が更新の権利を譲渡してもそれは著作者の死亡の時点において無効であり，遺言執行者が，譲受人ではなく著作者の受遺者のために更新権を取得することとなる。……

現在ではすっかり確立したことだが，たとえ著作者が自分のもっている更新についての期待権を他人に譲り渡してしまっても，自分の配偶者，子供，直近親族の有する独立の法定の更新権をなくしてしまったり減殺してしまったりすることはできない。……著作者から権利を譲り受けた者の権利が，著作者が死なないということにかかっていることは明白であり，もしも著作者が更新の年の前に死亡してしまえば，この権利が失効することは明らかだからである。

また同じく，配偶者，子供，直近親族は，更新の期待権としての自分たち自身の権利を（それがいかに偶発的であり断片的であろうとも）譲渡することができる，ということも決着がついた。これらの者は，著作者と一緒に，あるいは単独で，権利の移転をすることができるが，ただ，それぞれの場合について有効性を確立するためには，各譲渡人に対して約因が必要となろう。

更新権の譲受人は，譲渡人の有する法的地位と全く同じ地位に立っている。従って，譲渡人が法のもとで受益者にならないと，更新権を取得できない。……

法定更新条項

1976年法では当初304条(a)は，1978年１月１日時点で最初の保護期間にある著作物は，28年目に適切な更新申請がなされ著作権局に登録されない限りは28年の保護期間しか全うされない，と規定していた。これは1909年法においてもそうであった。旧法からの唯一の，かつ重要な変化は，更新が時宜にかなってなされれば，そこで与えられる更新期間は28年ではなく47年であった。Sonny Bono法により，更新期間はいまや67年となった。1909年法で更新権をもつとされたクラスの人々が1976年法でも同じく権利を有することとされた。

304条(b)は当初，単純に，1977年において更新期間にある著作物はその保護期間が自動的に28年から47年に延長される，と規定していた（連邦議会は1962年から，来るべき著作権法改正では保護期間

---

(1) 〔原135〕　Fred Fisher Music Co. v. M. Witmark & Sons, 318 U. S. 643 (1943).
(2) 〔原136〕　Fox Film Corp. v. Knowles, 261 U. S. 326 (1923).
(3) 〔原137〕　Miller Music Corp. v. Charles N. Daniels, Inc., 158 F. Supp. 188 (1957), aff'd mem., 265 F. 2d 925 (1959), aff'd, 362 U. S. 373, 125 U. S. P. Q. 147 (1960).

を延長することが予想されたので，一連の「暫定的更新期間延長」法を可決して，本来ならば消滅するはずの更新期の著作権の延命措置をとってきた。かくて，1978年に新法が施行された際に，1906年に著作権が取得され1934年に更新された著作物がまだ更新期間にあることになり，新たな全長75年の著作権保護期間によって1981年まで生かされることとなった）。

当初の304条(a)と304条(b)についての下院報告書では，「著作権の保護期間の延長をよしとする議論は，将来の著作権のみならず現存する著作権についてもあてはまる。本法案の基本的なアプローチは，現行の56年を，最初の保護期間および更新期間にある現存著作権の双方について75年に増やすことである」と述べている。読者は，この引用文の第1文に賛同するだろうか。もしも連邦議会の意図が現存著作物の保護期間を延長することにあったのならば，どうして「生存期間プラス50年」を適用せずに，面倒で珍奇な更新というスタイルをとったのであろうか。

1909年法と1976年法の更新条項は，その重要性と複雑性の故に，多くの裁判所による解釈にさらされてきた。もっとも重要な判決は，リンガーの論文でも触れられている Fred Fisher Music Co. v. M. Witmark & Sons（318 U.S. 643（1943））である。ここで最高裁は，著作権法の明白な目的が当初の保護期間中に不利な権利移転をした著作者を保護することにあるにもかかわらず，著作者は当初期間中に更新期間における権利を有効に譲渡できる，と判示したのである（読者は，作家が更新期間の権利を譲渡していくら位の金額を得るものか考えてみよ。ことに，譲渡が当初期間の最初のころになされたもので，そして当初期間の残り期間に対して支払われる金額との対比において，どの程度の金額となるのかを）。

第2控訴審が最近直面した問題は，アメリカでの最初のボサノバ人気に貢献した楽曲"Desafinado"の作曲家は有効に更新期間の権利を譲渡していたのかどうか，というものであった。1958年と1960年において，アントニオ・カルロス・ジョビンは，ブラジルにてポルトガル語で書かれた契約書により，音楽出版社の Arapua に対し，5曲の楽曲のアメリカでの著作権を譲渡し，その内のひとつが"Desafinado"であった。Arapua から何度かさらに譲渡があって，これの著作権は Hollis（とその関連会社）の手中におちた。1987年と1988年に，自らがアメリカでの更新権者であると信じたジョビンは，更新権を Corcovado に譲渡しようとした。更新期間の当初から Hollis が印税を徴収し著作権を主張したため，Corcovado は著作権侵害の訴訟を提起した（Corcovado Music Corp. v. Hollis Music, Inc., 981 F.2d 679 (2d. Cir. 1993)）。

控訴裁判所は，1958年契約ではあらゆる訴訟はブラジルで提起すべしと規定しているにもかかわらず，本件が契約違反というよりも著作権侵害の問題であり，訴えの全当事者はニューヨークにいることを理由に，ニューヨークが適当な訴訟地であると判示した。同様の理由から，同契約におけるジョビンの著作権の付与が更新期間をも包摂するかどうかを判断するためには，ブラジル法ではなくアメリカ法によって解釈されるべきであるとした。両当事者の契約のポルトガル語からの翻訳にはちょっとした違いがあった。被告の翻訳では，「作家は出版社に対し，世界のあらゆる国における該当する権利の行使のために，当該楽曲の所有権の全権利を……現在ないし将来において有効な法律および条約によって当該楽曲が享受する形式，範囲および適用において，譲渡および移転するものとする」とされている。

第2控訴審は，1909年法の更新条項が著作者を保護する目的をもつものであることを判示した後に，「更新権の譲渡にはその反対に強い推定がはたらく。すなわち，『"著作権の更新"とか"著作

権の延長"といった明示の言葉が使われていない場合には，著作権の移転（たとえそれが"全権利，権原および利益"を含むとしていても）が更新の期待権まで含むと解釈することは，裁判所として躊躇するものである』」と判示した。同裁判所は，Fisher v. Witmark 事件で最高裁が「著作者が一般的な言葉で『著作権』を譲渡するとしている場合には更新期間の利益の譲渡までは含まれない」と判示したことに触れ，そして，「更新権がないとする推定は，当初期間の28年目において著作者に新しい権利を得させるという，連邦議会が目的としたところの著作者の保護に資するものである。本件でジョビンの1958年と1960年の Arapua との契約では更新権について何も規定していない。よって，連邦著作権法においてはジョビンは本件の５楽曲について更新権を保持しており，これらを有効に Corcovado に譲渡しえたものである」と結論づけた。以前のあるケースでは，「永久の……独占権」を著作者が譲渡して「今後いかなる時においても」それを移転しないと契約で約束していた件では反対の結論をとったが，裁判所は本件とこれとは異なるとした。最初の保護期間において著作物を頒布する「永久の」権利を付与したことは，更新期間における権利をも移転したことになるのだろうか（これを肯定したものとして P.C. Films Corp. v. Turner Entertainment Co., 138 F.3d 453 (2d Cir. 1998) 参照）。それでは，すべての「現存ないし将来の」著作権における利益を「今後生ずる，もしくは取得される」権利とともに譲渡するとの条文についてはどうか（Hayes v. Carlin America, Inc., 2001 WL 1242270 (S.D.N.Y. 2001) 参照）。

　むろん，更新権を譲渡しようとする作家は，自分自身が所有する権益しか譲渡することはできない。すなわち，更新権とは，作家が更新期間が生じる（当初の保護期間の28年目のいずれかの時点）まで生き延びて始めて同人に生じる権利なのである。そこまで生き延びない場合には，1909年法では，生存する配偶者と子供に更新権が相続されると規定していた。これら相続人が，作家本人からの譲受人に優先して権利を得ることとなり，結局譲受人は条件付きの権利しか得ていなかったことになる。

　1976年法の当初の304条(a)に関する事件として，Saroyan v. William Saroyan Foundation（675 F.Supp. 843 (S.D.N.Y. 1987)）があるが，ここでは，作家の子供が作家たる父親と長期にわたり疎遠な関係であったとしても，それにより更新権を相続する資格を奪われない，と判示した。著名な作家ウィリアム・サローヤンは1958年に"The Cave Dwellers"と題する戯曲を書いた。サローヤンは1981年に死亡し，遺言は「すべての著作権」をウィリアム・サローヤン財団（William Saroyan Foundation）に遺贈するとしていた。同財団は彼の著作を管理し，そこからの収入を慈善団体や教育団体に寄付することとされていた。ここでの裁判所は，制定法が，遺言で指定された受遺者に対し相続人たる子供に優先する権利を与えるに際して「更新権の順位について何ら裁量的なものを規定していない」とした。その上で，子供の私的な利益（ことに，父親との「波乱の関係」を考慮した際の）に慈善目的が優先するとの被告の主張を退けた。裁判所は，「これらのそれぞれ指定されたクラスの各人は，更新権の移転の前提条件によって法律上分けられている。すなわち，先に出てくるクラスで指定された人が死亡していること，というのがそうした条件である」との趣旨の先例，および「著作者は，更新権を持っている場合には，その配偶者と子供にそれを取得する権利を残すことを法律上強いられているに等しい」との趣旨の先例を引用している。そして，「被告たる財団への更新権の遺贈は効力を発しなかった。というのも，更新権は遺産の一部となったことはなかったからである。……再婚した未亡人や私生児でも法律上の定義を満たし，従って遺言執行者の更新

権を排除するとした裁判例は，こうした結論を支持することとなる」と結論づけた。

　1976年法にそのままに移植された1909年法での更新権の条項について，改正直前の段階で下された2つの判例は，更新権が作家からの譲受人に生じるためには作家が28年目の年中生存していなければならないか，という点について全く正反対の結論をとった。Marascalco v. Fantasy Inc.（953 F.2d 469 (9th Cir. 1991), cert. denied, 112 S.Ct. 1997, 118 L.Ed.2d 592 (1992)）および Frederick Music Co. v. Sickler（708 F.Supp. 587 (S.D.N.Y. 1989)）において，いずれの著作者も，当初の保護期間の28年目の年に更新クレームの登録を著作権局に行ったが，更新期間が開始する前に死亡した。Frederick Music 判決では，更新登録をした時点で生存している限りは，更新権を譲受人に発生させるためには著作者は当初期間の最後まで生存している必要はない，と判示した。これに対して Marascalco 判決では，譲渡人が当初の保護期間全部を生き延びない限り，譲受人の期待権は実体化しない，と判示した。

　いまや，1964年から1977年までの間に最初に発行された著作物に関しての面倒な問題はなく，これらは1992年から2005年の間に更新できることとなっている。1992年に改正された304条(a)は，上記のとおり，自発的な更新に加えて自動更新を規定したが，それのみならず，最初の保護期間の28年目の年に更新利益を享受する権利が発生することを明示に規定した。ただしこれは，更新が自発的になされた場合である。この場合，更新された著作権は，更新申請がなされた時点で著作者が生きていれば譲受人に発生する。更新が自動的であると，著作者が最初の保護期間28年目の年末まで生きていないと譲受人に更新著作権が発生しないのである。

　最後に，更新権の標準的な4段階の配分法（生きていれば著作者，そうでないと妻ないし夫，子供等々）からは離れた，やや変わった更新条項について触れておくべきであろう。これは限られた種類の著作物に関わることだが，その内でも最も重要なのが雇用著作物と死後発行著作物（1909年法の常として，これらの重要な用語は定義をされていなかった）である。これらに関しては，更新期間の権利はその時点での著作権者がもつこととされ，著作者の家族，受遺者や親族などは所有しない（Epoch Producing Corp. v. Killiam Shows, Inc.（522 F. 2d 737 (2d Cir. 1975); Bartok v. Boosey & Hawkes, Inc.（523 F.2d 941(2d Cir. 1975) 参照）。

　「死後発行著作物」のその当時の著作権者による更新に関しては，現行法304条(a)は，1909年法24条の更新制度をそっくりそのままのかたちで引き継いだものだが，現行法も「死後発行著作物」の定義を置いていないのである。しかし，立法経緯の示すところでは，Bartok v. Boosey & Hawkes, Inc.（523 F. 2d 942 (2d Cir. 1975)（バルトークが死亡して後に『オーケストラのためのコンチェルト』が公表された）でこの言葉に与えられた狭い解釈が，法案起草者の意に適っていたのである（H. R. Rep. No. 94-1476, 94th Cong., 2d Sess. 139-40 (1976)）。すなわち同報告書においては，「本委員会の意向としては，本条項で『死後発行著作物』と言うのは，〔Bartok 判決〕に言う意味を有しているとの趣旨であり，著作者の死後に最初に発行されたという単純な意味ではなくして，著作権の譲渡その他著作物を利用する契約が著作者存命中になされなかったということを意味する」と言っている。

　読者としては正当にも，なぜ連邦議会は「著作者による更新」という一般的な原則にいくつもの例外（雇用著作物や死後発行著作物など）を設けたのか訝しく思うことであろう。実際のところ，これらの例外は完全に非合理的なもので，法律起草者が不注意で，1909年法のあっちを切ったりこっ

ちを刻んだりした挙げ句の代物なのである。この点は，リンガー著「著作権の更新」（"Studies on Copyright" 収録（Study No. 31, 1961））に指摘されている。

【質問】
1　次の各年に最初に発行されて著作権を取得した著作物があったとすると，その著作権はいつ終了するか——1920年，1925年，1950年，1970年，2000年。この質問に答えるには，他に知らなければならない事実というものはあるか。
2　作家Aが1975年に小説を書いて，1976年に出版社Bに「自分のすべての著作権」を1万ドルで売り渡した。出版社Bは，1976年にその小説を印刷して出版し，その本の著作権を自分の名前で確保した。2004年になって，作家Aと出版社Bは両方とも著作権の更新を申請した。どちらの申請が通ることになるのか（1992年の304条修正法案によって作家も出版社も更新を申請する必要はなくなり，自動的なものとなった。しかし権利の帰属の問題は残るのである）。
3　上記の展開とは別に，仮に作家Aが1976年に出版社Bに対して「最初の保護期間および更新期間における著作権」を譲渡して，同年，出版社Bはこれを出版し，著作権を取得したとする。作家Aが2004年時点で存命である場合に，誰が更新期間の権利を享受するのか。作家Aが2004年よりも前に死亡して未亡人と子供2人とを残した場合，誰が更新期間の権利を享受することになるのか。仮に未亡人と子供たちであるとした場合に，それらの割合はどうなるか（出版社としては，1976年の段階で，作家のみならず，その妻と子供たちからも更新期間の権利を譲渡してもらうことで，作家の夭折という不測の事態から身を守ることができるだろうか）。

最初の保護期間内にある1978年前の著作物の自動更新

1989年にアメリカ合衆国はベルヌ条約に加盟したが，連邦議会は，1976年法を改正して最初の保護期間と更新期間の登録を更新期間の著作権の前提条件としている方式要件を削除しなかった。更新要件とベルヌ条約での方式の禁止との間には矛盾の可能性があったにもかかわらず，である。更新時のこうした義務があることは，長年にわたって著作者たちにとっての罠のようなものであったのに（巨大企業のような著作権者たちでさえ更新を怠ることがある），自国の著作権法に類似の要件がない海外の著作者にとってはなおさら過酷な制度であった。

この懸念は，1992年6月に成立した著作権法の改正によってついに（200年がかりで）解消されることとなった。それは，最初の保護期間内にある1978年前の著作物についての自動的な更新を定めたものである。同改正法（Pub. L. 102-307, 106 Stat. 264）は，更新申請なしに2番目の期間（28年プラス19年）が発生するようにして，従前の2期間制を単一の75年間に置き換えたものである。これが意味することは，最初の保護期間内にある1978年前の著作物（すなわち，1964年1月1日から1977年12月31日までに最初に発行された著作物）は，発行後28年目の年に著作権登録や更新登録をすることなく，全長75年の著作権保護期間を全うできる，ということである。

ただし同法は，更新登録をすることに対しての一定のインセンティブを規定している。最初の期間の終了する1年以内に更新申請をして，それに基づいて登録がなされた場合には，「更新期間お

および延長期間において有効な著作権が存すること，および登録証記載の事実に関しての，一応の証拠（prima facie evidence）」となる，としている（304条(a)(4)(B)）。こうした便宜は，最初の期間に登録のなされたことのない著作物の著作権者にとっては大きなものであろう。同法は，更新期間においての権利の発生の前提条件として，最初の期間に登録がなされるべきことを要求していない。

　この自動更新法は，裁判所間で解釈の分かれていた問題をも解決するに至った。すなわち，作家からの譲受人に更新の期待権が発生することを阻止するには，作家はいつまでに死亡していなければならないのか，という問題である。たとえば，最初の期間において作家Ａが更新期間の権利をＢに譲渡したとして，更新の申請は28年目の年初になされたが，Ａはその年末を見ることなく死んでしまい，後に未亡人が残ったとする。Ｂとしては，自分の更新期間の権利が更新の登録時に発生した（29年目の開始より享受される）と主張し，未亡人は，Ａが28年目年末まで生きない限り権利発生はないから自分こそが更新期間を取得する権利があると主張する。これについて裁判所は異なる結論に達している（Marascalco v. Fantasy Inc., 953 F.2d 469（9th Cir. 1991）とFrederick Music Co. v. Sickler, 708 F.Supp. 587（S.D.N.Y. 1989）を比較せよ）。

　こうした混乱はいまや304条(a)(4)(B)によって解決された。更新が28年目の年における「自発的な」申請と登録によって達成された場合には，更新権はその時点で発生し29年目以降に享受される。上記設例でいえば，Ｂが更新権を享受することになる。これに対して，更新が自発的ではなく制定法の改正によって「自動的」に達成された場合には，更新期間の権利は28年目の年末まで発生することはないので，上記の例でいけば未亡人がこれを取得することになる。

　派生著作物（最初の期間において原著作物をもとに権利譲受人が創作した著作物）に関する「自動更新」条項の効果については，以下における該当個所を参照のこと。

§ 304　著作権の保護期間：現存する著作権

(a)　1978年1月1日において最初の保護期間にある著作権

　(1)(A)　1978年1月1日現在において最初の保護期間にある著作物は，その著作権が最初に取得された日から28年間存続するものとする。

　　(B)　ただし，死後の発行にかかる著作物の場合，……あるいは雇用著作物として作成されたその雇用者によって著作権の取得された著作物の場合においては，これらの著作物の著作権者は，さらに67年の更新および延長を受けられるものとする。

　　(C)　その他の著作権の成立している著作物（自然人たる著作者による，定期刊行著作物，百科事典著作物その他の合同著作物への寄与を含む）については，かかる著作物の著作権は，もしも生きている場合においてはその著作者，死亡している場合においてはその生存する配偶者ないし子供，あるいはこれらの者すべてが生存していなかったらその遺言執行者が，また遺言が存在していなかったら著作者の直近の親族において，さらに67年の更新および延長を受けられるものとする。

　(2)……(B)　本項(1)(C)に規定の著作物の著作権の最初の期間の終了に際して，下記の場合には，下記に指定の者に67年間の更新および延長の著作権が発生する。

　　(i)　かかる期間についての権利主張が最初の期間の終了1年前以内に著作権局に申請され登録がなされた場合には，申請時において(1)(C)で資格ありとされている者に対して，かかる

期間の最初の時点において発生する。
- (ii) かかる申請がなされない，あるいは登録がなされない場合には，最初の期間の最終日において，(1)(C)で資格ありとされている者に対して発生する。
- (3)(A) 著作物における著作権の更新および延長期間の権利主張の申請は，以下の場合に著作権局になしうる。
  - (i) 最初の期間の終了1年前以内において(1)(B)ないし(C)で資格ありとされている者によりさらなる67年間，あるいは
  - (ii) (2)(A)ないし(B)において権利が発生するとされた者によって更新ないし延長期間においていつにても……
  - (B) 67年間の著作物の著作権の更新および延長期間を付与するに当たり，かかる申請は前提条件ではない。
- (4)……(B) 更新および延長期間についての権利主張の申請が最初の期間の終了1年前以内に著作権局になされて登録された場合には，更新期間および延長期間において有効な著作権が存すること，および登録証記載の事実に関しての，一応の証拠（prima facie evidence）となる。……
- (b) Sonny Bono 著作権延長法の施行時において［1998年10月27日］更新期間にある著作権
Sonny Bono 著作権延長法の施行時において［1998年10月27日］更新期間が存続している著作権ついては，最初の著作権取得の日から95年間存続するように延長されるものとする。

1978年1月1日より前にパブリック・ドメインになっている著作物

　上記の法律上の条文のいずれも，著作権法が施行された1978年1月1日において既にパブリック・ドメインとなっている著作物の保護期間については扱っていない。読者も予想しているかもしれないが，連邦議会は，これらの著作物をパブリック・ドメインのままに置いておこうと意図し，誰でもこれらをコピーしたりその他の使用をしたい者に開放しておこうと考えたのである。連邦議会は，1976年法の実体法部分の他に，多くの「経過規定および補足規定」を立法しており，この「経過規定および補足規定」の103条においては，「本法は，1978年1月1日より前にパブリック・ドメインになった著作物については著作権の保護を与えない」と規定されている。

　しかし，いったんはパブリック・ドメインになった著作物を復活させるということは，今日的問題であるのだ。世界的な著作権体制の中では，アメリカの28年の保護期間というのは極端に短い。第5章で触れるが，もうひとつのアメリカ著作権の特徴は著作権表示の要件で，これも著作物を夭折させてパブリック・ドメインの淵に沈めるもとである。これらの結果，アメリカ著作権制度の奇態な特徴の犠牲となった海外著作物を復活させようという圧力が，折に触れてかけられてきた。そしてついに1994年のガットの「知的財産権に関する貿易協定（TRIPs）」への加入に至り，連邦議会は，適用ありとされる外国の著作物に関してその著作権を復活させる詳細な手続を立法した。新しい104条Aでは，起源国で保護の切れていない著作物であって，アメリカでは著作権表示や更新の手続等で保護の否定されたものについては，1996年1月1日時点においてアメリカでの著作権保護を受けるものとした。この保護は自動的に付与されるものであり，「信頼して使用した者（reliance parties）」以外の全利用者に対して著作権の権利行使をなしうるものである。

「信頼して使用した者」とは，「ある著作物に関して，それが著作権保護の対象であったならば106条に違反したであろう行為を〔1995年1月1日前に〕行った者であって，〔1995年1月1日〕の後もかかる行為を継続している者」と定義されている。同法は，「信頼して使用した者」に対して，復活した著作権の著作権者からの通告から12か月間継続して著作物を利用できるとする猶予期間を与えた。復活した著作権の著作権者は，これらの者に対して直接に通告することもできるし，復活の発効日（1996年1月1日）から24か月内に著作権局に通告の意思表示を登録することで「みなし通告」をすることもできる。後者の場合，著作権局が連邦公報に通告を公表した時点から12か月間の猶予期間が与えられることとなる。復活された著作権の著作権者が誰になるかは「当該著作物の起源国の法律により決定される」と規定されている。

連邦議会は，いったん死んでしまった著作権を復活させる権限を持っているのだろうか。パブリック・ドメイン入りをした著作物を復活させることは，合衆国憲法の要請であるところの「限られた期間」における保護という概念に反するとも言いうる。一方で，合衆国憲法は「永久の」著作権保護を禁止したのみであるとも反論しうる。つまり，期間が限定されている限りは，保護期間が単一でひとつながりでなければならないといった必要はない，とも言える。実際，連邦議会は過去において，消滅した著作権を復活させる大統領令の発布を許可したことがある。後に1909年法の第9条中に条文化された Act of Dec. 18, 1919, 41 Stat. 368 と Act of Sept. 25, 1941 は，著作者がアメリカの方式要件を遵守できなかった（主として第二次大戦のために）ことでパブリック・ドメインになった海外著作物の復活を規定していた。

Sonny Bono 著作権延長法は，1998年の法の成立時においてパブリック・ドメイン入りしていた著作物については著作権の復活をしなかったことに注意せよ。よって，1909年法における著作物の保護期間が95年に延長された一方で，こうした延長は1998年時点で著作権の生きていた著作物，すなわち1923年以後に最初に発行されて時機にかなって更新されたもの（あるいは，TRIPs 施行法によって復活されたもの）にのみ適用されたのである。

1909年法から1976年法への経過措置

下記の表は，保護期間がどうなっているのかを見るのに役立つであろう。

著作物の日付	保護の開始	最初の期間	更新期間
1978年以降の創作	有形媒体への固定	統一的な，生存期間プラス70年間（あるいは，無名・匿名・雇用著作物の場合は，発行から95年間ないし創作から120年間の内，いずれか早い方）	
1964～1977年発行	著作権表示つきの発行	28年間	67年間（更新は自動的，更新登録は任意）
1923～1963年発行	著作権表示つきの発行	28年間	更新がなされれば67年間，さもなくばパブリック・ドメイン（最初の保護期間が1977年以降に及ぶものについても，更新登録が必要なことに注意）

1923年前の発行	パブリック・ドメイン	
創作されるも1978年前に未発行	1978年1月1日付で，州の著作権から連邦著作権に代替	統一的な，少なくとも死後70年，最低保証の期限として，2002年12月31日（未発行のままの場合）ないし2047年12月31日（2002年末までに発行された場合）

B 更新と派生著作物

　1909年法の更新制度が生み出した（それはいまだに我々とともにあるのだが）人を苛立たせるような多くの問題が，派生著作物と更新の問題に関係している。これは，根底にある著作物の最初の保護期間が終了した後の派生著作物の所有関係と使用に関する問題である。例えば，著作権の成立している小説の著作者Aが，Bに対して，この小説に基づいて劇ないし映画を作る権利を，その最初の保護期間内において譲渡したとする。Bは，このような劇ないし映画を作って，これの著作権を取得する。この小説の発行と著作権取得から28年経ったときに，A（ないしその法定の継承者）が小説の著作権の更新をしたとする。A，Bそれぞれの権利はどうなるか。

　いろいろの状況がありうる。

　(1)　Aは，Bの同意なく，Bの劇を上演できるか，あるいはBの映画を上映できるか。これは，間違いなく，Bが「著作者」として劇ないし映画の中の「オリジナル」な要素に寄与している限度において，Bの著作権の侵害となるであろう。

　(2)　Aは，自由に，Aの小説に基づく新しい劇や映画の製作を，Cに対して許諾できるか。少なくともこの限度においては，更新期間はA（ないしAの法定の継承者）に「新しい物権」を作り出すので，それは，根底にある著作権の最初の保護期間において派生著作物の作成権をB以外の者に与えないという約束からは自由である，ということになろう。結局のところ，更新制度の主たる目的は，Aに対して，その小説が思わず人気が出てしまったような事態において新しい権利付与やライセンスを与える権利を許すことにあるのであるから。

　(3)　（仮に，Aからの最初の権利付与には更新期間への言及が何もないとして）Bは，Aの小説に基づいた新しい劇や映画を自由に製作することができるだろうか。ここでも，一般的にいって，Aの更新とそれで作られる「新しい物権」概念が，Bのかかる行為を妨げる権能をAに付与している。従ってBは，更新期間においては，全く新しい形態でAの小説に基づいた劇や映画を作ることはできない。かかる劇や映画がAの同意なしにAの小説からの要素を借り入れる限度において，これは，更新された著作権の侵害となろう。

　(4)　ところで，Bは，Aの同意なく，B自身の劇や映画を，全く彼の作った状態において，更新期間中に上演ないし上映し続けることができるか。「新しい物権」概念を厳格にあてはめると，以下のような結果も考えられる。すなわち，Aは，かつて許諾したすべてのライセンスが何も付着していない，これらから自由な更新期間の著作権を得ている，ということになり，これらのライセン

スは全部終了してAへと帰還し，従ってAは，Bとの間でライセンスについて再交渉することができ，Aの小説（Bの劇ないし映画の構成要素としての）の成功からの利益を直接に享受することができる。もしこういうことであれば，Bが自分の作った劇や映画を上演・上映することは，著作権侵害となろう。しかし，この状況におけるBに対する公平性というものは重くみられなければならない。殊に，派生著作物の許諾とそれが作られたのが最初の保護期間の終了時近くであったような場合や，劇や映画の成功が大部分Bの文学的ないし芸術的な寄与に帰するような場合には，（Bが既に上演ないし上映した派生著作物に変更を加えないことを条件に）Bの派生著作物の上演・上映を認めるべきである。

この第4番目のヴァリエーションが，最高裁のStewart v. Abend判決において論じられた問題であり，これらは以下に登場する。

(5) 次に，根底にある著作物の最初の保護期間が終了して更新の保護期間が確保され，派生的な劇や映画の最初の保護期間は終了したが更新がなされなかった，と仮定せよ。第三者は，自由に，この派生的な劇や映画を上演・上映・出版等することができるか。Aは自由にそれをできるか。著作権理論を厳格にあてはめると，Bの著作権は，劇や映画におけるBが著作した部分のみを保護するにすぎないのだから，派生著作物への更新が申請されなかったとしても，こういった分離されている部分のみがパブリック・ドメインとなる，ということになるのかもしれない。従って，派生著作物を出版・上演・上映した場合に，これはAの，更新された著作権によって未だに保護されている小説の要素を侵害する，ということになろう。そうすると，Bの作品をこのように使った第三者は，Aの著作権を侵害したことになろう。ところが，AはBの作品を自由に使えることになる。このような結論についてのひとつの問題は，これが著作権法におけるパブリック・ドメイン政策を侵食しているように思われることである。つまり，この結論だと，Bの著作権は失効したのに，すべての人（Aを除く）がBの著作物を使用できない，ということになるからである。また，保護が切れたという見せかけを信頼してBの著作物を利用しようとした第三者を害するようなことになるからである。

このジレンマは，後記のRussell v. Price判決で提起され論じられた問題である。

⟨Stewart v. Abend⟩
(495 U.S. 207, 110 S. Ct. 1750, 109 L. Ed. 2d 184 (1990))

オコナー判事が当法廷の意見を代表して述べる。

既存の著作物の著作者は，それを派生著作物において使用する権利を他人に譲渡することができる。本件では，既存著作物の著作者がその更新期間の著作権を派生著作物の著作者に譲渡したが，更新期間が開始する前に死亡してしまった。ここで提起されている問題は，派生著作物の著作権者は当該既存著作物の更新期間中に当該派生著作物を頒布したり出版したりすることによって，当該既存著作物の承継者たる著作権者の権利を侵害していることになるかどうか，ということである。

I

コーネル・ウールリッチが執筆した『それは殺人だ（It Had to Be Murder）』と題する小説（本件小説）は，1942年2月に「ダイム・ディテクティヴ・マガジン」誌に最初に発表された。この雑誌の出版社であるPopular Publications社が小説の出版権を取得し，ウールリッチはその他の権

利を留保した。同社は，本件小説の掲載された号の全体について包括的な著作権を取得していた。

1909年著作権法（35 Stat. 1075, 17 U.S.C. §1 et seq. (1976 ed.)）では，著作権者に対して28年の最初の著作権保護期間とさらに28年の更新期間とが与えられている。1945年にウールリッチは，本件小説を含んだ6本の自作小説の映画化権を B. G. De Sylva Productions に9,250ドルで譲渡した。ウールリッチは，これらの小説の著作権を適当な時期に更新することも合わせて約し，28年の更新期間における映画化権についても De Sylva Productions に譲渡する旨を約した。1953年に俳優のジミー・スチュワートと監督のアルフレッド・ヒッチコックは共同で Patron 社という製作会社を設立し，De Sylva の権利承継者から本件小説の映画化権を10,000ドルで買い入れた。

1954年に Patron 社は，パラマウント・ピクチャーズとともに，本件小説の映画版である『裏窓』（本件映画）を製作して配給した。ウールリッチは1968年に更新期間を申請することなく死亡し，配偶者も子供も残さなかった。彼はその財産を遺言執行人であるチェース・マンハッタン銀行の管理する信託に残し，コロンビア大学を受益者と指定した。1969年12月29日，チェース・マンハッタン銀行は，1909年法24条に従って本件書籍の著作権を更新した。チェース・マンハッタンは，被上告人の Abend に，650ドルプラス本件小説からの全収益の10%を支払うことを条件に，更新権を譲渡した。

『裏窓』は1971年に ABC テレビ・ネットワークで放送された。そこで被上告人は，上告人であるヒッチコック，スチュワートおよび MCA 社ら，映画『裏窓』と当該映画の更新期間の著作権の所有者に対して通告書を送り，自分が著作権の更新権を有していること，そして，許諾なく本件映画を配給することは本件小説に関して自分が有する著作権を侵害するものであることを通知した。これにもかかわらず，ヒッチコック，スチュワート，MCA 社は，本件映画を再放送するための2度目のライセンスを ABC との間で取り交わした。1974年，被上告人は，上告人その他を相手に，著作権侵害を理由としてニューヨーク南部地区連邦地方裁判所に訴訟を提起した。被上告人は，金25,000ドルを受け取るのと引替えに訴えを取り下げた。

3年後に連邦第2控訴審は，Rohauer v. Killiam Shows, Inc.（551 F.2d 484, cert. denied, 431 U.S. 949（1977））の判決を下した。この判決で，派生著作物の著作権者は，たとえ原著作物の権利付与が消滅した後においても，原著作物の著作者からの当初の権利付与に従って当該派生著作物を使用し続けることができる，と判示された（551 F.2d, at 494）。そこからさらに数年後，明らかに Rohauer 判決に依拠して，上告人らはさまざまなメディアで本件映画を再公開しはじめた。これらは，アメリカ国内での35ミリおよび16ミリでの劇場上映，ビデオカセットおよびビデオディスクでの販売などである。劇場上映に加えて，ケーブルテレビやビデオのレンタルなども行った。

これに対して被上告人は即座に，ヒッチコック，スチュワート，ユニヴァーサル・フィルム交換所（MCA 社の子会社にして本件映画の配給会社）を相手にカリフォルニア中央地区連邦地方裁判所に提訴した。被上告人の主張は，ウールリッチは更新登録ができるようになる前に死亡していて，その更新権は自分に移転しているから，更新期間中において上告人が本件小説を使う権利は消滅している，従って本件映画の再公開は被上告人のもつ本件小説における著作権を侵害する，というものであった。被上告人はさらに，自らの有する更新期間の権利について上告人が別の方法で不当介入をしてきたとも主張した。すなわち，被上告人が Home Box Office（HBO）と契約して本件小説のステージ版とテレビ版を製作させようとした際に，上告人は HBO と自分のところに手紙を出

して，自分にも HBO にも『裏窓』や『それは殺人だ』というタイトルを使う権利がないことを通告してきた，という。さらにまた，テレビでの続編製作権を売ろうとして被上告人の更新著作権に不当介入をしようとしたり，あるいはオリジナルの映画の再公開そのものが，被上告人のもつ別の派生著作物を製作する権利への不当介入である，とも主張している。

上告人は，被上告人側の主張自体を失当とする却下判決を求めたが，その理由のひとつは上記 Rohauer 判決に基づくもの，もうひとつは本件小説の著作権に瑕疵があるとの理由であった。被上告人側も，本件映画の使用が著作権侵害にあたるとの理由で，上告人の主張自体を失当とする勝訴判決を求めた。これに対して上告人側は，却下を求める3回目の申立てにおいて，「フェア・ユース」の抗弁を提出した。連邦地裁は上告人の主張を容れ，Rohauer 判決とフェア・ユース抗弁に基づいて訴訟を却下し，被上告人側の申立てを退けた。本件小説の著作権に瑕疵があるとの申立てについては却下された。被上告人は第9連邦控訴審に控訴し，上告人も控訴した。

控訴審は原判決を覆し，被上告人の有する，本件小説の更新期間における著作権に瑕疵はないとした（863 F.2d 1465, 1472 (1988)）。従って論点は，被上告人が原作たる小説において有効な著作権を有している場合に，その許諾なく，上告人は本件映画を配給し上映することができるか，ということになった。……本件での控訴審は，たとえ原作たる著作物が派生著作物の中に組み込まれてしまっていても，当該派生著作物の所有者が更新期間における権利についての有効な権利付与を受けなければ，それを使用することは著作権侵害になる，と判示した。

控訴審は，Miller Music Corp. v. Charles N. Daniels, Inc.（362 U.S. 373 (1960)）に依拠した。同判決で当裁判所は，更新期が到来する前に著作者が更新権を譲渡しても，著作者が更新権の発生前に死亡した場合には，更新権に対して著作者の法定相続人が有する権利には対抗しえない，と判示した。……控訴審はさらに1909年法の立法経緯に補強を求め，また Rohauer 判決での衡平と1976年法の解除条項（203条(b)(1), 306条(c)(6)(A)（1988 ed.））に対する依拠を否定しつつ，上告人がウールリッチから得たものは更新権に対する期待権にすぎず，そしてそれは結局は成就しなかったものであった，と結論づけた。すなわち，ウールリッチの死亡に伴い，同人の法定承継人であるチェース・マンハッタン銀行は「著作権の更新と延長をなす資格を有する」に至ったのであり，そして同行は「著作権の最初の期間の終了前の1年間において」これを確保したのである（24条（1976 ed.））。しかるのちに同行はこの著作権に現存する権利を被上告人に譲渡したのである。

控訴審はまた仔細に救済の問題について言及しているが，これは，当法廷が上告を認めた争点とは無関係である。当法廷が上告を認めたのは，上記 Rohauer 判決と下記の最高裁判決（493 U.S. (1989)）との抵触を解決するためである。上告人は，被上告人の更新期間における著作権が有効であるとの控訴審の認定を争っておらず，この点に関しての控訴審の判断については当法廷は何の意見も差し挟むものではない。

II
A

上告人が当法廷に要求するのは，著作権法上，原著作物の著作権者に対して法が与えた権利への制約があるという解釈をせよ，ということであろう。その主張するところは本質的には，既存著作物の著作権者が更新権を譲渡している場合には，それの派生的使用においては，ひとたび派生著作物に組み込まれてしまえば同権利は消滅する，ということである。当法廷はそうした権利の制約に

B　更新と派生著作物　383

ついて，1909年法にも1976年法にも，あるいはいずれの立法経緯にも，それへの根拠を見いだし得なかったので，控訴審判決を認容するものである。

……（略）……

〔1909年法の〕第24条に規定する更新権は，著作者に対して，その著作物に関しての2度目の報酬を得る機会を与えているのである。……

ごく初期の制定法以来，わが著作権法における保護期間は，最初の期間と更新期間とに分かれていた。本来，更新期間とは，単に最初の期間を延長するためだけの機能を帯びていた。すなわち，最初の期間の終りに際して更新を行うことができ，それは，著作者が存命であれば著作者により，そうでなければ著作者の遺言執行者，管理人ないし譲受人によって権利行使された（1790年3月31日著作権法第15章第1条（1 Stat. 124）参照）。1831年に連邦議会はこの条項を変更して，著作者は更新期間におけるこの条件付きの権利を譲渡できるようにしたが，譲渡によってその未亡人や子供らがもつ更新に対する権利は奪い得ないものとした（1831年2月3日著作権法第16章（4 Stat. 436）参照。また G. Curtis, Law of Copyright 235 (1847) 参照）。1831年の更新条項は，「指定された者において全く新たな権原が発生する」ような，「継続性を根絶して，権原を完全に分離するという新たな政策」を作りだしたものである（White-Smith Music Publishing Co. v. Goff, 187 F. 247, 250 (CA1 1911)）。このようにして連邦議会は，著作者が更新登録をできるようになる前に死亡した場合でも，著作者の家族が著作物を利用する機会を与えようとしたのである（Bricker, Renewal and Extension of Copyright, 29 S. Cal. L. Rev. 23, 27 (1955)〔著作権の更新期間というものは，著作者の精神的な成果物から著作者とその家族とが利益を得ることのできる，法が与えた2番目のチャンスである〕参照）。「更新条項の明らかな目的は，著作者の死亡後にその家族に対して報いるということである。著作者はその家族に更新権を譲渡することはできないから，法律上指定された者に対しての著作権の法定遺贈というかたちを採ることとなる」（De Sylva v. Ballentine, 351 U.S. 570, 582 (1956)）(Fred Fisher Music Co. v. M. Witmark & Sons, 318 U.S. 643, 651 (1943)〔最初の期間の最後において著作者が生存していない場合には，「著作者の家族としては，通常は自分たちに残されるような生計の手段への要求が高まるであろう」と判示〕参照）。

連邦議会は，1909年法へと結実する議論において，最初の期間とそれとは完全に別個の更新期間という制度の根底にある政策目的を慎重に吟味した（G. Ricordi & Co. v. Paramount Pictures, Inc., 189 F.2d 469, 471 (CA2)〔更新権は「新たな権利を創設するものであり，……これに関する裁判例の示すところは，こうした新しい権利とは，もとの著作権において付与された権利，利益ないしライセンスが付着していないものということである」〕, cert. denied, 342 U.S. 849 (1951) 参照）。「著作者がその著作権を出版社に対して安い金額で売切りの形で売却してしまうことは，珍しいことではない」（H.R. Rep. No. 2222, 60th Cong. 2d Sess., 14 (1909)）。更新期間とは，当初はこのような貧弱な交渉力しか持たない著作者に対して，著作物の価値が試された後において，権利付与の条件を再交渉させる力を与えるものである。「不動産やその他の物権とは異なり，〔著作権〕は利用される前に正確な金銭的評価を加えることができない性質をもっている」（2 M. Nimmer & D. Nimmer, Nimmer on Copyright, §9.02, p. 9-23 (1989)（以下「ニマー本」という））。「もしもある著作物が成功をおさめ，28年の期間以上に生き延びたならば，……更新期間をとるのは著作者の独占的な権利であるべきで，……法律はそうした権利が奪われないように……構築されるべきである」（H.R. Rep. No. 2222, supra, at 14）。こう

した目的に留意しつつ，連邦議会は1909年法の更新条項（17 U.S.C. §24 (1976 ed.)）を立法したのである。1978年1月1日現在で最初の期間にある著作物については，連邦議会は著作権保護の2階層の制度を取り入れた（17 U.S.C. §304(a), 304(b) (1988 ed.)〔17 U.S.C. §24 (1976 ed.)の文言を取り入れている〕）。

著作者が更新期間がくる前に死亡した案件において当裁判所は，Miller Music Corp. v. Charles N. Daniels, Inc.（362 U.S. 373 (1960)）でのこうした原則を適用して，たとえ著作者が別の者に更新権を従前に譲渡していたとしても，遺言執行人がそれについての権利を有する，と判示した。「最初の期間が終了する前に著作者によって更新期間が譲渡されていた場合，もしも更新期間の開始時点で著作者が生きていれば，かかる譲渡は全世界的に有効である。Fred Fisher Co. v. Witmark & Sons（318 U.S. 643）はそう判示している」(Id. at 375)。右時点より前に著作者が死亡した場合には，「その親族が，著作者が生前になした譲渡上にあるいかなる権利からも自由な更新された著作権を取得することになる。こうした結果は，著作者による譲渡が無効だから招来されるわけではなく，著作者はもともと期待的利益しか譲渡しえないからなのである。すなわち，更新期間前に死亡してしまえば，24条で指定されたクラスに発生するとされている，更新における著作者に関しての利益は終了してしまうのである」(Ibid.)。1909年法の立法経緯はこうした見方を反映している。「更新権は条件付きのものである。それは，最初の期間が終わるまでは発生しない。著作者が更新期間まで生きていれば，最初の契約は無効にはならないが，未亡人，子供，その他の資格ある者らはそれに拘束されないのである」(5 Legislative History of the 1909 Copyright Act, part K, p. 77 (E. Brylawski & A. Goldman eds. 1976) (statment of Mr. Hale))。こうして，更新条項とは，著作者に対して，その創作的な成果への公正な報酬を取得する2度目のチャンスを与え，更新期間の到来前に著作者が死亡した場合にはその家族に「新たな物権」を与えるものなのである。

著作者は著作物において束となった独占的権利を有しているが，その中には，著作物を複製し派生著作物に組み入れる権利がある。Miller Music 事件のように，制限なく更新著作権を譲渡した場合には，著作者はこうした権利をすべて譲渡していることになる。Miller Music 判決後においては，更新期間の到来前に著作者が死亡した場合には，譲受人は何も得られなかったことになる。もしも全更新権の譲受人が，更新期間前の著作者の死亡によりゼロの権利になってしまうとしたら，更新権の一部（たとえば派生著作物を作る権利）の譲受人も当然ながらゼロの権利を有することになってしまう（Brief for Register of Copyrights as Amicus Curiae 22〔「最初の期間になされた更新権の譲渡は，更新期間前に著作者が死亡すれば無効となる」〕参照）。従って，更新期間前に著作者が死亡すれば，譲受人が当該著作物を使用し続けられるのは，著作者の承継人が更新権を譲受人に移転した場合に限られる。これが，原審である控訴審がとった原則であり，著作権局長官の支持するものであった（863 F.2d at 1478; Brief for Register of Copyrights as Amicus Curiae 22 参照）。本件にこの原則をあてはめれば，審理は終了する。ウールリッチは本件小説の更新期間の開始前に死亡しており，上告人は，成就せずに終わった期待権益しか持っていなかったことになる。上告人は「何物をも奪

---

(1)〔原(2)〕 Miller Music 判決も Fred Fisher 判決も，更新権がいつ発生するかの問題については判断していない。すなわち，登録期間の始めに発生するのか，最初の期間が終了して更新期間が開始する日なのか，という問題である。当法廷は，本件においてはこの問題について言及する機会をもたなかった。

われていないのである。条件付きの利益を買った者がすべてそうであるように、条件が成就しないかもしれないという前提において、そうした利益を取得していたからである」(Miller Music, supra, at 378)。

B

　当法廷の審理がここで終わらず、上告を容れた理由は、第2控訴審がRohauer v. Killiam Shows, Inc. (551 F.2d 484 (1977)) で反対の結論に達しているからである。上告人の主張の多くはRohauer判決から導かれている。同事件での第2控訴審は、原著作物の著作権者（Miller Music判決によれば、著作物の権利を有する者）と派生著作物の著作権者（もしもそれが出版できなくなったり頒布できなくなったりすれば失うところ大なる者）との間の「適切な調整」を生み出そうとしたのであった (551 F.2d at 490)。本件と似た事実関係のケースについて第2控訴審は、たとえ著作者の死亡により原著作物における更新権が法定承継人に帰還するとしても、派生著作物の著作権者はなお継続して当該著作物を利用できる、と結論づけた。裁判所によれば、1976年法と関連の判例においては、そうした結論は排除されておらず、衡平の原理からも必然化されるというのである。

　　衡平の要請は、決定的に派生著作権者の利益にと傾くものである。譲受人やライセンシーが、著作権ある小説などを印刷や宣伝、頒布といった程度のことしかしないような場合に比べて、原著作者の同意のもとにオペラや映画を創作した者は、原作家と同じくらいか、あるいはもっと大きな、文芸的な寄与、音楽的な寄与、あるいは経済的な寄与をしていることが多い。……派生著作権を買い入れた者には、更新期間前に原著作者が死んでしまうという偶発事から自らを守る効果的なすべがない。誰が生き残る未亡人になるか、子供になるか、その他の親族になるか、あるいは遺言執行者になるのか、その日が到来するまで分からないからである (551 F.2d, at 493)。

　そして第2控訴審は、派生著作物における原著作物の使用権というものから、創作された派生著作物そのものに固有の権利へと、焦点を移してゆく。原著作物の更新とは無関係にそれを使える権利なるものを描写することによって、裁判所は、Miller Music判決における当裁判所の例外を作り上げ、上告人も認めるように、更新期間における原著作物の著作権者のもつ制定法上の権利への「侵入物」を作り上げたのである。

　上告人は、その文言は必ずしもRohauer判決から引き出した理論に沿ったものだとは主張していないし、また主張しえないものだが、その実、上告人が暗黙に依拠しているのは、1909年法第7条の「著作物の……演劇化は、それが権利者の同意を得て製作された場合……本章の条項における著作権の対象となる、新たな著作物とみなされる」というくだりである。上告人は、「新たな」すなわち派生された著作物を創作することによって、更新期間に生じた侵害に対処するために原著作物の所有者が有しているかもしれないような権利をも消し去ってしまう、という立場に立つのである。

　ニマー教授は、「こうした結論は、著作権法のどの条項からも、また派生著作物において得られる保護範囲に関しての合理的説明からも正当化され得ない。さらに、他人の著作権ある素材を利用できるのはそれを所有するかライセンスを受けるかの場合のみであるという著作権の公理にも反するものである」(1 M. Nimmer & D. Nimmer, Nimmer on Copyright, §3.07, pp. 3-23 to 3-24 (1989)) と述べており、当法廷もそのように考える。派生的著作者によって付加された派生著作物の当該側面

とは，そうした著作者の有する財産であるが，原著作物から引き出されてきた要素は原著作物の著作権者の権利付与のもとにあるものである（Russell v. Price, 612 F.2d 1123, 1128 (CA9 1979)〔派生著作物の権利は，そこに含まれた新たな素材のみを保護し，原著作物から引き出されたものは保護しないという「自明の原則」を再確認する〕, cert. denied, 446 U.S. 952 (1980)参照）。……原著作物がパブリック・ドメインになっていない限り，それを使うことについての有効なライセンスや権利譲渡なく派生著作物を使うことは，侵害的な使用となる（Russell v. Price, supra, at 1128）。……原著作物が分かちがたく派生著作物に編み込まれてしまっているかどうかは無関係である。……実際1909年法第7条の文言（派生著作物の発行は，「取り入れられた事項に生じた著作権の効力や有効性に影響を及ぼさない」）は，派生著作物への編入にもかかわらず原著作物における100％の著作権が留保されるとの見方を支持するものである（1909年法第3条〔著作権の保護は「著作権が既に生じているあらゆる事項に及ぶが，かかる著作権の期間ないし範囲を拡張させるものではない」〕参照）。こうした確固たる原則は，1976年法においても以下のとおり明確に示されている。

> 編集物および派生著作物における著作権は，その著作物に使用された既存の素材から区別されるところの，かかる著作物の著作者が寄与した素材にのみ及ぶものとし，既存の素材における独占権を意味するものではない。かかる著作物における著作権は，既存素材における著作権の保護から独立であり，これの保護期間，保護範囲，所有関係，存続に影響を与えない（17 U.S.C. §103(b)）。

さらに，B. Riger, Renewal of Copyright (1960) (reprinted as Copyright Law Revision Study No. 31, prepared for the Senate Committee on the Judiciary, 86th Cong., 2d Sess., 169-170 (1961)〔「過去の裁判例，立法経緯，そして学説をもとにすれば，……最初の期間に切れてしまったライセンスや権利譲渡のもとに作られた「新ヴァージョン」を創作し著作権を得たというだけの理由で，更新著作権の所有者に対する義務を免れることはできない」〕）も参照されたい。……

当法廷は，1909年法も1976年法もRohauer判決のとる理論を支持しないものと結論づけるものである。仮にそうした理論に対して立法経緯や制定法上何らかの支持を見いだしうるとしても，Rohauer判決におけるアプローチは問題が多い。上告人は，同判決での結論を明白な「ルール」であるとしている。しかしながら，Rohauer判決での控訴審は，同事件において裁判所が相争う利害と見たところのものを調停させる手段として，政策的考慮をあからさまにはたらかせたものである（551 F.2d at 493-494）。Rohauer判決での結論は，ある種の事実関係においては筋の通るものかもしれないが，それ以外の場合には筋が通らないのである。たとえばダイジェスト本などの場合に，そうした派生著作物の作者の寄与はあまりないかもしれないが，もとの作者の寄与は大きいのである。しかしRohauer判決の「ルール」によれば，ダイジェスト本の作者が原作本の権利のライセンスや権利付与をもたないでこうしたダイジェスト本を出版しても著作権侵害ではないことになってしまう。……かくて，たとえRohauer判決での「ルール」がそこでの政策との関係で筋の通ったことだったとしても，派生著作物という総体にわたって適用されるときにはほとんど筋の通らない話となってしまうのである。実際，Rohauer判決について学説は，「ルール」とは評しておらず，「利益考量的アプローチ」と評している（Jaszi, When Works Collide: Derivative Motion Pictures, Underlying Rights, and the Public Interest, 28 UCLA L. Rev. 715, 758-761 (1981); Note, Derivative Copyright and the 1909 Act - New Clarity or Confusion?, 44 Brooklyn L. Rev. 905, 926-927 (1978)）。

最後に，上告人は著作権法の根底にある政策目的について考慮するよう求めているので，その点について触れる。その主張によれば，控訴審の下したルールは著作権法の政策目的を侵食するものであるという。すなわち，それにより公衆の手に届けられる著作物を少なくしてしまうということによって，著作権法の目的であるところの創作的作品の頒布が妨げられるというのである。「法廷の友」の意見書を提出したコロンビア・ピクチャーズは，「更新期間にある原著作権者の中には，交渉を拒否して，むしろその著作権を公衆による使用から引退させ，そしてその道連れにそれを基にした派生著作物も引退させようとする者もいる。あるいは，ちょうど被上告人のように，総収入から広告費を除いた50％をよこせといった具合に……経済的な調整が不可能なほどの法外な要求をする者もいる」と述べている（Brief for Columbia Pictures et al. as Amicus Curiae 21）。しかしこうした議論は，裁判所よりも連邦議会にこそ相応しいものである。

いずれにせよ，被上告人の要求が高すぎて契約を排除する体のものであるという不満は，最初に高い値段を求めることが必ずしも取引をするつもりがないわけではないということを見落としている。被上告人が収益の中の歩合を要求したということは，彼が著作物の配給から利益を得たいと願ったからであり，それを抑圧しようとしたからではない。

さらに，創作的作品の頒布が著作権法の目標であるとしても，著作権法は，保護期間において著作物をコントロールするアーティストの権利と，それにアクセスする公衆の需要とのバランスを作り出しているものである。著作権の保護期間は限定されていて，それによって公衆はアーティストの労役の成果を永久に奪われないようにできているのである。……しかし，著作権法のどこにも，著作者がその保護期間中において自分の著作物を退蔵してはならないと書かれてはいない。事実，当法廷は，著作権者はライセンスを求めてきた者に対して恣意的にこれを拒否することができると判示している（Fox Film Corp. v. Doyal, 286 U.S. 123, 127 (1932)）。

アーティストに与えらえた限定的な独占権とは，公衆の使用に委ねられる著作物の公正な価格を蓄えるために，必要な交渉原資を与えるべく付与されたものである。……ある著作物が後に，最初の取引の時よりも価値を増すような事態になった場合に，著作権法は，そうした著作物の著作者にその作品の実現した価値を交渉する権限をもたせるように作られているのである。これこそが，2つに分かれた保護期間という制度のはたらき具合である。……上告人の真の不満は，自分たちが日頃作っているものに比して高い金を払わなくてはならないということにある。しかし，そうした結果こそが，連邦議会によって企図されたものであり，著作権法の目標に合致したものなのである。

1790年著作権法において連邦議会は最初の保護期間と更新期間という制度を作ったが，これは著作者の生存期間よりも短いものであった。1831年著作権法では，著作者の死亡後も続く全く別個の更新期間なるものを作り，これにより「新たな物権」が創設され，著作者の家族（そして，1909年法では遺言執行人）に益するものという位置づけがなされた。1976年法は単一の固定期間を規定したが，譲渡不能の解除権を作り出した（203条，302条）。著作権の保護期間の進展は，「著作物……に関して，著作者……に対し，限られた期間における独占的な権利を与え」るため（合衆国憲法第1条8節8項）に連邦議会が直面した難しさを，まざまざと物語っている。自分の著作物が他人の著作物に組み入れられた場合に更新期間の権利は消滅するといった明示の連邦議会の意図を示す文書でもない限り，当法廷は，連邦議会が達成しようとしたデリケートなバランスを変更する立場にはない。

388　第4章　著作権の有効期間，更新，移転の解除

……（略）……

III

　上告人は，たとえ『それは殺人だ』の使用が無許諾のものだとしても，これはフェア・ユースに該当し，従って侵害にはあたらない，と主張している。……

　控訴審は，上告人の映画におけるウールリッチの小説の使用はフェア・ユースにはあたらないと判示した。……本件映画の再公開が本件小説の新ヴァージョンのマーケティングを図るという可能性を摘んでいるとの控訴審の結論は，証拠上支持しうるものである。常識的に考えても，同じ結論に達しうるであろう。かくて，4つの要件はすべてアンフェアな使用を指し示しているのである。「本件は，古典的なアンフェア・ユースの事例である。すなわち，フィクション小説の商業的使用で，小説の権利者の翻案権に悪影響を及ぼすといった場合なのである」(863 F.2d at 1482)。

　上記の理由により控訴審の判決は容認され，本件は当法廷の判示に沿うべくさらなる審理のために差し戻されるものとする。

〔ホワイト判事の同調意見とスティーヴンス判事の反対意見は省略〕

【質問】
1　最高裁判所は，更新と派生著作物に関しての一番難しい問題を避けて通ったのではなかろうか。すなわち，派生著作物が大きな成功をおさめたのは「新たな要素」に負うところが大きい場合に，コントロールと報酬とをどう分配するか，という問題である。読者であればこれをどう解決するか。
2　もしも読者がある映画の著作権者で，それが過去に出版された（あるいは出版されていない）小説を原作としている場合に，公衆への上映と配給を止めなければならないのだろうか。この質問に回答するためには，どういった情報を必要とするか。そうした情報を得るためにどういった行動をとるだろうか。
3　もしも読者がある映画の著作権者で，それが完全にオリジナルの脚本に基づいているのだが，ただ3分間の歌（著名な作曲家の手になる）を収録している場合に（当該楽曲の著作権は映画製作者に譲渡されている），その歌の著作権が更新されたとしたら，その映画の公衆への上映と配給を止めなければならないのだろうか。

　1964年から1977年の間に発行された著作物に関して自動的な更新を定めた，近時の304条(a)の改正により，部分的には『裏窓』判決の効果は限定されることとなろう。もしも更新登録申請がなされれば，『裏窓』事件でのように，作家の相続人が，作家による権利付与とは無関係に，「新たな物権」を取得することになる。しかし，改正された法律である304条(a)(4)(A)においては，登録申請がなされずに，単に法律の効果として更新がなされた場合には，たとえ作家が更新期間の発生する前に死亡したとしても，「最初の期間の満了前になされた著作権の移転ないしライセンスのもとに作られた派生著作物は，更新期間および延長期間においても，著作権を侵害することなく使用を継続できる。ただし，更新期間ないし延長期間において，かかる権利付与に基づく別の派生著作物を作ることはできない」(17 U.S.C. §203(b)(a)〔解除された権利付与のもとに作られた派生著作物について類似

の解決を規定している〕と比較せよ）。

<Russell v. Price>
(612 F. 2d 1123 (9th Cir. 1979))

グッドウィン控訴審判事

　被告らは，既に著作権の失効した映画『ピグマリオン』のコピーを頒布したものである。被告らは，ジョージ・バーナード・ショウの原作たる戯曲の，更新期間における著作権者から訴えられた。被告らは，損害賠償と弁護士費用の支払を命ずる原審判決から，本控訴に及んだものである。

　原告らは，付帯上訴（cross appeal）をなし，原審判決が法定の「みなし損害賠償（in lieu damages）」を認めなかったことは不当である，と主張している。当法廷は，原審の判決を正当なものと認めるものである。

　1913年にショウは戯曲『ピグマリオン』について著作権の登録を行った。これの更新期間の著作権は1941年に取得されて，そもそもは1969年に失効するはずであったが，連邦議会がこれを1988年まで延長した。ショウは1950年に死亡し，Janus Film を除いては，原告らがその著作権者である。Janus Film はライセンシーである。

　1938年に，この戯曲の派生版である映画が，同名の題のもとに，ショウからのライセンスに基づいて製作された。記録上では，このライセンシーが誰であったか，その許諾期間がどのくらいであったか等は出てきていない。この映画はガブリエル・パスカルにより製作され，Loew's 社により著作権の取得がなされ，メトロ・ゴールドウィン・メイヤー社（MGM）により配給された。理由は定かではないが，この映画の著作権は1966年に失効するにまかされた。オリジナルの映画化権の契約が失効したのか否か，したとすればそれは何時か，ということについても，記録上明らかにされてはいない。

　1971年，戯曲の著作権者は，映画『ピグマリオン』の独占的配給権者として，Janus Film に配給のライセンス権を与えた。1972年に Janus Film は，この1938年製作の映画のコピーの貸出しを Budget Film が行っていることを発見し，後者を相手どって，カリフォルニアの州裁判所に訴えを提起した。その請求原因としては，不正競争を特に主張した。このケースは Budget Film の勝訴に終わり，裁判所は，この争いは本質的には著作権侵害に関するもので，州裁判所にはその管轄権を欠くものである，との決定を行った。英国の著作権者らは，そこで，ライセンシーである Janus Film に委任状を発行して，Janus は即座に本訴訟を1975年5月に連邦裁判所に提起した。

　……（略）……

II　侵　害

　本件の主たる問題についての，被告の主たる主張は，ごく簡単に要約できる。すなわち，映画『ピグマリオン』の著作権が失効した以上，これはパブリック・ドメインとなったのであり，この映画のプリントは自由に使うことができる。従って，自分たちがこれの貸出しをすることも，ショウの戯曲の著作権侵害とはならない。(1)

　被告は，Rohauer v. Killiam Shows, Inc. (551 F. 2d 484 (2d Cir.), cert. denied, 431 U. S. 949 (1977)) におけるフレンドリー判事の意見に全面的に依拠している。しかし，そうする一方で被告らは，この事件と本件との大きな違いを無視ないし認識しそこなっている。(2)

Rohauer 判決においては，問題の小説は1925年に著作権を取得したが，これの著作者はその独占的映画化権を Moscowitz なる者に譲渡し，特に契約中において，小説の更新期間におけるすべての映画に関する権利をもこの Moscowitz ないしその権利承継人に譲渡すべきことを約束していた。この譲渡契約に基づいて，ヒット作となったサイレント映画が製作され，1926年に Moscowitz からの権利譲受人の名で著作権が取得された。ところが，不幸にしてこの小説の著作者は，最初の保護期間の満了前に死亡してしまった。その娘が，更新権の法定の受益者として，母親の許諾した映画のライセンスから自由な更新期間における著作権を相続取得した。娘はそこで，原告 Rohauer に対し，更新期間における独占的な映画およびテレビ化権を許諾した。被告 Killiam Shows は，1926年製作の映画を教育テレビジョンにおいて放送することを許諾した。これによって，Rohauer が被告に対して著作権侵害訴訟を提起することとなった。

第2控訴審は，これらの事実認定に基づき，派生した映画は独立した著作権を有しているから，被告は引き続き映画を上映することができ，それは，下敷きである原作小説の更新期間における著作権を侵害することにはならない，と判示した。本件の被告らは，この判示をもって，派生著作物の著作権は，それを作った者が下敷きの原著作物に付け加えた新しいもの以上のものをカバーするものである，というように理解している。従って，派生著作物の著作権が失効すると，その全体がパブリック・ドメインになってしまう，というのである。しかし，Rohauer 判決の法廷意見は，単純にそうではないということを言っているのである。

第1に，Rohauer 判決が非常に強調している点は，死亡してしまった著作者が，報酬を得る意図で，更新期間の映画化権の譲渡をしている，という点である。この約束は，当初の譲渡契約において対価をもってやり取りされたものであった。本件での被告らは，ショウないしその承継人との間でこのようなやり取りをしたこともなければ，そのような取引をした者と何らかの関係を取り結

---

(1)〔原(9)〕 被告は，新しい映画やその他の派生著作物を作るためにはショウの戯曲の著作権者の許可がないと侵害になる，ということを認めている。

(2)〔原(10)〕 当法廷は，Rohauer v. Killiam Shows, Inc. (551 F. 2d 484 (2d Cir.), cert. denied, 431 U. S. 949 (1977)) の判断内容について何ら意見をさしはさむつもりはない。ただ，同判決は批判の対象になっている (1 Nimmer on Copyright §3.07 [A] at 3.25-3.32 (1979); Comment, Derivative Copyright and the 1909 Act - New Clarity or Confusion?, 44 Brooklyn L. Rev. 905 (1978))。

(3)〔原(11)〕 1909年法における更新期間は選択式のものであるが (17 U. S. C. §24)，その結果生ずる著作権は「新しい物権」とみなされており，更新期間の著作権者は，最初の保護期間に譲渡ないし作られた権利，権益，ライセンスから自由にこれを利用できる，とされている (G. Ricordi & Co. v. Paramount Pictures, Inc., 189 F. 2d 469, 471 (2d Cir.), cert. denied, 342 U. S. 849 (1951)：Miller Music Corp. v. Daniels, Inc., 362 U. S. 373 (1960) 参照)。

(4)〔原(12)〕 Rohauer 判決が，Ricordi 判決と Fitch 判決 (Fitch v. Shubert, 20 F. Supp. 314 (S. D. N. Y. 1937)) とを区別したポイントは，まさにここにある (551 F. 2d at 490-91)。そこでの裁判所は，例えば，Ricordi において派生著作物の著作権がその著作権における新しい部分にしか及ばないとした「本質的な理由づけ」は，Rohauer では決定的にならない，として，前者における著作権の譲渡契約が，小説の最初の保護期間を越えて生き延びることが予定されていなかったのである。……更新期間の著作権が従前のライセンスから自由な「新しい物権」を作ると結論づけることは，Ricordi 判決におけるように，当事者が更新期間の著作権について対価をもってのやり取りをしていない場合のことである。そして，Rohauer の場合のように，譲渡契約が明示に更新期間の著作権についての権利を含んでいる場合には，別の話となる (551 F. 2d at 491)。

んだものでもない。

　第2の重要な相違点としては，Rohauer 判決での被告 Killiam は映画の有効な著作権者であった，ということである。この著作権があったればこそ Killiam は，映画の一部として，小説から引き出されたものを上映し続けるに足る権利がある，とされたのである。この判決は，派生著作物の著作権者に肩入れしているが，その有名な理由づけは，小説から「著作者の同意を得てオペラや映画を作る者」の「文学的，音楽的，経済的な」寄与が「大きな独立の，著作権の成立する寄与」であるので，このような寄与を保護し促進すべきである，ということにあった (551 F. 2d at 493)。しかし，1909年法の中のどこに，派生著作物の創作者への同情というものが適正な位置づけを見いだすかはさておくとして，本件の被告は，映画『ピグマリオン』の製作に何らかの寄与をしたわけではなく，これを利用する立場にないのである。

　また，派生著作物の独立の著作権が失効するにまかせられたという状況においては，果たしてRohauer 判決にあってもこのような同情というものが何らかの位置づけを得るべきか否かについては，一義的に明らかにしているとは言いがたい。というのも，ここでは2つの著作権がそれぞれ「派生する映画に組み込まれている……下敷きたる素材の使用をめぐる，重なりあう『独占的な』権利」を許諾しあっているというような，両者間での利益衝突がない状況だからである (Comment, Derivative Copyright and the 1909 Act—New Clarity or Confusion?, 44 Brooklyn L. Rev. 905, 912 (1978)〔脚注省略〕)。従って，本件において Rohauer タイプの主張を提起できる適格を有したかもしれない者は，このケースに忠実である限りは，派生著作物の著作権を自己の過失で更新しなかったので著作権を失うに至った，と判示されたかもしれないのである。本件の被告らは，Rohauer 判決で認定された権利に合致するようにその主張を組み立てることは決してなしえなかった

---

(5)〔原(13)〕　Rohauer 判決では，いわゆる「新しい物権」理論を一部取り入れたようだが，これは，初期の判決例においては何度も否定されてきたものであったし，著作権法に関する主流の学説においても否定されてきたものであった（上記 G. Ricordi & Co. v. Paramount Pictures, Inc. 判決，上記 Fitch v. Shubert 判決，Gilliam v. American Broadcasting Cos., Inc; 1 Nimmer on Copyright §3.07 [A] at 3. 23-24 (1979) 参照。さらに，注2記載の Comment, at 921-26 を見よ）。ニマー教授は，この理論について下記のように述べている (§3.07 [A] at 3.23〔脚注省略〕)。

　　下敷きとなる著作物を使用できるライセンスに基づき派生著作物が作られると，その派生物全体について新しい物権が存在するに至り，仮にそのライセンスが後に終了したとしても，派生著作物の著作権者は，そこに含まれている状態での下敷きの著作物から引き出されるものについても，引き続き使用することができる。

(6)〔原(14)〕　この事件は，1909年著作権法 (Copyright Act of Mar. 4, 1909, 17 U. S. C. §1-§216 (1976)) のもとで生じた事件であった。従って，すべて法文への言及は，とくにことわらない限りは，同法に対するものである。

　1976年に，1909年法はそっくり改訂され，1976年著作権法 (Copyright Act of Oct. 19, 1976. 17 U. S. C. §108-§810(Supp. 1977)) にとって代わられ，後者は1978年1月1日に完全に発効するに至った。1909年法との対比では，1976年法は，たとえ派生著作物の製作を許諾したライセンスが終了しても，「権利付与の際の条件において」その派生物を引き続き使用することを明示に許している (17 U. S. C. §203(b)(1) (Supp. 1977))。Rohauer 事件ではこの条文を適用することはできないのだが，フレンドリー判事はこれをもって，「連邦議会が派生著作物について特別の保護を必要としていると感じていたこと」の証である，とした (Rohauer v. Killiam Shows, Inc., 511 F. 2d at 494)。

し，ショウの戯曲をカバーする更新済み著作権の所有者の犠牲において被告らに何かを与えてやるべきだとは，当法廷は思わないのである。

従って当法廷は，確立された法理である，派生著作物の著作権はそれに含まれている新しい要素しか保護せず，下敷きの著作物から引き出されたものはカバーしない，という原則をここに再確認し，その理由をあえて繰り返す必要はこれを認めない（1 Nimmer on Copyright §3.04 (1979)）。であるから，派生著作物がパブリック・ドメインになったとしても，それに含まれている要素の内，まだ制定法上の著作権によりカバーされているものについては，パブリック・ドメインにはなっていないのである（G. Ricordi & Co. v. Paramount Pictures, Inc., 189 F. 2d 469(2d Cir.), cert. denied, 342 U. S. 849 (1951)；Filmvideo Releasing Corp. v. Hastings, 426 F. Supp. 690 (S.D.N.Y. 1976)；Grove Press, Inc. v. Greenleaf Publishing Co., 247 F. Supp. 518 (E. D. N. Y. 1965)；1 Nimmer on Copyright §3.07〔C〕at 334（1979）参照）。この確立されている法理によれば，派生著作物の中の下敷きとなっている著作物の著作権が存続している限り，これの全部または一部を無許諾でコピーその他の侵害的な態様の使用をすることは禁止される。以上の通りであるから，映画『ピグマリオン』の上映は必然的にショウの戯曲の上演を伴わざるをえないので，後者の著作権がまだ存続している以上，原告は，被告らの無許諾の，映画上映のためのフィルム貸出しを差し止めることができるものである。

最後に被告らは，Classic Film Museum, Inc. v. Warner Bros., Inc. (597 F. 2d 13 (1st Cir. 1979), aff'd 453 F. Supp. 852 (D. Me. 1978)) を引用して，かかる結論を避けようとしている。この判決は，「コモン・ロウ著作権が下敷きたる著作物に存続している場合に，それの派生著作物の制定法上の著作権が失効するとその法的効果はどうなるのか」という問題に関するものである（597 F.2d at 13）。被告らは，コモン・ロウ著作権と制定法上の著作権という大きな相違（前者は永久の保護，後者は期間に限りがある保護）に目をつぶれと当法廷に呼び掛けているわけだが，この違いは，Classic Film の判決理由の中でも要の部分であった。この判決は，映画『スター誕生』に関するもので，

---

(7)〔原(15)〕 第2控訴審が，Rohauer v. Killiam Shows の判示内容を，下敷きたる著作物の限定的な独占にまで及ぼすつもりであるのか否か，は明らかではない。そうすることに対しては，前記 Comment 中にも懸念が示されている（上記〔注2〕Comment at 921）。この事件で認められた保護というのは，明らかに派生著作物の著作権者の引き続きの使用権に限定されるのであって，派生著作物がパブリック・ドメインになった場合に他人が下敷きの著作物を使うことを差し止める権利ではないのである。

(8)〔原(16)〕 著作権者は，保護される著作物のすべての利用についての排他的な独占権をもち，この中には，その著作物をコピーし，印刷し，貸し出し，出版し，他のヴァージョンを作り，上演し，上映する権利等が含まれる（17 U. S. C. §1）。従って，当法廷は，フレンドリー判事が Ricordi 事件をそこでの事実関係のみに限定しようとしていることは説得力に欠けるものと考える（Rohauer v. Killiam Shows. Inc., 551 F. 2d at 493）。下敷きたる著作物の著作権者の権利について，1909年法は，派生著作物の中で表れているかたちでこれを上演し，あるいはコピーを許諾することと，新たな派生著作物を作ることを許諾することとの間で，区別を設けていない。また，今我々の直面しているものと本質的に同じ問題にからんだケースにおいて，裁判所もかかる区別をつけていない（Filmvideo Releasing Corp. v. Hastings, 426 F. Supp. 690 (S. D. N. Y. 1976)）。

(9)〔原(17)〕 コモン・ロウ著作権は，その著作物が創作された時から存在し，その保護の対象が著作権者により発行されるまで続く（1 Nimmer on Copyright §2.02 at 2.16 (1979)）。コモン・ロウ著作権は，1976年法のもとではもはや認められていないが（17 U. S. C. §301 (1978)），1978年1月1日よりも前に存在したものについては，引き続き長期の保護を受けられることになっている（17 U. S. C. §303, §302 (1978); Classic Film Museum, Inc. v. Warner Bros., Inc., 453 F. Supp. at 856 n.4 参照）。

映画の著作権は失効したが，そのもととなった未発行の脚本と音楽譜面にはコモン・ロウ著作権が生きているという状況で，当該映画を上映しても，後者のコモン・ロウ著作権を侵害することにはならない，と判示したものであった。裁判所は，Ricordi の法理は以下の理由でこのケースにあてはまらないとした（597 F. 2d at 14）。

　Ricordi 判決における保護は，下敷きになる著作物が固定した保護期間（28年プラス更新期間）しかもたない著作権の場合に限られるものである。下敷きの著作物がコモン・ロウ著作権によって永久の生命をもつかもしれない場合には Ricordi の法理は等しくあてはまる，とは言えない。もしもそのような終りのない保護を認めてしまったら，Ricordi の例外は，合衆国憲法および著作権法の規定する，限定された独占という基本的なルールを，大きく否定することとなろう。

　本件における下敷きの著作物の著作権は，1988年に失効する。この時点以降は，被告は自由に，1938年の映画を配給できるのである。本件での当法廷の結論は，合衆国憲法の著作権条項に発して，その後連邦議会が推進した，限られた独占というポリシーに反するものではないのである。

　上記の通りであるから，当法廷は，本件の被告らの行為はショウのまだ生きている戯曲の著作権を侵害するものであり，従って差し止められるべきものである，と判断する。

　……（略）……

　原審判決認容。

---

　3 つの控訴審が，映画の元になった未発行の脚本における著作権と映画の著作権の関係について判断を示している（Shoptalk, Ltd. v. Concorde-New Horizons Corp., 168 F.3d 586 (2d Cir. 1999); Batjack Prods. v. GoodTimes Home Video Corp., 160 F.3d 1223 (9th Cir. 1998); Classic Film Museum, Inc. v. Warner Bros., Inc., 597 F.2d 13 (1st Cir. 1979), aff'g 453 F.Supp. 852 (D. Me. 1978))。第 1 控訴審は，公共政策的見地から，元になっている未発行の脚本には別個の著作権が成立している（従って，本来は消滅した映画の著作権が，それによって永らえることができる）との映画製作者側の主張に抵抗した。第 2 控訴審と第 9 控訴審は同じ結論に達しており，それは，映画が公表されることによって，映画に取り込まれた限りでの脚本も公表（発行）された，という理屈をとったものである。第 2 控訴審は，映画は派生著作物だがその保護期間は元になっている脚本のそれとは別個であるという地裁の判断を否定した（897 F.Supp. 144 (S.D.N.Y. 1995)）。地裁の説明によれば，映画の著作権が消滅することによって，映画の利用について印税支払を規定しているライセンス契約については考察の埒外に置いていい，ということであった。それにもかかわらず，元になっている脚本の著作権が生きていれば，脚本の共同著作権者としての映画権ライセンサーは，脚本の使用（映画の上映を通じての使用）についての印税を受領する権利がある，としたのである。第 2 控訴審のアプローチによれば，映画が脚本の何がしかの部分を公表すると，そうした部分はそこでの事実関係においてはパブリック・ドメインとなり，そうした脚本の部分についてのライセンス権に対しては考察の埒外になるということになる。

　次章で見るように，多くの裁判所は，派生著作物の発行によってその元になっている著作物の権利剥奪的な発行にはならないと判示している。従って，Shoptalk 地裁判決における判示は，元に

なる著作物と派生著作物との相互の独立という一般原則と矛盾はないことになる（103条(b)）。しかし映画を派生著作物と位置付けることにおいてよりも，派生著作物の発行が元の著作物に与える影響を考えることにおいて，問題はより少ないものといえよう。一方で，映画は元になっている脚本とは「別個の保護期間」をもった派生著作物であると言えるかもしれない。映画とは結局のところ，脚本の部分ではない，視覚的要素や監督による寄与部分を典型的には含むものであるからだ。同様に，映画のために書かれ，映画に取り込まれた楽曲との関連で，映画が楽曲の派生著作物とみなされて，その著作権が消滅すると楽曲の著作権も消滅するとなることは，多分に疑わしい。他方で，映画と脚本とはどれだけ互いに異なっているのだろうか。「元になっている著作物」が最終的な作品の初期ヴァージョンとして作られた場合に，前者が発行により消滅するかどうかを評価することに違いがなくともいいのではないのか。小説の第1稿は「元になっている著作物」で，出版された最終版は「派生著作物」なのか。作曲家がピアノ・スケッチを書いて，それをオーケストラ用の曲に発展させてゆくことについてはどうか。それでは脚本を映画にすることは？

C 著作権移転の解除

　1909年法とそれ以前の法律においては，更新制度の目的は，権利移転が最初の保護期間になされた場合において，一定の合理的期間ののちに，そうした移転済みの著作権を著作者（ないし，著作者よりも長く生きた家族，遺贈者ないし親族）が再捕捉できるようにする，ということであった。かくて，更新期間における経済的な恩恵は，従前に契約で設定されていた権利，権益ないしライセンスの負担を被ることなく著作者によって享受できるとされていたのである。著作者あるいはその法定承継人は，「新たな物権」つまり新たな対価を得てライセンスや譲渡をする2度目のチャンスを得るものとされていた。

　連邦議会は，こうした2層構造の更新制度を廃止して，単一の保護期間，つまり，著作物の創作時にはじまり，著作者の死亡から50年後に終了する期間（1978年に制定された当初の年数）を採択するにあたり，従前の法律におけるのと同じような著作権の「再捕捉権」を構築すべきかどうか，するとすればどう構築するか，という問題の検討に迫られた。これは，1978年1月1日以降に創作された著作物（生存期間プラス50年間の保護がなされる）に関する問題というだけではなかった。1909年法で著作権を与えられた著作物であって，著作者（ないし法定承継人）が，両当事者により28年間続くと了解されていた時期（1977年12月31日以前）において更新期間の権利を移転してしまっているものについても，同じ問題が生ずるのである。こうした場合に，更新期間に連邦議会が付加した19年から利益を得るのは，著作者であるべきか譲受人であるべきか。もしも前者であるとしたならば，再捕捉はいかになされるべきだろうか。

　この2つの場合に関して，連邦議会は，著作権移転の解除という規定を設けた。203条は1976年法の発効日以降の権利移転について適用され，304条(c)は同日前の更新権移転について適用される。

〈下院報告書〉
(H.R. Rep. No. 94-1476, 94th Cong., 2d Sess. 124-28 (1976))

〔一般的問題状況〕

203条の諸条項の導入は，現行法の権利帰還的な効果を持つ更新の条項（24条）が削除されるべきこと，および，これにとって代わって本条項が著作者を報酬の引き合わない権利移転から守るべきこと，との前提に基づいている。この種の条項が必要な理由は，著作者のおかれた必ずしも対等でない取引上のポジションのためであり，これは，著作物の価値というものが開発されてからでないと判断することが不可能であるということにも起因している。203条は，全利益関係者の問題と正当な必要を顧慮しつつ，著作権法の目的を推進すべくなされた現実的な妥協の条文である。

〔本条の妥当範囲〕

現行法の更新条項では理論的には自動的なものであるが，203条における移転ないしライセンスの解除は，一定の期間内にかつ一定の条件を前提とする事前の通知の送達を必要としている。ただ，解除権を発動させるのにこのような積極的な行為が必要とされてはいるものの，かかる行為を行う権利は，事前に放棄したり，契約で売り渡したりすることはできない。203条(a)においては，この解除権は，新法の施行日以降に締結された移転ないしライセンスのみに適用されることとされており，遡及的適用はない。

解除権は，著作者により締結された生存者間の（inter vivos）取引に限定され，著作者の権利承継者による取引や著作者による遺贈には適用がない。この権利の範囲は，101条に定義されるところのすべての「著作権の所有権移転」だけでなく，非独占的ライセンスにも及ぶ。解除権は「雇用著作物」には及ばない。これが，新法の制定作業において同概念の定義づけが重要性を有した大きな理由のひとつであった。

〔誰が許諾を解除できるのか〕

許諾を解除できる者に関して，203条をめぐって2つの問題があった。①共同著作物の場合の特定の受益者のカテゴリー，および，②解除権を有する複数の者がいる場合に，全員の同意が得られないとき，解除を発効させるべきか否か，という問題である。こういった点に関して法案はなにがしかの妥協をしており，1人か数人の受益者が「当然同意すべきなのにこれを拒む」といった状況や，知られていなかった子供が後に発見されるといった状況の危険性を認識している。以下が203条の要約である。

(1) 共同著作にかかる著作物の場合で，2人ないしそれ以上の著作者の署名による許諾の場合，解除を発効させるには，許諾書に署名した者ないしはこれらの権利承継者の過半数の同意が必要となる。

(2) 共同著作者ないし死亡した著作者の残存配偶者，子供，孫の持分が分割されなければならない3つの異なる状況がある。すなわち，①解除を発効させる権利，②解除された権利の所有権，③帰還した権利をさらに許諾する権利，の各場合である。各著作者の持分，および死亡した著作者の残存配偶者，子供，孫の持分の割合は，これら3つの場合を通じて全く同じに分割される。「残存配偶者」，「子供」，「孫」という言葉は，現行法の更新条項におけるような問題と不確実性を避けるべく101条に定義されている。

(3) 代襲的相続（per stirpes）の原則が，この3つの状況に等しく当てはまる。例えば，死亡し

た著作者が，未亡人，2人の存命の子供，死亡した第3子に生まれた3人の孫を遺したとする。未亡人は帰還する権利の半分，2人の子供はそれぞれ16.66パーセント，3人の孫はそれぞれ約5.55パーセントを有することになる。しかし，誰が権利を行使できるのだろうか。明らかに未亡人は50パーセントを有しているのだから，これが重要な当事者にはなるが，例えば2人の子供が両方とも解除に不賛成であったらどうなるか。彼女としては，死亡した子供の子供（孫）の1人を味方につけるだけでよいのか。それとも，死亡した子供の権利というものは，その子供の過半数が賛成する場合にのみ行使できるものなのか。代襲的相続の原則に従うならば，死亡した子供の権利というものは，ひとつの単位として，生存するその子供（孫）の過半数によってのみ行使することが可能となるのである。従って，未亡人と1人の孫で帰還する著作権の55.55パーセントを有するとしても，解除権を発効させたり，帰還した権利をさらに許諾したりするためには，もう1人の子供か孫に参加してもらわなければならない。この原則は，例えば，2人の著作者が許諾書を締結して，1人が死亡したような場合にも，適用される。解除権を発効させるためには，生き残った著作者は，死亡した著作者の受益者の代襲的相続原則による過半数の賛同を得なければならない。解除の通知は，解除権を持つ特定の所有者ないし「これらの者から正当に権限を与えられた代理人」がなしうることとされており，後者には，年齢ないし精神的な障害により署名することのできない者のための法律上指定された後見人（legally appointed guardian or committee）をも含むものである。

〔許諾が解除されうる場合〕

203条は，解除が発効する日と，解除の事前通知を送達しうる一番早い日とを区別している。終局的に解除の発効する日については，一般的には203条(a)(3)に規定されているように，許諾がなされた時から35年経過したのちの5年以内の期間に解除をなしうるとされている。この基本的な35年の原則の例外として，法案は，「許諾が著作物の発行権を含んでいる場合には，上記期間は，かかる許諾における当該著作物の発行の日から35年，もしくは許諾をなした日から40年，のいずれか早い方とする」と規定している。この例外規定は，発行契約の締結日と著作物の実際の発行との間に長い年月が経ってしまったような場合に対処するべく定められたものである。

事前の通知中に解除の発効日は記載されるべきものとされているが，この発効日は，35年（ないし40年）の終了から5年以内の期間に入っていなければならない。しかし，事前通知自体はその期間よりも前に発しなければならない。203条(a)(4)(A)では，記載された発効日の「2年以上前でなければならず，10年よりも前であってはならない」とされている。

このタイム・リミットの要件が実際にどうはたらくかについては，例を挙げるのが適当であろう。2つの典型的な例は次のとおりである。

第1のケース：1987年9月2日に劇作化の契約が締結される。許諾の解除は，2022年9月2日（締結から35年後）から2027年9月1日（5年の解除期間の最後の日）までの間に発効させることができる。著者が2022年9月1日（一番早く解除しうる日）に解除しようと思えば，事前の通知は2012年9月1日から2020年9月1日までの間に送達されなければならない。

第2のケース：1980年4月10日に本の発行契約が締結される。この本は結局1987年8月23日に発行された。この契約は発行権を含んでいるので，5年間の解除期間は，2015年4月10日（締結から35年後）あるいは2022年8月23日（発行から35年後）ではなく，2020年4月10日（締結から

40年後）から始まる。著者が解除を2024年1月1日に発効させようと思ったら，事前の通知は2014年1月1日から2022年1月1日までの間に送達されなければならない。

〔解除の効果〕

203条(b)によれば，それぞれの場合における5年間の解除期間内に有効に解除がなされない場合においては，既存の許諾によりカバーされているすべての権利は何の変更もなく存続するものとされ，その他の連邦法，州法ないし外国法における権利は影響を受けないものとされている。しかし，203条により著作権の移転ないしライセンスが解除されたとすると，誰がこの解除によって拘束を受け，どのように影響を受けるのだろうか。

本法案において解除ということの意味は，解除された権利許諾によりカバーされていた権利の所有権が，解除の通知が送達された時点で解除の権利を有している者すべてに帰還する，ということであり，これは，通知に署名したか否かを問わない。言い換えれば，もしある者が通知に署名しえた者であるならば，その者は，署名をした過半数の者の行為に拘束されるのである。従って，許諾の解除はこの者にとっても効力をもち，この者に帰還した権利の割合的持分が自動的に生ずることになる。権利は，解除権を発効させる権利について規定した203条(a)と同じように，割合的に代襲的相続（per stirpes）で分割帰属される。帰還した権利は通知の送達された日付けで生ずることとなるから，受益者が死亡した場合には，その相続人が死亡した者の持分を相続することとなる。

203条(b)(3)では，帰還した権利をさらに許諾するには過半数の同意が必要とされている。もちろんここでの問題は，帰還した権利が生じた時から新しい所有者が新許諾をしようとするまでの間に長い期間が経ってしまって，その間に権利者が死んでしまったり，子供が生まれたりすることである。この問題に対処するため，法案は，権利の生ずる日に着目している。新たな許諾をするためには，この日に権利が生じた者のグループにおいて，(a)項による許諾の解除を発効せしめるのに必要であった「同じ数の所有者および割合」（必ずしも同じ人である必要はない）によって署名がなされればよい，としている。もしも権利が当初生じた者が死亡した場合には，この者の「法的な代表者，受遺者ないし法律上の相続人」が本条の目的においてこの者を代表しうる，としている。そして，解除それ自体の場合と同じく，新たな許諾に同意しなかった少数者側の者も，かかる許諾に拘束される。

許諾を解除して戻ってきた著作権の所有者の権利については重要な制限があり，これは203条(b)(1)に規定されている。この項によれば，解除の以前に作成された派生著作物は，解除にかかわらず，解除された許諾の際の条件によって「引き続き利用すること」ができる，とされている。しかしこの項は続けて，この権利は別の派生著作物を作成する権限までをも含むものではない，とも規定している。言葉を換えれば，ある戯曲に基づいた映画は，映画化権の契約が解除された後にも，引き続き上映のライセンスが与えられた状態におかれるが，この契約でリメイクの映画を作る権利が与えられていたとしても，その権利は解除によって消滅する。本項の目的においては，映画は，これの内に組み込んだあらゆる「既存作品（preexisting work）」との関係で「派生著作物」とみなされ，このことは，その既存作品が独立に作られたものであると，その映画だけのために作られたものであるとを問わない。

権利移転やライセンスの当事者が，その移転やライセンスを自主的に解除して新たな交渉をすることを，203条は別段禁じてはいない。これによって別の35年の期間が走り始めるだけのことであ

る。しかしながら、現行法の更新条項において問題となったような、第三者が投機のひとつの形態として不確実な将来権益を買い上げるというようなことは、本法案上できないようになっている。203条(b)(4)によれば、解除に基づいて帰還した権利を再許諾することは、「解除の発効日以降になされる場合にのみ」有効である。例外は、「優先交渉権（first refusal）」の場合で、これがあれば、もともとの被許諾者ないしその権利承継者は、解除の通知の送達された後であればいつでも、解除を発効させようとしている者との間で新しい契約について交渉することができる。

　本条ないし本立法の他の条文は、35年以下の期間で約定されたライセンス、権利移転ないし譲渡を延長するつもりは全くない。例えば、ある契約中でもっと早い時期に解除できることとなっていたり、35年以下の期間が定められていたり、ないしは一定の条件のもとに著作者に解約権や解除権が付与されている場合には、期間の点については契約の方が優先する。同じように、本条ないし本立法は、現行の州の契約法における、著作者が、ライセンス、権利移転ないし譲渡を解約ないし解除できる状況を、変更するつもりもない。

　203条(b)(6)によれば、本条により解除が発効しなければ、かつ発効するまでは、「別途に契約上規定していない限り」当初の権利許諾が著作権の期間にわたって継続する。本条の意味するところは、もしも契約が期間ないし期限を規定しておらず、かつ著作者が本条に従って権利許諾を解除しなかった場合には、その契約は著作権の全期間にわたって継続するものとなるが、ただし、同契約で解除権の発生する場合が規定されていればそれに服することとなる、という趣旨である。しかし、例えば50年の期間というように契約中で期間についての定めをおいていて、かつ著作者が本法における解除権を行使しなかった場合には、契約は、この例では50年しか継続しないことになる。上記の「別途に契約上規定していない限り」との言葉は、契約中に解除権を規定すべきことを要求していると解されてはならない。

両解除条項の比較

　304条(c)における解除と203条における解除との主たる違いは、以下のとおり要約することができる。

	§304(c)	§203
1　適用される権利許諾	(a)　1978年1月1日より前 (b)　著作者ないし304条(a)(1)(c)もしくは304条(c)(2)に規定される者による許諾 (c)　制定法たる著作権法における更新権、19年の延長された更新期間の権利（解除権者がその権利を行使しなかった場合には、第2の20年の延長された更新期間の権利）	(a)　1978年1月1日以降 (b)　著作者による許諾 (c)　あらゆる著作権におけるあらゆる権利

2 権利を行使できる者	著作者，ないし同人の持分的権利の限度における著作者の法律上の受益者（代襲的相続による）の過半数 　もしくは その他の者による許諾の場合には，生存するすべての許諾者	著作者，ないし許諾を行った著作者の過半数，ないし各著作者の受益者の過半数。ただし，各著作者ごとの単位で投票し，代襲的相続原理に従う。
3 5年の期間の開始時点	著作権取得から56年ないしは1978年1月1日のうちいずれか遅い方	許諾から35年。発行権が含まれている場合には，発行から35年ないし許諾から40年のいずれか早い方
4 新たな権利の許諾	一般的には共有権者として別々に取引が可能だが，死亡した著作者の権利が複数人で所有されている場合には，その著作者の持分については代襲的相続原理による過半数の同意が必要となる。	解除の際に必要とされたと同数かつ同比率の同意が必要とされる。

> 【質問】
> 　1939年にアーネスティン・ハミングウェイ（Earnestine Hammingweigh）は，出版社スクリヴナー＆ドウターズ（Scriveners & Daughters）に原稿を提出した。原稿は有望なものではあったが，相当に編集上の改訂を要するものであった。こうした改訂作業は，スクリヴナーの一線編集者のマクシミリアン・パーソンズが引き受けた。この原稿は1940年に『キンコン鐘（Ding Dong Bell）』というタイトルで出版された。ハミングウェイはスクリヴナーに，最初の期間と更新期間の著作権を譲渡した。1995年にハミングウェイの法定承継者がスクリヴナーに対し『キンコン鐘』の延長期間について解除通知を送達した。スクリヴナーは，オリジナルの著作物とは原稿であって，『キンコン鐘』は派生著作物として出版されたのだから，解除の例外にあたる，と主張している。どちらが勝つことになるのか（Woods v. Bourne Co., 841 F. Supp. 118 (S. D. N. Y. 1994), aff'd., 60 F.3d 978 (2d Cir. 1995) 参照）。

権利の移転，更新および解除

　1　ある著作物が1960年に，創作され，発行され，著作権が取得された。同年，著作者Aは，最初の保護期間および更新期間の著作権をBに譲渡した。Aが1988年まで生きていれば，Bへの譲渡は有効であり，Bに代わってAが更新期間の著作権を取得することになる。Aが1988年より前に死亡して，生存配偶者Sを遺したとすると，Sが更新の権利を有することとなり，Bは更新期間について何の権利もないことになる（これら一連の結論は，現行法304条(a)〔1909年法24条の現行版〕から導かれるもので，同条は Fred Fisher Music Co. v. M. Witmark & Sons, 318 U.S. 643 (1943) で判示されたところのものである）。

　しかし，1976年法（1998年Sonny Bono法も入れて）で更新期間に追加された39年については，時

機にかなった通知をBに発することで捕捉されうることとなった。通知がなされる場合，Aが生きていれば，通知をなしうる者はAである。Aが死亡していてSが生きていれば，Sが通知をなしうる者である。この通知をする権利と更新期間の39年の追加については，AやSは，事前に放棄したり譲渡したりすることはできない（これらの結論は304条(c)から導かれる）。

2　Aは，ある著作物を1980年に創作した（従って，自動的に著作権を取得した）。同年，Aはこの著作権（Aの生存期間プラス70年存続する）を，生存者間の取引（inter vivos）として，Bに移転した。この権利移転は，その後35年から40年後までの間に（すなわち2015年以降に），時機にかなった通知によって解除されうるものである。解除の通知がなされると，Aが生存しているとして，通知をし，「帰還権」を主張しうるのは，Aである。Aが死亡していてSが生きている場合には，通知をし，「帰還権」を主張しうるのは，Sである。AもSも，事前に解除権限を放棄したり譲渡したりすることはできない（これらの結論は203条(a)から導かれる）。

3　上記2の場合と同じく，Aは1980年にある著作物を創作したが，同年にAは死亡し，Bに対して，生存者間の取引としてではなく，遺言でその著作権を移転した。この移転は解除することはできず，著作権は，将来のいかなる時点においてもSによって捕捉されることはできない（§203(A)参照）。2の場合と3の場合とで異なる結果が生ずることに何か意味があるか。

4　Aは，ある著作物を1960年に，創作し，発行し，著作権を取得した。1980年にAは，最初の保護期間と更新期間の著作権をBに移転した。

Aが1988年まで生存していたら，Bへの更新期間の著作権の移転は有効である。すなわち，Fisher v. Witmark 原則のもとでは，Aが更新を申請することにはなるが，Bが実際には所有することになる。この場合，Aは，304条(c)を理由として，更新期間に追加された39年を捕捉することはできない。なぜなら，同条は1978年1月1日より前になされた移転にのみ適用があり，ここでの移転は1980年になされているからである。従って，Bが，1989年から2055年までの全期間を通じて，更新期間の所有権を有することになる。

しかし，203条は適用される。ここでのAからBへの移転は1978年1月1日以降になされているからである。従って，Aは，1980年の移転から35年後に（すなわち2015年に）著作権を「捕捉」することができる。この場合，Bの更新期間がまだ40年残っているにもかかわらず，である。もしもAが，著作権の更新時の1988年から2015年までの間に死亡したとすると，203条における解除権は，Sが行使することができる。要約すれば，Sは，更新期間についてのBの権利を奪うことはできないが，時機にかなった通知によって，Bの享受する更新期間を短縮することができるのである。

5　上記4の場合と同じく，Aは1960年にある著作物を創作し，発行し，著作権を取得し，1980年にBに対して，最初の保護期間および更新期間における著作権が移転された。しかしAは1988年よりも前に死亡した。304条(a)によれば，更新期間の著作権の譲渡は無効となり，SはBを排除して更新期間の著作権を取得することができる。

6　最後に，上記の2つの場合と同じく，Aにより1960年に著作物が創作され，発行され，著作権が取得された。Aは1980年に死亡し，遺言により，最初の保護期間と更新期間の著作権がBに移転された。Sは，203条によっては2015年にこの移転を解除できない。なぜなら，Aによる移転は生存者間の移転ではないからである。しかし，あわてるのはまだ早い。Aは1980年時点で，最初の保護期間の残りの8年の著作権については，生存者間の取引としても遺言によっても有効に譲渡し

えたものだが，Aは1988年より前に死亡しているので，SはBを排除して更新期間の著作権を回復しうるものである。

【質問】

1　Aは，1950年にある小説の著作権を取得して，1970年に遺言を書き，そこで最初の保護期間と更新期間の著作権をプリンストン大学に遺贈した。1978年にAは著作権の更新を申請して，これを取得した。Aは1980年に死亡し，3人の娘を遺した。2006年（最初の著作権の取得から56年後，更新された著作権の取得から28年後）において，3人の娘たちは，残存する39年の期間を享受するために，上記の権利移転を解除しようとした。これは可能であるか。

2　203条(a)(5)は，著作者およびその家族は，著作権における権利自体の移転と同時に（あるいはその後に）解除権を放棄することはできない，と明示に規定している。権利の移転を受ける側の弁護士として，あなたなら，35年以上続く権利移転を可能にするような条項をドラフトできるだろうか。例えば，権利許諾は30年で終了するが，著作者（および，最初の許諾をした配偶者および子供）は，そこに規定される金銭を対価として，さらに30年間の著作権の再譲渡をする義務を負う，との条項は有効であろうか（この条項が形式的には法律と矛盾していないと仮定しても，あなたは弁護士として，この条項が203条(a)(5)の精神を損なっており，このような条文を移転契約中に入れることは不適当である，とは考えないか）。

3　以下の状況で，解除権はあるか。

　(a)　1975年に，ある著作物が創作され，発行され，著作権が取得された。1980年に，著作者とその妻の両方が，Bに対して，最初の保護期間と更新期間の著作権を譲渡した。1985年にAは死亡し，妻は2003年に著作権を更新した。

　(b)　1974年に，AはP出版社との間で，将来執筆する本についてその著作権をPに譲渡する旨の契約を締結した。Aはこの本を1976年に完成させた。この本は1978年に出版された。

4　Aは，1980年にある曲を作曲して，その著作権を音楽出版社に譲渡した。同社は，レコード会社に対して，この曲の録音物を作るライセンスを与え，レコード会社は，この録音物を製作し，頒布した。2015年付けでAは，出版社への譲渡を解除した。レコード会社のライセンスも，この解除によって終了してしまうのか。もしもレコード会社の権利が終了していないとすると同社は，録音物の頒布から生ずるロイヤルティを，出版社に支払うべきなのか，それとも著作者に支払うべきなのか（Mills Music, Inc. v. Snyder, 469 U.S. 153 (1985) 参照）。

5　203条の解除権というものは，解除について何も規定していないあらゆる著作権のライセンスや譲渡について35年の最低期間を設けたものというべきなのか，あるいは，譲渡人はもっと早く解除できるのだろうか（Rano v. Sipa Press, Inc., 987 F.2d 580 (9th Cir. 1993) と Walthal v. Rusk, 172 F.3d 481 (7th Cir. 1999) および Korman v. HBC Florida, Inc., 182 F.3d 1291 (11th Cir. 1999) とを比較せよ）。

解除権の締切日

以下は，権利許諾をいつ解除できるのかの計算をするのに役立つことであろう。

1　1977年末までに発行された著作物

　a　更新期間の権利の帰還

　　1964年より前に発行された著作物

更新期間の権利を誰にも付与していなければ，更新期間帰還権は（適宜の申請と登録を条件に）自動的に著作者に行く。著作者が更新期間の権利を許諾し，かつ更新期間が生ずる前に死亡した場合には，生存する配偶者ないし子供に行く。

帰還権の行使には時間的制限はない。よって，たとえば Rohauer v. Kiilliam Shows (551 F.2d 484 (2d Cir. 1977)) 判決では，著作者の未亡人が1952年に更新登録をしたが，1965年になるまで Rohauer に権利譲渡をしなかった。

1964年から1977年末までに発行された著作物

著作者が更新期間の権利を付与していなかった場合，もしくは更新期間がくる前に著作者が死亡した場合には，<u>著作権成立後28年目の年の間に更新登録が自発的になされることを条件に</u>，更新期間の権利は帰還する（もしも著作者ないし遺族が更新を自発的にしなかった場合には，著作権は自動的に更新されるが，譲受人は既に作成した派生著作物を引き続き使用することができる）。

b 延長された更新期間の権利の帰還

発行から56年目の終了時から5年の期間は開始する（事前の通知により，そこから最短で2年，最長で10年）。しかし譲受人は，既に作成した派生著作物を引き続き使用することができる。

もしも著作者ないしその相続人が56年目の年末までに解除しない場合には，発行から75年目の年末から5年の期間は開始する（事前の通知により，そこから最短で2年，最長で10年）。しかし譲受人は，既に作成した派生著作物を引き続き使用することができる。

2 1978年以降になされた独占的ないし非独占的な権利付与（発行日にかかわらない）

発行から35年目（許諾が発行権を含んだものであれば，発行から35年ないし許諾から40年のいずれか早い方）から5年の期間は開始する（事前の通知により，そこから最短で2年，最長で10年）。しかし譲受人は，既に作成した派生著作物を引き続き使用することができる。

【質問】

1 きわめて多数の歌の原稿が，最近になって，ニュージャージー州シコーカスのワーナー・ブラザースの倉庫の中から発見された。この多くはこれまで知られていなかったものであり，この中には，ジョージ・ガーシュイン，ジェローム・カーン，コール・ポーター，リチャード・ロジャース，ヴィクター・ハーバートなどのものも含まれている。これらの歌の大多数は，『ショウボート』のような，不況期のミュージカル映画のために書かれて，結局使用されなかったものである。

このニュースが全国的に報道された後で，多くの権利主張者が出てくることが予想される。読者はワーナー・ブラザースの弁護士である。これらの歌の所有権の帰属について，どういう問題があり，どうこれを解決するか。

2 小説家Nは1940年に『サスカチワン』という短編小説を発表した。1965年になり，プロデューサーMは，この小説を元にした映画『カナディアン・ロッキー』を製作した。読者はプロデューサーCの弁護士で，Cはこの映画のリメークを作りたいと思っている。著作権が生きているか否か，誰から権利を取得すべきかを判断するにあたり，どういう情報を必要とするだろうか。

第5章

方式要件

　著作物が保護を受ける要件として,「発行」された著作物は著作権表示をつけていなければならない。おそらく,わが国の著作権法の特徴の中でもこの要件ほど論争の的となってきたものはなかったであろう。あるいは,過去25年間においてこの要件ほど急激な制定法上の変化にさらされたものはなかったといってよかろう。著作権表示の要件は,一番初めの1790年法以来すべての合衆国著作権法のひとつの特徴であった。たしかに,発行済みの著作物に著作権表示があれば,それは無許諾の利用者への警告となり,また有益な情報源としても機能するのだが,この表示がないと保護が与えられないとする必然的な理由というものは特にないのである。事実, 1世紀以上にわたって,出版を行っている世界の主要な国々(アメリカを主要な例外として)は,著作権表示を要件とはしていない。著作権の保護に対するリベラルなアプローチは,多く,主要な国際的著作権条約であるベルヌ条約によって育まれてきたことに起因する。同条約5条(2)は,「〔著作権の〕享有及び行使には,いかなる方式の履行をも要しない」と規定している。しかしながら,合衆国は,今世紀を通じて, 1978年1月1日発効の1976年法においてすらも,表示要件を固持し続け,これによってベルヌ条約への加盟を不可能なものとしてきた。

　後に述べるように, 1909年法は,表示要件を発生させる非常に重要な行為である「発行」ということを定義していなかったが,著作権表示の形式と場所については細かいルールを定めていた。著作権者が1909年法における表示要件に合致しそこなうと,一般的にいって,その著作物はパブリック・ドメインになってしまうという効果を発生させる。それで,ちょっとした不注意で,多くの著作物の著作権の喪失という事態を招いた。こういった結果への憂慮,また,合衆国の著作権法をベルヌ条約の要件に少しでも近づけようという配慮から,連邦議会は, 1976年に,表示要件について最初の大きな緩和を図った。後にさらに述べることとなるが,発行済み著作物のすべてのコピーへの著作権表示ということは依然として要求されてはいたが,それがない場合にも致命的な事態とはならないようになった。最も重要な変更としては,表示の脱落が,発行から5年以内ならば,著作権の登録とその他の著作権者の行為によって治癒される,としたことである。

　1978年1月1日以降においても,著作権保護の喪失を招く,治癒されない表示要件不履行というものは引き続きあったから,やはりベルヌ条約5条(2)には合致しない事態が存続していた。連邦議会の内と外とで,著作権法を改正してベルヌ条約へ適合しようとの運動が熱心に繰り広げられ,それが1988年ベルヌ条約施行法(Berne Convention Implementation Act of 1988)として結実した。同法は1989年3月1日に施行された。わが国の歴史上初めて,発行済みのコピーやフォノレコード上の表示が,著作権保護の条件ではなくなったのである。しかし,著作権者が表示をつけることは任意に選択できることになっており,連邦議会としても,この選択を推進しようとしている。

　ここで読者に対して強調されねばならないことは,著作権表示について近時改正があったといっ

ても，そのことは，1909年法や1976年法のベルヌ前の時代（1978年１月１日から1989年２月28日まで）における厳格な要件について，これを無視してよいということを全く意味しない，ということである。1976年法を立法した連邦議会が言うように，新法は，「1978年１月１日前にパブリック・ドメインになった著作物に対して著作権保護を付与するものではない」からである（Trans. & Suppl. sec. 103, 90 Stat. 2599）。すなわち，ある著作物の最初の発行時点において効力を有していた表示ルールが，そのまま効力を有するのであり，その著作物の著作権の地位というものを決定するのである。これらのルールに従わなければ，著作物はパブリック・ドメインになってしまうのである。たとえば，1975年に最初に「発行」されたとする著作物について，2010年に侵害があったと主張される事件があったとすると，これを審理する裁判所は，その当時における法律を調べなければならない（Nimmer, Preface—The Old Copyright Act as a Part of the New Act, 22 N.Y.L.S. L. Rev. 471 (1977)）。従って，発行と適正な著作権表示に関する1909年法の諸条項が1976年法によって「置き換えられた」と言うのは正確ではないのである。

A　1976年法前における発行と著作権表示

　1909年法のかなめの概念は「発行」であった。この現象があると，一般的にいって，コモン・ロウの保護を一方とし，制定法の保護ないし全然保護なしを他方として，この２つの境界をなしていたものであった。従って，よく言われることは，規定の著作権表示を付した発行があれば制定法上の著作権が確保され，他方，かかる表示なしの発行であると著作物をパブリック・ドメインにしてしまう，ということであった。

　このルールは1909年法10条に根拠をもつもので，これは次のように規定している。「本法において資格を有するいかなる者も，本法に要求される著作権表示を付して著作物を発行することにより，かかる著作物の著作権を取得することができる」（ただし，一定のカテゴリーの著作物については1909年法は第12条において，発行がなくとも登録によって制定法上の保護を確保できるようにしていた）。発行とは，わが国の伝統的な制定法の保護の要件として，制定法による著作権システムというものに反映された，公衆と著作者との間の擬制的な取引の結果生じたものである，という（Donaldson v. Becket, 4 Burrows 2303, 98 Eng. Rep. 257 (1774)）。著作者はその著作を世の中に開示することによってコモン・ロウ著作権の保護を失うことになるが，かかる行為を奨励するために，代りに制定法上の新しい権利が，限定期間ながら生ずることとされた，というわけである。そのコロラリーとして，著作権の保護期間は「最初の発行日」から起算されるのである。

　1909年法10条に援用されている発行概念は非常に技術的なものとなっていった。これは，必ずしも「公けになる」という一般的な意味内容とは一致しないものとなってしまっているし，著作者からコモン・ロウ著作権を奪う行為と完全に重なりあうわけでもなかった。

　「発行」の定義　　1909年法は，「発行」について明示の定義をおかなかった。これはなぜかといえば，この概念を定義することが難しすぎると考えられていたからであった（Hearings on S. 6330 and H. R. 19853 Before Committee on Patents, 59th Cong., 1st Sess. 71 (June 1906)）。しかし26条にお

A 1976年法前における発行と著作権表示　405

いては，著作物の「コピーが販売ないし頒布のために複製された」場合には，「『発行日』は，……最初の正規（authorized）の版のコピーが，著作権者ないしこれから許諾を得た者により，販売におかれるか，販売されるか，あるいは公けに頒布された，最も早い日とする」との規定がある。ただ，Cardinal Film Co. v. Beck（248 F. 368（S. D. N. Y. 1918））の裁判所がそう解したように，この条項は明らかに著作権の保護期間の始期を規定したもので，あらゆる場合において何が発行にあたるかを定義づけたものではない。発行が実際に何時あったかは重要であり，それは，表示を付した発行により著作権の取得されたあるゆる著作物について，その日から最初の保護期間の28年が走り始めることによる。従って，著作権の申請人がこの点について誤りを犯すと深刻な結果を招くことになり，殊に更新については，それが「著作権の最初の保護期間の終了する日より前1年以内に」申請されなければならないとされているところから，より一層深刻である（この問題は1976年法においては，更新を含めたこれらの期間を全部暦年で処理しているので，解決をみた）。

　1909年法においては「発行」の概念を明確に理解することが非常に重要であったにもかかわらず，この言葉の内容を明らかにするにあたり，かなり多くの恣意的な解釈がなされてきた。最も有名で最も重要なものは，一般的に受け容れられてきた説としての，語られたドラマを上演すること自体は発行にはあたらない，ということである。この原則は1909年法前に確立されたものである（Ferris v. Frohman, 223 U. S. 424（1912））。この Ferris 原則は，類推解釈によって映画の上映にも及ぼされ（De Mille v. Casey, 12 Misc. 78, 201 N. Y. S. 20（N. Y. Sup. Ct. 1923）），さらには，営利目的の有無を問わない，楽曲の公開演奏（McCarthy v. White, 259 F. 364（S. D. N. Y. 1919）），口頭の講演や演説（Nutt v. National Institute, Inc., 31 F. 2d 236（2d Cir. 1929））にも及ぼされ，いずれもラジオ放送等を含めてその手段を問わず，ということになった（Uproar Co. v. National Broadcasting Co., 81 F. 2d 373, 28 USPQ 250（1st Cir. 1936））。

　1909年法では，音楽著作物ないし文芸著作物のフォノグラフ・レコードの一般的な頒布が，コモン・ロウの保護を剥奪して，制定法の保護を受けるためには著作権表示を要するような「発行」にあたるのかどうかについて，かなりの程度に不確実なところがあった。まずこれは，1909年法以前に最高裁が，「ピアノラ」ミュージック・ロール（訳注：オルゴールの芯のようなギザギザの爪のついた初期の蓄音機向けの音源ソフトウェア）は楽曲の「コピー」ではないから，楽曲の著作権の侵害にはならない，と判示したことに始まる（White-Smith Music Publishing Co. v. Apollo Co., 209 U. S. 1（1908））。1909年に連邦議会は，1条(e)で音楽の機械的な複製についても著作権者の支配が及ぶようにして，直接にこの状況を是正したが，機械的複製というものと「コピー」というものを同じものとはしなかったのである。

　従って，半世紀以上にわたって，レコーディングは録音された著作物の「コピー」ではなく，楽曲のレコードの販売はコモン・ロウの著作権を喪失させず著作権表示も必要ないというのが，一般的に肯定された見方であった（Rosette v. Rainbo Record Mfg. Corp., 354 F.Supp. 1183（S.D.N.Y. 1973）, aff'd per curiam, 546 F.2d 461（2d Cir. 1976）参照）。しかし，大方の驚きのもとに（ことに出版業界と音楽業界の驚きは大きかったが），全く反対の結論が1995年に第9控訴審によって下された（La Cienega Music Co. v. ZZ Top, 53 F.3d 950（9th Cir. 1995））。連邦議会は，この判決後すみやかに動いて，同判決の結論を覆す立法を行い，権利喪失の危殆に瀕していた1978年前に録音され頒布された何千という楽曲の著作権を救ったのである（Pub. L. No. 105-80, 111 Stat. 1534（1997））。303条(b)

が法に加えられ,「1978年1月1日より前になされたフォノレコードの頒布は,本法においては,そこにおける楽曲の発行とはみなされない」と規定された。

さらに,派生著作物(たとえば,美術作品の複製物や小説に基づいた映画など)の発行が原作にもたらす効果については,かなりの不確実性があった(Rushton v. Vitale, 218 F.2d 434 (2d Cir. 1955)とLeigh v. Gerber, 86 F.Supp. 320 (S.D.N.Y. 1949) とを比較せよ)。この問題は,著作権表示との関連でもっとも厄介なものである。思うに,これへの回答は,当該派生著作物が原作著作物の(表示条項にいうところの)「コピー」と考えるべきかどうか次第である。1909年法の制定からほぼ1世紀がたとうという今日においてすら,裁判所間において判断の矛盾があるのである。

たとえばGordon Art, B.V. v. Walker (40 U.S.P.Q.2d 1506 (S.D. Cal. 1996))では,アメリカ内で著作権表示(1909年法における表示)なしに発行された,著名なオランダ人アーティストの作品の複製物の発行は法律上の「発行」にはあたらず,元の作品の著作権を剥奪しない,と判示された(複製物はアメリカ内においてパブリック・ドメインにはなるが,著作権は,1995年に改正された104条Aによって復活されたことになる)。これに対してBatjack Prods. v. GoodTimes Home Video Corp. (160 F.3d 1223 (9th Cir. 1998))における第9控訴審は,「映画の元になった脚本におけるコモン・ロウ著作権は,映画の著作権が失われた場合には同時に消滅するものであって,映画の著作権を更新しそこねた場合にはパブリック・ドメインとなる」と判示した(同旨, Shoptalk, Ltd. v. Concorde-New Horizons Corp., 49 U.S.P.Q.2d 1599 (2d Cir. 1999)〔映画『リトル・ショップ・オブ・ホラーズ』の発行は,その映画において開示された脚本をも発行したことになる,と判示〕; Harris Custom Builders, Inc. v. Hoffmeyer, 92 F.3d 517, 520 (7th Cir. 1996), cert. denied, 519 U.S. 1114 (1997)〔建築設計図の発行は,元になっている設計の発行でもある,と判示〕; Classic Film Museum, Inc. v. Warner Bros., Inc., 597 F.2d 13 (1st Cir. 1979)〔映画を発行することは,その映画に取り込まれている限りにおいて,その脚本を発行することでもある,と判示〕)。

限定的発行 著作物を他人に開示したり伝達したりしただけで著作権法上の「発行」となってしまうのではないことは,上記より明らかである。ある著作物の内容を制限されたかたちで伝達することは,一般的には当該著作物の発行にはあたらない,と判示されてきた。頒布にあたり著作権者が,誰に著作物が伝達されるべきか,および何のために開示されるかを限定した場合には,これは,「限定的」,「制限つき」ないし「私的」発行と長く称されてきたものにあたり,つまり,正確には発行は起こらなかったことになる(White v. Kimmell, 193 F. 2d 774 (9th Cir.), cert. denied, 343 U. S. 957 (1952) 参照)。

これに反して,政府職員による講演のコピーの頒布や使用について何もこれを限定させようとしなかった場合には,剥奪的な効果を伴う発行という認定を受ける可能性がある。Public Affairs Associates v. Rickover (284 F. 2d 262 (D. C. Cir. 1960), judgment vacated, 369 U. S. 111 (1962), on remand, 268 F. Supp. 444 (D. D. C. 1967))においてリード判事(指定により陪席)は,以下のように述べている(284 F. 2d at 271)。

> リックオーヴァ提督の頒布行為,すなわち,講演そのもの,新聞への配布,受取人のリクェストで個々人に配られたコピー,特にリクェストなしに配られたコピー,50ごとに束にして講演のスポンサーが配れるようにしたこと,等を全体として考慮すると,これらの行為が全体として講演の発行になるとの結論を避けることは困難であり,従ってこれはパブリック・ドメイ

ンになっていると考えざるをえない。

　控訴審裁判所は，さらに事実審理を尽くさせるために事件を差し戻したが，最高裁は，適切な事実取調べの不足を理由として，この判決を覆した。

　Rickover 判決は，しかし，King v. Mister Maestro, Inc. (224 F. Supp. 101 (S. D. N. Y. 1963)) においては区別された。この事件は，マーティン・ルーサー・キング Jr. 牧師の有名な講演"I Have a Dream"の「前出し（advance copy）」のプレス・キットの頒布に関するもので，裁判所は，これが公衆に対してオファーされたものではないから限定的発行である，とした。

　それにしても次のことは注目に値する。すなわち，Rickover 判決ではより厳格なアプローチがとられてはいるものの，そこでの裁判所にしても，著作権を取得することが問題になっている場合に比べて，その剥奪が問題になっている場合の方が限定的発行を認定しやすい，と認めている。従って，この法領域における「剥奪的」発行と「授与的」発行の対立の重要性を見過ごしてはならない。「剥奪的」発行は，コモン・ロウ著作権を消滅させ，コピーが著作権表示なしで頒布されていれば作品をパブリック・ドメインへと落とし込んでしまう。このような結果があまりにも酷なために，認められたのはいささか遅きに失した感はあるものの，裁判所の傾向としては，著作権喪失を招く広範かつ無制約的な頒布の立証には高度に説得的な証拠を要求するという姿勢をとり，これに比べると，著作者側が表示を付したとして10条の保護を発動しようとする場合には，それほどに高度に説得的な証拠は要求されない。

　たとえば，「売込み」目的で約2,000部の楽譜を配ったことは，著作権を剥奪しないとされた (Hirshon v. United Artists Corp., 243 F. 2d 640 (D. C. Cir. 1957)〔§12の著作権は保持された〕)。一方，特に監督を及ぼすことなく，約200部の本を，これを使うことに潜在的に関心をもっている人々の集まるコンヴェンションで配る行為は，10条にいう本の「発行」にあたるとされた（American Visuals Corp. v. Holland, 239 F. 2d 740 (2d Cir. 1956). また Atlantic Monthly Co. v. Post Publishing Co., 27 F. 2d 556 (D. Mass. 1928)〔雑誌の校正刷りを出版社の財務役員に販売することは，「制定法上の形式要件に関する限りにおいては」授与的な発行である，とされた〕)。

　表示要件　　ひとたび著作物が発行されたとの判断がなされると，1909年法は，その先代の法がそうしたように，特定の場所に著作権表示を付することを要求する。この要件は10条に根拠を有する。同条は，「本法において資格を有するいかなる者も，本法に要求される著作権表示を付して著作物を発行することにより，かかる著作物の著作権を取得することができる。かかる著作権表示は，合衆国内にて著作権者ないしその許諾のもとに発行され，ないし販売のためにオファーされた各コピーについて付されていることを要する」と規定していた。表示のフォームについては19条に規定され，それはごく些細な例外を除いては，"copyright"（またはその略語）という言葉，ないしは，よくある著作権記号と，これに加えて著作権者の名前，発行の年とを記入するものとされていた。表示の場所についてもこの規定は定めており，書籍については，「タイトル・ページ上ないしその直後のページ上」になされるべしとされ，定期刊行物については，「タイトル・ページ上，各個別の号の本文の最初のページ上，もしくはタイトル見出しの下」，音楽著作物については，「タイトル・ページ上ないし音楽の最初のページ上」になされることとされていた。

　裁判所の中には，実質的に法上の要件が守られていさえすれば，1909年法の表示の場所と様式の要件からやや離れても大目に見る，というものもあった。すなわち，実際の著作権者の名前に近い

名前であったので誰も間違えることはなかったであろう,というような場合(同一役員の会社等)には,このようなことがままあった。しかし,正確に法を適用する裁判所もあり,その場合これらの法廷のよって立つ理論は,著作権は立法により付与された特権であるから方式要件に完全に合致しない限り取得されえないものである,という立場であった。定期刊行物の奥付での著作権表示(典型的には,新聞の社説欄のページ)は,通常は要件を満たしたものとみなされるが,たとえば 28 ページのパンフレットの裏表紙上では不適切とされたりする。このような法上の要件への不適合は致命的なものとされ,その著作物はパブリック・ドメインとなってしまった(J. A. Richards, Inc. v. New York Post, Inc., 23 F. Supp. 619 (S. D. N. Y. 1938))。同様に,雑誌などの集合著作物における表示の位置についても裁判所は時に厳格なことがあり,かかる表示は収録されている作品で別個に著作権表示を付していないものを保護しないと判示したりもする(Sanga Music Inc. v. EMI Blackwood Music, Inc., 55 F.3d 756 (2d Cir. 1995))。

　表示の年が不正確な場合も,著作権にとって致命的である。裁判例と著作権局の規則により発展された一般原則は,実際の日付よりも早い方に不正確である場合には致命的とはならないが,制定法の保護期間がその年から数えられることになってしまう(従って,公衆の利益のために保護期間が短くされてしまう)。1年以上先日付となっている表示の場合は,致命的な瑕疵とみなされる(従って,発行スケジュールの年末へのすべりこみを許してはいた)。

　もちろん,要求されている表示を全く怠ったら,それは致命的であった。しかし法は21条において,1つだけ例外を設けていた。著作権者が表示要件を「満たそうとした」が,「事故ないし不注意」により,「ある一部ないし複数のコピー」に表示を欠いてしまった場合には,この例外にあたるとするのである。この見落しは著作権を無効にしないが,「表示の脱落に誤導された善意の侵害者からは,損害賠償を回復しえない」ものとされた。しかしこの例外条項は,表示の脱落が「過失ないし見過し」で生じた場合(Sieff v. Continental Auto Supply, Inc., 39 F. Supp. 683 (D. Minn. 1941)),あるいは法律の錯誤で生じた場合(Wildman v. New York Times Co., 42 F. Supp. 412 (S. D. N. Y. 1941))には適用がないとされた。

　裁判所の判断を分けているもうひとつの問題は,1909年法において,アメリカ国外で著作権表示なしにアメリカの著作物が最初に発行された場合に,そうした著作物はアメリカ国内で著作権が消滅するものかどうか,ということである。第9控訴審は近時,これに対して否定的な回答を与えた。これは多くの者から正しい見解であるとみなされている。Twin Books Corp. v. Walt Disney Co. (83 F.3d 1162 (9th Cir. 1996)) は,『バンビ』の物語をめぐる事件である。"Bambi, A Life in the Woods"は,1923年,著作権表示なしにドイツで最初に発行され,その後1926年に著作権表示を付されて再発行(およびアメリカで登録)された。著作権者は1954年に更新登録をしたが,それは作品が1923年に最初に発行されたとしたら遅きに失した。第9控訴審は,海外における著作権表示なしの発行が後にアメリカで発行された場合の著作権を消滅させる可能性があるとした古い判例について言及したが,結論として,こうした見方は著作権の「属地性(territoriality)」という一般原則に矛盾するものであるとした。裁判所は,表示なしでの海外の発行(そうした理由で著作物をパブリック・ドメインにしない国における)は後にアメリカにおいて著作権を取得することの妨げにはならないと判示した Heim v. Universal Pictures Co. (154 F.2d 480 (2d Cir. 1946)) に依拠した(しかし,1976年に新著作権法が制定された当時は,401条(a)は「本章において保護されるべき著作物がアメリカ

合衆国ないしその他の場所において著作権者の許諾のもとに発行される場合」表示を要すると規定している（下線引用者）。後に述べる Hasbro Bradley, Inc. v. Sparkle Toys, Inc.においては，表示なしに日本で日本の著作権者によって発行された玩具は401条(a)の要件に欠けるものと判示された。むろん，以下で見るように，この表示要件は1989年3月1日に発効した1976年著作権法の改正によって，今は削除されている）。

〈Estate of Martin Luther King, Jr., Inc. v. CBS, Inc.〉
(194 F.3d 1211 (11th Cir. 1999))

アンダーソン主席判事

1963年8月28日にワシントンで行われた，市民権運動の指導者マーティン・ルーサー・キング博士の有名な演説"I Have a Dream"の一部を無許諾で使用したビデオ・ドキュメンタリーを，被告CBSが制作したことで，原告 Estate of Martin Luther King, Jr., Inc.は被告に対して著作権侵害訴訟を提起した。地裁は，原告の主張自体を失当として被告勝訴の判決を下した。その理由とするところは，キング博士はこの演説について一般的発行を行ったことによってこれをパブリック・ドメインに置いたものである，ということである（Estate of Martin Luther King, Jr., Inc. v. CBS, Inc. 13 F.Supp.2d 1347 (N.D.Ga. 1998)）。当法廷はこれを覆すものである。

I 事実関係

本件の根底をなす事実は，我々の国民的遺産の一部であり，多くのアメリカ人の知識にとって親しみのあるものである。1963年8月28日の午後，南部クリスチャン指導会議（Southern Christian Leadership Conference: SCLC）は，高まりつつあった市民権運動をさらに盛り上げるためにワシントンにおける大行進を行った。この一大イヴェントは，大行進に集まった20万人の人々が見聞したものであり，ラジオとテレビの生中継で全国の何百万もの視聴者に放送された。大行進のハイライトは，人を鼓舞してやまない SCLC の創始者兼代表のマーティン・ルーサー・キング Jr.博士の演説であり，これはリンカーン記念碑の前で行われた（本演説）。本演説には，有名なフレーズの"I have a dream…"が含まれており，それは市民権運動のシンボルとなった。SCLC は大行進と本演説が広く報道されるように手配していて，そうした努力は実ったものといえる。すなわち本演説は，全国の日刊紙に報道され，ラジオとテレビで放送され，生中継の後においてもラジオとテレビで何度も報じられたものであった。

本演説の約1か月後である1963年9月30日にキング博士は，1909年著作権法のもとで本演説の連邦著作権保護を確保する手続をとり，1963年10月2日に著作権局は著作権登録証を発行した。キング博士はその直後に，本演説の録音物の無許諾販売を差し止める訴訟をニューヨーク南部地区地裁に提起し，1963年12月13日に仮処分決定を得た（King v. Mister Maestro, Inc., 224 F.Supp. 101 (S.D.N.Y. 1963)）。

その後の20年間，キング博士と原告は本演説の著作権保護を享受し，これを様々な使用に向けてライセンスし，更新手続も行ってきた。1994年に被告 CBS は，Arts & Entertainment Network と契約して，『20世紀をマイク・ウォレスと共に』と題する歴史ドキュメンタリーを制作させた。その中の1章が「マーティン・ルーサー・キング Jr.とワシントン大行進」にあてられていた。このエピソードは，被告が大行進において撮影した素材と本演説からの長いフッテージ（全内容の約60%にあたる）から成るものであった。しかし被告は，このような使い方で本演説を使用すること

について原告の許諾を求めず，原告にロイヤルティを支払うことを拒絶した。そこで本件訴訟が開始されたということになる。

地裁はその判決において，本件における問題を，「キング博士の演説を公けにしたことが……これを一般的に発行することになり，従ってこれをパブリック・ドメインに置いたことになるかどうか」であると捉えた（13 F.Supp.2d at 1351）。関連の判例法を検討した後に地裁は，キング博士の演説が，「ワシントン大行進における同演説と同時になされた，かくも広範かつ無制限の複製と頒布とともになされており，これは同演説をパブリック・ドメインに置いてしまう類の一般的発行と見ざるを得ない」とした（Id. at 1354）。よって地裁は被告勝訴の判決を下した。原告はこれに対して当法廷に控訴した。

II 検　討

……問題となった出来事の起きた日付の点から考え，本件での問題は，1976年著作権法ではなく1909年法において検討されるのが適切である（Brown v. Tabb, 714 F.2d 1088, 1091 (11th Cir. 1983)〔「1976年法の施行日前にある著作物がパブリック・ドメインになっているか否かは，同日前に存在していた著作権法において判断されなければならない」〕参照）。本件での問題は，1963年9月30日に著作権保護を受けようとしたキング博士の試みが有効なものであったのか，あるいは，本演説が一般的発行によってパブリック・ドメインになってしまっていたが故にそれは無効なものであったのか，ということである。

1909年法の作った体制においては(1)，著作物の創作時において著作者は自動的にコモン・ロウの著作権を受けることとなっていた。このコモン・ロウ著作権による保護は，一般的発行の瞬間まで持続するものである。一般的発行が起こると，著作者はその著作物がパブリック・ドメインになってしまうことを甘受するか(2)（たとえば，White v. Kimmell, 193 F.2d 744 (9th Cir. 1952)を参照），あるいは，それまでに連邦著作権法上の要件を満たしていれば，コモン・ロウ著作権を連邦著作権に転換するかのいずれかであった（Mister Maestro, 224 F.Supp. at 105〔「制定法上の著作権は著作物の発行前にも取得できるが，発行が起きた場合にはすぐにその要件への合致がなければならない」〕参照）。……

発行がコモン・ロウ著作権を壊滅するというルールの過酷さを和らげるために，裁判所は「一般的発行」と「限定的発行」の区別というものを編み出してきた（Brown, 714 F.2d at 1091 (citing American Vitagraph, Inc. v. Levy, 659 F.2d 1023, 1026-27 (9th Cir. 1981))）。一般的発行のみがコモン・ロウ著作権を剝奪するのである（Id.）。一般的発行が起こるのは，「著作物が公衆一般のメンバーに対して利用可能な状況に置かれ，その際，その身元やその著作物をどうしようとしているかについてお構いなしである場合」である（Id. (citing Burke v. National Broadcasting Co., 598 F.2d 688, 691 (1st Cir. 1979))）。逆に非剝奪的な限定的発行とは，普及・複製・頒布・販売の権利なしに，著作物の内容を選ばれた人々に限られた目的のために伝達することである。本件での問題は，キング博士による本演説の提示が一般的発行であったかどうかということである。

---

(1)〔原(2)〕　もしもキング博士と原告が1909年法のもとで有効な著作権を取得しているとしたならば，その著作権は1976年法においても304条によって持ち越されており，また本演説の著作権は適宜に更新もされている。

(2)〔原(3)〕　この法領域における「発行」という言葉は「法技術的な用語であって，通常その言葉の意味するものであるよりは，秘儀的な手続を表すもの」（Melville B. Nimmer, Copyright Publication, 56 Colum. L. Rev. 185, 185 (1956)）であることを強調しておく。

A 1976年法前における発行と著作権表示 411

多くの判例において，著作物を単に実演したのみでは一般的発行にはならないとされている（たとえば，Ferris v. Frohman, 223 U.S. 424, 433 (1912)〔「演劇的楽曲を，印刷するのでもなく出版するのでもなく，公けに実演することは，所有者からコモン・ロウ上の権利を奪うものではない。……戯曲を公けに実演することは，それを公衆の使用へと放擲することではない」〕; Columbia Broad. Sys., Inc. v. Documentaries Unlimited, Inc., 42 Misc.2d 723, 248 N.Y.S.2d 809, 811 (Sup.Ct. 1964)〔ケネディ大統領の死についてのニュース・アンカーの有名なアナウンスに関して，「マイクロフォンを前にして実演の提供をしたとしても，その所有権を放棄したり公衆一般に放擲したことを意味しない」と判示〕を参照。一般的には Nimmer §4.08, at 4-43〔「文芸著作物や音楽著作物を口頭で頒布したり実演しても，それは当該著作物の発行にはならない」〕を参照）。

判例法によれば，一般的発行は 2 つの場合にしか起こらない。ひとつは，著作物の有体物のコピーが一般公衆に対して頒布され，その態様が，公衆に当該著作物についての支配とコントロールを及ぼすことを許しているような場合である。……もうひとつは，著作物が上演ないし展示され，その態様が，公衆に無制限にそれをコピーすることを許しているような場合である（Letter Edged in Black Press, Inc. v. Public Bldg. Comm'n of Chicago, 320 F.Supp. 1303, 1311 (N.D. Ill. 1970)〔「（公共空間に置かれた彫刻の）コピーについて何の制約もなく，コピー行為を防止する何のガードもなされていない場合」であって，「どの市民であれ自分の楽しみのために彫像をコピーでき，撮影許可が誰に対しても開放されている場合」には，この例外を適用するとする〕参照）。しかし，判例法によれば，コピーへの制約は黙示のものでも構わず，これについて明示の制約は不要であるとされている（American Tobacco, 207 U.S. at 300〔アートワークが展示されている場合においても，「コピーを禁ずる定款があったり，コピーをしてはいけないことが暗黙に了解されていて，入場者が不適切な利用をしてはいけない旨の暗黙の了解のもとに入場している場合」には，一般的発行にはあたらないと判示〕参照）。……

さらに判例法の示すところによれば，公衆ではなく報道機関に対して，報道価値のあるイヴェントの報道をさせる目的で著作物を頒布することは，限定的発行になるという。たとえば，Public Affairs Assoc., Inc. v. Rickover（284 F.2d 262 (D.C. Cir. 1960), vacated on other grounds, 369 U.S. 111 (1962)）においては，一般的発行が起こるのは，「講演の内容についての広報を情報チャンネルを通じて確保するということのみならず，講演を誰であれ関心を持つ人に頒布するにおいて<u>報道や放送の通常のソースを踏み越えようとする意図的な努力</u>」がある場合である，と判示されている（Id. at 270（下線引用者））。Rickover 判決では一般的発行がなされたものと判示されたが，そこでは，「公正な論評のための報道機関による講演の限定的使用」であるところの限定的発行と，「誰であれ関心のある人への無制限な頒布」であるところの一般的発行とを対比している（Id. at 271，また Mister Maestro, 224 F.Supp. at 107〔ニュースでの扱いを求め，メディアに頒布することは，限定的発行にしかならない〕を参照。cf. Documentaries Unlimited, Inc., 248 N.Y.S.2d at 810-11〔ケネディ大統領暗殺についてのニュース・アンカーのアナウンスメントは，報道価値のあるものとしてラジオで放送されたからといって，一般的発行になるわけではない〕）。このルールは常識に合致したものである。著作者のメッセージがたまたま報道価値があるからといって，コモン・ロウ著作権の維持か報道での脚光かの選択を強いられるべきものではないのである。

上記の原則を念頭において本件を見ると，キング博士が本演説を口頭で提示したことによって一般的発行が起こり，その結果本演説は「公衆一般のメンバーに対して利用可能な状況に置かれ，そ

の際，その身元やその著作物をどうしようとしているかについてお構いなしである」(Brown, 714 F.2d at 1091) ようになったということについて，被告が事実認定上の問題を超えて立証し得たものとは思えないのである。実演というものは，たとえそれがいかに大きなものであっても，発行ではないのである。これを否定すれば，長い歴史のある先例を否定することになる。この結論は，本演説がラジオやテレビで生中継され，その後においても何度もニュースで取り上げられたことによっても揺るがされるものではない。上記の判例法によれば，報道価値のあるイベントをニュースで取り上げてもらうために報道機関に著作物を頒布することは限定的発行にすぎないとしているが，当法廷もこれにならうこととする。

……地裁は，「本件における状況は，本件の著作物を『実演は発行ならず』との法理のパラメーターの外側に持ち去ってしまっている」と判示した (13 F.Supp.2d at 1351)。そうした状況とは，「演説の圧倒的な公共的性格，報道機関の注意を引こうとの大行進開催者側の熱烈な意図」などを指している (Id.)。確かに本演説は一級のものであり，歴史的なユニークなイヴェントである。しかし，本演説をユニークならしめている特徴，すなわち巨大な観衆と報道価値や歴史から見たところの本演説の重要性というものは，判例法によれば，一般的発行と限定的発行の分析においては重要性がない特徴なのである。巨大な観衆ということについては，判例法によれば，一般的発行の成

---

(3)〔原(4)〕 我々は，本件が主張自体失当の判決に基づいたものである点を強調したいと思う。すなわちこれは，審理においては重要ないし決定的であるかもしれないような証拠について，ここでは無視するということである。言い換えれば，我々は事実関係に関して争いのない証拠のみを考慮に入れて判断しているのである。そうした証拠としては，本演説が大観衆を前に口頭で行われたこと，キング博士を含めたイヴェントの主催者がラジオ・テレビの生中継や報道メディアでのニュース扱いを訴求し，これを勝ち取ったという事実しかない。この点に関して，訴訟の本段階においては，我々は，被告が持ち込んでいる２つの潜在的に重要な証拠については考慮に入れないのである。第１は，本演説のテキストが演説の日において報道テントにおいて配られていたという証拠である。被告の提出した目撃証人の供述書によれば，報道機関だけでなく公衆一般が報道テントにアクセスを認められており，前出しコピーが配られていたという。しかし原告も，供述書を提出して，この目撃証言に反論しており，アクセスは SCLC によって合理的手段でコントロールされていたとする。さらに原告は，本演説の多くの内容はキング博士から即席にあふれ出たもので，前出しコピーに含まれていなかったとする。これらの議論は我々の考慮しない類のもので，地裁において検討されるものである。公衆一般に対して前出しコピーが利用可能であったか否かの事実問題が存在することを認識したうえで，地裁はこの点についての被告の主張を視野に入れなかったものである (13 F.Supp.2d at 1353 n.5)。我々もこれに賛同し，同様の処置をとる。

第２に，被告は，本演説の全文を掲載した1963年９月発行の SCLC のニューズレター（著作権表示なし）を証拠として提出している。このニューズレターは一般公衆に広く頒布された。事実，口頭弁論において原告は，もしこれがキング博士の許諾において，このニューズレターへの本演説の再録と頒布がなされたものであったならば，それは一般的発行になるであろうことを認めている。しかし原告は，これがキング博士の許諾にかかるものではないとの論点を提起した。この点についても事実認定上の争いがあることを認識して，地裁はこの証拠を無視することとし，当法廷もまた同様とする。

最後に，Mister Maestro 判決 (224 F.Supp. at 104) においては，本演説が映画館やレコード販売においても再放送があった旨の証拠があるように思われる。しかしこれについても我々は，被告がこの段階でそうした証拠が関連性があるとしていないので，考慮しないこととする。さらに Mister Maestro 判決では，こうした証拠に関しても事実認定上の争い（許諾に関するなど）があることを示している。

(4)〔原(5)〕 地裁は，「歴史上最も公共的かつ最も広く知られた演説のひとつとして，本演説は一般的発行の典型であり得たものである」と述べている (13 F.Supp.2d at 1353)。

否は関与する人の数に拠るのではなく，作品が公衆に対して，それが誰であるか，あるいはそれをどうするかにお構いなく利用可能な状況に置かれているかどうかに拠るのである。……本件において地裁は，「著作物が実演される際に居並ぶ観衆の規模は，一般的発行があったかどうかを裁判所が認定する上での根拠となってはならない」と認めている（13 F.Supp.2d at 1352）。

　報道価値や歴史から見たところの本演説の重要性については，ここでも判例法は，こうした特徴が発行の検討過程において実質的役割を演じるべきではないとしている。先に見たように，Rickover判決におけるコロンビア控訴審は，問題となった講演が報道で広く頒布されたことのみをもってしては一般的発行にはならないとしている。実際，Mister Maestro判決も，まさに本演説について同じことを言っている。同様にこうした立場を支持するものが先に引いた判例であって，観衆の規模は重要性を持たないとしている。

　地裁は，被告側の最上のケースであるところのLetter Edged in Black Press, Inc. v. Public Bldg. Comm'n of Chicago（320 F.Supp. 1303（N.D. Ill. 1970））を引用して，その理由づけの補強としているが，これはいくぶんかの説明を要することとなろう。Letter Edged in Black判決における問題は，市政庁側がピカソの彫刻（シカゴ市民センター前に設置されていた）を一般的発行することでパブリック・ドメイン入りさせてしまったかどうか，ということであった。ここでの市側は次のようなことを行っていた。すなわち，この記念碑的彫刻を宣伝するために大キャンペーンを張り，地方美術館に小彫像（右の彫刻のポータブル・モデル）を展示し，欲しい人には誰にでも写真を配り，全国誌数誌に彫刻の写真が掲載されるようアレンジし，彫刻を印刷した絵葉書を販売し，彫刻の写真を含んだ数多くの出版物やレポートを頒布した（Letter Edged in Black, 320 F.Supp. at 1306-07）。そこでの裁判所は，一般的発行と限定的発行における通説を述べた後に，市側のこれらの諸々の行為の積み重ねは一般的発行にあたるものであるとの見解を表明しているのである。……

　地裁は本件を，報道機関におけるコピーや自由な複製が制約されていなかったという点において，Letter Edged in Black事件になぞらえたものである。しかし当法廷は，そうしたアナロジーがフィットするとは，少なくとも主張自体失当の判決においては，思えないのである。Letter Edged in Black事件で大きいのは，市当局が公衆一般に頒布する意図というものが公けにされていたという事情があったが，本件においてこれに比肩し得るものはない。市当局は，報道機関のみならず公衆に対しても，望めば誰にでも，彫刻の写真を配ったのである。市は，彫刻を写した絵葉書を販売しもした。コピーは彫刻の展示場所において明らかに蔓延していたのであり，公衆によるコピー写真撮影について市当局はこれを止めさせるような手立てを何ら講じなかった。事実審理において被告は，Letter Edged in Black事件と対応する証拠を提出し得るのかもしれないが，現状の証拠では，こうしたアナロジーを支持するには足りないのである。むしろ逆に，本件における本演説は，〔展示された絵画のコピーが禁じられていた〕American Tobacco Co. v. Weckmeister（207 U.S. 284（1907））における事実関係に近いものと言える。[5]

[6]

---

(5)〔原(6)〕　たとえば，もしも1963年9月のニューズレター中のSCLCによる本演説の複製が許諾に基づくものであったとすれば，それはLetter Edged in Black事件の写真の頒布に似たものとも言えよう。同様に，キング博士ないしその代理人が本演説のコピーを求められれば公衆の誰に対しても無差別に配った（報道テントを通じて）という証拠を被告が提出すれば，本件はよりLetter Edged in Black事件の事実関係に近づくこととなろう。

本件においては一般的発行の有無に関して事実認定上の争点があるため，我々は，地裁における被告勝訴の判決を覆してこれを差し戻すものである。……

クック上席地裁判事の一部同調意見および一部反対意見

私は，わが鋭敏なる同僚アンダーソン主席判事の到達した結論に同調するものである。しかしながら私は，この非常に錯綜した法律分野についての自分の考えを別途述べることとしたい。要約すると，私は，本件が1909年著作権法において判断されるべきこと，そして現状での証拠に基づいてはキング博士は「I Have a Dream 演説」の著作権をパブリック・ドメインへと喪失してはいないことについては，賛成するものである。しかし，私の法律解釈によれば，実演される著作物とそうではない著作物の間の区別というものがこの種の紛争解決において重要であると考えるのである。……

……〔キング博士による演説の口演，大行進主催者の努力による放送および紙媒体での広範な同時的普及，報道機関や公衆におけるコピーの制約が課されなかったことなどの〕ファクターに基づいて，本演説がパブリック・ドメインになってはいないとするアンダーソン判事の結論には賛同しつつも，私は，限定的発行の法理の故にこの結論に達するわけではない。むしろ私は，より根本的な原理である，実演された著作物というコンテクストにおいて，許諾ある状態で著作権表示なしに著作物の有形コピーが頒布されたという事実なしには，これらのファクターのいずれも一般的ないし限定的発行に関連すると考えられるべきではない，と考えるのである。

……地裁は，概ね大行進の主催者の努力により本演説が広く普及したことをもって，それがパブリック・ドメイン入りをしたとの結論を支持するものである，と判示している。しかし私の意見では，この理由づけは不正確で，著作物が実演される際の観衆の規模は発行の問題と無関係である。

……（略）……

観衆の規模にかかわらず実演は発行たり得ないとの原則の論理的帰結は，報道の扱いを積極的に求める努力をしたとしても例外にはならないということのはずである。何故なら，メディアによって報道されることは観衆の規模を増やすだけのことであって，それは発行の問題とは無関係だからである。よって私は，大行進主催者が報道の扱いを大きくしようとした努力によって実った本演説の広範な普及があったが故に，一般的発行を認定した地裁は誤っていると考えるものである。

……（略）……

ロニー上席控訴審判事の反対意見

私は謹んで，地裁が認定した一般的発行は正しかったものと判断して，ここに反対意見を述べる。

---

(6) 〔原(7)〕 Public Affairs Associates, Inc. v. Rickover では，Rickover 提督が自分の講演のコピーを公衆に頒布したことをもって一般的発行があったと認定したが，これも本件とは事実関係において区別されるべきである。「講演を頒布するにあたり，Rickover 提督は，それをリクェストしてきた人やそれに関心があるだろうと提督の考えた人に郵送した。彼は各回に約50枚程度を報道使用のため講演の主催者に送り，その他には講演を行った場所に送ったりもした」（Rickover, 284 F.2d at 266〔当事者間に争いのない事実を引用〕）。簡単に言えば，そこでの裁判所が述べたように，「誰もが持っていっていいコピー」だったのである（Id. at 271）。本件の現状における証拠は，キング博士の本演説について同様の結論を導くことが許される状況にない。

私は，地裁の判決の根拠をそのまま肯認するものである（Estate of Martin Luther King, Jr., Inc. v. CBS, Inc., 13 F.Supp.2d 1347（N.D. Ga. 1998）参照）。

〈Academy of Motion Pictures Arts and Sciences v. Creative House Promotions, Inc.〉
(944 F.2d 1446 (9th Cir. 1991))

プレガーソン判事
……（略）……

　原告 Academy は1927年に映画業界のリーダーたちによって設立されたもので，その目的とするところは，一般的には文化的，教育的かつ技術的な進展を促進し，かつことに映画における芸術と科学とを促進することにある。1929年に原告は年次行事として授賞式をはじめ，各自の分野において傑出した成果を示した業界アーティストを顕揚し，羨望の的である「オスカー」像を授与した。この授賞式は1953年以来テレビ放送され，アメリカ全土，そして全世界で観られている。オスカー像の写真は1929年以来メディアにおいて取り上げられている。

　1929年から1941年まで原告は，オスカーにつき未発行の美術著作物としてコモン・ロウ著作権を主張してきた。この時期における158体のオスカー像はそれぞれに受賞者の名前が刻まれていたが，制定法上の著作権表示はなされていなかった。1941年に原告はオスカーを，合衆国著作権局に対し，未発行の美術著作物（複製して販売する目的のないもの）として登録した。その時以来，全オスカー像は著作権表示をするようになった。1968年に著作権は更新された。

　1941年に著作権を登録して以降，原告は，受賞者がオスカーを宣伝する方法を制限してきた。特に，オスカー像をフューチャーした広告には当該受賞者の受賞の年度とカテゴリーとを明示することを義務づけてきた。原告はまた，オスカー像を売却する際には原告に優先交渉権（right of first refusal）を与えるよう要求してきた。それ以前は，賞品の使用や処分に何の明示の制限も課していなかった。

　1950年に，物故したオスカー受賞者のシド・グラウマンの遺産財団がオスカー像を競売にかけたことがあった。それまではオスカー像が競売にかけられたことはなかった。原告の代表者が結局はこれを買い取った。

　1976年，広告用の物品の製造販売業者の被告 Creative House は，手に星を抱いた印象的な像をデザインするようにトロフィーの彫刻家に委嘱した。完成したものは，オスカー像によく似た，筋肉質の男性の裸像で，「スター賞」として知られる。スター賞もオスカーも，ソリッドメタル製で金色の仕上げが施してあり，丸い底部の上の丸い金色のカップの上に立っている。地裁の認定では，この両者における大きな違いは2つしかない。すなわち，スター賞はオスカーより2インチ背が低いこと，剣ではなく星を抱いていること，である。

　被告は，当初はスター賞を，自身の広告代理店の顧客の「スター級の」営業マンを讃えるために作ったものであったが，後にはそれ以外の企業バイヤーに売ってしまった。シカゴ地区では被告は直接に，スター賞インセンティブ・プログラムを通じて，様々な企業バイヤーに賞を売ろうとしていた。このプログラムでは，最上位の成果に至った企業の営業マンはスター賞を受賞することになっていた。その他のエリアでは，この賞はカタログや1ページの「カットシート」の中で宣伝され，ディストリビュータを通じて販売される。被告のほんとんどの顧客は，従業員に贈るために賞を買

ってゆく企業バイヤーである。

　1983年に原告は，被告がスター賞を止めるか大きく内容を変更すべしと要求したが，被告はこれを拒んだ。当事者間の交渉が頓挫して，原告は著作権侵害の訴訟を提起した。……

　裁判官在席の審理の後，連邦地裁は，オスカー像が著作権保護を受け得ないとした。その理由とするところは，オスカー像の剝奪的かつ一般的な発行が，1976年法の施行日である1978年1月1日よりも前に起こってしまっているからだという（1940年以前のコモン・ロウ著作物を無に帰する可能性も秘めている）。オスカーが一般的な発行によって「パブリック・ドメインになった」と宣言するにあたり，オスカー像の授与は限定された目的に照らして選ばれた少数のグループや人々に対してしか発行していないとの被告の主張を容れなかった。

検　　討
I　著作権の有効性

　1976年著作権法において，著作権のある著作物は，同法の発効日である1978年1月1日より前にパブリック・ドメインになっていなければ，保護を受けられる。連邦地裁は，オスカー像が1941年に制定法で保護される前に一般的な発行をしてしまったので，1976年法において保護を受け得ない，と判示した。原告はこれに対して，①1941年の著作権登録証によりオスカー像は未発行著作物として保護を受けるとの推定に反し，その適用を誤った，②1978年1月1日より前にオスカー像の一般的発行があったとの認定は誤りである，と反論している。

A　制定法上の推定

　原告は，オスカー像を1941年に，旧著作権法11条における「複製して販売する目的のないもの」として著作権登録したことが，地裁が無視したところの著作権の有効性についての制定法上の推定を生じさせる，と主張している。すなわち原告の主張するところは，もしも1941年前にオスカーが「発行」（つまり，「一般的発行」になるような態様において一般公衆に利用可能な状態におかれること。下記B参照）されたのだとしたら，11条において登録できなかったはずだ，ということである。逆に言えば，著作権登録が認められたという事実こそが，同日前に発行がなされていなかったということを証明するものだ，というのである。

　当法廷も，地裁が1941年の登録についての有効性の推定の適用を誤ったものと考える。1909年法209条は，著作権登録証は「そこに記述されている事項についての」一応の証拠となると規定している。「登録証記載の事項とは，著作物の日付，名前および内容概略と登録者の名前にすぎないが，多くの裁判所は，209条によって，登録者が著作権の有効性についての全要件に合致するものであるという，反証を許す推定の効果が与えられているものと解している」(Gaste v. Kaiserman, 863 F. 2d 1061, 1064-65 (2d Cir. 1988)) (H.R. No. 94-1476, 94th Cong., 2d Sess. at 157 (1976)〔「登録証が著作権の有効性の一応の証拠となるという原則は，昔からの判例により確立されたもので，健全なる原則であると言える」〕参照)。本件において登録証は，オスカーが1941年において未発行著作物であったという，反証を許す推定になっているのである。その結果として，被告が，オスカーが1941年より前にパブリック・ドメインになったことの立証責任を負うのである。

B　一般的発行と限定的発行

　コモン・ロウにおいては，著作物を創作した者は，それを複製したりそこから収益を得たりする権利を有する。そして，コモン・ロウ著作権を失わずに，限られた目的において限られた人々に対

してこれを頒布したり見せたりすることができる（Burke v. National Broadcasting Co., Inc., 598 F.2d 688, 691 (1st Cir.), cert. denied, 444 U.S. 869 (1979)）。この種の限定的な頒布は，「限定的発行」という名で知られているものである。もしも創作者が限定的な発行の範囲を超えてしまえば，著作物はパブリック・ドメインになってしまう。その時点において，創作者が制定法上の著作権を得ていなければ，誰もがそうした著作物を複製したり頒布したり販売したりできることになる（Id.）。著作物というのは，公衆に対して，展示の方法であれ，限定的発行の方法であれ，一般的発行の方法であれ，露出させることができるが，一般的発行のみがコモン・ロウ著作権の剥奪という効果を伴うものである（Id.）。裁判所は，剥奪的な一般的発行という厳しい効果を緩和しようとしてきており，それは限定的発行と一般的発行の区別に反映されている（American Vitagraph, Inc. v. Levy, 659 F.2d 1023, 1027 (9th Cir. 1981) 参照）。その結果，「制定法上のものであれ，コモン・ロウ上のものであれ，著作権を無効とするには，有効とするのに比べて，発行においていろいろと条件がつくようになった」（Id., quoting Hirshon v. United Artists Corp., 100 App. D.C. 217, 243 F.2d 640 (D.C. Cir. 1957)））。

連邦地裁は，オスカー像が公けに展示されたことや授賞式で提示されたことのみではパブリック・ドメインにならないと判示しているが，これは正しい。コモン・ロウにおいては，一般論として，著作物を単に演奏したり展示したのみでは発行にならないとされている（Ferris v. Frohman, 223 U.S. 424 (1912); Burke 598 F.2d at 691参照。cf. Letter Edged in Black Press, Inc. v. Public Bldg. Comm'n of Chicago, 320 F.Supp. 1303, 1309 (N.D.Ill. 1970)）。さらに，書籍や新聞や雑誌にオスカー像を発表することも，同著作物をパブリック・ドメイン入りさせることにはならない。なぜならば，二次元の写真の発行は三次元の物体の剥奪的発行にはならないからである（Kamar Intern, Inc. v. Russ Berrie and Co., 657 F.2d 1059, 1061-1062 (9th Cir. 1981) 参照）。

オスカー像を公衆に展示することのみではコモン・ロウ著作権を剥奪することにはならないとしても，被告は，1929年から1941年までの間に158人の受賞者にこの像を頒布し，その際使用や売却について何の制約も課さなかったことが，剥奪的な一般的発行にあたる，と主張している。原告は，オスカー像の頒布は限定的発行にすぎないと主張している。

一般的発行が起こるのは，公衆の構成員に対して，それが誰であれ，また何をするつもりであれ，利用可能な状態に置かれるときである（Burke, 598 F.2d at 691 参照）。これとの対比で限定的発行（すなわち，コモン・ロウ著作権を剥奪しない発行）とは，著作物の有体物のコピーが①「画然と選ばれたグループ」に対して，かつ②限定された目的において，さらなる複製，頒布ないし販売の権利を授けることなく頒布される場合をいう（White v. Kimmell, 193 F.2d 744, 746-47 (9th Cir), cert. denied, 343 U.S. 957 (1952) 参照）。当法廷は，White 判決の「限定的発行」の２つの要件は別個に考察されるべきであると考える。

1 選ばれたグループ

地裁が結論づけているように，「原告がオスカー像を授与しているのが選ばれたグループであることに疑いはない」。原告は，傑出した成果を示した映画業界の俳優やスタッフに対してオスカー像を配布してきたのである。たとえば今年行われた第63回のアカデミー賞授賞式では，映画『ダンス・ウィズ・ウルフ』が1990年におけるあまたの映画の中から最優秀作品賞に選ばれている。その監督のケヴィン・コスナーは，5人の候補者の中から最優秀監督に選ばれた。

この業界の大多数の俳優は1度もオスカーを手にしたことがないのである。さらに重要なことは，原告は一般公衆に対してオスカー像を販売したり頒布したりしたことは全くないということである。

2　限定された目的

White判決での「限定された目的」という要件に合致するためには，ⓐオスカー像頒布の目的が限定されていること，ⓑオスカー受賞者が販売ないしさらなる頒布の権利をもっていなかったこと（すなわち，頒布の権利が明示的ないし黙示的に限定されていたこと）の2点がクリアされなくてはならない（White, 193 F.2d at 746-47; Brown v. Tabb, 714 F.2d 1088, 1091 (11th Cir. 1983)〔「White事件においては販売権ないし頒布権がないとの要件は，限定目的の要件とは別個の追加的要件である」〕参照）。連邦地裁は，原告の目的は十分には限定的ではなかったとし，頒布の点については触れていない。当法廷はこれら2点について検討することとする。

(a)　限定された目的

地裁の認定によれば，年次の授賞式でオスカー像を授与することにおける原告の目的は，単に傑出した受賞者を讃えるということにとどまるものではなく，映画業界を宣伝するということにもあるという。地裁の認定では，原告は毎年80万ドル以上の金銭を授賞式のプロモーションに使っており，一定の制約のもとに受賞者はオスカー像を宣伝に使うことを許されている。Brown v. Tabb (714 F.2d 1088 (11th Cir. 1983))に依拠しつつ地裁は，映画業界を宣伝するために原告は「オスカー像を活用した」から，原告の目的は十分には限定的ではなかったとしている。しかし当法廷はこれに同意しないものである。

Brown事件の第11控訴審判決は，ある作曲家が自動車ディーラー向けにカスタマイズされた数曲のコマーシャル・ソングを売却したケースで，その作曲家の提起した著作権侵害訴訟であった。昔のディーラー・チェーンのマネージャーが新しいディーラー・チェーンの宣伝のために問題のコマーシャル・ソングを使ったので，作曲家が訴えたのである。地裁は，当該楽曲がパブリック・ドメインになっているから1976年法の保護を受けられないとして，被告勝訴の判決を下した。控訴審もこれを認容して，原告は望むディーラーに対しては誰にでも当該楽曲を売ってやり，かつ各ディーラーは望むままにその楽曲を放送することができたので，問題の頒布行為は限定的発行とはいえない，と判示した（Id. at 1092）。

本件において地裁は，Brownが彼のコマーシャル・ソングを金銭的利得のために利用したのと同じように，原告Academyが映画業界の宣伝のためにオスカー像を利用したと結論づけたのである。しかし，地裁のBrown判決への依拠は正しくない。Brown事件にあっては，作曲家はお金を払う誰もに対してコマーシャル・ソングを売ったのであり，それにより「彼の著作物の利用に伴うもっと広い報酬」を享受したのである（Id., quoting 1 Nimmer §4.03 at 15-16）。これに対して本件の原告は，オスカー像を誰にも売ったりしたことはない。さらに，Brownはその著作物の実際のコピーを広く頒布していたが，本件の原告は受賞者以外にはオスカー像を頒布したことはない。オスカー受賞者に，自分がそれを受賞したという事実を宣伝することやその写真を掲示することが許されていたということは，頒布には該当しない（Kamar, 657 F.2d at 1062; American Vitagraph, 659 F.2d at 1027-28参照）。

さらに，Brown事件とは異なり，本件原告は，自分自身の商業的利益のためにオスカー像を宣伝してはいない。映画業界はオスカーの宣伝から結果的には利益を受けるかもしれないが，著作物

の直接的な販売がない場合においては，間接的な商業的利益は必ずしも限定的発行を一般的発行へと変換せしめるものではない（Brewer v. Hustler Magazine, Inc., 749 F.2d 527, 529 (9th Cir. 1984)〔雇用を得る目的で複製写真が名刺に大きく刷り込まれている場合には限定的発行にあたるとした〕; Hirshon, 243 F.2d at 645-46〔放送局やミュージシャンに対して「ラジオでかけてもらう」目的で2,000以上の楽曲のコピーを配る行為は限定的発行である〕; American Vitagraph, 659 F.2d at 1027〔観客の反応を見るための映画の映写は，少額の入場料をとっていても限定的発行であると認定〕参照）。従って当法廷は，映画の技芸と科学を発展させるという原告の目的は限定されたものであると判示するものである。

　(b)　さらなる頒布の権利

　1941年前には，原告は受賞者に対して明示には，オスカー像を売却したり処分したりすることを禁止してはいなかった。1941年以降は，受賞者に対して，その像を売却する場合には原告に優先交渉権を与えるべき旨を要求し，宣伝についても様々な制約を課した。

　1941年前には明示にはオスカー像の使用や頒布に制約はないといっても，当法廷は，さらなる頒布については黙示に制約が課せられていたものと結論づけるものである。こうした結論への根拠として，Hirshon v. United Artists Corp.（243 F.2d 640 (D.C. Cir. 1957)）でのD.C.控訴審の判決をあげることができる。Hirshon判決で同控訴審は，宣伝目的でラジオ局に楽曲のコピーを頒布することは，たとえさらなる頒布が明示に制限されていなくとも限定的発行である，と判示している。同判決では，当該楽曲のただ1枚のコピーも売られたことなく，誰1人として当該楽曲を使用する許可を得た者はなく，また，受領者が最初に許可を得ないで当該楽曲を使えるとの印象を与えるようなことは何1つなされなかった（Id. at 645）。

　本件においても同様に，原告もオスカー受賞者も，オスカー像を一般公衆に譲渡するべくオファーしたようなことは全くないのである。オスカー像の1つ1つは受賞者の名前が刻まれており，これは，トロフィーが受賞者個人に帰属するとの原告の期待を反映したものとなっている。原告は受賞者にその受賞を宣伝する許可を与えてはいるけれども，オスカー像を売却したり頒布したりする許可は一切与えたことがない。最後に，受賞者が自由にオスカー像を頒布できると示唆するようなことは何1つ原告は行ったことはない（Cf. Brewer, 749 F.2d at 529〔名刺の配布は，受領者がさらにそれを頒布できたとしても，限定的発行とみなされる〕; King v. Mister Maestro, Inc., 224 F.Supp. 101, 107 (S.D.N.Y. 1963)〔大群衆を前にしてのキング牧師の"I Had a Dream"演説の口頭の朗読は，たとえ報道陣に記事作成用に演説のコピーが配られている場合でも，限定的発行になると判示〕）。

　1929年から，オスカー像におけるコモン・ロウ著作権の終了する1941年まで，原告Academyは，選ばれたグループである傑出したアーティストに対して，カスタムメイドのオスカー像を頒布してきた。原告は，オスカー像を販売したことも直接に利益を受けたこともないし，さらなる頒布を奨励したこともない。Whiteケースのテストにおいては，原告の行為は限定的発行に該当し，コモン・ロウの保護をオスカーから剥奪するようなものではない。当法廷は従って，地裁の判断を覆し，原告が著作権侵害の証拠を提出できるべく，事件を差し戻すものとする。……

【質問】
1　著作物がいったん「発行」されると永久的なコモン・ロウ著作権が剥奪されるということの裏に

は，どういった政策的判断が控えているのか。こういった政策的判断は，20万人の前での講演（これに加えて，すべてのニュース・メディア）は剥奪的にははたらかないということによって潜脱されてしまうのではなかろうか。この点について，たとえば，3年間劇場の聴衆相手に行われているブロードウェイの芝居で，しかし書籍のかたちではまだ出版されていないようなものについても，上記の場合と同じように考えることになるのだろうか。

2　「オスカー」事件の第9控訴審は，三次元的な著作物の二次元複製（たとえば，彫刻の写真の頒布）は三次元著作物の発行にはならないと判示した（裁判所が引用した判例では，玩具のカタログの中で"E.T."人形の写真が著作権表示なしに大量に頒布された事例があった）。どうしてそうなるのだろうか。裁判所の分析においては，Academyが三次元的なオスカー像のミニチュアを販売すればコモン・ロウ著作権を剥奪する結果になったということだろうか。しかしそれは，写真がそうであるのと同程度に，オリジナルの彫像の「派生著作物」であるにすぎないのではないだろうか（読者が彫刻をあえて「発行」しようとする場合に，読者ならどうするだろうか）。

B　発行と表示についての1976年法の解決

1　「発行」：定義と文脈

101条は，発行の定義として以下のように定めている。

　販売その他の所有権の移転，レンタル，貸与，貸付けによって，著作物のコピーないしフォノレコードを，公衆に対して頒布すること。さらに，頒布，上演，ないし展示させる目的で，コピーないしフォノレコードを，一群の人々に対して頒布の申込みをすることは，発行になる。

　著作物の上演ないし展示は，それ自体では発行にはならない。

この定義は，1909年法で定義がなかったために起こった多くの問題を解決している。ことに，著作物の上演や展示は，著作権表示を要する「発行」にはあたらない，としたことが注目される。これに対して，フォノグラフ・レコードの頒布は，録音された著作物（録音物同様）の発行にあたるとした。

しかし，すべての不明点や対立点が解消されたわけではなかった。例えば，White-Smith Music Publishing Co. v. Apollo Co. (209 U. S. 1 (1908))からほとんど70年も経っているというのに，連邦議会はいまだに，コピーと録音物（レコーディング）とを同一視することを拒んでいる。従って，この定義の中で，そして全条文を通じて，「コピーないしフォノレコード」という言い方が繰り返されていることに，読者は気が付くであろう。以下においても言及するが，フォノレコードでは，録音されている著作物に関しては，著作権表示©が要求されていないのである（ただし，録音された演奏については，402条によってⓅマークの要件はある）。法律上は，「コピー」も「フォノレコード」も複数形で規定されているが，委員会報告書では，この定義について，「ある著作物を実体化している<u>1つないし複数</u>のコピーないしフォノレコードが公衆に頒布された場合には，『発行』があったものとする」というように規定されている (S. Rep. No. 94-473 at 121; H. R. Rep. No. 94-1476 at 138（下線引用者))。しかし，下院副委員会のカステンメイヤー委員長は，下院において，

「絵画や彫刻など，たった1つのコピーしかないような美術的な著作物の場合においては，……このようなたった1つのコピーが伝統的なかたちで（例えば，画商，ギャラリー，オークション・ハウスなどを通じて）販売されたり，販売のためにオファーされたりした場合に，『発行』があったとする意図ではない」と述べた（122 Cong. Rec. H10875 (Sept. 22, 1976)）。

ときとして，1976年法は発行概念を「捨て去った」とのオーバーな言い方を耳にすることがあるが，少なくとも以下の場合において発行というものが依然として重要なものであることをよく考えるべきである。

§104──国籍：未発行の著作物は，著作者の国籍の如何を問わずに保護を受けるが，発行済みの著作物は，最初の発行時の国籍が問題となる。

§107──フェア・ユース：最高裁の判例によれば（ただし，107条はこの点について何も言っていないが），「フェア・ユースの成立する範囲は，未発行著作物については，発行済みのものにくらべて狭いというべきである」とした（Harper & Row Pub'rs, Inc. v. Nation Enters., 471 U. S. 539, 564 (1985)）。この判示を適用した第2控訴審は，次のように述べている。「未発行著作物についての最高裁の意見の大意は，このような著作物は通常コピーから完全に保護される，という意味をもたらしている」（Salinger v. Random House, Inc., 811 F. 2d 90, 97 (2d Cir.), cert. denied, 108 S. Ct. 213, 98 L. Ed. 177 (1987)）。

§108──図書館でのコピー行為：未発行著作物を保存目的で複製することは(b)項で許されているが，発行済み著作物については，(c)項で他の特権は制約されている（New Era Pubs. Int'l v. Henry Holt & Co __ F. 2d __ (2d Cir. 1989)）。

§302(c),(e)──保護期間：無名・匿名・雇用著作物についての保護期間と，著作者の死亡日の推定は，発行日ないし創作日から計測される。この点については既に論じた。

§303──未発行著作物：さきに述べたように，本条項は，コモン・ロウ著作権ないし州法によって保護されてきた未発行のものについて，保護期間を設定するために設けられた。さらに，もしも発行がなされれば，かかる保護期間はもう25年延長されうる。

§407──献納：発行済みの著作物は，連邦議会図書館への献納が義務づけられている。

これら以上に，ベルヌ条約加盟前の1976年法における発行は（1909年法と同様に），法第4章でカバーされる表示の問題と最も密接に関係づけられている。

【質問】

1976年法では，次の行為の内，どれが発行にあたるであろうか。

① 教授が学生に，概略を書いたレジュメと質問を配ること。

② 建築家が青写真を，当該コミュニティの当局と下請業者に配ること（Kunycia v. Metville Realty Co., 755 F.Supp. 566 (S.D.N.Y. 1990) 参照）。

③ 著作者ないしそのエージェントが，5つの出版社に対し出版のオファーとして原稿のコピーを配ること。

④ コンピュータのハードウエアおよびソフトウエアの製造会社が，磁気テープに入ったプログラムを，ハードウエアの購入者に対して，制限的なライセンス契約に基づき貸し出すこと（Hubco

⑤　アーティストが、もとのマスターから5つの署名入りのコピーを作って、非営利の美術館と学校の団体に提供し、そこから適当な団体のメンバーに頒布してもらうこと。

⑥　アーティストが、もとのマスターから5つの署名入りのコピーを作って、5つの美術館に展示のために提供すること。

⑦　アーティストが、オリジナルを、展示のために美術館に提供すること。

⑧　レコード会社が、ある楽曲の「シングル」を頒布すること。この楽曲は、シート・ミュージックとしてはまだ販売ないし頒布されていない（Greenwich Film Prods. v. DRG Revords, Inc., 25 U.S.P.Q.2d 1435 (S.D.N.Y. 1992) 参照）。

（Data Prods. Corp. v. Management Assistance, Inc., 219 U.S.P.Q. 450 (D.Idaho 1983) 参照）。

2　表示要件：1978年から1989年2月まで

1909年法の包括的改正をめぐってホットに議論された論点のひとつとして、「発行済み」著作物について著作権表示をあいかわらず義務づけるかどうかということと、それが遵守されない場合の効果というものがあった。連邦議会は表示要件を堅持することとしたが、表示の過誤や懈怠については過酷な結果を避けることとした。その理由については下院報告書に明らかである。

〈下院報告書〉
(H. R. Rep. No. 94-1476, 94th Cong., 2d Sess. 143-44 (1976))

著作権の主張されているあらゆる著作物について公衆は告知を受けているべきであるとするのは、わが国の著作権法が1790年に始まった時の原則のひとつであったし、1802年以来、わが著作権法は常に、著作権の成立している著作物のコピーは保護の条件として一定の表示を付すべしと規定されてきた。現行法においては、著作権表示は以下の4つの機能を果たしている。

(1)　誰も著作権取得に関心のないような、相当数の発行された著作物を、パブリック・ドメインに置く効果
(2)　ある著作物が著作権を取得されているか否かを公衆に知らせる効果
(3)　著作権者を識別させる効果
(4)　発行日を知らせる効果

これらの効果に対しては、不利な点として、著作権者に対する負担と不公平とが指摘されている。故意にではなく、あるいは比較的どうということはない不注意で、著作権表示を脱落させた場合に、これによって起こる著作権の喪失という効果が不合理で不公正であり、これを避けるためということが、今回の改正の主要な意義でもあった。表示要件のマイナス点がそれのプラス点を上回り、従ってこれは削除されるか本質的に緩和されるかすべきである、と主張された。

本法案の表示要件についての基本的な原則は、著作権表示には保持されるべき価値があり、そのことを、表示の使用を促進させることで達成されるべきものとした。同時に、それは、間違いから生じる、有無を言わせぬ著作権の没収ということなしになされるべきものとした。善意の侵害者に対する一定の抗弁の付与を別として、著作権の保護は、大量ないしすべてのコピーに表示を全く怠

ったとしても失われないことになっている。ただし，次の要件を満たす必要がある。発行後5年以内にその著作物についての登録がなされるべきことがそれである。表示中の名前と発行年の誤記についても，著作権の没収を招くことなく訂正が可能となった。

著作権表示の要件は，1976年法の401条と402条に規定されている。前者は発行済みの著作物のコピーについての条文であり，後者はフォノレコードについての条文である。401条のオリジナルの条文は以下に掲げる通りである（この文章が1989年改正法で変更された主要な部分は，401条(a)の第1文の「付されなければならない」が「付することができる」にとって代わられたことである）。

§401 著作権表示：視覚的に感知可能なコピー
(a) 一般的要件──本法で保護される著作物が，著作権者の許諾のもとに，合衆国ないしその他の場所で発行される場合においては，本節において要求される著作権表示が，直接ないし機械の補助によって視覚的に著作物が感知されうる，一般に頒布されるコピー上に付されなければならない。
(b) 表示の形式──コピー上に現れる表示は，次の3つの要素から成り立つものとする。
   (1) ©の記号（Cを丸で囲んだもの），あるいは"Copyright"という言葉，あるいは略語"Copr."。
   (2) 著作物の最初の発行年：既に発行済みの著作物を組み入れた編集著作物ないし派生著作物の場合においては，その編集著作物ないし派生著作物の最初の発行年で足りる。絵画，図画ないし彫刻の著作物が，付随する文章があればそれと共に，グリーティング・カード，はがき，文房具，装身具，人形，玩具その他の実用品上に複製される場合には，最初の発行年を省略することができる。
   (3) 著作権者の氏名，ないしは氏名が認識できるような略称，あるいは一般に知られている著作権者の呼称。
(c) 表示の場所──表示は，著作権の主張として合理的な表示となるような場所と方法によって，コピーに付されるものとする。著作権局長官は，さまざまなタイプの著作物についての表示の場所および付着態様について，どのようなやり方が本要件を満たすかの例を挙げた規則を発するものとする。ただし，かかる例示はその他の方法を禁じたものと解されてはならない。

録音物に関するⓅ表示，政府著作物の表示，集合著作物の表示

1976年に立法された402条（1978年1月1日発効）では，連邦議会は，公けに頒布されるフォノレコードに収録された録音物については異なる表示を規定している。録音物中で上演・演奏される文芸・音楽著作物の著作権とは異なる，録音物の著作権というものを表示する手段を作ることが適切であろう，と考えたわけである。

歌が実体化されているフォノレコードというもの（普通のレコード，CD，オーディオカセット）は，101条にいうその歌の「コピー」ではないから，その歌を保護するためには，401条に要求されている©マークは必要ではないのである。しかし，録音物における著作権を保護するためには，録音物の無許諾の複製を侵害としなければならず，このため，1976年法はⓅマークというものを発明した。これは，「著作権者の許諾のもとに，合衆国ないしその他の場所において」頒布される各フォノレ

コードに付されていなければならない。この表示の形式は，あらゆる点で著作権表示に似ている。「表示は，フォノレコードの表面ないしフォノレコードのラベルまたは包装容器の表面上において，それが著作権の主張として合理的な表示となるような場所と態様においてなされねばならない」（これらの規定は今日も適用はされるが，義務ベースではなくそうできるというベースにおいてである）。録音物について℗表示を付けることの意味はレコードラベルや，内容たる文芸ないし音楽著作物の著作権とは異なる著作権を主張することだけにとどまらない。レコードラベルやアルバムカバー，あるいはレコードジャケットやカセットのテープトレーナーのライナーノート中の，印刷された文章やアートワークの著作権からも別個の著作権を主張することを意味する。

403条は，コピーやフォノレコードが「合衆国政府の1つないし複数の著作物から主として」構成される場合について規定している。こうした著作物については，401条ないし402条における表示が，「かかるコピーないしフォノレコードの一部が本法において保護される著作物を含んでいる旨を積極的ないし消極的に表した表記」を含むべきものとされていた。これは，たとえば，パブリック・ドメインの政府の報告書や連邦裁判所の判決などを商業的に販売する者が，そこに序文やイラストやコメントなどをつけた程度で著作権表示を付したりすることがある。そうした場合に，それを購入する公衆が，本全体が出版社の著作権で保護されていてコピーできないといった誤信に陥りかねないので，連邦議会は，403条の表記をさせることで，そうした誤信を避けようとしたのである（1978年から1989年までのWest出版社の判例集をチェックして正しい著作権表示になっているかどうかを確認するのもいいかもしれない）。403条におけるより詳細な著作権表示は1989年以来要件とはなっていない。Matthew Bender & Co. v. West Pub. Co.（240 F.3d 116, 123（2d Cir. 2001））における裁判所が述べているように，表示が欠けている場合に同条項はある種の請求に対する抗弁を提供する場合があるものの，それは「著作権者が〔表示を使用することを〕積極的に義務づけるものではない」のである。

最後に1976年法404条は，集合著作物における著作権表示と個々の記事や寄与部分のそれとを区別している。同条は，個別の寄与部分が個々に表示を付することもできるが，集合物全体に対する単一の著作権表示のみで，その中の個々の寄与部分についての表示として足りるとしている（たとえ集合著作物の所有者と個々の寄与部分の所有者が違っていても，である）。ただし，この結果ありうべき誤認については，かかる誤認に誤導されて，個々の寄与部分の使用許諾を得ようとして誤った者と取引した者は，406条(a)に規定する抗弁（著作権表示中の名前に誤りのある場合に適用される）を有する，と規定した。現状の406条(a)を調べて，1989年より前に頒布されたもの，またそれ以降に頒布されたものについて，この問題がどう扱われるかについて考察せよ。

【質問】
1 読者のクライアントは1985年に「SFマガジン」に短篇小説を発表した。どんな著作権表示が付されるべきか。そして，どこに付されるべきか（いかなる重要な情報が読者に与えられ，どういう情報が省略されるのか）。
2 1986年に読者のクライアントはこの小説をペーパーバック版で再刊したいと思っている，と仮定せよ。雑誌社の同意が必要であろうか。再刊された場合には，いかなる著作権表示が必要であろう

か（1976年という表示だとどういう結果となるか。1990年という表示だったらどういう結果となるか）。
3　著者Aは，本の出版権を出版社Bに対して許諾した。BはこれのペーパーバックS版の出版権をCに許諾した。ペーパーバック版の著作権表示には誰の名前が表示されるべきか。
4　あなたは，フォノグラフ・レコードおよびテープの製造者であるPineapple Records, Inc.を代理している。1985年にAlan Robertが作曲した歌を，あなたのクライアントは1986年にレコード化した。このレコードは1987年にリリースされた。ⓐどういう著作権表示が，どこに付されるべきか。ⓑジャケット上にライナー・ノートがあったり，ラベルやジャケットにオリジナルのアートワークがあったりすると，ⓐへの解答は違ったものになるか。ⓒこの歌の楽譜が1988年に頒布されたとする。どういう著作権表示が付されるべきか。レコードおよび楽譜に収録されている作品の著作権者の名前，ないしこれに名前が無かったということによって，この答えは影響を受けるか。

§405　著作権表示：表示の脱落（1978年1月1日から1989年2月28日までの効力）

(a) 著作権に対する脱落の効果——401条ないし403条に規定する著作権表示を，著作権者の許諾のもとに頒布されたコピーないしフォノレコードから脱落させた場合においても，以下の場合には著作権を無効にしない。
(1) 表示の脱落が，公衆に頒布された比較的少部数のコピーないしフォノレコードについて生じている場合，または，
(2) 表示を脱落させた発行から5年以内にその著作物について著作権登録がなされ，かつ脱落が発見されてから，合衆国内にて公衆に頒布されたすべてのコピーないしフォノレコードに対して表示を付するべく合理的な努力が払われた場合，または，
(3) 著作権者がコピーないしフォノレコードの公衆への頒布の条件として，規定の表示を付すべきことを明示に書面で要求したにもかかわらず，これに違反して表示が脱落された場合。
(b) 善意の侵害者に対する脱落の効果——著作権表示の脱落している正規のコピーないしフォノレコードを信頼して，善意で著作権を侵害した者は，408条に基づくその著作物についての登録がなされたとの現実の通知を受領する以前になされたいかなる侵害行為についても，実損害ないし法定損害の責任を負わないものとする。ただし，かかる者は，表示の脱落によって誤導されたことを立証しなければならない。かかるケースにおける侵害訴訟においては，裁判所は，その侵害に帰しうる侵害者の利益の返還を許しても許さなくてもよいし，当該侵害行為の継続を差し止めることもできるし，かかる行為の継続を認める条件として，合理的な額と条件におけるライセンス・フィーを裁判所が定めて，侵害者に対して著作権者に支払うように命令することもできる。
(c) 表示の剝離——著作権者の許諾を得ないで公衆に頒布されたコピーないしフォノレコードから，表示が剝がされ，破壊され，あるいは削除されても，本法における保護には何の影響もない。

<下院報告書>
(H. R. Rep. No. 94-1476, 94th Cong., 2d Sess. 146-48 (1976))

〔脱落が著作権の保護に与える効果〕
　405条(a)は，401条および402条の表示要件というものが絶対のものではないこと，そして，現行法とは異なり，著作権表示がないと自動的に保護が喪失してパブリック・ドメインになってしまう

ということではないこと，を明らかにした条文である。これは，アメリカの著作権法の大きな理論的な枠組みの変更ということのみならず，個々のケースにおいても実際上の結果に直ちに現れる重要なポイントである。この法案においては，何の著作権表示も付されずに発行された著作物であっても，最低5年間は制定法上の保護の対象となるのである。それは，脱落が一部か全部か，不注意に基づくものか，意図的なものであるかを問わない。

　……（略）……

〔善意の侵害者に対する脱落の効果〕

　405条(a)(2)によって，表示がないと保護が剥奪される場合のありうることが規定されているわけだが，これに加えて，著作権表示を使用することのメリットの第2のものは，405条(b)に規定されている。この条文は，一定の状況における善意の侵害者に対して著作権者の権利を制限している。同条は，表示が大量に脱落している場合でも，「比較的少部数の」コピーから脱落している場合でも適用がある。この条項の背後にある一般的な姿勢というものは，善意かつ無過失の正規のコピーないしフォノレコード上に著作権表示がなければ，通常その著作物をパブリック・ドメインのものと考えてさしつかえない，ということである。そして，もし彼がそのような前提に依拠したのであれば，その者は不合理な責任から庇護されるべきだ，ということである。

　405条(b)においては，善意の侵害者で，「著作権表示の脱落している正規のコピーないしフォノレコードに依拠し」た者は，この脱落によって誤導されたことを立証した場合に，登録の「現実の通知を受領する以前になされたいかなる侵害行為」についても，実損害ないし法定損害の責任を免れる，とされている。従って，侵害行為が現実の通知の前に完成している場合においては（教師，司書，ジャーナリスト等による些細な侵害の場合にはこのようなことが多かろうが）責任がありうるとしても，それは，侵害行為から侵害者が得る利益に限定される。その一方で，侵害的な企てが継続的なものである場合には，著作権者は侵害の継続に対して差止を請求でき，登録の通知の後になされる侵害行為についての，全額の損害賠償を請求できることになる。この種の大がかりなことを行う者は，たとえコピーが著作権表示なしに発行されていても，事業の開始前に著作権局の記録をチェックすべきだ，ということである。

　……（略）……

　Hasbro Bradley, Inc. v. Sparkle Toys, Inc., 780 F. 2d 189 (2d Cir. 1985)　　日本法人のタカラは，日本である種の玩具（ロボットアクション・フィギュア）をデザインし製造したが，著作権表示は付さなかった。それは，明らかに，こうした玩具が日本においては著作権法で保護されない（意匠法により保護される）ものであったからであり，またタカラはアメリカの著作権法における著作権表示要件をまったく知らなかったからである（ただし日本もアメリカと並んで万国著作権条約の加盟国である）。1984年に日本においては213,000体ものこうした玩具人形が著作権表示なしに販売された。1984年6月にタカラは原告 Hasbro 社に，アメリカにおける著作権とアメリカでの玩具の輸出入の権利を譲渡した。その後にアメリカで Hasbro 社が売った玩具には著作権表示がすべて付された。被告の Sparkle 社は，タカラがアジアで販売していたものからデザインをコピーして，アメリカで販売しようとした。被告は，当該玩具のデザインはアメリカではパブリック・ドメインになっていると主張したが，連邦地裁は仮処分命令を発し，控訴審もこれを認容した。

控訴審の判示によれば，以下のとおりである。本件玩具は日本国民により著作され最初に日本で販売されたので，創作された瞬間からアメリカにおいても（万国著作権条約と著作権法104条(b)により）著作権保護を享受していた。日本の法律ではそうではないが，アメリカの法律においては，玩具は絵画および彫刻の著作物として保護を受ける。いかに日本国内であれ著作権表示なしで販売することは，「本法で保護される著作物が，著作権者の許諾のもとに，合衆国ないしその他の場所で発行される場合においては，本節において要求される著作権表示が，……一般に頒布されるコピー上に付されなければならない」とする401条(a)に反することになる。ただしこの表示の脱落は免責ないし治癒されうるとして，裁判所は，「一定の場合には，あたかも脱落がなかったかのごとくに，著作権はその創作の時点から有効であったことになる。……405条(a)(2)は，著作権表示なしに著作物を発行した者に対しても，その後5年間は，一種の萌芽状態の著作権を保持することを許容している。この期間内に，登録がなされ，かつ『脱落が発見されてから，合衆国内で公衆に頒布されたすべてのコピー……に対して表示を付すべく合理的な努力』がなされて，脱落が治癒されれば，著作権は完全なものになり，当初に遡って，治癒後の全期間にわたり有効なものとなる。脱落がこの期間内に治癒されない場合には，萌芽状態の著作権は執行力を達成できないで終わる」と述べている。裁判所は，タカラが401条(a)の表示要件との関連では関連の「著作権者」であるとして，そうした者の許諾下において日本で表示なしに本件玩具の販売がなされたことは，著作権を危機状況に陥れたとした。1984年6月にタカラが原告に譲渡したのは，治癒を条件とした萌芽状態の著作権にすぎなかったのである。

被告は，原告には405条(a)(2)における治癒権限はないと主張した。その理由とするところは，同条が治癒を許すのは脱落が不注意に基づくものに限られるのであって，タカラによる表示の脱落は意図的なものだったからである，という。裁判所は，こうした条文解釈を退けて，当初の表示脱落が意図的な場合にも治癒を行いうるものと判示した。同裁判所は，下院報告書中の「この法案においては，何の著作権表示も付されずに発行された著作物であっても最低5年間は制定法上の保護の対象となるのである。それは，脱落が一部か全部か，不注意に基づくものか意図的なものであるかを問わない」という部分と，著作権局長官の「我々としては，主観的な人間の心の状態が問題となるようなことは，そして法律についての知・不知が問題となるようなことは，なるべく避けるべきである，との結論に達した。……結局我々としては，本法案は，脱落についての『意図的』，『不注意』，『意図せざる』それぞれの間の区別をつけないでおくべきであると考え，一定の条件のもとに，これらすべての場合において著作権がとりあえず保持される，というのが妥当であると考えた」との言葉に依拠している。

裁判所は，その結論が，「脱落が発見されて後」に合衆国内で公衆に頒布された全コピーに表示を付する合理的な努力がなされるべきとする405条(a)(2)の治癒条項の要件と，矛盾しないものである，と判示した。裁判所はこう説明している。「譲渡人ないしライセンサーの側に意図的な脱落があったとしても，なおこれは，後に治癒をしようとする者によって『発見』されうるわけである。このように解しても，法文に違反したことには全然ならない。同様に，会社などの地位の低い人によってわざと脱落がなされたことを，上の方の地位の人が現実的意味において『発見』する，ということもあるわけである。少なくともこれらの状況の示唆していることは，『発見された』という言葉は，すべての意図的な脱落を排除するというような平易な意味を与えられたものではない，と

いうことである」。

　原告は現実に，無表示の本件玩具が発行されて5年以内にタカラのデザインを著作権登録した。裁判所は，永久的差止に関して他の2つの論点（合理的努力がなされたか否か，被告が405条(b)の善意の侵害者にあたるかどうか）を審理させるために，事実審に問題を委ねた。

---

§406　著作権表示：氏名や発行年の誤記（1978年1月1日から1989年2月28日までの効力）
(a)　氏名の誤記――著作権者の権限のもとに公けに頒布されたコピーないしフォノレコードの著作権表示中に記載された人物が著作権者ではない場合においても，著作権の有効性および帰属は影響を受けない。ただし，この場合，著作権を侵害する行為を善意で開始した者は，その者が著作権表示によって誤導され，かつその表示された名前の人物から受けたと称する著作権の譲渡ないしライセンスに基づいて善意で当該行為を開始したことを立証した場合においては，その著作権侵害訴訟に対する完全な抗弁となる。ただし，当該行為が開始される前に以下のいずれかの事態が生じた場合はこの限りではない。
(1)　その著作物について，著作権者の名前において登録がなされること，または，
(2)　その著作権表示に氏名の表れている者が作成した，著作権の帰属を証明する文書が記録中に登録されること。
　表示中に氏名の記載されている者は，その者によって当該著作権についてなされたと称される譲渡ないしライセンスによって得たすべての収益を，著作権者に対して会計報告する責任を有するものとする。
(b)　発行年の誤記――著作権者の権限のもとに頒布されたコピーないしフォノレコードの表示中の発行年が，最初の発行のあった年よりも早く表示されている場合においては，302条に基づく最初の発行の年から計算されるすべての期間はその表示中の年から起算するものとする。表示中の年が，最初の発行のあった年よりも1年以上遅く表示されている場合においては，その著作物は表示を付さないで発行されたものとみなし，405条に従って処理されるものとする。
(c)　氏名ないし発行年の脱落――著作権者の権限のもとに公けに頒布されたコピーないしフォノレコード上に，合理的に著作権表示の一部とみなしうるような氏名ないし発行年の表示がない場合においては，その著作物は表示を付さないで発行されたものとみなされ，405条に従って処理される。
〔編者注〕　1989年3月1日付けで，401条および402条の表示条項が強制的というよりは任意のものとなった時点で，405条と406条は「1988年ベルヌ条約施行法の発効日より前に著作権者の許諾のもとに公けに頒布された」コピーやフォノレコードに関して効力を保持するべく改正が施された。つまり，これらは1978年1月1日から1989年2月28日までの間の効力ということである。

【質問】
1　再び，1985年の「SFマガジン」誌上に掲載されたあなたのクライアントの短篇小説の話に戻る。仮に，クライアントの小説が発表された号は奥付にも個々のページにも著作権表示を欠いていたとすると，小説の著作権が消滅するのを防ぐためには，クライアントは何を（何時までに）しなけれ

B　発行と表示についての1976年法の解決　429

ばならないのか。さらに，仮に1989年にある映画プロデューサーがこの小説を読んだ場合，これに基づいた脚本を自由に書いたり，そこから自由に映画を製作したりできるのだろうか。

2　またしても，「SFマガジン」誌上に掲載されたあなたのクライアントの短篇小説の話である。クライアントの小説が発表された号は奥付にのみ，サイエンス・フィクション社の名で著作権表示がされていたとする。そして，映画プロデューサーがサイエンス・フィクション社から２万ドルで，この小説の映画化権を買い取ったとする。その１か月後に彼は脚本家を雇い，２か月後にはスターを雇い，５か月後には製作を開始した。この映画は公開されるや500万ドルを稼ぎ出した。あなたのクライアントはこのことを知ったときに，サイエンス・フィクション社とプロデューサーとに何か請求することができるとすれば，何であろうか。

著作者が雑誌社に対し，無許諾で（事実，詐欺的な）著作権を映画プロデューサーに譲渡してしまったことを理由に訴訟を提起したとして，著作者の損害賠償は２万ドルに限定されてしまうのか。

こうした問題を避けるために，あなたならクライアントに対して，当初にどういう行動をとるべきだったとアドバイスするだろうか。プロデューサーはどういう行動をとるべきだったのか。

3　ベルヌ条約施行法における任意の著作権表示

先に記したとおり，合衆国をベルヌ条約に加入させるために1976年法に加えなければならない大きな変更点は，著作権表示を著作権保護の前提とする体制（たとえ脱落の治癒としての登録までに５年間の猶予期間を設けているとしても）をやめることであった。しかし，ひとつには，著作権表示の使用というような長い間の習慣をやめることは難しいことでもあり，またひとつには，連邦議会も著作権局も，著作権表示が無許諾のユーザーへの警告効果，情報の伝達効果があることを相変わらず信じていたので，1976年法に対するベルヌ条約施行法は，著作権者に表示を使うことにつき引き続きインセンティブを与えることにした。これによって，著作権者は発行されたものに表示を付することが，現在（1989年３月１日から），単なる任意の選択として利用できるようになった。

1989年３月１日以降に最初に発行された著作物には，401条(a)および402条(a)はもはや，公けに頒布されるコピーやフォノレコード上に著作権表示を要求しない。その代りに，Ⓒマークをコピー上に付する「ことができ」，Ⓟマークを録音物のフォノレコード上に付する「ことができる」。この任意の表示の形式や場所については，かつての強制的な表示について適用のあった条文がそのままあてはまる。表示を使用することのインセンティブについては，401条と402条に新たに(d)項として付け加えられる新条文に規定されている。401条(d)は次のように規定されている。

　　　表示の有する証拠上の重み——本条に規定する形式による著作権表示が，著作権侵害訴訟における被告がアクセスを有した発行済みのコピーないしフォノレコード上に付されていた場合，実損害ないし法定損害の減少に関して被告が善意の侵害の抗弁を提起しても，これは考慮されないものとする。ただし，504条(c)(2)の末文に規定する場合を除く。

これは，現在は任意のものとなってしまった著作権表示を使用させるための効果的なインセンティブであろうか。惰性よりほかのインセンティブというものはあるのだろうか（H. R. Rep. No. 100-609, 100th Cong., 2d Sess. 26-67（1988）〔「表示要件を廃止しても，その使用をやめさせることにならない

ようにすることは，不可能なことではない。古くからある習慣はなかなか消え去るものではない。万国著作権条約のもとでもこれは生き続けている。そしておそらくは，表示というものは，侵害に対する一番安価な対抗手段であろうと思われる」〕を参照）。

表示についてベルヌ条約施行法を「遡及的」に適用することにつき，問題が生じた。たとえば，1989年3月1日の少しばかり前に，著作権表示なしにある著作物のコピーが頒布された，と仮定しよう。そうした表示の脱落がベルヌ条約施行日の前に著作権者の知るところとなったとする。著作権の剥奪を防ぐために，権利者としては最初の発行日から5年内に登録をする必要があるのか。また，その後に頒布されたコピーについて表示を付するようにする合理的努力を払う必要があるのか。ある裁判所は，1988年法前の法律における405条が適用されるといい，従って，上記の質問への回答はいずれも肯定ということになる（Garnier v. Andin Int'l, Inc., 36 F.3d 1214 (1st Cir. 1994)）。読者は賛成するか。

C 献納および登録

1976年法の407条から412条は，連邦議会図書館を豊かにし，著作権のクレームを包括的に記録する，という2つの目的に奉仕するための，近代的な行政的体制を作り上げている。このうちの前者については407条が規定しており，同条では，連邦議会図書館のために，発行された全著作物につき献納が義務づけられているが，ただその執行には融通が利くようにされていて，不履行の際にも現実的な制裁（著作権の喪失には至らない）があるのみである。後者については，408条で常々「任意の」登録として説明されるところのものに具現されている。407条における図書館への献納は，408条の登録に伴う義務という側面もある。さらに，登録をすることへのインセンティブは非常に強力である。従って，これらの2つの献納に関する条項は2つに分かれてはいるけれども，当初考えられていたほどにははっきりと分かれているわけではない。

1 連邦議会図書館への献納

407条による献納は，「著作権者ないし独占的な発行権の所有者」によって，合衆国における著作権表示を付した発行の後3か月以内に「なされなければならない」とされている。献納は，「最上の版を2部」ないし，その著作物が録音物の場合には最上の版の2つのフォノレコードを，すべての付属する印刷物を添えて献納することになっている。「最上の版」という言葉は101条に定義されており，「合衆国において献納日前に発行されたもので，連邦議会図書館がこの目的のために最も相応しいと判断したもの」ということになっている。図書館は何が「最上の版」になるのかについての政策宣言声明を発して，これは今では著作権局規則を施行する際に参照されている（37 C. F. R. §202.19(b)(1)(1988) 参照）。献納義務に対して様々な憲法上の疑義が提起されたが，これについてはいずれも退けられている（Ladd v. Law & Technology Press（762 F. 2d 809（9th Cir. 1985), cert.

denied, 475 U. S. 1045 (1986)）。

　1976年法407条(b)によって，連邦議会図書館の用に供されるべき本は著作権局に献納されることとなっている。著作権局長官には，同条による献納義務を免れる種類の著作物を規則によって制定する権限が与えられている。これによって，2つのコピーないしフォノレコードとされているところを1つにしたり，一定の種類の絵画，図画ないし彫刻の著作物については献納の例外を定めたり，他の方法を規定したりしている（§407(c)）。長官はまた408条(c)によって，献納の関係において一定の著作物を特定し，「コピーないしフォノレコードのかわりに著作物を識別する」献納を認めることができる権限を与えられている。この条項に従って著作権局は，「秘密テスト」規則と呼ばれているところのものを制定した（37 C.F.R. §202.20）。これは，SAT，LSAT，全州共通司法試験問題等の問題をカバーするものである。この規則によって著作権局は，こういったテストを審査したあと，これが著作権取得能力ありと判断すれば，このテストを著作権登録の申請人に返還してしまって，著作権局には「献納の保管記録を構成するのに十分なだけの……一部分，記載その他」を残すのみとするのである。

2 登　　録

a 手　　続

　408条の登録条項は，407条の献納条項と以下の点で対比される。登録条項は，①著作権者だけでなく，これのもとにおける独占的権利の所有者（独占的な発行権者のみならず）にも適用がある，②発行済み著作物のみならず未発行著作物にも適用がある，③外国で発行された著作物にも適用がある，④著作権の続いている限り「いつでも」これを行うことができる。407条のもとにおける議会図書館への献納が，登録用の規定の申請書と手数料（現状ではほとんどの著作物について30ドル）を添えてなされると，登録のための献納要件も満たされたものとして取り扱われる。

　登録料の目的は，著作権局の運営費をまかなうことにある。登録料収入は著作権局予算のざっと半分を占め，残り半分を政府特別支出金がまかなう。

　登録申請には，潜在的に保護期間の算定に必要な種々の情報，例えば死亡日，創作年，発行年（発行されたものならば）が含まれ，これと並んで，著作者以外の者に関する所有関係についての情報，派生著作物や集合著作物の場合には既存のものや付け加えられたものについての簡単な一般的な説明などが含まれることになる（§409）。非演劇的文芸著作物について適用されるTXフォームを2ページ（432～33ページ）にわたって掲げておく。

b 著作権局長官の権限および登録の効果

　1976年法は明示に，著作権局長官は著作権のクレームが無効であると自ら判断した場合には登録を拒絶できる，と規定した（§410(b)）。単に登録の申請をしたことでなく，実際に登録がなされたことが，1909年法においては侵害訴訟の前提であった。これは新法においては，立法的に411条(a)

によって覆され，登録が拒絶された場合ですらも，献納，申請，手数料が形式上適切になされており，かつ著作権局長官に対して訴訟への参加の機会を与える告知がなされれば，侵害訴訟を許すとしている (Nova Stylings, Inc. v. Ladd, 695 F. 2d 1179 (9th Cir. 1983) 〔登録を強制する行政訴訟 (mandamus) はもはや許されない，とする〕)。

　1988年ベルヌ条約施行法のひとつの目的は制定法上の方式要件を削除することにあったが，そこで主に焦点となっていたのは，発行済み著作物における「表示」要件であった。その意味で，「献納と登録」要件については1976年法のままにほとんど改正がなされなかった。これについての大き

な改正は,「アメリカ合衆国以外にオリジンをもつベルヌ条約加盟国の著作物」の著作権侵害訴訟において著作権登録を前提条件としないとしたことである。このことは,ベルヌ条約への加盟以後においても,国内で最初に発行された著作物（未発行であればアメリカ人の著作者による著作物）について侵害訴訟を起こすには,その前提として登録を要求されるということを意味する。かくて1988年法は二層構造の登録制度を作り出したもので,アメリカ起源の著作物については訴訟目的の登録に関し「低い」ハードルを置いている。訴訟前登録制度は,外国著作物に比べて内国著作物を劣位に置く点,および全発行済み著作物と全登録済み著作物の数に比べてこの制度が推進する登録

数が圧倒的に少ない点，の2点から批判されている。

著作権の登録は「任意」のものとはなったが，法は以下のインセンティブをもってタイムリーな登録を促している。①初期における登録は有効な著作権の存在についての一応の証明とされる（§410(c)）。②合衆国に起源をもつ著作物については，登録は侵害訴訟の前提要件とされている（§411(a)）。③法定の損害賠償と弁護士費用の償還は，侵害訴訟の提起前に登録がなされていた場合に限り認められる（§412）。なお同条においては，たとえ登録前に侵害訴訟を起こした場合でも，登録が最初の発行から3か月以内であればこれらの救済を利用できることとされている。著作権訴訟を専門とする弁護士の間においては，最後に述べたインセンティブが殊に重要と考えられている。

【質問】

1　登録制度の目的とは何か。411条(a)と412条におけるインセンティブを連邦議会が廃止すると，そうした目的は大きく阻害されるのだろうか。仮にこれを廃止することで登録（と献納）が減ることになったとしても，(a)そのことは，現在の登録制度の不公平とされている点を考えれば合理的な損失と考えるべきではないか，また，(b)登録を促進するために他の手段を提案しうるだろうか。

2　作曲家のSはある楽曲を作り，これを著作権登録した。後になってこれに歌詞を加えたが，この派生著作物については登録を行わなかった。アーティストのPがSの楽曲を歌詞とともに実演したが，Sの許諾はとらなかった。SはPを訴えたが，Pは当該楽曲について登録がなかったことを抗弁とした。S側は最初の登録に依拠している。Pの申し立てた棄却請求は認められるべきか（Murray Hill Pubs., Inc. v. ABC Communications, Inc., 264 F.3d 622 (6th Cir. 2001) 参照）。Pが歌詞のみを歌ったとしたら結果は異なるか。

3　Alice Author は Sunday Evening Post に記事を執筆し，それは2002年1月に発行された。その際に Post 誌は契約により同記事をシリーズ（すなわち雑誌）形態で発行する独占権を得たが，他の著作権における権利は Alice に残されていた。Post はすぐに著作権局に集合著作物として同雑誌を登録した。Alice はこれとは別個には登録を行わなかった。Alice は，自分の記事が Monday Morning Newsletter に無断で再掲載されているのを知って，著作権侵害で訴えた。Newsletter 側は，著作権登録がないから管轄を欠いているとして，請求棄却を申し立てた。また選択的に，時機にかなった登録がなされていないことを理由に，法定損害賠償と弁護士報酬額の償還請求を排除する旨を申し立てた。裁判所はどう判断すべきか（ことに，Alice の主張である，Sunday Evening Post が独占的ライセンシーとして記事の「著作権の所有権」を取り上げたとの点，および雑誌の著作権登録はそれを構成する記事の登録としても有効であるとの点について考察せよ）。Sunday Evening Post が Monday Morning Newsletter を訴えたとすると，結果は異なるか（Morris v. Business Concepts, Inc., 259 F.3d 65 (2d Cir. 2001) 参照）。

4　もしも無許諾のコピー行為が Sunday Evening Post 自身によって行われ，Alice の記事が改変されて，それが書籍形態で出版されてしまったとしたらどうか。Alice が著作権侵害で訴えると，Post 側は登録がないことを理由に請求棄却を求め，Alice は訴訟の相手方自身による登録に依拠している。結果に違いがあるべきだろうか。

5　仮に Alice が Sunday Evening Post に90日間の独占的雑誌発行権を与えていたとしたらどうか。記事における著作権登録は誰が行うべきか。いつなされるべきか。

1909年法下の方式要件と1976年法下の方式要件（ベルヌ前とベルヌ後）

下の表は，方式要件が適用があるのか否か，あるとするとどんな要件かを判定するのに，読者の便を図ったものである。

	1978年より前に発行された著作物	1978年～1989年2月までに発行された著作物	1989年3月以降に発行された著作物
著作権表示	連邦著作権が表示付きの発行とともに生ずる。表示がないとパブリック・ドメインとなる。＊	表示を付すると保護を完成させる。脱落の治癒に5年間の猶予期間があり，治癒しないとパブリック・ドメインになる。	任意的。インセンティブとしては，これを付すと善意の侵害であるとの抗弁をシャットアウトできる。
登　録	最初の保護期間の最後の1年までは任意的。1964年前に最初に発行された著作物の更新期間については強制的。いずれの期間にも侵害訴訟提起の前提条件。＊＊	任意的。ただし訴訟の前提条件。インセンティブとして，法定損害と弁護士費用償還があるが，訴訟提起前に要登録。＊＊＊	非合衆国のベルヌ著作物とWTO著作物につき任意的。合衆国著作物およびその他の外国著作物については訴訟の前提条件。左と同じインセンティブあり。
献　納	訴訟の前提条件。さらに，議会図書館に献納を怠ると罰金が課される。	左に同じ。	非合衆国のベルヌ著作物については前提条件ならず。ただし罰金は課される。制裁は，ベルヌ条約に矛盾せぬよう著作権の行使に結び付けられていない。
移転の登録	登録されない移転は，以後における対価を支払う善意の購入者に対抗できない。	左に同じ。これに加えて訴訟の前提条件。	訴訟の前提条件ではない。登録されない移転は，以後の対価を支払う善意の購入者に対抗できない。

＊　104条Aは，1996年1月1日付けで，ベルヌ条約著作物ないしWTO加盟国著作物であって，アメリカでは表示がないことを理由に著作権を失っているが母国では生きている著作物について，著作権を復活させた。

＊＊　104条Aは，1996年1月1日付けで，ベルヌ条約著作物ないしWTO加盟国著作物であって，アメリカでは更新がないことを理由に著作権を失っているが母国では生きている著作物について，著作権を復活させた。

＊＊＊　あるいは，発行後最初の3か月以内に侵害され，かつ3か月目の月内に登録がなされれば，この要件は満たされたものとみなされる。

〔訳者紹介〕

内 藤　篤（ないとう・あつし）

　　1958年　東京都生れ
　　1983年　東京大学法学部卒業
　　1989年　米国ニューヨーク大学ロウスクール（LL.M.）修了
　　現在　弁護士・弁理士，ニューヨーク州弁護士（青山総合法律事務所）

著書

『ハリウッド・パワーゲーム／アメリカ映画産業の「法と経済」』（1991年　TBSブリタニカ刊）
（平成3年度芸術選奨文部大臣新人賞受賞）
『エンタテインメント・ロイヤーの時代』（1994年　日経BP出版センター）
『走れ，エロス！』（1994年　筑摩書房）
『パブリシティ権概説』（1999年　木鐸社，田代貞之との共著）

訳書

『アメリカ製造物責任法』（1992年　木鐸社）
『アーティストのための音楽ビジネス成功の条件』（1992年　リットーミュージック）
『エンターテインメント・ビジネス―その構造と経済』（1993年　リットーミュージック）
『ミュージック・ビジネス』（1997年　リットーミュージック）

米国著作権法詳解―原著第6版―（上）

2003（平成15）年5月20日　初版第1刷発行

訳者	内 藤　篤
発行者	今 井　貴
	渡 辺 左 近
発行所	信 山 社 出 版
	〒113-0033　東京都文京区本郷6-2-9-102
	TEL　03 (3818) 1019
	FAX　03 (3219) 0344
印刷所	図 書 印 刷 株 式 会 社
製本所	大 三 製 本
用紙	東 一 紙 業 株 式 会 社
校閲	森 谷　晋

Printed in Japan

©内藤　篤，2003，落丁・乱丁本はお取替えします。

ISBN4-7972-2234-4 C3032